■2025年度中学受験用

立教女学院中学校

8年間(＋3年間HP掲載)スーパー過去問

●収録内容一覧

入試問題と解説・解答の収録内容

年度	収録内容	
2024年度（令和６年度）	算数・社会・理科・国語	実物解答用紙DL
2023年度（令和５年度）	算数・社会・理科・国語	実物解答用紙DL
2022年度（令和４年度）	算数・社会・理科・国語	実物解答用紙DL
2021年度（令和３年度）	算数・社会・理科・国語	
2020年度（令和２年度）	算数・社会・理科・国語	
2019年度（平成31年度）	算数・社会・理科・国語	
2018年度（平成30年度）	算数・社会・理科・国語	
平成29年度	算数・社会・理科・国語	
平成28～26年度（HP掲載） 「カコ過去問」 （ユーザー名）koe （パスワード）w8ga5a1o 	問題・解答用紙・解説解答DL ◇著作権の都合により国語と一部の問題を削除しております。 ◇一部解答のみ（解説なし）となります。 ◇９月下旬までに全校アップロード予定です。 ◇掲載期限以降は予告なく削除される場合があります。	

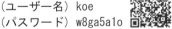

～本書ご利用上の注意～　以下の点について，あらかじめご了承ください。

★別冊解答用紙は巻末にございます。実物解答用紙は，弊社サイトの各校商品情報ページより，一部または全部をダウンロードできます。

★編集の都合上，学校実施のすべての試験を掲載していない場合がございます。

★当問題集のバックナンバーは，弊社には在庫がございません（ネット書店などに一部在庫あり）。

合格を勝ち取るための『スーパー過去問』の使い方

本書に掲載されている過去問をご覧になって，「難しそう」と感じたかもしれません。でも，多くの受験生が同じように感じているはずです。なぜなら，中学入試で出題される問題は，小学校で習う内容よりも高度なものが多く，たくさんの知識や解き方のコツを身につけることも必要だからです。ですから，初めて本書に取り組むさいには，点数を気にしすぎないようにしましょう。本番でしっかり点数を取れることが大事なのです。

過去問で重要なのは「まちがえること」です。自分の弱点を知るために，過去問に取り組むのです。当然，まちがえた問題をそのままにしておいては意味がありません。

本書には，長年にわたって中学入試にたずさわっているスタッフによるていねいな解説がついています。まちがえた問題は**しっかりと解説を読み**，できるようになるまで**何度も解き直し**をしてください。理解できていないと感じた分野については，参考書や資料集などを活用し，**改めて整理**しておきましょう。

このページも参考にしてみましょう！

◆どの年度から解こうかな　「入試問題と解説・解答の収録内容一覧」

本書のはじめには収録内容が掲載されていますので，収録年度や収録されている入試回などを確認できます。

※著作権上の都合によって掲載できない問題が収録されている場合は，最新年度の問題の前に，ピンク色の紙を差しこんでご案内しています。

◆学校の情報を知ろう!!「学校紹介ページ」

このページのあとに，各学校の基本情報などを掲載しています。問題を解くのに疲れたら息ぬきに読んで，志望校合格への気持ちを新たにし，再び過去問に挑戦してみるのもよいでしょう。なお，最新の情報につきましては，学校のホームページなどでご確認ください。

◆入試に向けてどんな対策をしよう？「出題傾向＆対策」

「学校紹介ページ」に続いて，「出題傾向＆対策」ページがあります。過去にどのような分野の問題が出題され，どのように対策すればよいかをアドバイスしていますので，参考にしてください。

◇別冊「入試問題解答用紙編」

本書の巻末には，ぬき取って使える別冊の解答用紙が収録してあります。解答用紙が非公表の場合などを除き，（注）が記載されたページの指定倍率にしたがって拡大コピーをとれば，実際の入試問題とほぼ同じ解答欄の大きさで，何度でも過去問に取り組むことができます。このように，入試本番に近い条件で練習できるのも，本書の強みです。また，データが公表されている学校は別冊の１ページ目に過去の「入試結果表」を掲載しています。合格に必要な得点の目安として活用してください。

本書がみなさんの志望校合格の助けとなることを，心より願っています。

株式会社　声の教育社　編集部

立教女学院中学校

所在地	〒168-8616 東京都杉並区久我山4-29-60
電　話	03-3334-5103
ホームページ	https://hs.rikkyojogakuin.ac.jp/
交通案内	京王井の頭線「三鷹台駅」より徒歩１分 JR中央線「西荻窪駅」南口からバス「立教女学院」行き

トピックス

★例年，筆記試験とは別日に，約10分の保護者同伴面接を実施。
★フィリピン・アメリカなどの姉妹校と短期・長期の交換留学を行っている。

創立年 明治10年 ｜ 女子校 ｜ 高校募集 なし

応募状況

年度	募集数	応募数	受験数	合格数	倍率
2024	約120名	294名	274名	129名	2.1倍
2023	約110名	353名	334名	136名	2.5倍
2022	約110名	300名	277名	129名	2.1倍
2021	約110名	347名	319名	134名	2.4倍
2020	約110名	358名	332名	131名	2.5倍

入試情報（参考：昨年度）

【一般受験生】※帰国生試験は別に実施。

・出願期間：2024年１月10日～22日
〔Webで申込み後，書類を郵送(消印有効)〕
・選考方法：学力試験(国語・算数・社会・理科)，
６年次の通知表の写
・面接日：2024年１月27日午前
・筆記試験日：2024年２月１日
・合格発表：
ホームページ…2024年２月１日21時
～２月２日12時
構内掲示　…2024年２月２日９時～12時
・入学手続：2024年２月２日９時～12時

本校の特色

・教育方針：キリスト教を基礎とし，他者に奉仕できる人間，知的で品格のある人間，自由と規律を重んじる人間，世の中に流されない凛とした人間，平和をつくり出し，発信する人間の育成を目指しています。礼拝，年間10回程度の土曜集会，ボランティア活動，自学自習能力を養うARE学習，語学教育，生徒会活動への取り組みなども大切にしています。

・カリキュラム：２期制，週５日制をとり，６か年一貫教育を行っています。基本的に学習指導要領に準拠したカリキュラムを編成していますが，一部の教科では先取り授業も行われます。高校では様々な進路を目指す生徒たちに対応するために，高２・３年ではコース制を導入しています。

2023年度の主な大学合格実績

<国公立大学・大学校>

東京工業大，東北大，東京農工大，お茶の水女子大，防衛大，横浜市立大

<私立大学>

慶應義塾大，早稲田大，上智大，国際基督教大，東京理科大，明治大，青山学院大，中央大，法政大，東京慈恵会医科大，順天堂大，昭和大，東京医科大，東京女子医科大

〔立教大学への推薦入学制度〕

受け入れ総数151名(2024年度より201名)で，一定の要件を満たす者は，立教大学に推薦入学することができます。

編集部注一本書の内容は2024年3月現在のものであり，変更されている場合があります。正式な情報は，学校のホームページ等で必ずご確認ください。

出題傾向＆対策

◆基本データ（2024年度）

試験時間／満点	45分／90点
問題構成	・大問数…４題 計算・応用小問１題（９問） ／応用問題３題 ・小問数…20問
解答形式	解答のみを記入する形式となっている。必要な単位などは解答用紙にあらかじめ印刷されている。作図もある。
実際の問題用紙	Ｂ５サイズ，小冊子形式
実際の解答用紙	Ｂ５サイズ

◆過去８年間の出題率トップ５

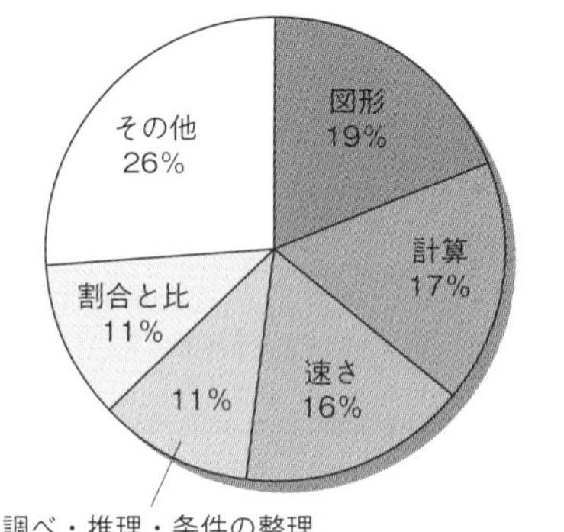

※　配点（推定ふくむ）をもとに算出

◆近年の出題内容

【 2024年度 】			【 2023年度 】		
大問	1	四則計算，逆算，計算のくふう，展開図，売買損益，つるかめ算，表面積，水の深さと体積，相当算，面積，通過算	大問	1	四則計算，逆算，計算のくふう，方陣算，場合の数，濃度，角度，集まり，相当算
	2	速さと比，旅人算		2	立体図形―体積，表面積
	3	分数の性質		3	分数の性質
	4	立体図形―体積，分割，相似		4	流水算

◆出題傾向と内容

本校の算数は，問題がよく練られていて，設問編成にくふうが見られます。**基本的な問題を主体に，やや難しいものが１題加わるという形式が多く見られます。**

内容を見ると，四則計算，逆算，約束記号，概数や，比例式，連比，百分率・歩合の基礎問題などがよく出題されます。図形からはかなり高度な，たとえば図形の性質を利用した集合，点対称と線対称，平面図形の移動と動いた跡，複合図形など，求積問題と組み合わせたものが例年よく出されています。また，立体図形の展開図，投影図，回転体，切断なども顔を見せています。

特殊算や数の性質の単元からは，旅人算，推理算，場合の数，約数と倍数，数の規則性と数列などがめだって取り上げられています。このほか，ダイヤグラムや度数分布表の読み取り問題のような，やや複雑なものもときおり顔を見せています。

◆対策～合格点を取るには？～

まず，計算力は算数の基礎力養成の最低条件ですから，反復練習することが大切です。

図形は，面積や体積ばかりでなく，長さ，角度，展開図，縮尺，相似比と面積比，体積比などの考え方や解き方をはば広く身につけ，割合や比を使ってすばやく解けるようになること。また，ノートに作図しながら図形をいろいろな方向から見たり分割してみたりして，図形の性質もおさえておきましょう。

数量分野では，特に数の性質，規則性，場合の数などをマスターしましょう。まず教科書にある重要事項を整理し，さらに類題を数多くこなして基本的なパターンを身につけてください。

また，特殊算は，参考書などにある「○○算」というものの基本を学習し，問題演習を通じて公式をスムーズに活用できるようになりましょう。

なお，算数では答えを導くまでの考え方や式がもっとも大切ですから，**ふだんからノートに自分の考え方，線分図，式を見やすく書く習慣をつけておきましょう。**

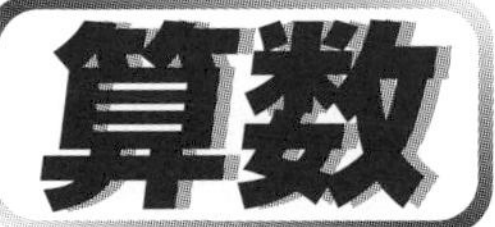

出題分野分析表

分野		2024	2023	2022	2021	2020	2019	2018	2017
計算	四則計算・逆算	◎	◎	◎	◎	○	●	○	●
	計算のくふう	○	○	○	○	○	○	◎	○
	単位の計算								
和と差	和差算・分配算				○		○		○
	消去算				○				○
	つるかめ算	○		◎		○		○	
	平均とのべ								
	過不足算・差集め算				○			○	
	集まり		○				○		
	年齢算				○				
割合と比	割合と比						○		○
	正比例と反比例								
	還元算・相当算	○	○		○	○			
	比の性質					○	○	○	
	倍数算								
	売買損益	○					○		
	濃度		○	○		○	○		
	仕事算			○					○
	ニュートン算						○		
速さ	速さ					○			
	旅人算	○					○	○	
	通過算	○							○
	流水算		○	○	○				
	時計算					○			
	速さと比	○		○		○			
図形	角度・面積・長さ	○	○	◎	◎	◎		○	
	辺の比と面積の比・相似	○		○	○				
	体積・表面積	◎	◎	○					
	水の深さと体積	○		○				○	○
	展開図	○							
	構成・分割	○							
	図形・点の移動				○				
表とグラフ									○
数の性質	約数と倍数							○	○
	N進数								
	約束記号・文字式			○	○	○			
	整数・小数・分数の性質	○	○	○	○	○	○	○	○
規則性	植木算								
	周期算								○
	数列							○	
	方陣算		○						
	図形と規則							○	
場合の数			○						
調べ・推理・条件の整理				○	○		◎	○	○
その他									

※ ○印はその分野の問題が1題，◎印は2題，●印は3題以上出題されたことをしめします。

出題傾向＆対策

◆基本データ(2024年度)

試験時間／満点	30分／60点
問題構成	・大問数…３題 ・小問数…30問
解答形式	用語の記入と記号選択，整序問題が中心で，短い記述問題が１問出題されている。用語の記入は，漢字指定のものが多い。記号選択には，択一式と複数選択がある。
実際の問題用紙	Ｂ５サイズ，小冊子形式
実際の解答用紙	Ｂ４サイズ

◆過去８年間の分野別出題率

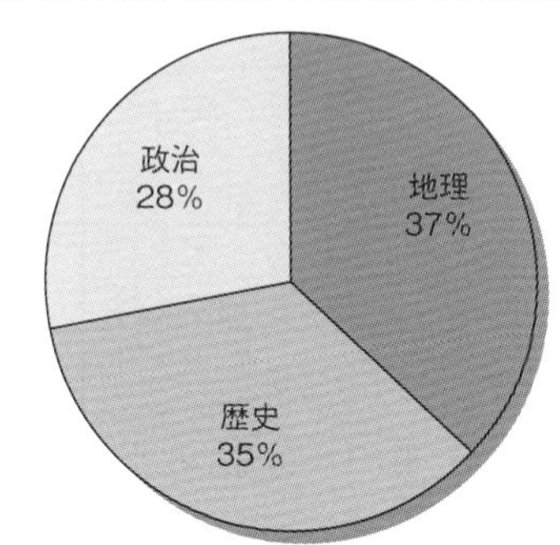

※　配点(推定ふくむ)をもとに算出

◆近年の出題内容

【 2024年度 】			【 2023年度 】		
大問	1	〔総合〕気候変動を題材とした問題	大問	1	〔地理〕「食」を題材とした問題
	2	〔総合〕「日本人と川」を題材とした問題		2	〔歴史〕各時代の歴史的なことがらについての問題
	3	〔総合〕「実家の両親に書いた手紙」の文章を題材とした問題		3	〔政治〕政治のしくみや憲法，国際社会などについての問題

◆出題傾向と内容

これまでの問題から出題の傾向をさぐると，おおよそ次の特ちょうがうかがえます。まず，**地理・歴史・政治の３分野から毎年出題される**ことで，**その中の一つは世界とのつながりを持たせている**こと。次に，細かく的をしぼる場合(地理であれば近畿地方，政治であれば国民の権利など)とはば広い範囲から問われる場合(地理であれば日本全体の地勢と産業，歴史であれば各時代のできごとなど)とがあることです。グラフや地図，史料などが使われることも多くあります。

地理では，日本の各地域について地形，産業，貿易の特色を問うもの，地名を答えさせるものなどが出題されているほか，世界地理について，かなり深い内容を問うものも見られます。

歴史では，古代から現代までの日本の歴史について，日本の外交に関するもの，建造物の時代や様式を問うもの，各時代に活躍した人物に関するものなどが出されています。

政治では，三権のしくみとはたらき，国際連合の各機関，憲法をじくとして戦後史や時事問題をからめたものなどが出されています。

◆対策～合格点を取るには？～

はば広い知識が問われていますが，問題のレベルは標準的ですから，**まず基礎を固めることを心がけてください。**

地理分野では，地図とグラフが欠かせません。つねにこれらを参照しながら，白地図作業帳を利用して地形と気候をまとめ，そこから産業のようすへと広げていってください。

歴史分野では，教科書や参考書を読むだけでなく，自分で年表を作って覚えると学習効果が上がります。できあがった年表は，各時代，各分野のまとめに活用できます。

政治分野では，日本国憲法の基本的な内容と三権についてはひと通りおさえておいた方がよいでしょう。また，時事問題については，新聞やテレビ番組などでニュースを確認し，国の政治や経済の動き，世界各国の情勢などについて，ノートにまとめておきましょう。

社会 出題分野分析表

分野 ＼ 年度			2024	2023	2022	2021	2020	2019	2018	2017
日本の地理	地図の見方						○			
	国土・自然・気候		○		○	○	○	★	○	○
	資源		○							
	農林水産業		○	○	○	○		○	★	○
	工業			○			○	★		
	交通・通信・貿易			○			○			
	人口・生活・文化						○			
	各地方の特色		○	○	★	○	○	○		
	地理総合			★	★	★	★			★
世界の地理			○	○					★	
日本の歴史	時代	原始～古代	○	○	○	○	○	○	○	○
		中世～近世	○	○	○	○	○	○	○	○
		近代～現代	○	○	○	○	○	○	○	○
	テーマ	政治・法律史								
		産業・経済史								
		文化・宗教史								
		外交・戦争史								
		歴史総合		★		★	★		★	★
世界の歴史										
政治	憲法		○	○	○	○	○	○	○	★
	国会・内閣・裁判所		○	○	○	○	○	○	○	○
	地方自治		○	○	○					
	経済									
	生活と福祉			○						
	国際関係・国際政治		○	○	○	○	○	○	○	
	政治総合			★	★	★	★	★	★	
環境問題			○					○		
時事問題			○		○	○		○		
世界遺産								★		
複数分野総合			★		★					

※ 原始～古代…平安時代以前，中世～近世…鎌倉時代～江戸時代，近代～現代…明治時代以降
※ ★印は大問の中心となる分野をしめします。

出題傾向＆対策

◆基本データ（2024年度）

試験時間／満点	30分／60点
問題構成	・大問数…４題 ・小問数…23問
解答形式	数値を記入するものと記号選択式が大半で，記述，作図，グラフ作成などの問題は見られない。また，記号選択は択一式のほか，複数選択のものもある。
実際の問題用紙	Ｂ５サイズ，小冊子形式
実際の解答用紙	Ｂ５サイズ

◆過去８年間の分野別出題率

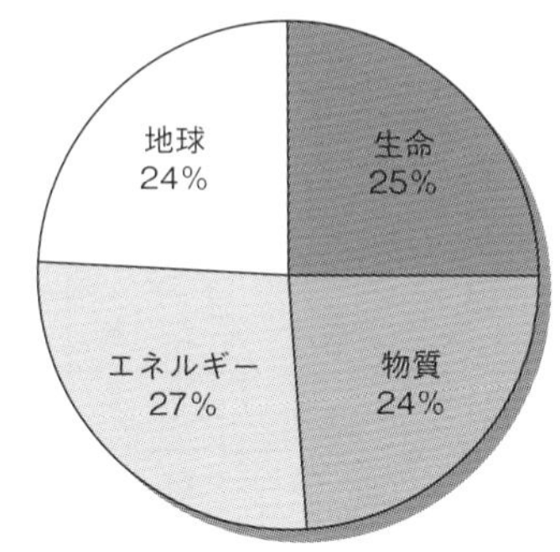

※　配点（推定ふくむ）をもとに算出

◆近年の出題内容

【 2024年度 】			【 2023年度 】		
大問	1	〔生命〕魚の卵，ふ化	大問	1	〔生命〕ヘチマ
	2	〔物質〕水溶液の性質，金属との反応		2	〔エネルギー〕熱の伝わり方
	3	〔エネルギー〕力のはたらき方		3	〔エネルギー〕光電池とコンデンサー
	4	〔地球〕気象		4	〔地球〕桜島

◆出題傾向と内容

「生命」「物質」「エネルギー」「地球」の**各分野から出題されることが多くなって**います。

「生命」からは，植物の単元が多く取り上げられ，観察にもとづく設問構成をとっています。また，生物全体のつながり（食物連鎖）について問われることもあります。

「物質」からは，気体の性質，水溶液の性質，ものの溶け方などが出題されているほか，塩酸と物質の反応や，ものの燃え方についての出題もあります。

「エネルギー」からは，力のつり合い，浮力，光の進み方，熱，電気などがはば広く出題されています。また，この単元は「物質」とともに実験にもとづくものがめだち，計算して数値を求める問題も見られます。

「地球」では，天体の動きや気象（台風，降水量など）に重点がおかれているようです。

◆対策～合格点を取るには？～

各分野からまんべんなく出題されていますから，**基礎的な知識をはやいうちに身につけ，そのうえで問題集を使って演習をくり返しながら実力アップをめざしましょう。**

「生命」は，身につけなければならない基本知識の多い分野ですが，楽しみながら確実に学習する心がけが大切です。

「物質」では，気体や水溶液，金属などの性質や反応に重点をおいて，計算して数値を求める問題もよく学習してください。

「エネルギー」は，かん電池のつなぎ方や方位磁針のふれ方，磁力の強さなどの出題が予想される単元ですから，学習計画から外すことのないようにしましょう。

「地球」では，太陽・月・地球の動き，季節と星座の動き，天気と気温・湿度の変化，地層のでき方などが重要なポイントです。

なお，環境問題・身近な自然現象・新しい技術開発のニュースなどに日ごろから注意をはらうことや，テレビの科学番組，新聞・雑誌の科学に関する記事，読書などを通じて多くの知識を吸収することも大切です。

出題分野分析表

分野		2024	2023	2022	2021	2020	2019	2018	2017
生命	植物		★			★			★
	動物	★		★				○	
	人体				★		○		
	生物と環境						○	★	○
	季節と生物								
	生命総合						★		
物質	物質のすがた								
	気体の性質								
	水溶液の性質	★		★		★		★	
	ものの溶け方				★				○
	金属の性質	○							
	ものの燃え方								
	物質総合						★		★
エネルギー	てこ・滑車・輪軸	★							★
	ばねののび方								
	ふりこ・物体の運動			○					
	浮力と密度・圧力				★				
	光の進み方			○			○	○	
	ものの温まり方		★				○		
	音の伝わり方								
	電気回路		★					○	
	磁石・電磁石					★			
	エネルギー総合			★			★	★	
地球	地球・月・太陽系	○		★			★		
	星と星座								
	風・雲と天候	★			★				★
	気温・地温・湿度								
	流水のはたらき・地層と岩石					★		○	
	火山・地震		★						
	地球総合								
実験器具		○		○					
観察									
環境問題								★	
時事問題									
複数分野総合									

※ ★印は大問の中心となる分野をしめします。

国語　出題傾向＆対策

◆基本データ（2024年度）

試験時間／満点	45分／90点
問題構成	・大問数…２題 　文章読解題２題 ・小問数…13問
解答形式	記号選択，書きぬき，記述問題など，バラエティーに富んでいる。記述問題は，すべて字数制限のないものとなっている。
実際の問題用紙	Ｂ５サイズ，小冊子形式
実際の解答用紙	Ｂ４サイズ

◆過去８年間の分野別出題率

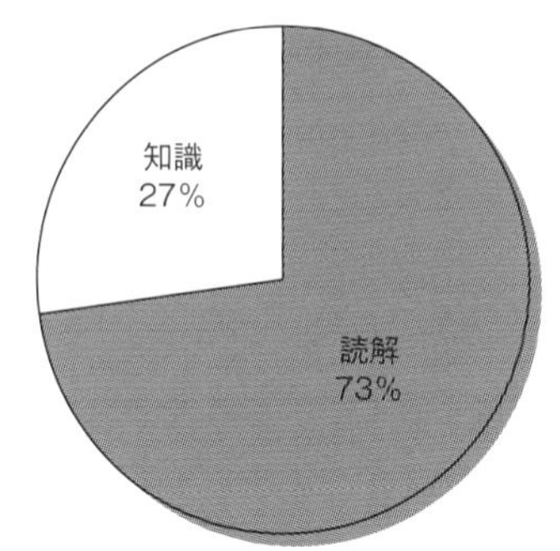

※　配点（推定ふくむ）をもとに算出

◆近年の出題内容

【 2024年度 】			【 2023年度 】		
大問	一	〔**説明文**〕森達也『集団に流されず個人として生きるには』（約3900字）	大問	一	〔**説明文**〕工藤尚悟『私たちのサステイナビリティ―まもり，つくり，次世代につなげる』（約2200字）
	二	〔**小説**〕村上雅郁「タルトタタンの作り方」（『きみの話を聞かせてくれよ』所収）（約2600字）		二	〔**小説**〕濱野京子『空と大地に出会う夏』（約4000字）

◆出題傾向と内容

本校の国語は，文章読解の大問が２題（小説・物語文が１題と，説明文・論説文が１題）というスタイルがほぼ定着しており，全体的に読解力・表現力といった**国語の総合的な力を見ようとする傾向**がうかがえます。題材の文章が長く，記述式・論述式の設問（登場人物の気持ちや受験生自身の考えや感想などを記述させる設問）の割合がやや高いため，試験時間が足りないと感じられるかもしれません。

小説・物語文では，状況や動作・行動，登場人物の性格などとからめて，心情を問うものが中心で，説明文・論説文では，しっかりと内容をはあくし，論旨の展開を正しく理解しているかどうかをためす問題が中心となっています。具体的には，文意の読解，文中の適切な語の指摘，指示語とその指示内容，登場人物の心情の理解・語句の意味などです。さらに，ことばのきまり，ことわざ・慣用句，四字熟語といった，各種の知識問題なども出されています。

◆対策～合格点を取るには？～

本校の国語は，読解力と表現力を見る問題がバランスよく出題されていますから，**読解力をつけ，そのうえで表現力を養う**ことをおすすめします。

まず，物語文，随筆，説明文など，ジャンルは何でもよいですから精力的に読書をし，的確な読解力を養いましょう。長い作品よりも短編のほうが主題が読み取りやすいので，特に国語の苦手な人は，短編から入るのもよいでしょう。

そして，書く力をつけるために，感想文を書いたり，あらすじをまとめたりするとよいでしょう。ただし，本校の場合はつっこんだ設問が多いので，適切に答えるには相当な表現力が求められます。まず文脈や心情の流れをしっかりつかみ，次に自分の考えや感想をふまえて全体を整理し，そのうえで文章を書くことが大切です。

なお，ことばのきまり・知識に関しては，参考書を１冊仕上げるとよいでしょう。また，漢字や熟語については，同音（訓）異義語や意味についても辞書で調べて，ノートにまとめておきましょう。

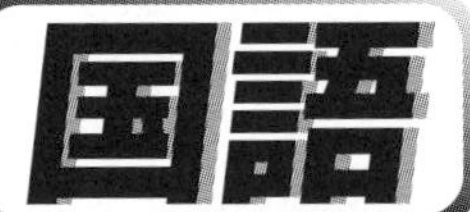

出題分野分析表

		分野　＼　年度	2024	2023	2022	2021	2020	2019	2018	2017
読解	文章の種類	説明文・論説文	★	★	★	★	★	★	★	★
		小説・物語・伝記	★	★	★	★	★	★	★	★
		随筆・紀行・日記								
		会話・戯曲								
		詩								
		短歌・俳句								
	内容の分類	主題・要旨	○	○	○				○	
		内容理解	○	○	○	○	○	○	○	○
		文脈・段落構成				○	○	○		
		指示語・接続語		○	○	○			○	
		その他	○	○	○	○	○	○	○	○
知識	漢字	漢字の読み	○	○	○	○	○	○	○	○
		漢字の書き取り	○	○	○	○	○	○	○	○
		部首・画数・筆順								
	語句	語句の意味					○		○	
		かなづかい								
		熟語	○							
		慣用句・ことわざ		○	○			○	○	
	文法	文の組み立て								
		品詞・用法								
		敬語								
	形式・技法									
	文学作品の知識									
	その他									
	知識総合									
表現	作文									
	短文記述									
	その他									
放送問題										

※ ★印は大問の中心となる分野をしめします。

2024年度 立教女学院中学校

【算　数】(45分)〈満点：90点〉

1 次の□や[①]～[③]にあてはまる数を書きなさい。また，(4)は図に適切な文字を書きこみなさい。

(1) $\left\{0.25+\left(15-3\frac{1}{2}\right)\times\frac{2}{23}\right\}-\left(\frac{16}{25}\times1.25+0.7\right)\div4=$□

(2) $2\frac{1}{3}\times($□$+0.5)+0.4\times\left(\frac{1}{4}-\frac{1}{9}\right)\div0.125=2$

(3) $(25\times24-24\times23+23\times22-22\times21)\div(25+24+23+22+21)=$□

(4) 図1の立方体を，図2のように展開しました。3つの文字**ア**，**イ**，**ウ**は，図2のどこに現れますか。文字の向きに注意して，解答用紙の図に書きこみなさい。

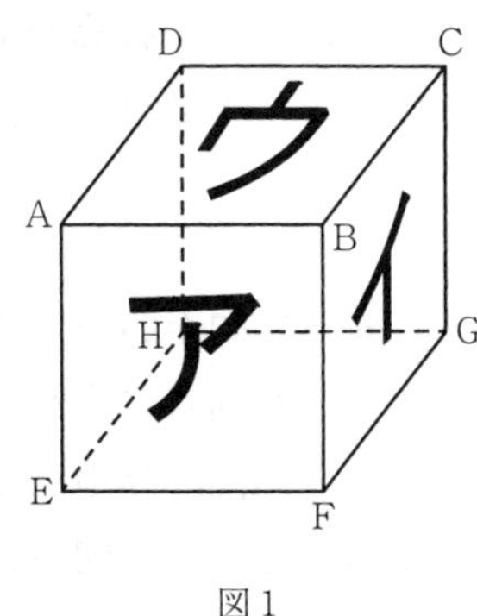

図1

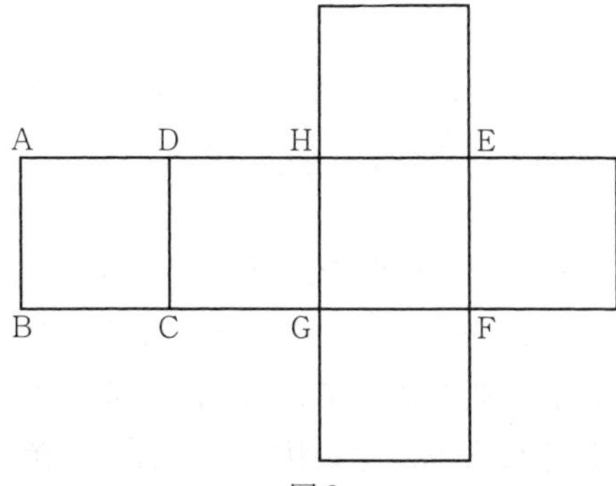

図2

(5) ある店で，150個の品物を1個2000円で仕入れ，3割の利益を見込んで定価をつけたところ，1日目は80個売れました。2日目は定価の1割引きで売りました。そして3日目は，2日目の売値の140円引きにあたる[①]円で売ったところ，残っていた[②]個全部売れました。3日間の利益は，あわせて69000円です。

(6) 底面が半径3cmの円，高さ4cmの円柱の水そうに，1辺1cmの立方体Aを4個，1つの面の対角線が2cmの立方体Bを5個，立方体の1つの面が水そうの底面に接するように入れます。図は水そうを上から見た図です。立方体Bの高さまで水を入れると，立方体A・Bの水につかっている部分の表面積は[①]cm^2です。ただし，水そうの底面に接している部分および立方体Bの上面は除きます。その後，深さ1cmになるところまで水を抜くと，水そうに残っている水の体積は[②]cm^3です。ただし，円周率は3.14とします。

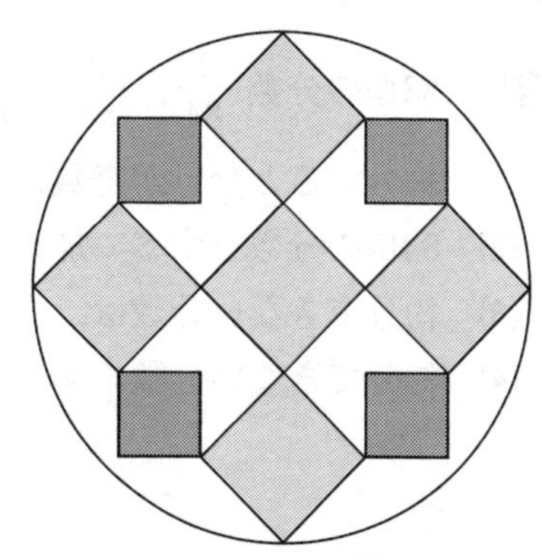

(7) 算数と国語の宿題が出されたので，14日間で終えることにしました。算数の方が国語より，

［ ① ］問多く出されています。算数を１日［ ② ］問，国語を１日［ ③ ］問進めたところ，５日目が終わったとき，算数は全体の $\frac{1}{2}$，国語は全体の $\frac{2}{5}$ 終わっていたので，１日に解く問題数を算数は４問，国語は１問減らしたところ，14日目でちょうどすべての問題を終えることができました。

(8) 図１のように，半径３cmの円の周上に，円周を12等分する点をとります。このとき，図２の斜線（しゃせん）部分の面積の和は［ ① ］cm^2で，図３の斜線部分の面積は［ ② ］cm^2です。ただし，円周率は3.14とします。

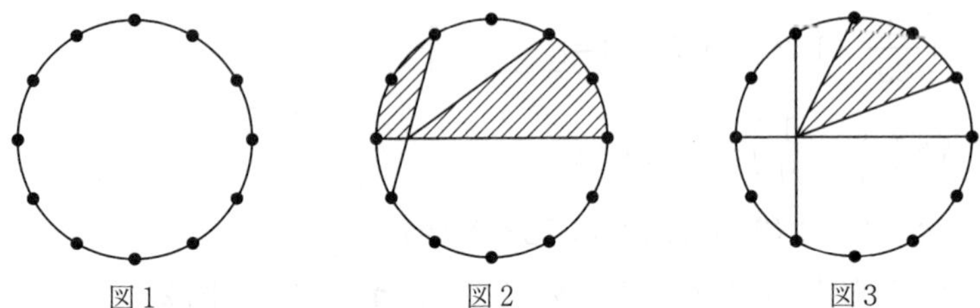

図１　図２　図３

(9) 長さ260mの特急列車と，長さ430mの貨物列車があります。長さ［ ① ］mのトンネルを通り抜けるのに特急列車は61秒かかり，貨物列車は79秒かかります。また，この特急列車と貨物列車がすれ違うのに13.8秒かかります。このとき，それぞれの速さは，特急列車が毎秒［ ② ］m，貨物列車が毎秒［ ③ ］mです。

2 姉妹が，300m離れたAB間を，姉はA地点から，妹はB地点から，同時に向かい合って一定の速さで歩き始め，何度も往復します。姉と妹は何回かすれ違いますが，２回目にすれ違ったのは，姉が１回目に折り返してから270m進んだ地点でした。ただし，A地点，B地点で出会うときもすれ違うに含み，追い抜くことはすれ違うに含みません。このとき，次の問いに答えなさい。

(1) 姉と妹の速さの比を答えなさい。

(2) １回目に姉妹がすれ違ったのは，A地点から何mの地点ですか。

(3) 10回目に姉妹がすれ違ったのは，A地点から何mの地点ですか。

3 83個の分数 $\frac{1}{84}$，$\frac{2}{84}$，$\frac{3}{84}$，…，$\frac{82}{84}$，$\frac{83}{84}$ について，次の問いに答えなさい。

(1) 約分すると分母が奇数になる分数は，全部で何個ありますか。

(2) 83個の分数をすべて加えると，いくつになりますか。

(3) 約分できない分数は，全部で何個ありますか。

(4) 約分できない分数をすべて加えると，いくつになりますか。

4 図のような1辺の長さが10cmの立方体ABCD−EFGHがあります。ただし，点PはAP＝4cmを満たす辺AE上の点，点Qは辺CGの真ん中の点とします。三角すいの体積は，**底面積×高さ×$\frac{1}{3}$**で求められるものとして，次の問いに答えなさい。

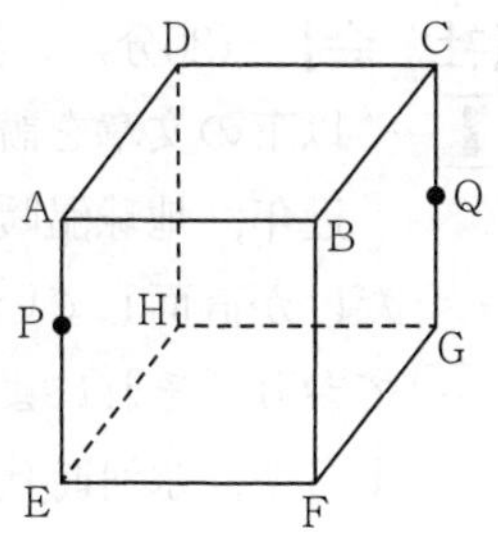

(1) 立方体を，辺AEを軸として，1回転させたときにできる立体の体積は何cm^3ですか。ただし，円周率は3.14とします。

(2) 立方体を，3点H，F，Pを通る平面で切断したとき，点Eを含む方の立体の体積は何cm^3ですか。

(3) 立方体を，3点H，P，Qを通る平面で切断したとき，切断面と辺AB，辺BCが交わる点をそれぞれ点R，Sとします。このとき，ARとCSの長さはそれぞれ何cmですか。

(4) 立方体を，3点H，P，Qを通る平面で切断したとき，点Dを含む方の立体の体積は何cm^3ですか。

【社　会】（30分）〈満点：60点〉

1　以下の文章を読んで，問いに答えなさい。

近年，地球温暖化の問題が叫ばれています。では，地球の温暖化という現象は現在の私たちだけが直面しているものなのでしょうか。地球は長い年月の中で，温暖化と寒冷化を繰り返しており，それによって環境も大きく変化してきました。例えば約１万年前に起こった温暖化によって，氷河時代が終わりました。氷河時代の日本列島は現在に比べ，平均気温が約７℃低く，①東京は現在の札幌のような気候だったようです。このときの②温暖化による海面の上昇を，時代の名前からとって「縄文海進」といいます。この時代は狩猟と採集が中心の生活でしたが，青森県の（ ③ ）遺跡ではクリの栽培がおこなわれていたのではないかと話題になっています。弥生時代に入ると東北地方でも稲作をしていた遺跡が発掘されていますが，寒冷化が起きると，寒さに弱い稲作は東北地方では見られなくなっていきます。このように④気候に合わせて，人々は生活や農業の内容を変化させています。

縄文海進ほどの大きな気候変動でなくとも，環境の変化は歴史に影響を及ぼしています。⑤鎌倉幕府を開いた源頼朝が平氏打倒の兵を挙げたのは1180年ですが，降水量の減少によって翌年から発生した飢饉のため，一時停戦状態に入りました。江戸時代も地球全体が寒冷化した時期で，⑥飢饉が多く起きています。もちろん，すべての歴史上の出来事が気候変動によって起きているわけではありませんが，人間の社会は自然の影響を受けていることを忘れてはいけません。

現在の地球温暖化は人間の活動が原因で起きており，しかも急速に気温が上昇しています。その影響は大きく，国内では⑦2018年の西日本豪雨や2019年の台風19号による被害は深刻なもので，地球温暖化の影響から大きな災害になったといわれています。世界に目を向ければ，海面上昇によって国土が消滅する危機に瀕している国や，砂漠化の進行，氷河が溶けることで新たな病気が流行する心配も挙げられています。このため，⑧国際連合では問題の解決のための話し合いが行われ，1997年に先進国全体で温室効果ガスの排出量を約５％減らすことが決められ，（ ⑨ ）として採択されました。2015年には，⑩「持続可能な開発目標」の目標の一つに「気候変動に具体的な対応を」が定められたほかに，パリ協定が結ばれました。この協定は，⑪先進国だけでなく発展途上国と呼ばれる国も含めたすべての国々の参加を目指していて，21世紀末までの気温上昇をイギリスの産業革命以前から２℃以内に抑える目標が掲げられました。目標の実現には各国の事情や莫大な資金がかかることなど，達成を難しくしている問題もあります。そうであっても，私たちは過去に学びながら，未来のために行動していかねばなりません。

問1　下線部①について，氷河時代の東京の気候を表すと想定される雨温図に近いものを，次のア～ウから1つ選び，記号で答えなさい。

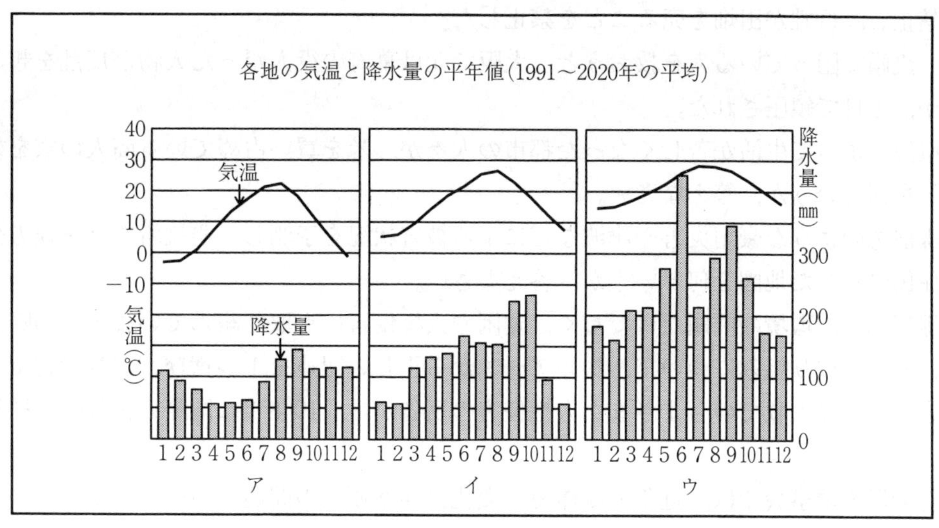

矢野恒太記念会『日本国勢図会 2023/24』より

問2　下線部②について，海面上昇の影響を受けた出来事として正しくない文を，次のア～エから1つ選び，記号で答えなさい。

ア．大陸と陸続きではなくなった。

イ．マンモスやナウマン象の数が増加した。

ウ．漁が盛んになり，動物の骨などで釣(つ)りの道具が作られた。

エ．貝塚がつくられるようになった。

問3　(③)にあてはまる言葉を漢字で答えなさい。

問4　下線部④について，気候が農業(稲作)に適さないので，ため池が多くつくられた地域があります。その地域を次のア～エの中から1つ選び，記号で答えなさい。

ア．仙台平野　　イ．讃岐平野

ウ．高知平野　　エ．筑紫平野

問5　下線部⑤の説明をした文として正しいものを，次のア～オから2つ選び，記号で答えなさい。

ア．将軍とその補佐をする管領を中心に御家人たちが話し合いで政治を動かした。

イ．将軍と御家人の主従関係は土地の保障や新たな土地を与えることで成立した。

ウ．政治や財政の仕事をおこなう役所を侍所という。

エ．御成敗式目が制定されると，御家人に関する裁判の基本的な法とされた。

オ．幕府は一国ごとに地頭を任命し，その国の警察業務を任せた。

問6　下線部⑥について，以下の問いに答えなさい。

(1)　下の文は江戸時代に起きた飢饉に関する出来事を述べたものです。年代順に並べかえ，記号で答えなさい。

ア．飢饉のあと，将軍が青木昆陽に対して飢饉に強い作物の研究を命じた。

イ．浅間山の噴火(ふんか)による飢饉などで，それまでの老中が失脚(しっきゃく)した。新たに老中に選ばれたのは飢饉の際に餓死者(がししゃ)を出さなかった藩の藩主で，老中就任後に飢饉対策として囲い米を実施した。

ウ．島原の乱の数年後に起きた飢饉に対応するためタバコなど米以外の作物の植え付けを禁止し，百姓が田畑を売ることを禁止した。

エ．飢饉で困っている人を救おうと，大阪で元は幕府の役人だった人物が反乱を起こしたが，１日で鎮圧（ちんあつ）された。

(2) 飢饉によって生活が苦しくなった都市の人々が，米を買い占（し）めている商人の家を襲（おそ）ったことを何というか，答えなさい。

問７ 下線部⑦のような豪雨災害や津波などによる被害状況を予測し，避難所（ひなんじょ）などを地方公共団体が住民に示した地図を何というか，答えなさい。

問８ 下線部⑧は，環境の問題だけでなく，貧困や人権侵害（じんけんしんがい）にも取り組んでいます。国際連合の人権に関わる取り組みについて，次のア～エから正しい記述を１つ選び，記号で答えなさい。

ア．第二次世界大戦でのさまざまな人権侵害の反省から，1948年に国際人権規約が採択された。

イ．安全保障理事会では，近年では環境の変化に伴う領土の問題について，すべての国連加盟国の参加のもとに話し合われるようになった。

ウ．経済社会理事会は，ユネスコなどの専門機関と連携（れんけい）して，国際協力活動を行っているが，理事国の数は国連加盟国全体の３分の１以下である。

エ．総会で女性差別撤廃条約や子どもの権利条約，死刑廃止条約などが採択されており，すべての加盟国は採択された条約に参加しなくてはならない。

問９ （⑨）にあてはまる言葉を漢字で答えなさい。

問10 下線部⑩について，地球温暖化の解決へとつながる目標は他に，「つくる責任，つかう責任」（目標12）があります。この目標への取り組みは温暖化の問題の解決とどうつながるのでしょうか。つながりについて述べた文として正しくないものを次のア～エから１つ選び，記号で答えなさい。

ア．植物由来の素材を用いて生産することで，化石燃料の使用を減らすことができるから。

イ．安い賃金で作られた商品が大量に売れることで，発展途上国が得た資金を温暖化対策に用いるようになるから。

ウ．買ったものを長く使用することで，ゴミ処理にかかるエネルギー削減（さくげん）につながるから。

エ．近隣（きんりん）で生産される素材を用いることで，輸送の際に生まれる二酸化炭素の削減につながるから。

問11 下線部⑪の理由を述べた文として，正しくないものを，次のア～エから１つ選び，記号で答えなさい。

ア．急激に工業化を進め，経済成長を成し遂（と）げる発展途上国が現れたから。

イ．発展途上国の中には，環境に悪い生産方法を用いているところがあるから。

ウ．発展途上国の中には，温暖化の影響を受けて生活環境が悪化しているところがあるから。

エ．先進国の排出量（はいしゅつりょう）削減の取り組みが十分に達成されたとして，発展途上国が参加を求めたから。

2 以下の**あ**から**こ**は花子さんが日本人と川の関係について考えた文をノートに記した内容です。これらについて以下の問いに答えなさい。

あ 日本の川の特徴は，流れが急なことです。その理由は(　①　)からです。春になると水量が増えることが多いです。

い 川には飲み水を供給する役割があります。江戸時代には江戸の人口が増えたことで飲み水が必要になりました。神田川も江戸に飲み水をもたらした川の一つです。

う 川には②農業用水としての役割があります。江戸時代には多くの川から用水路を引くことで新田開発がすすめられました。

え 川では舟(ふね)による輸送が行われました。安土桃山時代以後，③琵琶湖から大阪湾にそそぐ(　④　)は京都の伏見と大阪を結ぶ大動脈でした。一方で，川は交通の障害となります。江戸時代以前は，敵から攻め込まれた時の足止めのために，橋をあまりかけませんでした。また，川の近くでは戦いが多く行われました。たとえば，戦国時代には九州で⑤大友氏と薩摩国(今の鹿児島県)の(　⑥　)氏が耳川(みみかわ)の戦いで衝突(しょうとつ)しました。

お 工業用水としての役割もあります。三大工業地帯はいずれも大きな川の近くで水が豊富です。また，川はエネルギーを生み出します。川の上・中流域では⑦発電がおこなわれています。一方で廃水(はいすい)などにより水質汚濁(すいしつおだく)が引き起こされることもあります。

か 川は洪水(こうずい)を引き起こします。古代においては，洪水に対し人間はなすすべがありませんでした。しかし，時代が下ると治水が行われるようになります。利根川は江戸時代以前には東京湾に注いでいました。⑧江戸時代にはじまった改修工事により，利根川は現在の江戸川と利根川に分流するようになり，現在では⑨銚子が河口となっています。

き 川は信仰(しんこう)の場，対象となりました。川の近くには⑩竜神(りゅうじん)，雨の神，水神(すいじん)などをまつった神社が多くあります。さらに川は和歌，⑪俳句などによまれることもあります。

く 川は観光の場でもあります。高知県を流れる(　⑫　)は「日本最後の清流」として人を呼び集めています。

け 川は水辺の散歩，親水の場でもあります。今朝もジョギングしている人を見かけました。また，私自身も小さいころ河原で遊んだ思い出があります。

こ 川と人間の関係を考えたとき，この後はどうなっていくでしょうか。川との関係は人類が続く限り，続いていきます。とはいえ，その時代に合った，現在とはまた違った関係をつくっていくことになるのではないでしょうか。

問1 (①)には2つの文が入ります。入る文として，正しいものを次のア～エの中から2つ選び，記号で答えなさい。

ア．日本の年間降水量の平均は外国に比べて少ない

イ．日本の川の流域面積は世界の大河に比べて広い

ウ．日本の川の多くは，水源が高い所にある

エ．日本の川は河口から水源地の距離(きょり)が短い

問2 下線部②について，次のグラフは，農業用水・生活用水・工業用水の年間使用量についてのグラフです。農業用水を示すものはどれか。以下のａ～ｃの情報を参考にして，ア～ウの記号で答えなさい。

ａ．生活用水は工業用水と比べると多い。

b．農業用水の中で，二番目に多いのが畑地かんがい用水で，30億 m³ である。

c．工業用水の中で最も多く使われるのが淡水である。

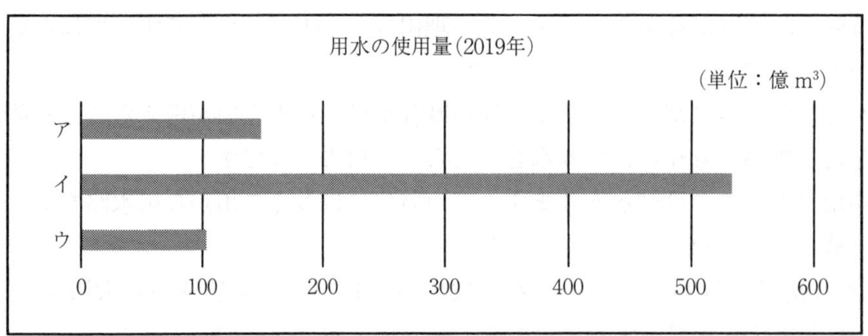

矢野恒太記念会『日本国勢図会 2023/24』より作成

問3　下線部③について琵琶湖とその周辺に関する文を年代順に並べかえ，記号で答えなさい。

ア．織田信長が安土城を築いた。

イ．天智天皇により大津宮が置かれた。

ウ．近江国の馬借たちが徳政を求めて一揆を起こした。

エ．井伊直弼が彦根(ひこね)藩の藩主になった。

問4　(④)に入る川の名を漢字で答えなさい。

問5　下線部⑤について，大友氏をはじめとするキリシタン大名は4人の少年をローマ法王に派遣しました。彼らを何と呼ぶか漢字で答えなさい。

問6　(⑥)に入る言葉を漢字で答えなさい。

問7　下線部⑦について，次のグラフは，年間発電割合の移り変わりを示すものです。以下のア～エには原子力発電，水力発電，火力発電，新エネルギーのいずれかが当てはまります。ア～エの中から水力発電に当たるものを選び，記号で答えなさい。

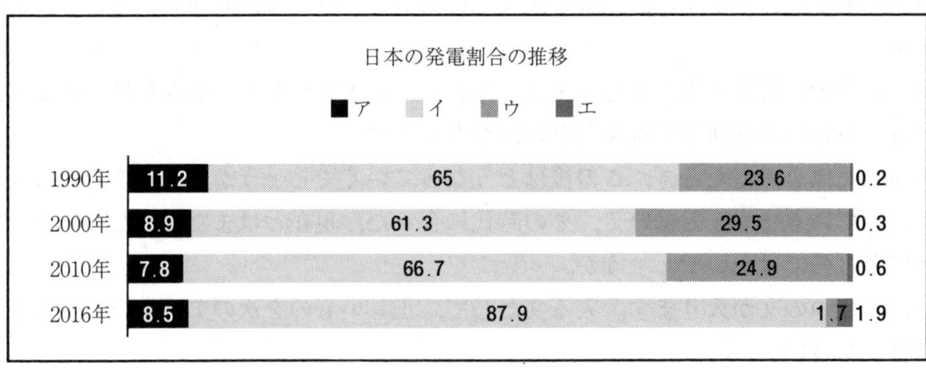

2019年版『日本のすがた』より作成

問8　下線部⑧の事業の結果どういうことが起こったか。正しくないものを，次のア～エから1つ選び，記号で答えなさい。

ア．関東平野の新田開発を促進した。

イ．江戸から人口が流出し，近郊(きんこう)には人口が100万を超える町が生まれた。

ウ．江戸では川の氾濫(はんらん)による水害が減少した。

エ．舟によって関東の人の移動やものの輸送をスムーズにした。

問9　下線部⑨について説明した文の中で正しいものを，次のア～エから1つ選び，記号で答えなさい。

ア．日本一の漁獲量を誇る漁港で，サバなどで有名である。

イ．イワシが多くとれ，室町時代には肥料として加工された。

ウ．茨城県の野田と並んで，しょうゆの生産で有名である。

エ．市内にある室戸岬は，関東最東端の岬として知られる。

問10　下線部⑩は，日本人の自然災害に対する信仰のかたちを表しています。同じような例は日本の歴史の中に見出すことができます。以下の説明文の中で正しくないものを，次のア～エから１つ選び，記号で答えなさい。

ア．疫病・地震などの災いを鎮めるために聖武天皇が大仏を造立した。

イ．雷による火災が起きたことをきっかけに菅原道真の霊を神としてまつった。

ウ．元寇の際，元軍が撤退したのは神風によるものだとみなした。

エ．関東大震災の犠牲者をまつるために明治天皇の命令で明治神宮が建立された。

問11　下線部⑪の例としては「五月雨をあつめて早し最上川」などがあります。最上川が流れる平野と，この俳句をよんだ人物の正しい組み合わせを，下のア～カから１つ選び，記号で答えなさい。

＜最上川が流れている平野＞

１．石狩平野　　２．庄内平野　　３．濃尾平野

＜俳句をよんだ人物＞

ａ．小林一茶　　ｂ．葛飾北斎　　ｃ．松尾芭蕉

ア．１－ａ　　イ．１－ｃ　　ウ．２－ｂ

エ．２－ｃ　　オ．３－ａ　　カ．３－ｂ

問12　（⑫）に入る川の名を漢字で答えなさい。

3　サキさんが地元の高校を卒業し，東京の大学に通うようになって４か月が過ぎました。サキさんが実家の両親に書いた手紙を読み，以下の問いに答えなさい。

拝啓

東京では猛暑の日々が続いています。こちらではあまり災害の心配はないのですが，今年も７月にそちらで大雨が降ったと聞き，小さいころに起きた市内の水害を思い出しました。今回はそこまで大きな被害がなかったようでほっとしています。

４人のシェアハウスの生活にもずいぶん慣れてきました。右隣の部屋のユナは料理が上手で，実家でよく食べると言ってチャプチェやビビンバを作ってくれます。向かいの部屋のメイは，米を多く生産する県の出身だけあって，米をよく食べます。

最近心配なのが斜め向かいの部屋に住むリコです。６月の下旬には「慰霊の日」に合わせて帰省して，戦没者追悼式に参加したのですが，こちらに戻ってきてから元気がありません。友人に①「今はかつてないほどに日本の安全が脅かされているのだから，軍事費を増やして自衛力を強めるべきだ」と熱弁されたことが原因みたいです。私はその時，私たちの市であった空襲の話をリコにしました。市内のお城に軍の設備が置かれていたことや，市では軍の産業が中心だったこと，そしてそのことが攻撃の理由にもなったことなどです。おばあちゃんに空襲のことを聞いた時には被害のことで心が痛かったのですが，調べてみていろいろなことを知らな

いといけないと気づきました。そのことを思い出して，リコに「②武器や弾薬をたくさん用意しておくことが本当に日本を守ることになるって言えるのか疑問だな。」と私は言いました。

8月から4人とも本格的な夏休みに入りました。実は私たち，新聞で見つけた埼玉県にある美術館に行こうと計画しています。そこには広島の原爆投下によって傷ついた人々を描いた作品があり，ユナの国の人の被爆をテーマにした作品もあります。またその作品を描いたご夫婦は，リコの県で起きた悲惨な地上戦についても多くの作品を残しています。あと，私たちの県とメイの県で起きた③あの公害についても描かれた絵があるので，4人でしっかり見て来ようと思います。

2人とも私の将来のことを心配していましたね。私たちは，将来についてよく話をします。先月まで学校にスウェーデンからアリスという留学生が来ていて，話を聞くと国の違いにびっくりして，④結婚や子どもの問題について話したりしています。

帰省した時に話したいことがたくさんあります。お盆の時期にはちゃんと帰りますので，からし蓮根を用意しておいてくれると，うれしいです。

敬具

問1　下線部①②に関連して答えなさい。国を侵略から守り，安全を保つのは大切なことですが，その方法や考え方については①と②のように分かれます。以下のア～エの考え方は①②のどちらに基づいているものですか。①か②で答えなさい。

ア．戦力を持たない，と憲法で宣言することで，他国からの信頼が得られる。

イ．アメリカとの安全保障条約があることで，日本は他国から侵略されにくい。

ウ．核兵器を持つ国から攻撃されないようにするには，自分たちが核兵器を持つ必要がある。

エ．「人間の安全保障」という考え方を広げ，貧困や自然災害など，紛争の原因となりうる脅威を除く必要がある。

問2　下線部③についての説明を以下にあげました。この中で正しくないものを次のア～エの中から1つ選び，記号で答えなさい。

ア．この病気は，化学工場から流れ出た有機水銀が原因であった。

イ．この病気の症状が出てからすぐに原因が特定されて，裁判に持ち込まれることになった。

ウ．この病気を発症した人やその家族は，同じ地域の中でひどい差別にあった経験をもつ。

エ．この病気の原因物質は，食べ物を通して人間の身体に入り，神経に悪影響を及ぼした。

問3　この手紙を書いたサキさんの出身の県について，答えなさい。

(1)　この県について，以下の説明のうち3つは正しく，1つは正しくありません。正しくないものを次のア～エの中から1つ選び，記号で答えなさい。

ア．この県では海沿いに平野が広がっているが，山地の割合の方が高い。

イ．この県には広大なカルデラで知られている大型の火山がある。

ウ．この県はトマトの収穫量が県別でみたときに日本一多い。

エ．この県には空港はあるものの，新幹線は通っていない。

(2)　この県では最近，台湾の有名な企業の工場が建設されました。その工場で生産されるものは，集積回路に用いられて身近な製品の機能を向上させます。生産されているものを漢字で答えなさい。

問4　ユナさんの国に関する問いに答えなさい。なお，問いによっては国の名前や領域が現在と異なる場合があります。

⑴　16世紀の終わりに，当時の権力者がこの国に２度にわたって大軍を送り，侵略をしたことがありました。侵略をした権力者の名前を漢字で答えなさい。

⑵　日本はこの国を併合して植民地にしました。それは何年のことですか。

⑶　この国は，1950年から隣国(りんごく)と戦争状態にあります。

ａ．1950年から始まった戦争を何と呼ぶか，答えなさい。

ｂ．ａの戦争によって日本で起きた出来事として，正しいものを次のア～エから１つ選び，記号で答えなさい。

ア．この国を支援するアメリカ軍への物資供給(きょうきゅう)から，好景気を迎えた。

イ．国際連合への加盟が認められた。

ウ．アメリカ軍に占領されていた沖縄が返還された。

エ．陸・海・空の部隊からなる自衛隊が成立した。

問５　メイさんの県では，住民が反対運動を起こし，原子力発電所の建設計画を撤回(てっかい)させたという出来事がありました(2003年)。この出来事に関する以下の問いに答えなさい。

⑴　住民は，1996年に，原発賛成か反対かについて自分たちの意思を示しました。どのような手段を用いて意思を示したのか，次の説明の空欄(くうらん)に当てはまる言葉を漢字で答えなさい。

町の議会で(　　)をつくり，それに基づいて住民投票を行った。

⑵「住民投票」という言葉は日本国憲法95条にも記されています。この条文の住民投票について，正しい説明を次のア～エから１つ選び，記号で答えなさい。

ア．何について住民投票を行うかについて，住民の側から提案できる。

イ．住民投票の結果，反対が過半数の場合には，その法律は制定できなくなる。

ウ．住民投票の権利は，国民投票と同じく満20歳以上の日本国民が持つ。

エ．この住民投票の例はこれまで多くなかったが，近年増加傾向にある。

問６　メイさんの出身の県は，稲作が盛んなことで知られています。稲作に関連する以下の問いに答えなさい。

⑴　次の２つのグラフの中で「米」はどれか，以下のア～ウの中から１つ選び，記号で答えなさい。なお，「米」以外は「畜産」「野菜」である。

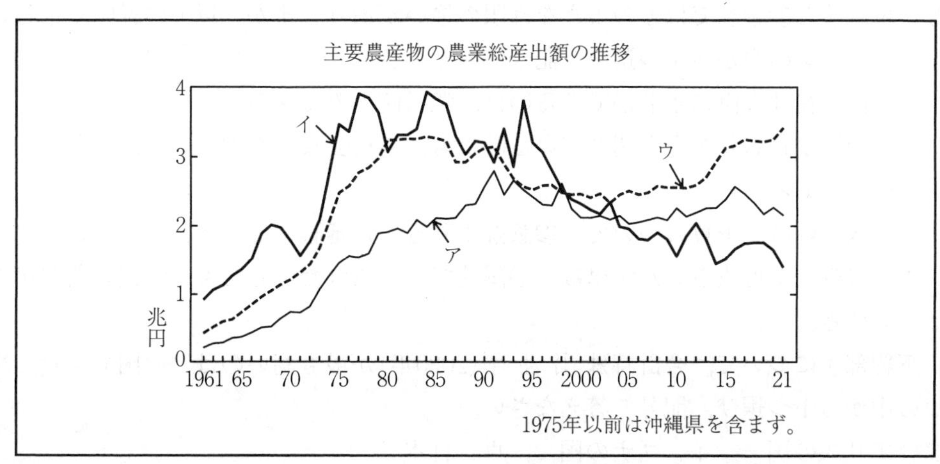

矢野恒太記念会『日本国勢図会 2023/24』より

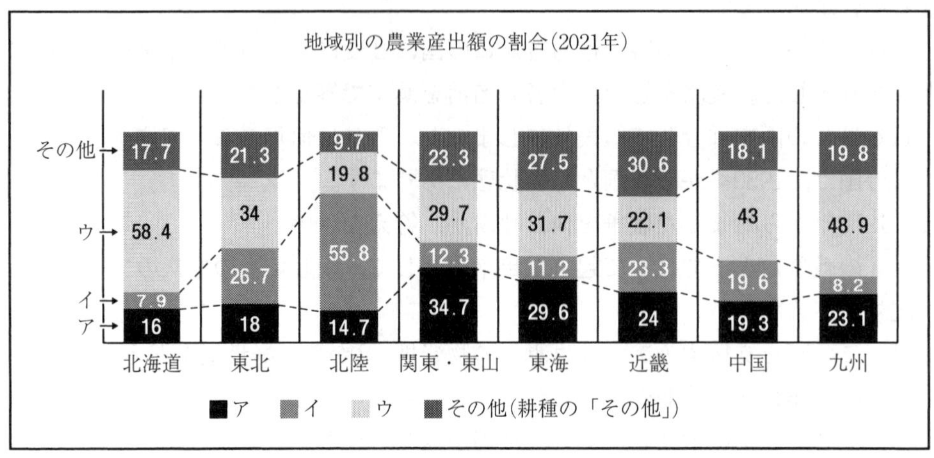

矢野恒太記念会『日本国勢図会 2023/24』より作成

(2) リコさんの出身の県では稲作は盛んではありません。それは，稲作に必要なある条件がそろっていないからです。リコさんの県に欠けている，稲作に必要な条件を1つ説明しなさい。

問7 アリスの国とユナの国，日本の3か国についての問いに答えなさい。

(1) 調べると次のようなことがわかりました。以下の問いに答えなさい。

> 国会における女性議員の割合が，アリスの国は46%，ユナの国が19%だった。日本の女性議員の割合を計算すると(　　　　)。衆議院の方が，参議院よりも男性議員の割合が高かった。

a．日本の国会議員の中で女性議員の数は衆議院・参議院合わせて110人です(2023年3月現在)。上の(　)の中に入れる文として正しいものを次のア～ウの中から1つ選び，記号で答えなさい。

ア．アリスの国より低いが，ユナの国より高い。

イ．ユナの国より低い。

ウ．アリスの国より高い。

b．衆議院と参議院ではどのような権限の違いがありますか。以下の説明で正しいものを次のア～エの中から1つ選び，記号で答えなさい。

ア．内閣総理大臣の指名ができるのは，衆議院のみである。

イ．会期が終わり国会が閉じている時でも，委員会などを開くことができるのは衆議院のみである。

ウ．衆議院は，予算について，参議院よりも先に審議(しんぎ)することになっている。

エ．衆議院で可決された法律は，参議院で否決されたとしても，一定の期間がたてば成立する。

(2) 下線部④について，合計特殊出生率(とくしゅしゅっしょうりつ)(2020年)が最も高いのはどの国ですか。次のア～ウの中から1つ選び，記号で答えなさい。

ア．アリスの国　　イ．ユナの国　　ウ．日本

【理　科】（30分）〈満点：60点〉

1　魚の卵やふ化について，次の問いに答えなさい。

問1　シロサケの卵巣は「すじこ」，ほぐしたものは「いくら」といいます。AとBの卵巣や卵は，どの魚のものですか。下のア～オから適切なものを，それぞれ1つ選び，記号で答えなさい。

A　たらこや明太子　　B　かずのこ

ア．ブリ　　イ．ニシン
ウ．トビウオ　　エ．スケトウダラ
オ．アジ

問2　メスのチョウザメとニシン，シロサケの腹にある卵の数を調べました。魚の腹にある卵の数は，魚の種類や大きさで異なり，多いものだと数万個になるので数えることが難しいです。そこで，魚の腹から取り出した卵全体の重さを測った後に，その卵の一部を取り出して，重さと数を調べることで全体のおよその卵の数を求めました。次の表の①～③は3種類の魚の卵の数を調べた結果です。その結果から，腹にある卵の数が多い順として適切なものを，下のア～カから1つ選び，記号で答えなさい。

結果	魚の種類	卵全体の重さ	卵の重さ
①	チョウザメ	3000g	卵50個の重さは1g
②	ニシン	240g	卵50個の重さは0.3g
③	シロサケ	600g	卵10個の重さは2g

ア．チョウザメ＞ニシン　　＞シロサケ
イ．チョウザメ＞シロサケ　＞ニシン
ウ．ニシン　　＞チョウザメ＞シロサケ
エ．ニシン　　＞シロサケ　＞チョウザメ
オ．シロサケ　＞ニシン　　＞チョウザメ
カ．シロサケ　＞チョウザメ＞ニシン

問3　メダカの産卵方法として，最も適切なものを，次のア～オから1つ選び，記号で答えなさい。

ア．川の水面に卵を産む。
イ．川の流れが弱いところにある小石に卵をくっつけて産む。
ウ．川底をしりびれでほって，その穴に卵を産む。
エ．川の水草や水面に浮いている草や根に卵をくっつけて産む。
オ．川の流れが急なところにある大きな石のかげに卵を産む。

問4　飼育しているメダカの卵が受精してからふ化するまでの時間は，水そうの水温が高いと短くなり，水温が低いと長くなることが知られています。ふ化までの時間を求めるときには積算温度を使います。積算温度は，1日の平均水温を毎日足した数値で表します。例えば，2月1日の平均水温が11℃，2月2日の平均水温が13℃，2月3日の平均水温が12℃の場合，積算温度は11℃と13℃と12℃をあわせて36℃となります。メダカの受精卵は，この積算温度が250℃をこえるとふ化すると言われています。

水温が20℃に管理されている水そうでは，最も早くて何日後にふ化しますか。次のア～オから適切なものを１つ選び，記号で答えなさい。

ア．３日　　イ．５日

ウ．７日　　エ．10日

オ．13日

問５　ふ化までの積算温度は，魚の種類によって異なります。図１はある川の平均水温を示しています。シロサケの卵が受精した日を０日目として，47日目にふ化したとするとシロサケの積算温度はおよそ何℃でしょうか。下のア～オから最も適切なものを１つ選び，記号で答えなさい。

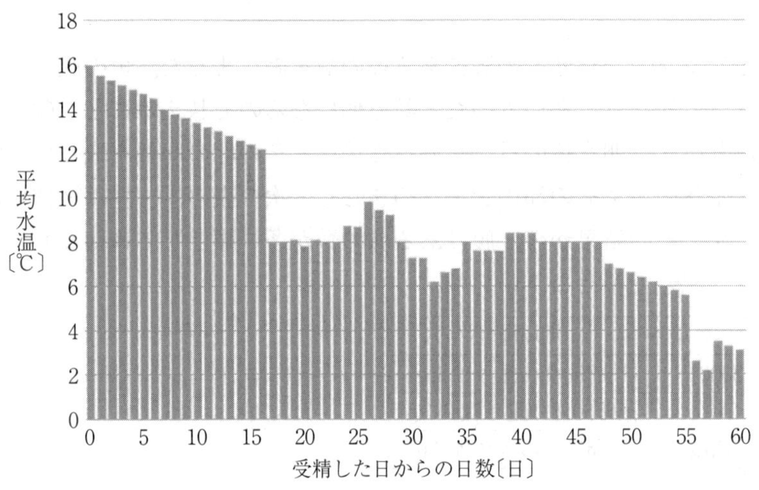

図１　ある川の平均水温と受精した日からの日数のグラフ

ア．280℃　　イ．380℃

ウ．480℃　　エ．580℃

オ．680℃

問６　メダカの受精卵の成長段階について，次のア～オを成長する順に並べ，記号で答えなさい。

ア．卵の中でさかんに動く。

イ．目が大きく黒くなり，むなびれがみえてくる。

ウ．からだの形ができてくる。

エ．心臓と血管がみえてくる。

オ．卵の中に，あわのようなものがたくさんみえる。

問７　メダカとシロサケの共通点として適切なものを，次のア～オから１つ選び，記号で答えなさい。

ア．受精卵は無色透明（とうめい）である。

イ．ち魚は腹に養分をたくわえたふくろがある。

ウ．メスもオスも産卵を終えるとすぐに死んでしまう。

エ．ち魚はプランクトンが食べられるようになると，河口に向かって泳ぐ。

オ．オスが求愛するためにメスの真下で水平に円をえがくように泳ぐ。

2 水溶液(すいようえき)や金属，酸性・中性・アルカリ性について，次の問いに答えなさい。

問1　正しくろ過の実験をしている図を，次のア～カから１つ選び，記号で答えなさい。ただし，ろうと台は省略してあります。

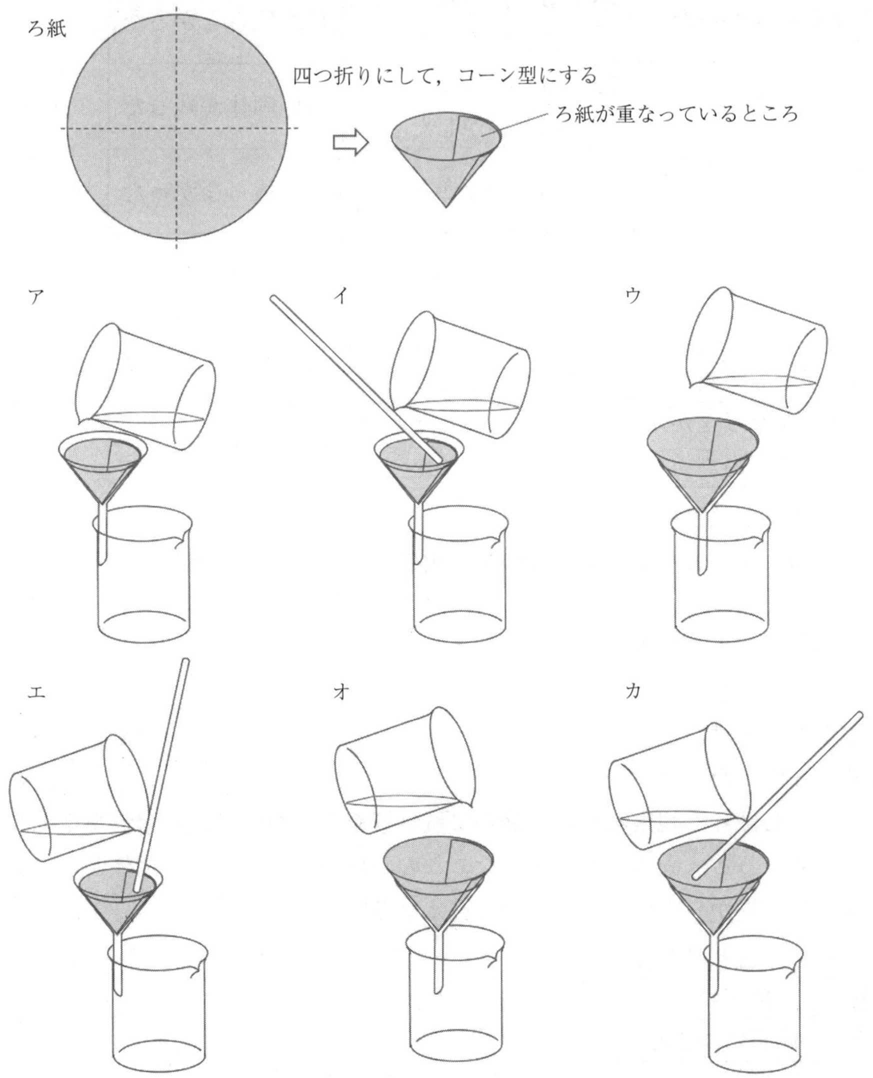

問2　次のどの場合にろ過を行うことができますか。適切なものを，次のア～オから２つ選び，記号で答えなさい。

ア．サラダドレッシングの水と油を分ける。

イ．オレンジジュースの色と液体を分ける。

ウ．片栗(くり)粉をといた水から，水と片栗粉を分ける。

エ．とけ残りがある食塩の水溶液から，とけ残りの食塩と水溶液を分ける。

オ．ミョウバンがすべてとけている水溶液を，水とミョウバンに分ける。

問3　試験管にうすい塩酸５mLを入れました。見た目やにおい，試験管を熱して液体を蒸発させた後の様子として，最も適切な組み合わせを，次のア～クから１つ選び，記号で答えなさい。

	見た目	におい	蒸発させた後
ア	水と変わらなかった	においがなかった	何も残らなかった
イ	水と変わらなかった	においがなかった	白い固体が残った
ウ	水と変わらなかった	熱すると，つんとしたにおいがした	何も残らなかった
エ	水と変わらなかった	熱すると，つんとしたにおいがした	白い固体が残った
オ	水と変わらなかったが，あわがでていた	においがなかった	何も残らなかった
カ	水と変わらなかったが，あわがでていた	においがなかった	白い固体が残った
キ	水と変わらなかったが，あわがでていた	熱すると，つんとしたにおいがした	何も残らなかった
ク	水と変わらなかったが，あわがでていた	熱すると，つんとしたにおいがした	白い固体が残った

問４　うすい塩酸を入れた試験管に，少量の鉄(スチールウール)をちぎって丸めて入れました。このときの変化のようすとして適切なものを，次のア～オから２つ選び，記号で答えなさい。

ア．試験管が冷たくなった。

イ．少しずつあわ(気体)が発生した。

ウ．入れた鉄はほとんど溶(と)けて見えなくなった。

エ．炎を出しながら溶けた。

オ．何も変化しなかった。

問５　**問４**の試験管をしばらく観察した後，静かに試験管をかたむけて，水溶液を２～３てき蒸発皿にとって加熱すると，固体が残りました。この固体の色や磁石との関係として最も適切なものを，次のア～カから１つ選び，記号で答えなさい。

	固体の色	磁石との関係
ア	黒色	磁石につく
イ	黒色	磁石につかない
ウ	白色	磁石につく
エ	白色	磁石につかない
オ	黄色	磁石につく
カ	黄色	磁石につかない

問６　うすい塩酸はトイレの洗剤(せんざい)などに利用されています。塩酸を使った洗剤で洗うのに最も適切でないものを，次のア～オから１つ選び，記号で答えなさい。

ア．陶器(とうき)の茶わん　　イ．金属製のスプーン　　ウ．プラスチックの皿

エ．木製のはし　　オ．ガラスのコップ

問７　ブルーベリーの実と少量の水をふくろに入れ，外から実をつぶすと色水ができました。ここにうすい塩酸を入れると何色に変化しますか。最も適切なものを，次のア～オから１つ選び，記号で答えなさい。

ア．赤　イ．青むらさき　ウ．青　エ．緑　オ．黄

問8　うすい塩酸をリトマス紙につけたときの色の変化と，同じ色の変化を示す液体として適切なものを，次のア～オからすべて選び，記号で答えなさい。

ア．石灰水　イ．牛乳　ウ．レモンのしる　エ．お酢(す)　オ．炭酸水

問9　試験管に入れたうすい塩酸20mLに，亜鉛(あえん)を少量ずつ加えて発生した気体の量をグラフにすると，図1のようになりました。

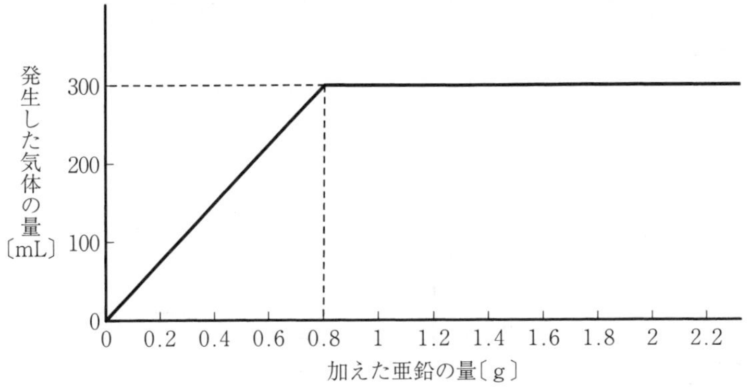

図1　加えた亜鉛の量と発生した気体の量

(1)　うすい塩酸20mLとちょうど反応する亜鉛の量は何gか答えなさい。

(2)　図1で亜鉛を0.4g加えたとき，発生した気体の量は何mLか答えなさい。

(3)　(1)で使った塩酸を40mLにして，亜鉛を少量ずつ加えて発生した気体の量を調べました。最も適切なグラフを下のア～クから1つ選び，記号で答えなさい。

(4)　(1)で使った塩酸の濃度(のうど)(こさ)を2倍にうすめたものを20mL使って，亜鉛を少量ずつ加えて発生した気体の量を調べました。最も適切なグラフを次のア～クから1つ選び，記号で答えなさい。

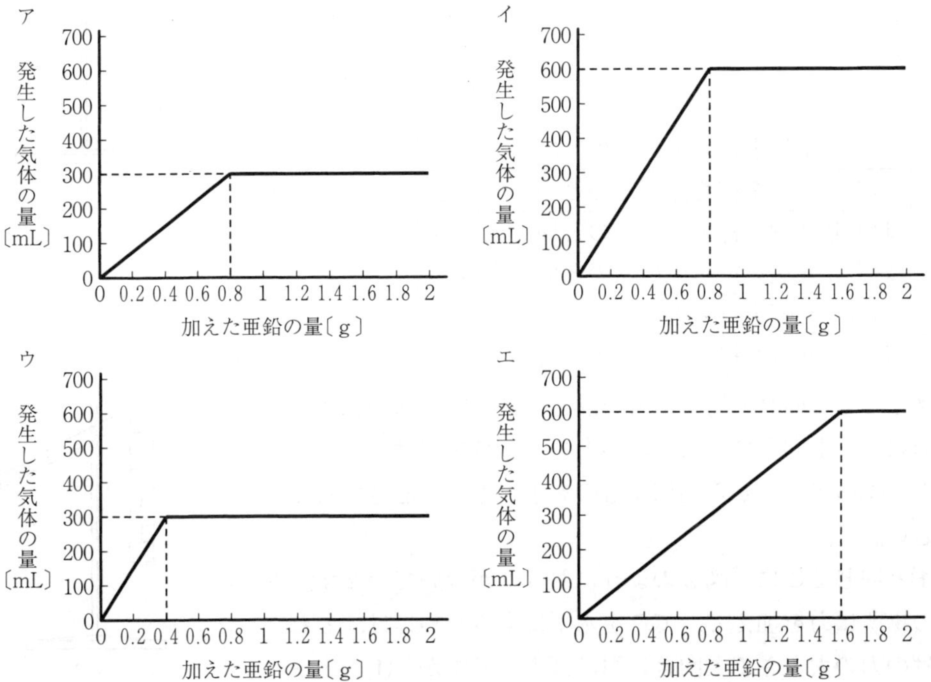

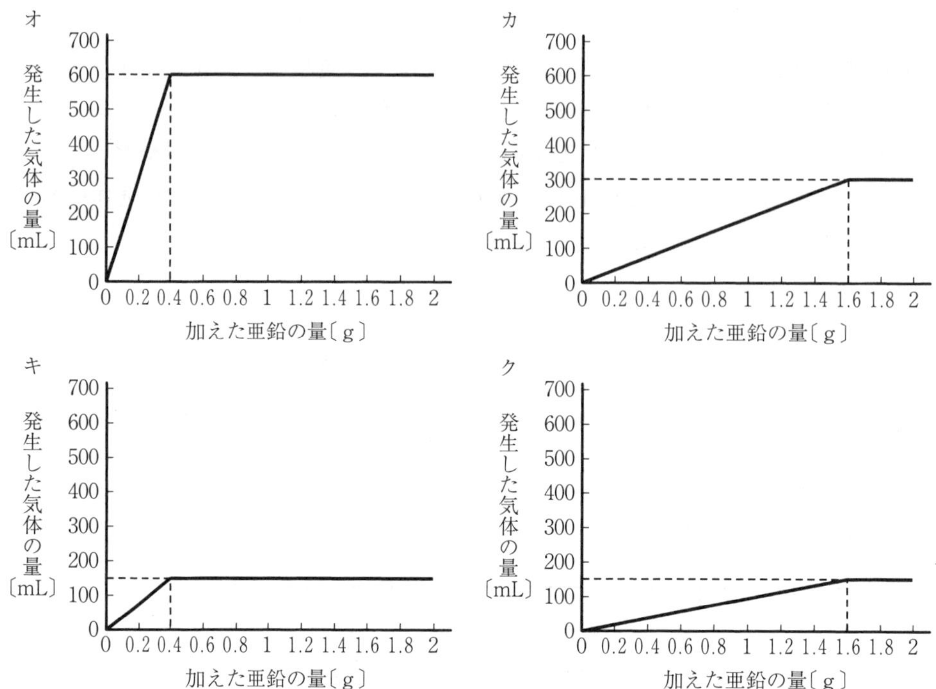

3 力のはたらき方について，次の問いに答えなさい。

問1 てこについて，次の問いに答えなさい。

(1) 右の図1のように，てこに3個のおもりがついています。Aの場所に力を加えて，てこを水平にするためには，下向きにどれだけの力の大きさで引けばよいですか。次のア～カから適切なものを1つ選び，記号で答えなさい。てこについている1つのマス目の長さと，おもり1個の重さはそれぞれ同じです。

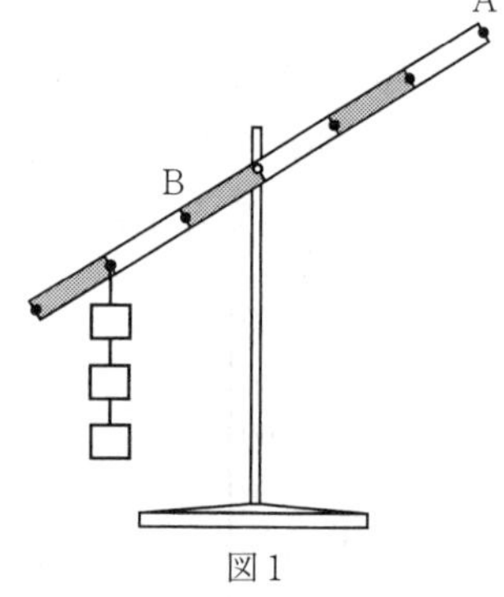

図1

	力の大きさ
ア	おもり1個を持ち上げるのと同じ大きさ
イ	おもり2個を持ち上げるのと同じ大きさ
ウ	おもり3個を持ち上げるのと同じ大きさ
エ	おもり4個を持ち上げるのと同じ大きさ
オ	おもり5個を持ち上げるのと同じ大きさ
カ	おもり6個を持ち上げるのと同じ大きさ

(2) 図1のてこのBの場所に力を加えて，てこを水平にするためには，上向きにどれだけの力の大きさで引けばよいですか。(1)のア～カから適切なものを1つ選び，記号で答えなさい。

(3) (1)と同じてこに，図2のようにおもりがついています。Cの場所に力を加えて，てこを水平にするためには，どれだけの力の大きさで上向きに引けばよいですか。(1)のア～

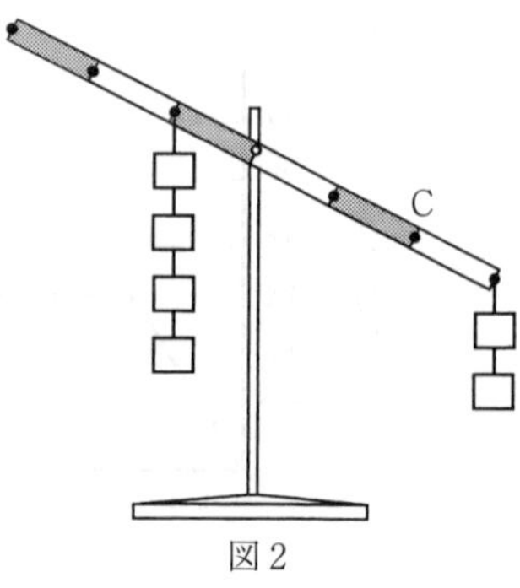

図2

カから適切なものを１つ選び，記号で答えなさい。

(4)　図３のように，てこを使って荷物を持ち上げようとしましたが，荷物が重くて持ち上がりませんでした。荷物を持ち上げやすくするために，荷物・支点・力点の位置を今の場所からそれぞれどれか１つだけ動かすとしたら，図の右か左のどちらにずらすのがよいですか。最も適切な組み合わせを，下のア～クから１つ選び，記号で答えなさい。

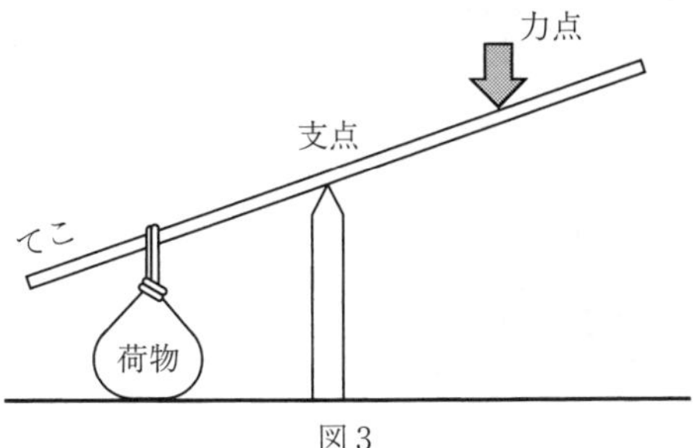

図３

	荷物だけ動かすとき	支点だけ動かすとき	力点だけ動かすとき
ア	左にずらす	左にずらす	左にずらす
イ	左にずらす	左にずらす	右にずらす
ウ	左にずらす	右にずらす	左にずらす
エ	左にずらす	右にずらす	右にずらす
オ	右にずらす	左にずらす	左にずらす
カ	右にずらす	左にずらす	右にずらす
キ	右にずらす	右にずらす	左にずらす
ク	右にずらす	右にずらす	右にずらす

問２　電線を支える電柱について，次の問いに答えなさい。

(1)　電柱は，電線のおもさによってかたむくのを防ぐために，支線というワイヤーで電柱を引っぱることがあります。図４－１，４－２のように，電柱に電線Ａ，Ｂ，Ｃがついているとき，支線を１本つけるとすると支線はどこにつけるとよいですか。適切なものを，図４－２中の支線ア～エから１つ選び，記号で答えなさい。なお，実際の電柱や支線には，たくさんの電線や装置などがついています。

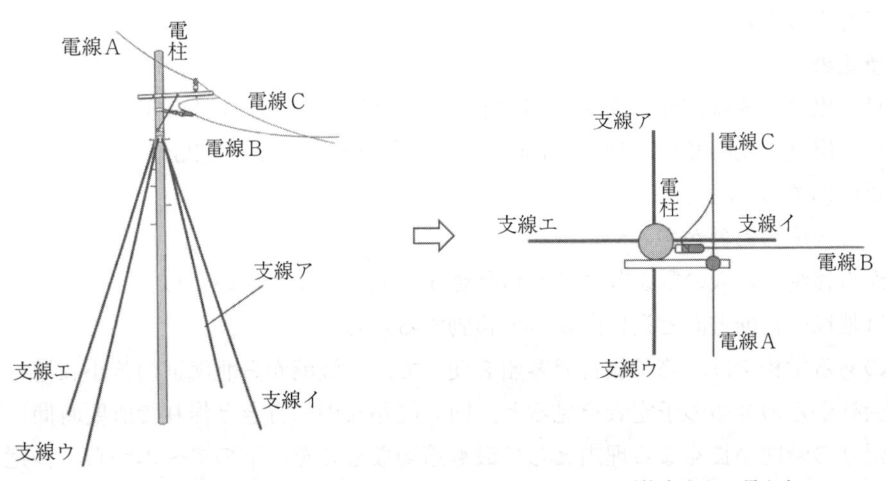

図４－１　電柱を横から見たところ　　図４－２　電柱を上から見たところ

(2) 電柱に下の図5のような電線D，Eがついているとき，支線はどこにつけるとよいですか。適切なものを，図5中の支線カ～ケから1つ選び，記号で答えなさい。

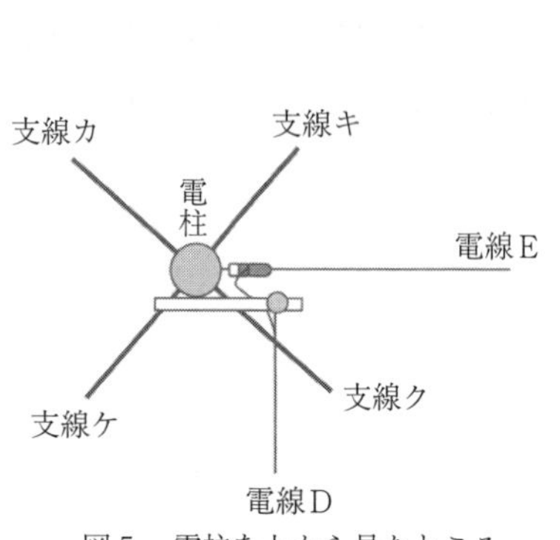

図5　電柱を上から見たところ

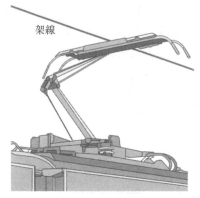

図6　パンタグラフ

問3　電車は，上の図6のようなパンタグラフを使って，架線という電線から電気を取り込んで動きます。架線自体の重みで架線がたるむと，パンタグラフと架線のつながりが途切れてしまい，電気を取り込むことができなくなります。そこで，架線がたるまないようにするために，どのような工夫がされているでしょうか。最も適切なものを，次のア～オから2つ選び，記号で答えなさい。

ア．電線のはじを強く引っぱる。

イ．光ファイバーの電線にして軽くする。

ウ．電線の内側に固い材料を入れる。

エ．電線の外側を固い材料でコーティングする。

オ．二本の電線を上下に通して，上の電線で下の電線を引っぱる。

4　天気や気象について，次の問いに答えなさい。

問1　東京都のある学校では，修学旅行で飛行機を使って，羽田空港から沖縄県の那覇空港に行きます。旅行会社からの飛行機の予定表を見ると，同じ経路なのに行きと帰りの所要時間に差があります。帰りの時間が短くなる理由として最も適切なものを，下のア～エから1つ選び，記号で答えなさい。

飛行機の予定表

5月13日　出発　8時30分　到着　11時15分　(所要時間　2時間45分)

5月16日　出発　15時40分　到着　18時05分　(所要時間　2時間25分)

ア．交通量の影響があるから。

イ．上空の偏西風の影響があるから。

ウ．東京から移動する人の数より沖縄から移動する人の方が少ないから。

エ．帰りは地球の自転方向と逆に向かって移動するから。

問2　茨城県のある学校では，修学旅行で客船を使って，大洗港から北海道の苫小牧港に行きます。旅行会社からの客船の予定表を見ると，同じ経路なのに行きと帰りで所要時間に差があります。帰りの時間が長くなる理由として最も適切なものを，下のア～エから1つ選び，記号で答えなさい。

客船の予定表

5月13日　出発　19時45分　到着　13時30分　(所要時間　17時間45分)

5月16日　出発　18時45分　到着　14時00分　(所要時間　19時間15分)

ア．港の混雑状況によるから。

イ．海流の影響があるから。

ウ．東京から移動する人の数より北海道から移動する人の方が少ないから。

エ．行きと帰りで船の進む方向と地球の自転方向の関係が変わるから。

問3　5月20日に葛西臨海公園へ潮干がりにいく計画を立てました。次の問いに答えなさい。

(1)　この日の夜は，太陽と月と地球が，太陽－月－地球の順に一直線に並ぶ日です。太陽と月と地球が一直線に並ぶ日は，普段より潮の満ち引きの差が大きくなり，干潟が広がりより多くの貝をとることができます。この日の夜に見られる月として適切なものを，次のア～オから1つ選び，記号で答えなさい。

ア．三日月　　イ．上弦の月　　ウ．下弦の月　　エ．満月　　オ．新月

(2)　潮干がりにいく予定でしたが，出発の朝にある様子を見たため雨が降ると思い，延期することに決めました。ある様子とは何だったと考えられますか。古くから雨が降ると言い伝えられている出来事(観天望気など)として，最も適切なものを，次のア～オから1つ選び，記号で答えなさい。

ア．飛行機雲がすぐに消える。

イ．ツバメが低く飛ぶ。

ウ．クモが糸をはる。

エ．スズメが朝からさえずる。

オ．朝，遠くの山がはっきりと見える。

(3)　雲は形や特ちょう，できる高さによって，10種類にわけることができます。雨を降らす雨雲(乱層雲)よりも低い位置で見られる雲として適切なものを，次のア～オから1つ選び，記号で答えなさい。

ア．うす雲　　イ．うろこ雲　　ウ．おぼろ雲　　エ．わた雲　　オ．すじ雲

(4)　次に普段より潮の満ち引きの差が大きくなるのは，5月20日からおよそ何日後でしょうか。最も適切なものを，次のア～オから1つ選び，記号で答えなさい。

ア．7日後　　イ．14日後　　ウ．21日後　　エ．28日後　　オ．35日後

問4　日本の1月から5月までに見られる出来事として，最も適切でないものを次のア～オから1つ選び，記号で答えなさい。

ア．青森県の弘前公園で，ソメイヨシノが満開をむかえる。

イ．新潟県の姫川の河口で，雪解け水に運ばれて，ヒスイという鉱物が流れる。

ウ．北海道の日高町の近くの海で，多くのシロサケがとれる。

エ．東京都心で，スギ花粉の飛散量が多くなる。

オ．栃木県ではイチゴが旬をむかえ，収穫が最も多くなる。

じたことを素直(すなお)に表現できなかった自分に腹を立てる気持ち。

問五 ――線4「女の子みたいって、女の子らしいって、そう言われるの、ほんとにこわい。」とありますが、それはなぜですか。最も適切なものを次から選び、記号で答えなさい。

ア　これまで羽紗が必死に作り上げてきたイメージから外れて、周りに驚かれることが照れくさいから。

イ　女の子らしい一面を見せることで、羽紗本人とかけ離(はな)れたイメージがひとり歩きをしてしまうから。

ウ　生徒会長として周りからの信頼(しんらい)を得るためには、ボーイッシュなイメージでいることが条件だから。

エ　無理をして男の子ぶっている女の子だと勝手に理解をされて、そのイメージにあてはめられるから。

問六 ――線5「強くなりたい。ゆれないように。自分が自分であるために、闘えるように。」とありますが、この時の虎之助の決意はどのようなものですか。そこにいたるまでの心情と決意の内容を、「＊＊＊」以後の描写(びょうしゃ)をふまえて説明しなさい。

ぼくはかわいた声で答える。すると、女子のひとりが言った。
「あれ？　なんか、あまいにおいがする。もしかしてケーキ焼いた？」
ぼくは無視する。女子たちがキャッキャと言いあう。
「においますねえ」
「どこで焼いたんだろ。よそのおうち？」
「よそのおうちって、だれのおうちよ」
「そりゃあ……あれですよ、彼女、とか」
黄色い笑い声。はじけるような笑顔。
無邪気にはしゃいでいる、自覚のない加害者の群れ……。
ぼくは歯を食いしばった。
背中を向けて、その場を立ち去る。一刻も早く。
「あれ、待ってよ虎。なに？　おこっちゃった？」
頭の中がぐらぐらする。②ムネのおくでなにかが燃えている。ちりちりとのどをこがす、不愉快な熱。口の中に残っているタルトタタンの味。③コトワリもなく頭をなでてくる手の感触。
どこからかこだまする、今にも泣きそうな祇園寺先輩の声。
――ばかみたい。こんなにおいしいのに。むかつく。
「虎ちゃん、かわいい顔が台なしですよ～？」
「ほんとほんと！　ほら、いつもみたいに笑って！」
ぼくはふり返って、さわいでいる女子たちをにらみつける。
それから、大きく息を④スいこみ、精いっぱいの声でさけんだ。
今までずっと押さえこんできた思いが、明確な言葉となって夕日の下に響く。
女子たちの表情が固まるのを見ながら、ぼくは思った。
5強くなりたい。ゆれないように。
自分が自分であるために、闘えるように。

（村上雅郁『きみの話を聞かせてくれよ』フレーベル館）

問一　――線①は読み方を答え、②・③・④のカタカナを漢字に改めなさい。

問二　1 にあてはまる四字熟語として適切なものを次から選び、記号で答えなさい。

ア　画竜点睛　　イ　本末転倒
ウ　竜頭蛇尾　　エ　七転八倒

問三　――線2「おごそかな表情」とありますが、虎之助が羽紗の表情をこのように感じたのは、羽紗の話をどのようにとらえているからですか。本文中から五字で書き抜きなさい。

問四　――線3「ばかみたい。こんなにおいしいのに。むかつく」とありますが、この時の羽紗の心情を述べたものとして最も適切なものを次から選び、記号で答えなさい。

ア　イメージを壊したくない一心で大好きな甘いものを我慢してきたが、我慢しきれない自分の意志の弱さにいらだつ気持ち。
イ　苦手意識のある甘いものであったが、虎之助のタルトタタンだけはおいしく感じてしまった自分を腹立たしく思う気持ち。
ウ　ボーイッシュなイメージと甘いもの好きな女の子のイメージが両立することを今まで気づかなかった自分にいらだつ気持ち。
エ　他人から勝手なイメージを持たれることをおそれて自分の感

「ふぐふぐ。すばらしいね」

祇園寺先輩は、2おごそかな表情でタルトタタンを口に運んだ。

ひと口。もうひと口。

しずしずと味わうようにそれをかんで、こくんとのみこむ。

「……おいしい」

先輩はつぶやいた。そうして、泣きそうな声で続けた。

「3ばかみたい。こんなにおいしいのに。むかつく」

そのまま、祇園寺先輩はうつむいて、なにかを考えこんでいた。ぼくはやっぱり、なにも言えなかった。だまってタルトタタンを食べた。リンゴとカラメルの香り。

あまずっぱい味が口いっぱいに広がって、だけど、今日はただただ、かなしい。

＊＊＊

帰り道。

黒野先輩と別れたあと、学校の近くを歩きながら、ぼくは龍一郎のことを考えた。

サッカー部のキャプテン。文武両道の優等生。あの人はいつもぼくに言う。

「人がなんて言おうと関係ない。自分の道を行けよ」

でも、龍一郎はきっと、ぼくが歩いている道の①険しさを知らない。ぼくの歩幅(ほはば)を、体力を、道に落ちているちいさな石のひとつひとつが、はだしの足をきずつける感触(かんしょく)を……それは、おたがいにそうなのかもしれないけれど、少なくともぼくは、だれかに「人がなんて言おうと関係ない」なんて、言えない。

人になにかを言われることは、つらい。

自分の道を歩いているだけで、その道に勝手な名前をつけられるのは、歩き方に文句をつけられるのは、どんなに好意的でも笑われるのは、ほんとうにつらい。

祇園寺先輩の思いつめた表情。ウサギ王子の抱(かか)えた秘密。

――4女の子みたいって、女の子らしいって、そう言われるの、ほんとにこわい。

そうだ。

ぼくらは自分のままでいたいだけ。そうあるように、ありたいだけ。それを、関係のないだれかに、勝手なこと、言われたくなかった。

ポケットでスマホがふるえる。ぼくはそれを取りだして、ラインアプリを開いた。

「今日はありがとう。いろいろぐちを言ってしまってごめん」

祇園寺先輩からのメッセージ。

ぼくはしばらく考えて、ちいさくうなずいた。フリック入力で、画面に文字をつむぐ。

「先輩。また、タルトタタンを焼きに行ってもいいですか?」

「ぼくは、もっと先輩と話がしたいです」

既読(きどく)はすぐについた。だけど、返信はなかなか来なかった。

「あれ、虎じゃん。どこ行ってたの?」

その声に顔をあげると、クラスメイトの女子たちがこっちを見ていた。

部活帰りだろうか。数人、かけよってきて、勝手に頭をなでてくる。

「家、こっちのほうじゃないよね? お出かけ? いいなあ」

「……秘密」

えた。そしたら、あの子、ほっとしたように笑って、言ったんだ」

――私さ、羽紗ちゃんのこと、ちょっとこわいって思っていたけど、気のせいだった。

――なあんだ。やっぱり羽紗ちゃんも女の子なんだ。

「その声はひどく弾んでいて。だけど私はぶんなぐられたようなショックを受けた」

ぼくは黒野先輩の顔をちらりとうかがった。とくに感想はないようだ。もしかすると、すでに知っている話なのかもしれない。祇園寺先輩は続けた。

「それから、私はその子と距離を置いた。ううん、その子だけじゃない。あまいものや、女の子らしいとされるものからも、ますます距離を置くようになった」

私は「らしさ」にとらわれたくなかったんだ――そう、先輩は言った。

自由でありたかった。そんな自分のことが好きだった。

「……だから、やっぱり女の子じゃんとか、女の子らしいところもあるんだねとか、言われたくなかった。そういう目で見られるくらいなら、死んだほうがまし」

思いつめた顔で、先輩は言った。

ぼくは、いつになくしずかな、なにか、神聖なものにふれたような気持ちになった。

心はしんとしていて、だけど、そこのほうではふつふつとなにかが燃えている。

らしさ。

男の子らしさ。女の子らしさ。自分らしさ。

ボーイッシュ女子。スイーツ男子。

虎は虎だから。羽紗は羽紗だから。

轟くん、かわいいし。ケーキ焼く男子とか、アリよりのアリっしょ。

今はいろんな趣味があっていいと思う。羽紗を見てると勇気が出る。

自由でいていいんだって思える。なあんだ、やっぱり女の子なんだ……。

いろんな言葉が、声が、ぼくの内側で響いては消える。

黒野先輩が言った。

「『ボーイッシュな女子らしさ』にとらわれてないか？」

ぼくはおずおずとうなずいた。祇園寺先輩はちいさく笑った。

「そうだね。わかってるんだ。[1]だってことは。私はけっきょく、べつのらしさにとらわれていて、ぜんぜん自由なんかじゃない。でも……」

紅茶の入ったマグを両手で包むように持って、先輩は続ける。

「無理なの。私、女の子みたいって、女の子らしいって、そう言われるの、ほんとにこわい。そんなの、その人の偏見だってのも、わかってる。だけど、だめなんだよ。そう言ってくる人たちは、私のことを『無理して男子ぶってる女の子』っていうふうに見る。そういうありふれた話に落とし込もうとする。それが、ほんとうにいやなんだ」

黒野先輩は言った。

「人は、枠組みから外れたやつがいるのがこわいんだよ。だから、自分がわからないものに出会うと、おかしいって言って攻撃したり、わかりやすいでたらめに押しこんで、わかった気になったり、する」

くっくと笑う先輩。ぼくはなにも言えなかった。

焼きあがったタルトタタンをすこし冷まして、ケーキ型から外す。

ぼくたちはそれを切り分け、一切れずつお皿に取った。黒野先輩がいそいそと、あめ色のリンゴを頬張って笑う。

黒野良輔…中二。剣道部。羽紗の後輩。

「ぼく」(=虎之助)、羽紗、良輔は同じ中学校に通っている。ある日「ぼく」は、突然、羽紗から「タルトタタン(=リンゴを使った焼き菓子)」の作り方を教えてほしい」と、良輔を通じ、頼まれた。そして三人は、羽紗の家でタルトタタンを作ることになった。

祇園寺先輩は紅茶をいれてくれた。
それから、ケーキが焼けるまで、ぽつぽつとぼくらは話をした。
なんでもないような話。どうでもいい、くだらない話。
だけど、時間とともに、それは大切な話に変わっていく。
「私さ、むかしから、男勝りって言われてたんだ」
祇園寺先輩はそんなことを言った。
「男子相手にけんかもしたし、スポーツも得意だったし。ほら、見た目もこんなだし。名前はウサギなのに、ライオンみたいって、みんなに言われてた」
ぼくはうなずいた。
「ぼくは虎なのにハムスターみたいだって言われます」
「まじでよけいなお世話だな」
うんざりしたようにそう言って、黒野先輩が紅茶をすする。
ぼくは、気になっていたことをたずねた。
「あの……だけど、先輩はどうして、そこまで自分のイメージにこだわるんですか?」
祇園寺先輩はしばらくだまっていた。黒野先輩もなにも言わない。聞いちゃまずかったかなと、心配になってきたころ、ようやく祇園寺先輩は口を開いた。
「私はさ、うれしかったんだよ。小三で剣道をはじめて。どんどん強くなって。ボーイッシュだとか、かっこいいとか、そういうふうに言われるのが」
紅茶をひと口飲んで、先輩は続けた。
「誇らしくてならなかった。べつに女子らしくなくていいんだって、いや、こういう女子もいるんだって、私が生きていることで、証明できている気がした。羽紗を見てると勇気が出るって、自由でいていいんだって思えるって、そんなふうに言ってくれる子もいた」
大切な思い出をなぞるように、そう言う祇園寺先輩。
「だけど……」と、ぼくは言いよどんだ。
先輩はだまってぼくの言葉を待っている。だけど、なんだろう。言っていいのかな。失礼かもしれない。迷っていると、黒野先輩が笑った。
「そうだな。あんまり、今の王子は自由には見えないよな」
そのとおりだった。
今まで作りあげてきたイメージを守ろうとするあまり、ケーキを食べることすら、自分にゆるせずにいる。少なくとも、それを他人に知られたくないと思っている。
「そうだね。こんなのはもう、呪いみたいなもの」
祇園寺先輩はしみじみとうなずいて言う。
それからちいさく笑った。なつかしむように、だけどかなしそうに。
「六年生のころ、友だちになった女の子がいたの。世間一般に言われている意味で、つまりはそれも偏見だけど、女の子らしい女の子だった。フリフリしたかわいい服を着て、絵を描くことと、お菓子作りが好きで。その子が私にタルトタタンの味を教えてくれた」
そう言って、祇園寺先輩は、ぎゅっと眉間にしわをよせる。
「その子の家で、その子が作ってくれたタルトタタンを食べたとき。こんなにおいしいものがあるのかって、そう思った。だから、そう伝

注2　冷笑…ばかにして笑うこと。
注3　嘲笑…ばかにして笑うこと。
注4　帰属…特定の組織などに所属し、従うこと。
注5　ウィシュマさん…日本の入国管理局の収容施設で死亡したスリランカ国籍の女性。
注6　ホロコースト…第二次大戦中、ドイツがユダヤ人に対して組織的に行った虐殺行為。
注7　アイヒマン…第二次大戦中のドイツの親衛隊隊員。強制収容所へのユダヤ人大量移送に関わった。
注8　ラスボス…最後のかべとして立ちはだかる存在。

問一　――線①・②・③・④のカタカナを漢字に改めなさい。

問二　――線1「成敗せよ。許すな。粉砕せよ。立ち向かえ。」という述語の行き着く先に、どのようなことが引き起こされると筆者は述べていますか。本文中から五字で書き抜き（ぬ）なさい。

問三　――線2「悔やんでも時間は巻き戻せない。」とありますが、どのように悔やむことになると筆者は述べていますか。具体的に表現している部分を本文中から二十二字で探し、その最初の六字を書き抜きなさい。

問四　――線3「加害している当人はそれに気づかない。」とありますが、その理由を説明したものとして最も適切なものを次から選び、記号で答えなさい。

ア　集団の動きや考えを守ることは職業にたずさわる者として当然であり、個人の感情を優先するのは一人前とはいえないから。
イ　懲罰や躾を厳しく行うことで現場の安全が保障されるため、必ずしも虐待が起きている状況（じょうきょう）だとは言い切れないから。
ウ　集団の動きや考えが個人の感覚や思考よりも優先されてしまうと、虐待が起きている状況に何の疑問も抱（いだ）かなくなるから。
エ　保育の現場や障害者施設、刑務所では、被害者となる園児や障害者、受刑者の立場は弱く、反論することができないから。

問五　[4]にあてはまる言葉を次から選び、記号で答えなさい。

ア　天をあおぐ　　イ　風がかわる
ウ　雲をつかむ　　エ　雷（かみなり）がおちる

問六　――線5「自分にフィードバックする。」とはどういうことですか。それを説明したものとして最も適切なものを次から選び、記号で答えなさい。

ア　自分の使った述語をみんなに伝えなければいけなくなるということ。
イ　自分の使った述語は自分だけが深く理解していればよいということ。
ウ　使った述語の責任は優しさをともなってみんなに広まるということ。
エ　使った述語の責任を自分自身が持たなければいけなくなるということ。

問七　一人称単数の主語を意識的に使うことで気づくことがあると筆者は主張していますが、それはどのようなことですか。中国人留学生の例で筆者が伝えたいことを示したうえでわかりやすく説明しなさい。

二　**次の文章を読んで、あとの問いに答えなさい。**

轟（とどろき）虎之助（とらのすけ）…中一。ケーキ作りが趣味（しゅみ）。
轟龍一郎（りゅういちろう）…虎之助の兄。
祇園寺羽紗（ぎおんじうさ）…中三。剣道部（けんどうぶ）。生徒会長。「ウサギ王子」と呼ばれ、学校中の女子のあこがれの的（まと）となっている。

たはずだ。

ところが、そんな人たちが日常的に虐待にふける。被害者は園児であり知的障害者であり受刑者だ。つまり弱い人たち。だから抵抗しない。できない。名古屋入管で注5ウィシュマさんを虐待し、適切な医療につなげることすらしなかった入管職員たちも同じだろう。他にも多くの外国人たちが、入国を認められないままに虐待を受けていた。躾や懲罰のつもりがどんどんエスカレートする。でも3加害している当人はそれに気づかない。集団の一部になっているからだ。一人称単数の主語をいつのまにか失っているからだ。この延長に注6ホロコーストを含めた多くの虐殺がある。多くの注7アイヒマンがいる。武力侵攻や戦争がある。

天敵への②ボウエイサクとして始まった集団(群れ)は、近代において、組織や共同体を意味するようになった。具体的に書けば、会社や学校。組合やサークル。法人に町内会。派閥にグループ。まだまだいくらでもある。集団の注8ラスボスは国家だ。国籍から逃れられる人はいない。

人はこうして、国家を③チョウテンとしたさまざまな組織や共同体に帰属しながら生きる。そう宿命づけられている。もしも南太平洋の無人島でたった一人で暮らすのなら、あなたはあらゆる集団から離脱できるかもしれない。でもそれは本来の人の生きかたではない。

集団の最大の失敗は戦争と虐殺だけど、それだけではない。虐待やいじめ。地球温暖化と環境破壊。温暖化ガスの弊害は明らかで毎年のように異常気象はニュースになるのに、僕たちは今の速度と方向を変えることができない。

あなたは「ティッピング・ポイント」という言葉を聞いたことがあるだろうか。この言葉の意味は、それまでの小さな変化が④キュウゲキに変化するポイントのこと。日本語ならば「臨界点」や「閾値」と言い換えられる。

地球温暖化問題においても、温室効果ガスの量がある一定の閾値を超えると爆発的に温暖化が進み、もはや後戻りができない事態に陥ってしまうと言われている。

いつ「ティッピング・ポイント」は始まるのか。数十年後と言うコメンテーターもいれば、数年後と言う科学者もいる。いずれにしても、このままでは人類は、最悪の事態を迎えることになる。本当に取り返しのつかない事態になってから、なぜあのときにもっと真剣に対処しなかったのか、と［　4　］可能性は高い。

その理由は集団だったから。自分の感覚よりも全体の動きに合わせていたから。自分の問題ではなく全体の問題だったから。みんなが温暖化ガスの排出を止めなかったから。みんながユダヤ人を虐殺していたから。みんながこの戦争は祖国と国民を守るためだと言っていたから。

僕たちは集団から離れられない。それは大前提。でも集団に帰属しながらも、一人称単数の主語をしっかりと維持できるのなら、暴走に気づくことができる。

それほど難しいことじゃない。「我々」や集団の名称を主語にせず、「私」や「僕」などの主語を意識的に使うこと。たったこれだけでも述語は変わる。変わった述語は5自分にフィードバックする。

すると視界が変わる。新しい景色が見える。だから気づくことができる。世界は単純ではない。多面で多量で多層なのだ。だからこそ豊かで優しいのだと。

（森　達也『集団に流されず個人として生きるには』ちくまプリマー新書421）

※一部、原文の表記、表現をあらためたところがあります。

注1　ジャーナリズム…新聞や雑誌、放送などの活動。

2024 年度

立教女学院中学校

【国　語】〈四五分〉〈満点：九〇点〉

【注意】記号や句読点も1字に数えます。

一 **次の文章を読んで、あとの問いに答えなさい。**

大学で教えていた注1ジャーナリズム論は、いつも一〇〇人近い学生が受講していて、大教室を使っていた。年度末最後の授業が終わりかけたとき、一人の男子学生が手を挙げた。彼は自分を中国からの留学生だと自己紹介したうえで、「授業の最後に、この場にいるみんなに伝えたいことがあるのです。三分でいいです。お時間いただけますか」と僕に訊いた。もちろんOK。以下は留学生の話の要約だ。

　自分は日本が大好きで留学しました。中国にいたときも今も、日本人と日本の文化が大好きです。でも最近、書店に行くと、中国や韓国を罵ったり注2冷笑したりする本が、いちばん目立つ場所に平積みになっています。そんな本を眺めながら、中国や韓国の人も日本を嫌いなんだと、皆さんは思っているかもしれません。

　皆さん、機会があればぜひ中国に来てください。そして書店を覗いてください。日本を罵る本なんてほとんどありません。私の周囲もみんな日本が大好きです。ネットやテレビのニュースなどでは、中国からの①カンコウキャクが爆買いしているとよく注3嘲笑されているけれど、彼らは日本が好きだから日本に来るのです。

　もちろん、日本が嫌いな中国人はいます。戦争でひどい目にあわされたと恨みに思っている中国人もいます。でもそんな人ばかりじゃないです。いろんな日本人がいるように、いろんな中国人がいます。私は日本が大好きです。私の友人たちも同じです。最後にそれを言いたくて時間をもらいました。聞いてもらってありがとうございます。

そこまで言ってから、中国人留学生は静かに着席した。日本人学生はしばらく沈黙。でもやがて何人かがぱちぱちと手を打ち始め、すぐに多くの学生がこれに続いた。僕も思わず手を叩いた。ありがとう。僕が授業でずっと言いたかったことを、君はたった三分で見事にまとめてくれた。

一人称単数の主語を持つということは、その一人称単数の主語に見合う述語で思考し、行動することでもある。もしも「我々」など複数代名詞や自分が注4帰属する集団が主語ならば、述語はまったく変わる。だって大きくて仲間がたくさんいて強いのだ。一人称単数の主語を明け渡せば、自分はほぼ匿名になれる。だから攻撃的になる。一人ならば言えないことも言えるようになる。

例えばどんな述語が多くなるのか。1成敗せよ。許すな。粉砕せよ。立ち向かえ。……思いつくままに挙げたけれど、こうして一人称単数の主語を失いながら、人は選択を間違える。2悔やんでも時間は巻き戻せない。

なぜ自分自身ではなく、複数の集団や組織の名称に主語を明け渡すのか。楽だからだ。だって一人称単数は孤独だ。心細い。

《中略》

最近、保育の現場や障害者施設、刑務所などで虐待が行われていたというニュースが多いことにあなたは気づいているだろうか。加害者の多くは保育士や介護福祉士に刑務官。保育士は子供好きだったはずだし、介護福祉士は社会的弱者への介護を自分の一生の仕事だと思っていたはずだ。そして刑務官は標準以上に正義感が強い人たちだっ

2024年度

立教女学院中学校

算　数　(45分)　<満点：90点>

解　答

[1] (1) $\frac{7}{8}$　(2) $\frac{1}{6}$　(3) $\frac{4}{5}$　(4) 解説の図②を参照のこと。　(5) ① 2200円　② 20個　(6) ① $60cm^2$　② $14.26cm^3$　(7) ① 15問　② 9問　③ 6問　(8) ① $9.42cm^2$　② $5.835cm^2$　(9) ① 1387m　② 27m　③ 23m　[2] (1) 19：11　(2) 190m　(3) 10m　[3] (1) 20個　(2) $41\frac{1}{2}$　(3) 24個　(4) 12　[4] (1) $6280cm^3$　(2) $100cm^3$　(3) **AR**＝8 cm，**CS**＝$8\frac{1}{3}$cm　(4) $450\frac{5}{9}cm^3$

解　説

[1] **四則計算，逆算，計算のくふう，展開図，売買損益，つるかめ算，表面積，水の深さと体積，相当算，面積，通過算**

(1) $\left\{0.25+\left(15-3\frac{1}{2}\right)\times\frac{2}{23}\right\}-\left(\frac{16}{25}\times1.25+0.7\right)\div4=\left\{\frac{1}{4}+\left(\frac{30}{2}-\frac{7}{2}\right)\times\frac{2}{23}\right\}-\left(\frac{16}{25}\times\frac{5}{4}+\frac{7}{10}\right)\div4=\left(\frac{1}{4}+\frac{23}{2}\times\frac{2}{23}\right)-\left(\frac{4}{5}+\frac{7}{10}\right)\div4=\left(\frac{1}{4}+1\right)-\left(\frac{8}{10}+\frac{7}{10}\right)\div4=\left(\frac{1}{4}+\frac{4}{4}\right)-\frac{15}{10}\times\frac{1}{4}=\frac{5}{4}-\frac{3}{8}=\frac{10}{8}-\frac{3}{8}=\frac{7}{8}$

(2) $0.4\times\left(\frac{1}{4}-\frac{1}{9}\right)\div0.125=\frac{2}{5}\times\left(\frac{9}{36}-\frac{4}{36}\right)\div\frac{1}{8}=\frac{2}{5}\times\frac{5}{36}\times8=\frac{4}{9}$より，$2\frac{1}{3}\times(\square+0.5)+\frac{4}{9}=2$，$2\frac{1}{3}\times(\square+0.5)=2-\frac{4}{9}=\frac{18}{9}-\frac{4}{9}=\frac{14}{9}$，$\square+0.5=\frac{14}{9}\div2\frac{1}{3}=\frac{14}{9}\div\frac{7}{3}=\frac{14}{9}\times\frac{3}{7}=\frac{2}{3}$　よって，$\square=\frac{2}{3}-0.5=\frac{2}{3}-\frac{1}{2}=\frac{4}{6}-\frac{3}{6}=\frac{1}{6}$

(3) $(25\times24-24\times23+23\times22-22\times21)\div(25+24+23+22+21)=\{24\times(25-23)+22\times(23-21)\}\div\{(23+2)+(23+1)+23+(23-1)+(23-2)\}=(24\times2+22\times2)\div(23+23+23+23+23)=(24+22)\times2\div(23\times5)=46\times2\div(23\times5)=\frac{46\times2}{23\times5}=\frac{4}{5}$

(4) 問題文中の図2の展開図に残りの頂点を書きこむと，右の図①のようになる。「ア」は面AEFBに書かれていて，文字の上の部分が辺ABを向いている。同じように文字の向きに注意して，「イ」を面BFGCに，「ウ」を面ABCDにそれぞれ書きこむと，右上の図②のようになる。

図①

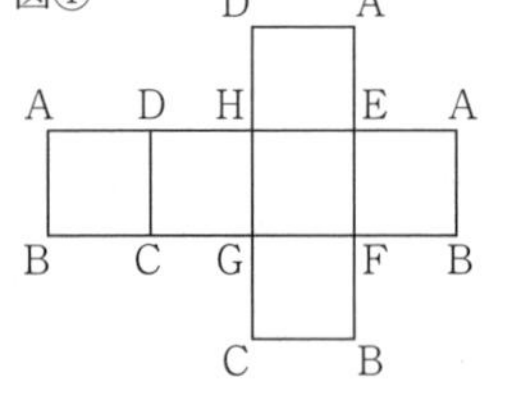

図②

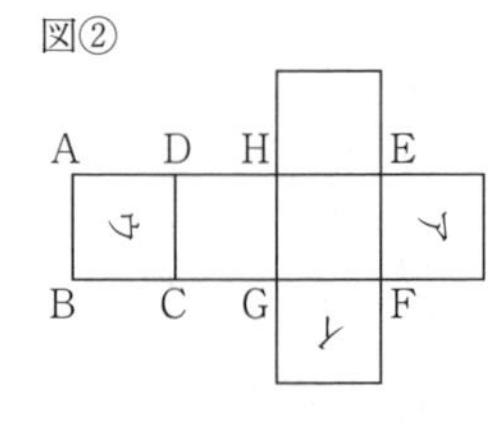

(5) 定価は仕入れ値の，1＋0.3＝1.3(倍)なので，2000×1.3＝2600(円)である。2日目の売値は定価の1割引きだから，2600×(1－0.1)＝2340(円)で，3日目の売値はその140円引きだから，2340－140＝2200(円)(…①)となる。次に，1個あたりの利益は，1日目が，2600－2000＝600(円)，2日目が，2340－2000＝340(円)，3日目が，2200－2000＝200(円)である。また，売れた個数は1日目が80個で，2日目と3日目は合わせて，150－80＝70(個)である。すると，1日目の利益は，600×80＝48000(円)だから，2日目と3日目の利益の合計は，69000－48000＝21000(円)となる。も

し，70個すべて2日目に売れたとすると，2日目と3日目の利益の合計は，340×70＝23800(円)となり，実際よりも，23800－21000＝2800(円)多くなる。2日目に売れた個数が1個減り，3日目に売れた個数が1個増えると，利益は，340－200＝140(円)減るので，3日目に売れた個数は，2800÷140＝20(個)(…②)とわかる。

(6) 右の図③で，立方体Bの1つの面の面積は，2×2÷2＝2(cm^2)で，これは立方体Aの1つの面の面積(1 cm^2)より大きいから，1辺の長さは立方体Bの方が立方体Aより長い。つまり，高さも立方体Bの方が高いので，立方体Bの高さまで水を入れると，立方体Aが完全に水につかる。したがって，立方体Aは水そうの底面に接している面を除いた5つの面が水につかっているから，立方体A4個の水につかっている部分の表面積は，1×5×4＝20(cm^2)とわかる。

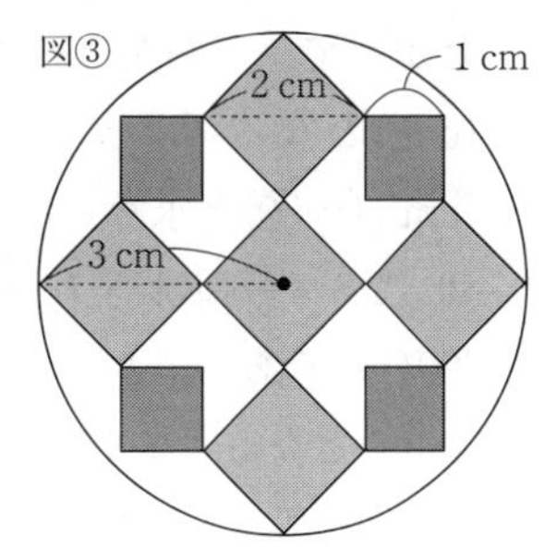

また，立方体Bは水そうの底面に接している面と上面を除いた4つの面が水につかっているから，立方体B5個の水につかっている部分の表面積は，2×4×5＝40(cm^2)となる。したがって，全部で，20＋40＝60(cm^2)(…①)と求められる。次に，深さ1cmのところまで水を抜く(ぬ)と，水面の高さは立方体Aの高さと同じになるので，水そうに残っている水は，図③のかげのついていない部分を底面とする高さ1cmの立体とみることができる。水そうの底面積は，3×3×3.14＝28.26(cm^2)で，かげのついた部分の面積の和は，1×4＋2×5＝14(cm^2)だから，かげのついていない部分の面積は，28.26－14＝14.26(cm^2)である。よって，水そうに残っている水の体積は，14.26×1＝14.26(cm^3)(…②)と求められる。

(7) 5日目までは1日あたり算数を全体の，$\frac{1}{2}\div 5=\frac{1}{10}$ずつ，国語を全体の，$\frac{2}{5}\div 5=\frac{2}{25}$ずつ解いたことになる。また，6日目から14日目までの，14－5＝9(日間)で，算数は全体の，$1-\frac{1}{2}=\frac{1}{2}$，国語は全体の，$1-\frac{2}{5}=\frac{3}{5}$だけ進めたから，1日あたり算数は全体の，$\frac{1}{2}\div 9=\frac{1}{18}$ずつ，国語は全体の，$\frac{3}{5}\div 9=\frac{1}{15}$ずつ解いたことになる。したがって，算数の全体の問題数の，$\frac{1}{10}-\frac{1}{18}=\frac{2}{45}$にあたるのが4問で，国語の全体の問題数の，$\frac{2}{25}-\frac{1}{15}=\frac{1}{75}$にあたるのが1問だから，算数の全体の問題数は，$4\div\frac{2}{45}=90$(問)，国語の全体の問題数は，$1\div\frac{1}{75}=75$(問)とわかる。よって，全体の問題数は算数の方が国語よりも，90－75＝15(問)(…①)多い。また，5日目までで1日に解いた問題数は，算数が，$90\times\frac{1}{10}=9$(問)(…②)，国語が，$75\times\frac{2}{25}=6$(問)(…③)と求められる。

(8) 右の図④で，円の中心をOとする。ADとBCが平行なので，三角形ODEと三角形OAEは底辺をOEとすると高さが等しく，面積も等しくなる。すると，斜線(しゃせん)部分の面積の和は，おうぎ形OCDとおうぎ形OABの面積の和と等しい。この2つのおうぎ形の中心角はいずれも，360÷12×2＝60(度)だから，斜線部分の面積の和は，$3\times3\times3.14\times\frac{60}{360}\times2=9.42$($cm^2$)(…①)と求められる。次に，下の図⑤で，斜線部分の面積は，おうぎ形OFGと三角形OGHの面積の和から

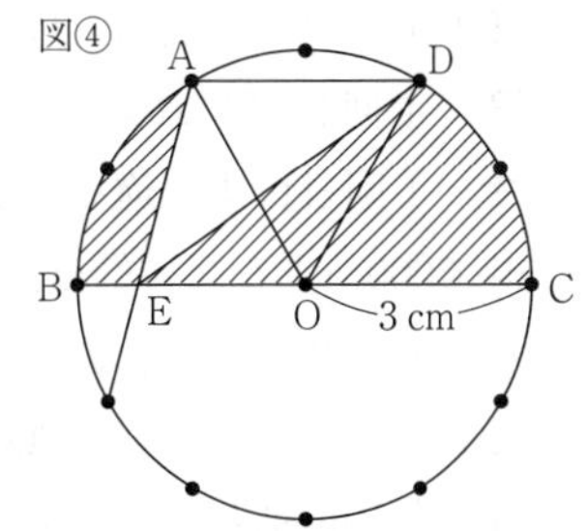

三角形OFHの面積をひくと求められる。まず，おうぎ形OFGの面積は，$3\times3\times3.14\times\frac{60}{360}=4.71$($cm^2$)である。また，角AHOは90度，角AOHは60度だから，三角形OAHは正三角形を2等分した

直角三角形とわかる。すると，OHの長さはOAの半分で，3÷2＝1.5(cm)だから，三角形OGHの面積は，1.5×3÷2＝2.25(cm^2)となる。さらに，角FOIは，90－60＝30(度)だから，三角形FOIも正三角形を2等分した直角三角形で，FIの長さは，3÷2＝1.5(cm)である。したがって，三角形OFHの面積は，OH×FI÷2＝1.5×1.5÷2＝1.125(cm^2)となる。よって，斜線部分の面積は，4.71＋2.25－1.125＝5.835(cm^2)(…②)と求められる。

図⑤

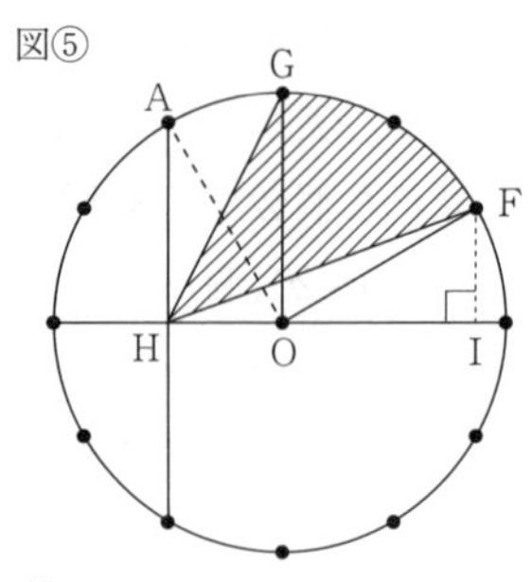

(9)　2つの列車がすれ違(ちが)う間に進む距離(きょり)の和は，2つの列車の長さの和に等しいから，260＋430＝690(m)である。よって，2つの列車が1秒間に進む距離の和，つまり，秒速の和は，690÷13.8＝50(m)となる。また，2つの列車がトンネルを通り抜けるときに進む距離の差は，2つの列車の長さの差に等しいので，貨物列車が79秒で進む距離は特急列車が61秒で進む距離よりも，430－260＝170(m)長い。ここで，貨物列車が79秒で進む距離と特急列車が79秒で進む距離の和は，50×79＝3950(m)だから，{(特急列車が61秒で進む距離)＋170}＋(特急列車が79秒で進む距離)＝3950(m)と表せる。よって，特急列車が，61＋79＝140(秒)で進む距離は，3950－170＝3780(m)だから，特急列車の速さは毎秒，3780÷140＝27(m)(…②)，貨物列車の速さは毎秒，50－27＝23(m)(…③)と求められる。さらに，特急列車が61秒で進む距離は，27×61＝1647(m)で，これはトンネルの長さと特急列車の長さの和にあたるから，トンネルの長さは，1647－260＝1387(m)(…①)とわかる。

2 速さと比，旅人算

(1)　2人が進んだようすは右のようなグラフに表せる。2回目にすれ違ったのは，姉が1回目にB地点を折り返してから270m進んだ地点なので，妹がA地点を折り返してから，300－270＝30(m)進んだ地点である。よって，2人が出発してから2回目にすれ違うまでに，姉は，300＋270＝570(m)，妹は，300＋30＝330(m)進むので，姉と妹の速さの比(同じ時間に進む道のりの比)は，570：330＝19：11とわかる。

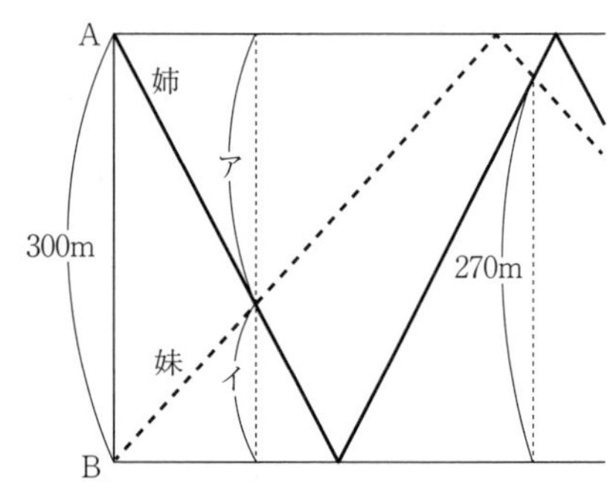

(2)　姉と妹の速さの比が19：11だから，1回目にすれ違うまでに姉が進んだ道のり(ア)と妹が進んだ道のり(イ)の比も19：11となる。よって，そのときまでに姉が進んだ道のりは，$300\times\frac{19}{19+11}$＝190(m)なので，1回目にすれ違ったのはA地点から190mの地点とわかる。

(3)　1回目にすれ違うまでに姉は190m進む。また，追い抜くことはすれ違うことに含(ふく)まないので，1回目にすれ違ってからは，2人合わせて，300×2＝600(m)進むごとにすれ違う。2人合わせて600m進む間に姉は，$600\times\frac{19}{19+11}$＝380(m)進むから，1回目にすれ違ってからは姉が380m進むごとに2人はすれ違う。したがって，10回目にすれ違うまでに姉は，190＋380×9＝3610(m)進む。また，1往復は，300×2＝600(m)だから，3610m進むとき，3610÷600＝6余り10より，6往復と10m進む。よって，10回目にすれ違ったのはA地点から10mの地点である。

3 分数の性質

(1)　84＝2×2×3×7より，分母が84の分数を約分して分母を奇数(きすう)，つまり，2の倍数でない数にするには，2×2＝4の倍数で約分できればよい。よって，約分すると分母が奇数になる分数は，分子が4の倍数の分数である。1から83までの整数の中に，4の倍数は，83÷4＝20余り3より，20個あるから，このような分数は20個ある。

(2) 83個の分数をすべて加えた和は，$\frac{1}{84}+\frac{2}{84}+\frac{3}{84}+\cdots+\frac{83}{84}=\left(\frac{1}{84}+\frac{83}{84}\right)\times 83\div 2=1\times 83\div 2=41\frac{1}{2}$と求められる。

(3) 84＝2×2×3×7より，分子が2の倍数でも3の倍数でも7の倍数でもないとき，約分できない。1から83までの整数のうち，2の倍数は，83÷2＝41余り1より，41個あるから，2の倍数でない数(奇数)は，83−41＝42(個)ある。この42個の奇数の中で3の倍数でも7の倍数でもない数を考える。まず，3の倍数の奇数は，3，9，15，21，…のように，3に6を足していった数となる。したがって，1から83までで3の倍数の奇数は，(83−3)÷6＝13余り2より，1＋13＝14(個)ある。また，7の倍数の奇数は，7に14を足していった数なので，1から83まででは，7，21，35，49，63，77の6個ある。このうち，21，63の2個が3の倍数であるから，1から83までで，3の倍数または7の倍数である奇数は，14＋6−2＝18(個)ある。よって，42個の奇数の中で3の倍数でも7の倍数でもない数は，42−18＝24(個)あるから，約分できない分数は24個ある。

(4) 分子が奇数である分数42個の和は，$\frac{1}{84}+\frac{3}{84}+\frac{5}{84}+\cdots+\frac{83}{84}=\left(\frac{1}{84}+\frac{83}{84}\right)\times 42\div 2=21$となる。ここから，分子が3の倍数または7の倍数の奇数である分数の和をひくと，約分できない分数の和が求められる。まず，分子が3の倍数の奇数である分数は，$\frac{3}{84}$，$\frac{9}{84}$，$\frac{15}{84}$，…，$\frac{81}{84}$の14個で，これらの和は，$\left(\frac{3}{84}+\frac{81}{84}\right)\times 14\div 2=7$である。また，分子が7の倍数の奇数である分数は，$\frac{7}{84}$，$\frac{21}{84}$，$\frac{35}{84}$，$\frac{49}{84}$，$\frac{63}{84}$，$\frac{77}{84}$の6個で，このうち，分子が3の倍数でもある$\frac{21}{84}$，$\frac{63}{84}$を除いた4個の和は，$\frac{7}{84}+\frac{35}{84}+\frac{49}{84}+\frac{77}{84}=2$となる。よって，分子が3の倍数または7の倍数の奇数である分数の和は，7＋2＝9だから，約分できない分数の和は，21−9＝12と求められる。

4 立体図形―体積，分割，相似

(1) 立方体を，辺AEを軸(じく)として1回転させてできる立体は，正方形ABCDを，点Aを中心に1回転させてできる円を底面とし，高さが10cmである円柱となる。正方形ABCDのうち，点Aから最も遠いところにあるのは点Cだから，正方形ABCDが1回転してできる円は，半径ACの円となる。そこで，ACの長さを□cmとすると，ACは正方形ABCDの対角線であり，正方形ABCDの面積は，10×10＝100(cm²)だから，□×□÷2＝100(cm²)と表せる。よって，□×□＝100×2＝200より，できる円柱の体積は，□×□×3.14×10＝200×3.14×10＝6280(cm³)と求められる。

(2) 右の図1のように，3点H，F，Pを通る平面で切断したときの切り口は，三角形HFPになるので，点Eを含む方の立体は，底面が三角形HEFで，高さがEPの三角すいとなる。三角形HEFの面積は，10×10÷2＝50(cm²)で，EP＝10−4＝6(cm)だから，三角すいの体積は，$50\times 6\times\frac{1}{3}=100$(cm³)と求められる。

図1

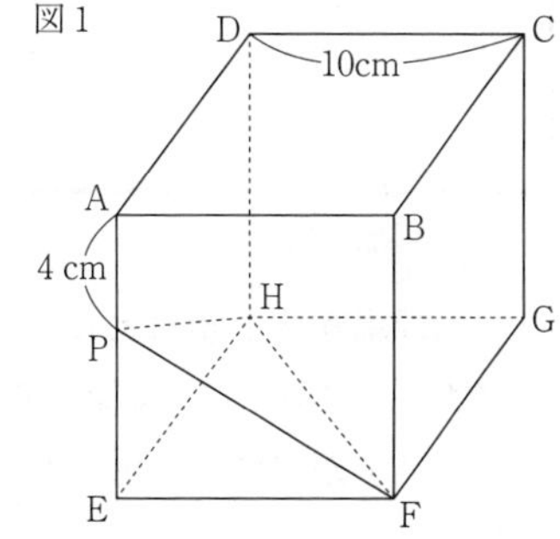

(3) 下の図2のように，3点H，P，Qを通る平面で切断したときの切り口は，五角形HPRSQとなる。まず，面AEFBと面DHGCが平行なので，面AEFBにできる切り口の線PRと，面DHGCにできる切り口の線HQは平行になる。このとき，三角形APRと三角形GQHは相似で，AP＝4cm，GQ＝10÷2＝5(cm)より，AR：GH＝AP：GQ＝4：5となる。したがって，$AR=10\times\frac{4}{5}=8$(cm)

と求められる。同様に，面BFGCと面AEHDが平行なので，SQとPHは平行で，三角形CSQと三角形EHPは相似となる。よって，CS：EH＝CQ：EP＝5：6だから，CS＝10×$\frac{5}{6}$＝$\frac{25}{3}$＝8$\frac{1}{3}$(cm)と求められる。

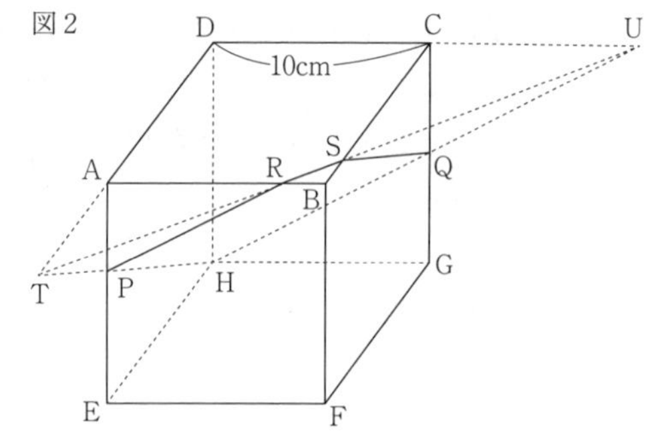

(4)　図2のように，直線RSと辺DAをのばした線の交わる点をTとし，直線RSと辺DCをのばした線の交わる点をUとすると，点Dを含む方の立体は，三角すいH－DTUから三角すいP－ATRと三角すいQ－CSUを取り除いた立体とみることができる。まず，三角形ATRと三角形BSRは相似で，AR＝8cm，BR＝10－8＝2(cm)より，AT：BS＝AR：BR＝8：2＝4：1だから，BS＝10－$\frac{25}{3}$＝$\frac{5}{3}$(cm)より，AT＝$\frac{5}{3}$×4＝$\frac{20}{3}$(cm)である。また，三角形CSUと三角形BSRも相似で，CU：BR＝CS：BS＝$\frac{25}{3}$：$\frac{5}{3}$＝5：1だから，CU＝2×5＝10(cm)となる。したがって，DT＝10＋$\frac{20}{3}$＝$\frac{50}{3}$(cm)，DU＝10＋10＝20(cm)より，三角すいH－DTUの体積は，$\left(\frac{50}{3}\times 20\div 2\right)\times 10\times\frac{1}{3}=\frac{5000}{9}$(cm³)とわかる。さらに，三角すいP－ATRの体積は，$\left(\frac{20}{3}\times 8\div 2\right)\times 4\times\frac{1}{3}=\frac{320}{9}$(cm³)，三角すいQ－CSUの体積は，$\left(\frac{25}{3}\times 10\div 2\right)\times 5\times\frac{1}{3}=\frac{625}{9}$(cm³)となる。よって，点Dを含む方の立体の体積は，$\frac{5000}{9}-\frac{320}{9}-\frac{625}{9}=\frac{4055}{9}=450\frac{5}{9}$(cm³)と求められる。

社　会　(30分)＜満点：60点＞

解　答

1　**問1**　ア　**問2**　イ　**問3**　三内丸山　**問4**　イ　**問5**　イ，エ　**問6**　(1)　ウ→ア→イ→エ　(2)　打ちこわし　**問7**　ハザードマップ　**問8**　ウ　**問9**　京都議定書　**問10**　イ　**問11**　エ　2　**問1**　ウ，エ　**問2**　イ　**問3**　イ→ウ→ア→エ　**問4**　淀川　**問5**　天正遣欧(天正遣欧少年)使節　**問6**　島津　**問7**　ア　**問8**　イ　**問9**　ア　**問10**　エ　**問11**　エ　**問12**　四万十川　3　**問1**　**ア**　②　**イ**　①　**ウ**　①　**エ**　②　**問2**　イ　**問3**　(1)　エ　(2)　半導体　**問4**　(1)　豊臣秀吉　(2)　1910　(3)　**a**　朝鮮戦争　**b**　ア　**問5**　(1)　条例(住民投票条例)　(2)　イ　**問6**　(1)　イ　(2)　(例)　稲作に適した水持ちのよい土地　**問7**　(1)　**a**　イ　**b**　ウ　(2)　ア

解　説

1　地球温暖化を題材とした三分野総合問題

問1　本文中に，「東京は現在の札幌のような気候だったようです」とあることから，冬の寒さが厳しいアが当てはまる。なお，アは札幌，イは東京，ウは奄美(あまみ)大島の名瀬(鹿児島県)の雨温図である。

問2　今から約1万年前に氷河時代が終わり，温暖化が進んだ結果，地表をおおっていた雪や氷がとけて海に注ぎこんだことで海水面が上昇(じょうしょう)した。このとき，氷河時代に生息していたマンモスや

ナウマン象などの大型の動物は，環境の変化に対応できずほろびた(イ…×)。

問3　三内丸山遺跡は，青森市郊外に位置する縄文時代前期から中期にわたって栄えた大規模集落跡である。多数の竪穴住居跡や高床式の建物の柱の跡などが見つかったほか，クリやマメ類などを栽培していたと考えられている。2021年に北海道，青森県，岩手県，秋田県の他の構成資産とともに「北海道・北東北の縄文遺跡群」として世界文化遺産に登録された。

問4　年間を通じて降水量が少ない瀬戸内の気候に属する讃岐平野(香川県)は，昔からかんがい用のため池が数多くつくられてきた。現在は吉野川の水を引く香川用水が完成したことで数は減っているが，今なお多くのため池が残り，周辺地域に農業用水や生活用水などを供給している(イ…○)。

問5　鎌倉幕府の下での主従関係は，将軍が家臣である御家人に先祖の土地の保護や新たな領地を与えるなどの御恩に対して，御家人は京都・鎌倉の警備や，将軍のために戦う奉公で報いることで成立した(イ…○)。1232年に第3代執権の北条泰時が定めた御成敗式目(貞永式目)は，武士の裁判の基準とされた(エ…○)。なお，鎌倉幕府において将軍を補佐する役職は執権であり，管領は室町幕府における将軍の補佐役である(ア…×)。鎌倉幕府の政治や財政の仕事を担当する役所は政所であり，侍所は御家人をまとめ，軍事や警察の仕事を担当した役所である(ウ…×)。鎌倉幕府が国ごとに置いた役職は守護で，軍事・警察を担当した。地頭は，荘園や公領(国司が支配する土地)ごとに置かれ，治安の維持のほか，年貢の徴収などを担当した(オ…×)。

問6　(1)　アは享保のききんの後に第8代将軍の徳川吉宗が行った政策，イは天明のききんにより失脚した老中の田沼意次と，その後に老中となった，吉宗の孫にあたる松平定信に関する説明，ウは島原の乱(1637～38年)の数年後に起きた寛永のききん後の第3代将軍の徳川家光のときの幕府の政策，エは第11代将軍の徳川家斉のときに発生した天保のききんを受けて起きた大塩平八郎の乱(1837年)の説明なので，年代の古い順にウ→ア→イ→エとなる。　(2)　生活に苦しむ町民や農民が，米の買い占めを行う商人の店などを襲うことは，打ちこわしと呼ばれる。ききんのときや，江戸時代末期の動乱期に特に多く起きた。

問7　津波や洪水，土砂災害などの自然災害の発生が予測される地域と被害の程度，避難場所や避難経路などを示した地図はハザードマップと呼ばれ，全国の地方公共団体によって作成されている。

問8　経済社会理事会の理事国は54か国で，国連加盟国全体である193か国の3分の1に満たない(ウ…○)。なお，1948年に国際連合総会で採択されたのは世界人権宣言である。国際人権規約は世界人権宣言の内容を条約化したもので，1966年に採択された(ア…×)。安全保障理事会は，常任理事国5か国と任期2年の非常任理事国10か国の計15か国で構成される(イ…×)。国際連合総会で採択された条約でも，各加盟国は必ずしも参加する義務はない(エ…×)。

問9　1992年にリオデジャネイロで開かれた国連環境開発会議(地球サミット)で採択された気候変動枠組条約の締約国による会議が1995年以降毎年開催されており，1997年に京都で開かれた第3回締約国会議(COP3)では，先進国に対して国や地域ごとに設定した温室効果ガスの排出量の削減目標などを定めた京都議定書が採択された。

問10　発展途上国の多くの労働者が安い賃金で働かされていることで，貧しい生活から抜け出せない状態に置かれ続けることは，地球温暖化の解決へとつながる「つくる責任，つかう責任」の目標への取り組みとして適切ではないと考えられる(イ…×)。

問11　パリ協定とは，2015年にパリで開かれた気候変動枠組条約第21回締約国会議(COP21)で採択されたもので，発展途上国をふくむ全ての国に温暖化防止のための目標を設定する義務がある。これは，今まで先進国が行ってきた温室効果ガスの排出量削減への取り組みが十分とはいえないことと，地球温暖化は発展途上国もふくむ全ての国が責任を持って取り組むべき問題であるという考え方にもとづいている(エ…×)。

2　日本人と川の関係を題材とした地理・歴史の総合問題

問1　日本は山地が多い島国であることから，標高の高いところに水源が多く，河口までの距離が短い。そのため，河川の傾斜も急で，流れも速い(ウ，エ…○)。なお，日本は降水量の多い地域である(ア…×)。世界の大河は日本の河川よりもずっと長く，流域面積もはるかに大きい(イ…×)。

問2　日本の農業は稲作が中心で，かんがいに多くの水が必要となることと，生活用水や工業用水と異なり節水が難しいことから，使用量が最も多いグラフ中のイが農業用水であるとわかる。なお，アは生活用水，ウは工業用水である。

問3　アは安土桃山時代の1576年(築城の開始)，イは飛鳥時代の667年，ウは室町時代の1428年，エは江戸時代末の1850年のことなので，年代の古い順にイ→ウ→ア→エとなる。なお，イについて，中大兄皇子(天智天皇)は長い間，皇太子の身分のまま政治を行っていたが，667年に都を飛鳥から近江大津宮(滋賀県)に移し，翌668年，その地で正式に即位した。

問4　京都の伏見と大阪を結ぶ大動脈であった河川は，淀川である。琵琶湖を水源に瀬田川として流れ出て，宇治川，淀川と名前を変えながら南西に流れ，大阪湾に注いでいる。

問5　1582(天正10)年，九州のキリシタン大名である有馬・大友・大村の３氏はイエズス会の宣教師の勧めに従い，４人の少年をローマ教皇の下に派遣した。これを天正遣欧使節という。４人はヨーロッパ各地で歓迎され，教皇との謁見も果たした。帰国後は，豊臣秀吉や江戸幕府による禁教政策が進められる中で布教活動に努めたが，殉教したり海外に追放されたりするなど，苦難の道を歩んだ。

問6　薩摩国(鹿児島県西部)の戦国大名は島津氏である。耳川の戦いは1578年，島津氏と豊後国(大分県)の大友氏との間で起きた戦いで，島津氏側が勝利している。

問7　かつては年間発電量の半分以上を占めていたが高度経済成長期以後に割合を減らし，近年はおおむね７～９％で推移しているアが水力発電である。なお，日本の年間発電量の割合で最も大きな割合を占めるイは火力発電，2011年の東日本大震災にともなう福島第一原子力発電所の事故の影響で2010年から2016年の間に大きく割合を減らしているウが原子力発電である。残るエは新エネルギーで，資源や自然環境の持続可能性の観点から風力や太陽光などの利用が進んでいる。

問8　江戸時代初期までは利根川は江戸湾(東京湾)に注ぐ河川であり，氾濫によって中流域の関東平野や下流域の江戸に水害をもたらしていたことから，17世紀半ば，関宿(現在の千葉県野田市関宿)付近から利根川の水を鬼怒川水系の常陸川に流す新たな水路が築かれ，利根川は銚子で太平洋に注ぐ現在の流路となった(利根川の東遷)。これにより流域の水害が減少し，関東平野では見沼代用水(埼玉県)などの用水路が建設されたこともあって新田開発が進んだ(ア，ウ…○)。また，新しい流路は水運としてさかんに利用され，全国から集まる多くの船が利根川河口から関宿までさかのぼり，現在の江戸川などの河川を通って江戸までさまざまな物資を運んだ(エ…○)。これにより，江戸時代中期には江戸は人口100万人を超える大都市に成長した(イ…×)。

問9　銚子港は，2022年まで12年連続で年間水揚量が１位であり，イワシ，サバの水揚げが特に多い(ア…○)。なお，干したイワシ(干鰯)が肥料としてさかんに用いられるようになったのは江戸時代である(イ…×)。野田は千葉県北西部の都市で，銚子とともにしょうゆの生産で知られる(ウ…×)。銚子にある関東地方最東端の岬は犬吠埼で，室戸岬は高知県南東部に位置する岬である(エ…×)。

問10　東京都渋谷区にある明治神宮は明治天皇と昭憲皇太后を祭神としてまつる神社で，関東大震災(1923年)より前の1920年に創建された(エ…×)。

問11　最上川は山形県内を流れる，日本三大急流の一つに数えられる河川で，下流には庄内平野が広がる。また，「五月雨を…」の俳句は，17世紀後半に松尾芭蕉がよんだもので，紀行文『おくの細道』に収録されている。なお，石狩平野(北海道)には石狩川，濃尾平野(岐阜県・愛知県・三重県)には木曽三川(木曽川・長良川・揖斐川)が流れている。また，小林一茶は俳人，葛飾北斎は浮世絵師で，ともに19世紀初めの化政文化の時期に活躍した。

問12　本流に大規模なダムがないことから「日本最後の清流」とも呼ばれているのは，高知県西部を流れる四国地方最長の河川の四万十川である。

3　各県各国の特徴を題材とした三分野総合問題

問１　①は，国の安全を守るためには防衛力を高めるべきであるという考え方で，アメリカ軍や核兵器という軍事力により国を侵略から守ろうとしているイとウが，これにもとづいているといえる。②は，軍事力を強めることが本当に国を守ることになるのかと疑う考え方で，軍事力を背景とするのではなく，他国との信頼関係や，貧困・災害などの紛争の原因を取り除くことで国の安全を保とうとしているアとエが，これにもとづいているといえる。

問２　本文中の「私たちの県」は，水害があったことや「からし蓮根」という語句から熊本県，メイの県は，「米を多く生産する」から新潟県と推測ができ，両県で共通して起きた公害病は水俣病であるとわかる。水俣病と新潟水俣病(第二水俣病)は，どちらの公害病も症状が出てから原因が特定されるまでに時間がかかったことが被害を拡大させ，裁判に持ちこむことも遅れた(イ…×)。

問３　(1)　熊本県には博多(福岡県)と鹿児島中央(鹿児島県)を結ぶ九州新幹線が通っている(エ…×)。　(2)　半導体は，電子機器の重要な部品である集積回路の材料である。熊本市に隣接する菊陽町には，近年，多くの半導体工場が進出していて，2021年には台湾の世界的半導体メーカーが進出を表明した(2024年に工場が稼働する予定)。その背景には，半導体の安定供給を「国家戦略」と位置づける日本政府と，工場建設により新たな雇用が生まれることや地域経済の活性化に期待する熊本県による熱心な誘致活動があった。

問４　(1)　ユナさんの国は本文中の「チャプチェやビビンバ」という語句から大韓民国(韓国)であることがわかる。16世紀末，当時の朝鮮に２度にわたり大軍を送ったのは豊臣秀吉である。　(2)　日露戦争後，韓国に統監府を置くなどして支配を強めていった日本は，1910年に韓国を併合し，植民地とした。　(3)　**a**　第二次世界大戦後，朝鮮半島は北緯38度線を境としてソ連とアメリカに分割占領され，1948年，北部に朝鮮民主主義人民共和国(北朝鮮)，南部に韓国が成立した。1950年，朝鮮統一を目指す北朝鮮が北緯38度線を越えて韓国へ進軍したことで朝鮮戦争が始まり，1953年に休戦協定が結ばれた。　**b**　朝鮮戦争が始まると，中国の義勇軍が北朝鮮を，アメリカ軍を中心とする国連軍が韓国をそれぞれ支援した。国連軍の主力となったのは日本に駐留していたアメリカ軍であり，そのアメリカ軍が大量の軍需物資を日本に発注したことから，日本は特需景気と呼ばれる好景気となり，日本の経済復興が早まる結果となった(ア…○)。なお，日本の国際連合加盟は，1956年の日ソ共同宣言の調印をきっかけに実現した(イ…×)。1972年の沖縄返還の背景には，ベトナム戦争に対する反戦運動と祖国復帰運動の高まりが挙げられる(ウ…×)。朝鮮戦争をきっかけに成立したのは警察予備隊である。自衛隊は，警察予備隊を前身とする保安隊が改組され，1954年に成立した(エ…×)。

問5 (1) 新潟県の巻町(2005年に新潟市に編入合併)では，東北電力により原子力発電所の建設計画が進められていたが，その賛否について町民の間で意見が分かれていた。こうした中で，1995年に町議会で原子力発電所の建設の賛否を問う住民投票に関する条例が可決され，翌96年に住民投票が実施された。投票率は約88%で，そのうち反対票が約61%を占める結果となり，町は東北電力への土地の売却を中止，東北電力も建設を断念するに至った。　(2) 日本国憲法第95条が定める「住民の投票」とは，特定の地方公共団体だけに適用される特別法を制定する場合には，その地方公共団体の住民による投票を行い，過半数の同意を得なければならない，という内容である(イ…○，ア…×)。なお，憲法第95条にもとづく住民投票は，憲法改正の国民投票と同じく，満18歳以上の日本国民に投票権がある(ウ…×)。地方特別法の制定にともなう住民投票は，かつては「広島平和記念都市建設法」(1949年)や「京都国際文化観光都市建設法」(1950年)などの例があったが，1952年を最後に行われていない(エ…×)。

問6 (1) 「主要農産物の農業総産出額の推移」のグラフから，1980年代までおおむね産出額が最も多かったが，食生活の洋食化などにより近年は減少傾向が続いているイが米，2000年代以降の産出額が最も多くなっているウが畜産，残るアが野菜とわかる。また，「地域別の農業産出額の割合」のグラフから，大都市の近郊農業が行われる関東・東山，東海，近畿で割合が大きいアが野菜，東北や北陸で割合が大きいイが米，北海道や九州で割合が大きいウが畜産とわかる。　(2) リコさんの出身県は，6月下旬の「慰霊の日」に戦没者追悼式が行われることや，「悲惨な地上戦」という語句から，沖縄県と判断できる。稲作には多くの水を必要とするが，沖縄県は降った雨が地下にしみこみやすい水持ちのわるい土壌が多い。また，農業用水を得やすい大きな川もないため，沖縄県は稲作にとっては不利な条件となっている。

問7 (1) **a** 2023年における日本の国会議員の数は，衆議院465人，参議院248人の計713人であるので，日本の国会における女性議員の割合は，110÷713=0.154…より，約15.4%となる。したがって，スウェーデンや韓国よりも低い(イ…○)。　**b** 憲法第60条で，衆議院に予算の先議権が認められており，予算の議決についても衆議院の優越が認められている(ウ…○)。なお，内閣総理大臣の指名は，衆参両院でそれぞれ行われる。両院の議決が異なる場合には，衆議院の議決が優越する(ア…×)。国会が閉会中でも，必要が生じた場合には，衆参両院がそれぞれ委員会などを開くことができる(イ…×)。衆議院で可決した法律案を，参議院が否決するか，60日以内に議決しない場合には，衆議院が出席議員の3分の2以上の賛成により再可決すれば，法律として成立する(エ…×)。　(2) 合計特殊出生率とは，1人の女性が一生の間に産む子どもの数の平均値のことである。スウェーデンは子育てを行う家庭の支援を充実させており，日本や韓国と比べると合計特殊出生率は高くなっている。なお，2020年におけるそれぞれの国の合計特殊出生率は，スウェーデン1.66，韓国0.84，日本1.33である。統計資料は『データブック オブ・ザ・ワールド』2023年版などによる。

理 科 （30分）＜満点：60点＞

解答

1 問1 A エ B イ 問2 ア 問3 エ 問4 オ 問5 ウ 問6 オ→ウ→イ→エ→ア 問7 イ 2 問1 イ 問2 ウ，エ 問3 ウ 問4 イ，ウ 問5 カ 問6 イ 問7 ア 問8 ウ，エ，オ 問9 ⑴ 0.8g ⑵ 150mL ⑶ エ ⑷ キ 3 問1 ⑴ イ ⑵ カ ⑶ ア ⑷ カ 問2 ⑴ 支線エ ⑵ 支線カ 問3 ア，オ 4 問1 イ 問2 イ 問3 ⑴ オ ⑵ イ ⑶ エ ⑷ イ 問4 ウ

解説

1 魚の卵やふ化についての問題

問1 たらこはスケトウダラの卵巣であり，明太子はトウガラシなどを使った調味液でたらこを味つけしたものである。また，かずのこはニシンの卵巣を塩漬(づ)けにしたものになる。なお，トビウオの卵はとびこというが，ブリやアジの卵に一般(いっぱん)的な別名はない。

問2 腹にある卵の数は，チョウザメが，$3000 \div \frac{1}{50} = 150000$（個），ニシンが，$240 \div \frac{0.3}{50} = 40000$（個），シロサケが，$600 \div \frac{2}{10} = 3000$（個）になる。よって，チョウザメ＞ニシン＞シロサケとわかる。

問3 野生のメダカは流れのゆるやかな小川や用水路，田んぼなどを好み，メスは卵を産み出すと，水草や水面に浮(う)いている草や根のようなところに卵をからませる。

問4 積算温度が250℃をこえるのは，250÷20＝12余り10より，13日後である。

問5 図1で，0日目から16日目までの17日間は平均水温を約14℃と見なせるので，この期間の積算温度は，14×17＝238（℃）になる。また，17日目から47日目までの31日間は平均水温を約8℃と見なすと，この期間の積算温度は，8×31＝248（℃）となる。したがって，合計すると，238＋248＝486（℃）となるので，ウの480℃が適切である。

問6 産みつけられたばかりの受精卵は，あわのような油のつぶ（油球）が卵の中全体に散らばっている（オ）が，まもなくして油球が集まり，その反対側にある胚(はい)が成長し始める。2～3日後にはからだの形がわかるようになってきて（ウ），さらに2～3日たつと目が大きく黒くなった様子やむなびれが観察できる（イ）。それから少し過ぎると心臓や血管を流れる血液の様子がはっきりと見えてきて（エ），卵の中でさかんに動くようになるころにはからだがほぼでき上がり（ア），ふ化する。

問7 メダカもシロサケも，ち魚は自分でえさが取れるようになるまでの成長を助けるための養分を腹のふくろにためている。なお，アとオはメダカだけにあてはまり，ウとエはシロサケだけにあてはまる。

2 水溶液(すいようえき)の性質，水溶液と金属の反応についての問題

問1 ろ過で，四つ折りにしてコーン型にしたろ紙は，ろうとにはめたときにはみ出ないようにする。ろうとの足は，ろ紙を通過した液体がなめらかに流れるように，とがった先をビーカーのかべ

につける。ろ紙が重なっているところにガラス棒の先をあて，液をガラス棒に伝わらせて注ぐ。

問2　ろ過は，固体の混じった液体をろ紙に通し，ろ紙の上に残る固体と，ろうとから下に落ちる液体(ろ液)に分ける操作である。片栗粉(かたくり)は水に溶(と)けないので，片栗粉をといた水は片栗粉の粒(つぶ)が水中に広がり，白くにごっている。これをろ過すると，片栗粉の粒はろ紙を通過できないので，水と片栗粉に分けられる。溶け残りがある食塩の水溶液の場合も同様に，溶け残りの食塩と水溶液に分けられる。

問3　うすい塩酸は塩化水素という気体が溶けた水溶液で，見た目は水と変わらない。熱すると，溶けている塩化水素が気体となって出てくるので，つんとしたにおいがする。また，蒸発させると，溶けている塩化水素も水とともに空気中に出ていくので，後には何も残らない。

問4　うすい塩酸に少量の鉄(スチールウール)を加えると，水素のあわを発生しながら鉄が溶け，うすい塩酸の量が十分であれば，加えた鉄は溶けて見えなくなる。この反応では熱が発生するので，試験管は温かくなる。

問5　うすい塩酸に加えて見えなくなった鉄は，塩化鉄という別の物質に変わり，水溶液に溶けこんでいる。そのため，水溶液を加熱すると，後には塩化鉄の黄色い固体が残る。塩化鉄は鉄の性質をもたず，磁石につかない。

問6　うすい塩酸は鉄だけでなく，アルミニウムやマグネシウム，亜鉛(あえん)などの金属とも反応し，それらを溶かす。よって，金属製のスプーンは，塩酸を使った洗剤(せんざい)で洗うと溶けてしまう可能性がある。

問7　ブルーベリーの色水は，溶けているアントシアニンという物質の性質によって，ムラサキキャベツ液と同じように色が変わる。アルカリ性では緑色や黄色，中性ではむらさき色を示し，うすい塩酸のような強い酸性の液体を入れたときには赤色を示す。

問8　うすい塩酸は青色リトマス紙の色を赤色に変える酸性の水溶液なので，これと同じ酸性の水溶液である，クエン酸が溶けているレモンのしる，酢酸(さくさん)が溶けているお酢(す)，二酸化炭素が溶けている炭酸水が選べる。

問9　(1)　図1で，グラフの折れ目にあたるところ，つまり加えた亜鉛の量が0.8gのときに，うすい塩酸20mLとちょうど反応して，気体が300mL発生したことがわかる。　(2)　加えた亜鉛の量が0.8g以下のときは，発生した気体の量が加えた亜鉛の量と比例している。したがって，亜鉛0.4gを加えたときに発生した気体の量は，$300\times\frac{0.4}{0.8}=150$(mL)である。　(3)　うすい塩酸の量を，$40\div20=2$(倍)にすると，それとちょうど反応する亜鉛の量も，そのときに発生する気体の量も，それぞれ2倍となる。よって，グラフの折れ目にあたるところは，加えた亜鉛の量が，$0.8\times2=1.6$(g)で，発生した気体の量は，$300\times2=600$(mL)になるから，エのグラフが適切である。
(4)　うすい塩酸の濃度(のうど)を2倍にうすめたもの20mLは，もとの濃度のうすい塩酸，$20\div2=10$(mL)に相当する。これとちょうど反応する亜鉛の量は，$0.8\times\frac{10}{20}=0.4$(g)で，このとき発生する気体の量は，$300\times\frac{10}{20}=150$(mL)である。これらがグラフの折れ目にあたるので，キのグラフが選べる。

3　力のはたらき方についての問題

問1　てこのつり合いは，支点のまわりのモーメント(てこを回そうとするはたらき)の大きさで考えられる。モーメントの大きさは，(かかる力の大きさ)×(支点からの距離(きょり))で求められ，左回りのモーメントと右回りのモーメントの大きさが等しいときにてこがつり合う。なお，以下では，おもり１個分の重さを１とする。　(1)　図１では，３個のおもりによる左回りのモーメントの大きさが，３×２＝６なので，Ａの場所を下向きに引く力による右回りのモーメントの大きさも６となれば，てこが水平になる(つり合う)。よって，Ａの場所を下向きに引く力の大きさは，６÷３＝２となる。つまり，おもり２個を持ち上げるのと同じ大きさの力が必要である。　(2)　Ｂの場所を上向きに引く力による右回りのモーメントの大きさを６にすればよい。したがって，６÷１＝６より，おもり６個を持ち上げるのと同じ大きさの力でＢの場所を上向きに引くとよい。　(3)　図２で，支点の左側のおもり４個による左回りのモーメントの大きさは，４×１＝４であり，支点の右側のおもり２個による右回りのモーメントの大きさは，２×３＝６である。よって，Ｃの場所を上向きに引く力による左回りのモーメントの大きさを，６－４＝２にすればよい。そのためには，２÷２＝１より，おもり１個を持ち上げるのと同じ大きさの力で上向きに引けばよい。　(4)　図３では，(荷物の重さ)×(支点から荷物までの距離)の値を小さくするか，(力点に加える力)×(支点から力点までの距離)の値を大きくすると荷物を持ち上げやすくなる。(荷物の重さ)×(支点から荷物までの距離)の値を小さくするには，支点から荷物までの距離を短くするために，荷物を右にずらすか，支点を左にずらすとよい。また，(力点に加える力)×(支点から力点までの距離)の値を大きくするには，支点から力点までの距離を長くするために，力点を右にずらすか，支点を左にずらすとよい。

問２　(1)　図４－２で，電線Ａや電線Ｃの重さは，電柱から右側にのびた腕金(うでがね)(金属製の棒)にかかっており，これは電柱を図の右側にかたむけようとする。また，電線Ｂは電柱から右側にのびていて，この重さも電柱を右側にかたむけようとする。したがって，電柱が右側にかたむかないように，左側に支線エをつけ，電柱を左側に引っぱることでつり合いをとる。　(2)　図５で，電線Ｄは電柱を図の下側にかたむけようとし，電線Ｅは電柱を右側にかたむけようとする。この２つのはたらきを合わせると，電柱は２本の電線によって右ななめ下の方向の力を受けていると考えられる。よって，この力の向きとは反対側にある支線カをつけるとよい。

問３　一般的な架線(かせん)は，２本の電線を上下に通し，上の電線が下の電線を引っぱって支えている。このとき，上の電線のたるみ方が大きくなる真ん中の部分に近づくにつれて，下の電線を支えるための部品を短くすることで，下の電線がたるまないようにしている。また，電線の両はじを強く引っぱることで架線がたるまないようにしている。

4　気象についての問題

問１　北半球の中緯度(いど)では，上空でつねに強い西風が吹(ふ)いている。これを偏西風(へんせい)という。そのため，日本付近の上空を飛ぶ飛行機は，西に向かって飛ぶときは偏西風が向かい風となって所要時間が長くなり，東に向かって飛ぶときは偏西風が追い風となって所要時間が短くなる。

問２　飛行機が飛ぶときに風向きによって所要時間が変わるのと同様に，客船が海上を進むときにも，海流の向きに逆らって進めば所要時間が長くなり，海流の向きに合わせて進めば所要時間が短くなる。

問３　(1)　太陽―月―地球の順に一直線に並ぶと，地球から見て太陽と月が同じ方向にあり，夜には月がまったく見られない。この日は新月である。　(2)　ツバメが低く飛ぶと，雨が降ると考えられているのは，雨雲が近づくと空気のしめり気が増し，えさである虫が，しめり気のためにはねが重くなって低く飛ぶようになり，その虫を飛びながらとらえるツバメも低く飛ぶようになるからである。なお，ほかは晴れるときの現象とされる。　⑶　うす雲(巻層雲)，うろこ雲(巻積雲)，すじ雲(巻雲)は空の最も高いところに発生する雲で，雨雲(乱層雲)やおぼろ雲(高層雲)は空の中くらいの高さにできる。わた雲(積雲)はそれらより下にできる雲である。　⑷　潮の満ち引きの差が大きくなるのは，太陽—月—地球の順に一直線に並ぶ新月のころと，太陽—地球—月の順に一直線に並ぶ満月のころである。よって，新月である５月20日の次に潮の満ち引きの差が大きくなるのは，約２週間(14日)後の満月のころと考えられる。

問４　海を回遊してきたシロサケは，秋に川をのぼって産卵する。よって，北海道の沿岸などで多くのシロサケがとれるのもふつう秋である。

国　語　(45分) <満点：90点>

解　答

□一 **問１**　下記を参照のこと。　**問２**　戦争と虐殺　**問３**　なぜあのとき　**問４**　ウ　**問５**　ア　**問６**　エ　**問７**　(例)　日本人は中国や韓国の人が日本を嫌っていると思っているが，日本を好きな中国人も多いとした留学生の話から，人を集団でくくらずに個人単位でとらえるべきだと筆者は伝えようとしている。そして，一人称単数の主語を意識的に使うと個人の感覚にもとづいて思考するため，世界は単純ではなく多面で多量で多層であり，だからこそ豊かで優しいと気づけると主張している。　□二 **問１**　①　けわ(しさ)　②～④　下記を参照のこと。　**問２**　イ　**問３**　神聖なもの　**問４**　エ　**問５**　エ　**問６**　(例)　ありのままの自分でいたいだけなのに，たとえ悪意がなくとも他者から「男の子らしさ」「女の子らしさ」といった枠組みによる勝手なイメージにあてはめられるのを，虎之助はほんとうにつらいと感じていた。「かわいいスイーツ男子」というイメージを押しつけてくる女子たちについにがまんができなくなり，ありのままの自分らしさをゆるがすことなく大切に守り，真に自分らしく生きていくため，他者がはめこもうとする勝手なイメージを断固としてはねのけ，闘う心の強さを持とうと決意している。

●漢字の書き取り

□一 **問１**　①　観光客　②　防衛策　③　頂点　④　急激　□二 **問１**　②　胸　③　断　④　吸

解　説

□一 **出典：森達也『集団に流されず個人として生きるには』**。集団を主語にして思考し，行動するのではなく，一人称単数の主語を意識的に使うと世界の多面性・多様性に気づけると述べている。

問１　①　有名な風景や施設などをめぐって見物し，楽しむ人。　②　ほかからの攻撃を防ぎ，自分を守るための方法。　③　一番上。最も高いところ。　④　変化などが急で激しいようす。

問２　ぼう線１は，「我々」などの複数代名詞や集団といった主語に見合った「攻撃的」な述語の例である。集団が主語になると人は「攻撃的に」なり，それがどんどんエスカレートして，ついには「戦争と虐殺」が引き起こされると筆者は考えている。

問3　自分自身ではなく集団に「主語を明け渡」し，全体の動きに合わせて思考し，行動すると暴走してしまい，本当に取り返しのつかない事態になってから「なぜあのときにもっと真剣に対処しなかったのか」と悔やむことになると，筆者は最後から五番目の段落で述べている。

問4　ぼう線３の理由は，続く二文に「集団の一部になっているからだ。一人称単数の主語をいつのまにか失っているからだ」と説明されている。自分の感覚や思考よりも全体の動きに合わせ，集団として思考し，行動していると，虐待であってもみんながしていれば，その状況に疑問を抱かなくなってしまうのである。

問5　ここでの人類は，取り返しのつかない事態になってから後悔しているのだから，なげいて神にうったえるように顔を上に向けるようすをいう「天をあおぐ」が合う。なお，「風がかわる」は，“ものごとの情勢が変わる”という意味。「雲をつかむ」は，“ものごとがばく然としていてとらえどころがない”という意味。「雷がおちる」は，“目上の人からひどくしかられる”という意味。

問6　「フィードバック」は，結果を原因にもどして反映させること。「自分にフィードバックする」とされる「変わった述語」とは，「私」や「僕」などの「一人称単数の主語」に合わせて変えた述語のこと。集団が主語なら，集団に合わせて思考したり行動したりするが，主語が一人称単数なら，自分の感覚や思考が述語に反映され，自分の感覚や考えで行動することになるのだから，エがよい。

問7　中国人留学生は，日本人は中国や韓国の人が日本を嫌っていると思っているが，中国人も多種多様で自分のように日本が大好きな人もいると言っている。この話を通じて筆者は，「中国人」「韓国人」と人を集団でひとくくりにするのではなく，個人単位で認識すべきだと伝えていると思われる。また筆者は，「我々」や集団の名称を主語にすると，「攻撃的に」なり暴走しがちだが，「一人称単数の主語」を意識的に使い，個人の感覚や思考を大切にすることで，世界は単純ではなく，「多面で多量で多層」だからこそ「豊かで優しい」と気づけると主張している。

二　**出典：村上雅郁「タルトタタンの作り方」（『きみの話を聞かせてくれよ』所収）**。自分のボーイッシュで自由なイメージが好きだったので，女の子らしいと言われるのがほんとうにいやだと祇園寺先輩が言うのを聞いた虎之助は，自分のままでいたいだけなのに傷つけられる自分と，祇園寺先輩を重ね合わせて共感する。

問1　①　音読みは「ケン」で，「危険」などの熟語がある。　②　音読みは「キョウ」で，「胸囲」などの熟語がある。　③　音読みは「ダン」で，「無断」などの熟語がある。訓読みにはほかに「た(つ)」がある。　④　音読みは「キュウ」で，「吸引」などの熟語がある。

問2　ボーイッシュだと言われる自分の，女子らしさから外れた自由なイメージが好きだった祇園寺先輩は，「女の子らしい」と言われることを拒絶していた。だが，それは「ボーイッシュな女子らしさ」という別の「らしさ」にとらわれているのであり，自由だとは言えないと認めてもいるので，イが入る。「本末転倒」は，大事なことをおろそかにし，つまらないことにこだわるようす。なお，「画竜点睛」は，最後の大事な仕上げのこと。「竜頭蛇尾」は，初めは勢いがさかんであるが，終わりのほうになるにしたがって，ふるわなくなること。「七転八倒」は，苦痛のあまりころげまわってもだえ苦しむこと。

問3　「おごそかだ」は，重々しく近づきにくいようす。以前「おいしい」と伝えた相手に「やっぱり女の子なんだ」と言われてショックを受けた，因縁(いんねん)のタルトタタンを口に運ぶ祇園寺先輩の表情が虎之助には「おごそか」に見えたのは，先輩の話を「神聖なもの」ととらえたからである。

問４　かつて祇園寺先輩は，タルトタタンをおいしいと感じたことを相手に伝えたとき，「やっぱり女の子なんだ」と言われ，「無理して男子ぶってる女の子」というイメージで見られたいまわしい過去があった。祇園寺先輩は，そうした過去をきらうあまりに，「こんなおいしい」タルトタタンを素直(すなお)に「おいしい」と言えなくなった自分に対し，「ばかみたい」で「むかつく」と腹を立てているのである。

問５　ぼう線４の祇園寺先輩の言葉を反すうする虎之助は，「スイーツ男子」とされる自分も「ボーイッシュ女子」とされる祇園寺先輩もありのままの自分でいたいだけなのに，わかりやすい「枠組(わくぐ)み」に勝手に押(お)しこもうとする他者に対して，反感を新たにしている。前の部分でも，祇園寺先輩は，「女の子みたい」「女の子らしい」と言ってくる人は自分を「無理して男子ぶってる女の子」というありふれた枠に落としこもうとしていて，それがほんとうにいやだと言っている。したがって，エがあてはまる。

問６　ありのままの自分でいたいだけなのに，他者から勝手な解釈(かいしゃく)をされ，無理にそのイメージにあてはめられるのはほんとうにつらく，いやだと感じていた虎之助は，同じような体験をし，自分の素直な感情まで表現できなくなっていた祇園寺先輩に共感する。家からの帰り道，ケーキづくりが趣味(しゅみ)のかわいい「スイーツ男子」というイメージを，罪の意識のないまま自分に押しつけてくる女子たちに頭をなでられた虎之助はついにがまんができなくなったことが，「歯を食いしばった」「背中を向けて，その場を立ち去る。一刻も早く」「女子たちをにらみつける」といった表現からわかる。そして，ありのままの自分らしさをゆるがすことなく守り，真に自分らしく生きていくため，他者がはめこもうとしてくる勝手なイメージを断固としてはねのけて闘(たたか)う強さを持とうと決意している。

2023年度 立教女学院中学校

【算　数】(45分)〈満点:90分〉

1 次の□や①～③にあてはまる数を書きなさい。

(1) $2.75 \div 250 + 1 \div \left\{5.25 \div \left(3\frac{1}{5} - \frac{7}{3} \div \frac{5}{6}\right)\right\} \times 21 + 0.039 = \square$

(2) $\frac{3}{5} \div \left\{\frac{2}{15} \div \left(\frac{2}{3} - \frac{1}{5}\right) + \frac{3}{7}\right\} + 0.04 \times \square = \frac{24}{25}$

(3) $\frac{12}{11 \times 11 + 11} - \frac{112}{111 \times 111 + 111} - \frac{111112}{111111 \times 111111 + 111111} = \square$

(4) 同じ大きさの□個のおはじきを正方形の形にすき間なくしきつめたところ，いちばん外側のひとまわりのおはじきの数の合計は44個でした。

(5) 0，1，2，3の数を1つずつ書いたカードが4枚あります。この4枚から3枚を選んで並べ，3桁(けた)の数をつくります。このとき3桁の数は①個でき，そのなかに偶数(ぐうすう)は②個あります。

(6) 3％の食塩水Aと，①％の食塩水Bがあります。A 200gとB 600gを混ぜると4.5％の食塩水Cができます。A②gとC 200gを混ぜると3.3％の食塩水ができ，B 60gとCの残り600gを混ぜると③％の食塩水ができます。

(7) 右の図において，AC＝BC＝CD＝DA，BD＝DE＝EBです。このとき，角xは①度，角yは②度，角zは③度です。

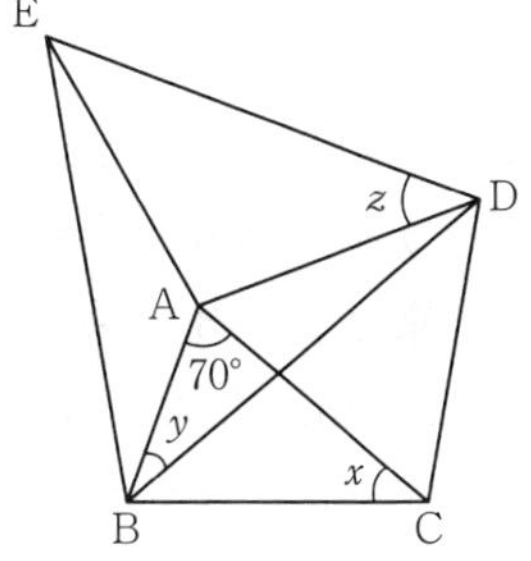

(8) ある中学校で，理科，社会，英語について，得意な人数を調べました。理科が得意な人は151人，社会が得意な人は172人，理科と英語が得意な人は60人，理科と社会が得意な人は73人，理科と英語が得意で社会は得意でない人は①人，理科のみ得意な人は76人，社会のみ得意な人は85人，英語のみ得意な人は80人で，3教科とも得意でない人は3人でした。このとき，この学校の中学生は②人です。

(9) 姉と妹が一緒に出かけました。まず，それぞれが同じキーホルダーを①円で買うと，姉は所持金がはじめの6割に，妹は4割になりました。次に，姉が1つ225円の飲み物を2人分買い，最後に，2人で家族へのおみやげを買いました。おみやげについて，それぞれの支払(しはら)いの割合は，そのときの2人の所持金の比の割合です。残金が姉は300円，妹は200円のとき，2人がはじめに持っていた所持金は，姉が②円，妹が③円です。

2　右の図は，１辺の長さが８cmの立方体を真上から見たものです。この立方体を，図の斜線(しゃせん)部分とその他の部分が分かれるように，上の面から底面に向かって垂直(すいちょく)に切断(せつだん)します。ただし，図の斜線部分はすべて，半径４cmの円の一部です。斜線部分の表す立体のあつまりをA，その他の部分の立体のあつまりをBとして，次の問いに答えなさい。ただし，円周率は3.14とします。

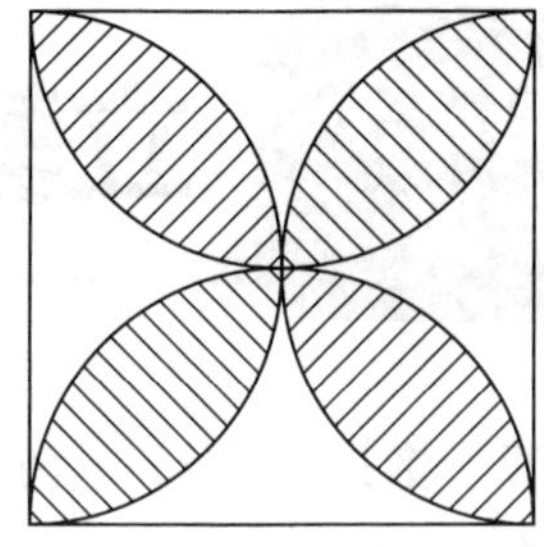

(1)　立体のあつまりAの底面積は何cm^2ですか。

(2)　立体のあつまりAの体積は何cm^3ですか。

(3)　立体のあつまりAの表面積は何cm^2ですか。

(4)　立体のあつまりBの表面積は何cm^2ですか。

3　２桁(けた)の整数を分母とする１以下の既約(きやく)分数を，小さい順に並べます。既約分数とは，それ以上約分できない分数のことです。このとき，次の問いに答えなさい。

(1)　１番目，２番目の分数はそれぞれ何ですか。

(2)　最後の分数は何ですか。

(3)　分子に初めて２が現れるとき，その分数は何ですか。また，それは何番目ですか。

(4)　$\frac{3}{95}$ は何番目ですか。

4　900m離(はな)れた川の２地点を下流から上流へ，船で上ります。２人乗りと３人乗りの船が１そうずつあり，それぞれの速さの比は無人で静水時に４：３です。以下，それぞれの船を「２人乗り」，「３人乗り」とよぶことにします。どちらの船も人が乗ると，子ども１人あたり毎秒0.3m，大人１人あたり毎秒0.5m遅くなります。２人乗りは，子ども２人を乗せて上るのに４分10秒かかり，３人乗りは，無人で上るのに５分かかりました。このとき，次の問いに答えなさい。ただし，２そう出るときは同時に出発します。

(1)　川の流れの速さは毎秒何mですか。

(2)　３人乗りで大人３人が上るのに何分何秒かかりますか。

(3)　大人２人と子ども３人が上るのに最速で何分何秒かかりますか。

(4)　５人で上るのに，最速で７分$53\frac{13}{19}$秒かかりました。このとき，大人と子どもはそれぞれ何人ですか。また，このとき２人乗りは何分何秒で着きましたか。

【社　会】（30分）〈満点：60点〉

1　以下の文章を読んで，問いに答えなさい。

海外旅行に行きづらくなった昨今ですが，日本国内にいても海外の文化を感じることはできます。その最も身近な例は「食」です。

例えば，2021年頃，丸くやわらかいパンに切れ込みを入れ，生クリームを挟(はさ)んだマリトッツォというスイーツが流行しました。これは，イタリアのスイーツで，現地では朝食としてカプチーノと一緒に食べられることが多いです。コンビニでも手軽に購入(こうにゅう)でき，自宅でイタリア気分を楽しめます。また，一時は購入のための行列が各地で見られたタピオカミルクティーは台湾の飲み物です。このように，グローバル化が進んだ現在，日本にいながらにして様々な国の料理を楽しむことができます。さらに，中華料理と日本料理が融合(ゆうごう)した長崎市のちゃんぽんのように，海外の食文化が日本に根付き，ご当地グルメとなっていることもあります。

食は世界と日本をつないでいます。また，①食料自給率が低い日本は，食料の多くを②輸入に頼っています。しかし，2022年以降，日本では食料品の価格が高騰(こうとう)しており，家計に大きな打撃(だげき)を与えています。要因として，まず，円安の進行や，世界的な小麦・油脂(ゆし)の価格高騰により，輸入コストが上がっていることが挙げられます。次に，③原油価格の高騰による物流費や包装資材の値上がりが挙げられます。

ちなみに，日本の各都市を訪れると，食以外の文化にも触れることができます。例えば東京都の新大久保は，コリアタウンとして有名で，④韓国料理だけでなく，韓国の食材・CD・化粧(けしょう)品を取り扱うスーパーがあります。また，群馬県の大泉町には，自動車の組み立て工場などで働く日系人や外国人が多く居住しており，地域全体で⑤多文化共生のための様々な取り組みがなされています。

問１　次のＡ～Ｃは，二重下線部の料理の原料である小麦，コーヒー豆，茶の特徴(とくちょう)について説明したものです。これをもとに，次の問いに答えなさい。

Ａ　生育期に高温多雨，収穫(しゅうかく)期に乾燥(かんそう)を必要とするため，雨季と乾季が分かれた熱帯から温帯気候の高地を好む。採取された種子は焙煎(ばいせん)される。

Ｂ　温暖多雨な気候で，水はけの良い高地を好む。採取した葉は発酵(はっこう)や乾燥などの加工がされる。

Ｃ　温帯から亜寒帯（冷帯）の冷涼少雨な気候を好む。年降水量500mm程度が適度。収穫(しゅうかく)された種子は製粉される。

(1)　**ア～ウ**の雨温図は，小麦，コーヒー豆，茶の生産量が多い都市の雨温図です。コーヒー豆の産地の雨温図として適当なものを次の**ア～ウ**の中から１つ選び，記号で答えなさい。

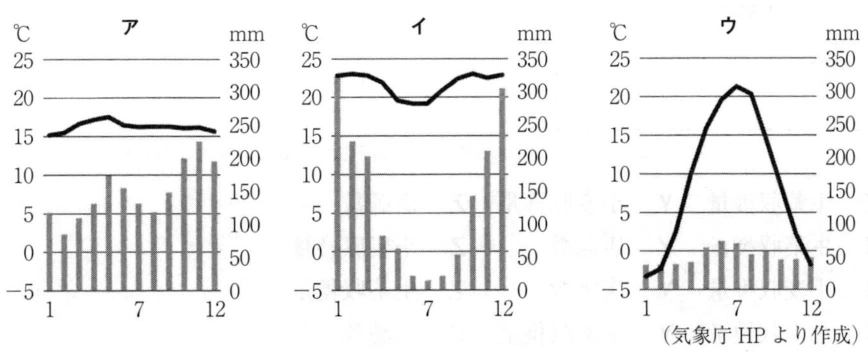

（気象庁 HP より作成）

(2) 雨温図**ウ**に当てはまる都市を地図中**カ**～**コ**の中から1つ選び，記号で答えなさい。

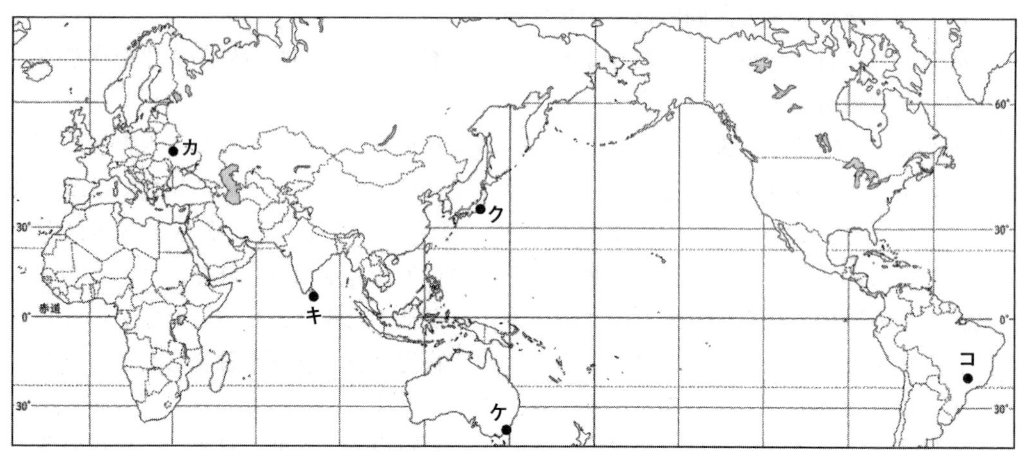

(3) **図X**～**Z**は，生茶収穫量，小麦収穫量(2020)，あるコーヒーチェーン店の都道府県別店舗数(2022)を示したものです。正しい組み合わせを下のア～カの中から1つ選び，記号で答えなさい。

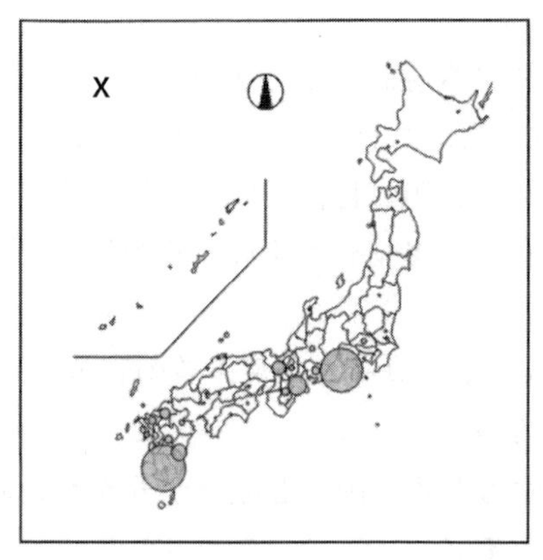

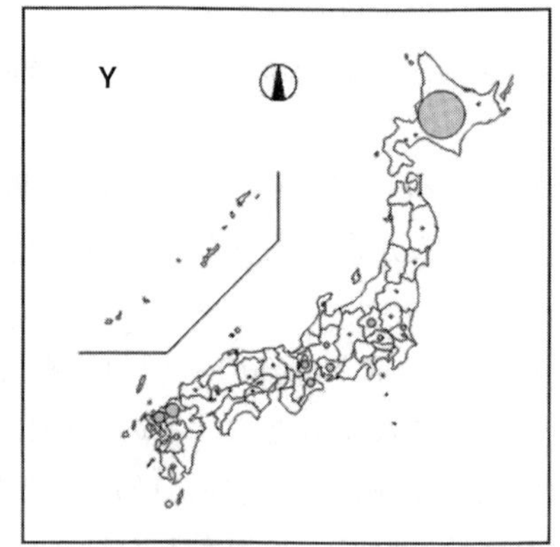

(チェーン店 HP，農業センサスより作成)

ア．**X** 生茶収穫量 **Y** 小麦収穫量 **Z** 店舗数
イ．**X** 生茶収穫量 **Y** 店舗数 **Z** 小麦収穫量
ウ．**X** 小麦収穫量 **Y** 店舗数 **Z** 生茶収穫量
エ．**X** 小麦収穫量 **Y** 生茶収穫量 **Z** 店舗数

オ．**X**　店舗数　　　**Y**　小麦収穫量　**Z**　生茶収穫量

カ．**X**　店舗数　　　**Y**　生茶収穫量　**Z**　小麦収穫量

問2　下線部①について，理由を説明したものとして正しくないものを次のア～エの中から1つ選び，記号で答えなさい。

ア．他の産業と比較(ひかく)し，十分な収入を得ることができないため。

イ．日本は平野の割合が30%以上で，農業の規模が大きいため。

ウ．農家の高齢(こうれい)化が進み，農家数が減少しているため。

エ．化学肥料や機械の導入により，生産費が高く，国際競争力が低いため。

問3　下線部②について，次の**図ア～エ**は，果物，野菜，牛肉，さけ・ますの日本の輸入相手国を示したものです。果物に当てはまるものを次の**ア～エ**の中から1つ選び，記号で答えなさい。

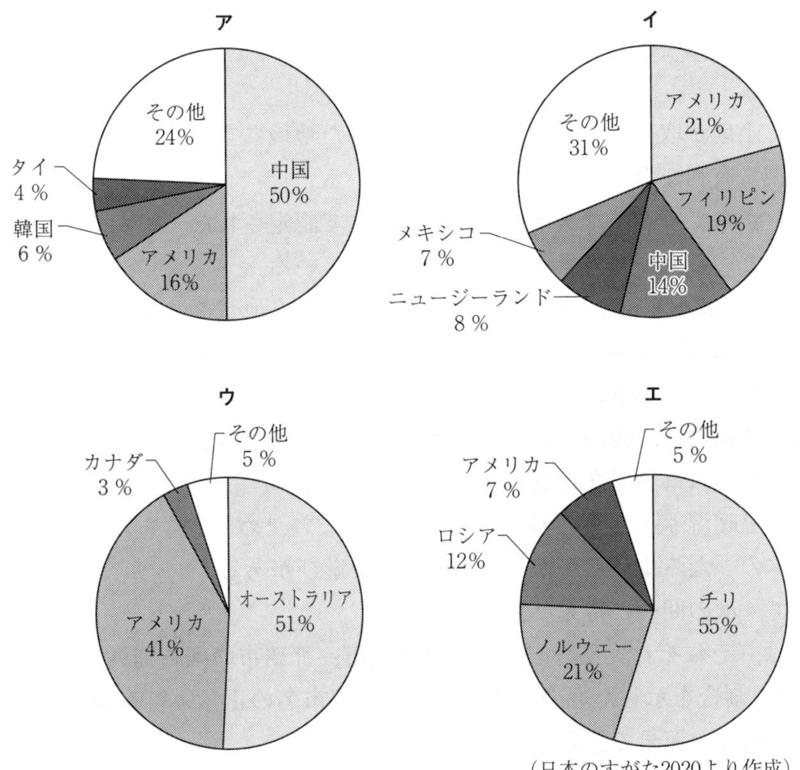

(日本のすがた2020より作成)

問4　下線部③について，次の図は日本国内の石油化学コンビナートがある都市(2019年)を示したものです。図からわかることとして正しいものを，下のア～オの中から2つ選び，記号で答えなさい。

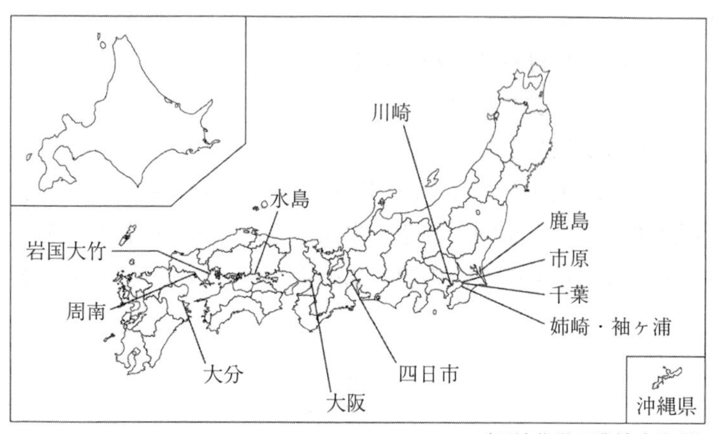

(石油化学工業協会資料)

ア．人件費が安く，土地が取得しやすい都市圏から離れた地域に立地している。
イ．海底油田の採掘に有利なため，臨海部に立地している。
ウ．四日市市では，かつてイタイイタイ病が公害病として認定された。
エ．大市場に近接している太平洋ベルトに立地が集中している。
オ．東北地方と四国地方の県には，石油化学コンビナートは立地していない。

問5　下線部④について，韓国と日本について述べたものとして正しくないものを次のア～エの中から1つ選び，記号で答えなさい。

ア．日本の伝統衣装は和服で，韓国の伝統衣装はチマチョゴリである。
イ．日本の和食は，ユネスコ無形文化遺産に登録されている。
ウ．キムチは，冬に温暖湿潤な朝鮮半島で野菜が腐敗しないためにつくられた。
エ．韓国には，日本の「だるまさんが転んだ」のような遊びがある。

問6　下線部⑤について，次の問いに答えなさい。

(1)　次の表A～Cは，それぞれ，長崎市，群馬県大泉町，那覇市の国籍別外国人人口(2020年)の上位4か国の割合を示したものです。A～Cと都市名の正しい組み合わせを下のア～カの中から1つ選び，記号で答えなさい。

A	B	C
中国系(31.3)	ブラジル(58.2)	中国系(25.2)
ベトナム(17.6)	ペルー(13)	韓国・朝鮮系(8.7)
韓国・朝鮮系(10.4)	ベトナム(4.1)	フィリピン(5.1)
フィリピン(10.4)	フィリピン(3.2)	アメリカ(4.5)

(各市HPより作成)

ア．A　長崎市　B　大泉町　C　那覇市
イ．A　長崎市　B　那覇市　C　大泉町
ウ．A　那覇市　B　大泉町　C　長崎市
エ．A　那覇市　B　長崎市　C　大泉町

オ．A　大泉町　B　長崎市　C　那覇市

カ．A　大泉町　B　那覇市　C　長崎市

(2)　日本の多文化共生の取り組みとして正しくないものを次のア～オの中からすべて選び，記号で答えなさい。

ア．小中学校に日本語学級を設置し，通訳ができる職員を置く。

イ．多言語で書かれた防災マップや災害時対応リーフレットを作成する。

ウ．情報発信を行う際，尊敬語や謙譲語（けんじょうご）など，正確な敬語を使わなければならない。

エ．交流イベントを開催し，外国の料理や現地の特産品・土産物の販売を行う。

オ．地域コミュニティを強化するため，居住エリアを日本国籍と外国籍を持つ人とで明確に分ける。

問7　次の表A～Dは，肉牛飼育頭数，リンゴ，ダイコン，キャベツ(2020)の日本の主要産地を示しています。X～Zには都府県名が入ります。

A	B	C	D
北海道	群馬県	Y	北海道
X	愛知県	長野県	Y
宮崎県	千葉県	X	千葉県
熊本県	茨城県	山形県	Z
Z	Z	秋田県	神奈川県

（農業センサスより作成）

(1)　Dにあてはまるものを次のア～エの中から１つ選び，記号で答えなさい。

ア．肉牛飼育頭数

イ．リンゴ

ウ．ダイコン

エ．キャベツ

(2)　表中の空欄（らん）X～Zの都府県を説明した次の文章の空欄(①)～(⑥)に適切な人物名や言葉を答えなさい。ただし，(②)は３字で答えなさい。また，X～Zの位置を地図中**ア～コ**の中から選び，記号で答えなさい。

Xは日本の都道府県で北海道に次いで大きい面積をもつ。この県出身の作家である（ ① ）は，夏に吹く冷たい（ ② ）が起こす冷害による凶作の様子を「雨ニモマケズ」という作品に描いている。

Yは，隣接（りんせつ）する県との境界に，ブナの原生林が見られる（ ③ ）という世界遺産や，カルデラ湖である（ ④ ）があり，豊かな自然が見られる。

Zは本土と離島（りとう）に分かれている。本土の大部分は，（ ⑤ ）台地という，火山から噴出（ふんしゅつ）した火山灰などが堆積（たいせき）した，水はけのよい台地となっている。県庁所在地にある活火山の（ ⑥ ）は，2022年の噴火の際に噴火警戒（けいかい）レベルが５まで引き上げられ，一部地域の島民の避難（ひなん）も行われた。

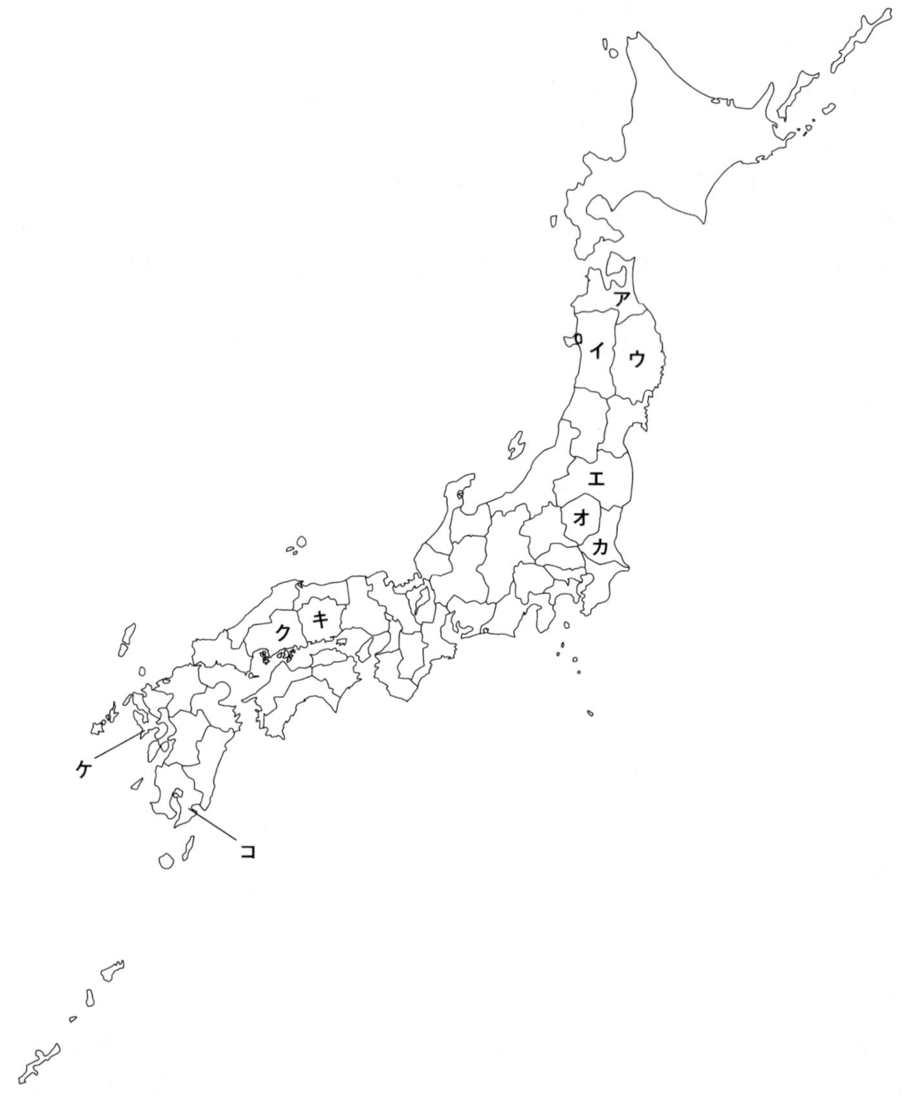

2 　Ａさんは本校の高校生で，散歩を趣味(しゅみ)としています。ある休日にＡさんは本校から西に向かって４時間ほど歩きました。そして，歩いた結果を文章にまとめました。

この文章を読んで，問いに答えなさい。

まず本校を坂下門から出て，神田川を渡り，三鷹台駅横の踏切を渡ります。神田川は井の頭池を水源とし，かつて神田上水とよばれました。①16世紀末に徳川家康が江戸に移ってきたころに掘(ほ)られて江戸の飲み水を支えました。

そこから坂道を登ると牟礼神明社(むれしんめいしゃ)という神社があります。この神社は中世の砦(とりで)の跡です。関東地方の戦国大名で小田原を本拠地とした（ ② ）氏が深大寺(じんだいじ)城を攻撃するために砦を築きました。坂を下ると人見(ひとみ)街道に出ます。人見街道を進んでいくと野崎(のざき)というバス停を通ります。このあたりは③17世紀中ごろに成立した集落でした。人見街道をさらに進み，東八(とうはち)道路との交差点を越えていくと下り坂になり，野川(のがわ)を渡る御狩野橋(みかりのばし)を渡ります。江戸幕府の代々の将軍は④鷹狩(たかが)りを好み，このあたりでも鷹狩りが行われ，その影響でつけられた名前です。参勤交代を武家諸法度に入れた(⑤)も鷹狩りを好んだ将軍の一人です。

御狩野橋から西武多摩川線の踏切までの左手にはスタジアム，大学，都立公園などが見えます。このあたりは，かつてはいわゆる⑥調布基地と呼ばれ，戦前には飛行場がつくられ，戦後，アメリカに貸されていた土地でした。米軍の再編成の中で都内の(⑦)に機能は移転することになり，東京都に返還されました。

人見街道を進み，浅間山(せんげんやま)通りとの交差点を左に曲がり⑧甲州街道を右折します。そして東府中駅のところで曲がって旧甲州街道を進んでいきます。この街道を進むと左手に大国魂神社(おおくにたまじんじゃ)が見えます。この神社は２世紀の⑨景行天皇(けいこうてんのう)のときに建立(こんりゅう)されたといわれています。ここで，源頼朝が妻の(⑩)の安産を祈願し，その後生まれたのが２代将軍の源頼家でした。この神社の向かいには後三年合戦で活躍し，源頼朝の高祖父(祖父の祖父)である(⑪)が植えたケヤキ並木の参道が見えました。

また，このあたりは⑫大化の改新の時期から⑬国府が置かれていたので，古くから栄えていた場所でした。

少し進むと⑭高札場(こうさつば)が見えてきます。ここは幕府の命令などを札にして示した場所です。高札場は各地の宿場町など人通りが多い場所に設けられました。さらに進むと下河原緑道(しもがわらりょくどう)が交差しています。この下河原緑道はもともと下河原線という路線が走っていました。この路線は⑮砂利(じゃり)を多摩川から都心に向けて運ぶためのいわゆる⑯砂利鉄道の一つでした。しかし，砂利の採掘(さいくつ)が戦後になって禁止されたことなどを理由に廃線(はいせん)になりました。

そして高安寺(こうあんじ)の門が見えます。高安寺は室町幕府を開いた(⑰)が建立した寺院です。近代になると，ここでは，⑱板垣退助を中心に1881年に結成された政党や，大隈重信を中心に結成された政党の政治家が講演をした記録が残っています。

さらに進むと，甲州街道に再び合流し，その後，鎌倉街道との交差点に差し掛(か)かります。この街道は，鎌倉に向かうための道です。鎌倉時代には，将軍と主従関係を結んだ武士は(⑲)と呼ばれ，鎌倉の警護などを行うために，この街道を行き来しました。

このあたりで疲れたので，近くの駅から電車に乗って家に帰りました。大体４時間歩きましたが，耳慣れない言葉や地名も多かったです。しかしそういった言葉や地名，歩いて見える風景も，調べてみると様々な歴史とつながっていることがわかりました。また，気になったこともあったので，さらに調べてみたいと思います。

問１　下線部①について，16世紀後半から末に起こった出来事を年代順に並べかえ，記号で答えなさい。

ア．慶長の役がはじめられた。

イ．本能寺の変が起こった。

ウ．伊達政宗が豊臣秀吉に従った。

エ．ウィリアム＝アダムスが日本に漂着した。

問２　(②)に入る言葉を漢字で答えなさい。

問３　下線部③について，この時期にこの地域には多くの集落が生まれています。その理由として正しくないものを次のア～エの中から１つ選び，記号で答えなさい。

ア．江戸では火事などが頻繁(ひんぱん)に起こったことで人々の移動が起こった。

イ．玉川上水など水路が多くつくられ，農業用水が確保できた。

ウ．幕府は収入を増やすために新田開発を命令した。

エ．大阪の町人の手で盛んに新田開発が行われた。

問4　下線部④について，17世紀末に鷹狩りが禁止されます。この時の将軍の名を漢字で答えなさい。

問5　(⑤)に入る人物名を漢字で答えなさい。

問6　下線部⑥について，Aさんは調布基地について調べてみたところ，以下のア～エの出来事があったことがわかりました。これらの出来事を年代順に並べかえ，記号で答えなさい。

ア．空襲から航空機を守るための掩体壕(えんたいごう)とよばれる施設がつくられた。

イ．東京の代々木から住宅が移された。代々木には選手村がつくられた。

ウ．占領軍の食料を生産するために大規模農場がつくられた。

エ．沖縄返還に伴い基地の統廃合が進んだ。

問7　(⑦)に入る地名を次のア～エの中から１つ選び，記号で答えなさい。

ア．厚木　　イ．横須賀　　ウ．横田　　エ．嘉手納

問8　下線部⑧について，甲州街道と関係ない地名を次のア～エの中から１つ選び，記号で答えなさい。

ア．八王子　　イ．日野　　ウ．新宿　　エ．品川

問9　下線部⑨について，この時期にもっとも近い文を次のア～エの中から１つ選び，記号で答えなさい。

ア．ワカタケル大王が宋に使者を派遣した。

イ．卑弥呼が魏に使者を派遣した。

ウ．百済の聖明王から仏教が伝えられた。

エ．聖徳太子が小野妹子を隋に派遣した。

問10　(⑩)に入る人物名を漢字で答えなさい。

問11　(⑪)に入る人物名を漢字で答えなさい。

問12　下線部⑫について，大化の改新を中大兄皇子とともに主導した人物名を漢字で答えなさい。

問13　下線部⑬について，国府が置かれていたために，平安時代にはこの地域は反乱に巻き込まれました。その反乱の首謀者の名を漢字で答えなさい。

問14　下線部⑭について，1868年に新政府が示した，キリスト教の禁止などを定めた高札を何と呼ぶか答えなさい。

問15　下線部⑮について，Aさんが調べると，1921年から1925年にかけて東京に運ばれる多摩川の砂利は２倍以上になっていることがわかりました。その理由を説明したのが以下の文です。文中の［A］，［B］に当てはまる語を入れなさい。（［B］については漢字２字で答えなさい。）

説明文　［　A　］後，［　B　］のために道路などの資材として用いられた。

問16　下線部⑯について，この文章中に出てきた西武多摩川線は砂利鉄道として設置された路線でした。首都圏の砂利鉄道の中には延伸などをすることで，現在も続いているものもあります。これらの鉄道が砂利の採掘禁止後も残っている背景として考えられるキーワードをAさんは以下に並べました。その中で直接に関係があるものを次のア～エの中から１つ選び，記号で答えなさい。

ア．ドーナツ化現象　　　　イ．エネルギー革命

ウ．ヒートアイランド現象　エ．情報化社会

問17　(⑰)に入る人物名を漢字で答えなさい。

問18　下線部⑱について，この政党名を漢字で答えなさい。

問19　(⑲)に入る言葉を漢字で答えなさい。

3　次のA～Fは，高校３年生Ｚ君の昨年(2022年)の日記の一部です。これを読んで，問いに答えなさい。

A　［３月24日　(木)］

今日でロシアの(　あ　)への侵略(しんりゃく)が始まってからちょうど１か月。もう１か月なのか，まだ１か月なのか…テレビでだれかが「直ぐには終わらないだろう」と言っていたけれど，一刻(いっこく)も早く①平和な世界になって欲しいな。戦争を止めるために日本の政府も色々とやっているらしいけど，②国際連合の力で何とかならないのかな？

B　［５月３日　(火)］

今日は憲法記念日で，③憲法施行(しこう)75周年とのこと。ちょうど今学校で憲法の④三大原則を勉強しているので，身近に感じる。あれ，75年ということは，新潟のおばあちゃんと同い年ということか。二人(？)とも，お誕生日おめでとう！

C　［５月15日　(日)］

ネットニュースで今日が沖縄の日本復帰半世紀の日と知った。この日を境(さかい)に，使うお金がドルから⑤円に代わったという記事が面白かった。想像もできないけど，実際にはどんな感じだったんだろう？

D　［７月11日　(月)］

昨日は⑥参議院議員選挙で，⑦市役所に行って初めて投票した(できた！)。先生が「たかが１票，されど１票」と言っていたけど，何となく実感できたような気がする。でも，全体の投票率は約52％とのこと，つまり二人に一人は棄権(きけん)。もったいない…

E　［９月29日　(木)］

(　い　)と共同声明を発表し，国交正常化したのが50年前の今日らしい。僕が大好きなパンダが上野動物園に贈(おく)られたのもこの記念だって，初耳。

F　［11月17日　(木)］

沖縄修学旅行３日目。新型コロナウイルスのせいで，実に３年ぶりの宿泊行事だけど，あっという間にもう最後の夜。沖縄戦や米軍基地，⑧自衛隊などについてたくさん勉強したので，東京に帰ってからしっかり整理したい。でも，まずは明日の国際通りでの自主研修，友達と思いっきり楽しむぞ！

問１　下線部①について，次の問いに答えなさい。

(1)　平和や人権，環境などの問題の解決を目指して，国の違いを超(こ)えて活動する民間の団体を何といいますか，次のア～オの中から１つ選び，記号で答えなさい。

ア．WHO　　イ．PKO　　ウ．ODA　　エ．NGO　　オ．IMF

(2)　1965年以来，日本の国際協力事業団(現，国際協力機構)によって発展途上国に派遣(はけん)され，様々な技術や知識を伝えている事業は何ですか，漢字で答えなさい。

問2　下線部②について，次の問いに答えなさい。

(1)　国際連合の全加盟国が参加して開かれる会議は何ですか，漢字で答えなさい。

(2)　国際連合は2030年までに達成すべき17の目標をSDGsとして定めていますが，これはどのような社会を築(きず)くためのものですか。解答欄に合うように漢字４字で答えなさい。

問3　下線部③の半年前に日本国憲法は公布されましたが，この日は，現在は何という祝日になっていますか，漢字とひらがなで答えなさい。

問4　下線部④について，次の問いに答えなさい。

(1)　国民主権原則の下で象徴(しょうちょう)とされる天皇がおこなう国事行為として，日本国憲法に定められているものを，次のア～オの中からすべて選び，記号で答えなさい。

ア．内閣総理大臣の指名　　イ．国会の召集(しょうしゅう)　　ウ．被災地の訪問

エ．憲法改正の発議(はつぎ)　　オ．衆議院の解散

(2)　全ての人に保障される基本的人権として，日本国憲法に定められているものを，次のア～オの中からすべて選び，記号で答えなさい。

ア．裁判を受ける権利　　イ．表現の自由　　ウ．環境権

エ．参政権　　オ．納税の自由

(3)　生存権を実現するために整備されている社会保障制度の中で，高齢者や病気の人などの生活を支えるために，主に40歳以上の人が払う保険料でまかなわれている制度は何ですか，漢字で答えなさい。

(4)　障がい者や高齢者などの行動をさまたげるものを取り除くこと，またはその状態を何といいますか，カタカナで答えなさい。

問5　下線部⑤について，１万円札の肖像(しょうぞう)画は2024年に誰から誰に代わりますか，次のア～オから１つずつ選び，記号で答えなさい。

ア．野口英世　　イ．樋口一葉　　ウ．渋沢栄一

エ．福沢諭吉　　オ．大隈重信

問6　下線部⑥について，次の問いに答えなさい。

(1)　参議院議員選挙に関する説明として正しいものを，次のア～オの中からすべて選び，記号で答えなさい。

ア．任期は４年である。

イ．定数は衆議院の半分に満たない。

ウ．30歳以上の人が立候補できる。

エ．３年ごとに半数ずつ改選される。

オ．解散がある。

(2)　内閣に関する説明として正しいものを，次のア～オの中からすべて選び，記号で答えなさい。

ア．財務省が中心となって予算を作成する。

イ．衆議院に対する不信任決議権を持つ。

ウ．違憲立法審査権を持つ。

エ．最高裁判所長官を任命する。

オ．首相と国務大臣が全会一致を原則とする閣議を開く。

問 7　下線部⑦について，身近な生活をより良くするために重要な役割を担(にな)う都道府県と市区町村をまとめて何といいますか，漢字で答えなさい。

問 8　下線部⑧について，1950年に発足し，現在の陸上自衛隊の元となった組織は何ですか，漢字で答えなさい。

問 9　文中の(あ)と(い)に当てはまる国名を答えなさい。(あ)はカタカナで，(い)は正式名称を漢字で答えなさい。

【理　科】（30分）〈満点：60点〉

1　ヘチマのつくりや成長について，次の問いに答えなさい。

問 1　かれたヘチマの実の中にはたくさんの種子が入っています。ヘチマの種子を次のア～オから１つ選び，記号で答えなさい。ただし，種子の大きさは実際のものとは異なります。

ア．　イ．　ウ．　エ．　オ．

問 2　ヘチマの種子を土に植えてもなかなか発芽しないことがあります。そこで，どうしたらヘチマの種子が発芽しやすくなるかを調べるために，次の実験を行いました。

【実験】　ヘチマの種子の発芽数

手順１　60個のヘチマの種子を20個ずつに分け，３つのＡ～Ｃのグループを作った。

手順２　Ａ～Ｃのグループに下の①～③の操作を行った。

①　Ａの種子は，種子の側面をやすりで傷をつけてから，一晩水につけて置いた。

②　Ｂの種子は，酸性の水溶液（すいようえき）に１時間入れた後，水で洗い，一晩水につけて置いた。

③　Ｃの種子は，一晩水につけて置いた。

手順３　Ａ～Ｃのグループの種子を同じように土にまいて，10日後，発芽したかどうかを調べ，表１に結果をまとめた。

表１

	発芽した種子の数	発芽しなかった種子の数
①の操作を行ったＡの種子	16	4
②の操作を行ったＢの種子	15	5
③の操作を行ったＣの種子	3	17

表１の実験結果からわかることとして，適切なものを次のア～キからすべて選び，記号で答えなさい。

ア．ヘチマの発芽には，水が必要であることがわかった。

イ．ヘチマの発芽には，光が必要であることがわかった。

ウ．ヘチマの発芽には，空気が必要であることがわかった。

エ．ヘチマの種子の殻（から）は他の種子に比べてかたいことがわかった。

オ．ヘチマの種子の側面に傷をつけると発芽しやすくなることがわかった。

カ．ヘチマの種子を一晩水につけると発芽しやすくなることがわかった。

キ．ヘチマの種子を酸性の水溶液に１時間入れると発芽しやすくなることがわかった。

問３　植物の種類によって，発芽したときの子葉や根の様子はちがいます。ヘチマの子葉と根の様子を表しているものとして適切なものを，次のア～オから１つ選び，記号で答えなさい。

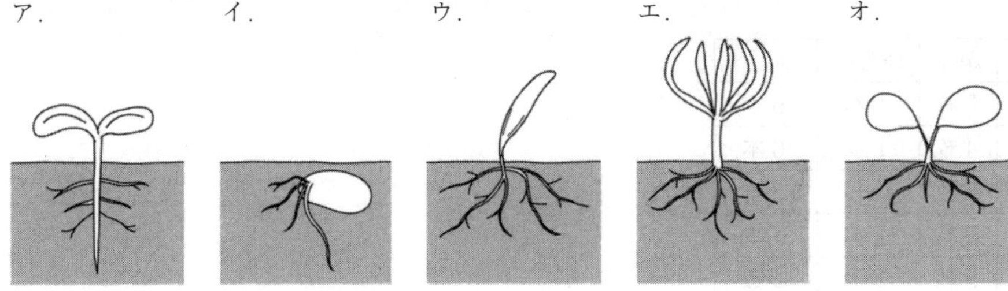

問４　つる植物には，ヘチマのようにまきひげを支柱にまきつけながら，くきを伸ばして成長していく植物と，アサガオのように支柱にくきを巻きつけて成長する植物があります。ヘチマやアサガオといったつる植物は，学校や家庭で，グリーンカーテンとして利用されています。ヘチマやアサガオのようなつる植物として適切なものを，次のア～カからすべて選び，記号で答えなさい。

ア．ヒマワリ　　　イ．ゴーヤ
ウ．ヒョウタン　　エ．ジャガイモ
オ．ホウセンカ　　カ．フウセンカズラ

問５　ヘチマはまきひげを使って，長いくきを支え，雨や風でくきが折れることを防いでいます。ネットに巻きついてしばらく時間がたったヘチマのまきひげの形や特徴（とくちょう）を表したものを，【形】は次のａ～ｄから，【特徴】は下のア～オからそれぞれ１つずつ選び，記号で答えなさい。

【形】

ａ．

ｂ．

（時計回り）

ｃ．

（反時計回り）

ｄ．

【特徴】

ア．ネットに巻きついた後は，風を受け止められるようにたるみをもたせている。

イ．まきひげの先端（せんたん）がネットに巻きついた後も，地球の自転と同じ反時計回りにねじり続け，まきひげ全体がかたくなり，風がふいても切れないようになっている。

ウ．太陽がくきに当たることでできる影（かげ）の移動方向と同じ時計回りにねじり続け，まきひげ全体がかたくなり，風がふいても切れないようになっている。

エ．時計回りの部分と反時計回りの部分をもつことで，ばねのような構造になり，風を受け止められるようになっている。

オ．まきひげは一つの方向にねじれていて，かれたときに支柱やネットから取れやすいようになっている。

問6　下の表はさまざまな植物の花のつくりをまとめたものです。表から，ヘチマの花のつくりを表している組み合わせとして最も適切なものを，次のア～カから1つ選び，記号で答えなさい。

	花びら	がく	めしべ	おしべ
ア	0枚	0枚	1本	6本
イ	4枚	4枚	1本	6本
ウ	5枚	5枚	なし	5本
エ	5枚	5枚	1本	10本
オ	5枚	5枚	1本	多数
カ	5枚	5枚	1本	5本

問7　図は，9月中旬のヘチマの様子を表しています。この時期にヘチマのある部分を一か所だけ切って，その切り口を図のように，それぞれペットボトルに入れて，ヘチマ水を集めます。一晩でヘチマ水を集めるとき，図中のア～オのどの切り口をペットボトルに入れるとより多くのヘチマ水を集めることができますか。最も適切なものを1つ選び，記号で答えなさい。ただし，図中の点線部分は，ア～オのそれぞれの切り口を作るときにハサミで切る位置を表しています。

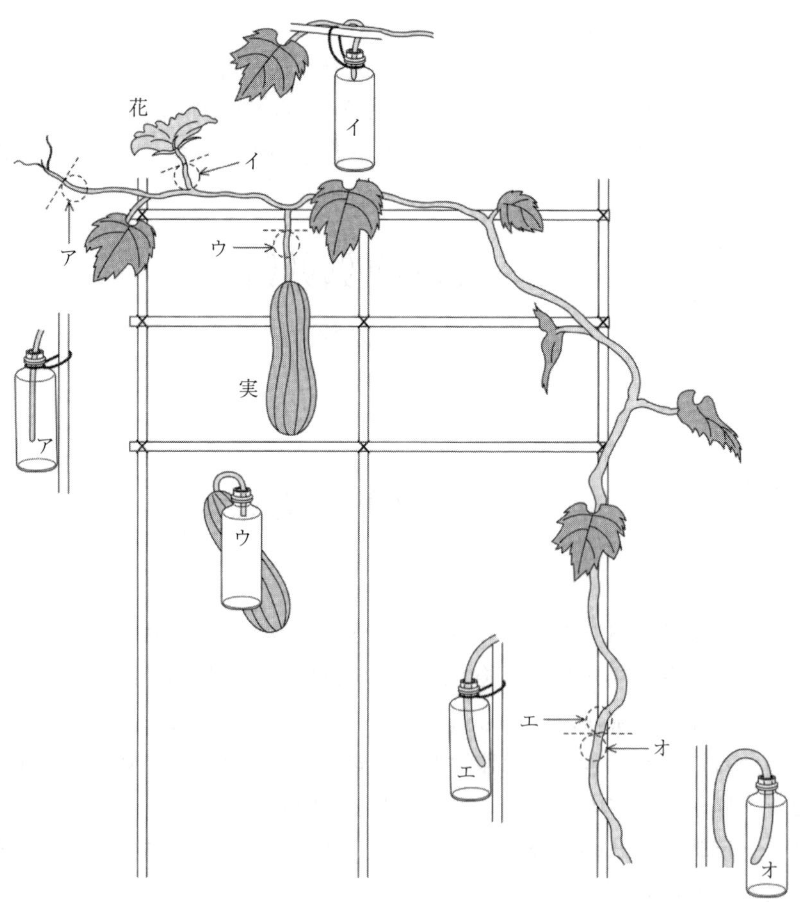

2 様々な素材(鉄，紙，発泡スチロール，ガラス)でできた同じ形のコップを用意し，水道の水をどれも同じ量だけくんで，室内に一日置いておきました。次の問いに答えなさい。

問1 室内に置いておいたコップの側面の温度をはかりました。その結果として適切なものを，次のア～オから１つ選び，記号で答えなさい。

ア．鉄のコップが一番低温だった。

イ．紙のコップが一番低温だった。

ウ．発泡スチロールのコップが一番低温だった。

エ．ガラスのコップが一番低温だった。

オ．どのコップも同じ温度だった。

問2 これらのコップの水の温度もはかりました。その結果として適切なものを，次のア～オから１つ選び，記号で答えなさい。

ア．鉄のコップの水が一番低温だった。

イ．紙のコップの水が一番低温だった。

ウ．発泡スチロールのコップの水が一番低温だった。

エ．ガラスのコップの水が一番低温だった。

オ．どのコップの水も同じ温度だった。

問3 これらのコップに同じ量の氷を入れました。どのコップの氷が一番はやくとけたでしょうか。また，どのコップの氷が一番おそくとけたでしょうか。その結果として適切なものを，次のア～オからそれぞれ１つずつ選び，記号で答えなさい。

ア．鉄のコップ　　イ．紙のコップ

ウ．発泡スチロールのコップ　　エ．ガラスのコップ

オ．どれも同じはやさでとけた。

問4 **問１～３**のような素材の性質を利用して，日常生活で使われているものを，次のア～オからすべて選び，記号で答えなさい。

ア．鉄のフライパン　　イ．紙ねんど　　ウ．羽毛布団

エ．風鈴　　オ．発泡スチロールブロック

問5 椅子に座っていたら座面が温まりました。この熱の伝わり方と同じものを，次のア～オからすべて選び，記号で答えなさい。

ア．カイロを持っていたら手が温まった。

イ．エアコンをしばらく使用したら部屋が温まった。

ウ．たき火の近くにいたら体が温まった。

エ．布団を天日干ししたら外の気温より温まった。

オ．熱湯に金属のスプーンを入れておいたら，持ち手の部分まで温まった。

問6 次のＡ～Ｄの結果からわかることとして適切なものを，下のア～オからすべて選び，記号で答えなさい。

Ａ　冷凍された肉を，発泡スチロールの箱と木箱に入れてしばらく保管すると，発泡スチロールの箱の肉の方が解凍されていなかった。

Ｂ　熱したスープをシリコンゴムでできたお玉と，鉄でできたお玉でそれぞれ取り分けると，鉄でできたお玉は持ち手まで熱くなった。

C　銅と鉄でできたそれぞれのフライパンで肉を焼くと，銅でできたフライパンの方が，焼きむらがなく早く焼けた。

D　金属や木でできた容器は電子レンジで温めることはできないが，シリコンゴムでできた容器は電子レンジで温めることができる。

ア．銅よりも鉄の方が熱を伝えやすい。

イ．発泡スチロールよりも木の方が熱を伝えやすい。

ウ．木よりもシリコンゴムの方が冷めにくい。

エ．シリコンゴムがもっとも熱を伝えにくい。

オ．銅は発泡スチロールよりも熱を伝えにくい。

3　光電池とコンデンサーをつなぎ，光電池の面を太陽の方に向けてコンデンサーを充電させました。そのコンデンサーを光電池から外し，豆電球やその他の電球につなぎ直して，電球の点灯する時間を測る実験を，いくつか条件を変えて行いました。それを【実験１】～【実験４】に示します。ただし，【実験２】，【実験３】は同日の同時刻に行われ，それ以外の実験はそれぞれ別の日時に行われました。

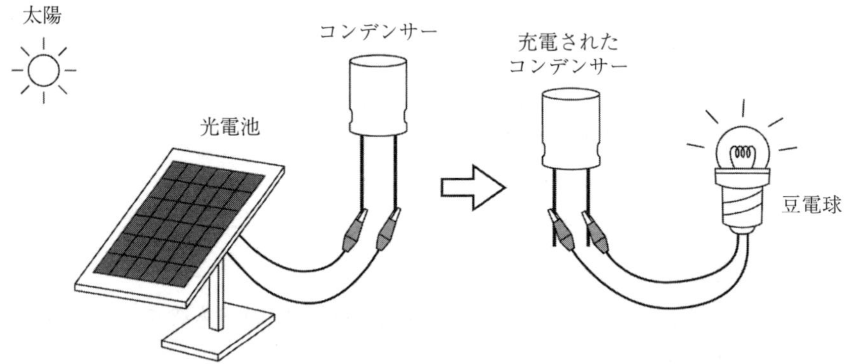

【実験１】

図１のように，光電池の面を太陽の方に向けて，コンデンサーを充電する時間を，10秒，15秒，…，110秒，120秒と変えました。充電されたコンデンサーを豆電球につなぎ直して，豆電球の点灯時間を測りました。その結果を表１に示します。

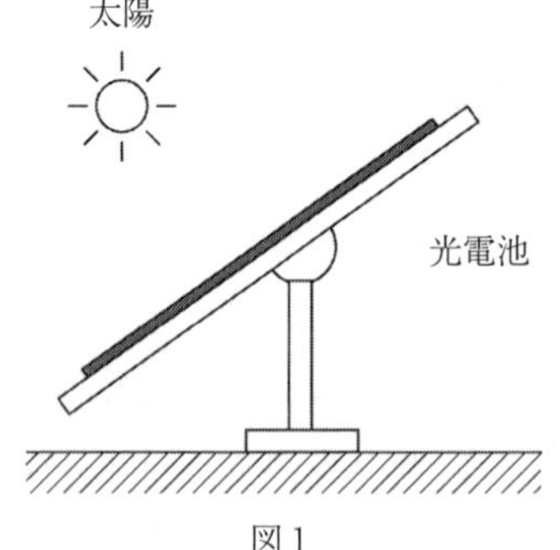

図１

表１

コンデンサーの充電時間〔秒〕	そのときの豆電球の点灯時間〔秒〕	コンデンサーの充電時間〔秒〕	そのときの豆電球の点灯時間〔秒〕
10	5	60	42
15	8	70	48
20	11	80	50
25	16	90	52
30	21	100	53
40	27	110	53
50	36	120	53

問1　【実験1】の結果をグラフにするとどのようになりますか。最も適切なものを次のア～オから1つ選び，記号で答えなさい。ただし，グラフの横軸にコンデンサーの充電時間，縦軸にそのときの豆電球の点灯時間をとります。

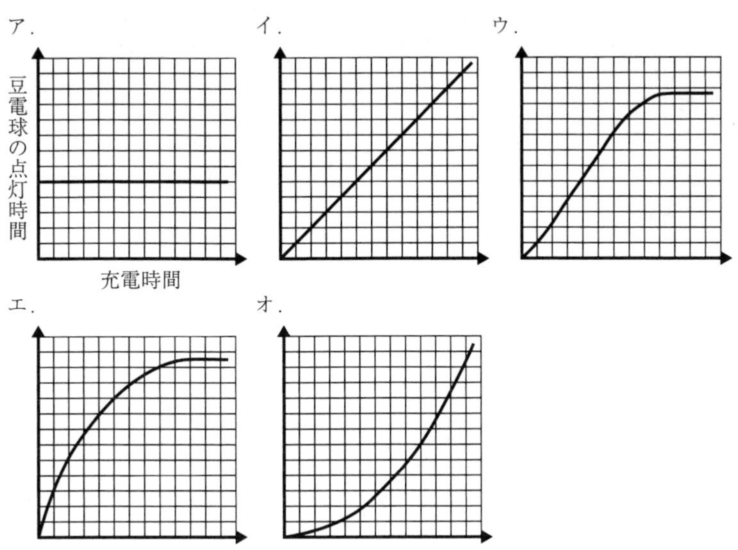

問2　光電池の面を太陽に向けて，150秒間充電したコンデンサーを豆電球につなぎ直すと，豆電球はおよそ何秒間点灯すると考えられますか。最も適切なものを，次のア～カから1つ選び，記号で答えなさい。

ア．21　　イ．42　　ウ．53　　エ．80　　オ．106　　カ．150

【実験2】

図2のように，太陽に対する光電池の面の向き(図2の角度X)を変えて，コンデンサーを20秒間充電し，豆電球の点灯時間をそれぞれ測りました。その結果を表2に示します。

表2

角度X〔°〕	豆電球の点灯時間〔秒〕
50	24
80	22
90	18

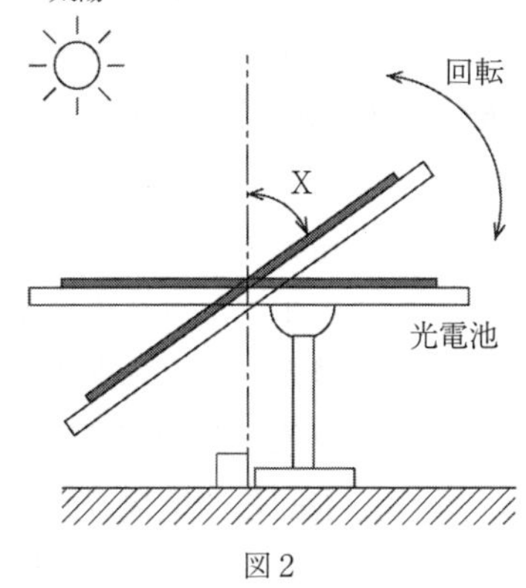

図2

問3　【実験2】の図2で，太陽に対する光電池の面の向きを，角度X＝100°にして，コンデンサーを20秒間充電し，豆電球の点灯時間を測った結果として，最も適切なものを次のア～オから1つ選び，記号で答えなさい。

ア．12　　イ．18　　ウ．22　　エ．24　　オ．30

問4　図3に示すビルのア～ウの壁面(へきめん)と，エの屋上に，それぞれ同じ大きさの光電池を設置する場合を考えます。日の出から日の入りまで一日中良く晴れた日に，光電池が発電する電気の量が最も多いのはどの面に設置した光電池か，最も適切なものを図3のア～エから1つ選び，記号で答えなさい。ここで，光電池の面は壁や屋上の面に対して平行に設置するものとします。また，この日の太陽の動きは図4に示すように，真東から太陽が昇り，真南に太陽が来たときは水平方向から55°見上げる方向に傾いていて，真西に太陽が沈んだとします。

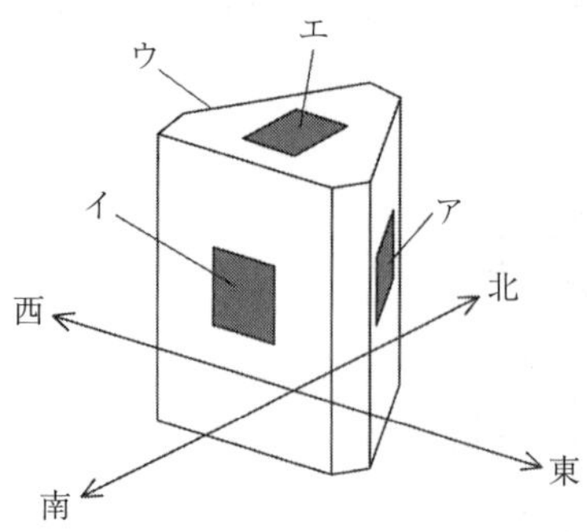

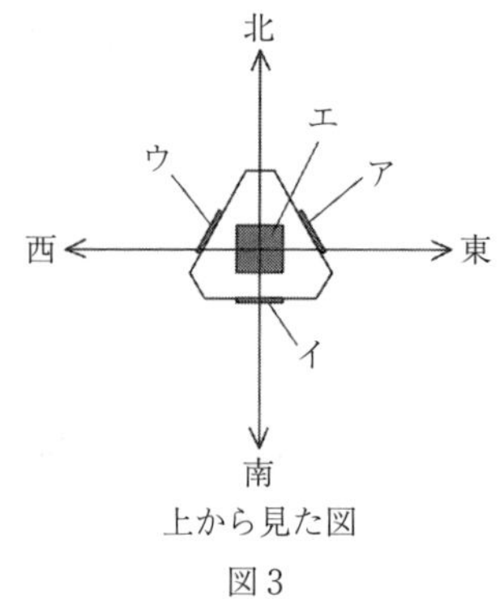

図3

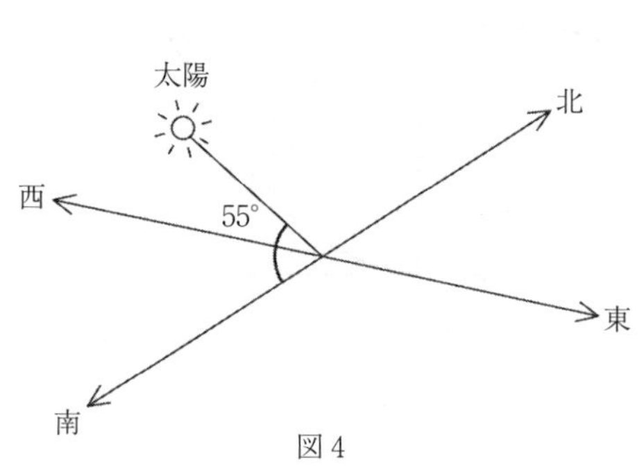

図4

【実験3】

【実験2】の装置で，角度X＝50°にして，コンデンサーを20秒間充電しました。そのコンデンサーを発光ダイオードにつなぎ直して点灯時間を測ったところ，15分以上点灯しました。

問5　【実験3】で使用した発光ダイオードの説明や性質を示しているものを，次のア〜オからすべて選び，記号で答えなさい。

ア．発光ダイオードは，電池のプラスマイナスを気にせず使うことができる。

イ．アルファベット3文字でAEDという。

ウ．発光ダイオードを使用することは，省エネにつながる。

エ．青色の発光ダイオードを発明したのは日本人である。

オ．手回し発電機で，同じ明るさの豆電球と発光ダイオードをそれぞれ点灯させると，豆電球の方がてごたえが軽かった。

【実験4】

太陽と雲および周囲のようすが変化する日に，光電池の面を太陽に向けて，コンデンサーを50秒間充電しました。そのコンデンサーを豆電球につなぎ直して点灯時間を測りました。その結果を表3に示します。

表3

太陽と雲および周囲のようす	豆電球の点灯時間〔秒〕
太陽に雲がかかっていない	35
うっすらと雲がかかり周囲は明るいが人の影がうっすらできる	16
うっすらと雲がかかり周囲は明るいが人の影がはっきりしない	3
少し厚い雲がかかり全体は少し暗い	0

問 6　【実験１】～【実験４】の結果からわかることとして，適切なものを次のア～オからすべて選び，記号で答えなさい。

ア．気温が低い日より気温が高い日の方が，発電量が多い。

イ．湿度が低い日より湿度が高い日の方が，発電量が多い。

ウ．晴れていても，太陽にうっすら雲がかかるだけで発電量は少なくなる。

エ．コンデンサーは充電できる電気の量が決まっている。

オ．光電池の発電量は，発電する時間帯に左右されない。

問 7　光電池を２つ用いて豆電球を点灯させる場合，どのようにつないだときが一番明るく点灯するでしょうか。正しいものを次のア～オから１つ選び，記号で答えなさい。

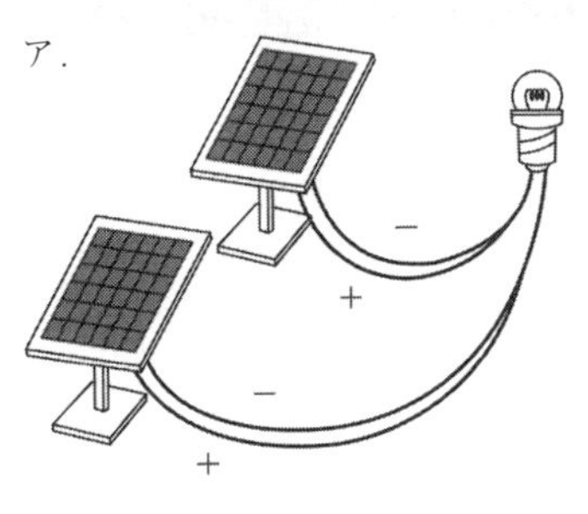

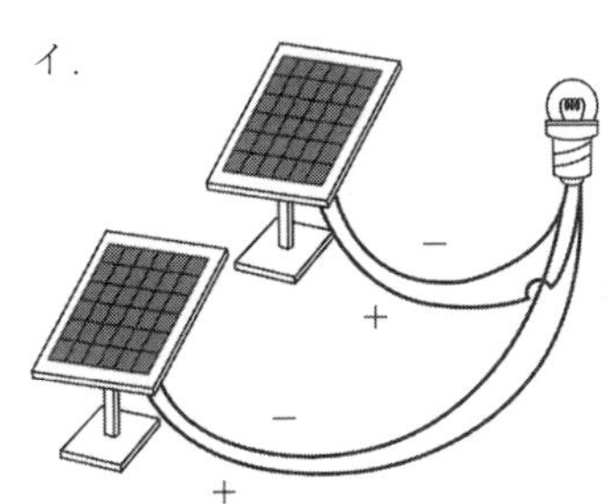

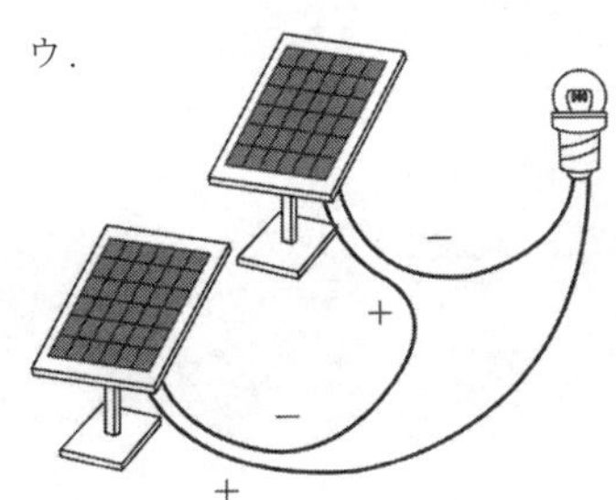

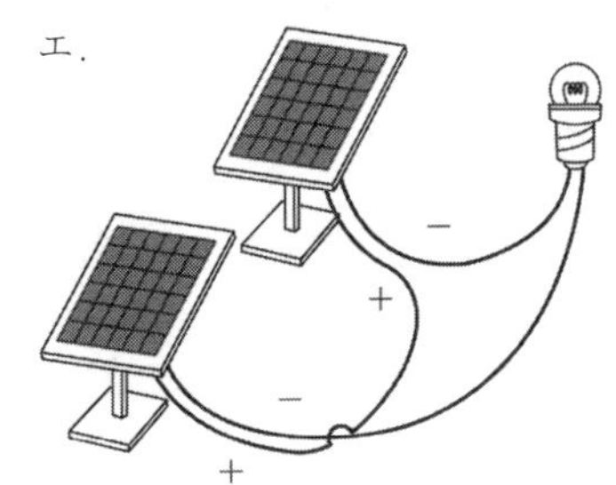

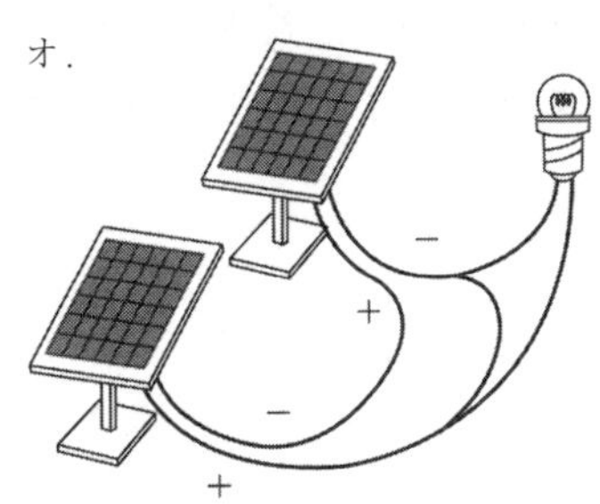

4 日本には火山がたくさんあり，温泉なども様々な場所でわきだしています。鹿児島県には桜島という火山があります。昨年の７月に噴火が確認された火山です。次の問いに答えなさい。

問１ 右の写真は，桜島の様子です。桜島は火山の噴出物でできています。火山の形は主に溶岩の粘りけ(粘性と呼ぶ)によって決まります。溶岩の粘性は温度と二酸化ケイ素というものがどれだけ含まれているかで決まります。粘性が小さいほど流れやすく，傾きの小さな火山を形成し，逆に低温で二酸化ケイ素が多いほど，溶岩の粘性は大きく，流れにくいので，傾きの急な火山を形成します。同じ形の特徴をした火山を，次のア～オから１つ選び，記号で答えなさい。

【火山の例の選択肢】

ア．マウナロア　　イ．平成新山
ウ．富士山　　　　エ．昭和新山
オ．キラウエア

問２ 火山の活動によって，土地は変化します。右の写真は，桜島にある神社の鳥居が地面に埋まっている様子です。主に何によって埋まったでしょうか。適切なものを次のア～オから１つ選び，記号で答えなさい。

ア．溶岩
イ．土石流
ウ．かれた葉や木
エ．火山灰
オ．川の運ぱん物

©K.P.V.B

問３ 図１～２は，桜島の周辺を上から見た図です。火山の活動によって，盆地ができたり，陥没が起こり，湖ができたりします。約2.9万年前の噴火によってできた大型のカルデラを，図２のア～オから１つ選び，記号で答えなさい。

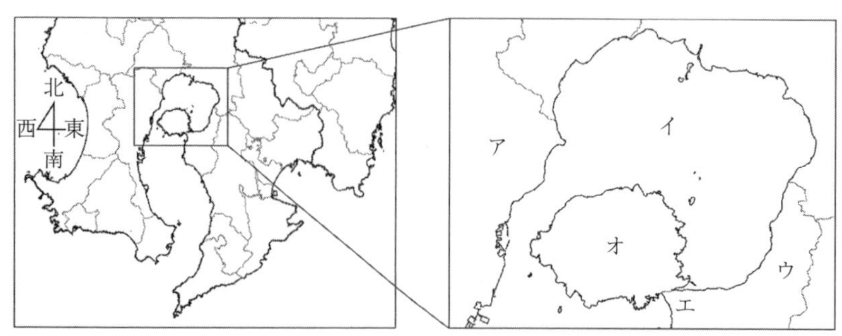

図１　鹿児島県地図　　　図２　桜島周辺地図

(図１は鹿児島県地図です。図２は，図１の□を拡大したもので桜島周辺の地図です。)

問4　桜島は何度も噴火しています。噴火によって流れ出た溶岩は，図3のア～エのように，年代ごとに分布しています。これらの溶岩を，噴火の年代順に並べかえたとき，一番新しくできた溶岩はどれでしょうか。右のア～エから1つ選び，記号で答えなさい。ただし，同じ記号は同じ年代を示し，以下にア～エの溶岩付近の現在の特徴を示します。

アの地域には松が生えている。

イの地域には高木が見られる。

ウの地域には杉やヒノキが生えている。

エの地域には岩石も見え，ススキなどの草が生えている。

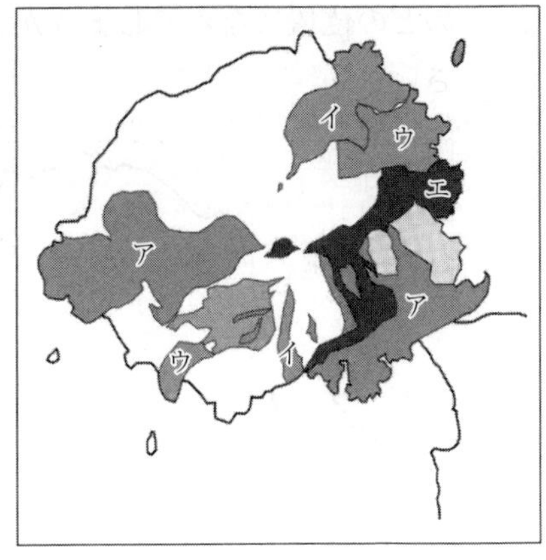

図3　桜島と年代ごとの溶岩の分布

問5　桜島の周辺の街では，桜島の山頂に，のぼる朝日やしずむ夕日が重なり，図4のようにダイヤモンドのように輝く「ダイヤモンド桜島」という現象が見られます。桜島の山頂と沈む夕日が重なる図4のようなダイヤモンド桜島を見ることができる地点を，図5のA～Eからすべて選び，記号で答えなさい。

©鹿児島市
図4　ダイヤモンド桜島

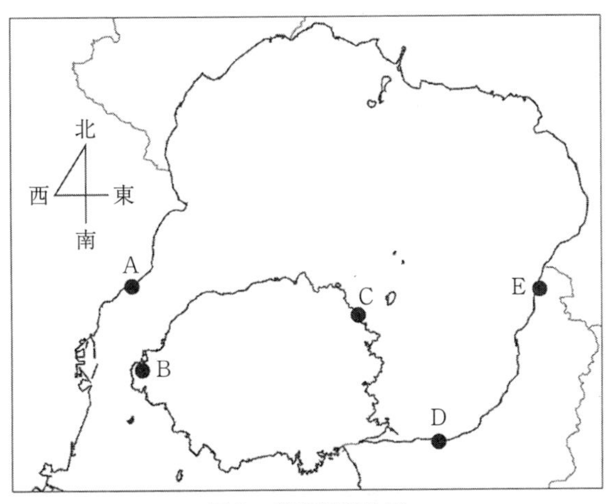

図5　桜島周辺地図

問6　9月に図6のX地点でダイヤモンド桜島を見ることができました。このあと，11月～12月にかけて，9月と同じような時間帯でダイヤモンド桜島を見られる地点は，地図中のア～エのどの位置になるでしょうか。最も適当なものを，次のア～エから１つ選び，記号で答えなさい。

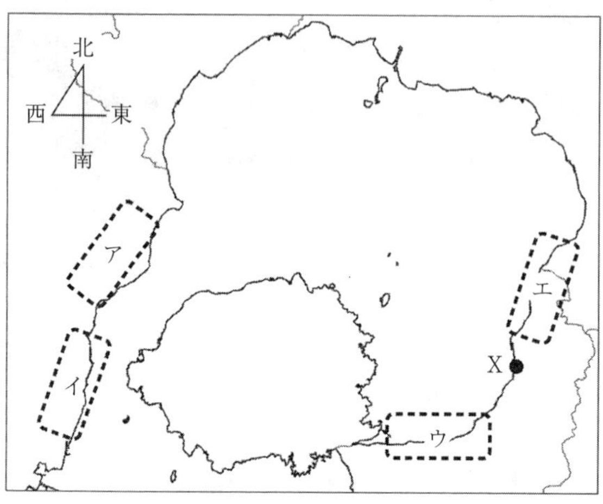

図６　桜島周辺地図

問７　桜島の火山ガスは，二酸化硫黄(いおう)という気体が含まれています。この気体をムラサキキャベツの液に通すと，もも色を示します。同じ性質を示す気体を，次のア～オから１つ選び，記号で答えなさい。

ア．アンモニア　　イ．二酸化炭素　　ウ．塩化水素　　エ．酸素　　オ．水素

問８　**問７**の結果から，桜島付近の雨は，環境(かんきょう)にどのような影響(えいきょう)を与えているでしょうか。適切なものを，次のア～オからすべて選び，記号で答えなさい。

ア．コンクリートの建造物の一部が溶(と)けた。

イ．森林がよく育つようになった。

ウ．金属でできた像の表面に白い筋(すじ)ができた。

エ．桜島で収穫されるみかんはすっぱくなる。

オ．桜島には黒い雨がよくふる。

ウ　自分の態度に対して反抗的であると怒りをあらわにした母が部屋に無断で入ってきたため、家の中に居場所がなくなってしまったという孤独感。

エ　母の考えていることが全くもって理解しがたく、自分の今のつらい気持ちを誰かに聞いてもらわないと気がすまないという強いいらだち。

問六　――線6「よかったぁ」とありますが、由希がそのように言った理由の説明としてあてはまらないものを次の中から選び、記号で答えなさい。

ア　理一郎のことを由理が心配していたが、無事に会うことができたと知って安心したから。

イ　理一郎が親に嘘をついて遊びに行き、叱られたことに成長を感じてうれしくなったから。

ウ　理一郎の母親である由理よりも彼を理解していることがわかり、誇らしかったから。

エ　理一郎と由理がけんかしたことで、本音を話せただろうと想像してほっとしたから。

問七　――線7「うん。すごくおもしろかった」とありますが、このように感じられたのはいくつかの気づきがあったからだと考えられます。それはどのような気づきですか。わかりやすく説明しなさい。

てきてしまった。
「すみません、電話③カしてください」
由希ちゃんのスマホに電話すると、すぐに出た。
――リイチちゃん、どしたの？
「どしたのって、母さんから連絡(れんらく)あったの？」
――午後、電話がかかってきたのよ。おばあちゃん……リイチちゃんのひいばあちゃんの、法事のことで。あんたがピアノのレッスンに来ることになってるってきいてびっくりしたわよ。ところが、あんたは家にもいないから、とても心配してたのよ。
ようやく謎(なぞ)がとけた。母さんが由希ちゃんに電話をかけることなどめったにないのに、よりによって今日、電話をするなんて。それも昼間に。
――由理ちゃん、すごい心配して。いったいどこに行ってたの？
「S駅から二十分ぐらいのところに、遊歩道があるの、知ってる？」
――知ってるわよ。それぐらい。
「遊歩道をずっと歩いていくと、城山公園に出るんだね。ぜんぜん知らなかった」
――わかった。そこ、行ったんだ。ちょっとびっくりだよね。って、のんきなことといってる場合じゃなかった。由理ちゃんとは？
「さっき、帰ってからけんかした。今は、亜梨子の家」
――6よかったぁ。
「けんかしたのが？」
由希ちゃんは、くすっと笑った。
――ひょっとして、海空良ちゃんたちといっしょだった？
「7うん。すごくおもしろかった」
――そっか。よかったね。でも、ウソをついたのは悪いよ。由理ちゃん、マジ、心配してたからね。リイチちゃんのこと、最近なんだかぼんやりしてたし、っていってた。
「……わかってる。ぼくが悪い」
――じゃあ、また来週、まってるから。

（濱野京子『空と大地に出会う夏』くもん出版）

※一部、原文の表記、表現をあらためたところがあります。

注1　パプリカ…楽曲のタイトル。
注2　「パプリカ」の歌詞。
注3　準也…理一郎の友達。
注4　亜梨子…理一郎の幼なじみ。

問一　――線①・②・③のカタカナを漢字に改めなさい。

問二　――線1「一時間以上歩いてきてたどりついたのが城山公園だったとは」とありますが、この時の理一郎の心情として最も適切なものを次から選び、記号で答えなさい。
ア　悲しみ　イ　気落ち　ウ　驚(おどろ)き　エ　怒(いか)り

問三　二か所の[2]に最もよくあてはまる言葉を本文中から漢字二字で書き抜(ぬ)きなさい。

問四　[3]・[4]それぞれにひらがな三字の言葉を入れて、慣用句を完成させなさい。

問五　――線5「そのまま外にとびだした」とありますが、この時の理一郎の心情として最も適切なものを次から選び、記号で答えなさい。
ア　母の言葉に対して言い返すことができない弱さと、自分の変化や思いをかかえることができない苦しさを、母に理解してもらいたいという願い。
イ　友達のことを母に受け入れてもらえないばかりか、自分のことさえ拒絶(きょぜつ)されているような気がして、いてもたってもいられないという衝動(しょうどう)。

きなかった。母さんにとっていい友だちというのは、注3準也みたいに礼儀正しくてまじめな子だ。大智は、海空良は、いい友だちだと、母さんは思うだろうか。

母さんはまたふつうの声にもどった。でも、ちょっとだけ声がふるえている。

「口にできないってことは、いい友だちじゃないと思う」

やっぱりそう思うんだ。

「そんなの、わからないでしょ」

「じゃあ、なぜウソをついたの？」

そのときになって、ぼくはようやく疑問に思った。母さんは、ぼくがピアノレッスンに行かなかったことを、どうして知っているのだろう。それをききたかった。でも、きいたら、もっといろいろいわれることは目に見えている。だからぼくは、いっさい、口を［3］ことにした。

そしてだまったまま、デイパックからタッパーをとりだして洗い、保冷剤も表面をふいて冷凍庫にもどすと、なにもいわずに自分の部屋に行った。でも、母さんはぼくを追ってくると、ノックもしないでドアを開けた。

「なんでウソをついたのか、きいてるの」

ぼくは、ずっとだまっていた。窓の外からセミの鳴き声がきこえた。ふと、ぼくは、遊歩道の途中でセミのぬけがらをひろったことを思いだした。あれ、どうしたっけ。デイパックの横のポケットだ。そっととりだす。つぶれてしまったかと思ったけれど、ちゃんと形をとどめていた。それを机におく。

机の上においてある鏡に、母さんが眉を［4］ている顔がうつった。やがて母さんは、大きくため息をついてからいった。

「あんたにまで、こんなふうに反抗されるとは思わなかった」

反抗？　なんだそれ。そんなつもりないのに。

ぼくは、母さんのわきをすりぬけて部屋を出ると、ころがるように階段を下りて、玄関にむかうと、5そのまま外にとびだした。

とたんに、熱気をもった風につつまれる。だいぶ日が短くなってきたけれど、外はまだ明るいし暑い。何時ごろだろうと思ったそのとき、夕焼けチャイムが鳴って、五時なんだ、と思った。

家をとびだしたものの、行くところなんてない。でもこれは、目的地のない散歩ともちがう。なんとなく学校のほうに足がむいて歩いているうちに、注4亜梨子の家の前にさしかかった。

「理一郎くん！」

声におどろいてふりかえると、庭にいた亜梨子のお母さんがおどろいたような顔で立っていた。

「あ、こんにちは」

「こんにちはって、いったいどうしたの？　お母さんとは会ったの？　あなたのゆくえがわからなくなったって、心配して電話してきたのよ」

「それ、いつの話ですか」

「二時半ごろだったかしら」

「それなら。今、家から出てきたばかりです」

「ちょっと、よりなさいよ。亜梨子もいるし」

そういわれて、ぼくは家の中に入っていった。ほどなく、亜梨子が部屋から出てきた。

和室の座卓の前に座っていると、亜梨子のお母さんが麦茶を出してくれた。

「いったい、なにがあったの？」

「ぼくにもよくわかんなくて。そうだ……」

由希ちゃんのところに電話しよう、と思った。でも、スマホはおい

「まだ、わかんない」
「好きなことは？　ピアノ？」
「ピアノは、それほど好きじゃないかも」
「勉強とか？」
　ぼそっと大智がいった。
「え？」
「おれ、助けてもらった。国語であてられたとき、読むところ教えてもらった。読めない漢字も、そっと教えてもらった」
　そんなことがあったのだろうか。自分ではあんまり覚えていなかったけど。
「好きなのが勉強って、どうなんだろう。おもしろくないよね」
「おれは、いいなって思う」
「リイチ、ちゃんとしてるもんね。あたしみたいにテキトーじゃないし」
　よろこんでいいのかな……。
　帰り道。このまま、目の前の道を下りて、バス停まで行けば早く帰れる。でも、ぼくも海空良も、近道を選ばないで、来た道をもどることにした。三人で「パプリカ」をうたいながら歩く。人とすれちがうときだけ、口パクでうたった。

　注2……帰り道を照らしたのは　思い出のかげぼうし

　下りだから息は少し楽だった。でも、すごく汗をかいたし、水筒の水はやっぱりたりなくて、ペットボトルを買っておいてよかったと思った。ペットボトルの水は、大智と海空良にもわけてあげることができて、それもよかったと思った。

　いい気分で家に帰ったぼくをむかえたのは、けわしい顔をした母さんだった。
「あれ？　仕事は？」
「仕事は、じゃないでしょ！　いったいどこに行ってたの？　携帯にも出ないで」
「え？」
　思わずスマホを見る。二時ごろから立て続けに、母さんからの着信があった。
「ごめん。気がつかなかった」
「ごめんじゃない。どこに行ってたのか、きいてるの」
　どなったりされたわけじゃない、けれど、表情を見て、すごく怒っているのがわかった。
「……城山公園」
「城山公園？　なにをしに？」
「べつに、なにをするってわけじゃないけど」
「［2］があるでしょ」
　空と大地を見た。でもそれは、［2］ではなくて結果。その空と大地は、今まで見たのとおなじなのに、ちがっていた。けれど、そのことを、母さんにうまく説明できる気がしなかった。
「だれと行ったの？」
「友だち」
「友だちって？　だれ？」
「だれでもいいでしょ」
「よくない！」
　母さんが、思わず、というふうに大声を出して、ぼくはびくっと身をふるわせた。母さんが大声を出すのをきいたのははじめてだった。
だからといって、ぼくはすぐに大智と海空良の名前をあげることはで道が急にのぼり坂になった。太陽がだいぶ高い位置にあるようで、影(かげ)が短い。何時ごろかな、と思ってスマホを開いたら、もうすぐ十一時半。ツリーハウスにより道したのは、たぶん十分ぐらいなので、遊歩道に入ってから、一時間以上も歩いてきたのだ。

道が木の階段になった。幅(はば)はあいかわらずせまい。のぼりながら、海空良が鼻歌をうたっている。すぐにそれが「注1パプリカ」だとわかった。

けっこうきついのぼりで、だいぶ息が切れてたけど、ぼくもうたった。大智もうたった。二度うたいおわったとき、先頭を歩いていた大智が足をとめた。

「着いた」

着いた？　どこに？

あらい息を吐(は)きながら、ぼくは最後の階段をのぼる。

「あれ？　ここって……」

目の前に建っているあずまや。それを、ぼくは前から知っていた。

「へえ？　城山公園の裏側だったんだ」

海空良も知らなかったのか、目を丸くしていった。

1一時間以上歩いてきてたどりついたのが城山公園だったとは。たぶん、遊歩道は、この丘(おか)をぐるっとめぐっているのだろう。でもここは、城山図書館のわきの道をのぼってくれば、図書館から十分もかからないで来られる場所だ。

あずまやに入って、街を見下ろす。図書館の屋根が見えた。その先もずっと大地がつづいている。そして、空。ここには何度か来ているのに、空も大地も、こんなに広いなんて知らなかった。

「空がいっぱいだねぇ」

海空良が思いきり深呼吸をしながらいった。

あずまやのベンチに座(すわ)ってお①ベントウを食べた。

自分でつくったおにぎりは、ぶかっこうだったけど、おなかが空いていたせいもあって、けっこうおいしかった。

《中略》

「クワガタ、見つけた」

「つかまえたの？」

大智は首を横にふると、にっと笑った。

「見てた。②ジュエキ吸ってた。おいしそうに」

「じゃあ、あたしたちも、あまいもの食べようよ」

海空良が焼いたクッキーを広げ、三人が同時に手を出した。

「なにか入ってる？」

「ドライフルーツ」

「おいしい。今まででいちばんかも」

ぼくがいうと、海空良は、

「やったぁ！」

とガッツポーズをした。

「海空良は、お菓子(かし)づくりをする人になるの？」

「どうかなあ」

「ほかになりたいものがあるってこと？」

「ほんとは、ありすぎてこまってるんだよね。声優でしょ、パティシエでしょ、ユーチューバーでしょ、旅行家でしょ……」

海空良は、指をおりながら、いくつもの仕事をあげた。

「大智は？」

「大ちゃんは、自然を観察する人」

こたえたのは海空良。それがどういう職業になるのかわからないけれど、なんだかすごく似合っていそうだ。でも、大智は自分ではなにもいわなかった。

「そういうリイチは？」

エ　土地のほとんどが山林であるD村は、木工品の加工を唯一の産業としてきたが、山が国定公園に指定され温泉も発見されたため、観光を主産業にした。

問三　――線2「図のイメージ」とあるように、本書では図が示されています。その図として最も ふさわしいものを次から選び、記号で答えなさい。

ア．（自然｜環境｜人間）
イ．（自然・人間）
ウ．（人間〔環境〕〔自然〕）
エ．（自然 ⇒ 人間）

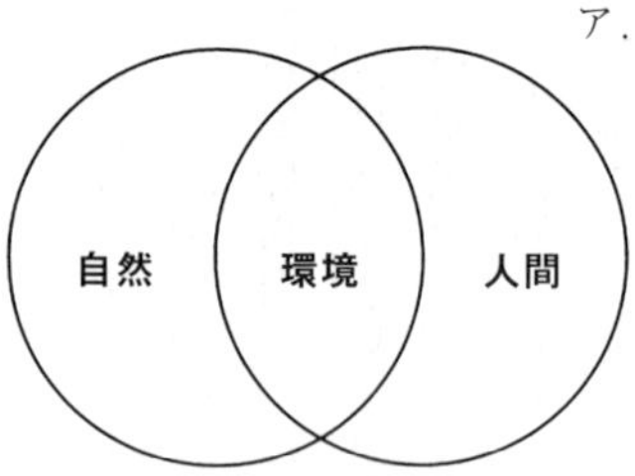

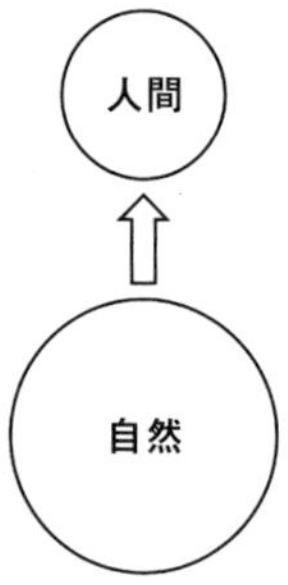

問四　3・4にあてはまる接続詞を次から選び、それぞれ記号で答えなさい。

ア　なぜなら　　イ　だから　　ウ　つまり
エ　けれども　　オ　または

問五　――線5「多元的な世界を前提にしている」とありますが、風土はどういうことを前提にしているのですか。それが説明されている部分をこれより前の本文中から二十字以内で書きぬきなさい。

問六　――線6「手触り感を感じられない」とはどういうことですか。それを説明したものとして最も適切なものを次から選び、記号で答えなさい。

ア　理想を実現できるとは思えない
イ　言葉に真実味がなく感じられる
ウ　地球環境の利益に結びつかない
エ　身近なものとして実感できない

問七　――線7『私たち』という感覚が成り立つ風土という視点を充足していくことで、環境問題に対しても主体性を持つことができるようになるのではないでしょうか」とありますが、どういうことですか。「私たち」が現在どのように環境問題に向き合っているかをふまえて説明しなさい。

二　**次の文章を読んで、あとの問いに答えなさい。**

小学六年生の理一郎は、母(由理)の妹である由希が先生をしているピアノ教室に出かけるふりをして、友達(大智・海空良)とハイキングにでかけた。

「大智は、ここ、よく歩くの？」
「サンポ」
「サンド？　三度目ってこと？」
「散歩」
ぼくは思わずふきだした。自分できききまちがえたのに。
「ぼくは、散歩ってめったにしないから」
「おれ、散歩する」
そっか。散歩には、目的地とか、なくてもいいんだな。

際に課題に向き合う段階において、行動注3主体となる主語は見失われてきました。

環境のサステイナビリティの視点によって観察・分析・介入を検討した情報は、状況に対する対処療法的な視点を与えてくれます。このような視点を片方に持ちながら、「私たち」という主語を用いてより実際の体験としての自然と人間の関係性についての情報を与えてくれる、風土のサステイナビリティの視点を③オギナうと、今度は思考を展開している私を環境のなかに内化した視点から、日々をどのように暮らしていけばよいのかを考えることができるようになるのではないでしょうか。

一方で、風土の視点にも限界があります。それは、その注4範疇を「地球」や「グローバル」という注5マクロ視点にまで引き上げると、風土の視点からサステイナビリティを語るときの「私たち」という主語に対する意識がとても弱くなってしまう、あるいは消えてしまうことです。全地球的な風土というものが仮に想像できたとしても、その規模において風土の特徴である「自然が人間をつくり、自然は人間につくられる」という相互に定義し合う関係が、規模が大きすぎて私たちには認知することがとても難しくなります。少なくとも私自身は「地球の風土」というような表現に6手触り感を感じられないのですが、このあたりについてそうした認識も可能だとする議論もあります。

気候変動や地球温暖化のようなグローバルな環境問題や、SDGsのような全人類の開発目標という枠組みにおいては、自然と人間がお互いに定義し合うこと（逆限定の関係）が認知できないがゆえに、どこか他人事のような感覚が生じるように思います。他方で、ある地域や町といった程度の規模であれば、明日からの私の行動の変化がどのように自然と人間のつくり・つくられる関係のなかでの変化として現れるかを④ヨウイに想像することができるでしょう。7「私たち」という感覚が成り立つ風土という視点を充足していくことで、環境問題に対しても主体性を持つことができるようになるのではないでしょうか。

（工藤尚悟『私たちのサステイナビリティ―まもり、つくり、次世代につなげる』岩波ジュニア新書948）

※一部、原文の表記、表現をあらためたところがあります。

注1 模索…手がかりがないまま、いろいろためすこと。
注2 俯瞰的…ある視点から全体を見わたすこと。
注3 主体…自分の意志でおこなったり、他にはたらきかけたりするもの。
注4 範疇…同じような種類、性質のものがふくまれる区分。
注5 マクロ視点…全体的な立場から考える視点。

問一 ――線①は読み方を答え、②・③・④のカタカナを漢字に改めなさい。

問二 ――線1「『風』は文化・民俗を、『土』は土地・地域を表し、これらは互いに独立してあるのではなく、ひとつのまとまりとして不可分に存在する」とありますが、その具体例としてあてはまらないものを次から一つ選び、記号で答えなさい。

ア 温暖な気候のA市は、山林がたくわえた湧き水とゆるやかな傾斜地を利用して古くから棚田を作り、山の動物たちと共存しながら稲作を行ってきた。

イ 浜辺の景色が美しいB市は、人気映画の撮影に使われて話題になったため、映画の記念館を建て、案内板や展望台を市内各所に設置して集客に力を入れている。

ウ C市は市内を流れる川を鮭が上ることで知られており、時期による鮭の呼び名の変化や漁の方法、郷土料理に至るまで独自の文化を持っている。

2023年度

立教女学院中学校

【国語】（四五分）〈満点：九〇点〉

【注意】記号や句読点も1字に数えます。

一 **次の文章を読んで、あとの問いに答えなさい。**

環境問題について人間と環境を切り分け、高度な分業化でそれぞれの分野の専門家に①任せることで解決策を注1模索しているのが、今日の環境問題の構造のようです。

《中略》

環境（Environment）の語源には「周辺」という意味がありますが、日本語には環境の他にも人間と自然の関係をとらえるときに用いられる表現があります。それは「風土」です。風土の定義に関する議論は色々ありますが、本書では以下のように考えたいと思います。

風土は、自然と人間のあいだにあるひとまとまりの関係のこと。

1「風」は文化・民俗を、「土」は土地・地域を表し、これらは互いに独立してあるのではなく、ひとつのまとまりとして不可分に存在する。風土の視点において自然と人間は、自然が人間をつくり、また同時に自然は人間につくられる、という相互に定義し合う関係にある。こうした相互に定義し合う関係性を「逆限定の関係」と表現したいと思います。こうした自然と人間の関係性を絵にしたものが、2図のイメージです。

その上で、風土は「私たち」という主語で用いられるという特徴があると考えています。［3］あるひとつの風土は、その風土が形成される地域に暮らす・関わりのある人々の間で共有され、語られるものだからです。風土は個人が認知できますが、個人が単独で形成することはできません。風土は常にある地域に暮らす・関わりのある人たち（＝私たち）を主語として語られます。例えば、「この町では～」、「この地域では～」、「うちらは～」というような表現がこれにあたります。

このように、風土は「私たち」という主語を伴って、人間と自然のあいだのひとまとまりの関係性を表しています。このことは同時に、個々の土地ごとに異なる風土があることを意味します。［4］、地域Aに暮らす私たちにとっての風土と、地域Bに暮らすあなたたち（地域Aのそれとは別の私たち）にとっての風土は異なるということです。

異なる風土を語るいくつもの「私たち」があることを認めることで多元的な世界観を受け入れることができます。「環境－人間」というような、二項対立的な世界観における客観的対象としての「環境」では、全地球・全種的に共有しているひとつの環境があるということが前提になっていますが、複数の異なる「私たち」をはじめから内化している風土は5多元的な世界を前提にしているのです。

風土では自然と人間が不可分なひとまとまりの関係としてありますから、この風土の視点においてサステイナビリティを考え行動すること（＝「何をまもり、つくり、つなげていきたいのか」を考え行動する）が、ひいては自然をつくることになり、そうしてまた、つくった自然に人間がつくられる関係へ展開していくことと同義になります。このことを②ジュウライの「環境のサステイナビリティ」に対し、「風土のサステイナビリティ」と呼びたいと思います。

気候変動や地球温暖化に代表されるこれまでの環境問題の議論では、その影響範囲が全地球であることから、環境のサステイナビリティが重要視されてきました。この視点を用いることで、地球環境の状態を注2俯瞰的に把握することはできるようになりました。しかし、実

2023年度 立教女学院中学校 ▶解説と解答

算　数　(45分)＜満点：90点＞

解　答

1 (1) 1.65　(2) 3　(3) $\frac{3033}{37037}$　(4) 144個　(5) ① 18個　② 10個　(6) ① 5％　② 800 g　③ $4\frac{6}{11}$％　(7) ① 40度　② 30度　③ 40度　(8) ① 2人　② 333人　(9) ① 900円　② 2250円　③ 1500円　**2** (1) 36.48cm^2　(2) 291.84cm^3　(3) 474.88cm^2　(4) 712.96cm^2　**3** (1) **1番目**…$\frac{1}{99}$, **2番目**…$\frac{1}{98}$　(2) $\frac{98}{99}$　(3) **分数**…$\frac{2}{99}$／51番目　(4) 89番目　**4** (1) 毎秒0.6m　(2) 10分0秒　(3) 7分$8\frac{4}{7}$秒　(4) **大人**…3人, **子ども**…2人／4分$41\frac{1}{4}$秒

解　説

1 **四則計算, 逆算, 計算のくふう, 方陣算(ほうじん), 場合の数, 濃度(のうど), 角度, 集まり, 相当算**

(1) $2.75\div250+1\div\left\{5.25\div\left(3\frac{1}{5}-\frac{7}{3}\div\frac{5}{6}\right)\right\}\times21+0.039=0.011+1\div\left\{5\frac{1}{4}\div\left(\frac{16}{5}-\frac{7}{3}\times\frac{6}{5}\right)\right\}\times21+0.039=0.011+1\div\left\{\frac{21}{4}\div\left(\frac{16}{5}-\frac{14}{5}\right)\right\}\times21+0.039=0.011+1\div\left(\frac{21}{4}\div\frac{2}{5}\right)\times21+0.039=0.011+1\div\left(\frac{21}{4}\times\frac{5}{2}\right)\times21+0.039=0.011+1\div\frac{105}{8}\times21+0.039=0.011+1\times\frac{8}{105}\times21+0.039=0.011+\frac{8}{5}+0.039=0.011+1.6+0.039=1.65$

(2) $\frac{3}{5}\div\left\{\frac{2}{15}\div\left(\frac{2}{3}-\frac{1}{5}\right)+\frac{3}{7}\right\}=\frac{3}{5}\div\left\{\frac{2}{15}\div\left(\frac{10}{15}-\frac{3}{15}\right)+\frac{3}{7}\right\}=\frac{3}{5}\div\left(\frac{2}{15}\div\frac{7}{15}+\frac{3}{7}\right)=\frac{3}{5}\div\left(\frac{2}{15}\times\frac{15}{7}+\frac{3}{7}\right)=\frac{3}{5}\div\left(\frac{2}{7}+\frac{3}{7}\right)=\frac{3}{5}\div\frac{5}{7}=\frac{3}{5}\times\frac{7}{5}=\frac{21}{25}$より, $\frac{21}{25}+0.04\times\square=\frac{24}{25}$, $0.04\times\square=\frac{24}{25}-\frac{21}{25}=\frac{3}{25}$　よって, $\square=\frac{3}{25}\div0.04=\frac{3}{25}\div\frac{1}{25}=\frac{3}{25}\times\frac{25}{1}=3$

(3) $11\times11+11=11\times11+11\times1=11\times(11+1)=11\times12$より, $\frac{12}{11\times11+11}=\frac{12}{11\times12}=\frac{1}{11}$である。同様に, $\frac{112}{111\times111+111}=\frac{112}{111\times112}=\frac{1}{111}$, $\frac{111112}{111111\times111111+111111}=\frac{111112}{111111\times111112}=\frac{1}{111111}$だから, $\frac{12}{11\times11+11}-\frac{112}{111\times111+111}-\frac{111112}{111111\times111111+111111}=\frac{1}{11}-\frac{1}{111}-\frac{1}{111111}=\frac{10101}{111111}-\frac{1001}{111111}-\frac{1}{111111}=\frac{9099}{111111}=\frac{3033}{37037}$

(4) 正方形の形にしきつめたので, {(1辺のおはじきの数)－1}×4＝(ひとまわりのおはじきの数)になる。したがって, 1辺のおはじきの数を○個とすると, (○－1)×4＝44だから, ○－1＝44÷4＝11より, ○＝11＋1＝12とわかる。また, すき間なくしきつめたので, 全部のおはじきの数は, 12×12＝144(個)と求められる。

(5) 百の位は1, 2, 3のいずれかになる。百の位が1のとき, 十の位は0, 2, 3の3通りあり, それぞれの場合で一の位は, 百・十の位で使った数以外の2通りずつあるから, 百の位が1の3桁(けた)の数は, 3×2＝6(個)できる。同様に, 百の位が2, 3の3桁の数も6個ずつできるから,

全部で，6×3＝18(個)(…①)できる。次に，偶数は一の位が0か2になる。一の位が0のとき，百の位は1，2，3の3通りで，十の位は，百・一の位で使った数以外の2通りだから，3×2＝6(個)できる。一の位が2のとき，百の位は1，3の2通りで，十の位は，百・一の位で使った数以外の2通りだから，2×2＝4(個)できる。よって，偶数は全部で，6＋4＝10(個)(…②)できる。

(6) 3％の食塩水A200gには食塩が，200×0.03＝6(g)ふくまれる。また，A200gとB600gを混ぜてできた食塩水Cの重さは，200＋600＝800(g)で，濃度は4.5％だから，その中に食塩は，800×0.045＝36(g)ふくまれる。よって，食塩水B600gにふくまれる食塩の重さは，36－6＝30(g)だから，その濃度は，30÷600×100＝5(％)(…①)とわかる。次に，Aを何gかとC200gを混ぜて3.3％の食塩水ができるときのようすは右の図1のように表せる。図1で，かげをつけた部分の面積はAとCにふくまれる食塩の重さの和を表し，太線で囲んだ部分の面積はできた食塩水にふくまれる食塩の重さを表すので，これらの面積は等しい。したがって，アとイの部分の面積は等しくなり，アとイの縦の長さの比は，(3.3－3)：(4.5－3.3)＝0.3：1.2＝1：4なので，横の長さの比は，$\frac{1}{1}:\frac{1}{4}$＝4：1となる。よって，アの横の長さ，つまり，混ぜたAの重さは，200×4＝800(g)(…②)と求められる。さらに，B60gには食塩が，60×0.05＝3(g)ふくまれ，C600gには食塩が，600×0.045＝27(g)ふくまれるから，これらを混ぜると，食塩は，3＋27＝30(g)，食塩水は，60＋600＝660(g)になる。よって，その濃度は，30÷660×100＝3000÷660＝$\frac{50}{11}=4\frac{6}{11}$(％)(…③)と求められる。

図1

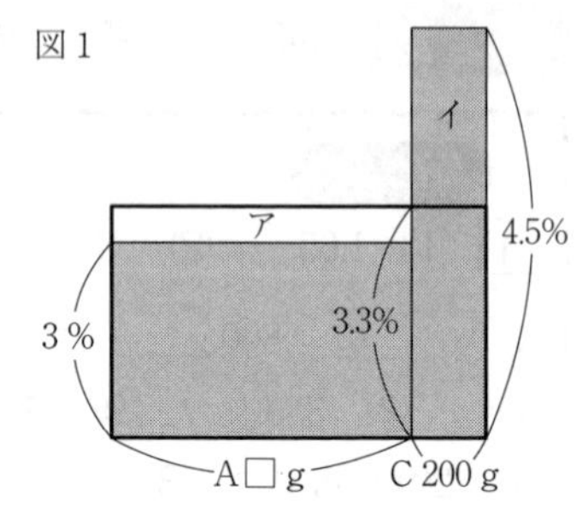

(7) 右の図2で，三角形ABCは，AC＝BCの二等辺三角形だから，角ABCも70度となる。よって，角xの大きさは，180－70×2＝40(度)(…①)と求められる。次に，三角形ACDは正三角形なので，角ACDは60度である。また，三角形BCDは，BC＝CDの二等辺三角形であり，角BCDは，40＋60＝100(度)だから，角CBDは，(180－100)÷2＝40(度)とわかる。よって，角yの大きさは，70－40＝30(度)(…②)と求められる。さらに，角ADCは60度で，角CDBは角CBDと等しく，40度だから，角ADBは，60－40＝20(度)となる。また，三角形BDEは正三角形なので，角BDEは60度である。よって，角zの大きさは，60－20＝40(度)(…③)と求められる。

図2

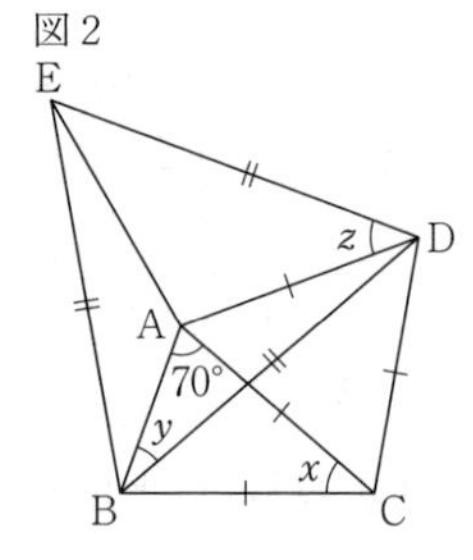

(8) 右の図3のように表して考える。まず，理科と英語が得意で社会は得意でない人は，図3のエにあたる。理科が得意な人(ア＋イ＋エ＋オ)が151人，理科のみ得意な人(ア)が76人，理科と社会が得意な人(イ＋オ)が73人だから，エの人数は，151－76－73＝2(人)(…①)と求められる。また，社会が得意な人(イ＋ウ＋オ＋カ)が172人，英語のみ得意な人(キ)が80人だから，ア～キの人数の和は，ア＋エ＋(イ＋ウ＋オ＋カ)＋キ＝76＋2＋172＋80＝330(人)となる。これに3教科とも得意でない3人を加えると，中学生全体の人数になるから，その人数は，330＋3＝333(人)(…②)と求められる。

図3

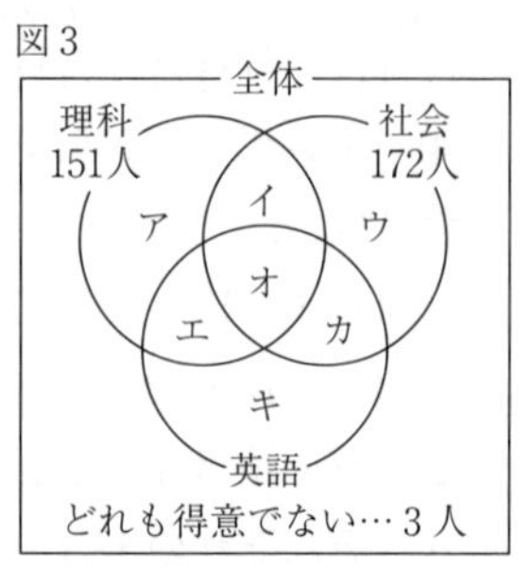

(9)　まず，キーホルダーの値段は，姉のはじめの所持金の，10－6＝4(割)にあたり，妹のはじめの所持金の，10－4＝6(割)にあたる。つまり，姉のはじめの所持金の0.4倍と，妹のはじめの所持金の0.6倍が等しいので，姉と妹のはじめの所持金の比は，$(1\div0.4):(1\div0.6)=\frac{5}{2}:\frac{5}{3}=3:2$となる。そこで，姉と妹のはじめの所持金をそれぞれ$\boxed{3}$，$\boxed{2}$とすると，キーホルダーを買った後の所持金は，姉が，$\boxed{3}\times0.6=\boxed{1.8}$，妹が，$\boxed{2}\times0.4=\boxed{0.8}$となり，姉が飲み物代として支払(しはら)った金額は，225×2＝450(円)だから，2人の所持金の変化は右の図4のように表せる。図4で，2人がおみやげ代に支払った金額の比は，おみやげを買う前の所持金の比に等しいから，残金の比も，おみやげを買う前の所持金の比に等しくなる。すると，おみやげを買う前の姉と妹の所持金の比は，300：200＝3：2だから，おみやげを買う前の姉の所持金は，$\boxed{0.8}\times\frac{3}{2}=\boxed{1.2}$となる。したがって，$\boxed{1.8}-\boxed{1.2}=\boxed{0.6}$が450円にあたるので，$\boxed{1}=450\div0.6=750$(円)と求められる。よって，はじめの所持金は，姉が，750×3＝2250(円)(…②)，妹が，750×2＝1500(円)(…③)である。さらに，キーホルダーの値段は，$\boxed{3}-\boxed{1.8}=\boxed{1.2}$にあたるので，750×1.2＝900(円)(…①)となる。

図4

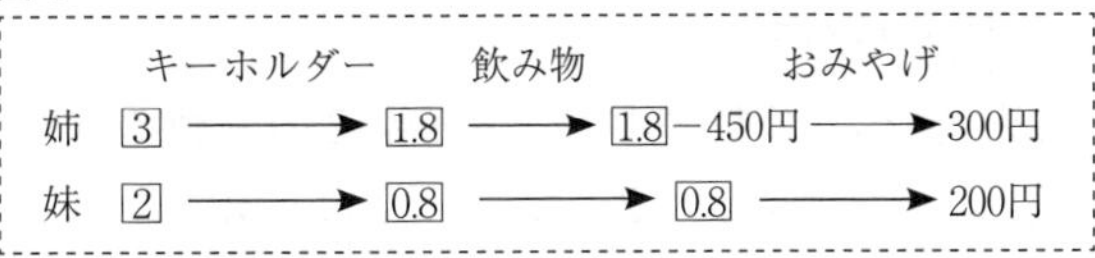

2 立体図形―体積，表面積

(1)　Aの底面は，右の図1の斜線(しゃせん)部分となる。斜線部分のうち，太線で囲んだ部分の面積は，半径が4 cm，中心角が90度のおうぎ形の面積から，等しい辺が4 cmの直角二等辺三角形の面積をひいて，$4\times4\times3.14\times\frac{90}{360}-4\times4\div2=12.56-8=4.56$(cm²)であり，斜線部分の面積はこれの8個分だから，Aの底面積は，4.56×8＝36.48(cm²)と求められる。

図1

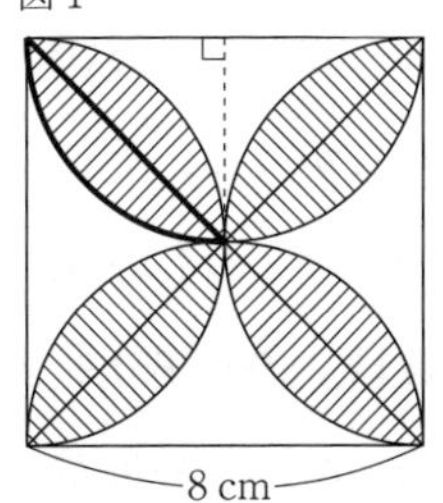

(2)　立体は右下の図2のようになる。Aは斜線部分を底面とする高さ8 cmの立体だから，体積は，36.48×8＝291.84(cm³)となる。

(3)　Aの表面のうち，2つの底面の面積の和は，36.48×2＝72.96(cm²)である。また，Aの側面は，底面の半径が4 cmで高さが8 cmの円柱の側面を2等分したものが4つ合わさってできている。円柱の側面積は，8×(4×2×3.14)＝64×3.14(cm²)だから，Aの側面積は，64×3.14÷2×4＝128×3.14＝401.92(cm²)である。よって，Aの表面積は，72.96＋401.92＝474.88(cm²)と求められる。

図2

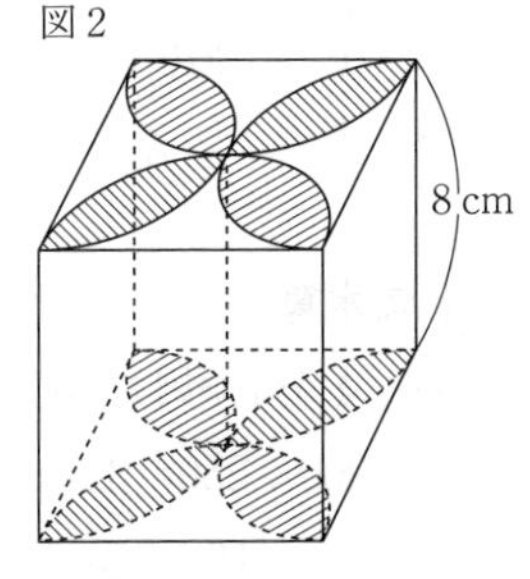

(4)　Bの底面は，図1で斜線の引かれていない部分で，その面積は，8×8－36.48＝27.52(cm²)だから，Bの2つの底面の面積の和は，27.52×2＝55.04(cm²)である。また，Bの側面のうち平面の部分は，1辺8 cmの正方形4つなので，その面積は，8×8×4＝256(cm²)となる。さらに，Bの側面のうち曲面の部分は，Aの側面と同じ部分なので，その面積は401.92cm²になる。よって，Bの表面積は，55.04＋256＋401.92＝712.96(cm²)と求められる。

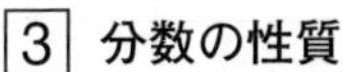

3 分数の性質

(1)　分数は分子が小さいほど小さく，分母が大きいほど小さい。よって，2桁の整数を分母とする1以下の既約(きやく)分数を，小さい順に並べたときの1番目の分数は，分子が最も小さい1で，分母が最も大きい99だから，$\frac{1}{99}$である。また，2番目の分数は$\frac{2}{99}$か$\frac{1}{98}$のどちらかとなるが，$\frac{1}{98}=\frac{2}{196}$で，$\frac{2}{196}<\frac{2}{99}$だから，$\frac{1}{98}<\frac{2}{99}$とわかる。よって，2番目の分数は$\frac{1}{98}$となる。

(2) 最後の分数は，並べる分数のうち最も大きい分数であり，並べる分数は1以下の分数だから，1との差が最も小さくなる分数を考えればよい。分母が2桁である分数のうち，最も小さいものは$\frac{1}{99}$だから，1との差が最も小さくなるとき，その差は$\frac{1}{99}$となる。よって，最後の分数は，$1-\frac{1}{99}=\frac{98}{99}$とわかる。

(3) 並べる分数の中で，分子が2の分数のうち最も小さいものは$\frac{2}{99}$だから，分子に初めて2が現れるときの分数は$\frac{2}{99}$である。次に，$\frac{2}{99}$の前に並ぶ分数の個数，つまり，$\frac{2}{99}$より小さい分数の個数を考える。分子が2以上の分数で，$\frac{2}{99}$より小さいものはないから，$\frac{2}{99}$より小さい分数はすべて分子が1である。また，$99\div2=49.5$より，$\frac{2}{99}=\frac{1}{49.5}$と考えることができるので，$\frac{2}{99}$は$\frac{1}{50}$より大きく，$\frac{1}{49}$より小さいとわかる。よって，$\frac{2}{99}$より小さい分数は，$\frac{1}{99}$，$\frac{1}{98}$，$\frac{1}{97}$，…，$\frac{1}{50}$で，その個数は，$99-50+1=50$(個)だから，$\frac{2}{99}$は，$50+1=51$(番目)となる。

(4) 並べる分数の中で，$\frac{3}{95}$より小さい分数が何個あるか考える。$95\div3=31.6\cdots$より，$\frac{3}{95}=\frac{1}{31.6\cdots}$と考えることができるので，$\frac{3}{95}$より小さい分数のうち分子が1のものは，$\frac{1}{99}$，$\frac{1}{98}$，$\frac{1}{97}$，…，$\frac{1}{32}$の，$99-32+1=68$(個)ある。同様に，$95\div3\times2=63.3\cdots$より，$\frac{3}{95}=\frac{2}{63.3\cdots}$と考えることができる。したがって，それ以上約分できない分数だけが並ぶことに注意すると，$\frac{3}{95}$より小さい分数のうち分子が2のものは，分母が63.3…より大きい奇数(きすう)なので，$\frac{2}{99}$，$\frac{2}{97}$，$\frac{2}{95}$，…，$\frac{2}{65}$となる。これらの個数は，$(99-65)\div2=17$より，$17+1=18$(個)となる。また，$\frac{3}{95}$より小さい分数のうち分子が3のものは，分母が3の倍数でない数なので，$\frac{3}{98}$，$\frac{3}{97}$の2個ある。さらに，$95\div3\times4=126.6\cdots$より，$\frac{3}{95}=\frac{4}{126.6\cdots}$と考えることができるから，$\frac{3}{95}$より小さい分数のうち分子が4以上のものはない。よって，$\frac{3}{95}$より小さい分数は，$68+18+2=88$(個)あるから，$\frac{3}{95}$は，$88+1=89$(番目)になる。

4 流水算

(1) 4分10秒は，$60\times4+10=250$(秒)なので，子ども2人を乗せた2人乗りの上りの速さは毎秒，$900\div250=3.6$(m)である。したがって，無人のときの2人乗りの上りの速さは，毎秒，$3.6+0.3\times2=3.6+0.6=4.2$(m)となる。一方，5分は，$60\times5=300$(秒)なので，無人のときの3人乗りの上りの速さは毎秒，$900\div300=3$(m)である。また，無人で静水時の2人乗りと3人乗りの速さの比は4：3だから，(上りの速さ)＝(静水時の速さ)－(川の流れの速さ)より，下の図のように表せる。この図で，④－③＝①にあたる速さが毎秒，$4.2-3=1.2$(m)だから，無人で静水時の2人乗りの速さは毎秒，$1.2\times4=4.8$(m)，3人乗りの速さは毎秒，$1.2\times3=3.6$(m)とわかる。よって，川の流れの速さは毎秒，$4.8-4.2=0.6$(m)と求められる。

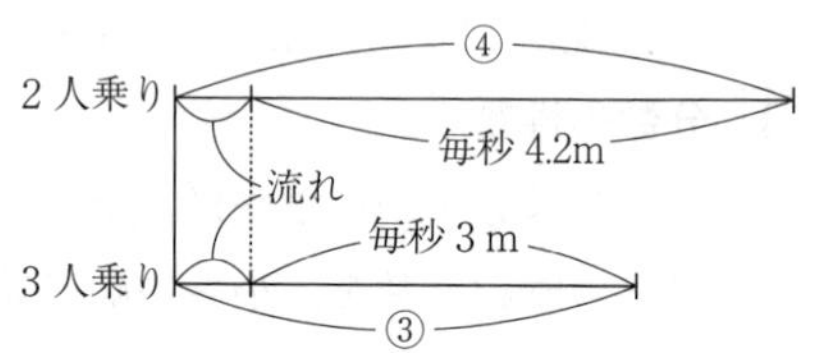

(2) (1)より，無人のとき，3人乗りの上りの速さは毎秒

3mだから，これに大人3人が乗ると，速さは毎秒，$3-0.5\times3=1.5$(m)になる。よって，かかる時間は，$900\div1.5=600$(秒)で，これは，$600\div60=10$(分)だから，10分0秒かかる。

(3) 最速で上るには，遅(おそ)い方の船が上るのにかかる時間をなるべく短くすればよい。(1)より，無人で上りのときの2人乗りの速さは毎秒4.2m，3人乗りの速さは毎秒3mで，2人乗りに大人2人が乗ったとしても，その上りの速さは毎秒，$4.2-0.5\times2=3.2$(m)だから，どのように乗っても3人乗りの方が遅くなる。したがって，3人乗りの速さをなるべく速くするために，子ども3人を3人乗りに乗せると，最速で上ることができる。このとき，3人乗りの上りの速さは毎秒，$3-0.3\times3=2.1$(m)なので，かかる時間は，$900\div2.1=\frac{3000}{7}=428\frac{4}{7}$(秒)となる。これは，$428\div60=7$あまり8より，7分$8\frac{4}{7}$秒だから，最速で7分$8\frac{4}{7}$秒かかる。

(4) 7分$53\frac{13}{19}$秒は，$60\times7+53\frac{13}{19}=420+\frac{1020}{19}=\frac{7980}{19}+\frac{1020}{19}=\frac{9000}{19}$(秒)だから，遅い方の船，つまり，3人乗りの上りの速さは毎秒，$900\div\frac{9000}{19}=1.9$(m)とわかる。このとき，無人のときと比べて遅くなった速さは毎秒，$3-1.9=1.1$(m)となり，$1.1=0.5\times1+0.3\times2$だから，3人乗りには大人1人，子ども2人が乗ったとわかる。また，これ以外に子どもがいたとすると，3人乗りに子どもが3人乗った方が速く上れるから，7分$53\frac{13}{19}$秒は最短の時間ではなくなってしまう。よって，2人乗りに乗ったのは2人とも大人だから，大人は，$2+1=$3(人)，子どもは2人である。さらに，このときの2人乗りの上りの速さは毎秒，$4.2-0.5\times2=3.2$(m)だから，2人乗りが上るのにかかった時間は，$900\div3.2=\frac{1125}{4}=281\frac{1}{4}$(秒)となる。これは，$281\div60=4$あまり41より，4分$41\frac{1}{4}$秒である。

社　会　(30分) <満点：60点>

解　答

1 **問1** (1) イ　(2) カ　(3) ア　**問2** イ　**問3** イ　**問4** エ，オ　**問5** ウ　**問6** (1) ア　(2) ウ，オ　**問7** (1) ウ　(2) ① 宮沢賢治　② やませ　③ 白神山地　④ 十和田湖　⑤ シラス　⑥ 桜島　**X** ウ　**Y** ア　**Z** コ
2 **問1** イ→ウ→ア→エ　**問2** 北条　**問3** エ　**問4** 徳川綱吉　**問5** 徳川家光　**問6** ア→ウ→イ→エ　**問7** ウ　**問8** エ　**問9** イ　**問10** 北条政子　**問11** 源義家　**問12** 中臣鎌足　**問13** 平将門　**問14** 五榜の掲示　**問15** **A** 関東大震災　**B** 復興　**問16** ア　**問17** 足利尊氏　**問18** 自由党　**問19** 御家人　**3** **問1** (1) エ　(2) 海外協力隊　**問2** (1) 総会　(2) 持続可能(な社会)　**問3** 文化の日　**問4** (1) イ，オ　(2) ア，イ，エ　(3) 介護保険　(4) バリアフリー　**問5** エ(から)ウ(へ)　**問6** (1) ウ，エ　(2) ア，オ　**問7** 地方公共団体(地方自治体)　**問8** 警察予備隊　**問9** **あ** ウクライナ　**い** 中華人民共和国

解　説

1 **食を題材とした問題**

問1 (1) 熱帯から温帯で栽培され，種子を焙煎(ばいせん)するというAはコーヒー豆，温暖多雨な水はけの

よい地域で栽培され，葉を発酵・乾燥させるというBは茶，冷涼少雨な気候のもとで栽培され，種子を製粉するというCは小麦である。コーヒー豆は「雨季と乾季が分かれた熱帯から温帯気候」を好むのだから，イがあてはまる。　(2)　雨温図ウは，冬の寒さが厳しいこと，夏と冬の寒暖差が大きいこと，降水量が年間を通じて少ないことが特徴といえる。カ～コのなかでは，北海道より北のヨーロッパ内陸部に位置するカが，こうした気候になる。なお，カはウクライナ北部で冷帯に，キはスリランカで熱帯に，クは日本，ケはオーストラリア南東部，コはブラジル南東部でいずれも温帯に属している。　(3)　茶の生葉の収穫量は鹿児島県が全国第1位，静岡県が第2位となっているので，この2県の円が大きいXがあてはまる。小麦の収穫量は，北海道が全国の約3分の2の割合を占めるので，北海道に大きな円が描かれているYがあてはまる。コーヒーチェーン店は都市部を中心に分布すると推測できるので，東京都・大阪府・愛知県とその周辺に大きな円が集まっているZだとわかる。統計資料は『日本国勢図会』2022／23年版などによる(以下同じ)。

問2　日本は国土の約4分の3を山地・丘陵地が占め，平地の割合は4分の1以下である。平地には人口も集中しているため，農地としての利用土地は限られている。また，日本の農業は，ほとんどが個人経営の小さな経営体によって行われている。

問3　果物の輸入先では，バナナとパイナップルの最大の輸入先であるフィリピンや，キウイフルーツの最大の輸入先であるニュージーランドが上位に入る。なお，アは野菜，ウは牛肉，エはさけ・ます。

問4　ア　石油化学コンビナートは，都市圏である川崎(神奈川県)や大阪にも立地している。
イ　東京湾や瀬戸内海に面した場所に石油化学コンビナートが多いのは，海底油田の採掘に便利だからではなく，原材料や製品の輸送に便利だからである。　ウ　「イタイイタイ病」ではなく「四日市ぜんそく」が正しい。イタイイタイ病は，富山県の神通川流域で発生した公害病である。
エ，オ　図を正しく読み取っている。

問5　韓国のある朝鮮半島南部は，夏は南東の季節風や梅雨，台風の影響で降水量が多くなる。一方，冬は北西の季節風の影響を受けるが，日本と異なり，陸の上を渡ってくる乾いた風となって吹きつけるため，冬の降水量が少ない。よって，「冬に温暖湿潤な朝鮮半島」という表記は正しくない。

問6　(1)　群馬県南東部に位置する大泉町は，機械工業に従事するブラジル人が多いことで知られているので，Bにあてはまる。AとCのうち，県内にアメリカ軍基地が多いことから，アメリカが上位に入っているCが那覇市(沖縄県)で，残ったAに長崎市があてはまる。　(2)　「正確な敬語」は日本人でも使うのが難しく，異文化の人には理解ができないおそれがある。情報発信のさいには，「正確な敬語」ではなく，むしろ「わかりやすい日本語」を使うことが重要といえる。また，居住エリアを国籍で明確に分けてしまうと，それぞれの交流がさまたげられておたがいの理解が進まず，共生が難しくなると考えられる。

問7　(1)　ダイコンの収穫量では北海道のほか千葉県や神奈川県など，近郊農業が行われている関東地方の県も上位に入る。なお，Aは肉牛飼育頭数，Bはキャベツ，Cはリンゴ。　(2)　①　宮沢賢治は，現在の岩手県花巻市出身の詩人・童話作家で，病に倒れたときに手帳に残した「雨ニモマケズ」の詩や，『銀河鉄道の夜』などの作品で知られている。　②　やませは，梅雨どきから真夏にかけて東北地方の太平洋側に吹く北東風で，寒流の千島海流(親潮)の上を吹き渡り，冷たく湿っている。やませが続くと，気温の低下や日照不足によって作物が不作となる冷害が起こりやすくなる。　③　青森県と秋田県にまたがる白神山地は，世界最大級のブナの原生林が残されていることや動植物の多様な生態系が育まれていることから，1993年にユネスコ(国連教育科学文化機関)の世界自然遺産に登録された。　④　十和田湖は青森県と秋田県にまたがる湖で，火山が噴火したさい，火口付近が落ちくぼんでつくられたカルデラに水がたまってできた，カルデラ湖である。　⑤　鹿児島県の本土には，シラスとよばれる火山噴出物が堆積してできたシラス台地が広がっている。　⑥　桜島は鹿児島湾内にある活火山で，活発な火山活動を続けている。県庁所在地である鹿児島市にあり，降灰などが市民の生活に影響をおよぼしている。　**X**　岩手県は東北地方の太平洋側に位置し，南部の沿岸には出入りの複雑なリアス海岸がのびている。　**Y**　リンゴの収穫量が全国第１位の青森県は，本州の北の端に位置している。　**Z**　鹿児島県は，九州の南の端に位置している。　なお，イは秋田県，エは福島県，オは栃木県，カは茨城県，キは岡山県，クは広島県，ケは長崎県。

2　各時代の歴史的なことがらについての問題

問１　アは1597年，イは1582年，ウは1590年，エは1600年のできごとなので，年代順にイ→ウ→ア→エとなる。なお，ウィリアム＝アダムスはオランダ船リーフデ号に乗って豊後(大分県)に漂着したイギリス人で，のちに徳川家康に仕え，幕府の外交顧問などを務めた。

問２　北条氏は小田原(神奈川県)を根拠地として関東一帯に勢力を広げた戦国大名で，1590年に豊臣秀吉に滅ぼされた。なお，鎌倉時代の北条氏との関係はなく，これと区別するために後北条氏や小田原北条氏とよばれることもある。

問３　本校の周辺地域では，1657年に起こった明暦の大火などで被災した人が移り住んだことや，1653年に玉川上水が完成したこと，街道が整備されていったことなどを理由として集落が開かれるようになった。また，この時代には，幕府の主導により，各地で新田開発が進められていった。なお，大阪の町人は，淀川の河口や河内(大阪府南東部)などで積極的に新田開発を行った。

問４　江戸幕府の第５代将軍徳川綱吉は，1685年から生類憐みの令とよばれる極端な動物愛護令を出し，人々を苦しめた。このとき，古くから上流階級の娯楽として行われてきた鷹狩りの風習も中断されたが，第８代将軍徳川吉宗のときに復活した。

問５　徳川家光は江戸幕府の第３代将軍で，武家諸法度を改定して参勤交代を制度化したほか，外国との交易を厳しく制限するなどして，江戸幕府の支配体制を確立した。

問６　「空襲」とあるので，アは太平洋戦争(1941～45年)末期のことだと判断できる。アメリカ軍による都市への空襲は，1944年から激しくなった。オリンピックに参加する選手たちの宿泊施設である「選手村」がつくられたというイは，1964年の東京オリンピックのときのようすにあたる。ウの「占領軍」とは，太平洋戦争敗戦後，日本を占領統治したGHQ(連合国軍最高司令官総司令部)の軍のことで，GHQによる占領統治は，1952年にサンフランシスコ平和条約が発効するまで続いた。エは，1972年の沖縄返還に伴うできごとである。よって，年代順にア→ウ→イ→エとなる。

問７　東京都西部の多摩地域にある横田基地は，国内最大級のアメリカ空軍基地であるとともに，在日米軍司令部が置かれる主要基地でもある。なお，厚木基地と横須賀基地は神奈川県，嘉手納基地は沖縄県にある。

問８　品川は，江戸の日本橋を起点として太平洋側の地域を通り，京都にいたる東海道の最初の宿場町であった。なお，新宿は甲州街道の最初の宿場町で，当時は内藤新宿といった。

問9　アは5世紀，イは3世紀（239年），ウは6世紀(538年あるいは552年)，エは7世紀(607年)のできごとである。

問10　北条政子は，伊豆(静岡県)の豪族で，のちに鎌倉幕府の初代執権となる北条時政の娘で，鎌倉幕府の初代将軍源頼朝の妻となった。源氏の将軍がとだえたあとは幕府政治に深くかかわり，「尼将軍」ともよばれた。

問11　源義家は，東北地方の反乱である前九年合戦(前九年の役，1051～62年)と後三年合戦(後三年の役，1083～87年)で活躍し，東国における源氏の地位を確立した。

問12　中臣鎌足は645年，中大兄皇子(のちの天智天皇)と協力して，当時皇族をしのぐほどの権力をふるっていた蘇我蝦夷・入鹿父子を倒すと(乙巳の変)，大化の改新とよばれる政治改革に取り組んだ。その功績により，亡くなる直前に天智天皇から「藤原」の姓を賜り，藤原氏の祖となった。

問13　平安時代前半の939年，平将門は常陸(茨城県)や上野(群馬県)，下野(栃木県)の国府を襲い，朝廷に対する反乱を起こした。将門は，武蔵(東京都・埼玉県と神奈川県の一部)や相模(神奈川県)の一部をふくむ関東の広い範囲を支配下に置いてみずから「新皇」と名のったが，翌40年に藤原秀郷や平貞盛らによって討たれた。

問14　1868年，明治政府は天皇が神に誓うという形で五か条の御誓文を発表し，政治の基本方針を示した。これとほぼ同時に，五榜の掲示という高札を各地に立てて人民の心得を示した。そのなかにはキリスト教の禁止がふくまれていたために，欧米諸国の強い反発を受け，1873年に撤廃された。

問15　Aさんが調べた1921年から1925年の間の1923年に，関東大震災が発生した。地震の揺れと火災で大きな被害を受けた東京では都市の復興が進められ，そのための資材が各地から運びこまれた。この時期に多摩川から運び出された砂利が増えたのは，そのためである。

問16　ドーナツ化現象は，人口分布を示した地図がドーナツ状に見える現象で，都心部の人口が郊外に流出することで起こる。ここから，ドーナツ化現象によって郊外の人口が増えたため，その地域を走る鉄道が延伸されたのだと考えられる。なお，エネルギー革命は，エネルギー源の中心が変わることで，日本では1960年代に石炭から石油へのエネルギー革命が起こった。ヒートアイランド現象は，都市部の気温が周辺部に比べて高くなる現象，情報化社会は，情報が社会のなかで重要な役割を果たすようになった社会のことである。

問17　足利尊氏は後醍醐天皇のよびかけにこたえて京都の六波羅探題を攻め滅ぼし，鎌倉幕府打倒に貢献した。しかし，後醍醐天皇の建武の新政に反発して兵をあげると，1336年に京都に光明天皇を立て，後醍醐天皇は吉野(奈良県)に逃れた。そして1338年，足利尊氏は光明天皇から征夷大将軍に任じられ，室町幕府の初代将軍となった。

問18　自由民権運動の高まりをおさえきれなくなった明治政府は，1881年に国会開設の詔を出して1890年に国会を開設することを約束した。これを受けて同年，板垣退助らはフランス流の自由主義や主権在民，普通選挙などを主張して自由党を結成した。

問19　鎌倉時代に将軍(幕府)と主従関係を結んだ武士を，御家人という。将軍は，先祖伝来の土地を保障するなどの御恩を御家人に与え，御家人は鎌倉や京都の警護，戦のときの軍役などの奉公でこれにこたえた。

3 政治のしくみや日本国憲法，現代の国際社会などについての問題

問１ (1) 平和や人権，環境，医療などさまざまな分野で問題の解決をめざして活動する民間団体を，非政府組織(NGO)という。なお，WHOは世界保健機関，PKOは平和維持活動，ODAは政府開発援助，IMFは国際通貨基金の略称。　(2) 日本はODAの一つとして，海外協力隊とよばれるボランティアを発展途上国に派遣し，技術支援や教育・医療などの活動を行っている。海外協力隊は国際協力機構(JICA)の事業で，年齢や仕事によって，青年海外協力隊やシニア海外協力隊などに分かれている。

問２ (1) 総会は，世界の平和と安全を守る国際連合の中心的な審議機関で，全加盟国が参加して行われ，各国に１票ずつの投票権が与えられている。　(2) 持続可能な社会とは，将来の世代が損しないよう，地球環境や自然環境を適切に保全しながら，現在の世代の要求を満たすような開発が行われている社会のことをいう。2015年には，持続可能な社会の実現に向けて，国際連合でSDGs（持続可能な開発目標）が採択された。

問３ 日本国憲法は1946年11月３日に公布され，翌47年５月３日に施行された。現在，公布日の11月３日は「文化の日」，施行日の５月３日は「憲法記念日」という国民の祝日になっている。

問４ (1) 天皇が行う国事行為は日本国憲法第７条に規定されており，イとオがこれにふくまれる。なお，アとエは国会が行う。ウのような行為は天皇の公的行為などとよばれ，日本国憲法で規定されている国事行為とは区別されている。　(2) アは日本国憲法第32条，イは第21条，エは第15条などに規定がある。なお，環境権は，憲法には明記されていないが，日本国憲法第13条の幸福追求権にもとづいて新しく主張されるようになった「新しい人権」にふくまれる。また，納税は権利ではなく，国民の義務である。　(3) 介護保険制度は，高齢者の介護を社会全体で支えることを目的として2000年に導入された。介護保険制度では，40歳以上の人が保険料を納め，必要と認定された場合，その度合いに応じて，費用の一部を負担することで介護サービスが利用できる。
(4) 障がい者や高齢者などにとってバリア(障壁)となるものを社会から取り除き，だれでも暮らしやすいようにする取り組みやその状態のことを，バリアフリーという。

問５ 偽造防止などの目的から，2024年に紙幣のデザインが一新されることになっており，１万円札の肖像は福沢諭吉から渋沢栄一へ，５千円札の肖像は樋口一葉から津田梅子へ，千円札の肖像は野口英世から北里柴三郎へと変更される。福沢諭吉は江戸時代末～明治時代に活躍した思想家・教育家，渋沢栄一は明治～昭和時代に活躍した実業家である。

問６ (1) 参議院議員の被選挙権(立候補する権利)は，30歳以上で与えられる。任期は６年だが，選挙は３年ごとに行われ，定数の半分が改選される。なお，衆議院議員の被選挙権は25歳以上で与えられ，任期は４年だが，任期途中で衆議院が解散されることもある。また，2023年２月時点の議員定数は，衆議院が465名，参議院が248名となっている。　(2) ア　予算は内閣が作成し，国会の承認を経て成立する。予算案は財務省が中心となって作成し，内閣として国会に提出する。
イ　衆議院は，内閣に対する不信任決議を行える。　ウ　裁判所は，法律が憲法に違反していないかどうかを具体的な裁判を通して判断できる。これを違憲立法審査権という。　エ　最高裁判所の15名の裁判官のうち，長官は内閣が指名し，天皇が任命する。ほかの14名の裁判官は，内閣が任命する。　オ　内閣総理大臣(首相)はすべての国務大臣が出席する閣議を開き，政治の基本方針を決定する。閣議の決定は，全員一致を原則としている。

問７　都道府県と市区町村は，合わせて地方公共団体や地方自治体とよばれる。地方自治の単位で，日本国憲法にその意義や原則が規定されているほか，地方自治法で組織や運営について具体的に定められている。

問８　1950年に朝鮮戦争が起こると，GHQの指令にもとづき，国内の治安維持を目的として警察予備隊が設置された。警察予備隊は，1952年に保安隊，1954年に自衛隊となった。

問９　**あ**　2022年２月，ロシアがウクライナ東部への侵攻(しんこう)を開始した。これによって，小麦の不足やエネルギー価格の値上がりなど，国際社会に大きな影響が出た。　**い**　1972年，田中角栄首相が中華人民共和国(中国)の首都北京(ペキン)を訪れて周恩来首相らと会談し，日中共同声明を発表した。これによって，日本と中国の国交が正常化した。

理　科　(30分)＜満点：60点＞

解　答

[1] **問１**　エ　**問２**　オ，キ　**問３**　ア　**問４**　イ，ウ，カ　**問５**　**形**…d　**特徴**…エ　**問６**　ウ　**問７**　オ　[2] **問１**　オ　**問２**　オ　**問３**　**はやい**…ア　**おそい**…ウ　**問４**　ア，ウ　**問５**　ア，オ　**問６**　イ　[3] **問１**　ウ　**問２**　ウ　**問３**　ア　**問４**　エ　**問５**　ウ，エ　**問６**　ウ，エ　**問７**　イ　[4] **問１**　ウ　**問２**　エ　**問３**　イ　**問４**　エ　**問５**　C，D，E　**問６**　エ　**問７**　ウ　**問８**　ア，ウ

解　説

[1] ヘチマのつくりと成長についての問題

問１　ヘチマの種子はエのように，黒くて平たいだ円形をしている。なお，ほかのそれぞれの種子は，アがヒマワリ，イがフウセンカズラ，ウがセンダングサ，オがアサガオである。

問２　①と③を比べることでオのことが，②と③を比べることでキのことがわかる。なお，この実験からはア～エおよびカのことはわからない。

問３　ヘチマは双(そう)子葉植物なので，子葉は２枚，根は主根と側根にわかれている。また，子葉を地上に出すので，アが適切である。

問４　ここでは，ゴーヤ(ツルレイシ)，ヒョウタン，フウセンカズラがつる植物である。ゴーヤとヒョウタンはヘチマと同じウリ科の植物，フウセンカズラはカエデやトチノキに近いなかまの植物である。

問５　ヘチマのまきひげは，dのように時計回りの部分と反時計回りの部分をもっている。このことにより，風がふくなどして力が加わったときに，まきひげ全体で力を受け止めることができ，まきひげが切れてしまうのを防いでいる。

問６　ヘチマにはお花とめ花があることに注意する。お花にはおしべが５本あるが，めしべはない。一方，め花にはめしべが１本あるが，おしべはない。ともに花びら(花弁)とがくは５枚ずつある。よって，ヘチマのお花に合っているウが選べる。

問７　ヘチマが根から吸い上げた水がヘチマ水となる。より多くのヘチマ水を集めるには，オのよ

うに根に近いところでくきを切断し，根側の切り口をペットボトルに入れるとよい。くきの先の方では，吸い上げた水の一部が葉で蒸散されてしまうなどして，集められるヘチマ水の量が少なくなる。

2 熱の伝わり方についての問題

問1，問2 コップに水を入れて室内に置いておくと，はじめは室内の気温とコップや水の温度に差があっても，しだいにその差は小さくなっていき，やがてコップや水の温度は室内の気温と同じになる。ただし，温度が同じになるまでにかかる時間はコップの素材によって異なり，熱を伝えやすい素材ほど短い時間ですむ。ふつう一日も置いておくと，コップの素材にかかわらず，コップや水の温度は室内の気温と同じになる。

問3 素材によって熱の伝えやすさは異なり，ここでは熱を伝えやすい順に，鉄，ガラス，紙，発泡(はっぽう)スチロールとなる。これらでできたコップに同じ量の氷を入れたとき，熱を伝えやすいものほど氷がはやくとける。

問4 鉄などの金属は熱を伝えやすく，火にかけるとすぐに熱くなり，火で加えられた熱が材料に伝わりやすいので，フライパンや鍋(なべ)などに使われる。羽毛布団は中の羽毛が空気をたくさん含(ふく)み，空気は熱を伝えにくいので，熱が外に逃(に)げるのを防ぐ。そのため，羽毛布団をかけると温かい。なお，発泡スチロールは熱を伝えにくいので，保冷・保温のための容器などに利用されるが，発泡スチロールブロックは軽くてじょうぶな性質を主に利用している。

問5 座面(ざめん)が温まったのは，座(すわ)った人の体温が椅子(いす)に伝わったからである。このような伝導による熱の伝わり方は，アとオが当てはまる。イは対流による温まり方，ウとエは放射による温まり方である。

問6 Aの結果から，発泡スチロールよりも木の方が熱を伝えやすいことがわかる。なお，Bの結果からは，シリコンゴムより鉄の方が熱を伝えやすいことがわかり，Cの結果からは，鉄より銅の方が熱を伝えやすいことがわかる。Dの結果からは熱の伝えやすさは比べられない。よって，イが最も適する。

3 光電池の利用についての問題

問1 コンデンサーの充電(じゅうでん)時間が10秒増えるごとの豆電球の点灯時間の増え方を見ると，充電時間が70秒までは点灯時間の増え方がほぼ一定であるが，70～100秒では急に小さくなり，100秒以降は点灯時間が53秒から変わらない。よって，ウが選べる。

問2 コンデンサーの充電時間が100秒以上になると，豆電球の点灯時間が53秒で一定となっている。これは充電時間が100秒のときにコンデンサーが最大まで充電されて，これ以上充電できなくなるからである。よって，充電時間を150秒にしても，点灯時間は53秒のままである。

問3 表2では，角度Xを50度から大きくするほど，豆電球の点灯時間は短くなっている。これは，光電池の面と太陽光がなす角度が小さくなっていき，光電池に当たる太陽光の量が少なくなっていくからである。したがって，角度Xを100度にすると，豆電球の点灯時間は角度Xが90度のときよりもさらに短くなると考えられるので，アの12秒が最も適切となる。

問4 太陽が南にきたときに太陽光が当たるイとエのどちらかとなる(アとウはかげになるのでふさわしくない)。ここで，太陽が南中したとき，光電池の面と太陽光がなす角度を調べると，イでは，90－55＝35(度)，エでは55度となる。光電池の面と太陽光がなす角度が90度に近いほど，光電池が発電する電気の量は大きくなる(最大になるのは90度のとき)なので，最も発電する電気の量が多いのはエの面に設置した場合と考えられる。

問5　ア　ふつう，発光ダイオードの端子は，足の長い方をプラス極，短い方をマイナス極につなぐ。逆につなぐと点灯しない。　　イ　発光ダイオードはLEDと呼ばれる。AEDは自動体外式除細動器のことで，心臓に電気ショックを与えて，心臓のポンプ機能を回復させるための機器である。　　ウ　角度Xを50度にして20秒間充電したとき，豆電球の点灯時間は24秒，発光ダイオードの点灯時間は15分以上だったことから，発光ダイオードは豆電球よりも電気の消費量が少ないと考えられる。よって，発光ダイオードの使用は省エネにつながる。　　エ　青色の発光ダイオードを発明した功績により，日本人の赤崎勇氏，天野浩氏，中村修二氏の３名が2014年のノーベル物理学賞を受賞した。　　オ　手回し発電機で，同じ明るさの豆電球と発光ダイオードをそれぞれ点灯させると，ハンドルの手ごたえは電気を多く消費する豆電球の方が重くなる。

問6　ア，イ　気温や湿度と発電量の関係については調べていない。　　ウ　実験４で，太陽に雲がかかっていない場合とうっすら雲がかかっている場合では，豆電球の点灯時間が大きく異なっている。　　エ　実験１より，コンデンサーは充電できる電気の量が決まっていることがわかる。　オ　実験２より，光電池の面と太陽光がなす角度によって，光電池の発電量は変化することがわかる。よって，光電池の面を固定した場合，朝夕は太陽高度が低く，正午前後は太陽高度が高いので，光電池の発電量は発電する時間帯に左右されるといえる。

問7　光電池は乾電池とちがい，複数を直列につなぐよりも並列につないだ方が，回路に流れる電流の大きさが大きくなる。

[4] 桜島についての問題

問1　溶岩の粘性が大きいと，傾きの急な盛り上がった形の山となる。この形の火山には，平成新山(長崎県の雲仙岳)や昭和新山(北海道)が当てはまる。逆に溶岩の粘性が小さいと，傾きの小さな平べったい形の山となる。この形の火山には，ハワイのマウナロアやキラウエアが当てはまる。そして，溶岩の粘性が中ぐらいの場合は，火山灰などをふき上げたり溶岩を流し出したりして，火山灰などの層と溶岩の層がかわるがわる積み重なる。このようにしてできる火山を成層火山といい，桜島や富士山がこれに当てはまる。

問2　桜島は大正時代に大噴火を起こしており，ふもとの集落が大量の火山灰に埋もれた。写真はそのときに埋もれた神社の鳥居である。

問3　約2.9万年前，現在の鹿児島湾の奥(桜島の北側あたり)で巨大な噴火が起こり，大きな陥没ができた(姶良カルデラという)。そこへ海水が流れこんで，現在のような地形ができた。

問4　溶岩におおわれた土地には，はじめ植物はまったく生えていないが，やがて養分が少なくても育つコケ類が生え始める。そして，しだいに背の高い植物が生えるようになっていき，最終的には樹木でおおわれるようになる。図３で，ア～ウの地域には樹木が見られるが，エの地域には樹木は見られない。よって，エの地域の溶岩はア～ウの地域の溶岩よりも新しいと考えられる。

問5　図５で，Ａ～Ｅの各地点から見たとき，桜島の山頂が西側の方向(太陽は季節によって日の入りの場所が真西から南北に少しずれるので，真西である必要はない)にあれば，桜島の山頂と沈む夕日が重なるダイヤモンド桜島が見られる可能性がある。よって，地形の影響は考えないものとすると，ここでは，Ｃ，Ｄ，Ｅの各地点が選べる。

問6　X地点では，桜島がほぼ真西に見えるので，9月(秋分のころ)に桜島の山頂とほぼ真西に沈む夕日が重なるダイヤモンド桜島が見られると考えられる。11～12月には，太陽が真西より南寄りの方角に沈むので，桜島の山頂と沈む夕日が重なるダイヤモンド桜島はX地点より北側の地域，つまりエの位置で見られることになる。

問7　二酸化硫黄の水溶液はやや強い酸性を示す。ムラサキキャベツの液の色が二酸化硫黄の水溶液と同じ色を示すと考えられるのは，強い酸性を示す塩化水素の水溶液(塩酸)である。

問8　ふつう，雨水には二酸化炭素が溶けていて弱い酸性を示すことが多いが，火山ガスに含まれる二酸化硫黄が雨水に溶けると，雨が強い酸性になる。これを酸性雨と呼ぶ。酸性雨は，コンクリートや金属でできたものを溶かしたり，表面を変質させたりする。また，地面を酸性にしてしまうので，森林をからしたりする。

国　語　(45分) <満点：90点>

解　答

□一 **問1**　①　まか(せる)　②～④　下記を参照のこと。　**問2**　イ　**問3**　イ　**問4**　**3**　ア　**4**　ウ　**問5**　個々の土地ごとに異なる風土があること　**問6**　エ　**問7**　(例)　環境問題については現在，それぞれの分野の専門家が状況に応じて対処するといった視点で向き合っていることから，他人事のような感覚が生じているが，そこに風土の視点，つまり，身近な自然と「私たち」の行動は不可分だという実感を補えば，自分の行動の変化がどのように環境の変化に現れるか想像できるようになり，環境問題を自分の問題としてとらえられるのではないか，ということ。　□二 **問1**　下記を参照のこと。　**問2**　ウ　**問3**　目的　**問4**　**3**　つぐむ　**4**　ひそめ　**問5**　イ　**問6**　ウ　**問7**　(例)　特に好きなこともない自分を，自分でもおもしろくないやつと思っていたが，三人で遊歩道を歩くうち，自由に散歩を楽しむ大智たちに感化され，友だちに認められる心強さ，友だちの役に立てるうれしさ，目的にしばられず友だちと過ごす楽しさや開放感に気づいている。

●漢字の書き取り

□一 **問1**　②　従来　③　補　④　容易　　□二 **問1**　①　弁当　②　樹液　③　貸

解　説

□一 **出典は工藤尚悟の『私たちのサステイナビリティ―まもり，つくり，次世代につなげる』による。**環境問題に対する主体性を持つには「風土」の視点が有効ではないかと説明されている。

問1　①　音読みは「ニン」で，「委任」などの熟語がある。　②　これまで。以前から今まで。　③　音読みは「ホ」で，「補足」などの熟語がある。　④　時間や手数などがかからないようす。何かをするのがたやすいようす。

問2　その土地の特性から生まれた文化や生業があるかどうかが要点である。湧き水と傾斜地を利用した棚田，鮭が上ってくる川に合わせた漁の方法，温泉の発見で主産業になった観光は，これにあてはまる。イの場合，美しい景観は土地の特性だが，人気映画の撮影は一過性で，それを利用した集客は，土地に根差した文化や生業とはいえない。

問3　「風土の視点」で見た，「人間」の「文化・民俗」とその「土地・地域」の「自然」の関係については，同じ段落で説明されている。風土は「自然と人間のあいだにあるひとまとまりの関係」で「ひとつのまとまりとして不可分に存在する」のだから，イの図がそのイメージにあたる。

問4　**3**　文末が「～からです」なので，前に述べられた内容の理由を後に続ける「なぜなら」が入る。　　**4**　前の「個々の土地ごとに異なる風土がある」を，後で「地域Ａに暮らす私たちにとっての風土と，地域Ｂに暮らすあなたたち(地域Ａのそれとは別の私たち)にとっての風土は異なる」と説明し直しているのだから，“要するに”という意味の「つまり」がよい。

問5　「多元的」は，ものごとを構成する要素がたくさんあるようすで，「風土」の多様性を表している。よって，直前の段落中の「個々の土地ごとに異なる風土があること」がよい。

問6　「手触り感」は，手でさわった感じ，そのものから直接受ける感じのこと。「地球」規模では，じかに接している感じが得られないのだから，エの「身近なものとして実感できない」が合う。

問7　ぼう線７で筆者が述べているのは，グローバルな環境問題で見失われた「主体性」を，「風土の視点」の「充足」で取り戻したいという期待である。まず，現在の「私たち」は，気候変動や地球温暖化などの大規模な環境問題について，「人間と環境」を分け，「それぞれの分野の専門家」に解決策の模索を任せている。その結果，環境問題を「俯瞰的に把握」できたが，問題に対し「他人事のような感覚」が生じた。だからこそ，風土の視点をそこに補えば，自分たちの行動が身近な自然をどう変えるかを想像できるようになり，大規模な問題でも自分の問題として関わっていけるのではないかと，筆者は期待しているのである。

二　**出典は濱野京子の『空と大地に出会う夏』による。**母親の「いい友だち」基準から，大智と海空良は外れる気がし，三人でハイキングに出かけるため理一郎がウソをついた日のできごとが描かれている。

問1　①　外出先で食べる携帯食。　　②　樹木の根から葉まで流れる液。樹皮を傷つけたとき，そこからしみ出てくる液体。　　③　音読みは「タイ」で，「賃貸」などの熟語がある。

問2　「一時間以上歩いて」着いたところは，「城山図書館のわきの道をのぼってくれば，図書館から十分もかからない」ところの「城山公園の裏側」である。ただし理一郎は，そこから見る「空も大地も，こんなに広いなんて知らなかった」と思っている。これは，三人で歌いながらのぼってきたからこそ感じられた爽快感なので，「悲しみ」「気落ち」「怒り」のような負の感情は合わない。

問3　母親は，理一郎に「城山公園」へ「なにをしに」行ったのかと問うているので，「目的」が合う。「目的」という語については，最初の場面で，「散歩には，目的地とか，なくてもいいんだな」と思ったとある。また，母親から目的を問われた理一郎が，三人で見た「空と大地」を思い出しながら「それは，目的ではなくて結果」だと考えるのも自然である。三人で歌いながら坂道をのぼり，目前に開けた景色は爽快で，それは目的ではなく，思いがけなくうれしい「結果」だったのである。

問4　**3**　「口をつぐむ」は，“黙る，話すのをやめる”という意味。　　**4**　「眉をひそめる」は，“心配な気持ちや不快感などから眉間にしわを寄せる”という意味。

問5　ア　母親から「口にできないってことは，いい友だちじゃないと思う」と決めつけられ，理一郎は「そんなの，わからないでしょ」と言い返している。この後，口をつぐんだのは「いろいろいわれること」がうっとうしいからである。　ウ「反抗(はんこう)されるとは思わなかった」と母親が言ったのは，部屋に入ってきた後である。　エ　理一郎は，そもそも自分の負の気持ちを「誰(だれ)かに聞いて」もらおうとしていない。由希ちゃんと電話で話したのは，ピアノレッスンをさぼったことをなぜ母親が知っていたのかということと，ハイキングが楽しかったことである。

問6　ア，エ　由希ちゃんは，理一郎の居所がわからないこと，「最近なんだかぼんやりしてた」ことを，由理ちゃん(理一郎の母)が心配していたと言っている。そういう気がかりがあったので，「さっき，帰ってからけんかした」と聞き，無事に「帰って」よかった，本音で「けんか」できてよかったと安心したのだから，あてはまる。　イ　理一郎が「海空良ちゃんたちといっしょ」のハイキングは「すごくおもしろかった」と答えたときも，由希ちゃんは「よかったね」と言っている。理一郎は「ちゃんとしてる」タイプなので，むしろ自分に制限をかけず，親の意向より自分のやりたいことを優先して楽しめたことを喜んでいるのだから，あてはまる。　ウ　自分のほうが理一郎を「理解して」いると思ったり，それを誇(ほこ)ったりするようすは描かれていない。

問7　まず，大智の言動にふれ「散歩には，目的地とか，なくてもいいんだ」と気がついている。次に，問2，問3でもみてきたが，目的地を知らずに着いた場所から広々とした景色が見えたとき，「何度か来ているのに，空も大地も，こんなに広いなんて知らなかった」と開放感を味わっている。また，大智と海空良と「なりたいもの」の話になり，「好きなのが勉強って，どうなんだろう。おもしろくないよね」と言うと，二人が「いいなって思う」「リイチ，ちゃんとしてるもんね」と肯定(こうてい)的に受けとめてくれたことで，「よろこんでいいのかな」と少し自信を持ち始めている。さらに，帰りも三人で歌いながら遠回りで戻るところからは，合理的なことよりも，友だちと過ごす楽しさに気づいたようすがうかがわれる。なお，ペットボトルの水を大智と海空良にわけてあげられて「よかった」と思っており，友だちの役に立つうれしさも知ったのがわかる。ハイキング以前の理一郎をふまえ，「テキトーなところがなく，勉強もできるが，自分の好きなことさえわからない自分をおもしろくないやつと思っていたが，目的にとらわれず散歩を楽しむ二人と歩くうち，友だちの役に立つこと，友だちに認められることのうれしさ，ただ友だちと過ごすことの楽しさに気づいている」のように整理すればよい。

Dr.福井の

入試に勝つ！ 脳とからだのウルトラ科学

復習のタイミングに秘密あり！

算数の公式や漢字，歴史の年号や星座の名前……。勉強は覚えることだらけだが，脳は一発ですべてを記憶することができないので，一度がんばって覚えても，しばらく放っておくとすっかり忘れてしまう。したがって，覚えたことをしっかり頭の中に焼きつけるには，ときどき復習をしなければならない。

ここで問題なのは，復習をするタイミング。これは早すぎても遅すぎてもダメだ。たとえば，ほとんど忘れてしまってから復習しても，最初に勉強したときと同じくらい時間がかかってしまう。これはとっても時間のムダだ。かといって，よく覚えている時期に復習しても何の意味もない。

そもそも復習とは，忘れそうになっていることを見直し，記憶の定着をはかる作業であるから，忘れかかったころに復習するのがベストだ。そうすれば，復習にかかる時間が一番少なくてすむし，記憶の続く時間も最長になる。

では，どのタイミングがよいか？　さまざまな研究・発表を総合して考えると，１回目の復習は最初に覚えてから１週間後，２回目の復習は１か月後，３回目の復習は３か月後――これが医学的に正しい復習時期だ。復習をくり返すたびに知識が海馬（かいば）（脳の，知識をためる倉庫みたいな部分）にだんだん強くくっついていくので，復習する間かくものびていく。

この計画どおりに勉強するには，テキストに初めて勉強した日付と，その１週間後・１か月後・３か月後の日付を書いておくとよい。あるいは，復習用のスケジュール帳をつくってもよいだろう。もちろん，計画を立てたら，それをきちんと実行することが大切だ。

ちなみに，記憶量と時間の関係を初めて発表したのがドイツのエビングハウスという学者で，「エビングハウスの忘却（ぼうきゃく）曲線」として知られている。

えーと
1週間後
あ，そうだった！
1カ月後
あ，思い出した！
3カ月後
もう，覚えてるよ

Dr.福井（福井一成（ふくいかずしげ））…医学博士。開成中・高から東大・文Ⅱに入学後，再受験して翌年東大・理Ⅲに合格。同大医学部卒。さまざまな勉強法や脳科学に関する著書多数。

2022年度　立教女学院中学校

〔電　話〕(03) 3334—5 1 0 3
〔所在地〕〒168-8616　東京都杉並区久我山4—29—60
〔交　通〕京王井の頭線—「三鷹台駅」より徒歩2分
JR中央線—「西荻窪駅」よりバス

【算　数】（45分）〈満点：90点〉

1　次の□や①～③にあてはまる数を書きなさい。

(1) $\left\{5\times\left(1+3\frac{5}{9}\times0.3\right)-2\frac{2}{3}\times0.875\right\}\div\left(2-\frac{1}{3}\times1\frac{1}{5}\right)=\square$

(2) $1\frac{2}{3}\times\left\{0.125\times\left(\square-\frac{1}{5}\right)-\frac{1}{2}\right\}+\frac{3}{16}=\frac{1}{4}$

(3) $123\times124\times125\times\left(\frac{125}{124}-\frac{126}{125}\right)=\square$

(4) たて，横，ななめに並んでいる3つの数の合計がすべて等しくなる表があります。このとき，右の表のBにあてはまる数は ① で，Cにあてはまる数は ② です。

A		C
4	B	
15		7

(5) ある学校には2台の自動販売機があります。1台は1本100円のジュースを，もう1台は1本110円のジュースを売っています。Aさんはクラス会のため，この2台の自販機で合わせて40本のジュースを買ったところ，代金が4230円でした。このとき，Aさんは100円のジュースを ① 本，110円のジュースを ② 本買いました。

(6) 図のような正方形と三角形を組み合わせた図形があります。このとき，辺ABを軸として1回転してできる立体の体積は □ cm^3です。ただし，円すいの体積は(底面積)×(高さ)×$\frac{1}{3}$で求められ，円周率は3.14とします。

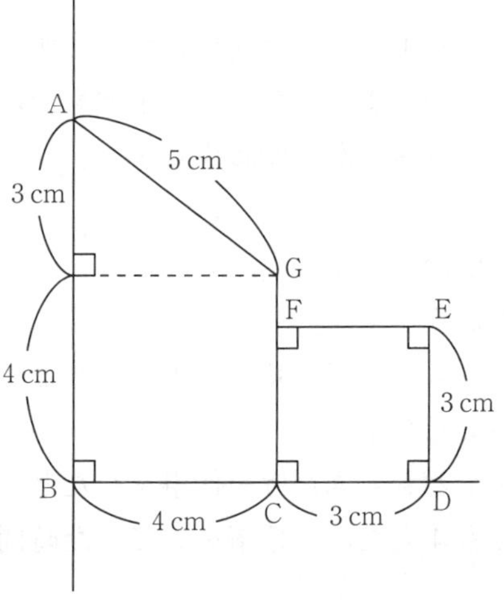

(7) 右の図のような長方形ABCDを点Dが辺BC上の点Eに重なるように折り返し，その折り目をAFとします。このとき，辺DFの長さは［①］cm，三角形AEFの面積は［②］cm^2 です。

(8) 300gの食塩水Aと700gの食塩水Bがあり，食塩水Aの濃度は食塩水Bの濃度より5％高くなっています。このとき，食塩水Aと食塩水Bをすべて混ぜ合わせると，食塩水Bよりも濃度が［①］％高い食塩水Cができます。また，この食塩水Cから400gを取り出し，4％の食塩水200gと混ぜ合わせると，濃度が7％の食塩水ができました。このとき，食塩水Aの濃度は［②］％です。

(9) ある船が5760m離(はな)れた川の下流のA町と上流のB町を往復したところ，48分かかりました。同じ船でこの川を20m上る時間と30m下る時間は同じです。ある日，この船でA町からB町へ向かう途中(とちゅう)，船のエンジンが止まり何分か下流へ流されました。その結果往復するのに1時間4分かかりました。このとき，川の流れの速さは毎分［①］mで，エンジンは［②］分［③］秒止まっていました。

2 2つの整数 a，b の差を6で割ったときの余(あま)りを記号 $[a, b]$ で表します。たとえば，$[1, 8]=1$，$[23, 14]=3$ です。10個の整数

9，45，64，105，219，325，477，562，645，723

について，次の問いに答えなさい。

(1) $[9, 45]$ はいくつですか。

(2) $[[9, 219], 477]$ はいくつですか。

(3) 10個の整数のうち，$[A, 64]=0$ を満たす最も大きい整数 A を求めなさい。

(4) 10個の整数のうち，$[[B, 64], 723]=0$ を満たす整数 B を求めなさい。

3 ある仕事をするのに，大人3人と子ども4人ですると，ちょうど3時間で終わります。また，同じ仕事を子ども16人だけですると，ちょうど2時間で終わります。ただし，子どもだけで仕事をするとき，大人がいるときに比べて子どもの仕事をする速さが25％減少します。

このとき，次の問いに答えなさい。

(1) 子ども1人で仕事をすると，仕事を終えるのに何時間かかりますか。

(2) 大人1人で仕事をすると，仕事を終えるのに何時間かかりますか。

(3) はじめに子どもだけで2時間仕事をして，その後大人3人だけで3時間仕事をしたところ，ちょうど仕事が終わりました。はじめに子どもは何人いましたか。

(4) はじめに大人3人と子ども5人で仕事をして，その後子ども4人だけで仕事をしたところ，ちょうど5時間で仕事が終わりました。このとき，子ども4人だけで仕事をしていた時間は何時間何分ですか。

4 底面が1辺6cmの正方形，高さが18cmの直方体の透明（とうめい）な容器があります。その中に，直方体で，高さの等しい3つの物体A，B，Cを入れました。このとき，この容器を真上から見ると図1のように，側面から見るとどの面も図2のように見えました。ただし，物体A，B，Cは太線で示された部分です。容器の厚（あつ）みは考えないものとして，次の問いに答えなさい。

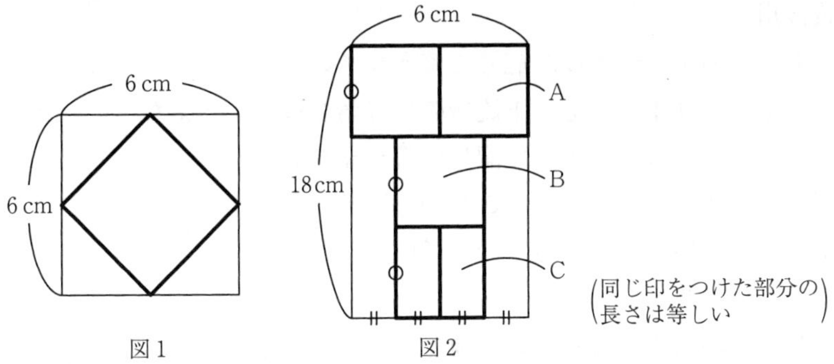

(1) 容器に入っている物体A，B，Cの底面積はそれぞれ何cm^2ですか。

(2) 物体A，B，Cを入れた後の容器に注ぐことのできる水の量は何cm^3ですか。

(3) 物体A，B，Cを入れた後の容器に297cm^3の水を入れたとき，水の高さは何cmですか。

【社　会】（30分）〈満点：60点〉

1　日本の地形と農業について，問いに答えなさい。

問1　次のア～オの川について答えなさい。

ア．淀川　　イ．信濃川　　ウ．最上川

エ．北上川　　オ．筑後川

(1)　河口が太平洋側であるものを1つ選び，記号で答えなさい。

(2)　有明海にそそぐ川が1つあります。その下流域の平野名を漢字で答えなさい。

問2　次のア～エの文の中で，正しいものをすべて記号で答えなさい。

ア．日本の川は，外国の川に比べると，高いところから流れていて，急で短い。

イ．日本の平野は，川や海の作用で作られるものが多い。

ウ．日本の国土のおよそ5分の3が山地で，平地は少ない。

エ．日本の山地で，連続して細長く連なっている地形を高原という。

問3　次の2つのグラフ中のA～Eは，「小麦」・「野菜」・「果物」・「肉類」・「魚・貝類」のどれかです。このうち，「魚・貝類」に当たるものを記号で答えなさい。

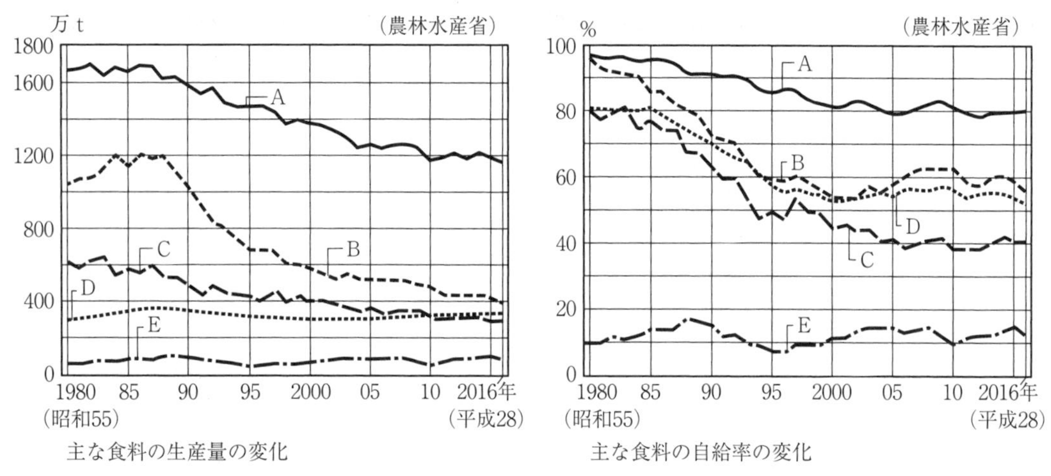

主な食料の生産量の変化　　主な食料の自給率の変化

2　次のオンラインでの会話文を読んで，問いに答えなさい。

Aさん：新型コロナの感染が広がり，みなさんと直接お会いできなくて残念です。全国に散らばったみなさんと，画面上ですがお会いするのは卒業してから久しぶりですね。それでは始めましょう。最初に話をしてくださる方はいませんか。

Bさん：私が住んでいる県の宮古市の田老地区は，海そうの（　1　）やコンブの養殖（ようしょく）がさかんなまちです。東日本大震災（だいしんさい）では，高さ10mの（　2　）堤を津波が乗り越え，家や漁船が流されるなど，大きな被害が起きました。それで，高さ14.7mの（　2　）堤に作り直し，住宅地のかさ上げや移転をしました。

Cさん：湖沼面積で全国第4位の（　3　）湖があります。また，＊製造品出荷額が東北地方では第1位です。特に情報通信機械器具の生産は，全国第4位とさかんです。

＊　2018年工業統計表

Dさん：阪神淡路（はんしんあわじ）大震災後，県庁所在地には，人と防災未来センターが置かれました。また，大きな被害を受けた産業を立て直すために，医療（いりょう）産業都市として取り組んでいます。この市の中心部に一番近い人工島の（ 4 ）では，体の中のさまざまな細胞になることができるiPS細胞を使っての研究や，再生医療などを行い，医療関連会社や働く人々も増加しています。

Eさん：（ 5 ）山地の霊場と参詣道は，世界遺産に登録されています。コロナが終息したら，ぜひお越しください。

Fさん：私の家の近所には，大型の製油所があります。ここは，原油をいろいろな石油に分類する工場です。合成ゴム・合成せんいの原料やビニールの袋などは，ここで作られる（ 6 ）という原料からできています。東京湾には，（ 7 ）条約の登録湿地である谷津干潟などもあり，環境面でも自然に配慮する動きが進んでうれしいです。

Aさん：では，今住んでいる都道府県のピーアールを一言お願いします。

Bさん：太平洋に面する三陸海岸はリアス海岸で，養殖漁業がさかんです。県の面積は本州で一番広いのも自慢です。

Cさん：大堀相馬焼や会津塗などは経済産業大臣指定の伝統的工芸品になっています。*もものの生産は全国第2位です。おいしいので，ぜひ食べてみて下さい。

＊　2018年農林水産統計

Dさん：阪神工業地帯が大阪湾に面した場所に広がっています。淡路島は，（ 8 ）の生産でも有名です。（ 8 ）小屋でつるされ自然乾燥されたものは甘みも増して，長期保存も可能です。スーパーで見かけたらご賞味下さい。

Eさん：家の近所に，多くのみかん畑がみられます。私の住んでいる県は*みかんの収穫量が全国第1位です。

＊　2018年農林水産統計

Fさん：*日本一の水揚げ量をほこる漁港があります。醬油の生産でも有名です。地元の鉄道では，この醬油を使ったぬれせんべいを販売し，話題になりました。コロナ前は，犬吠埼で見る初日の出に多くの人が訪れていました。

＊　2018年農林水産省水産物流調査

問1　（1）～（8）に当てはまる言葉をそれぞれ答えなさい。ただし，（2）・（3）・（5）は漢字で答えること。

問2　B～Fの5人が住んでいる都道府県名をそれぞれ漢字で答えなさい。

3　歴史の授業の中で，古くからの自然災害について各班に分かれて発表が行われました。これを読んで以下の問いに答えなさい。

■1班の発表

日本初の被害地震の記録は，①推古天皇の時代の599年です。奈良県北部で地震がおこり，倒壊家屋が発生した，とあります。また，日本の津波の歴史は，地震の歴史とほぼ重なっています。天武天皇の時代の684年に起きた白鳳地震では，『日本書紀』に「調運ぶ船，多に放れ失せぬ」と②土佐で発生した津波の記述があります。

869年の貞観地震は，三陸沖を震源として発生しました。多賀城周辺で家が倒れ，その後，城下に大津波が押しよせました。③清和天皇は，被災者の免税など復興に向けて詔勅を発しています。

■2班の発表

私たちは室町時代以降の歴史の中での地震や津波を調べました。1498年の明応地震津波では，和歌山県から東海全域，房総半島まで大きな被害が出ました。④すでに力を失っていた室町幕府は，復興へリーダーシップを発揮することができませんでした。

1596年の慶長伏見地震では，寝ていた秀吉は幼い豊臣秀頼を抱き，裸同然で避難しました。当時，最初の⑤朝鮮出兵で大名たちに大きな負担をかけていた上に，倒壊した伏見城を豪華に再建するように命じ，のちに2回目の朝鮮出兵にふみきったため，人々の心は豊臣氏から離れていきました。

⑥1703年の元禄地震津波は，関東地方の広範囲に被害をもたらしました。1707年の宝永地震津波は，記録に残る日本史上最大の地震といわれています。⑦1855年の安政江戸地震では，他藩にも影響力を持った水戸藩の儒学者・藤田東湖がお母さんを助けるために亡くなりました。

■3班の発表

私たちは明治時代以降の地震や津波について調べました。1896年におきた明治三陸大津波は，沿岸部の揺れは小さかったため，「前触れなき大津波」といわれました。前年に終わった⑧日清戦争の犠牲者約1万3千人に対し，津波の犠牲者は約2万2千人だったそうです。

また，1923年におきた（ ⑨ ）では，火災がおこり，沿岸部では津波，山間部では山崩れが発生しました。内閣不在のため政府の対応は遅れました。朝鮮人が井戸に毒を投げ入れたなど，うわさを信じた自警団などによって，朝鮮人，さらに中国人や社会主義者が虐殺されました。

1944年の昭和東南海地震津波は，⑩太平洋戦争中で報道管制がしかれ，戦時中の混乱もあり，被害の全体像をとらえるのが難しいそうです。

2011年の東日本大震災では，強い揺れの後，津波が襲いました。この地域は，昔から津波の被害が多く，「津波てんでんこ」という言葉があります。津波が来たら，各自，てんでんばらばらに一人で高台へと逃げなさいという意味です。⑪福島第一原子力発電所で大きな事故があり，原発の安全性が問われました。

■4班の発表

私たちは噴火について調べました。約7300年前，鹿児島県薩摩硫黄島付近で噴火がおこり，九州南部の⑫縄文人を全滅させたといわれています。

さきほど2班が発表した1707年の宝永地震津波の2か月後，⑬富士山が噴火しました。山の東側には高温の軽石が降り注ぎ，家が焼け，田畑が砂や小石でうまり，火山灰は風に乗って⑭銚子まで降り，関東一円をおおいました。農地や森林が荒れ，食料や燃料が不足し，火山灰が原因で洪水・土砂災害がおきるなど影響は広範囲に及びました。

1783年の浅間山の噴火では，高速の火砕流がふもとの村を襲い，多くの犠牲者を出しました。火山灰は太陽光をさえぎり，東北地方の冷害と合わさって天明の大飢饉がおき，老中の（ ⑮ ）が失脚する原因になりました。

1888年には磐梯山が爆発し，多くの命が失われました。1880年代は，国会開設や憲法制定などを求める（ ⑯ ）運動が高まった時期で，多くの人々が政治に関心を持ったことから，新聞・雑誌などメディアが発達し，絵や写真が被害の大きさを伝えるのに役立ちました。全国的な関心ごとになり，多くの義援金が送られました。

問1　下線部①の摂政として政治を行った聖徳太子（厩戸皇子）の説明として誤っているものを，

次のア～エの中から１つ選び，記号で答えなさい。

ア．小野妹子を隋に派遣し，中国の優れた制度や文化，学問を取り入れた。

イ．冠位十二階を定め，家柄に関係なく能力や功績で役人を取り立てた。

ウ．政治を行う役人の心構えを示すため，十七条の憲法を制定した。

エ．仏教の力で国を治めようと，国ごとに国分寺・国分尼寺を建てた。

問２　下線部②の説明として誤っているものを，次のア～エの中から１つ選び，記号で答えなさい。

ア．土佐は，現在の高知県にあたる。

イ．太平洋に面し，台風や津波の被害の多い地域である。

ウ．平安時代，土佐の国司を務めた菅原道真は，かな文字で土佐日記を記した。

エ．江戸時代，土佐藩出身の坂本龍馬は，薩長同盟の成立に力をつくした。

問３　下線部③の子孫は「源」の姓をもらい受け，武士の一族として栄えました。源頼朝と鎌倉幕府について，以下のア～エのできごとを古い順に並べなさい。

ア．御家人の借金を帳消しにする命令を出したため，世の中が混乱した。

イ．後鳥羽上皇は承久の乱をおこしたが，幕府に敗れた。

ウ．全国に守護・地頭が設置された。

エ．裁判の基準となる御成敗式目を定めた。

問４　下線部④について，幕府が力を失い，戦国時代が始まるきっかけになった，1467年から77年の戦乱を何というか。４文字で答えなさい。

問５　下線部⑤の説明として誤っているものを，次のア～エの中から１つ選び，記号で答えなさい。

ア．明の征服を目指して，朝鮮に大軍を派遣した。

イ．２度の出兵を，文永の役・弘安の役という。

ウ．捕虜として連れてこられた朝鮮の陶磁器職人が，有田焼を始めた。

エ．後に，徳川家康が朝鮮との国交を回復させ，朝鮮から通信使が派遣された。

問６　下線部⑥の時期の将軍である徳川綱吉が出した，犬などの動物の保護を命じた法令を何というか。６文字で答えなさい。

問７　下線部⑦の前後におこった以下のア～オのできごとを古い順に並べなさい。

ア．幕府は下田・函館の港をひらき，開国した。

イ．安政の大獄で吉田松陰らが処刑された。

ウ．幕府は領事裁判権を認め，関税自主権がない不平等条約を結んだ。

エ．ペリーが浦賀に来航し，初めて見る黒船に日本中が大さわぎになった。

オ．桜田門外の変で井伊直弼が暗殺された。

問８　下線部⑧についての説明として誤っているものを，次のア～エの中から１つ選び，記号で答えなさい。

ア．朝鮮半島でおこった農民の反乱をきっかけに，戦争が始まった。

イ．日本が勝利し，山口県の下関で条約が結ばれた。

ウ．日本は，香港や遼東半島，多額の賠償金を獲得した。

エ．戦後，ロシアがフランス・ドイツとともに日本に遼東半島の返還を要求した。

問9　（⑨）に当てはまる言葉を漢字で答えなさい。

問10　下線部⑩の時期の説明として誤っているものを，次のア～エの中から1つ選び，記号で答えなさい。

ア．食料などの生活必需品（ひつじゅひん）が不足し，配給制となった。

イ．鍋（なべ）や釜（かま），寺の鐘（かね）まで兵器にするための金属として供出させられた。

ウ．人手不足を補うため，朝鮮や中国から人々を連れてきて働かせた。

エ．優れた兵士を育てるため，子供は高等教育を修了することが重視された。

問11　下線部⑪の位置を**地図1**の**ア～コ**の中から1つ選び，記号で答えなさい。

問12　下線部⑫について，昨年，北海道・北東北の縄文遺跡群が世界遺産に登録されることが決定しました。このうち，青森市にある縄文時代の大規模な集落の遺跡を何といいますか，漢字で答えなさい。

問13　下線部⑬の位置を**地図1**の**A～E**の中から1つ選び，記号で答えなさい。

問14　下線部⑭の位置を**地図1**の**ア～コ**の中から1つ選び，記号で答えなさい。

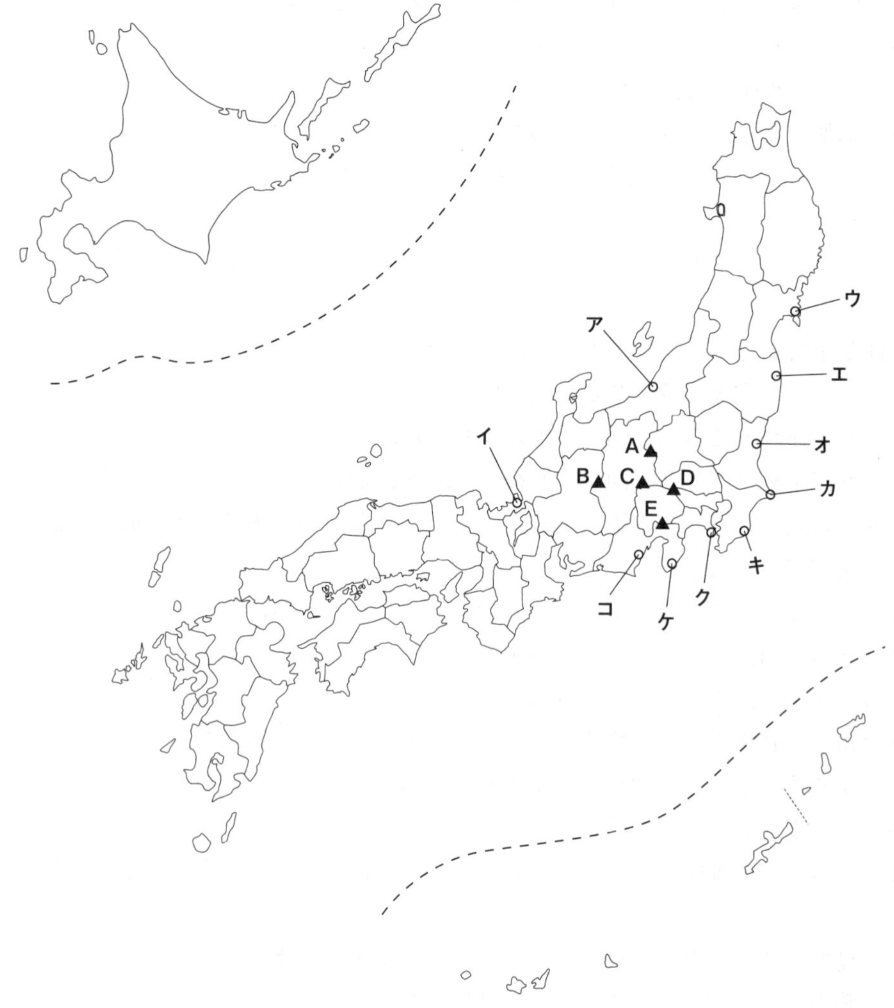

地図1

問15　（⑮）に当てはまる人名を漢字で答えなさい。

問16　(⑯)に当てはまる言葉を漢字で答えなさい。

問17　３班の発表のあと，先生は次のようなコメントを加えました。

日本の国土とその周辺には，プレートの境が集中しているので，今後も全国各地で大きな地震が発生するでしょう。近いうちに確実に来ると心配されているのが(あ)地震です。(あ)とは，静岡県の沖から宮崎県の沖にのびる，海底の深いみぞのことです。さっき発表にあった白鳳地震や明応地震，宝永地震など，今までに何度もおきています。巨大津波をともない，広い地域でたいへんな被害が生じると想定されています。災害を防ぐことを目的とする防災に加え，被害が出ることを前提にしてそれをできるだけ少なくする(い)災という考え方が広がりつつあります。

(1)　(あ)に当てはまる５文字の言葉を答えなさい。

(2)　(い)に当てはまる漢字１文字を答えなさい。

(3)　波線部に関して，**地図２**の中の**ア**のプレートの名前を，解答欄(らん)にあうように答えなさい。

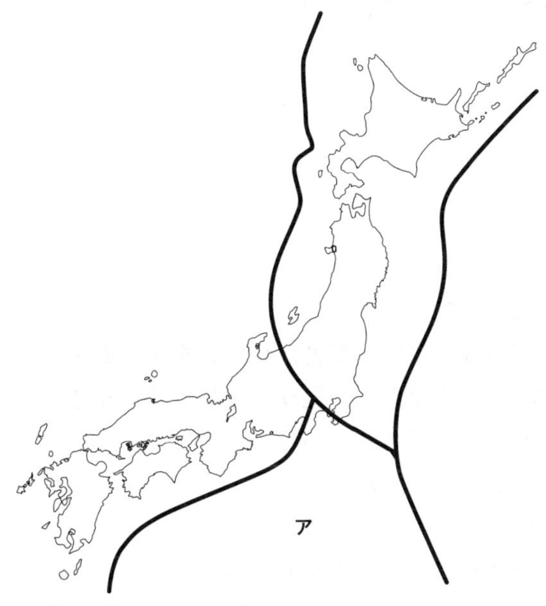

地図２

4　法学部で勉強している従姉(いとこ)の典子さんが，花子さんの家に遊びに来ました。花子さんと典子さん，祖母との３人による会話を読んで，以下の問いに答えなさい。

【１】　月曜日の食卓(しょくたく)での会話

花子　今日，学校で①日本国憲法のある条文を読んで，憲法のイメージが変わったの。

典子　あら。あなたの憲法のイメージってどんなものだったの。

花子　何か自分とは遠いことが書いてある法だと思っていたの。「国民」と言われると他人ごとみたいで，②「都民」や「区民」・「市民」の方が自分に近い感じがする。

典子　確かに日本国憲法の③「国会」・「内閣」・「司法」・「財政」の章などを見ると何か難しいことのように感じるね。でも，第３章の「国民の権利および(ア)」のところを全部読んでみると印象が変わるでしょ。

花子　そう。私の憲法のイメージが変わったのは，その④「権利」のところの条文で，“幸福”という言葉が出てきたからなの。“幸福”は誰にとっても大切なものじゃない？「幸福を（ イ ）する権利」があるなんて，うれしくなっちゃって。

祖母　私の父や母は，日本国憲法を初めて読んだときに，その条文の最初の部分に一番感動したそうよ。「すべて国民は（ ウ ）として尊重される」というところね。⑤父や母の時代には他の人と違うことを言ったり，政府の方針に反対したりすることはできなかったからだと思うわ。

花子　でも，今の私もなかなか他の人と違うことは言えないな。

祖母　「今は言えなくても頑張れば言える」という状況と，「言ったら逮捕されるから言うことができない」という状況では，天と地ほどの違いがあるのよ。

問１　上の文中の（ア）～（ウ）に当てはまる言葉を，漢字で答えなさい。

問２　下線部①の前文は次のような書き出しになっていて，空欄の（１）～（３）に当てはまる言葉は後の語群にあります。この中で，使われない言葉を１つ選び，ア～エの記号で答えなさい。

前文「日本国民は正当に（ １ ）された国会における（ ２ ）を通じて行動し…（中略）…ここに（ ３ ）が国民に存することを宣言し，この憲法を確定する」

語群

ア．主権	イ．選挙	ウ．内閣	エ．代表者

問３　下線部②に関して，「国」でつくる法を「法律」といいますが，「都」や「区」・「市」の議会でつくられる法を何といいますか。漢字で答えなさい。

問４　下線部③に示される４つの章では，国の政治について書かれています。憲法で書かれている内容について，正しい記述を次のア～エの中から１つ選び，記号で答えなさい。

ア．選挙権が18歳以上の国民に与えられると明示されている。

イ．憲法改正について内閣が国会に提案すると書かれている。

ウ．裁判所の裁判官が弾劾裁判を行う時の役割について書かれている。

エ．国などの財産を特定の宗教のために使うことを禁止している。

問５　下線部④の言葉は，「生まれながらにみんなが持っている」という意味を含めると，漢字５文字で表すことができます。その５文字の言葉を答えなさい。

問６　下線部⑤に関して，1925年に成立した，特定の思想を持つことや広めることを取りしまる内容の法律は何ですか。漢字で答えなさい。

【２】　水曜日の食卓での会話

花子　今日，地域のボランティアに参加して，海岸のごみ拾いをしてきたの。空き缶やお菓子の袋，それとレジ袋もたくさんあったんだ。

典子　①法の改正でレジ袋は〈　　〉されたのにね。この間，テレビで放送していたけど，マイクロ（ **A** ）の問題は，かなり深刻なところまで来ているみたい。とても小さい粒子が生物たちにダメージを与えているから，海が持つ豊かさがどんどん失われているのよね。

花子　それって有害な物質で人や生物に害を与えているという意味で，以前に社会の授業で聞いた②公害と同じじゃないかな。

祖母　そうね。あの四大公害が問題になった時には，かなり多くの人が被害にあって，③裁判で企業や国の責任が問われたのよね。でも，レジ袋の問題や地球環境問題も，この時と同じように誰かの責任を問えるのかしら。

典子　日本国憲法に④「すべて国民は健康で」で始まる条文があるわ。健康で生きることも国民の権利なのよね。

花子　だけど，気候変動も海の汚染(おせん)の問題も，長い時間，たくさんの人が関係して起きた問題よね。私自身も関係しているのに他人ごとみたいに思っちゃうんだ。

典子　私もそのことはよく考えるんだ。社会が豊かになるために経済成長を目指したことが問題を引き起こしたともいえるから，私が大学を卒業して，経済活動を一生懸命(けんめい)やっていいのか，悩んでしまう。

祖母　大丈夫よ。環境のことを考えて生産活動を行っている企業が増えているし，そういう企業を評価していく動きも高まっているのよ。あなたもそういう就職先を見つけることができると思うわよ。

問１　空欄(**A**)に当てはまる言葉をカタカナで答えなさい。

問２　下線部①について答えなさい。

(1)　空欄〈　〉に当てはまる言葉を次のア～エの中から１つ選び，記号で答えなさい。

ア．製造禁止　　イ．使用禁止

ウ．有料化　　エ．持参を義務化

(2)　日本の法律に関して，誤っている説明を次のア～エの中から１つ選び，記号で答えなさい。

ア．法律案は政府だけでなく，国会議員もつくることができる。

イ．国民は請願権を用いて，自分たちの要望を政府に伝えることができる。

ウ．国会で成立した法律に対して，政府が施行(しこう)の停止を命じることができる。

エ．憲法と法律の内容が合わない時，裁判所が法律を無効にすることができる。

問３　下線部②に関して，日本で大きな問題となった公害について，誤っている説明は次のうちどれですか。１つ選び，記号で答えなさい。

ア．日本の公害の多くは1960年代の経済成長の時期に生じているが，中には明治時代から有害物質が川に流されていた地域もある。

イ．石油化学コンビナートからの汚染された空気で大きな被害が広がった地域では，環境保護のためにコンビナートが閉鎖(へいさ)された。

ウ．富山県で認定された公害病は，有害物質が人間の体内に入り，内臓の機能が悪化したことで，骨が折れるなどの激(はげ)しい痛みが伴(ともな)うものだった。

エ．1967年に制定された公害対策基本法では，公害を防止する責任が国や地方自治体にもあるということを明示した。

問４　下線部③について，裁判の第１審の判決に対して不服の場合，第２審に訴えることを何といいますか。漢字で答えなさい。

問５　下線部④の続きは，「(　　)的な最低限度の生活を営む権利を有する」です。(　)に当てはまる言葉を漢字で答えなさい。

問６　この３人の会話は，日本国憲法だけでなく，2015年に国連で採択(さいたく)されたSDGsとも関連しています。

以下ではSDGsの17の目標のうち５つをあげています。このうち４つの目標については会話文の中でとりあげられており，空欄に当てはまる言葉も会話で使われています。

次の５つの中から会話文で登場していない目標を１つ選び，その目標の空欄の記号と当てはまる言葉をともに答えなさい。解答は漢字でなくてもよいものとします。

・２番目の目標――「（ ア ）をゼロに」
・３番目の目標――「すべての人に（ イ ）と福祉を」
・８番目の目標――「働きがいも（ ウ ）も」
・13番目の目標――「（ エ ）に具体的な対策を」
・14番目の目標――「海の（ オ ）を守ろう」

【理　科】（30分）〈満点：60点〉

1　次の問いに答えなさい。

問1　実験の図の中には，安全ではなかったりまちがった使い方をしていたりする部分があります。正しい方法を説明している文章はどれですか。次のア～キから２つ選び，記号で答えなさい。

ア．温度計は，まっすぐたてて，水平方向から読みとる。
イ．水と火を使う実験では，安全めがねをつけなくてよい。
ウ．火の近くでは，紙類はノートだけにしておく。
エ．火の近くにガスボンベをおかない。
オ．メスシリンダーはたてておく。
カ．立って実験をしてはいけない。
キ．火を使うときは，髪をたばねておく。

問２　同じ大きさの44ｇの鉄球と15ｇのガラス球を，坂の上のＡ点から，勢いをつけずそれぞれ転がし，次の実験を行いました。

【実験１】　木片が動く距離(きょり)

手順１－１：坂の下Ｂ点に置いた木片に球をぶつけて，木片が動いた距離をはかった。

手順１－２：同じ高さで３回ずつ，手順１－１をくり返し，平均の値をえた。

手順１－３：Ａ点の高さを，５cm，10cm，15cm，20cmに変えて同じ実験を行い，表１にまとめた。

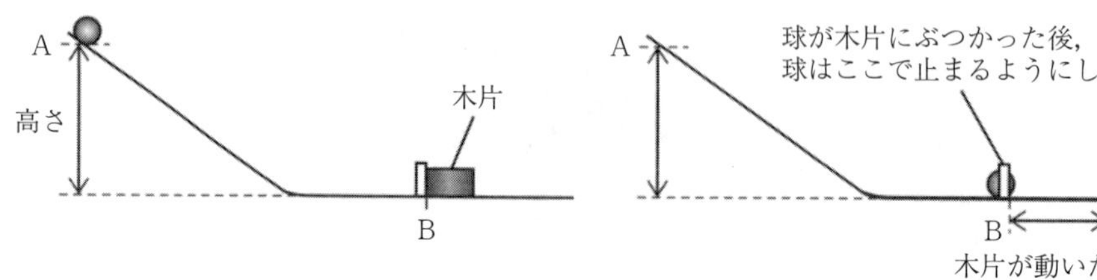

表１

高さ〔cm〕	木片が動いた距離〔cm〕	
	鉄球	ガラス球
0	0	0
5	8.8	2.8
10	16	5.4
15	21	8.1
20	28	11

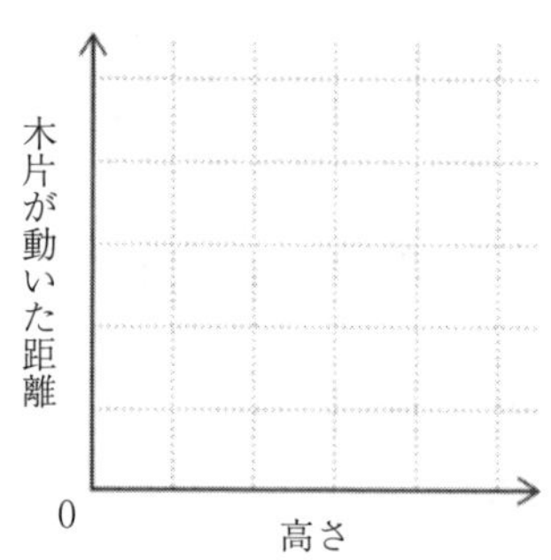

(1)　木片が動いた距離をたての目もり，高さを横の目もりにしてグラフを作成すると，鉄球の場合もガラス球の場合も，同じような特徴(とくちょう)を示しました。グラフの特徴が一番近いものを，次のア～オから１つ選び，記号で答えなさい。なお，上の空白のグラフは，答えを考えるときに自由に使ってもよい。

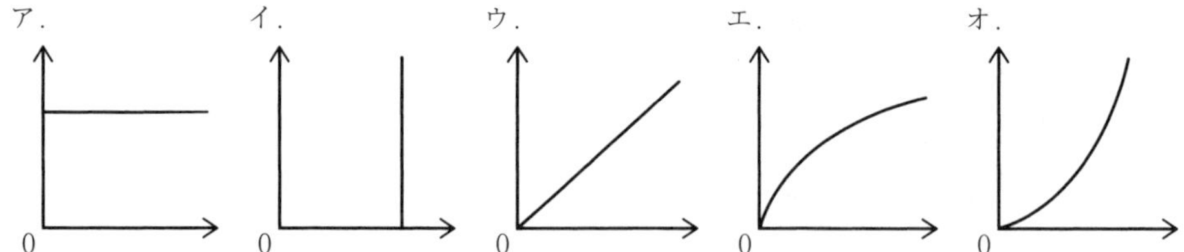

【実験２】　坂の下での球の速さ

手順２－１：Ｂ点での球の速さをはかった。

手順２－２：同じ高さで３回ずつ，手順２－１をくり返し，平均の値をえた。

手順２－３：Ａ点の高さを，５cm，10cm，15cm，20cmに変えて同じ実験を行い，表２にまとめた。

手順２－４：表からグラフを作成したところ，必要な値がたりないと感じて，Ａ点の高さを１cm，２cm，３cm，４cmにして，同じ実験を行った。

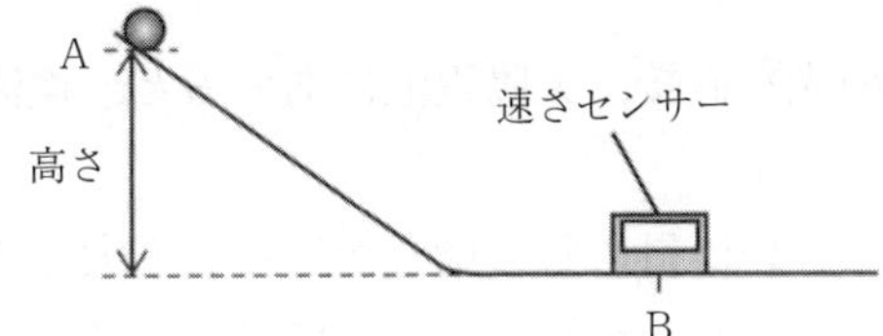

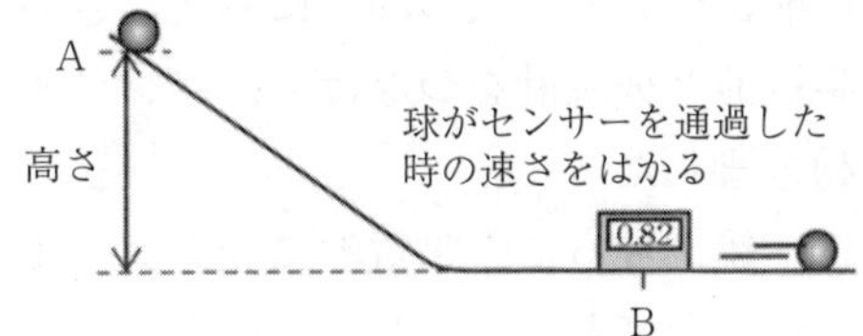

表2

高さ〔cm〕	B点での速さ〔m/秒〕	
	鉄球	ガラス球
0	0	0
1	0.35	0.34
2	0.5	0.5
3	0.63	0.63
4	0.72	0.71
5	0.82	0.82
10	1.1	1.1
15	1.4	1.4
20	1.6	1.6

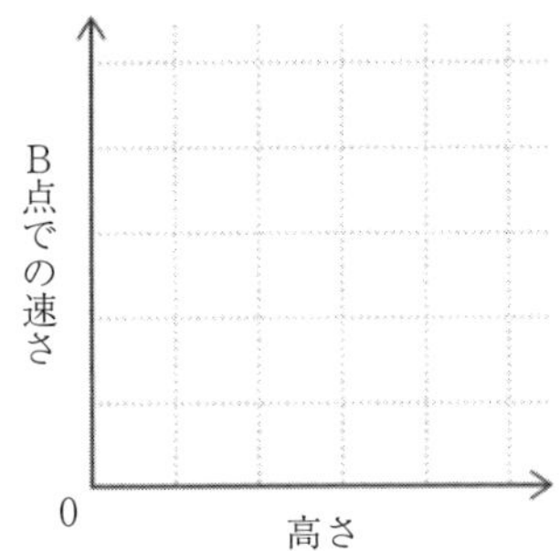

(2) B点での速さをたての目もり，高さを横の目もりにしてグラフを作成すると，どのようなグラフになりますか。一番近いものを，次のア～オから1つ選び，記号で答えなさい。なお，上の空白のグラフは，答えを考えるときに自由に使ってもよい。

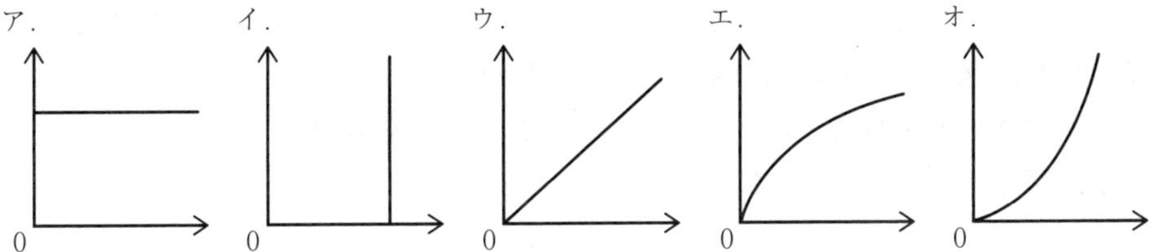

(3) 【実験1】【実験2】からわかることとしてあてはまるものを，次のア～ケから3つ選び，記号で答えなさい。

ア．球の速さが同じとき，球の軽い方が，坂の下の木片を大きく動かすことができる。

イ．球の速さが同じとき，球の重い方が，坂の下の木片を大きく動かすことができる。

ウ．坂の下の木片を大きく動かすのは，球の重さに関係ない。

エ．坂の下の木片を大きく動かすのは，球の速さに関係ない。

オ．球の重さが同じとき，球の速さが大きい方が，坂の下の木片を大きく動かすことができる。

カ．球の重さが同じとき，球の速さが小さい方が，坂の下の木片を大きく動かすことができる。

キ．同じ高さから球を転がしたとき，坂の下での速さは球の軽い方がはやくなる。

ク．同じ高さから球を転がしたとき，坂の下での速さは球の重い方がはやくなる。

ケ．同じ高さから球を転がしたとき，坂の下での速さは球の重さで変わらない。

問 3　光の反射について，次の問いに答えなさい。

(1)　太陽電池と検流計をつなげて，ペンライトの光を直接，太陽電池にあてると，検流計の針が動きました。

次に，鏡を使って太陽電池に光をあてました。検流計の針の動きがもっとも大きくなるときの鏡の角度として正しいものを，次のア～エから１つ選び，記号で答えなさい。なお，図は鏡を横から見たところとし，白い部分が鏡の面を表しています。

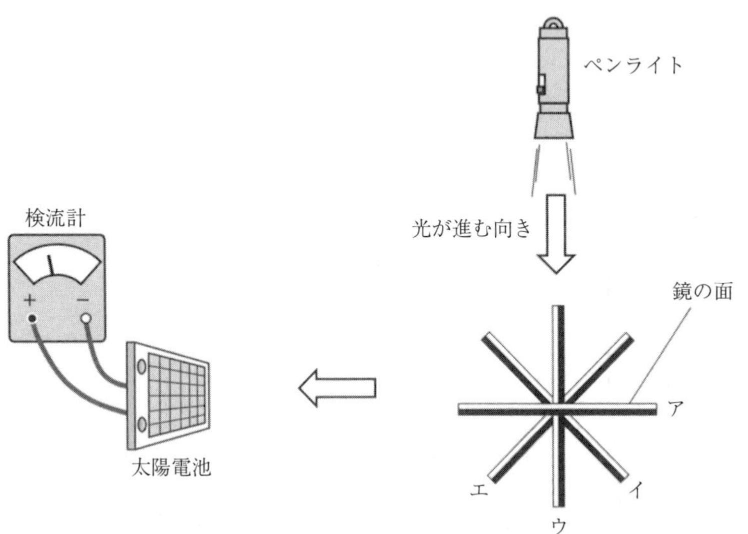

図１－１のように，鏡に光をあてて，反射した光をかべにあてました。すると，かべにあたる光の形が，図１－２のように四角になりました。

次に，次のページの図２－１のように丸く穴をあけた紙を鏡の上におくと，かべにあたる光の形が，図２－２のように丸くなりました。

図１－１

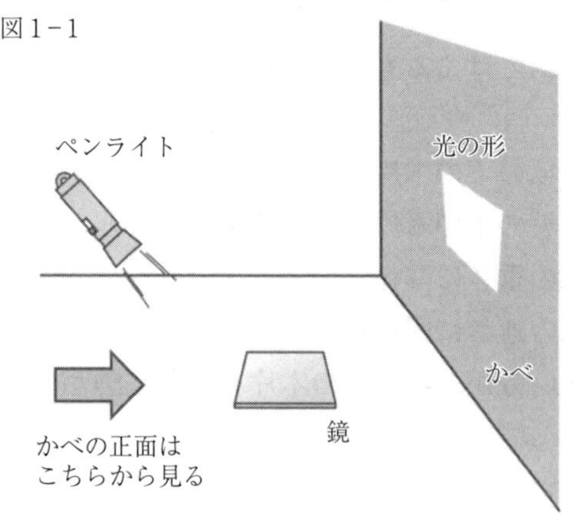

図１－２

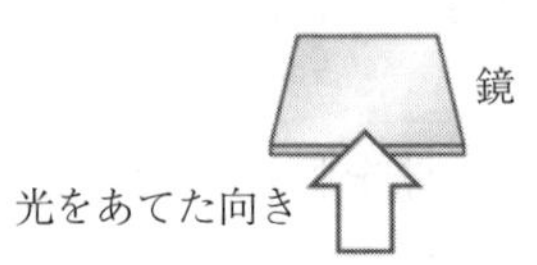

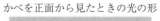

図2－1

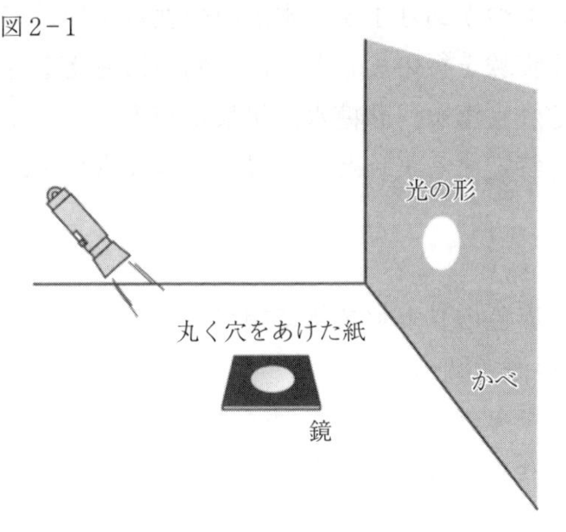

図2－2

かべを正面から見たときの光の形

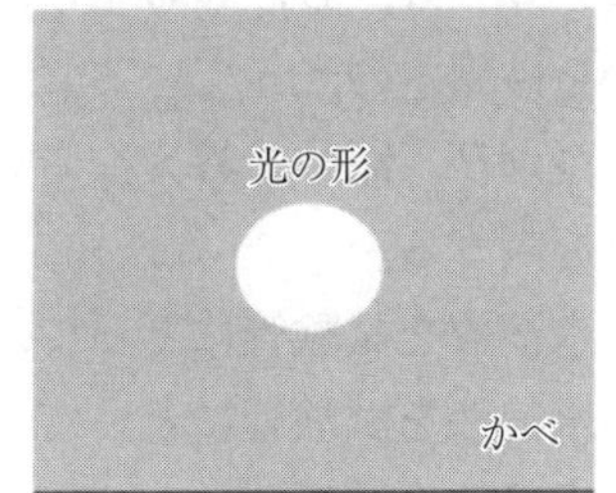

(**2**) 右の図3のような形に切り抜(ぬ)いた紙を，図4－1のように鏡の上に置きました。光を鏡にあてると，かべに反射した光の形はどのようになりますか。かべを正面から見たときの光の形として一番近いものを，後のア～エから1つ選び，記号で答えなさい。

図3

白い部分が切り抜いたところ

図4－1

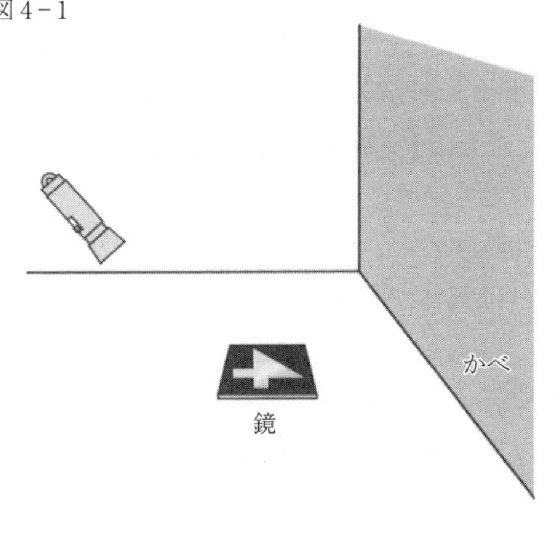

図4－2

かべを正面から見たとき

かべ

かべを正面から見たときの光の形

ア.

イ.

ウ.

エ.

2　さまざまな水溶液が入っているビーカーがいくつかあります。水溶液の性質を使って，それぞれのビーカーに何が入っているのかを調べる実験を行いました。次の問いに答えなさい。

問1　3つのビーカーA，B，Cの中に，それぞれ食塩水，砂糖水，炭酸水が入っています。A～Cの中から砂糖水の入っているビーカーを特定する実験として最も適当なものを，次のア～オから1つ選び，記号で答えなさい。

ア．においを調べる。

イ．少量の水溶液を試験管にとって，青色と赤色のリトマス紙で調べる。

ウ．少量の水溶液を試験管にとって，BTB 溶液で調べる。

エ．少量の水溶液を試験管にとって，ムラサキキャベツの液で調べる。

オ．少量の水溶液を蒸発皿にとって加熱し，残ったものの色を調べる。

問2　3つのビーカーD，E，Fの中に，それぞれうすい塩酸，うすい水酸化ナトリウム水溶液，食塩水が入っています。1つの実験で，D～Fに何が入っているかをすべて特定する実験として，正しいものを，次のア～カからすべて選び，記号で答えなさい。

ア．においを調べる。

イ．少量の水溶液を蒸発皿にとって加熱し，固体が残るか残らないかを調べる。

ウ．少量の水溶液を試験管にとって，BTB 溶液で調べる。

エ．少量の水溶液を試験管にとって，青色と赤色のリトマス紙で調べる。

オ．スチールウールを加えて，気体が発生するか調べる。

カ．少量の水溶液を試験管にとって，ムラサキキャベツの液で調べる。

問3　4つのビーカーG，H，I，Jの中に，それぞれうすいアンモニア水，うすい水酸化ナトリウム水溶液，うすい塩酸，水が入っています。何が入っているのか調べるために，【実験1】～【実験3】を行い，結果をえました。ただし，【実験1】～【実験3】では，実験ごとに新しい水溶液をそれぞれ用意して実験するものとします。

【実験1】　少量の水溶液を蒸発皿にとって加熱すると，Hだけ固体が残った。

【実験2】　スチールウールを入れるとIからは気体が発生し，他は何も変化がなかった。

【実験3】　(　①　)

(1)　【実験2】で発生した気体の名前を漢字で答えなさい。

(2)　【実験1】・【実験2】では，2つのビーカーに入っている水溶液を特定できませんでした。この2つの水溶液を特定するための(①)に適する操作を，次のア～オからすべて選び，記号で答えなさい。

ア．においを調べる。

イ．ビーカーに入っている水溶液の色を調べる。

ウ．小さな銅板を入れて，気体が発生するか調べる。

エ．少量の水溶液を試験管にとって，青色と赤色のリトマス紙で調べる。

オ．少量の水溶液を試験管にとって，BTB 溶液で調べる。

問4　5つのビーカーK，L，M，N，Oの中に，それぞれうすいアンモニア水，うすい水酸化ナトリウム水溶液，うすい石灰水，うすい塩酸，水が入っています。ビーカーに何が入っているのかを調べるために，2つの実験【実験4】【実験5】を行いました。実験でえられた結果から，次の問いに答えなさい。

【実験４】 少量の水溶液を試験管にとって，BTB溶液を数てき加えると，K，M，Oは同じ色になり，Oだけやや薄かった。

【実験５】（　②　）

(1) 【実験４】の実験結果から，２つのビーカーに入っている水溶液は特定できませんでした。この２つのビーカーに入っている水溶液として正しいものを，次のア～オから２つ選び，記号で答えなさい。

ア．うすいアンモニア水　イ．うすい水酸化ナトリウム水溶液　ウ．うすい石灰水
エ．うすい塩酸　オ．水

(2) (1)の２つの水溶液を特定するための(②)に適する操作を，次のア～オから１つ選び，記号で答えなさい。

ア．においを調べる。
イ．スチールウールを加えて，気体が発生するか調べる。
ウ．二酸化炭素を通す。
エ．少量の水溶液を試験管にとって，青色と赤色のリトマス紙で調べる。
オ．小さなアルミニウム板を加えて，気体が発生するか調べる。

問５ 水酸化ナトリウム水溶液を保存する容器として最も適当なものを，次のア～オから１つ選び，記号で答えなさい。

ア．白色のガラスでできたふたとビン
イ．茶色のガラスでできたふたとビン
ウ．無色のガラスでできたふたとビン
エ．アルミニウムでできたふたと茶色のガラスビン
オ．ゴムでできたふたと無色のガラスビン

問６ トイレ用洗剤(せんざい)の容器には，「金属製品や大理石には使ってはいけない」と注意書きがあるものがあります。その理由として最も適当なものを，次のア～オから１つ選び，記号で答えなさい。

ア．塩酸がふくまれていて，金属製品や大理石をとかしてしまうから
イ．塩酸がふくまれていて，金属製品や大理石にふれると酸素が発生するから
ウ．アンモニア水がふくまれていて，金属製品や大理石をとかしてしまうから
エ．水酸化ナトリウムがふくまれていて，金属製品や大理石をとかしてしまうから
オ．水酸化ナトリウムがふくまれていて，金属製品や大理石の色を変えてしまうから

問７ トイレ用洗剤の容器には，「まぜるな危険」と注意書きがあるものがあります。その理由として最も適当なものを，次のア～オから１つ選び，記号で答えなさい。

ア．漂白剤(ひょうはくざい)をまぜると，はげしく熱が生じるから
イ．漂白剤をまぜると，水素が発生するから
ウ．漂白剤をまぜると，塩素が発生するから
エ．漂白剤をまぜると，二酸化炭素が発生するから
オ．漂白剤をまぜると，アンモニアが発生するから

3 上野動物園のジャイアントパンダに赤ちゃんが誕生し，その成長が報じられています。見た目だけでなく，体長や体重の変化をグラフでしめすことで，その成長ぶりが伝わってきます。生物の成長について，次の問いに答えなさい。

問1 ヒトの受精卵から赤ちゃんの誕生までに関する文を読み，空らんA～Cに適する語句の組み合わせとして正しいものを，後のア～ケから1つ選び，記号で答えなさい。

ヒトの受精卵は，はじめは（ A ）mm 程度の大きさで，1～2か月の間でたい児になります。たい児になると，（ B ）から栄養を受け取り大きく成長します。ヒトは受精卵から約（ C ）週後，身長約 50cm，約 3000g で誕生します。

	A	B	C
ア	0.1	たいばん	28
イ	0.1	たいばん	38
ウ	0.1	羊水（ようすい）	38
エ	1	たいばん	28
オ	1	たいばん	38
カ	1	羊水	28
キ	1	羊水	38
ク	10	たいばん	28
ケ	10	羊水	28

問2 サケの一生について，次のア～オの文を読み，正しいものを1つ選び，記号で答えなさい。

ア．海でとられたサケのたまごは，受精卵である。

イ．受精卵は，1週間ぐらいたつと，サケの子がかえる。

ウ．生まれたばかりのサケは，川の水面にいるプランクトンを食べて成長する。

エ．ある程度大きくなったサケは，生まれた川とは別の川で産卵をする。

オ．海で成長したサケは，生まれた川にかえってきて，川で受精卵をつくる。

問3 図1は，ある動物の成長を，体長をたての目もりに，生まれた時からの時間を横の目もりにしたグラフです。では，体重をたての目もりにしたグラフは，どのようになりますか。次のア～エの中から1つ選び，記号で答えなさい。ただし，生まれた時と成長した時では，大きさ以外の姿の変化はないものとし，体重は体積に比例することがわかっています。

図1

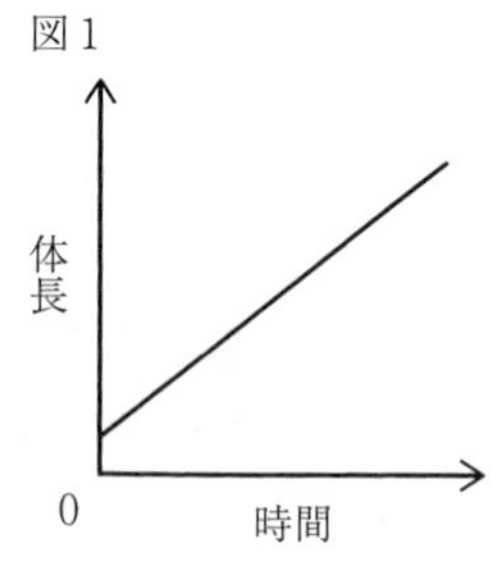

ア．

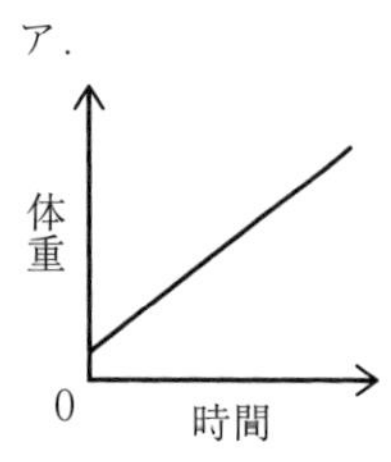

イ．

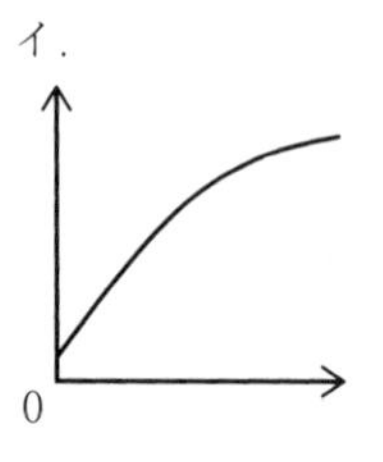

ウ．

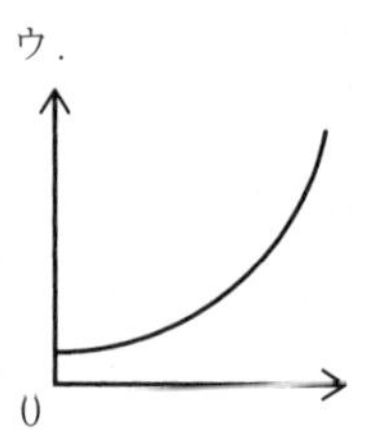

エ．

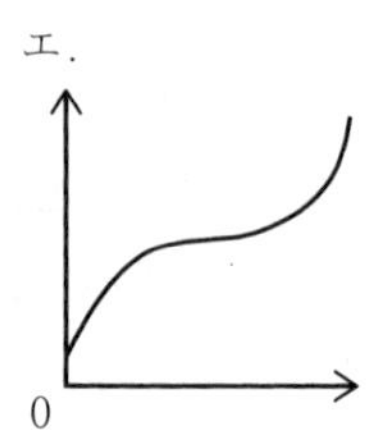

問4　植物の成長を表す測定値として，茎の高さ(長さ)と茎の直径(太さ)がよく使われます。しかし，植物は，種類によって形がいろいろあり，横の目もりを時間にしたグラフの形にちがいがあらわれます。ただし，時間は，芽が地表に出てからの時間とします。図2−1のグラフは，ヒマワリの茎の高さ(長さ)と時間，図2−2は地表面でのヒマワリの茎の直径(太さ)と時間を表したものです。ヒマワリは成長が止まるまで茎の高さ(長さ)と直径(太さ)が同じように成長していることがわかります。

図2−1

茎の高さ

0

時間

図2−2

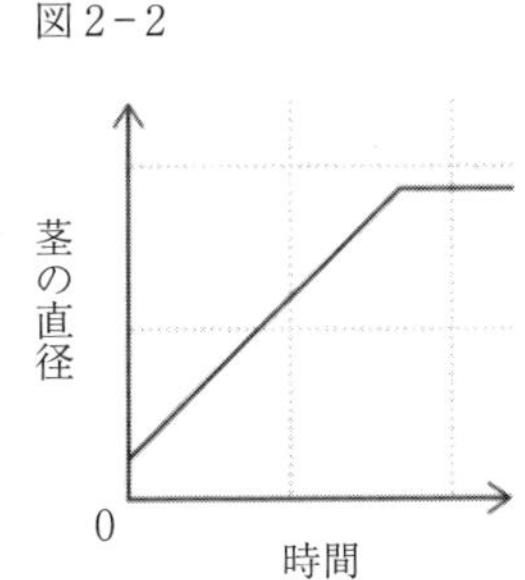

(1)　ヒマワリの成長と比べて，Ⓐアサガオと Ⓑハルジオンの成長の記録をグラフにするとどうなりますか。茎の高さ(長さ)と時間の関係をア～エから，茎の直径(太さ)と時間の関係をオ～クから選び，それぞれ記号で答えなさい。ただし，アサガオは，茎を何かにまきつけながら成長しますが，茎の太さはあまり太くなりません。ハルジオンは，ほとんど高くならずにロゼットとよばれる地面にはりついたような時間がつづき，花をさかせるころに茎が急速に成長します。茎の高さは，植物をまっすぐのばしたときの長さを測定したものです。

■茎の高さと時間の関係

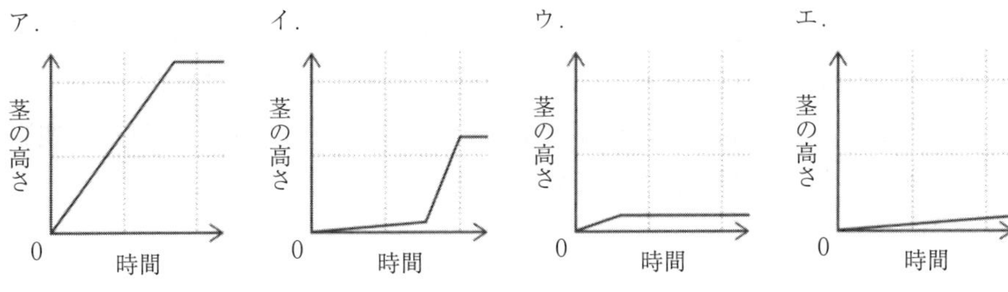

■茎の直径と時間の関係

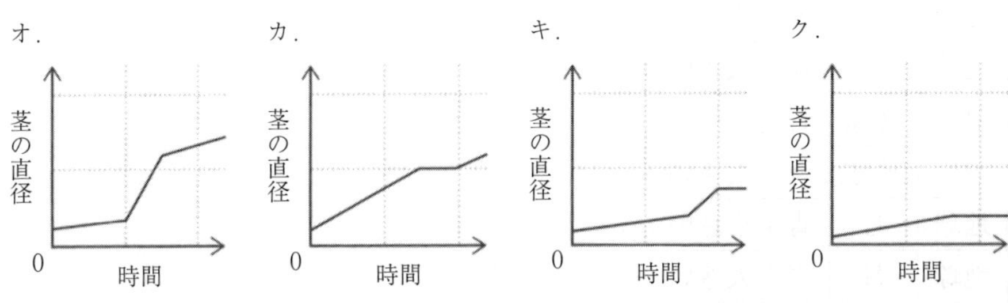

(2) Ⓐアサガオ・Ⓑハルジオンと同じような成長のしかたをするものを，次のア～オからそれぞれ1つ選び，記号で答えなさい。

ア．キュウリ　　イ．ダイコン
ウ．トウガラシ　エ．トマト
オ．ナス

4 次の問いに答えなさい。

問1 図1は，ある日の満月の4時，東京の空を表しています。時間が進むにつれて，月は図中のア～クのどの方向へ移動していくでしょうか。正しいものを1つ選び，記号で答えなさい。

図1

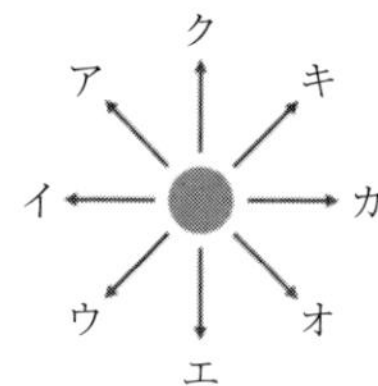

問2 皆既月食（かいきげっしょく）について，次の(1)～(3)に答えなさい。

(1) 次の文章を読み，空らん①～④に適する語句の組み合わせとして正しいものを，後のア～クから1つ選び，記号で答えなさい。

「皆既月食は，太陽→(①)→(②)の順に一直線上に並ぶことで観測（かんそく）できる現象です。2021年5月26日(水)20時19分ごろには，満月が最も欠けて，(③)い月が見えました。皆既月食は，短い時間しか見られませんでしたが，部分月食は，22時近くまで見ることができました。2021年5月の満月は，一年で最も(④)月でした。次に，日本で観測できる皆既月食は，2022年11月8日と言われています。」

	①	②	③	④
ア	月	地球	赤	小さい
イ	月	地球	赤	大きい
ウ	地球	月	赤	小さい
エ	地球	月	赤	大きい
オ	月	地球	青	小さい
カ	月	地球	青	大きい
キ	地球	月	青	小さい
ク	地球	月	青	大きい

(2) 図2のAの月の形として最も適当なものを，後のア～オから1つ選び，記号で答えなさい。

図2

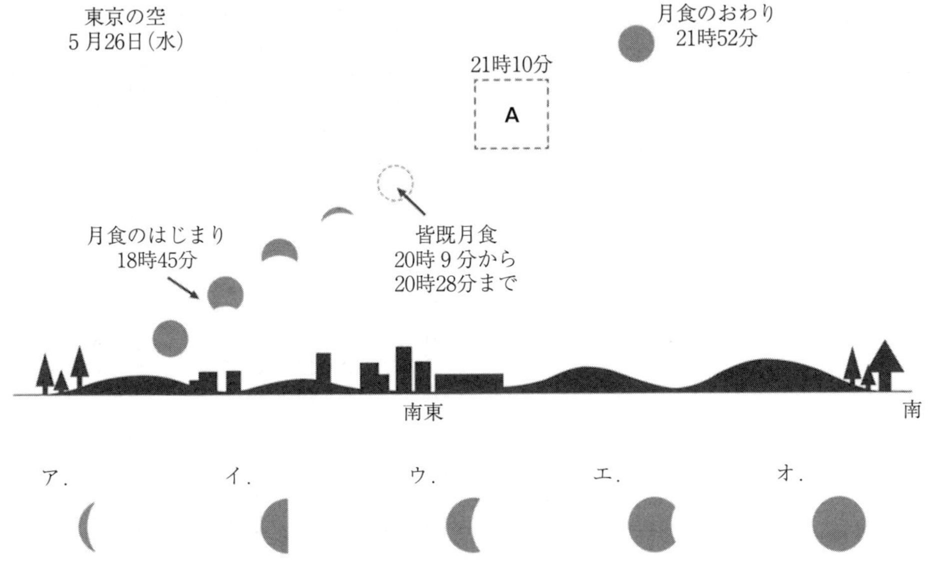

(3) 7日後の6月2日(水)20時の晴れの日に，**(2)**と同じ場所から月を探した結果として正しいものを，次のア～オから1つ選び，記号で答えなさい。

ア．20時は，月が出ていないので，月を見ることができない。

イ．20時に，下弦(かげん)の月を見ることができる。

ウ．20時に，上弦(じょうげん)の月を見ることができる。

エ．20時に，三日月を見ることができる。

オ．新月で，月を見ることができない。

問3 皆既月食や月食に関する文を読み，次のア～オから正しいものをすべて選び，記号で答えなさい。

ア．月の出の時刻は東京や札幌(さっぽろ)や福岡でちがうが，月食の始まりと終わりの時刻は同じである。

イ．東京で皆既月食が終わったとき，東側に位置する札幌ではまだ皆既月食が見られる。

ウ．東京で皆既月食が終わったとき，西側に位置する福岡ではまだ皆既月食が見られる。

エ．月食は，世界中で同時に見ることができる。

オ．皆既月食が起こるときは，満月である。

答えなさい。

ア　大輝に感謝すべきなのに逆に謝らせてしまったこと。
イ　友達を連れてきた大輝の思いに応えられなかったこと。
ウ　人と関わることへの恐怖心を大輝に見透かされたこと。
エ　大輝が遠慮の欠片もなく自分の思いをぶつけたこと。

問六　5 に入る言葉として最も適切なものを次の中から選び、記号で答えなさい。

ア　わざわざ訪ねてきてくれた相手に礼を尽くすのは
イ　訪ねてきた学校の友達と仲良くしようとするのは
ウ　何時間も待たせてしまった相手におわびするのは
エ　心配してきてくれた友達に元気な姿を見せるのは

問七　――線6「それこそ勝手なのに、ほっとした」とありますが、雪乃が「ほっとした」のはなぜですか。説明しなさい。

「雪乃」

びっくりして、茂三をふり返る。いま、雪坊じゃなく、雪乃、と呼ばれた。

「そのへんまで、みんなを送ってけ」

「え」

「　5　、人としてあたりまえのことじゃあねえだかい」

そう言われてしまうと、ますます反論できない。

雪乃は、抱えていた膝をほどき、のろのろと立ちあがった。お尻に付いた藁屑を払(はら)い、大輝のほうを見ると、彼のほうは話の成り行きが見えないせいで、きょとんとこっちを見ている。

思いきって近づいて行き、そばをすり抜(ぬ)けるようにして納屋から出る。冷えた身体を蒸(む)し暑(あつ)い空気が包み、キチがじゃらじゃらと鎖(くさり)を鳴らすと同時に、玄関の土間から子どもらが出てきた。

ばう、ばう、とキチが吠(ほ)える中、賢人も豊も何やら微妙(びみょう)な顔で雪乃のほうを見る。わずかに遅(おく)れて、詩織も出てきた。

「あ、島谷さん。おじゃましましたー」

おじゃま、というのが嫌味(いやみ)なんかでないことは、雪乃にもわかる。かろうじて首を横に振(ふ)ってみせると、詩織はほっこりと笑った。

「そこまで一緒に行くってさ」

と、大輝が言う。

6それこそ勝手なのに、ほっとした。

（村山由佳『雪のなまえ』徳間書店）

注1　納屋…物置小屋。
注2　しゃらっつねえ…「ずうずうしい」の方言。
注3　温気…むっとするようなあたたまった空気。
注4　しょう…「人々」の方言。
注5　お国言葉…生まれた土地の方言。
注6　梁…屋根の重みを支えるために柱の上に横にわたす材木。

問一　――線①・②・③のカタカナを漢字に改め、④は読み方を答えなさい。

問二　1 に入る言葉として最も適切なものを次の中から選び、記号で答えなさい。

ア　こむら　イ　てのひら　ウ　おとがい　エ　きびす

問三　――線2「雪乃は慌てて目をそらした」とありますが、この時の雪乃の心情として最も適切なものを次の中から選び、記号で答えなさい。

ア　いつまでも学校に行こうとしないことを、信頼している大輝に怒ったような口調で責められたため、彼に嫌われ見放されてしまうのではないかとあせりを感じている。

イ　自分のことを気遣う大輝のまっすぐな思いに気づいてはいるものの、心の中の踏み込まれたくない部分に触れられるのではないかと思い、今はそれを受け入れたくない。

ウ　大輝の背が想像以上に伸びており、同級生のはずなのに自分より優位な立場から言葉を投げかけてくるように感じられて彼の態度を受け入れられず、腹を立てている。

エ　大輝がせっかく学校の友達を連れてきてくれたのに、自分が逃げ出してしまったことにより、彼のプライドを傷つけてしまって合わせる顔がないと情けなく思っている。

問四　――線3「俺らがちゃんとついてる」とありますが、それが具体的に述べられているひと続きの二文を探し、その最初の四字を書きぬきなさい。

問五　――線4「雪乃は黙っていた。気まずさに顔を上げられない」とありますが、雪乃は何を気まずく感じたのですか。それを説明したものとして、あてはまらないものを次から一つ選び、記号でかる」

「どうして」

「玄関入ってく肩が、がくーんとしょげて下がってたに」

雪乃の脳裏に、その姿がありありと浮かぶ。勝手なことをするからいけないのだ。こちらは悪くない。

お尻がだんだん冷えてくる。藁の上に座っていても、その下の地面が冷たいからだ。

「今朝、あいつが畑へ来たのはこういうことだっただな」

よっこらせ、とシゲ爺がすぐそばの青いトラクターの前輪に腰を下ろす。

「ランドセルしょって息切らして走ってくっから、いったい何があったかと思ったらほー、わざわざお前の都合を訊きに来たってわけかい。律儀なやつだに」

「知らないよ。都合なんか訊かれてない」

雪乃は口を尖らせた。

「だけんが雪坊、学校の帰りに寄りたいなら好きにすればいいって、おめえが言ったんだに」

「それは、大ちゃん一人だって思ってたからで……友だち連れてくるなんてひと言も言わなかったじゃん。なのに、ヨシばぁばとブドウ畑から帰ってみたらもう勝手に上がり込んでてさ。家に上げたのだってあたしじゃないもん」

「そうだな。家に上げたのは、俺だ」

驚いて見やる。ごつごつとしたタイヤに腰かけた茂三が、真顔で雪乃をじっと見おろす。

「勝手に上がり込んだんじゃねえだよ。大輝のやつは、みんなして外の縁側で待ってるっつっただわ。それを、いいからまあ上がっておやつでも食っててくんなって勧めたのはこの俺だに」

「なんでそんなよけいなこと」

「よけいな、こと?」白っぽい眉が、ぎゅっと真ん中に寄る。

「なんでって、雪乃。そんなこともわかんねえだか」

「……だって」

茂三が、ふーっと、深くて長いため息をつく。

「嬉しかったからだわ」

雪乃は、どきっとした。

「涙が出るほど嬉しくって、ほんっとうにありがたかったからだわ。ああして大輝が、仲良くなったおめえを心配してわざわざ友だちまで引っぱって来てくれたってことが――それも、誰かに言われたとかじゃねえに。自分の頭で考えてそうしてくれたってことが、この爺やんは、ほー、そりゃあもう嬉しくってない。それだもの、家に上げたのはよけいなことでも何でもねえ。あの子たちへの、せめてもの気持ちだわ」

返す言葉がない。

膝をきつく抱えて黙りこくっていると、納屋の大きな注6梁のどこかで、みしりと木の軋む音がした。西側の出入口の向こうのほうから、キョッケーイ、とキジの鳴く甲高い声が聞こえる。オスがメスを呼んでいるのだろうか。

と、母屋の土間のあたりが少し騒がしくなった。子どもたちの話し声に、航介の声と、そしてヨシ江の笑い声が入り混じる。父親はあれからずっと彼らの相手をしていたらしい。

たたっ、と運動靴の足音がして、入口から大輝の顔が覗いた。

「じゃあな、雪っぺ。宿題あるし、帰るわ」

すごい。いつもと態度が変わらない。何て返せばいいのだろう。〈ごめん〉や〈ありがとう〉はもちろんのこと、おんなじ〈じゃあね〉すらうまく出てこない。

訛りに関しては、上の世代へ行くほど強い。茂三やヨシ江はいまだにとことん注5お国言葉だが、広志くらいになると端々にちょこちょこ表れる程度になるし、当の大輝に至っては、単語や語尾のイントネーションがいくらか違う程度だ。

でも、それがいいのだと雪乃は思う。ここに暮らしていると、自分の話しているいわゆる標準語が、体温を持たない言葉のように思えることがある。

《中略》

「雪っぺもさ。クラスのみんなが雪っぺのことをわかるまで、ちょっとだけ大目に見てやってよ。それまでは、3俺らがちゃんとついてる。だからさ……」

大輝は、ひときわ思いきったように言った。

「だから、明日から一緒にガッコ行こうよ」

雪乃は、ぎょっとなって目を上げた。

「明日から?」

思わず声が裏返る。

大輝が、首を大きく上下させてうなずく。自分がどんな無茶なことを言ったかなんて、全然わかっていない感じだ。

雪乃は茫然と目を落とした。ひんやりとした納屋の地べたには、さっきの藁屑。大輝が運動靴の先でいじりたおしたせいで、泥だらけのよれよれだ。

「そんな……無理だよ、明日からなんて」

「なんでさ。ランドセルしょったらすぐ行けるじゃん」

「そういうことじゃなくて。だって、いくらなんでも急っていうか」

「急じゃないよ。時間はめちゃくちゃあったじゃんか。去年の秋ぐらいから行ってないんだろ？　ガッコ休んだの、夏休みでいったら何回ぶんだよ」

大人なら腫れ物に触るみたいにして言わずにおくことを、大輝は遠慮の欠片もなくずばずばとぶつけてくる。

――いや、そうじゃない。雪乃は思い直した。大輝は、ずっと遠慮していた。何か訊きたそうにすることはあっても、めったに口に出さなかった。なのに、それこそ急に、こちらの知らない友だちを連れてきて、明日から学校へ来いなんて言う。むちゃくちゃだ。

心の中が見えたのだろうか。

「ごめん」

今日初めて、大輝が謝った。

「俺……なんかやっぱちょっと、間違えちゃったのかな」

4雪乃は黙っていた。気まずさに顔を上げられない。

すぐ目の前で、泥で汚れた運動靴が向きを変える。納屋を出ていく後ろ姿を、膝を抱えたまま、目の端で見送る。

あんなふうに言われてしまうと、悪いのはこちらであるかのような――あの子たちに申し訳ないことをしたような気がしてくる。いったいなんだって、こんな気持ちにさせられなくてはいけないんだろう。腹立たしさと寂しさ、戸惑いや後悔や、何もかもが入り混じって、どうすればいいかわからない。

大輝が入ってきてまた出ていった納屋の入口が、すっきりと明るい。西陽の射す反対側の④開口部ほど眩しくはないけれど、中が暗いぶんだけ穏やかに光って見える。

その四角な光がふと半分くらい遮られ、誰か人が立ったのがわかった。長靴を引きずるようにして近づいてくる。

「せっかく心配して来てくれた友だちを、追い返しちまっただかい」

茂三が低い声で言った。

「大ちゃんがそう言ったの？」

「だれぇ、あいつがそんな泣きごと言うもんかい。ちょっと見りゃわないのが、やだくてさ」
「……誰と」
「誰とって、いま誰と話してんだよ」
怒ったように口を尖らせている。少しかすれた声が、思うよりも高いところから降ってくる。
いつのまにかずいぶん背が伸びたみたいだ。見おろしてくる大輝と視線がぶつかり、2雪乃は慌てて目をそらした。
「こういうのって、みんなからおんなじこと言われて耳にタコかもしんないけど……ほんとは俺も、六年生になったら雪っぺは学校に来るもんだと思ってた」
運動靴の先が、地面に落ちている藁の切れ端をつつく。
「これまでは休みの日しか遊べなかったけど、四月からは学校行ったら会えるんだなあって。今日連れてきた賢人と豊と詩織にも、ずっと前からそういうふうに話してあったし」
「……話してあったって、何を」
「だから、雪っぺのことをだよ。せっかくガッコ来るようになっても、いきなりクラスのみんなからあーだこーだ訊かれんの、うざいじゃん。けど、俺ら四人が休み時間とかに雪っぺの周り固めてたら、そういうのもだいぶマシじゃん。や、クラスのみんなだってさ、初めはめずらしがっていろいろ訊きたがるかもしんないけど、雪っぺのこと知ったらすぐおさまるよ」
「あたしの、こと?」
「うん」
「あたしの、何を?」
「雪っぺが全然ふつうだってこと」
ゼンゼンフツウ、などという言い方、母親の英理子が耳にしたらすぐに直されそうだが、今はどうでもいい。
「あたしが……ふつう?」
「ふつうじゃん」
「なんで? それこそ、ずっと学校へも行ってないのに」
「そうだけどさ、雪っぺの中身はふつうじゃん」
こともなげに言う。
「俺だって最初はさ、東京から来たなんていうからこう、注2しゃらっつねえ感じで、あたしは特別なのよ、みたいなふうなんだろうなって思ってたんだよ。けど、喋ってみたらほんっと全然ふつうなんだもん」
「それって……いつ?」
「いつもだよ」
「じゃなくて、最初に思ったのは?」
「うーん」大輝が、納屋の天井を見上げて唸った。「たぶん、初詣ン時じゃないかな。鐘撞いた時」
あたりは夏の注3温気でむんむんしているのに、つかの間、キーンと澄み渡った厳冬の夜の記憶が蘇ってくる。
「鐘撞き堂ンとこに並んでる間、英理子おばさんが、何だっけかな、忘れたけど、ガッコの先生みたいな感じで話してたさ。あー、こういう人がお母さんなんだったら、東京の注4しょうがみんな頭いいのも当たり前だよなーとか思って……」
それはちょっと違う、うちのお母さんは中でも特別だから、と思ったが、それも今は関係ない。
「英理子おばさんがまた、テレビの人が喋ってるのとマジでおんなじ喋り方するからびっくりしてさ。俺、生まれて初めて自分が訛ってんのかなって……。なあ、俺って訛ってる?」
「え。べつに、そんなことないよ」
雪乃はびっくりして言った。大輝が気にするとは③イガイだった。

行くことからは目を背けていた。六年生になった夏のある日、雪乃が畑仕事の手伝いから家に帰ると、唯一の友人である大輝（父の友人の息子）が学校の友達（賢人、豊、詩織）を連れて、家に上がり込んでいた。

※会話の中に、長野の方言が使われているところがあります。

大輝を含めた四人が、おばけみたいな①シグサをしながらげらげら笑っている。小さな居間が、なおさら狭苦しく感じられる。

雪乃は、突っ立ったまま黙っていた。部屋は賑やかなのに、頭の後ろのあたりだけがシンと静かだ。

そうか。この子たちはみんな、②オサナなじみ同士なのだ。小学校に上がるよりもっと前から、きょうだいみたいに近しく育ってきた。互いの親は顔見知りで、それどころか親同士もオサナなじみかもしれない。

《中略》

ああもう、と雪乃は下唇を噛みしめた。鼻から大きく息を吸い込み、ゆっくりと吐き出す。そうして、くるりと［　1　］を返した。

「あ、雪っぺ！」

大輝の慌てた声がする。かまわず、廊下を戻って土間で運動靴に履き替え、外へ出た。

さっき畑から連れて帰ってつないだばかりのキチが、また散歩に行けるのかと小屋から顔を覗かせる。庭先の井戸端では茂三がまだ農具か何かを洗っていて、

「あれ、どしたぁ」

びっくりしたように声をかけてくる。

雪乃は、返事もせずに茂三に背を向けた。

家の横手へまわるかっこうで注1納屋のほうへ行く。前庭を横切ったりして、こちらの姿が居間にいる皆から丸見えになるのが嫌だ。頼むからほうっておいてほしい。

いったん薄暗い納屋の中に入ると、向こう側から再び明るい外へ出るのが嫌になった。ちょうど真ん中あたりの暗がり、トラクターの陰に藁束が積んである。雪乃はその藁の山にもたれるようにして腰を下ろし、ぎゅっと小さく丸まって膝を抱え込んだ。

湿った空気がひんやりと肌に冷たい。自分の膝におでこを押しつけて、土と藁の匂いを吸い込む。

《中略》

ヨシ江の言っていたように、大輝がこちらのことを心配してくれているのはわかる。なんとかして学校へ引っ張り出そうと考えてのことで、きっとありがたいと思わなくちゃいけないんだろう。

だけど、嫌だ、って言ったのに。よけいなことをしないでほしいと、あれほど言ってあったのに――大輝はその信頼を裏切った。

ざり、と立ち止まる足音に、雪乃は、はっとなって顔を上げた。きつく目をつぶっていたせいで視界はぼやけているが、誰が来たのかは見る前からわかっていた。

納屋の入口、まぶしい四角形の中に、大輝が立っている。ためらうようなそぶりを見せたのはほんのいっときで、彼はすたすたとまっすぐ近づいてくると、雪乃の正面で立ち止まった。

ごめん、とか何とか、言われるのだと思った。ほんとうは、そう、ほんとうは何も悪いことなどしていない大輝のほうから謝られたりしたら、こちらの身の置きどころがなくなってしまう。

何か先に言わなければと、雪乃が口をひらきかけた時だ。

「俺はさあ」

両のつま先に力の入った感じで、大輝が言った。

「はっきり言って、ガッコ終わった夕方とか、休みの日とかしか会え

ア　しかも　　イ　なぜなら　　ウ　だから
エ　あるいは　　オ　けれども

問四　――線4が、「すらすらと自然に言葉が出てしまう」という意味になるように、(a)・(b)の中に適切な言葉を入れなさい。ただし、(a)は一字、(b)は三字とします。

問五　次にあげるのは、この文章について話しあった生徒たちの会話です。次のやりとりをふまえて、(1)・(2)の問いに答えなさい。

生徒A　この文章では、人にとって音楽がどのような存在であるかが述べられていたわ。音楽に限らず、文化的活動は「人が生きるとは何か」という根源的な問いにヒントを与えてくれる存在なのよね。

生徒B　そうね。それに音楽が「自由」であることの大切さについても述べられていたわね。音楽は、どんな時に「自由」でなくなってしまうのかしら？

生徒A　それは、（　X　）時よ。そのようになっていないか気をつけないといけないね。

生徒B　その通り。私たちは、常に身の回りの音楽や芸術が「自由」であるかどうかを意識して生活すべきだと思うわ。その「自由」な音楽や芸術を鑑賞することで、人生をより豊かなものにしていくことができるのね。

生徒A　うん。現代は情報化が進んでいて将来や未来が見通しやすくなっているから、私たちは常に意味のあるものを求めているのかもしれない。（　Y　）

(1)　(X)に入る表現を本文中から十三字で探し、書きぬきなさい。

(2)　(Y)にはAさんの意見が入ります。筆者の考えをふまえたAさんの意見として当てはまるものを次の中から二つ選びなさい。

ア　だから、たまには情報源となるインターネットから離れて古典的な芸術に触れることも大事だよね。
イ　だから、情報化社会における音楽や芸術の在り方をきちんと考えていく必要があると思うのよね。
ウ　でも、豊かな人生を送るためには、ある程度制約のある芸術に触れていくことも必要だよね。
エ　でも、人生を豊かにするためには、理由や意味を持たない美しさに触れていくことも重要だよね。
オ　学校でも「お昼休みに鬼ごっこをするよりも、かくれんぼのほうが楽しいよね」と言ってしまうのもあてはまるよね。
カ　学校でも「球技は好きだけれど、体かたいからマット運動はやりたくないのよね」と言ってしまうのもあてはまるよね。
キ　学校でも「古典とか数学なんて役に立たないから、勉強する必要なんてないよね」といってしまうのもあてはまるよね。
ク　学校でも「部活と勉強を両立させるなんてしんどくてなかなかできないのよね」と言ってしまうのもあてはまるよね。

問六　〰〰線「難しいのは、文化としての音楽を扱う時」とありますが、「文化としての音楽」を扱う難しさを述べた上で、「文化としての音楽」のあり方について本文の内容をふまえて説明しなさい。ただし、「自由」という言葉を使わないこと。

二　次の文章を読んで、あとの問いに答えなさい。

小学五年生の島谷雪乃(ゆきの)は、東京でいじめにあい、登校できなくなったため、曽祖父母(そうそふぼ)(茂三(しげぞう)・ヨシ江(え))の住む長野で父(航介(こうすけ))と暮らし始める。母の英理子は東京に残ることになった。苦しい思いをはき出せずにいた雪乃は、長野で暮らすうち、周囲の大人たちと関係をつくりつつ、自分の思いを打ち明けるようになる。しかし、学校に薄れていく傾向は否めないと思いますが、音楽や芸術というのは、それを引き戻してくれるような存在だと思います。

また、作曲家が曲を書くこと自体は、依頼されたからという理由がほとんどだと思いますが、ではなぜその音を書いたのかを突き詰めていくと、そこには自分の思う必然性があるだけで、客観的な理由はない。人がなぜ歌うのかを突き詰めても、理由はない。歌ってしまう、4（ a ）を（ b ）出てしまう。――音楽を求めるのも同じことです。つまり、理由のないことの美しさです。

理由がないことの美しさは文化と密接に結びついていると思うのです。理由がないからこそ美しいというのは、もっと言うと、意味がないからこその美しさとも言えるでしょう。僕はよく文化を「豊かな寄り道」という表現で言い換えたりするのですが、寄り道は理由も意味もないのにしたりするものです。しかし、その寄り道にこそ大発見や人生の注1岐路があったりします。寄り道にしても文化にしても音楽にしても、そこに無理に意味を求めようとすると、逆にその存在③シヨウメイが難しくなってしまう側面があると思います。意味がないからこそ存在しているものは、実は思いのほか多いのです。そして、意味がないことというのは、自由なままでないと成り立たない。そういう注2パラドックスがあると思います。

歴史的に見ても、制限があるところの音楽は注3恣意的になりがちです。例えば、ヒトラーがドイツで積極的に音楽を用いて、注4ワーグナーやリストなどの音楽を注5プロパガンダに使用してきたがゆえに、第二次世界大戦後、長きにわたってリストの『前奏曲』やワーグナーの『ニュルンベルクのマイスタージンガー』は演奏されてきませんでした。それほどまでに音楽は影響力があるということです。この影響力というのは、政治的にも利用できてしまう、非常に怖いものなのです。怖いものだからこそ、一つの目的にとどまってはいけない。ヒトラーが行ったような強い意図を加えた上での使用ではなくて、常に多目的でなければいけない、目的が開かれていなければいけない。《中略》音楽はある種の催眠効果もあるし、薬物的効果もありますから。

（山田和樹「音楽と自由」『「自由」の危機――息苦しさの正体』集英社新書）

注1　岐路…どうするかを決める重大な時。
注2　パラドックス…真理に反しているようだが、実は真理の一面を表している表現。
注3　恣意的…勝手気まま。意図をもったもの。
注4　ワーグナーやリスト…十九世紀に活躍した作曲家。
注5　プロパガンダ…特定の主義、思想についての政治的な宣伝。

問一　――線①・②・③のカタカナを漢字に改めなさい。

問二　――線1「音楽というのは、人の行動と直接結びつかなくても潜在的につながりを持っているものなのです」とは、どういうことですか。その説明として最も適切なものを次から選び、記号で答えなさい。

ア　音が聞こえても聞こえなくても、体が音に共振して感じとることで音楽とつながっているということ。
イ　音楽を聴くといった直接的な行動をもたなくても、周りに音がたくさんあふれているということ。
ウ　人間の耳に聞こえる音は実はわずかであり、聞こえない自然の音のほうがたくさんあるということ。
エ　自然で聞こえる音は鳥のさえずりぐらいで少ないが、周波数の幅は都会のなかよりも広いということ。

問三　2・3にあてはまる接続詞を次から選び、それぞれ記号で答えなさい。

二〇二二年度　立教女学院中学校

【国語】〈四五分〉〈満点：九〇点〉

一　次の文章を読んで、あとの問いに答えなさい。

音楽と自由の関係性というのは、単純に説明できないところがあります。《中略》いつでもどこでもどんなふうにでも音楽をできるわけではないという制約が社会の中にはありますが、絶対的な音楽そのものは、人の手が触れようが触れまいが自由なままです。それはたとえ人類が滅んでも存在し続けるような絶対的な自由です。

難しいのは、文化としての音楽を扱う時。文化としての音楽というのは、人と人とがコミュニケーションをすることで成り立っています。人と人とが交流することで文化が生まれ、音楽をどう社会に生かしていくかという話になる。社会の中の音楽というのは、文化的な活動になるわけです。

そして、音楽をする活動自体が「人が生きるとは何か」という問いを含んでいます。人はなぜ生きるのか、どう生きるべきか、という根源的な問いです。文化的活動や音楽をする活動は、そういった根源的な問いにヒントを与えてくれるものであり、その答えに近づこうとさせてくれるものであり、もしくはそこまで難しいことを考えなくても、何かこんがらがったものをリセットしてくれる役目もあります。

そうやって人間の一番根源的な問いと関わっているがゆえに、文化的活動や音楽をする活動というのは、阻害されてはいけない、自由が守られていなければならないのではないでしょうか。

一方で、音楽には力があり、その音楽が癒やしとなって、厳しい状況に向かっていく糧を得るというような言い方をよくしますが、そう簡単なものでもないと思います。例えばストレスに悩む人や鬱で苦しんでいる人がみんな音楽を聴けば楽になるのかというと、そういうタンジュンな話ではない。音楽と一口に言ってもいろんな音楽があるから、人によっては、オーケストラに代表されるようなクラシック音楽は必要と思えない人もいるでしょう。しかし、少々突飛な言い方になるかもしれませんが、1音楽というのは、人の行動と直接結びつかなくても潜在的につながりを持っているものなのです。

つまり、音楽を聴くとか、演奏会に行くとか、そういった直接的なつながりをあえて持たなくても、音楽、音というものは自分の周りにあふれています。もっと言えば自分自身もたくさんの音を発しているわけです。ただし、音というのは不思議なもので、人間の耳に聞こえる音は実はほんのわずかなのです。この世界中のほとんどの音は聞こえていないのです。[2]、聞こえていなくても確かにそこには音が存在している。例えば、なぜ人が自然あふれるところに行って癒やされるかというと、それは澄んだ空気や美しい景色もあるけれど、同じように音の①ヨウインもまた大きいのです。人間の耳には聞こえないけれども、超高周波音というのがあります。都会では人の耳に聞こえる音は多く、時としてうるさいけれども、周波数の幅としては狭い。それが自然が多い場所に行くと、聞こえる音としては鳥のさえずりぐらいで少ないけれども、周波数の幅はうんと広かったりするのです。

人間の体には共振する作用が②ソナわっていると言われています。その音自体が聞こえないとしても、体は共振して感じることがあるはずです。[3]、人間が音楽に触れるとか触れないとかというのは、実はそれほど大した問題ではなくて、触れようが触れまいがつながっています。けれど、そのつながりを認識しにくい。文明やテクノロジーが発達すればするほど、人間の本質的な、本能的なものがどんどん

2022年度

立教女学院中学校 ▶解説と解答

算 数 (45分) ＜満点：90点＞

解 答

1 (1) 5 (2) $4\frac{1}{2}$ (3) 123 (4) ① 12 ② 9 (5) ① 17本 ② 23本 (6) 562.06cm^3 (7) ① $2\frac{1}{2}$cm ② $6\frac{1}{4}$cm^2 (8) ① 1.5% ② 12% (9) ① 毎分50m ② 12分 ③ 48秒 **2** (1) 0 (2) 3 (3) 562 (4) 325 **3** (1) 32時間 (2) 18時間 (3) 8人 (4) 3時間30分 **4** (1) A…18cm^2，B…9cm^2，C…4.5cm^2 (2) 459cm^3 (3) 10cm

解 説

1 **四則計算，逆算，計算のくふう，条件の整理，つるかめ算，体積，長さ，面積，相似，濃度(のうど)，流水算，速さと比**

(1) $\left\{5\times\left(1+3\frac{5}{9}\times0.3\right)-2\frac{2}{3}\times0.875\right\}\div\left(2-\frac{1}{3}\times1\frac{1}{5}\right)=\left\{5\times\left(1+\frac{32}{9}\times\frac{3}{10}\right)-\frac{8}{3}\times\frac{7}{8}\right\}\div\left(2-\frac{1}{3}\times\frac{6}{5}\right)=\left\{5\times\left(1+\frac{16}{15}\right)-\frac{7}{3}\right\}\div\left(2-\frac{2}{5}\right)=\left\{5\times\left(\frac{15}{15}+\frac{16}{15}\right)-\frac{7}{3}\right\}\div\left(\frac{10}{5}-\frac{2}{5}\right)=\left(5\times\frac{31}{15}-\frac{7}{3}\right)\div\frac{8}{5}=\left(\frac{31}{3}-\frac{7}{3}\right)\div\frac{8}{5}=\frac{24}{3}\div\frac{8}{5}=8\times\frac{5}{8}=5$

(2) $1\frac{2}{3}\times\left\{0.125\times\left(\square-\frac{1}{5}\right)-\frac{1}{2}\right\}+\frac{3}{16}=\frac{1}{4}$より，$1\frac{2}{3}\times\left\{0.125\times\left(\square-\frac{1}{5}\right)-\frac{1}{2}\right\}=\frac{1}{4}-\frac{3}{16}=\frac{4}{16}-\frac{3}{16}=\frac{1}{16}$，$0.125\times\left(\square-\frac{1}{5}\right)-\frac{1}{2}=\frac{1}{16}\div1\frac{2}{3}=\frac{1}{16}\div\frac{5}{3}=\frac{1}{16}\times\frac{3}{5}=\frac{3}{80}$，$0.125\times\left(\square-\frac{1}{5}\right)=\frac{3}{80}+\frac{1}{2}=\frac{3}{80}+\frac{40}{80}=\frac{43}{80}$，$\square-\frac{1}{5}=\frac{43}{80}\div0.125=\frac{43}{80}\div\frac{1}{8}=\frac{43}{80}\times\frac{8}{1}=\frac{43}{10}$ よって，$\square=\frac{43}{10}+\frac{1}{5}=\frac{43}{10}+\frac{2}{10}=\frac{45}{10}=4\frac{5}{10}=4\frac{1}{2}$

(3) $123\times124\times125\times\left(\frac{125}{124}-\frac{126}{125}\right)=123\times124\times125\times\left(1\frac{1}{124}-1\frac{1}{125}\right)=123\times124\times125\times\left(\frac{1}{124}-\frac{1}{125}\right)=123\times124\times125\times\left(\frac{125}{124\times125}-\frac{124}{124\times125}\right)=123\times124\times125\times\frac{1}{124\times125}=123$

(4) 右の図1で，$A+B+7=A+4+15$なので，$B+7=4+15=19$となる。よって，$B=19-7=12$(…①)と求められる。すると，$C+ア+7=4+12+ア$となるので，$C+7=4+12=16$とわかる。よって，$C=16-7=9$(…②)と求められる。

図1

A		C
4	B	ア
15		7

(5) 40本とも100円のジュースを買ったとすると，代金は，100×40＝4000(円)となり，実際よりも，4230－4000＝230(円)低くなる。100円のジュースを110円のジュースと1本かえるごとに，代金は，110－100＝10(円)ずつ高くなるので，代金を230円高くするには，110円のジュースを，230÷10＝23(本)にすればよい。よって，110円のジュースは23本(…②)，100円のジュースは，40－23＝17(本)(…①)買ったとわかる。

(6) できる立体は下の図2のようになり，これは，円すい㋐と2つの円柱㋑，㋒を合わせた立体とみることができる。円すい㋐は底面の半径が4cm，高さが3cmなので，体積は，(4×4×3.14)

$\times 3\times\frac{1}{3}=16\times3.14$(cm³)となる。また，円柱㋑は，底面の半径が4 cm，高さが，$4-3=1$(cm)なので，体積は，$(4\times4\times3.14)\times1=16\times3.14$(cm³)となる。さらに，円柱㋒は，底面の半径が，$4+3=7$(cm)，高さが3 cmだから，体積は，$(7\times7\times3.14)\times3=147\times3.14$(cm³)となる。よって，図2の立体の体積は，$16\times3.14+16\times3.14+147\times3.14=(16+16+147)\times3.14=179\times3.14=562.06$(cm³)と求められる。

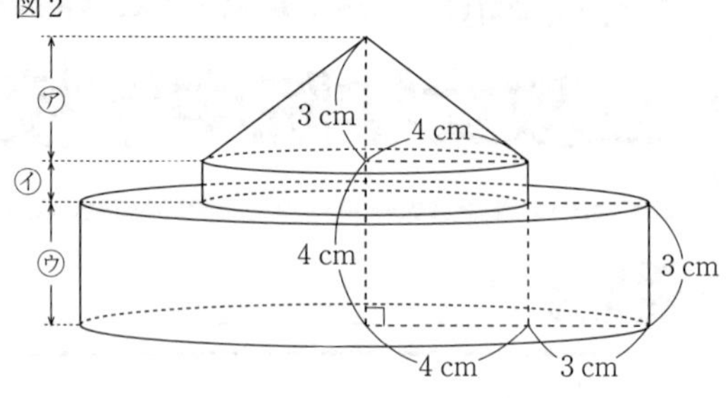

(7)　右の図3で，三角形AEFと三角形ADFは合同だから，ADの長さは5 cmで，角AEFの大きさは90度となる。したがって，BCの長さは5 cmなので，ECの長さは，$5-3=2$(cm)とわかる。また，角AEBと角FECの大きさの和は，$180-90=90$(度)で，角EABと角AEBの大きさの和も，$180-90=90$(度)だから，角FECと角EABの大きさは等しいことがわかる。同様に，角AEBと角EFCの大きさも等しいから，三角形ABEと三角形ECFは相似になる。よって，BE：CF＝AB：EC＝4：2＝2：1なので，CFの長さは，$3\times\frac{1}{2}=\frac{3}{2}$(cm)となり，DFの長さは，$4-\frac{3}{2}=\frac{5}{2}=2\frac{1}{2}$(cm)(…①)と求められる。さらに，EFの長さはDFの長さと等しく，$\frac{5}{2}$cmだから，三角形AEFの面積は，$5\times\frac{5}{2}\div2=\frac{25}{4}=6\frac{1}{4}$(cm²)(…②)と求められる。

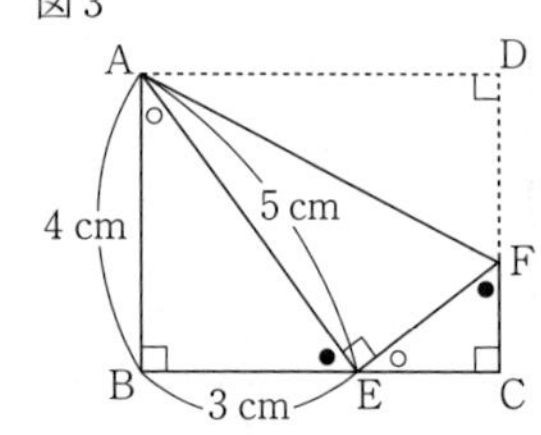

(8)　まず，C 400 gと4％の食塩水200 gを混ぜ合わせると，7％の食塩水ができたことから考える。このとき，7％の食塩水の重さは，$400+200=600$(g)なので，その中に食塩は，$600\times0.07=42$(g)ふくまれる。また，4％の食塩水200 gの中に食塩は，$200\times0.04=8$(g)ふくまれるので，C 400 gの中に食塩は，$42-8=34$(g)ふくまれる。したがって，Cの濃度は，$34\div400=0.085$より，8.5％だから，A 300 gとB 700 gを混ぜてできた，$300+700=1000$(g)のCの中に食塩は，$1000\times0.085=85$(g)ふくまれている。すると，A 300 gとB 700 gを混ぜたときのようすは，右の図4のように表せる。図4で，斜線（しゃせん）部分にあたる食塩の重さは，$300\times0.05=15$(g)だから，それ以外の部分の食塩の重さは，$85-15=70$(g)である。よって，Bの濃度は，$70\div1000=0.07$より，7％なので，Cの濃度はBの濃度よりも，$8.5-7=1.5$(％)(…①)高く，Aの濃度は，$7+5=12$(％)(…②)である。

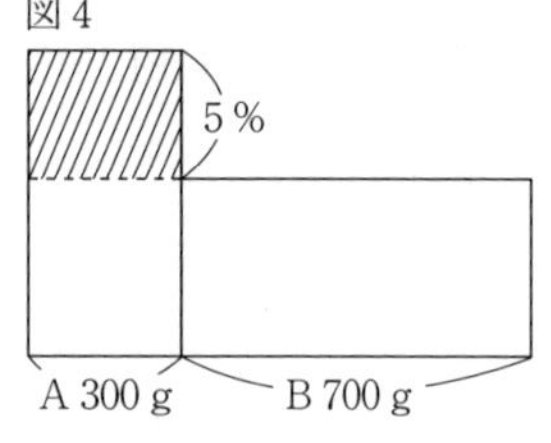

(9)　上りと下りで同じ時間に進む距離（きょり）の比は，20：30＝2：3なので，上りと下りの速さの比は2：3である。したがって，A町からB町まで上る時間と，B町からA町まで下る時間の比は，$\frac{1}{2}:\frac{1}{3}=3:2$となり，その合計が48分だから，A町からB町まで上る時間は，$48\times\frac{3}{3+2}=28.8$(分)，B町からA町まで下る時間は，$48-28.8=19.2$(分)とわかる。これより，上りの速さは毎分，$5760\div28.8=200$(m)，下りの速さは毎分，$5760\div19.2=300$(m)とわかる。(上りの速さ)＝(静水での速さ)－(川の流れの速さ)，(下りの速さ)＝(静水での速さ)＋(川の流れの速さ)より，右の図5のようになるので，川の流れの速さは

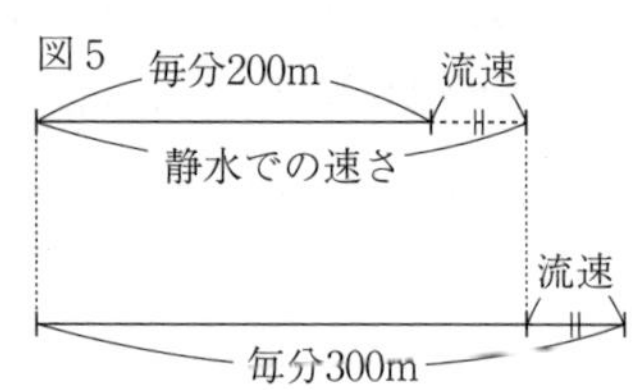

毎分，(300－200)÷２＝50(ｍ)(…①)と求められる。次に，途中でエンジンが止まった日は，止まらなかった日に比べて，１時間４分－48分＝16分多くかかったので，右の図６のように，エンジンが止まって流され始めた地点をＰ，再び上り始めた地点をＱとすると，Ｐ→Ｑ→Ｐと移動するのに16分かかったことになる。このとき，流される速さと上る速さの比は，50：200＝１：４だから，ＰからＱまで流された時間とＱからＰまで上った時間の比は，$\frac{1}{1}:\frac{1}{4}$＝４：１とわかる。この比の，４＋１＝５にあたるのが16分だから，ＰからＱまで流された時間，つまり，エンジンが止まっていた時間は，$16\times\frac{4}{5}$＝12.8(分)と求められる。これは，60×0.8＝48(秒)より，12分48秒(…②，③)である。

図６

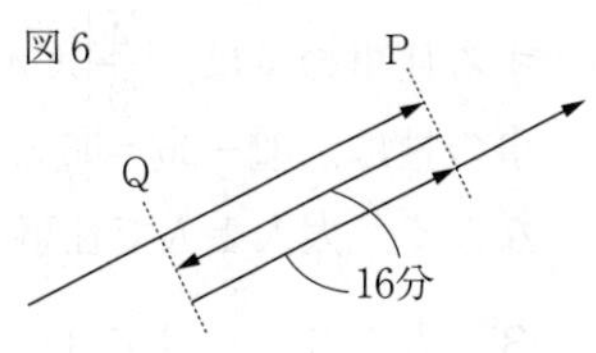

2　約束記号，整数の性質

(1)　９と45の差は，45－９＝36で，これを６で割ると，36÷６＝６より，余りは０だから，[９，45]＝０である。

(2)　219－９＝210，210÷６＝35より，[９，219]＝０なので，[[９，219]，477]＝[０，477]である。477－０＝477，477÷６＝79余り３だから，[０，477]＝３となる。

(3)　[A，64]＝０のとき，Aと64の差は６で割り切れる。ここで，64÷６＝10余り４より，64は，(６で割り切れる数)＋４と表せるから，Aも，(６で割り切れる数)＋４となり，Aを６で割ると４余ることがわかる。右の計算より，10個の整数のうち，６で割ると４余る整数は64と562だから，[A，64]＝０となる最も大きい整数Aは562である。

９÷６＝１余り３	45÷６＝７余り３
64÷６＝10余り４	105÷６＝17余り３
219÷６＝36余り３	325÷６＝54余り１
477÷６＝79余り３	562÷６＝93余り４
645÷６＝107余り３	723÷６＝120余り３

(4)　(3)と同様に考えると，[B，64]と723の差が６で割り切れ，723÷６＝120余り３より，723は，(６で割り切れる数)＋３と表せるから，[B，64]を６で割ると３余る。また，[B，64]は０，１，２，３，４，５のいずれかなので，[B，64]＝３となる。つまり，Bと64の差を６で割ると３余る。したがって，Bが64以上の場合，B－64＝(６で割り切れる数)＋３より，B＝(６で割り切れる数)＋67となり，67を６で割ると１余るから，B＝(６で割り切れる数)＋１と表せる。また，Bが64未満の場合，64－B＝(６で割り切れる数)＋３より，B＝61－(６で割り切れる数)となり，61を６で割ると１余るから，B＝(６で割り切れる数)＋１と表せる。したがって，どちらの場合もBを６で割ると１余ることがわかり，10個の整数のうち，６で割ると１余るのは325だから，[[B，64]，723]＝０となる整数Bは325である。

3　仕事算，つるかめ算

(1)　子どもだけで仕事をするとき，子ども１人が１時間にする仕事の量を$\boxed{1}$とすると，子ども16人だけで仕事をしたとき，２時間で終わるから，この仕事全体の量は，$\boxed{1}$×16×２＝$\boxed{32}$となる。よって，子ども１人で仕事をすると，32÷１＝32(時間)かかる。

(2)　子どもだけで仕事をするとき，大人がいるときに比べて子どもの仕事をする速さが25％減少するから，大人がいるときに子ども１人が１時間にする仕事の量の，１－0.25＝0.75(倍)が$\boxed{1}$にあたる。すると，大人がいるときに子ども１人が１時間にする仕事の量は，$\boxed{1}$÷0.75＝$\boxed{\frac{4}{3}}$と表せる。したがって，大人３人と子ども４人ですると，ちょうど３時間で終わるとき，子ども４人が３時間でする仕事の量は，$\boxed{\frac{4}{3}}\times 4\times 3=\boxed{16}$となり，仕事全体の量は$\boxed{32}$だから，大人３人が３時間でする仕事の量は，$\boxed{32}-\boxed{16}=\boxed{16}$とわかる。よって，大人１人が１時間にする仕事の量は，$\boxed{16}\div 3\div 3=\boxed{\frac{16}{9}}$なので，大人１人で仕事をすると，$32\div\frac{16}{9}=18$(時間)かかる。

(3)　大人３人だけで３時間すると，$\boxed{\frac{16}{9}}\times 3\times 3=\boxed{16}$の仕事ができるから，子どもだけで２時間した仕事の量は，$\boxed{32}-\boxed{16}=\boxed{16}$である。よって，子どもだけで１時間に，$\boxed{16}\div 2=\boxed{8}$の仕事をしたから，このときの子どもの人数は８人とわかる。

(4)　大人３人と子ども５人ですると，１時間に，$\boxed{\frac{16}{9}}\times 3+\boxed{\frac{4}{3}}\times 5=\boxed{\frac{16}{3}}+\boxed{\frac{20}{3}}=\boxed{12}$の仕事ができ，子ども４人だけですると，１時間に，$\boxed{1}\times 4=\boxed{4}$の仕事ができるから，１時間に$\boxed{12}$の割合で仕事をした時間と，１時間に$\boxed{4}$の割合で仕事をした時間が合わせて５時間あり，全部で$\boxed{32}$の仕事をしたことになる。もし，１時間に$\boxed{12}$の割合で５時間すると，できる仕事の量は，$\boxed{12}\times 5=\boxed{60}$になり，実際よりも，$\boxed{60}-\boxed{32}=\boxed{28}$多くなる。１時間に$\boxed{12}$の割合で仕事をするかわりに，１時間に$\boxed{4}$の割合で仕事をする時間を１時間増やすと，できる仕事の量は，$\boxed{12}-\boxed{4}=\boxed{8}$減るから，１時間に$\boxed{4}$の割合で仕事をした時間，つまり，子ども４人だけで仕事をした時間は，$28\div 8=3.5$(時間)と求められる。これは，$60\times 0.5=30$(分)より，３時間30分となる。

4　立体図形―水の深さと体積

(1)　側面から見るとどの面も同じように見えることから，真上から見た右の図①の点P，Q，R，Sは容器の底面の正方形の真ん中の点であると考えられる。よって，Aの底面積(正方形PQRSの面積)は，１辺６cmの正方形の面積の半分だから，$6\times 6\div 2=18$(cm²)と求められる。次に，右の図②で，Bの側面を表す長方形の中には，AやCと異なり，線が入っていないので，右の図③のように，Bの側面は容器の側面と平行になっていることがわかる。また，Bの底面の正方形の１辺の長さは，図②のアの長さと等しいので，$6\div 4\times 2=3$(cm)である。よって，Bの底面積は，$3\times 3=9$(cm²)となる。さらに，図②で，Cの側面を表す長方形のちょうど真ん中に線が入っているから，図③のように，Cの底面の頂点はいずれもBの底面の辺の真ん中にある。よって，Cの底面積はBの底面積の半分だから，$9\div 2=4.5$(cm²)と求められる。

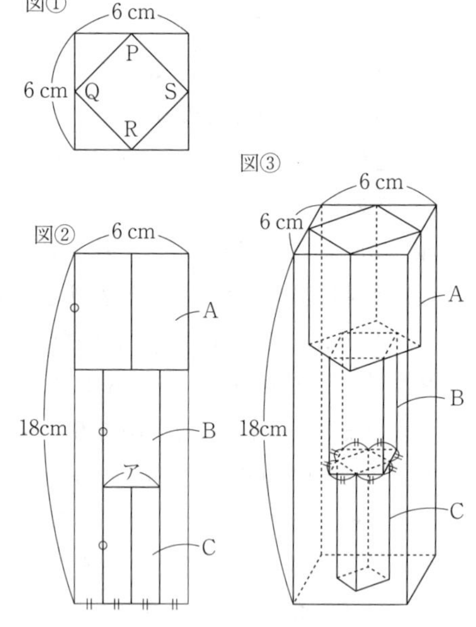

(2)　注ぐことのできる水の量は，容器の容積からA，B，Cの体積の和をひいて求められる。A，B，Cの高さはいずれも，$18\div 3=6$(cm)なので，Aの体積は，$18\times 6=108$(cm³)，Bの体積は，$9\times 6=54$(cm³)，Cの体積は，$4.5\times 6=27$(cm³)である。また，容器の容積は，$6\times 6\times 18=648$(cm³)だから，注ぐことのできる水の量は，$648-(108+54+27)=648-189=459$(cm³)と求められる。

(3)　Cの底から上面までの高さには，$6\times 6\times 6-27=216-27=189$(cm³)の水が入り，Bの底か

ら上面までの高さには，6×6×6－54＝216－54＝162(cm³)の水が入る。したがって，297cm³の水を入れると，Bの底から上面までの部分に，297－189＝108(cm³)の水が入る。また，Bの底から上面までで，水が入る部分の底面積は，6×6－9＝27(cm²)なので，水面は，Bの底から，108÷27＝4(cm)のところにくる。よって，水面の高さは，容器の底から，6＋4＝10(cm)となる。

社　会　(30分)＜満点：60点＞

解答

1 **問1** (1) エ　(2) 筑紫(平野)　**問2** ア，イ，ウ　**問3** B　2 **問1** (1) ワカメ　(2) 防潮　(3) 猪苗代　(4) ポートアイランド　(5) 紀伊　(6) ナフサ　(7) ラムサール　(8) たまねぎ　**問2** **B** 岩手県　**C** 福島県　**D** 兵庫県　**E** 和歌山県　**F** 千葉県　3 **問1** エ　**問2** ウ　**問3** ウ→イ→エ→ア　**問4** 応仁の乱　**問5** イ　**問6** 生類憐みの令　**問7** エ→ア→ウ→イ→オ　**問8** ウ　**問9** 関東大震災　**問10** エ　**問11** エ　**問12** 三内丸山(遺跡)　**問13** E　**問14** カ　**問15** 田沼意次　**問16** 自由民権　**問17** (1) 南海トラフ　(2) 減　(3) フィリピン海(プレート)　4 【1】 **問1** (ア) 義務　(イ) 追求　(ウ) 個人　**問2** ウ　**問3** 条例　**問4** エ　**問5** 基本的人権　**問6** 治安維持法　【2】 **問1** プラスチック　**問2** (1) ウ　(2) ウ　**問3** イ　**問4** 控訴　**問5** 文化　**問6** ア，飢餓

解説

1 日本の地形と産業についての問題

問1 (1)，(2) 北上川は東北地方一の長流で，岩手県北部を水源とし，北上盆地を南流して宮城県の追波湾(おっぱわん)(旧北上川は石巻湾)にそそぐ。追波湾も石巻湾も，太平洋に面している。また，筑後川(ちくごがわ)は，大分県の九重山(くじゅうさん)を水源とする玖珠川(くすがわ)と，熊本県の阿蘇(あそ)外輪山を水源とする大山川が大分県日田市で合流し，筑紫(つくし)平野を流れて有明海にそそぐ。九州地方一の長流で，古くから筑紫次郎ともよばれる。なお，淀川(よどがわ)は大阪湾，信濃川と最上川は日本海にそそぐ。大阪湾は紀伊水道をへて太平洋につながっているが，ここでは別の海としてあつかう。

問2 ア　日本列島は国土が細長く，山がちな地形であるため，世界の大河川と比べると長さが短く，流れが急な河川が多い。　イ　日本の平野の多くは，河川が運んだ土砂によって形成された沖積(ちゅうせき)平野か，もともと海底にあった平らな部分が，海底の隆起(りゅうき)や海水面の低下によって陸地となった海岸平野である。　ウ　日本の国土は，約5分の3にあたる61.0％が山地，11.8％が丘陵(きゅうりょう)地，11.0％が台地，13.8％が低地となっており，山地と丘陵地が国土のおよそ4分の3を占(し)めている。統計資料は『日本国勢図会』2021／22年版による(以下同じ)。　エ「高原」ではなく「山脈」が正しい。

問3 1980年代後半から1990年代前半にかけて，日本の漁業の中心である沖合漁業の漁獲(ぎょかく)量が激減し，これにともなって魚・貝類の自給率も低下した。なお，生産量・自給率が5つのうちで最も高

いＡは野菜で，近年の自給率は80％程度で推移している。最も低いＥは小麦で，自給率は10～15％程度の年が続いている。近年の自給率が40％程度のＣには果実，50％程度のＤには肉類があてはまる。

2　各地の自然や産業などについての問題

問１　(1)　海そうのワカメは，三陸海岸ののびる岩手県と宮城県が全国の養殖業収獲量の第１位，第２位を占めている。　(2)　津波や，台風による大波，高潮の被害を防ぐためにつくられた堤防を，防潮堤という。2011年の東日本大震災では，想定されていた以上の津波が沿岸に押し寄せて防潮堤を乗り越えたため，大きな被害を受けた地域もあった。　(3)　猪苗代湖は，琵琶湖(滋賀県)，霞ヶ浦(茨城県)，サロマ湖(北海道)についで全国で４番目に大きい湖である。　(4)　ポートアイランドは神戸港の沖合に建設された人工島で，1995年の阪神・淡路大震災では，液状化現象や港湾施設の倒壊など，大きな被害が発生した。　(5)　紀伊山地は紀伊半島の大半を占める高く険しい山地で，すぎやひのきの人工の美林があることで知られる。また，山地にある神社・仏閣やそれを結ぶ道は，「紀伊山地の霊場と参詣道」として，2004年にユネスコ(国連教育科学文化機関)の世界文化遺産に登録された。　(6)　ナフサは原油を精製して作られる半製品の一つで，ナフサから得られるエチレンは，ビニールやプラスチック，化学繊維などさまざまな化学製品の原料として利用される。　(7)　ラムサール条約は正式には「特に水鳥の生息地として国際的に重要な湿地に関する条約」といい，1971年にイランのラムサールで採択された。条約に参加する国は，渡り鳥などの水鳥の生息地として重要な湿地を登録し，その保全をはからなければならない。　(8)　淡路島はたまねぎの産地として知られ，収穫したたまねぎをたまねぎ小屋とよばれる建物の中で風に当て，自然乾燥させてから出荷している。

問２　**Ｂ**　宮古市は岩手県中東部に位置し，水産業がさかんなことで知られる。また，岩手県は北海道についで全国で２番目，本州では最も大きい。　**Ｃ**　猪苗代湖は，福島県のほぼ中央に位置している。その西側の会津地方では，古くから漆器の会津塗の生産が受けつがれており，会津塗は経済産業大臣によって国の伝統的工芸品に指定されている。また，福島県ではくだものの生産がさかんで，ももの生産量は山梨県についで全国第２位となっている。　**Ｄ**　ポートアイランドのある神戸市は兵庫県の県庁所在地で，「阪神」は大阪市と神戸市およびその周辺を指すよび名である。また，淡路島は兵庫県南部の瀬戸内海上に位置している。　**Ｅ**　和歌山県はくだものの生産がさかんで，みかんやうめの生産量が全国で最も多い。　**Ｆ**　千葉県の東京湾岸には，石油化学工業がさかんなことで知られる京葉工業地域が広がっているが，谷津干潟のように，多くの生き物が生息する湿地も残されている。また，銚子市にある銚子港は，水揚げ量が全国で最も多い。

3　自然災害を題材とした問題

問１　奈良時代の741年，聖武天皇は，社会不安のあいつぐ国を仏教の力で安らかに治めようと願い，地方の国ごとに国分寺・国分尼寺を建てるよう命じた。よって，エが誤っている。なお，アは607～608年，イは603年，ウは604年のできごと。

問２　『土佐日記』は，10世紀前半に活躍した貴族・歌人の紀貫之が著した紀行文で，紀貫之が土佐(高知県)の国司の任期を終えて京都に帰るまでの旅のようすが，かな文字でつづられている。菅原道真は９世紀後半に活躍した貴族で，遣唐使の廃止を提案したことなどで知られる。

問３　ア(永仁の徳政令)は1297年，イは1221年，ウは1185年，エは1232年のできごとなので，古い順にウ→イ→エ→アとなる。

問4　1467年，室町幕府の第８代将軍足利義政の跡つぎ争いに，有力守護大名の細川氏と山名氏の対立などが結びついて，応仁の乱が起こった。1477年まで続いた戦いで主戦場となった京都の大半は焼け野原となり，幕府の力がおとろえて戦国時代に入るきっかけとなった。

問5　豊臣秀吉は1592～93年の文禄の役と1597～98年の慶長の役という２度の朝鮮出兵を行ったが，秀吉の死によって兵は引き上げられた。文永の役は1274年に起こった１度目の元寇(元軍の襲来)，弘安の役は1281年に起こった２度目の元寇のことである。

問6　江戸幕府の第５代将軍徳川綱吉は，1685年以来，生類憐みの令とよばれる極端な動物愛護令を出した。次々と出されたこの法令は人々を苦しめたが，綱吉の死とともに廃止された。

問7　ア(日米和親条約)は1854年，イは1858～59年，ウ(日米修好通商条約)は1858年，エは1853年，オは1860年のできごとなので，古い順にエ→ア→ウ→イ→オとなる。

問8　香港は，1840～42年のアヘン戦争で清(中国)に勝利したイギリスが清からゆずり受け，1997年まで領土とした。日清戦争の講和条約である下関条約で日本は，清から台湾や遼東半島，澎湖諸島をゆずり受けたが，遼東半島は三国干渉によって返還した。

問9　1923年９月１日，相模湾を震源とするマグニチュード7.9の大地震が起こった。大地震によって，関東地方南部では多くの建物が倒壊しただけでなく，ちょうど昼食どきで火を使っている家庭が多かったことと，当時は木造家屋が多かったことから，各地で火災が発生して被害が拡大した。

問10　太平洋戦争中には，国内の労働力不足を補うため，学生・生徒を軍需工場などで働かせる勤労動員が行われた。このように，教育より戦争が優先された時代だったので，エが誤っている。

問11　福島県は，東北地方南部の太平洋側に位置している。福島第一原子力発電所は福島県の太平洋岸に立地しているが，2011年３月の東日本大震災で大事故を起こしたことから，廃炉に向けて作業が進められている。

問12　三内丸山遺跡は青森市郊外で発掘された縄文時代の大規模集落跡で，大型掘立柱建物跡や大型住居跡，植物の栽培跡など多くの遺物が見つかっている。2021年には「北海道・北東北の縄文遺跡群」の一つとして，ユネスコの世界文化遺産に登録された。

問13　富士山は日本の最高峰(標高3776m)で，山梨県南部と静岡県北部にまたがっている。なお，Ａは浅間山，Ｂは御嶽山，Ｃは八ヶ岳，Ｄは雲取山。

問14　銚子は千葉県北東部，利根川の河口に位置する。古くから港町として，また，全国有数のしょう油の産地として発展してきた。

問15　田沼意次は1772年に老中になると，株仲間(商工業者の同業組合)を奨励し，商人の経済力を背景に幕府の財政再建をはかった。しかし，わいろ政治が横行したことや天明の大飢饉などが原因となり，1786年に失脚した。

問16　明治時代初め，板垣退助らは藩閥政治を批判し，国会を開いて国民を政治に参加させることなどを要求する民撰議院設立の建白書を政府に提出した。これをきっかけとして自由民権運動が各地でさかんになり，1881年，この運動の高まりをおさえきれなくなった政府は，約10年後の国会開設を国民に約束した。

問17　(1)　海底にのびるみぞのうち，海溝ほど深くなく，みぞの両側の斜面がゆるやかなものをトラフという。静岡県の沖合から宮崎県の沖合にかけての海域には，南海トラフとよばれるみぞが東西に走っており，ここを震源とする大地震が過去に何度も起きていることから，同様の地震(南海トラフ地震)が再び起こると想定されている。　(2)　自然災害は，発生を止めるのもこれを予測するのも難しい。そこで，特に東日本大震災以降，自然災害と，それによる被害は発生するという前提に立ち，被害をできるだけ減らそうという考え方が広がるようになった。この考え方を「減災」といい，これにもとづいた現実的な対策が検討されるようになっている。　(3)　日本列島周辺では，海のプレートであるアのフィリピン海プレートと太平洋プレート(アの右)，大陸のプレートである北アメリカプレート(アの右上)とユーラシアプレート(アの左上)の４つが接しており，海のプレートが大陸プレートの下に沈みこむ形で運動を続けている。南海トラフは，フィリピン海プレートとユーラシアプレートの境にあたる。

4　日本国憲法や政治のしくみ，現代の社会についての問題

【1】　問1　ア　日本国憲法は第３章で国民の権利を保障するとともに，国民の義務についても規定している。ここでは，勤労，納税と子どもに普通教育を受けさせることが国民の義務とされている。　**イ，ウ**　日本国憲法第13条には，「すべて国民は，個人として尊重される。生命，自由及び幸福追求に対する国民の権利については，公共の福祉に反しない限り，立法その他の国政の上で，最大の尊重を必要とする」とあり，個人の尊厳や幸福を追求する権利が記されている。

問2　日本国憲法は前文で「日本国民は，正当に選挙された国会における代表者を通じて行動し」とし，代表者である国会議員を国民が選挙で選ぶことを定めている。また，「ここに主権が国民に存することを宣言し」と記し，国民主権の原則を明示している。

問3　都道府県や市区町村という地方公共団体(地方自治体)の議会は，憲法と法律の範囲内で，その地域だけに適用されるきまりとして条例を制定できる。

問4　ア　選挙権の年齢は日本国憲法ではなく，公職選挙法という法律で規定されている。　イ　憲法改正を国民に提案することを発議といい，衆参各議院の総議員の３分の２以上の賛成によって，国会がこれを行う。　ウ　弾劾裁判所は，裁判官として不適切な言動があったと訴えられた裁判官を裁くため，国会内に設置される。弾劾裁判では，国会議員が裁判官を務める。　エ　日本国憲法第89条の規定を正しく説明している。なお，このように国の政治と宗教を切り離す考え方を，政教分離という。

問5　だれもが生まれながらに持っている，人が人らしく生きる権利のことを，基本的人権という。自由権・平等権に加え，20世紀には，社会の中で人らしく生きる権利として社会権が主張され，認められるようになった。

問6　1925年，普通選挙法とともに制定された治安維持法は，普通選挙法の実施などにともなって活発になると予想された社会主義運動を取り締まるための法律で，のちには自由主義者や平和主義者にも適用されるようになったが，戦後の1945年に廃止された。

【2】　問1　海に流れ出たプラスチックが波や紫外線などの影響で砕け，ごく小さな粒子になったものをマイクロプラスチックという。海の生態系に重大な影響をおよぼすとして，国際問題になっている。

問2　(1)　プラスチックの使用量やプラスチックごみを減らすことなどを目的として，2020年７月から，プラスチック製のレジ袋が原則として有料化された。　(2)　政府が法律の施行の停止を命じることはできない。すでにある法律の施行を停止するには，そのための新たな法律を国会で制定することが必要となる。なお，エのような裁判所の権限を違憲立法審査権という。

問３　四日市ぜんそくのように，石油化学コンビナートから排出された有害物質が公害の原因と認定された例はあるが，これを理由としてコンビナートが閉鎖されたことはない。なお，アについて，明治時代に発生した足尾銅山鉱毒事件は，鉱毒が渡良瀬川に流されたことが原因となった。ウは，四大公害病の一つであるイタイイタイ病について述べた文。

問４　日本では裁判をできるだけ公正で誤りのないようにするため，裁判を３回まで受けられる三審制のしくみが導入されている。第１審の判決に不服の場合，より上級の裁判所に訴えることを控訴，第２審の判決に不服の場合，さらに上級の裁判所に訴えることを上告という。

問５　日本国憲法第25条は，「健康で文化的な最低限度の生活を営む権利」として，国民に生存権を保障している。

問６　アには「飢餓」，イには「健康」，ウには「経済成長」，エには「気候変動」，オには「豊かさ」があてはまる。気候変動については花子が，海の豊かさと健康，経済成長については典子が話題にしているが，飢餓についての話題は出ていない。

理　科　(30分)＜満点：60点＞

解　答

1　**問１**　エ，キ　**問２**　(1)　ウ　(2)　エ　(3)　イ，オ，ケ　**問３**　(1)　エ　(2)　ウ
2　**問１**　オ　**問２**　ウ，エ，カ　**問３**　(1)　水素　(2)　ア，エ，オ　**問４**　(1)　イ，ウ　(2)　ウ　**問５**　オ　**問６**　ア　**問７**　ウ　3　**問１**　イ　**問２**　オ　**問３**　ウ　**問４**　(1)　(高さと時間，直径と時間の順)　Ⓐ　ア，ク　Ⓑ　イ，キ　(2)　Ⓐ　ア　Ⓑ　イ　4　**問１**　オ　**問２**　(1)　エ　(2)　ウ　(3)　ア　**問３**　ア，オ

解　説

1　実験を行う際の注意，斜面上の物体の運動，光の反射についての問題

問１　実験を行うときは，必ず安全めがね(保護めがね)をつける。また，髪が図のように長い場合は髪をたばねるだけでなく，服のボタンをしめたり，袖が長すぎるときはまくったりするなどして，実験器具などに不意にふれないように気をつける。火を使う実験では，引火するおそれがあるので，火の近くにはノートなどの紙類やガスボンベをおかないようにする。メスシリンダーはガラス製のものが多く，たおれると壊れてしまうので，使わないときは寝かせておく。温度計は必ずしもまっすぐにたてる必要はないが，温度計と目線が交わる角度が直角になるようにして読みとる。なお，異常があったときにすぐに逃げられるように，実験は立って行うようにする。

問２　(1)　表１より，木片が動いた距離をたて軸，高さを横軸にしてグラフをかくと，ウのようになる。なお，ガラス球の結果に注目して，高さを５cm高くするごとの木片が動いた距離はそれぞれ，2.8－０＝2.8(cm)，5.4－2.8＝2.6(cm)，8.1－5.4＝2.7(cm)，11－8.1＝2.9(cm)とほぼ等しくなっていることから，ウを選ぶこともできる。　(2)　表２より，Ｂ点での速さをたて軸，高さを横軸にしたグラフをかくと，エのようになるとわかる。なお，どちらの球も高さが高くなるにつれて，

少しの誤差はあるものの，速さの増え方が小さくなっていることから，エを選ぶこともできる。
⑶　実験２から，坂の下での速さは球の重さによらず，球をはなす高さが高いほど速くなることがわかる。また，実験１から，木片が動く距離は，球の重さが重いほど，また，球の速さが速い(球をはなす高さが高い)ほど大きくなることがわかる。

問３　⑴　太陽電池に光が直角にあたるようにすると，回路に流れる電流の大きさが大きくなり，検流計の針が大きくふれる。鏡をエのようにした場合，反射したペンライトの光が直角に太陽電池にあたる。　⑵　光が鏡にあたる点に鏡の面と垂直な線をたてると，その線と入射する光がつくる角と反射する光がつくる角は同じ大きさになる。そのため，図４－２で鏡の手前にあたった光はかべの上の方に届き，鏡の奥(おく)にあたった光は壁の下の方に届く。また，左右は変わらないので，かべにうつる光の形はウのようになる。

2　水溶液(すいようえき)の性質についての問題

問１　少量の水溶液を蒸発皿にとって加熱したとき，炭酸水はとけている二酸化炭素が空気中に逃げるので何も残らず，食塩水は食塩の白い結晶(けっしょう)が残る。一方，炭素をふくんでいる砂糖がとけている砂糖水は黒くこげた固体が残る。なお，食塩水と砂糖水はともに中性の水溶液なので，リトマス紙やBTB溶液，ムラサキキャベツの液で区別することができない。また，どの水溶液も無臭(むしゅう)なので，においで調べることはできない。

問２　ア　うすい塩酸は刺激(しげき)臭があるため，うすい塩酸でもにおいを感じることがある。しかし，うすい水酸化ナトリウム水溶液と食塩水はにおいがしないので，これらを判別できない。　イ　加熱したときに，うすい塩酸はとけている塩化水素が空気中に逃げていき固体が残らない。一方，うすい水酸化ナトリウム水溶液と食塩水は白い固体が残るので，これらを見分けることはできない。　ウ，エ，カ　うすい塩酸は酸性，うすい水酸化ナトリウム水溶液はアルカリ性，食塩水は中性の水溶液で，これらの水溶液をBTB溶液で調べると，それぞれ黄色，青色，緑色となり，ムラサキキャベツの液で調べると，それぞれ濃(こ)い赤色～うすい赤色，青緑色～黄色，紫(むらさき)色になる。また，青色リトマス紙と赤色リトマス紙で調べると，うすい塩酸は青色リトマス紙の色を赤色に変えるが赤色リトマス紙の色は変えず，うすい水酸化ナトリウム水溶液は赤色リトマス紙の色を青色に変えるが青色リトマス紙の色は変えず，食塩水はどちらのリトマス紙の色も変えない。　オ　それぞれの水溶液にスチールウールを加えると，うすい塩酸では泡(あわ)を出しながらスチールウールがとける。しかし，うすい水酸化ナトリウム水溶液と食塩水では変化がおこらず，これらを判別することができない。

問３　⑴　スチールウールをうすい塩酸に入れると水素が発生する。これより，Ｉがうすい塩酸だとわかる。　⑵　実験１で，固体が残ったＨは，固体がとけているうすい水酸化ナトリウム水溶液である。すると，ＧとＪは，うすいアンモニア水か水のどちらかになる。　ア　アンモニア水は刺激臭があり，水はにおいがないので，適する。　イ　どちらの水溶液の色も無色透明(とうめい)なので判別できない。　ウ　どちらの水溶液も銅板と反応しない。　エ，オ　リトマス紙を用いた場合，アンモニア水はアルカリ性のため，赤色リトマス紙の色を青色に変えるが，水は中性のため，どちらのリトマス紙の色も変えない。また，BTB溶液を加えた場合，アンモニア水は青色になるが，水は緑色のままである。したがって，どちらの場合も判別ができる。

問４　⑴　５つの水溶液の中でうすいアンモニア水，うすい水酸化ナトリウム水溶液，うすい石灰水の３つがアルカリ性のため，K，M，Oにはこれらの水溶液があてはまる。このなかで，うすいアンモニア水は弱いアルカリ性の水溶液のため，BTB溶液を加えたときの色はうすい青色となり，Oにあてはまる。うすい水酸化ナトリウム水溶液とうすい石灰水は強いアルカリ性の水溶液で，KまたはMがあてはまる。なお，うすい塩酸は酸性なので黄色，水は中性なので緑色となり，それぞれ特定できる。　(2)　二酸化炭素を通したとき，うすい石灰水は白くにごるが，うすい水酸化ナトリウム水溶液は見た目の変化がない。よって，水溶液を特定することができる。なお，アルミニウムは強いアルカリ性の水溶液と反応して，水素を発生させるので，アルミニウム板を加えてもKとMのどちらも気体が発生し，見分けられない可能性がある。

問５　水酸化ナトリウム水溶液をガラスでできたびんに入れてガラスのふたをすると，びんとふたの間に，空気中の二酸化炭素が水酸化ナトリウム水溶液と反応してできる炭酸ナトリウムという物質がつき，ふたがあけられなくなるため，無色のガラスびんにゴムでできたふたをして保管する。なお，水酸化ナトリウム水溶液はアルミニウムと反応するため，アルミニウムのふたを用いてはいけない。

問６　トイレ用洗剤には，酸性，中性，アルカリ性などの種類がある。注意書きに，金属製品や大理石に使ってはいけないとあるものは，ふつう塩酸がふくまれていて，金属製品や大理石をとかすおそれがある。

問７　「まぜるな危険」とかかれているトイレ用洗剤は酸性で，漂白剤には次亜塩素酸ナトリウムという物質がふくまれておりアルカリ性である。この２つの洗剤をまぜると有毒な塩素が発生し，人体に悪影響があるため，絶対にまぜてはいけない。

3　ヒトの誕生，動物と植物の成長についての問題

問１　ヒトの場合，受精卵の大きさは約0.1mmである。たい児は母親の子宮の中で育ち，子宮のかべについたたいばんと，そこからのびるへそのおで母親とつながっている。また，一般に，受精から誕生までの期間は約38週間で，赤ちゃんが誕生するときの身長は約50cm，体重は約3000ｇになる。

問２　サケは，流れが速く，比較的浅い，砂利の多い川の上流で産卵する。メスが産卵するとその場でオスが精子をかけて受精卵となる。水温にもよるが，受精卵は30日～60日程度でふ化し，その後，生まれたばかりのサケは約２か月間おなかのふくろにある栄養だけで育つ。ある程度成長すると海へ下り，アラスカ湾やベーリング海などで３～５年すごし，生まれた川にかえってきて産卵する。

問３　体長が２倍になると，体積は，$2 \times 2 \times 2 = 8$（倍）になり，体長が３倍になると，体積は，$3 \times 3 \times 3 = 27$（倍）になる。この動物の体重は体積に比例すると述べられているので，体重と時間の関係を表すグラフは，時間がたつにつれて，体重の増え方が大きくなるウのようになると考えられる。

問４　(1)　アサガオは発芽してから茎を何かにまきつけながら成長するが，茎の太さはあまり太くならないと述べられているので，茎の高さと時間の関係はア，茎の直径と時間の関係はクのようになる。ハルジオンは発芽した後に冬を迎えるため，しばらくは茎の高さがほとんど増えないロゼットのすがたで冬を越し，春になると茎を急速に成長させて花をさかせるので，茎の高さと時間の関係はイが適切である。また，茎の直径も，冬の間はあまり増えず，茎が成長するときに増えると考えられるので，茎の直径と時間の関係はキが適切である。　⑵　アサガオと同じような成長のしかたをするのは，ツルをのばして成長するキュウリである。また，ハルジオンと同じような成長のしかたをするものとしてダイコンが選べる。なお，ナス科のトウガラシ，トマト，ナスは，ヒマワリ，アサガオ，ハルジオンのうち，ヒマワリに近い成長のしかたをするといえる。

4　皆既(かいき)月食についての問題

問１　南西に見える天体は，時間が進むにつれて西の地平線に向かって右下がりに移動する。

問２　⑴　月食は，月が地球のかげに入りこむことで，月が欠けて見える現象で，太陽―地球―月の順に一直線上に並ぶことで観測できる。また，皆既月食で月が完全に欠けたとき，地球の大気を通った光のうち，赤い光が月を照らすために，月が赤く光って見える。2021年５月26日の満月は，１年のうちで地球に最も近い地点にあったため，非常に大きく見える月であった。　⑵　皆既月食のおわりが20時28分で，月食のおわりが21時52分なので，Ａの月が見える21時10分は，そのほぼ中間の時間である。よって，Ａの月は，半分ほどがふちがカーブしている地球のかげに入っているのでウが適切である。　⑶　満月の７日後の月は下弦(かげん)の月である。下弦の月は，真夜中ごろに地平線からのぼり，明け方ごろに南中する。したがって，20時ごろにはまだ地平線の下にあり，見ることができない。

問３　ア　月の出の時刻は観測する場所によって異なるが，月が見えているところでは同時に見ることができ，日本国内では，月食の始まりと終わりの時刻は同じになる。ただし，月の出の前に月食が始まると，月食の始めを見ることができず，月は欠けた状態でのぼる。　イ，ウ　月が見える場所であれば，月食は世界中で同時にはじまり同時に終わる。　エ　月食が起きている間に月がしずんでいる地域では，月食を見ることはできない。　オ　皆既月食は，太陽―地球―月の順に一直線上に並ぶことで観測できる現象で，このときに見える月は満月である。

国　語　(45分) ＜満点：90点＞

解　答

一　**問１**　下記を参照のこと。　**問２**　ア　**問３**　**２**　オ　**３**　ウ　**問４**　**a**　口　**b**　ついて　**問５**　⑴　無理に意味を求めようとする　⑵　エ，キ　**問６**　(例)　絶対的な音楽は，意味をともなわないが，文化としての音楽は，社会での生かし方や人の生き方といった目的がかかわってくる。そこには，音楽そのものを損なう危険，難しさがあるから，音楽は，常に多様で開かれているべきなのである。　二　**問１**　①～③　下記を参照のこと。　④　かいこうぶ　**問２**　エ　**問３**　イ　**問４**　せっかく　**問５**　エ　**問６**　ア　**問７**　(例)　せっかくきてくれたみんなに，雪乃自身が「送っていく」と言わなければならないのに，みんなを見たとたん逃げ出したことが気まずく，初対面の相手への気おくれもあって，言葉が出てこなくて困っていたところ，それを察して大輝が代わりに言ってくれたから。

●漢字の書き取り

一　問１　①　要因　②　備　③　証明　二　問１　①　仕草　②　幼　③　意外

解説

一 **出典は『「自由」の危機―息苦しさの正体』所収の「音楽と自由(山田和樹著)」による。**文化としての音楽，すなわち音楽活動を，絶対的な音楽の本質である「自由」の観点から考察している。

問1 ① ものごとがそうなった主な原因。 ② 音読みは「ビ」で，「準備」などの熟語がある。 ③ 証拠をあげて，ものごとや判断の真偽を明らかにすること。

問2 続く部分で，「人間の耳には聞こえない」超高周波音のようなものであっても，体は「共振」し，感じ取っていると述べられている。このことが，人間と音との「潜在的」なつながりにあたるので，アがふさわしい。イ～エは，「共振」による「潜在的」なつながりをとらえていない。なお，「潜在的」とは，内に隠れた状態で存在するようす。

問3 **2** 「世界中の音のほとんどの音は聞こえていない」が，「確かにそこには音が存在している」というつながりである。よって，前のことがらを受けて，それに反する内容を述べるときに用いる「けれども」が入る。 **3** 音が聞こえていなくても体は「共振」しているので，いずれにせよ人と音楽にはつながりがあるという文脈である。よって，前の内容を原因・理由として，後にその結果をつなげるときに用いる「だから」が合う。

問4 **a**，**b** 「なぜ歌うのか」を突き詰めても理由などなく，人はつい「歌ってしまう」というのだから，「口をついて出てしまう」とするのがよい。なお，「口をついて出る」は“意図せず次々と言葉が出てくる”という意味。

問5 ⑴ 音楽は，自由の上に成り立った，意味のないものだからこそ美しいと述べられている。本文の最後のほうで，プロパガンダに音楽を利用したヒトラーの例があげられているが，「無理に意味を求めようとする」と，音楽は「自由」でなくなってしまうのである。 ⑵ 筆者は，「理由も意味もない」ものに触れることで人生が豊かになると考えている。つまり，人々が常に意味のあるものを求めるようになった「情報化」の進む現代社会においては，例えば「古典」や「数学」などを学ぶことに「意味」はないと軽視するのではなく，改めてそれらの「美しさ」に目を向けることこそ大事ではないかというのである。

問6 第一段落で「絶対的な音楽そのものは，人の手が触れようが触れまいが自由なまま」だと述べられている。その典型として，世界中にあふれている音はほとんど「人間の耳には聞こえない」のに，人はそれに「共振」して癒やされ，意味もなく歌ってしまうことをあげている。一方，「文化としての音楽」は，それ自体を「どう社会に生かしていくか」，「人が生きるとは何か」という問いと関わる。つまり，自由で意味のない美しさが音楽の本質といえるが，文化としての音楽には意味がともなうため，扱いが「難しい」と筆者は述べているのである。だから，音楽は「常に多目的」で「目的が開かれ」たものでなければならないのである。

二 **出典は村山由佳の『雪のなまえ』による。**東京でいじめにあったことが原因で，長野に来てからも学校に行けないままの雪乃を心配し，大輝が友だちを連れて遊びに来てくれた場面である。

問1 ① 何かをするときのちょっとした動作や身のこなし。「仕種」とも書く。 ② 「幼なじみ」は，子どものころに親しくしていた人。 ③ 思っていたこととちがうようす。 ④ 建築物で，採光，換気，通風，通行，眺望などのために，屋外や室外に向かって開かれた部分。

問2 家に来た大輝たちと会うのがいやで，雪乃は彼らから離れようと引き返している。よって，「きびすを返した」とするのがよい。

問3　東京でのいじめが元で，長野に来てからもずっと学校に行くことのできない雪乃を心配した大輝は，友だちを連れて家に来ている。なんとかして学校へ引っ張り出そうとする大輝の気遣い(きづか)を「ありがたい」と思わなければならないと頭では理解しているものの，雪乃は気持ちがついていかず，「頼(たの)むからほうっておいてほしい」と思っているので，イが合う。

問4　大輝は，クラスのみんなが雪乃のことをわかるまで，「俺(おれ)らがちゃんとついてる」と話している。せっかく学校に来るようになっても，クラスのみんなから根掘(ほ)り葉掘り訊(き)かれることはうっとうしいだろうが，休み時間のときなど，自分たちが雪乃の周りを固めていたならば，だいぶ居心地の悪さはやわらぐはずだと，大輝は考えたのである。

問5　学校へ行けない自分の力になろうとする大輝の気遣いを，雪乃は「ありがたいと思わなくちゃいけない」と理解しながら，気持ちがついていけず逃(に)げ出している。そのことについて謝(あやま)られ，「気まずさ」で何も言えなかった雪乃は，大輝が納屋(なや)を出ていった後，「どうすればいいかわからない」状態になっている。大輝の気遣いに応えられなかったのに謝られ，「悪いのはこちらであるかのような」気持ちにさせられた「腹立たしさ」，学校へ行くことが自分にとって「無茶」な要求だと分かってもらえない「寂(さび)しさ」，彼にはそういう臆病(おくびょう)な「心の中が見えた」のかもしれないという「戸惑(とまど)い」，せっかく来てくれたみんなの前から逃げ出してしまったことへの「後悔(こうかい)」などで雪乃は混乱していたのだから，エがあてはまらない。

問6　仲良くなった雪乃を心から気遣い，自らの意思で友だちまで連れてわざわざ家まで来てくれた大輝たちに曾祖父の茂三は感激している。そんな友だちを追い返してしまった雪乃に対し，茂三はいつものように「雪坊」ではなく，改まって名前で呼び，彼らの思いにきちんと報(むく)いるよう求めたのである。つまり，心から雪乃のことを考えてくれた友だちに対し，雪乃もまた「礼を尽くす」べきだというのだから，アが合う。

問7　仲のいい大輝が「じゃあな，雪っぺ」と言ったときでさえ，「何て返せばいいのだろう」とためらっていた雪乃は，「おじゃましましたー」と言う詩織に対しても，初対面であることや，逃げ出した気まずさから「送って」いくと言えずにいた。そんな中，自分の気持ちを「勝手」に察した大輝が「そこまで一緒に行くってさ」と助け船を出してくれたため，雪乃は「ほっとした」のである。これを整理して，「ほんとうなら，雪乃自身が『送っていく』と言わなければならない場面である。それなのに，みんなの前から逃げてしまったことが気まずく，初対面の相手で気おくれもあり，言えなくて困っていたのを大輝が察して，代わりに言ってくれたから」のようにまとめる。

2021年度　立教女学院中学校

〔電　話〕 (03) 3334－5103
〔所在地〕 〒168-8616　東京都杉並区久我山4－29－60
〔交　通〕 京王井の頭線－「三鷹台駅」より徒歩2分
JR中央線－「西荻窪駅」よりバス

【算　数】 (45分) 〈満点：90点〉

1 次の□や①～③にあてはまる数を書きなさい。

(1) $\frac{1}{2}+\left(2\frac{3}{5}\times\frac{2}{13}+0.375\times\frac{1}{15}\right)\div(0.125+0.25\div10)=\square$

(2) $\frac{1}{6}+4\times\square\div3\frac{1}{5}+\frac{1}{9}\times\left(1.8+1\frac{1}{5}\right)=1$

(3) $0.02+1.01+10.1+11+99+99.9+99.97=\square$

(4) 何人かの子どもたちにアメを配ります。1人に6個ずつ配ると10個余り，1人に8個ずつ配ると24個足りません。このとき，子どもたちの人数は①人で，アメの個数は全部で②個です。

(5) 花子さんは4人姉妹の四女で，4人の年れいの和は46才です。お父さんの年れいが52才であるとき，4人姉妹の年れいの和とお父さんの年れいが同じになるのは今から①年後です。また，長女と次女，三女と四女が2才差，次女と三女が3才差のとき，花子さんの現在の年れいは②才です。

(6) 3つの偶数(ぐうすう)A，B，Cと1つの奇数(きすう)Dがあります。A，B，C，Dから異(こと)なる2つを選んでたしたところ，62，67，80，81，94，99になりました。このとき，$A+B+C=$①，$D=$②です。

(7) 川の上流にあるA地点と下流にあるB地点は180km離(はな)れています。ある船PはA地点からB地点まで下るのに6時間かかり，B地点からA地点へ上るのに10時間かかりました。このとき，船Pの川の流れのないところでの速さは時速①kmで，川の流れの速さは時速②kmです。また，ある船QがB地点からA地点へ上るのに15時間かかるとき，A地点からB地点へ下るのにかかる時間は③時間です。

(8) あるお店では，缶(かん)ジュースの空き缶8本と新しい缶ジュース1本を交換(こうかん)してくれます。このとき，缶ジュースを150本買うと最大で①本の缶ジュースを飲むことができます。また，150本の缶ジュースを飲むためには最低②本のジュースを買う必要があります。

(9) 算数の宿題が何題か出されました。1日目に全体の$\frac{3}{8}$，2日目に全体の$\frac{1}{5}$，3日目に残りの$\frac{1}{2}$を解いたところ，残っている問題は30題以下になりました。このとき，残っている問題は全部で①題で，宿題として出された問題は全部で②題です。

2　右の図のような長方形ABCDがあります。AE＝2cm，EB＝1cm，BF＝3cm，FC＝2cmであるとき，次の問いに答えなさい。

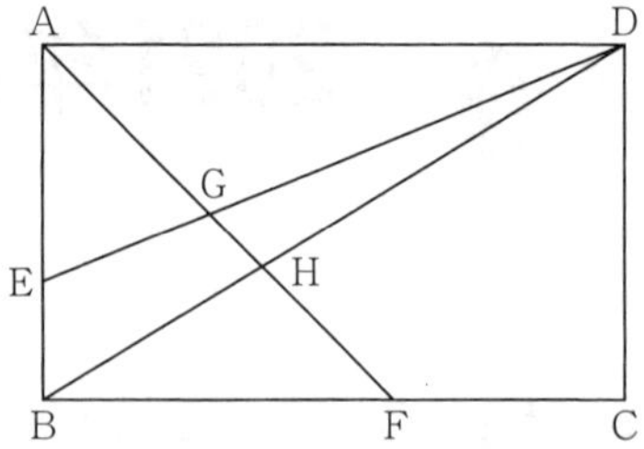

(1)　AH：HFを最も簡単な整数の比で表しなさい。

(2)　三角形BHFの面積は何cm^2ですか。

(3)　AG：GFを最も簡単な整数の比で表しなさい。

(4)　AG：GH：HFを最も簡単な整数の比で表しなさい。

3　2つの整数A，Bに対して，AをBで割ったときのあまりがCであるとき，【A，B】＝Cと表すことにします。たとえば，【122，5】＝2，【48，16】＝0，【15，【122，5】】＝1です。このとき，次の問いに答えなさい。

(1)　【2021，【1000，47】】はいくつですか。

(2)　【P，5】＝3を満たす3桁（けた）の整数Pで最小のものを求めなさい。

(3)　【Q，3】＝2，【Q，5】＝4をともに満たす整数Qのうち，2021に最も近いものを求めなさい。

(4)　【R，3】＝2，【R，5】＝4，【R，7】＝3を満たす整数Rのうち，最小のものを求めなさい。

4　図1のように，点Oを中心とする半径6cmの円と半径4cmの円の周上にそれぞれ点P，Qがあります。この状態から，2点P，Qは矢印の向きに同じ速さで同時に出発し，円周上を動きます。このとき，下の問いに答えなさい。ただし，円周率は3.14として計算しなさい。

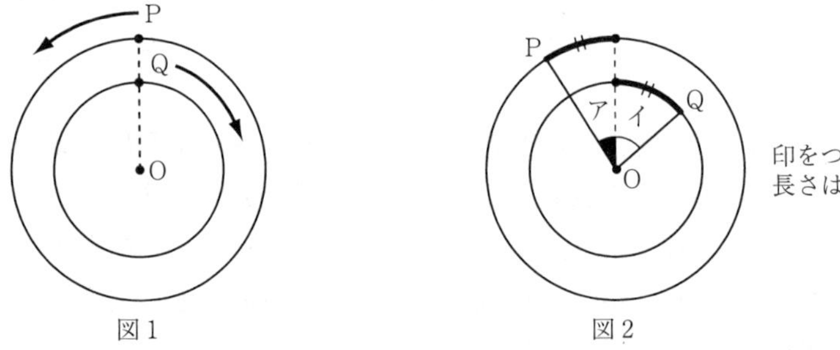

図1　　図2

(1)　三角形OPQの面積が最も大きくなるとき，その面積は何cm^2ですか。

(2)　図2において，角アの大きさと角イの大きさの比を最も簡単な整数の比で表しなさい。

(3)　3点O，P，Qがはじめて一直線上に並ぶのは，点Pが点Oを中心とする半径6cmの円周上を何cm進んだときですか。

(4)　図2のような角アを“点Pが進んだ角”とよぶことにします。図1の次に，3点O，P，Qが再び「O，Q，P」の順に一直線上に並ぶのは，“点Pが進んだ角”が何度になるときですか。

(5)　3点O，P，Qが「O，Q，P」の順に一直線上に並ぶ回数をNとします。つまり，(4)の状態をN＝1と数えます。最初の位置（図1）で，再び3点O，P，Qが「O，Q，P」の順に一直線上に並ぶのはNがいくつのときですか。

【社　会】（30分）〈満点：60点〉

1　花子さんは夏休みにお母さんと二人で東北地方へ旅行に出かけました。次のA～Dはその時の日記です。日記を読み，問いに答えなさい。

A　旅行初日。東京駅から新幹線に乗って，（　1　）駅に到着した。牛タンを食べて腹ごしらえをした後，（　1　）城の跡に行った。（　1　）藩を開いた（　X　）の像が，街を見下ろすように立っていてかっこよかった。（　X　）が家臣たちの屋しきに木々を植えるように奨めたおかげで，この街は「（　2　）」と呼ばれる自然豊かな都市になったんだ。商店街では①東北三大祭りの一つである七夕まつりが行われていたんだけど，このお祭りも（　X　）の時代からあるんだって。歴史のロマンを感じるなあ。

B　旅行2日目。今日は釜石市の鵜住居に行った。ここは，2011年の（　3　）によって大きな被害を受けた地域だ。お昼ご飯に海鮮丼を食べにいった。この付近の海は暖流の（　4　）海流と寒流の（　5　）海流がぶつかるところで，魚がたくさん集まるんだって。湾の内部では，カキなどの②養殖漁業も行われていた。

次に，私たちは「釜石祈りのパーク」を訪れた。ここはかつて防災センターで，避難した住民の方が③津波に巻き込まれるという悲惨なことが起こったそうだ。海は，海鮮丼のような美味しい恵みをくれる一方で，大きな災害ももたらすんだなと思って，少し複雑な気持ちになった。防災市民憲章碑には④釜石市防災市民憲章が書かれていた。自分の命を守るために，しっかり覚えておきたい。

C　旅行3日目。今日は田沢湖に行った。途中，新幹線で移動するときに⑤沢山のトンネルを通った。あまり景色が見えなくて残念だったけれど，その分，田沢湖では美しい景色を見ることができて，とても感動した。湖は，今までに見たことのないような深い瑠璃色だった。水深が400m以上もあるから，こんなに素敵な青色になるそうだ。水深が深い理由は，⑥噴火後にできたくぼみに水が溜まったからだと考えられているんだって。火山って，美しい景色を生み出してくれるんだね。

新幹線に乗って，終着駅で降りた。明日で最終日なんて寂しいなあ。

D　旅行最終日。今日は大潟村に行った。ここは，かつて日本で2番目の面積だった（　6　）という湖沼を干拓した所に作られた村だ。湖の上に村があるなんて，なんだか変な感じ。歩いていると，経緯度交会点標示塔というのを発見した。東経（　Y　）度と北緯（　Z　）度の線が交わるところで，とても珍しい場所なんだって。写真を撮ったから，社会科の先生に今度見せてあげよう。きっと喜ぶだろうなあ。

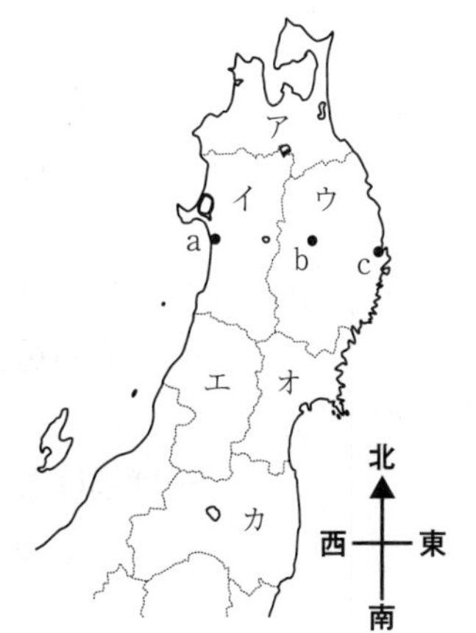

問1　空欄（1）～（6）にあてはまる語句を，漢字で答えなさい。
［ただし，（2）は全てひらがなで答えなさい。］

問2　A～Dはどこの県について書かれたものですか。地図中のア～カからそれぞれ1つ選び，記号で答えなさい。なお，同じ記号を何回使っても構いません。

問3　空欄（X）に該当する人物名を次の中から1つ選び，記号で答えなさい。

ア．徳川家康　　イ．伊達政宗
ウ．上杉謙信　　エ．武田信玄

問4　空欄（Y）（Z）の数字の組み合わせとして正しいものを次のア～カの中から1つ選び，記号で答えなさい。

ア．（Y）40　（Z）140　　イ．（Y）30　（Z）140
ウ．（Y）30　（Z）150　　エ．（Y）140　（Z）30
オ．（Y）140　（Z）40　　カ．（Y）150　（Z）30

問5　下線部①について，東北三大祭りの説明として正しいものを次の中から1つ選び，記号で答えなさい。

ア．青森ねぶた祭は，鳴子をもった踊子たちが，よさこい節に合わせて踊り歩く祭りである。
イ．青森ねぶた祭は，米の豊作を願い，田植えの時期に開催される祭りである。
ウ．秋田竿燈（かんとう）まつりは，人々がなまはげの面をかぶって練り歩き，夏の病魔や邪気を追い払う祭りである。
エ．秋田竿燈まつりは，吊（つ）るしたたくさんの提灯（ちょうちん）を稲穂に見立て額（ひたい）や腰や肩などに乗せ，豊作を願う祭りである。

問6　下線部②について，次の表のア～エは，真珠，こんぶ，ぶり，のり類の養殖における生産量上位3都道府県と，総生産量に占める割合を示したものです。ぶりにあてはまるものを次の中から1つ選び，記号で答えなさい。

表．養殖魚種別主要生産地

	都道府県（割合％）		
ア	鹿児島県（28.1）	大分県（17.0）	愛媛県（13.4）
イ	兵庫県（24.0）	佐賀県（24.0）	福岡県（13.3）
ウ	北海道（72.7）	岩手県（24.1）	宮城県（2.7）
エ	愛媛県（38.9）	長崎県（33.8）	三重県（20.9）

※種苗養殖（放流や養殖をするための稚魚等の生産）は除く
（平成30年度　海面漁業生産統計調査より作成）

問7　下線部③について，釜石市で津波が高くなった要因として，この地域にみられる独特な海岸の地形があります。この地域にみられる，のこぎりの歯のような，入り組んだ海岸地形を何というか答えなさい。

問8　下線部④について，下の文章は，「釜石市防災市民憲章」の一部です。これを読み，適切な防災行動を，後の中から2つ選び，記号で答えなさい。

備える
災害は　ときと場所を選ばない
避難訓練が　命を守る
逃げる
何度でも　ひとりでも　安全な場所に　いちはやく
その勇気は　ほかの命も救う
戻らない
一度逃げたら　戻らない　戻らせない
その決断が　命をつなぐ
語り継ぐ

> 子どもたちに　自然と共に在るすべての人に
> 災害から学んだ生き抜く知恵を　語り継ぐ
> （釜石市HPより）

ア．事前に，地震発生時の避難ルートを実際に歩いてみる。
イ．外出先で地震が発生したら，一度帰宅して家の様子を確認してから再度避難する。
ウ．地震発生後は，むやみにその場を動かず，親と連絡がとれるまで待機する。
エ．地震発生後は，親と連絡を取ったり待ち合わせをしたりせず，とにかく高台や安全な場所に逃げる。

問9　下線部⑤について，これらのトンネルはある地形を通過するために作られたものです。その地形を次の中から１つ選び，記号で答えなさい。

ア．出羽山地　　イ．奥羽山脈　　ウ．北上盆地　　エ．白神山地

問10　下線部⑥について，噴火によって火山体の上部が失われて形成される，鍋のような形のくぼ地を何というか，カタカナで答えなさい。

問11　下の雨温図(I)〜(III)はそれぞれ地図中の都市ａ〜ｃのいずれかのものです。雨温図と都市の正しい組み合わせを後のア〜カの中から１つ選び，記号で答えなさい。

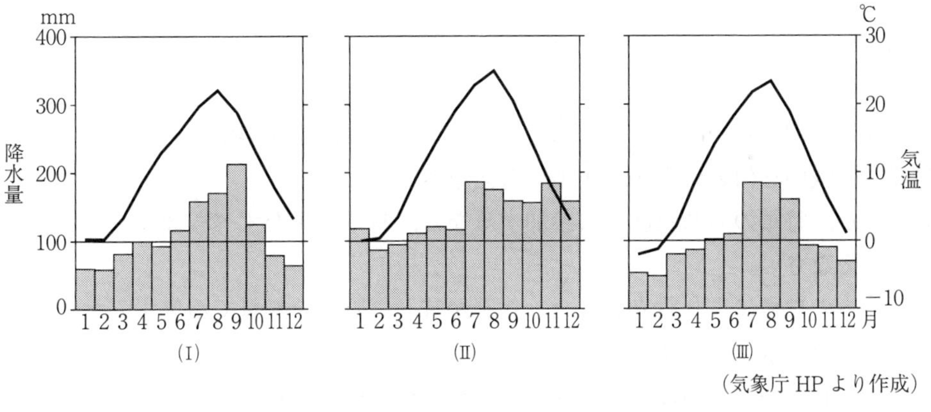

（気象庁HPより作成）

ア．(I)　a　(II)　b　(III)　c　　イ．(I)　a　(II)　c　(III)　b
ウ．(I)　b　(II)　a　(III)　c　　エ．(I)　b　(II)　c　(III)　a
オ．(I)　c　(II)　a　(III)　b　　カ．(I)　c　(II)　b　(III)　a

2

次のＡ〜Ｉの各文章を読み，問いに答えなさい。

Ａ　①戦後の急速な経済発展のもと，（　１　）が資本主義国の中でアメリカに次いで世界第２位となった日本では，②国民生活も大きく変化した。

Ｂ　将軍（　２　）は，明との国交を開き，積極的に貿易を行うとともに，文化や③芸術を保護した。

Ｃ　政府が④10年後の国会開設を約束したことにより，（　３　）はイギリスを手本とした憲法や議会の設立を主張し，立憲改進党を結成した。

Ｄ　⑤水稲耕作が普及するなか，土地や水をめぐって他の集落との戦いが始まると，集落の周りに大きなほりをめぐらせた（　４　）集落が発生した。

Ｅ　⑥朝廷が当時の執権を討つ命令を発したことで始まった戦いで，朝廷軍を打ち破った幕府は，

その支配を西国にも及ぼすこととなった。幕府は京都に西国⑦御家人の統率や京都の警備，朝廷の監視を行う機関として(　5　)を設置した。

F　町人たちの意見を直接政治に反映させるために⑧目安箱を設置した将軍(　6　)は，(　7　)などに命じてオランダ語や海外の知識を学ばせた。

G　イギリス船(　8　)が紀州半島沖で沈没し，日本人乗客が全員水死した事件で，⑨日本人乗客を助けなかったイギリス人船長に軽い罰が下されると，国内では条約改正を求める声が高まった。

H　国風文化が発達するなか，⑩貴族の屋しきの中には，日本の風景などを題材として描かれた(　9　)と呼ばれる絵画がかざられた。

I　日中戦争が長期化するなか，国家総動員法を制定した政府は，それに基づき⑪国民を強制的に軍事工場で働かせる命令を出した。

問1　上の各文章の(1)～(9)にあてはまる語句を，漢字で答えなさい。[ただし，(8)はカタカナで，(9)は3字で答えなさい。]

問2　下線部①のため，1960年に内閣が掲(かか)げたスローガンを漢字4字で答えなさい。

問3　下線部②で，この時期に急速に普及した「新三種の神器」と呼ばれるものにあてはまるものを，次の中から全て選び，記号で答えなさい。

ア．冷蔵庫　　イ．クーラー　　ウ．洗濯機　　エ．自動車　　オ．白黒テレビ

問4　下線部③で，父とともに能を大成させたのはだれか，漢字で答えなさい。

問5　下線部④とは西暦何年か，答えなさい。

問6　下線部⑤で，稲刈りの時に使用された石器とは何か，漢字3字で答えなさい。

問7　下線部⑥の戦いを何というか，4字で答えなさい。

問8　下線部⑦が，将軍の命じた戦いに参加するなど，将軍に果たすべき義務を何というか，漢字2字で答えなさい。

問9　下線部⑧への投書により設立された，幕府が貧しい町人を無料で治療するために作った施設とは何か，漢字6字で答えなさい。

問10　下線部⑨の判決が出たのは，イギリスに何を認めていたからか，漢字4字で答えなさい。

問11　下線部⑩で用いられた建築様式とは何か，漢字3字で答えなさい。

問12　下線部⑪の命令を何というか，漢字5字で答えなさい。

問13　A～Iを時代の古い順に並べかえ，5番目にくる記号を答えなさい。

3　オリンピックに関する次の文章を読み，問いに答えなさい。

①新型コロナウイルスの世界的な感染の拡大により，昨年，つまり2020年に予定されていた東京②オリンピック・パラリンピックが，今年の夏にほぼ1年間延期されました。オリンピック・パラリンピックの延期は，19世紀末に始まった近代オリンピックの歴史上，初めてのことです。

古代オリンピックの起源(きげん)は，紀元前8世紀頃(ころ)に古代ギリシャのオリンピア地方で行われたスポーツの競技大会までさかのぼりますが，この古代オリンピックは4世紀の末に幕を閉じるまで，約1200年にわたって続きました。

それからの長い中断の後，スポーツを通してより良い世界を築(きず)いていくことを目指してオリ

ンピックの再興を世界に向けて働きかけ，それを実現させたのが③フランスのクーベルタンでした。現在も用いられている，五大陸をかたどったオリンピックのシンボルを定めたのもクーベルタンであり，彼は「近代オリンピックの父」と呼ばれています。

第1回近代オリンピックは④1896年にギリシャのアテネで開催され，その後は4年ごとに開かれる世界的なスポーツの祭典になっています。1924年からは冬季オリンピックが始まり，1960年からは障がい者によるパラリンピックも開催されるようになりました。また1994年以降は2年ごとに⑤夏季オリンピックと冬季オリンピックが開かれることになっています。

日本は1912年のスウェーデンのストックホルムでの夏季オリンピックに初めての出場を果たしました。⑥第2次世界大戦を経て，（ ⑦ ）期の⑧1964年には最初の東京オリンピック・パラリンピックが開催され，今夏の「TOKYO 2020」は第2回目となります。また，冬季オリンピックは1972年に札幌で，1998年には長野で開催されました。実は1940年は幻の東京オリンピック・札幌オリンピックの年で，この年も東京で夏季オリンピックが，札幌で冬季オリンピックが開かれることが決まっていましたが，日中戦争の影響で残念ながら開催権を返上し，中止となってしまいました。

民族・文化・宗教などのあらゆるちがいを超えて，世界中から多くの国・地域の人々が集まり，スポーツを通じた⑨国際平和の創出を目的とするオリンピックは，平和の祭典と呼ばれることもあります。

問1　下線部①を防止するために大きな働きをした国際連合の機関を，次の中から1つ選び，記号で答えなさい。

ア．ユニセフ　　イ．PKO　　ウ．WHO

エ．ユネスコ　　オ．NGO

問2　下線部②を日本語では何と表現しますか，漢字で答えなさい。

問3　下線部③も加盟するヨーロッパ連合(EU)から，昨年1月末に初めて脱退した国はどこですか，カタカナで答えなさい。

問4　下線部④の時期の日本の憲法についての説明として正しいものを，次の中から全て選び，記号で答えなさい。

ア．国民主権の憲法であった。

イ．大正天皇の前の天皇のときに制定された。

ウ．非核三原則が定められていた。

エ．天皇は国事行為を行うことができた。

オ．基本的人権の尊重が定められていた。

問5　下線部⑤が開催される年の秋にはアメリカ大統領選挙が行われますが，昨秋の選挙で勝利し，先日就任した人物の (1) 名前と (2) 所属政党を，次の中からそれぞれ1つずつ選び，記号で答えなさい。

(1)　ア．オバマ　　イ．サンダース　　ウ．バイデン

　　エ．トランプ　　オ．ブッシュ

(2)　カ．民主党　　キ．保守党　　ク．労働党

　　ケ．自由民主党　　コ．共和党

問6　下線部⑥の後に制定された日本の憲法について，次の問いに答えなさい。

⑴ 国や都道府県・市区町村が行う仕事のために，国民や会社などが納めなければならないとされているお金を何といいますか，漢字で答えなさい。

⑵ 天皇は，「日本国」と「日本国民統合(とうごう)」の何と定められていますか，漢字で答えなさい。

⑶ 国会の仕事として正しいものを，次の中から全て選び，記号で答えなさい。

ア．外国と結んだ条約を承認(しょうにん)する。

イ．最高裁判所長官を指名する。

ウ．違憲立法審査権を使う。

エ．内閣総理大臣を任命する。

オ．法律を制定する。

⑷ 1954年に創設(そうせつ)された際には第9条との関連で問題となりましたが，国防に限らず災害救助や国際協力などでも活躍する組織は何ですか，漢字で答えなさい。

問7 空欄(⑦)にあてはまるものを，次の中から1つ選び，記号で答えなさい。

ア．バブル経済　　イ．安定成長　　ウ．戦後復興

エ．マイナス成長　　オ．高度経済成長

問8 下線部⑧の頃に大きな問題となっていた四大公害病のうち，熊本県で発生したものは何でしたか，漢字で答えなさい。

問9 下線部⑨について，政府が主に発展途上国の人々の福祉の向上のために資金や技術を提供する支援を何といいますか，漢字で答えなさい。

【理　科】（30分）〈満点：60点〉

1　右の図は，ヒトの心臓を体の正面の方から見たようすを表したものです。ヒトの心臓や血液，血管について，次の各問いに答えなさい。

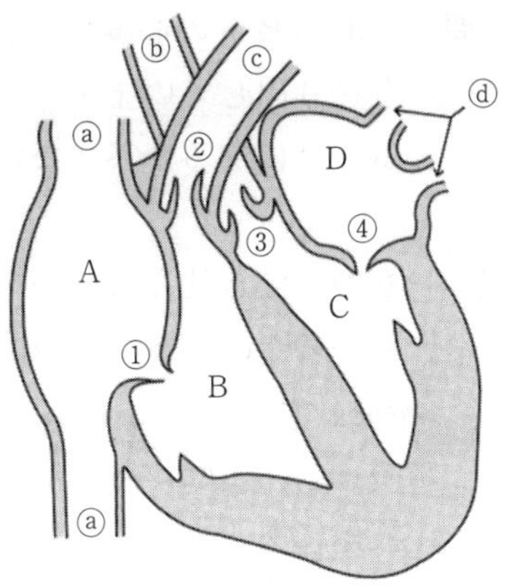

問1　体のいろいろな部分に指をあてると，脈はくを感じ取ることができます。脈はくを感じ取ることができる所として，正しいものを，次のア～カからすべて選び，記号で答えなさい。

ア．手首　　イ．足の甲（こう）　　ウ．ひじ

エ．こめかみ　　オ．額　　カ．ほほ

問2　次のⅠ，Ⅱにあてはまる血管を，図中のⓐ～ⓓから１つずつ選び，記号で答えなさい。

Ⅰ．全身から心臓にもどってくる二酸化炭素の多い血液が流れている血管

Ⅱ．肺から心臓にもどってくる酸素の多い血液が流れている血管

問3　図中のA～Dの小さな部屋の中から，最も厚い壁（かべ）をもつ部屋を１つ選び，記号で答えなさい。また，その理由として，正しいものを，次のア～オから１つ選び，記号で答えなさい。

ア．肺から勢いよくもどってきた血液を受け止めるため

イ．しぼうをたくわえているため

ウ．肺へ血液を効率よく送り出すため

エ．全身から勢いよくもどってきた血液を受け止めるため

オ．肺からもどってきた血液を全身へ送り出すため

問4　心臓が肺や全身に血液を送り出すとき，心臓は図中のA～Dのうち，どの部分が縮んでいるでしょうか。正しい組み合わせを，次のア～クから１つ選び，記号で答えなさい。

ア．A，B　　イ．A，C　　ウ．A，D　　エ．B，C

オ．B，D　　カ．C，D　　キ．B，C，D　　ク．A，B，C，D

問5　胸に聴診器（ちょうしんき）をあてると「ドックン，ドックン」と心音が聞こえます。この音は，心臓が縮んだりふくらんだりする動きに合わせて，図中の①～④の弁が閉じるときの音です。肺や全身から送られてくる血液を受け取るときに，閉じている弁の組み合わせとして，正しいものを，次のア～カから１つ選び，記号で答えなさい。

ア．①，②　　イ．①，③　　ウ．①，④　　エ．②，③　　オ．②，④　　カ．③，④

問6　一定時間内に心臓がはく動する回数を心拍数（しんぱくすう）といい，通常１分間の回数で示します。下図は，Aさんの「ドックン，ドックン」という心音を数秒間測定し，波形をとったグラフです。（グラフの縦軸は音の大きさ，横軸は時間を表しています。）このグラフからAさんの１分間の心拍数は何回であると考えられますか。正しいものを，後のア～カから１つ選び，記号で答えなさい。ただし，心臓のはく動のリズムは変わらないものとします。

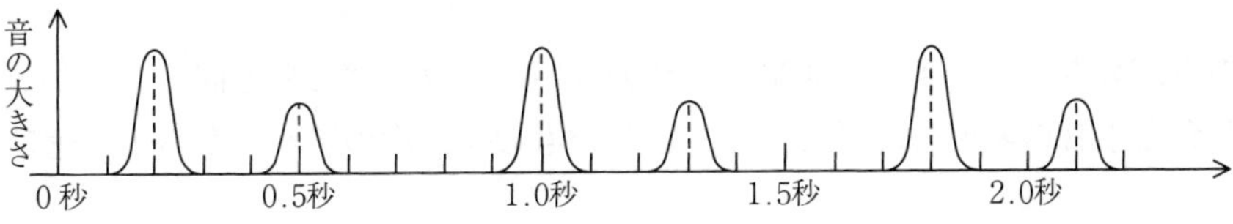

ア．60回　　イ．75回　　ウ．80回　　エ．120回　　オ．180回　　カ．200回

問7　あるヒトの心臓は1日7200Lの血液を全身に送り出し，1回のはく動で62.5mLの血液を送り出しています。1日の心臓のはく動が一定だとすると，1分間に何回はく動をしていることになるか答えなさい。

2　ものの浮き沈みについて，次の文を読んで各問いに答えなさい。

ものの1cm³あたりの重さを「平均の密度」といいます。以下，この「平均の密度」を単に「密度」ということにします。例えば，体積5cm³，重さ10gのものの密度は，10g÷5cm³で求められ，1cm³あたり2gとなります。

液体にあるものを入れたとき，浮くか沈むかは，その液体の密度と，入れたものの密度の大小関係で決まります。液体の密度より大きい密度のものを入れると，入れたものは沈み，液体の密度より小さい密度のものを入れると，入れたものは浮きます。

ここで水，食塩水A，食塩水B，アルコールと，生卵X，生卵Yを用意し，ものの浮き沈みについて調べました。

問1　ある量の水を凍らせて氷を作りました。このとき，水の重さと氷になったときの重さは等しく変わりませんでしたが，体積は水から氷になったとき1.1倍になりました。ここで水の密度は1cm³あたり1gです。

(1)　水から氷になるとき，その密度はどうなりますか。正しいものを，次のア～ウから1つ選び，記号で答えなさい。

ア．大きくなる　　イ．変わらない　　ウ．小さくなる

(2)　アルコールに，作った氷を入れました。そのときの様子として，正しいものを，次のア～エから1つ選び，記号で答えなさい。ただし，体積10cm³のアルコールの重さは7.9gです。

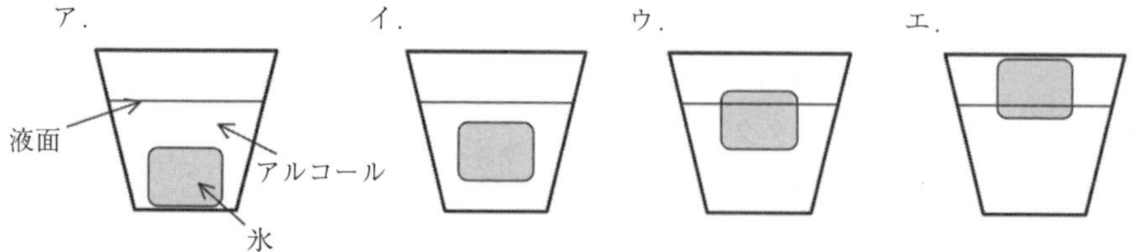

次に，下図のように，生卵X，生卵Yを食塩水A，食塩水Bにそれぞれ入れてみると，生卵Xは，どちらの食塩水にも沈み，生卵Yは食塩水Aには沈み，食塩水Bには浮きました。

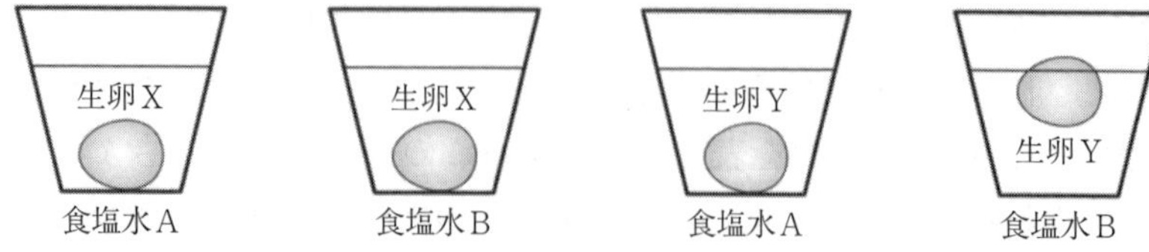

問2　生卵Xと生卵Yの密度の関係として，正しいものを，次のア～ウから1つ選び，記号で答えなさい。

ア．生卵Xの方が大きい　　イ．生卵Yの方が大きい　　ウ．どちらも同じ

問3　食塩水Aと食塩水Bの密度の関係として，正しいものを，次のア～ウから1つ選び，記号で答えなさい。

ア．食塩水Aの方が大きい　　イ．食塩水Bの方が大きい

ウ．どちらも同じ

次に，生卵Xと生卵Yをゆでて，それぞれゆで卵X，ゆで卵Yにして，食塩水Aと食塩水Bにそれぞれ入れました。すると，下図のようにゆで卵Xは食塩水Aでは沈み，食塩水Bでは浮き，ゆで卵Yは食塩水A，食塩水Bのどちらにも浮きました。

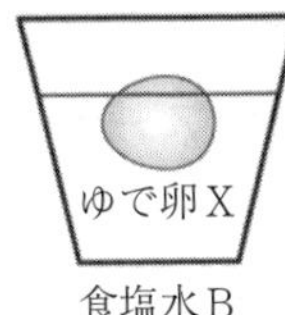

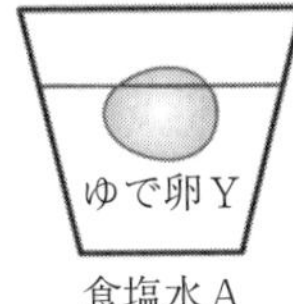

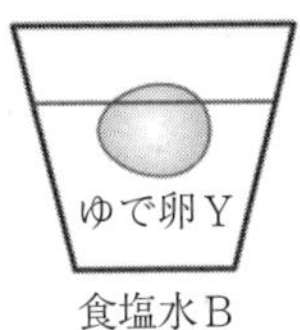

問4　この実験で，生卵をゆでると密度はどうなったと考えられますか。正しいものを，次のア～ウから１つ選び，記号で答えなさい。

ア．大きくなった　　イ．変化しなかった　　ウ．小さくなった

問5　この実験で，生卵をゆで卵にしたとき，その前後で体積が変化していなかったとすると，生卵からゆで卵になるとき，その重さはどうなったと考えられますか。正しいものを，次のア～ウから１つ選び，記号で答えなさい。

ア．大きくなった　　イ．変化しなかった　　ウ．小さくなった

問6　食塩水A，食塩水B，ゆで卵X，ゆで卵Yを，密度の大きい順に並べると，どうなるでしょうか。次の解答例のように，アルファベットで，左から大きい順になるように答えなさい。

【解答例】

食塩水C，食塩水D，ゆで卵P，ゆで卵Qの順で密度が大きい場合は，次のように書きなさい。

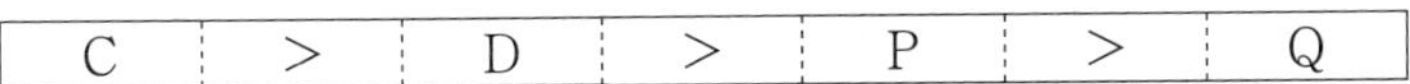

C	>	D	>	P	>	Q

3　日本の天気について，次の各問いに答えなさい。

問1　雨の量(雨量)をはかる雨量計は，直径20cmのつつ型をしていて，１時間に底にたまった水の量の深さで測定します。３mmたまっていれば，「３mmの雨量」ということになります。今，直径20cmのつつ型の雨量計のおいてある場所と，まったく同じ環境(かんきょう)で，直径40cmのつつ型の雨量計に，雨水が深さ５mmたまったとすると，雨量はいくらだと考えられるでしょうか。正しいものを，次のア～オから１つ選び，記号で答えなさい。

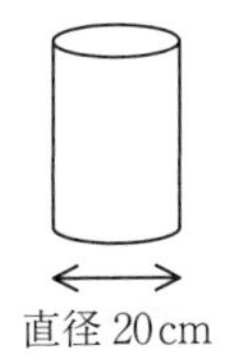

ア．0.5mmの雨量　　イ．2.5mmの雨量　　ウ．３mmの雨量

エ．５mmの雨量　　オ．10mmの雨量

問2　雨量計のまわりには，しばが植えられています。これは何のためであると考えられるでしょうか。正しいものを，次のア～オから１つ選び，記号で答えなさい。

ア．雨がはね返って雨量計に入るのを防ぐため

イ．雨量計のまわりの気温を下げるため

ウ．周囲の景観を守るため

エ．自然環境を守るため

オ．雨量計から出る雨を土に流すため

問3　人間が目で観測しているものに，雲の量があります。この雲の量で，「晴れ」か「くもり」を決めています。空全体の広さを10としたときに，雲がしめる量で，０から10までの11段階に分けられています。「くもり」は，雲のしめる量が，何から何までか数字で答えなさい。

問4　１年を通して，天気や雲を観測していると，静岡県が晴れていた翌日は，東京都が晴れたり，神奈川県に雨が降った数時間後に，東京都に雨が降ったり，ほぼ決まった方向に天気や雲が変化することがわかりました。このことから，天気は，どの方角からどの方角へ，変わっていくことが多いと考えられますか。正しいものを，次のア～オから１つ選び，記号で答えなさい。

ア．東から西　　イ．西から東　　ウ．北から南　　エ．南から北　　オ．東から南

問5　ある日の空を観測していると，長い時間，ひこうき雲が残っていました。次の日の天気はどうなることが多いと予想されますか。正しいものを，次のア～エから１つ選び，記号で答えなさい。ただし，実際はその天気になるとは限りません。

ア．晴れる　　　　　イ．くもりや雨になる

ウ．台風が発生する　エ．霜(しも)が下りる

問6　７月から10月ごろには，日本に台風が接近してくることがあります。９月ごろの台風の主な進路として，最も近いものを，右の図のア～オから１つ選び，記号で答えなさい。また，その理由として，正しいものを，次のカ～コから１つ選び，記号で答えなさい。

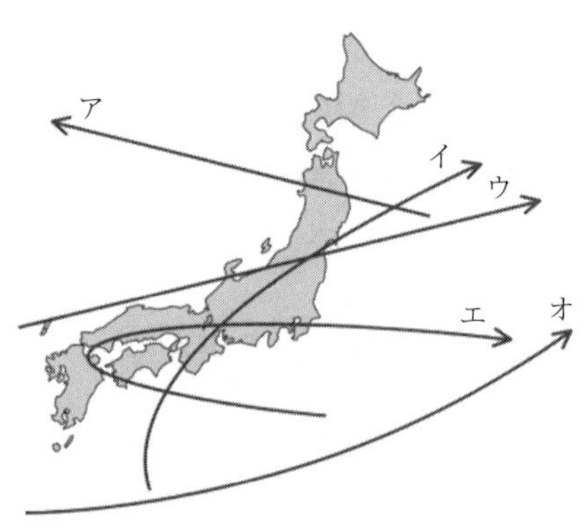

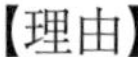
【理由】

カ．温かい空気のかたまりがあり，そのふちを通るから

キ．日本列島の山脈などに沿って進むから

ク．台風が様々(さまざま)な方向に回転しているから

ケ．冷たい空気のかたまりがあり，そのふちを通るから

コ．台風がしめった空気でできているから

問7　台風は，激しい雨や風を巻き起こし，時に大きな災害をもたらします。台風の被害(ひがい)は，台風の進行方向に対して，主にどちら側で大きいと考えられますか。正しいものを，次のア～オから１つ選び，記号で答えなさい。

ア．右側　　イ．左側　　ウ．前方

エ．後方　　オ．すべての方向

問8　次の図は，台風の風の方向を上から見て，表したものです。正しいものを，次のア～エから１つ選び，記号で答えなさい。

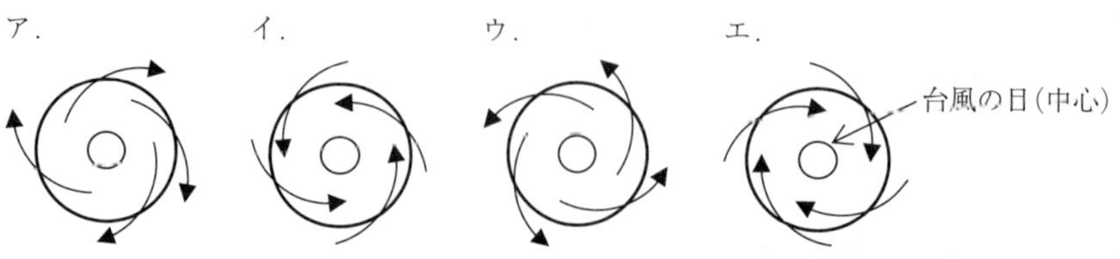

問9　台風の雲の直径と厚さの比として，最も近いものを，次のア～エの図から１つ選び，記号で答えなさい。ただし，中心の空洞は台風の目(中心)と考えます。

ア．ドーナツ　　イ．ちくわ　　ウ．CD(コンパクトディスク)　　エ．トイレットペーパーの芯

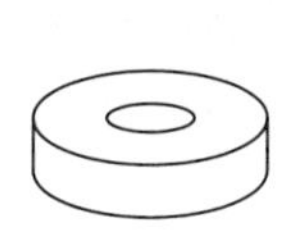

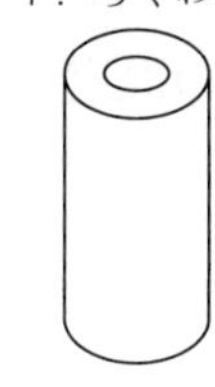

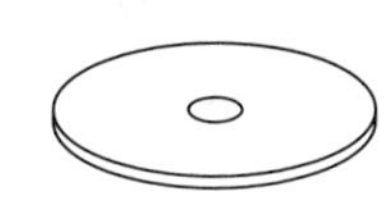

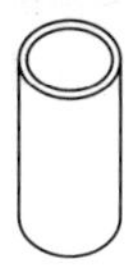

4　もののとけ方について，次の各問いに答えなさい。

問1　紅茶を飲もうと，砂糖をたくさん入れてかき混ぜたところ，とけ残りました。紅茶が冷めていたので，電子レンジで温めると，とけ残った砂糖をすべてとかすことができました。このことからわかることとして，正しいものを，次のア～エから１つ選び，記号で答えなさい。

ア．紅茶の温度が高い方が，砂糖のとける量が増える

イ．紅茶の温度が低い方が，砂糖のとける量が増える

ウ．紅茶の温度が高い方が，水の量が増える

エ．紅茶の温度が低い方が，水の畳が増える

問2　あまり冷やしていない炭酸水(二酸化炭素を水にとかしたもの)を飲もうと，ふたをあけました。すると，よく冷やした炭酸水よりも，あわ(二酸化炭素)がたくさん出てきました。このことからわかることとして，正しいものを，次のア～エから１つ選び，記号で答えなさい。

ア．水の温度が高い方が，二酸化炭素のとける量が増える

イ．水の温度が低い方が，二酸化炭素のとける量が増える

ウ．温度により二酸化炭素は，酸素に変化する

エ．温度によらず，二酸化炭素は水によくとけている

問3　砂糖のとけ残った紅茶に，温度を変えずに水を加えてかき混ぜると，とけ残った砂糖はどうなりますか。正しいものを，次のア～エから１つ選び，記号で答えなさい。

ア．変化しない

イ．とけ残った砂糖が減る

ウ．とけ残った砂糖が増える

エ．とけ残った砂糖が大きなかたまりになる

問4　水に小麦粉を入れて，よくかき混ぜるとどうなりますか。正しいものを，次のア～エから１つ選び，記号で答えなさい。

ア．二酸化炭素が出てくる

イ．よくとけて，すき通って見える

ウ．よくとけて，白くにごる

エ．ほとんどとけず，白くにごる

問5　20℃の水を入れたコップの重さを測定すると，200ｇでした。これにミョウバンを50ｇ入れてよくかきまぜると，ミョウバンは少しとけ残りました。上澄み液だけを別の容器に移し，とけ残りの入っているコップと，上澄み液のそれぞれの重さを測定しました。上澄み液が220ｇだったとすると，とけ残りの入っているコップの重さは何ｇになるか答えなさい。

問6　20℃の水100gにミョウバン40gをとかしたところ，数十gとけ残りました。そこで，水の温度を上げていくと，すべてとけました。次に，20℃の水100gに，食塩40gをとかしたところ，数gの食塩がとけ残りました。こちらも水の温度を上げていったところ，水よう液には，変化が見られませんでした。食塩とミョウバンの水の温度と，水100gにとける量の関係を表したグラフとして，最も近いものを，次のア～カから1つ選び，記号で答えなさい。

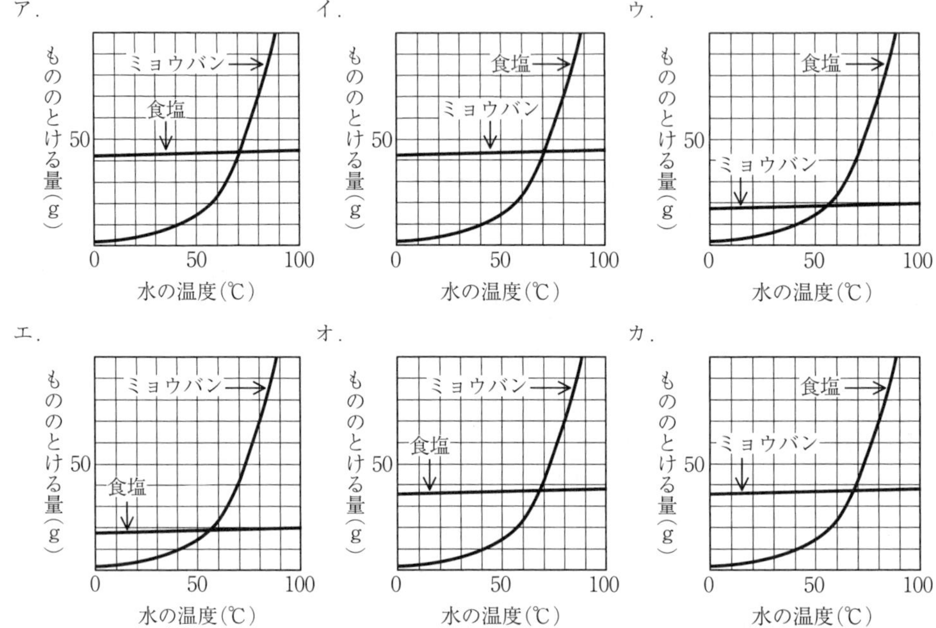

問7　60℃の水にミョウバンをとけ残りが出るまでとかしました。この水よう液をろ過した液から，規則正しい形をした，大きなミョウバンの粒を取り出すには，どうすれば良いでしょうか。正しいものを，次のア～オから1つ選び，記号で答えなさい。

ア．加熱して，水を蒸発させる
イ．ゆっくりと水よう液の温度を下げていく
ウ．ゆっくりと水よう液の温度を上げていく
エ．食塩を水よう液にまぜる
オ．少しずつ水を増やしていく

問三 2 に当てはまる言葉として最も適切なものを次から選び、記号で答えなさい。

ア　ふてくされて
イ　はにかんで
ウ　しらばくれて
エ　うつむいて

問四 ――線3「アディソンが、はっとした顔をして言った」のはなぜでしょうか。最も適切なものを次から選び、記号で答えなさい。

ア　アオイの母の「なんとかなる」という言葉を使ってまで、最後はハッピーエンドになるにちがいないと、自分をはげまそうとするアオイの深い友情に気づかされたから。
イ　アオイの母と同様に自分の母も「なんとかなる」という意味の英語をよく使っていることを思い出し、最後はハッピーエンドになると母も考えていたことが理解できたから。
ウ　アオイから聞いたアオイの母の「なんとかなる」という言葉が自分の知っているエピソードとつながり、どういう選択(せんたく)をしても最後は幸せになれるということに気づいたから。
エ　アオイから、アオイの母の「なんとかなる」という言葉を聞いて、心の奥深(おくふか)くにしまいこんでいた、「最後にはハッピーエンドになる」という祖母の言葉が呼び起こされたから。

問五 ――線4「アディソンに背中を向けて寝た」とありますが、この時のアオイの気持ちはどのようなものでしょうか。それを説明した次の文について(1)、(2)の問いに答えなさい。

アオイは A という思いから、アディソンがノバスコシアに行くことを受け入れられない。しかし B という複雑な気持ちを抱いている。

(1) A に当てはまる言葉として最も適切なものを次から選び、記号で答えなさい。

ア　おとなの思い通りになりたくない
イ　また一人ぼっちになるのがこわい
ウ　アディソンが不幸になってしまう
エ　この土地が彼女のホームタウンだ

(2) B に当てはまるアオイの気持ちを「決意」「本心」という言葉を使って三十字以内で説明しなさい。

問六 ――線5「そうかもしれない」とありますが、そう思うようになったアオイの気持ちの変化をくわしく説明しなさい。

ゃんは、ハッピーエンドじゃない話は、本当はまだ終わってないんだよって言うの。本当は、もっともっと話が続いてて、最後にはハッピーエンドになるんだって』

「ふうん」

なんで、アディソンが、急にその話を始めたのかよくわからない。

『これ、アオイのお母さんがよく言う言葉、Everything will be OK in the end. って、たぶん、どういうことを選んでも最後はハッピーエンドだよってことなんだと思う。わたし、この町も、学校も、アオイのことも大好きだから、ノバスコシアに引っ越すことになったら、バッドエンドになるんだと思ってた。でも、そうじゃなくて、このままここにいても幸せだけど、ノバスコシアに行っても幸せになれるんだと思う。どっちのほうが幸せかっていうのはわからないけど、きっと、どっちでも幸せになれるんだよ』

そう言われてみれば、そうかもしれない。わたしも、カナダなんて行きたくないって思ってたけど、カナダに来たら、アディソンに会えたし、日本にいた時よりも家族で過ごす時間が増えて、今、けっこう、カナダでの生活を楽しんでるような気がする。

『明日、家に帰ったら、お母さんにもう一回、わたしの気持ちを話してみる。それでもお母さんがノバスコシアに行くって言ったら、わたし、ノバスコシアに行く。行きたくないけど、でも、このままお母さんとけんかしてるのもいやだもん』

えっ、ちょっと待ってよ。アディソン、切りかえが早すぎる。わたし、ついていけない。わたしは、まだ、アディソンがノバスコシアに行っちゃっても幸せって思えないもん。やっぱり、アディソンにノバスコシアに行ってほしくない。

なみだがあふれてきたから、顔をかくして電気を消した。それから、『おやすみ』って、4アディソンに背中を向けて寝た。

次の日、わたしたちは、お昼近くに起きて、シリアルを食べた。アディソンが帰る時、お母さんは、『寒いでしょ』と言って、アディソンに自分のコートを貸してあげた。

アディソンは、『ありがとうございました』と言ってから、「Everything will be OK in the end.」と親指を立てた。

お母さんが、首をかしげていたから、「なんとかなるって言ったの」と教えてあげた。

「ね？　いい言葉でしょ、なんとかなるって」

お母さんは、自信満々で言った。

5そうかもしれないって、その時、初めて思った。

（花里真希『あおいの世界』講談社）

※途中一部省略したところがあります。

注1　ノバスコシア…カナダ東部にある大西洋岸の州。アディソンの祖父母が住む。

注2　幸太…アオイの弟。

注3　松葉杖…けがをした人などが歩行の助けとして使う杖。

注4　保坂さん…アオイの父の会社と取引のある会社の人で、アオイたちと同じ学校に通う息子(むすこ)がいる。

注5　ホームタウン…生まれ育った場所。

注6　タブレット…タブレット型端末(たんまつ)の略。スマートフォンのように指で操作する携帯(けいたい)情報端末。

問一　――線①・②・③のカタカナを漢字に改め、④は読み方を答えなさい。

問二　――線1「大人って勝手だよね」とありますが、アオイとアディソンは大人のどのようなところを勝手だと感じているのでしょうか。解答らんの「ところ」に続くように、本文中から二十字以内で書きぬきなさい。

もしかしたら、うちのお母さんよりも背が高いかもしれない。こんなに背が高くても、十一歳だから大人あつかいしてもらえないんだなあ。

うちには、よぶんなふとんがないから、わたしのベッドでアディソンと二人で寝た。ちょっとせまいけど、暖かい。家族以外の人とこうやってくっついて寝るなんて、初めてだから緊張する。

『アオイ、寝た?』

『ううん。ねむれない』

『わたしも。お母さんのこと、考えちゃう』

『どんなこと?』

『今晩は一人でごはん食べたんだろうなあとか、一人でさびしいかなあとか』

『そうかあ』

『わたし、自分のことばっかり考えてたかなあ』

そう言われて、ドキッとした。

『アディソン、ごめんね』

『なにが?』

『わたしも自分のことばっかり考えてたから』

『そうなの?』

『うん。わたし、アディソンがノバスコシアに行くかもしれないって言った時、行ってほしくないと思った。アディソンがノバスコシアに行っちゃったら、わたしの③クウソウを一緒に楽しんでくれる人がいなくなって、また、一人になっちゃうと思ったんだ』

『そうかあ。こわかったんだね』

『うん。ごめん。でも、きっと、みんな、こわいと思った時は、自分のことばっかり考えちゃうもんなんだと思う』

『わたしも、こわいよ。ノバスコシアには何回も行ったことあるけど、あそこは、わたしの注5ホームタウンじゃないから。わたしは、ここで生まれ育ったんだよ。学校も友達も、わたしの愛するものは全部ここにあるんだよ。それをお母さんの④都合で引っ越すなんて、お母さんも、自分のことばっかり考えてる』

アディソン、お母さんのこと心配したり、怒ったり、大変だ。きっと、いろんな気持ちがぐちゃぐちゃに混ざって、なんだかよくわからなくなってるんだろうなあ。あんまり考えると、もっとぐちゃぐちゃになりそう。そんなに考えなくていいと思うんだけど。

『あのね、わたしのお母さんが、よく言う言葉があるの。なんかいいかげんだから、わたし、あんまり好きじゃないんだけど』

『なに?』

「なんとかなるって、英語でなんて言うのかな」

わたしは、注6タブレットを探した。

『ごめん、ちょっと電気つけていい?』

『うん』

わたしは、タブレットを手に取って、「なんとかなる」を検索した。

It will be OK.

Things will work out.

Everything will be OK in the end.

タブレットに出てきた言葉を見せたら、3アディソンが、はっとした顔をして言った。

『前にラジオで聞いたんだけど、おばあちゃんが孫に、全部の話はハッピーエンドなんだよって教える話があったの』

『でも、ハッピーエンドじゃない話もあるよ』

『そう、それで、その孫も同じこと言うのね。そうしたら、おばあちダメですか？　おなかすいてないから、ごはんはいらないです。シャワーも①アびなくていいです。だから、今夜、とめてください』

　お母さんは、こまっていたけど、

『ちょっと待ってね』

　と言って、またアディソンのお母さんと話し出した。

『アオイのお母さん、いいって言うかな』

『わからない』

　うちのお母さんがいいって言っても、アディソンのお母さんは、いいって言うかな。

　アディソンのお母さんがなにを言っているのかはわからないけど、うちのお母さんが相づちをうっているのは聞こえてくる。

『ええ、わかりました。はい、じゃあ、さようなら』

　お母さんが、電話を切って、二階から様子をのぞいていたアディソンに話しかける。

『あのね、アディソン』

『はい』

『今日は、うちにとまってもいいわよ』

『本当？　ありがとうございます』

『わたしだけじゃなくてね、明日、家に帰ったらお母さんにもありがとうって言っておいてね。お母さん、本当に心配してたから』

『はい』

　アディソンは、返事をしたあと、［　2　］しまった。

　アディソン、今日はうちにとまればいいけど、明日になったら家に帰らなくちゃいけない。そうしたら、また、お母さんとけんかになるんだろうな。それで、どんなにアディソンがいやだって言っても、お母さんがノバスコシアに行くって言ったら、やっぱりノバスコシアに行くことになっちゃうんだろうな。

　アディソンに、なにか飲み物をあげようと思って、キッチンに行った。いつの間にか注4保坂さんは帰っていて、お父さんが仕事から帰ってきていた。

　お父さんは、お母さんから事情を聞いたみたいだった。

「アディソン、大丈夫か？」

「どうだろう。怒ったり、泣いたりして、ちょっと大変」

「そうか。おいしいものを食べたら気分がよくなるぞ。お父さん、今日は、天ぷらを作るからな」

　お父さんは、アディソンがいるから、いつも以上に張り切って晩ごはんを作った。

　エビとかサツマイモとかブロッコリーとかはよかったんだけど、イカをあげた時には、油の中で爆発して、②ヒメイをあげていた。

　アディソンは、お父さんが命がけであげたイカに見向きもしなくて、お父さんは、がっかりしていた。お父さんのあげたイカは、ちょっとゴムみたいにくちゃくちゃして食べにくかったから、アディソンは食べなくてよかったと思ったけど。

（中略）

　ごはんのあと、アディソンがお皿を洗ってくれた。わたしはお皿をふいて、棚にしまっていたけど、お父さんが天ぷらを盛るのに使った大皿は、どこにしまったらいいのか、わからなかった。

「お母さん、これ、どこにしまうの？」

「左の一番上の棚」

　棚を開けたけど、どうしたってとどかない。ダイニングから、いすを持ってこようとしたら、ちょうどお皿を洗い終わったアディソンが、『貸して』と言った。そして、わたしから大皿を受け取ると、背伸びをして、お皿を棚にしまった。

『アディソン、背が高いね』

二　**次の文章を読んで、あとの問いに答えなさい。『　』は本来は英語で会話が行われていることを表しています。**

　父の転勤でアオイの家族はカナダで暮らすことになり、アオイは弟と一緒にカナダの学校に通うことになりました。ある日、仲良しのアディソンがアオイの家にかけこんできて、注1ノバスコシアに引っ越すかもしれないこと、そして、それをいやだという自分の思いを母が聞いてくれないことを、泣いているような怒っているような声で話し始めたのでした。

『アディソン、わたしの部屋に行こう』

　わたしはアディソンを二階に連れていった。

　アディソンは、部屋に入ると、くずれるようにゆかに座り込んだ。

わたしは、そのとなりに座って、どうにかならないかなあって思いながら、アディソンの背中をさすった。

『アディソン、お父さんにお願いしたら？　お母さんがアディソンをノバスコシアに連れていっちゃったら、お父さんとアディソン、そんなに簡単に会えなくなるでしょ。だから、お父さんも一緒にノバスコシア行きに反対してくれるんじゃない？』

『でも、お父さん、わたしのことなんて、もうどうでもいいんだと思う』

『そんなわけないよ。あ、そうだ、もっと簡単な方法がある。お父さんと一緒に住めばいいんだよ』

『アオイは、わかってないんだってば。お父さん、新しい女の人と一緒に住んでるの。その人、おなかの中に赤ちゃんもいるんだよ。そんなところに行けるわけないじゃん』

　そんなこと、全然知らなかった。だって、アディソン、なんにも言わないんだもん。アディソンは、いつも、堂々としてて、優しくって、同い年なのにしっかりしてて、お姉さんみたいに頼りがいがあるから、なやみとか不安とか、そういうものは、全部乗り越えちゃってるのかと思ってた。

『1大人って勝手だよね』

　アディソンが、ため息をついて言った。その言葉を聞いて、わたしは、カナダに来る時のことを思い出した。

　わたしがカナダに行きたくないって泣いても聞いてくれなかったのに、お母さんが、注2幸太に日本の小学校を経験させてから行きたいって言ったら、カナダに来るのを半年遅らせることができたんだ。ほんとに大人って勝手だ。

『大人は子どもの言うことなんて聞いてくれないんだから。子どもって、損だよね。早く大人になって、全部、自分の思うとおりに決めたいよ』

　一階で電話がなっている。お母さんが、幸太たちに静かにするように言ってから電話に出た。お母さんは階段下に来て、

『アディソン、お母さんから電話よ』

　と言った。わたしは、アディソンを見た。アディソンは、動かない。

『電話に出ないの？』

『出たくない』

　アディソンが下りていかないので、お母さんが、もう一度声をかけた。

『アディソン、お母さんが心配してるわよ』

　わたしとアディソンは、部屋から出て階段下のお母さんを見た。お母さんは、注3松葉杖をついているので、受話器を持って二階に上がってこられない。

『わたし、お母さんと話したくないんです。今日、ここにとまったら

おばあさんやおじいさんの役割は、1それだけではありません。長い年月を生きてきたおばあさんやおじいさんには豊かな経験と、経験から身につけた知恵があります。

人間は寿命が長くなり、産んだ子どもが大人になるまで長生きをすることができるようになりました。そして、大人になった自分の子に、大人としての知恵や技術を伝えることが可能になったのです。こうして、人間は生きる知恵を子や孫に伝え、子や孫の世代は、さらに知恵を積み重ねていきました。

こうして世代を④経る中で、人間は知恵を注2アップデートしていくことが可能になったのです。この仕組みによって、人間は文化を飛躍的に発達させ、やがては文明を築くようになりました。「人間が人間として高度な社会を進化させられたのは、じつは長生きしたおばあさんのおかげである」、こう唱えるのが「おばあさん仮説」なのです。

【D】

おばあさんやおじいさんは、子どもを育てる役割を担いました。

しかし、一人前の大人に成長した子にとって、おばあさんやおじいさんの役割は、「世話をやくこと」ではありません。「知恵を授けること」なのです。

「一人の年寄りが死ぬことは、一つの図書館がなくなるようなものだ」と言われます。一つの人生を生きた人の知恵が、受け継がれることなくこの世から消えていくとしたら、それは2人類にとって大きな損失です。

そして、人類という生物種にとって、「年寄り」には重要な役割があります。

年寄りは、次の世代のために生き長らえる命を与えられた存在です。

年寄りは、次の世代に［3］存在です。

別に若い人をつかまえて説教をする必要はありません。長い人生の経験の中で身につけた「生き方」を見せればよいのです。若い人たちにお手本を見せればよいのです。

（稲垣栄洋『生き物が大人になるまで「成長」をめぐる生物学』大和書房）

※途中一部省略したところがあります。

注1　仮説…あることの説明のために、仮に決めておく考え。

注2　アップデート…情報を最新のものにすること。

問一　――線①・②・③のカタカナを漢字に改め、④は読み方を答えなさい。

問二　［Ⅰ］～［Ⅳ］に当てはまる接続詞を次から選び、それぞれ記号で答えなさい。

ア　たとえば　イ　なぜなら　ウ　そして
エ　ところが　オ　それでは

問三　次の一文を入れるのに最もふさわしい場所を本文中の【A】～【D】から選び、記号で答えなさい。

こうして、家族や社会という仕組みを発達させたことによって、人間という生物は、子どもを作らなくなったおばあさんやおじいさんまでが役割を持つようになったのです。

問四　――線1「それ」が指す内容を本文中から十七字で探し、書きぬきなさい。

問五　――線2「人類にとって大きな損失です」とありますが、それはなぜですか。「役割」という言葉を用いてわかりやすく説明しなさい。

問六　［3］に当てはまる言葉を本文中から六字で探し、書きぬきなさい。

二〇二一年度 立教女学院中学校

【国語】〈四五分〉〈満点：九〇点〉

一　次の文章を読んで、あとの問いに答えなさい。

生物にとって、大人とは「子どもを作るため」だけの存在です。

そのため、多くの生物が、子孫を残すとその寿命（じゅみょう）を終えます。セミは卵を産むと、やがて力尽（ちからつ）き地面に落ちます。サケは、壮絶（そうぜつ）な旅の末に川を遡（さかのぼ）り、卵を産むと、力尽きてやがて死んでいきます。

子育てをする生物は、子育てのために寿命が長くなりますが、子育てが終われば、やがて、その寿命を終えます。

［Ⅰ］、人間は子どもを作らないような存在になっても、寿命が尽（つ）きることはありません。たとえば、おばあさんやおじいさんは、もう子どもを作ることはありませんが、長生きをします。

生物の世界で、おばあさんやおじいさんのいる生き物はあまりいません。たとえば、セミには、おばあさんはいませんし、サケには、おじいさんはいません。

生物には親子はありますが、祖父母と父母と子の三世代が同時に生きていることは珍（めずら）しいのです。もし、長生きをしている生物がいたとしても、三世代がいっしょに暮らすことはありません。

［Ⅱ］、キツネであれば、親離（おやばな）れした子どもたちはやがて親となり、子どもを作ります。しかし、両親のキツネも、成長した子どものキツネも、どちらも①タイトウな大人のキツネです。そこには、もう親子関係はありませんから、祖父母のキツネと、孫のキツネの関係もないのです。

ところが、人間にはおばあさんやおじいさんがいます。

［Ⅲ］、このおばあさんやおじいさんという存在こそが、人間を大きく進化させたと言われているのです。

人間という生物の世界では、おばあさんやおじいさんが重要な役割を果たしています。

人間は、他の生物に比べて子育てが大変です。また、子育ての期間がとてつもなく長い生物です。そのため人間は、子育てをするために、「家族」や「社会」という仕組みを発達させました。【A】

この家族や社会で子育てをするうえで、おばあさんやおじいさんは大切な役割を果たしてきました。

「おばあさん注1仮説」と呼ばれる仮説があります。

人間の女性は、ある②テイドの年齢（ねんれい）に達すると子どもを産むことができなくなります。しかし、新たな子どもを産まない代わりに、子どもを育てることに専念することができます。

生物は、子どもを産んでも、その子どもが無事に大人になり、次の子どもを産まなければ命はつながっていきません。産んだ子どもを無事に大人に育てあげることも、子育てをする哺乳（ほにゅう）動物にとっては重要な役割です。【B】

人間の女性が長生きをすれば、その間に成長した子どもたちが大人となり、子どもを産むようになります。すると、年老いた女性は、おばあさんとして孫の世話をすることができるのです。

おばあさんは、そのようにして子育ての役割を担（にな）ってきたのです。

［Ⅳ］、おじいさんはどうでしょうか。

子育てに参加しないなら、おじいさんに存在価値はありません。もちろん、子どもを守るというのは、直接、育児をすることだけではありません。外敵から家族や③ムれを守ったり、家族やムれのために食料を調達するという仕事も、子どもを育てるために大切なことです。

【C】

2021年度

立教女学院中学校 ▶解説と解答

算　数 （45分）<満点：90点>

解　答

1 (1) $3\frac{1}{3}$　(2) $\frac{2}{5}$　(3) 321　(4) ① 17人　② 112個　(5) ① 2年後　② 8才　(6) ① 118　② 43　(7) ① 時速24km　② 時速6km　③ 7.5時間　(8) ① 171本　② 132本　(9) ① 17題　② 80題　**2** (1) 5：3　(2) $1\frac{11}{16}$ cm^2　(3) 10：11　(4) 80：25：63　**3** (1) 6　(2) 103　(3) 2024　(4) 59　**4** (1) 12cm^2　(2) 2：3　(3) 7.536cm　(4) 144度　(5) $N=5$

解　説

1 四則計算，逆算，計算のくふう，過不足算，年れい算，和差算，消去算，流水算，条件の整理，相当算

(1) $\frac{1}{2}+\left(2\frac{3}{5}\times\frac{2}{13}+0.375\times\frac{1}{15}\right)\div(0.125+0.25\div10)=\frac{1}{2}+\left(\frac{13}{5}\times\frac{2}{13}+\frac{3}{8}\times\frac{1}{15}\right)\div\left(\frac{1}{8}+\frac{1}{4}\times\frac{1}{10}\right)=\frac{1}{2}+\left(\frac{2}{5}+\frac{1}{40}\right)\div\left(\frac{1}{8}+\frac{1}{40}\right)=\frac{1}{2}+\left(\frac{16}{40}+\frac{1}{40}\right)\div\left(\frac{5}{40}+\frac{1}{40}\right)=\frac{1}{2}+\frac{17}{40}\div\frac{6}{40}=\frac{1}{2}+\frac{17}{40}\times\frac{40}{6}=\frac{1}{2}+\frac{17}{6}=\frac{3}{6}+\frac{17}{6}=\frac{20}{6}=\frac{10}{3}=3\frac{1}{3}$

(2) $\frac{1}{9}\times\left(1.8+1\frac{1}{5}\right)=\frac{1}{9}\times\left(1\frac{4}{5}+1\frac{1}{5}\right)=\frac{1}{9}\times2\frac{5}{5}=\frac{1}{9}\times3=\frac{1}{3}$より，$\frac{1}{6}+4\times\square\div3\frac{1}{5}+\frac{1}{3}=1$，$4\times\square\div3\frac{1}{5}=1-\frac{1}{3}-\frac{1}{6}=\frac{6}{6}-\frac{2}{6}-\frac{1}{6}=\frac{3}{6}=\frac{1}{2}$，$4\times\square=\frac{1}{2}\times3\frac{1}{5}=\frac{1}{2}\times\frac{16}{5}=\frac{8}{5}$ よって，$\square=\frac{8}{5}\div4=\frac{2}{5}$

(3) $0.02+1.01+10.1+11+99+99.9+99.97=(10.1+99.9)+(11+99)+(0.02+1.01+99.97)=110+110+(1.03+99.97)=110+110+101=321$

(4) 1人に6個配るときと，1人に8個配るときで，必要なアメの個数の差は，10＋24＝34(個)である。これは，1人あたり，8－6＝2(個)の差が子どもの人数分だけ集まったものだから，子どもの人数は，34÷2＝17(人)(…①)とわかる。よって，1人に6個ずつ17人に配ると10個余るから，アメの個数は全部で，6×17＋10＝112(個)(…②)と求められる。

(5) 現在，お父さんの年れいから4人姉妹の年れいの和をひいた差は，52－46＝6(才)である。また，お父さんの年れいは1年に1才ずつ，4人姉妹の年れいの和は1年に4才ずつ増えるので，お父さんの年れいから4人姉妹の年れいの和をひいた差は，1年で，4－1＝3(才)ずつ縮まる。よって，4人姉妹の年れいの和とお父さんの年れいが等しくなるのは今から，6÷3＝2(年後)(…①)とわかる。次に，4人姉妹の現在の年れいの関係は右の図1のように表せる。図1より，花子さんの現在の年れいの4倍が，46－(2＋3＋2)－(2＋3)－2＝46－7－5－2－32(才)

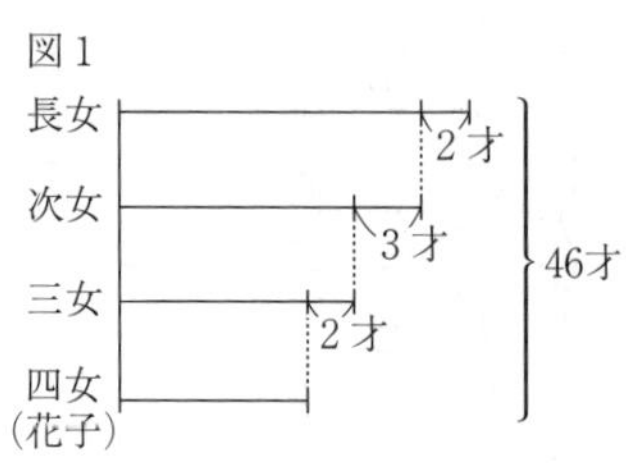

とわかるので，花子さんの現在の年れいは，32÷4＝8（才）(…②)と求められる。

(6) 偶数(ぐうすう)どうしの和は偶数で，偶数と奇数(きすう)の和は奇数だから，$A+B$，$A+C$，$B+C$は偶数，$A+D$，$B+D$，$C+D$は奇数となる。すると，$A+B$，$A+C$，$B+C$は62，80，94のいずれかなので，$(A+B)+(A+C)+(B+C)=A+A+B+B+C+C=(A+B+C)\times 2$が，62+80+94＝236とわかる。したがって，$A+B+C=236\div 2=118$(…①)である。さらに，$A+D$，$B+D$，$C+D$は67，81，99のいずれかだから，$(A+D)+(B+D)+(C+D)=A+B+C+D+D+D=A+B+C+D\times 3$が，67+81+99＝247となる。よって，$D\times 3=247-(A+B+C)=247-118=129$だから，$D=129\div 3=43$(…②)と求められる。

(7) 船Ｐの下りの速さは時速，180÷6＝30(km)，上りの速さは時速，180÷10＝18(km)である。また，船Ｐの川の流れのないところでの速さを時速□km，川の流れの速さを時速○kmとすると，右の図2のように表せる。よって，○＝(30－18)÷2＝6（km）(…②)，□＝30－6＝24(km)(…①) となる。さらに，船Ｑの上りの速さは時速，180÷15＝12(km)だから，川の流れのないところでの速さは時速，12＋6＝18(km)で，下りの速さは時速，18＋6＝24(km)とわかる。よって，船ＱはＡ地点からＢ地点へ下るのに，180÷24＝7.5(時間)(…③)かかる。

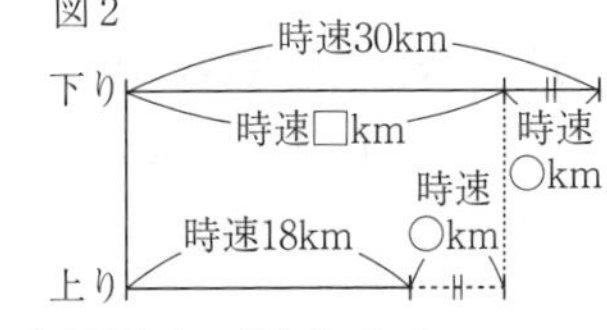

(8) 缶(かん)ジュースを150本買うと，150本飲んだ後，空き缶150本が残る。また，空き缶150本は，150÷8＝18あまり6より，18本の缶ジュースと交換(こうかん)できて6本あまるから，18本飲んだ後，空き缶は，18＋6＝24(本)残る。さらに，空き缶24本は，24÷8＝3より，3本の缶ジュースと交換できるから，3本飲んだ後，空き缶は3本残り，これ以上缶ジュースと交換はできない。よって，150本買うと最大で，150＋18＋3＝171(本)(…①)飲める。次に，150÷8＝18あまり6より，150本のジュースを8本ずつ組に分けると，18組できて6本あまる。そこで，買う缶ジュースを○，交換してもらえる新しい缶ジュースを△とすると，右の図3のようになる。図3より，交換してもらえる新しい缶ジュースは2組から19組までに1本ずつあり，19－2＋1＝18(本)だから，150本飲むために買う必要がある缶ジュースは，150－18＝132(本)(…②)とわかる。

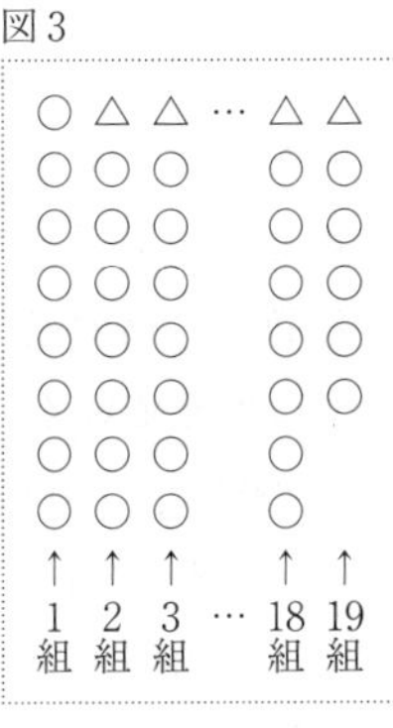

(9) 1日目に全体の$\frac{3}{8}$，2日目に全体の$\frac{1}{5}$を解くと，残りは全体の，$1-\frac{3}{8}-\frac{1}{5}=\frac{17}{40}$になる。このうちの半分を3日目に解いたので，最後に残っている問題は全体の，$\frac{17}{40}\times\left(1-\frac{1}{2}\right)=\frac{17}{80}$となる。したがって，最後に残っている問題数を□題とすると，全体の問題数は，$\square\div\frac{17}{80}=\square\times\frac{80}{17}$(題)となり，問題数は整数だから，□は17の倍数でないといけない。また，□は30以下であり，30以下の17の倍数は17しかないから，□＝17(…①)とわかる。よって，宿題として出された全体の問題数は，$17\times\frac{80}{17}=80$(題)(…②)と求められる。

2 平面図形―相似，辺の比と面積の比

(1) 右の図で，ADとBCは平行なので，三角形DHAと三角形BHFは相似である。よって，AH：HF＝AD：BFとなり，ADの長さは，3＋2＝5(cm)，BFの長さは3cmだから，AH：HF＝5：3とわかる。

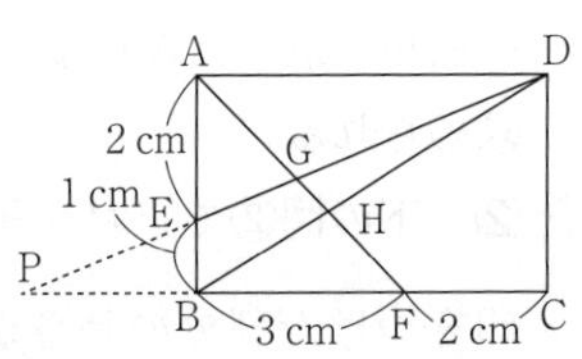

(2) 三角形ABHと三角形BHFは底辺をそれぞれAH，HFとすると高

さが等しいので，面積の比はAH：HFと等しく，５：３となる。また，ABの長さは，２＋１＝３(cm)だから，三角形ABFの面積は，$3\times3\div2=\frac{9}{2}$(cm²)とわかる。よって，三角形BHFの面積は，$\frac{9}{2}\times\frac{3}{5+3}=\frac{27}{16}=1\frac{11}{16}$(cm²)と求められる。

(3)　図のように，DEとCBをのばした線の交わる点をＰとすると，三角形AGDと三角形FGPは相似だから，AG：GF＝AD：PFとなる。ここで，三角形AEDと三角形BEPも相似なので，AD：PB＝AE：EB＝２：１である。したがって，PBの長さは，$5\times\frac{1}{2}=2.5$(cm)なので，PFの長さは，2.5＋３＝5.5(cm)となる。よって，AG：GF＝AD：PF＝５：5.5＝10：11とわかる。

(4)　AFの長さを１とすると，AH：HF＝５：３より，AHの長さは，$\frac{5}{5+3}=\frac{5}{8}$，HFの長さは，$1-\frac{5}{8}=\frac{3}{8}$と表せる。また，AG：GF＝10：11より，AGの長さは，$\frac{10}{10+11}=\frac{10}{21}$と表せる。よって，GHの長さは，$\frac{5}{8}-\frac{10}{21}=\frac{25}{168}$と表せるから，AG：GH：HF＝$\frac{10}{21}:\frac{25}{168}:\frac{3}{8}$＝80：25：63となる。

3　約束記号，整数の性質

(1)　1000÷47＝21あまり13より，【1000，47】＝13だから，【2021，【1000，47】】＝【2021，13】である。よって，2021÷13＝155あまり６より，【2021，【1000，47】】＝【2021，13】＝６となる。

(2)　Pは５で割ると３あまる数なので，３，８，13，…のように，３に５をたしていった数となる。よって，３＋５×19＝98，３＋５×20＝103より，３桁(けた)の整数Pで最小のものは103とわかる。

(3)　【Q，３】＝２，【Q，５】＝４をともに満たすQは，３で割ると２あまり，５で割ると４あまる数だから，右の図１より，両方に共通する数のうち最も小さいものは14とわかる。また，３で割ると２あまる数は３ずつ増え，５で割ると４あまる数は５ずつ増えるから，両方に共通する数は，14の後，３と５の最小公倍数である15ずつ増えていく。よって，2021に最も近い数は，(2021－14)÷15＝133あまり12より，14＋15×133＝2009か，2009＋15＝2024のどちらかとなるが，2024の方がより2021に近いので，2024とわかる。

図１

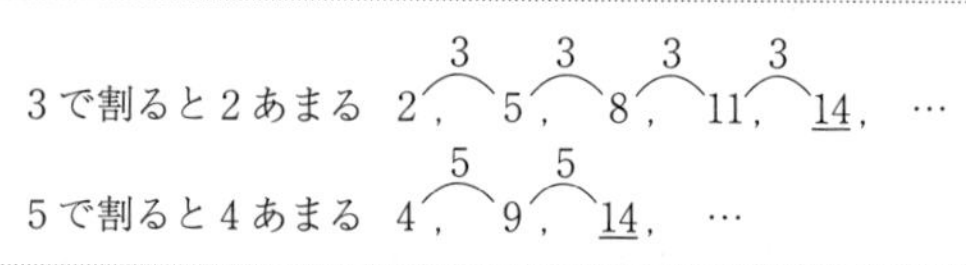

3で割ると2あまる　2，5，8，11，14，…
3　3　3　3
5で割ると4あまる　4，9，14，…
5　5

(4)　【R，３】＝２，【R，５】＝４を満たすRは，(3)のQと同じだから，右の図２のように，14に15をたしていった数となる。また，【R，７】＝３を満たすRは，７で割ると３あまる数だから，３をひくと７で割り切れる。そこで，図２で並んだ数のうち，３をひくと７で割り切れる数を調べると，(14－３)÷７＝１あまり４，(29－３)÷７＝３あまり５，(44－３)÷７＝５あまり６，(59－３)÷７＝８より，59があてはまる。よって，【R，３】＝２，【R，５】＝４，【R，７】＝３を満たす最小のRは59である。

図２

15　15　15
14，29，44，59，…

4　平面図形―面積，角度，点の移動

(1)　三角形OPQで底辺をOPとしたときの高さは，下の図①より，角POQが直角のときは，OQの長さと同じ４cmになるが，角POQが直角でないときは，４cmより短くなる。よって，三角形OPQの面積が最も大きくなるのは，角POQが直角のときだから，その面積は，６×４÷２＝12(cm²)と求められる。

(2)　下の図②で，おうぎ形の弧(こ)の長さは，$(半径)\times2\times(円周率)\times\frac{(中心角)}{360}$で求められるから，印をつけた部分の長さが等しいとき，$6\underline{\times2\times3.14}\times\frac{ア}{360}=4\underline{\times2\times3.14}\times\frac{イ}{360}$と表せる。このと

き，下線を引いた部分が同じなので，$6\times\frac{ア}{360}=4\times\frac{イ}{360}$となり，さらに，360も同じだから，$6\times ア=4\times イ$となる。よって，$ア:イ=\frac{1}{6}:\frac{1}{4}=4:6=2:3$とわかる。

(3)　O，P，Qがはじめて一直線上に並ぶのは，下の図③のようなときで，角POQの大きさは180度になる。また，点P，Qの速さは同じなので，点P，Qが動いた長さは常に等しい。したがって，図③で印をつけた部分の長さは等しいから，(2)と同様に，角カと角キの大きさの比は2：3となる。よって，角カの大きさは，$180\times\frac{2}{2+3}=72$(度)となるので，点Pが進んだ長さは，$6\times2\times3.14\times\frac{72}{360}=7.536$(cm)と求められる。

(4)　問題文中の図1の次に，O，Q，Pの順に一直線上に並ぶのは，下の図④のようなときで，角サと角シの大きさの和は360度になる。また，角サと角シの大きさの比は2：3だから，角サの大きさ，つまり，点Pが進んだ角の大きさは，$360\times\frac{2}{2+3}=144$(度)とわかる。

(5)　(4)より，点Pが144度進むごとに，O，Q，Pの順に一直線上に並ぶ。また，点Pは360度進むごとに最初の位置に戻(もど)るから，点Pが144と360の最小公倍数である720度進むと，点Pは最初の位置に戻り，O，Q，Pの順に一直線上に並ぶ。このときまでに，O，Q，Pの順に一直線上に並ぶ回数は，720÷144＝5(回)となり，(4)の状態を$N=1$と数えるから，最初の位置で再びO，Q，Pの順に一直線上に並ぶのは，$N=5$のときである。

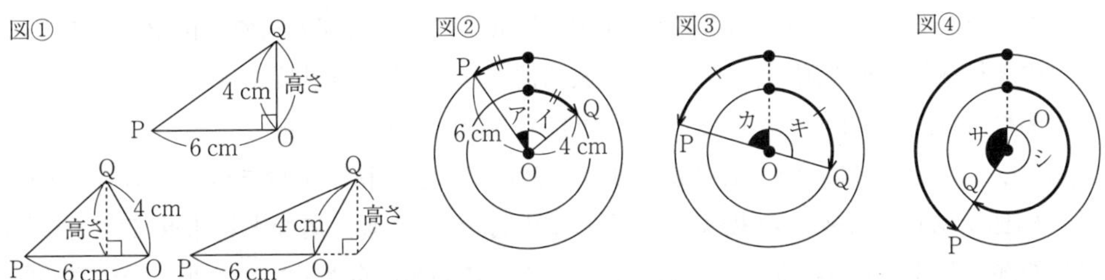

社　会　(30分)　＜満点：60点＞

解　答

1　**問1**　**1**　仙台　**2**　もりのみやこ　**3**　東日本大震災(東北地方太平洋沖地震)　**4**　日本　**5**　千島　**6**　八郎潟　**問2**　**A**　オ　**B**　ウ　**C**　イ　**D**　イ　**問3**　イ　**問4**　オ　**問5**　エ　**問6**　ア　**問7**　リアス海岸　**問8**　ア，エ　**問9**　イ　**問10**　カルデラ　**問11**　オ　2　**問1**　**1**　国民総生産　**2**　足利義満　**3**　大隈重信　**4**　環濠　**5**　六波羅探題　**6**　徳川吉宗　**7**　青木昆陽　**8**　ノルマントン(号)　**9**　大和絵　**問2**　所得倍増　**問3**　イ，エ　**問4**　世阿弥　**問5**　1890(年)　**問6**　石包丁　**問7**　承久の乱　**問8**　奉公　**問9**　小石川養生所　**問10**　治外法権　**問11**　寝殿造　**問12**　国民徴用令　**問13**　F　3　**問1**　ウ　**問2**　五輪　**問3**　イギリス　**問4**　イ　**問5**　(1)　ウ　(2)　カ　**問6**　(1)　税金　(2)　象徴　(3)　ア，オ　(4)　自衛隊　**問7**　オ　**問8**　水俣病　**問9**　政府開発援助

解説

1 東北地方の自然や文化，産業についての問題

問1 **1** 牛タンや七夕まつりで知られるのは仙台市である。仙台市は江戸時代に仙台城(青葉城)の城下町として栄え，現在では東北地方の政治・経済・文化の中心地となっている。 **2** 仙台市は緑が豊かなことから，「杜の都(もりのみやこ)」とよばれる。その由来は，藩主の奨めに従い，家臣がききんに備えて屋しき内にクリやウメ，カキなどの実のなる木や竹を，となりの屋しきとの境にスギを植えたことや，神社・寺院に多くの木が植えられていたことによるという。
3 東北地方の太平洋側は，2011年3月に起きた東北太平洋沖地震と，これによって引き起こされた東日本大震災によって，大きな被害を受けた。 **4**，**5** 釜石市は太平洋に面し，その沖合には暖流の日本海流(黒潮)と寒流の千島海流(親潮)がぶつかって潮目が形成されている。潮目は暖流系や寒流系の魚が多く集まるため，好漁場となっている。 **6** 大潟村は，かつて琵琶湖につぐ日本第2の面積を持つ湖であった八郎潟を干拓した場所につくられた。

問2 Aで説明されている仙台市は，オの宮城県の県庁所在地である。Bに説明のある釜石市はウの岩手県の南東部に位置する。Cに説明のある田沢湖と，Dに説明のある大潟村は，イの秋田県にある。なお，アは青森県，エは山形県，カは福島県。

問3 伊達政宗は東北地方南部に勢力を広げた戦国大名で，1600年の関ヶ原の戦いののち，初代仙台藩主となった。なお，アの徳川家康は三河国(愛知県東部)の戦国大名で，1603年に江戸幕府を開いた。ウの上杉謙信は越後国(新潟県)，エの武田信玄は甲斐国(山梨県)の戦国大名。

問4 大潟村では，東経140度の経線と北緯40度の緯線が交わっている。

問5 「東北三大祭り」は，仙台七夕まつり，青森ねぶた祭，秋田竿燈まつりである。秋田竿燈まつりは，稲穂に見立てた多くの提灯を吊るした大竹を額や腰，肩などに乗せて大通りを練り歩き，豊作を願う祭りである。なお，アについて，よさこい節に合わせて踊り歩くのは高知県高知市などで行われるよさこい祭り。イについて，青森ねぶた祭は毎年8月初めに開催される。ウについて，なまはげは秋田県の男鹿地方周辺に伝わる伝統行事。

問6 ぶりの養殖は西日本の各地でさかんに行われており，生産量は鹿児島県・大分県・愛媛県の順に多い。なお，イはのり類，ウはこんぶ，エは真珠の生産量上位3道県。統計資料は『データでみる県勢』2021年版による。

問7 リアス海岸は山地が沈みこみ，谷だったところに海水が入りこんでできた出入りの複雑な海岸地形で，入り江が内陸に深く湾入し水深も深いため，漁港や養殖に適しているが，海に向かってV字形に開いているところが多いため，津波の被害を受けやすい。東北地方の三陸海岸のほか，三重県の志摩半島沿岸，福井県の若狭湾岸，愛媛県の宇和海沿岸などでみられる。

問8 「釜石市防災市民憲章」では，災害時にはとにかく安全な場所にいちはやく逃げることを伝えている。事前に避難ルートを実際に歩くことも避難訓練として重要なので，ア，エの2つがあてはまる。なお，イは「戻らない」の部分の内容に合わない。

問9 岩手県と秋田県の県境には，奥羽山脈がのびている。奥羽山脈は東北地方の中央部を南北約500kmにわたって貫き，秋田新幹線の走るJR田沢湖線はこの山中を通過する。なお，アの出羽山地は奥羽山脈の西にある山地，ウの北上盆地は奥羽山脈と北上高地にはさまれた，北上川の上・中流域にある細長い盆地，エの白神山地は青森県と秋田県の県境にまたがり，世界自然遺産の登録地

として知られる山地。

問10 カルデラは火山が噴火したあと，河口付近が落ちこんでできた大きなくぼ地のことで，このくぼ地に水がたまるとカルデラ湖になる。田沢湖はカルデラ湖とする説が有力で，最大深度は423mと日本で最も深い。

問11 図中のａは秋田市，ｂは盛岡市，ｃは宮古市で，ほぼ同緯度に位置する。秋田市は日本海側の気候に属し，冬の積雪量が多いので，(Ⅱ)があてはまる。盛岡市は内陸に位置し，寒暖の差が大きいので，(Ⅲ)があてはまる。宮古市は太平洋側の気候に属しているが，「やませ」とよばれる冷たく湿った北東風の影響を受け，夏の気温が低い。よって，(Ⅰ)となる。

2 各時代の歴史的なことがらについての問題

問１ **１** 高度経済成長期の1968年，日本の国民総生産(GNP)が資本主義国の中でアメリカ合衆国についで世界第２位となった。 **２** 室町幕府の第３代将軍を務めた足利義満は明(中国)との国交を開き，倭寇(日本の武装商人団・海賊)と区別するため，正式な貿易船に勘合符とよばれる合い札を持たせて日明貿易(勘合貿易)を始めた。 **３** 明治政府が国会開設を約束すると，1882年には大隈重信がイギリス流の議会政治などを主張して立憲改進党を結成した。大隈重信は肥前佐賀藩(佐賀県)出身の政治家で，のちに内閣総理大臣も務めた。 **４** 弥生時代，水稲耕作の本格化にともなって土地や水利，収穫物などをめぐるむらどうしの対立が激化すると，外敵の侵入を防ぐため，周囲をほりや柵で囲み，物見やぐらを備えた環濠集落がつくられるようになった。佐賀県の吉野ヶ里遺跡がその代表例である。 **５** 朝廷による反乱をしずめた鎌倉幕府は，朝廷の監視や西国御家人の統率を行う機関として，京都に六波羅探題を設置した。 **６**，**７** 江戸幕府の第８代将軍徳川吉宗は享保の改革(1716～45年)を行い，幕政の改革に着手した。その中で青木昆陽に命じて蘭学を学ばせ，ききんのさいの代用作物としてサツマイモの栽培を研究させた。 **８** 1886年，イギリスの貨物船ノルマントン号が紀伊半島沖(和歌山県)で遭難すると，イギリス人の船長や乗組員はボートで脱出したが，日本人乗客は全員見殺しにされた。イギリス領事による裁判で船長は軽い罰しか受けなかったため，治外法権(領事裁判権)の撤廃を求める世論が高まった。 **９** 平安時代，遣唐使が廃止されると中国の文化が入ってこなくなり，日本の風俗や習慣に合った国風文化が栄えた。絵画では，日本の山水や人物を題材とした大和絵が描かれるようになった。

問２ 1960年，池田勇人内閣は10年間で所得を倍にするという(国民)所得倍増計画を打ち出し，高度経済成長政策を進めた。

問３ 高度経済成長期の前半，白黒テレビ・電気洗濯機・電気冷蔵庫は「三種の神器」として人々の人気を集め，急速に普及した。後半には，カラーテレビ・クーラー(エアコン)・カー(自動車)が「新三種の神器(３Ｃ)」として普及した。

問４ 世阿弥は父の観阿弥とともに足利義満の保護を受け，能(能楽)を大成させた。

問５ 自由民権運動の高まりをおさえられなくなった明治政府は1881年，10年後の国会開設を約束した。そして，1890年に第１回帝国議会が開かれた。

問６ 弥生時代の稲作では，稲を収穫するさい，穂の部分を刈り取るために石包丁という石器が使われた。

問７ 1221年，後鳥羽上皇は源氏の将軍が３代で絶えたのをきっかけに，政治の実権を幕府から朝廷の手に取り戻そうとして承久の乱を起こしたが，わずか１か月で幕府軍に敗れ，上皇は隠岐

(島根県)に流された。

問8　鎌倉時代，将軍と御家人とは，土地を仲立ちとした御恩と奉公の主従関係で結ばれていた(封建制度)。将軍は御家人の土地を守ってやり，手がらを立てれば新しい土地をあたえた。これを「御恩」という。これに対し御家人は，「いざ鎌倉」という一大事が起こったときには一族を率いて将軍のために命がけで戦うことを義務づけられた。これを「奉公」という。

問9　享保の改革では，目安箱への投書にもとづき，病気やけがに苦しむ貧しい人々に無料で治療や医薬をほどこす施設として，小石川養生所が設置された。

問10　ノルマントン号事件でイギリス人船長が軽い罪に問われただけで済んだのは，イギリスに治外法権(領事裁判権)を認めていたからである。この結果に対し，国民の間に不平等条約改正の世論が高まり，1894年には外務大臣の陸奥宗光がイギリスとの交渉で治外法権の撤廃に成功した。

問11　平安時代，大貴族は「寝殿造」とよばれる建築様式の屋しきに住んでいた。これは主人の住む寝殿(本殿)を中心に北や東西に家族の住む対屋を設けて渡り廊下で結び，寝殿に南面する庭には築山や池を配置したつくりである。

問12　1937年に始まった日中戦争が長期化すると，政府は翌38年に国家総動員法を制定して国内の戦時体制を強化した。1939年に出された国民徴用令により，国民が軍需産業に動員されるようになった。

問13　Aは昭和時代(戦後)，Bは室町時代，Cは明治時代(1881年)，Dは弥生時代，Eは鎌倉時代，Fは江戸時代，Gは明治時代(1886年)，Hは平安時代，Ｉは昭和時代(戦前)である。よって，時代の古い順に並びかえるとD→H→E→B→F→C→G→Ｉ→Aとなるので，5番目はFである。

3　オリンピックの歴史を題材とした問題

問1　WHO(世界保健機関)は，感染症の予防や撲滅，世界の人々の健康増進をはかることなどを目的とした国際連合(国連)の専門機関である。なお，アのユニセフは国連児童基金，イのPKOは国連平和維持活動，エのユネスコは国連教育科学文化機関，オのNGOは非政府組織の略称。

問2　オリンピックは4年に1度行われる国際的なスポーツの祭典で，人類が生活している五大陸を象徴する5つの輪を組み合わせたオリンピックのマークから，「五輪」ともいう。

問3　ヨーロッパ連合(EU)はヨーロッパ諸国が加盟する政治・経済同盟だが，イギリスは2016年の国民投票の結果を受け，2020年1月にヨーロッパ連合を脱退した。

問4　1896年は日本では明治29年にあたり，1889年に制定された大日本帝国憲法により政治が行われていた。よって，イが正しい。なお，ア，エ，オは日本国憲法にあてはまる。ウについて，非核三原則は憲法に定められた原則ではない。

問5　(1)，(2)　2020年秋に行われたアメリカ合衆国の大統領選挙では，民主党のジョー・バイデンが現職で共和党のドナルド・トランプを破って当選した。なお，アメリカ合衆国は民主党と共和党の二大政党制の国である。

問6　(1)　国や都道府県・市区町村などの地方公共団体は，原則として国民(住民)から徴収した税金などの収入(歳入)により，行政サービスを行う。　(2)　日本国憲法は天皇の地位について，日本国と日本国民統合の「象徴」とし(第1条)，天皇は一切の政治権力を持たず，内閣の助言と承認によりごく限られた国事に関する行為(国事行為)のみを行うことと定めている。　(3)　国会は内閣が外国と結んだ条約を承認したり，法律を制定したりする。よって，ア，オの2つが正しい。なお，イは内閣(任命は天皇)，ウは裁判所，エは天皇(指名は国会)の仕事。　(4)　自衛隊は日本の国土と国民を守るための組織で，1950年に設置された警察予備隊を前身として1954年に発足した。また，災害時に救助活動をしたり，国連のPKOで海外に派遣されたりする。

問7　1964年の東京オリンピック・パラリンピック大会は，高度経済成長期に行われた。

問8　高度経済成長期には工業が著しく発達した一方で，全国的に公害問題が深刻になった。中でも被害が大きかった熊本県の水俣病，新潟県の第二(新潟)水俣病，富山県のイタイイタイ病，三重県の四日市ぜんそくは，合わせて四大公害病とよばれる。

問9　ODA(政府開発援助)は，先進国の政府機関が発展途上国などに対して行う資金や技術の援助のことである。

理　科　(30分)＜満点：60点＞

解　答

1　**問1**　ア，イ，エ　**問2**　Ⅰ　ⓐ　Ⅱ　ⓓ　**問3**　図…C　理由…オ　**問4**　エ　**問5**　ウ　**問6**　イ　**問7**　80回　2　**問1**　(1)　ウ　(2)　ア　**問2**　ア　**問3**　イ　**問4**　ウ　**問5**　ウ　**問6**　B＞X＞A＞Y　3　**問1**　エ　**問2**　ア　**問3**　9から10まで　**問4**　イ　**問5**　イ　**問6**　図…イ　理由…カ　**問7**　ア　**問8**　イ　**問9**　ウ　4　**問1**　ア　**問2**　イ　**問3**　イ　**問4**　エ　**問5**　30g　**問6**　オ　**問7**　イ

解　説

1　ヒトの心臓のつくりとはたらきについての問題

問1　心臓が強い力で血液を送り出すので，動脈の壁は血液が流れるときにふくらんだり縮んだりする。これが脈はくで，脈はくは手首や足の甲，こめかみ，足のつけ根など，動脈が皮ふ表面に近いところにある場所で感じ取ることができる。なお，ひじの内側でも脈はくを感じ取ることができるが，一般にひじはうでを曲げたときにつき出す側(外側)をさすため，ここでは選んでいない。

問2　全身からもどってきた二酸化炭素の多い血液は，ⓐの大静脈を通って心臓に入り，心臓からⓒの肺動脈を通って肺に入る。そして，肺で二酸化炭素を捨てて酸素を取り入れると，ⓓの肺静脈を通って心臓に入り，心臓からⓑの大動脈を通って全身に送り出される。

問3　心臓の壁は筋肉でできていて，壁が厚いほど血液を送り出す力が強い。Aは右心房，Bは右心室，Cは左心室，Dは左心房で，この4つの部屋のうちCの左心室の壁は，肺からもどってきた血液を全身へ強い力で送り出すために，壁が最も厚くできている。

問4　肺や全身に血液を送り出すときには，Bの右心室とCの左心室が同時に縮んでいる。

問5　左右の心房がふくらんで，肺や全身から送られてくる血液が心房に入るときには，左右の心室が縮んで，心室内の血液が動脈に送り出される。このとき，②と③の弁が開き，①と④の弁は閉じる。

問6　グラフを見ると，規則正しく大きい山と小さい山がくり返されており，この1組が心拍1回

分にあたる。大きい山から次の大きい山までにかかる時間は，1.0－0.2＝0.8(秒)である。つまり，心拍の間かくが0.8秒なので，１分間の心拍数は，60÷0.8＝75(回)とわかる。

問７　心臓が送り出す血液の量は１分間あたり，7200÷24÷60＝５(Ｌ)，つまり5000mLなので，１分間のはく動の回数は，5000÷62.5＝80(回)となる。

2 ものの浮き沈みについての問題

問１　(1)　水から氷になると，重さは変わらずに体積が増えるので，氷の密度は小さくなる。

(2)　アルコールの密度は，7.9÷10＝0.79，氷の密度は，１÷1.1＝0.909…なので，氷の密度はアルコールの密度より大きい。よって，アルコールに入れた氷は沈む。

問２　食塩水Ｂに入れたとき，生卵Ｘは沈み，生卵Ｙは浮いたので，生卵Ｘの密度の方が生卵Ｙの密度より大きい。

問３　生卵Ｙは，食塩水Ａには沈み，食塩水Ｂには浮いたので，食塩水Ｂの密度の方が食塩水Ａの密度より大きい。

問４　生卵Ｘは食塩水Ｂに沈み，生卵Ｙは食塩水Ａに沈んだが，ゆで卵Ｘは食塩水Ｂに浮き，ゆで卵Ｙは食塩水Ａに浮いたことから，生卵をゆでると密度は小さくなったと考えられる。

問５　生卵からゆで卵になると密度は小さくなったのだから，ゆでる前後で体積に変化がなければ，重さは小さくなったといえる。

問６　食塩水Ａ，食塩水Ｂ，ゆで卵Ｘ，ゆで卵Ｙの密度の大小関係は，Ｘ＞Ａ，Ｂ＞Ｘ，Ａ＞Ｙ，Ｂ＞Ｙである。これらのことから，Ｂ＞Ｘ＞Ａ＞Ｙとなる。

3 天気についての問題

問１　雨量は降った雨がどこにも流れずその場所にたまったときの水の深さのことなので，雨量計がつつ型であれば直径に関係なく，たまった深さが雨量となる。

問２　強い雨が降ったときに雨がはね返って雨量計に入るのを防ぐため，雨量計のまわりにはしばを植えたり，人工しばをしいたりする。

問３　空全体の広さを10としたときの雲が占める量(雲量)が０～１のときを「快晴」，２～８のときを「晴れ」，９～10のときを「くもり」としている。

問４　静岡県をおおっていた晴れの区域が翌日には東の東京都に移っていたり，神奈川県の上空にいた雨雲が数時間後には東の東京都に移っていたりしている例から，天気は西から東へと移り変わることが多いと考えられる。

問５　ひこうき雲は，上空を飛ぶ航空機のエンジンが出す水蒸気が，急激に冷やされて水てきや氷のつぶになったものなどである。空気がかわいていればひこうき雲はすぐに消えてしまうが，空気がしめっているとひこうき雲が消えにくい。そのため，雨雲をともなうしめった空気が近づいてきていると，ひこうき雲が長い時間残りやすいので，そのようすから今後くもりや雨になると予想できる。

問６　日本のはるか南で発生した台風が北上してくるときには，太平洋高気圧(温かい空気のかたまり)のふちにそって進んでくることが多いが，９月ごろには，それまで日本全体をおおっていた太平洋高気圧の勢力が弱まり，そのふちがちょうど日本付近にかかるため，イのような進路で台風が日本の上空を通過することがある。

問７，問８　地表付近では，台風の中心に向かって反時計回りに風がふきこんでいる。そのため，台風の進行方向に対して右側(東側)の地域では，中心に向かって反時計回りにふきこむ風の向きと台風の進む向きとが重なるために風が強くなりやすく，それだけ被害(ひがい)も大きくなりやすい。

問9　台風の雲の直径(約1000km)は雲の高さ(約10km)の約100倍である。一方，CD(コンパクトディスク)は直径12cm，厚さ1.2mmで，直径が厚さのちょうど100倍となっている。なお，台風の目の直径が台風の直径と比べて小さいことに注目しても，CDがあてはまる。

4 もののとけ方についての問題

問1　紅茶の量は変わっていないのに，温度を高くすることでとけ残っていた砂糖がすべてとけたことから，紅茶の温度が高い方が，砂糖のとける量が増えるといえる。

問2　よく冷やした炭酸水より，冷やしていない炭酸水の方が，とけている二酸化炭素があわとなってたくさん出てきた。これより，水の温度が低い方が，二酸化炭素のとける量が増えることがわかる。

問3　水の温度が一定であれば，ものがとける限度の量は水の量に比例する。砂糖のとけ残りがあるときに水の量を増やすと，とけ残った砂糖は減る。

問4　水に小麦粉を加えてよくかき混ぜると白くにごり，しばらく放置すると下に小麦粉の粒(つぶ)が沈んでくる。これは小麦粉が水にほとんどとけないためである。

問5　ミョウバンとコップと水の重さの合計は，200＋50＝250(g)で，ミョウバンのとけた上澄み(うわずみ)液は220gなので，ミョウバンのとけ残りとコップの重さの合計は，250－220＝30(g)である。

問6　水の温度を上げるととけ残っていたミョウバンがすべてとけたことから，ミョウバンが水100gにとける量は，20℃のときは40gより数十g少ないが，水の温度を上げていくと40gより多くなる。よって，グラフは大きく右に上がる。一方，食塩が水100gにとける量は，20℃のときは40gよりわずかに少なく，水の温度を上げても変化が見られなかったので，グラフはほとんどかたむかない。これらのことから，グラフはオが適切である。

問7　ミョウバンが水にとける量は，水の温度が低いほど，また，水の量が少ないほど少なくなるので，とけるだけとかした水よう液の温度を下げても，水を蒸発させても，とける量が少なくなって結晶(けっしょう)として出てくる。しかし，規則正しい形をした，大きなミョウバンの粒を取り出すには，結晶を大きく成長させるためにゆっくりと水よう液の温度を下げていくのがよい。

国語　(45分)<満点：90点>

解答

一 **問1**　①～③　下記を参照のこと。　④　へ(る)　**問2**　Ⅰ　エ　Ⅱ　ア　Ⅲ　ウ　Ⅳ　オ　**問3**　C　**問4**　子どもを無事に大人に育てあげること　**問5**　(例)　年寄りの大事な役割のひとつは，豊かな経験から身につけた知恵を，一人前に成長した子に授けることであるが，人間の高度な文明は，その知恵の積み重ねによって築かれたのだから，もし年寄りの知恵が継承されなければ，社会は進化できなくなるから。　**問6**　知恵を授ける　**二** **問1**　①～③　下記を参照のこと。　④　つごう　**問2**　子どもの言うことなんて聞いてくれない(ところ)　**問3**　エ　**問4**　ウ　**問5**　⑴　イ　⑵　(例)　身勝手な本心をぶつけ，アディソンの決意のじゃまはしたくない　**問6**　(例)　アオイは「なんとかなる」なんていいかげんだと思い，母親のこの口ぐせが好きではなかった。しかし今，この言葉をきっかけに前向きになったアディソンのことを思うと，この言葉が少し好ましく感じられるようになった。

●漢字の書き取り

㊀ 問1　①　対等　②　程度　③　群(れ)　**㊁ 問1**　①　浴(び)　②　悲鳴　③　空想

解説

㊀ 出典は稲垣栄洋(いながきひでひろ)の『生き物が大人になるまで　「成長」をめぐる生物学』による。生物の世界で，人間にだけ存在する「おじいさん」「おばあさん」の果たす役割について説明している。

問1　①　互(たが)いに優劣(ゆうれつ)や上下などの差がないようす。　②　何らかのものごとに適した度合。　③　音読みは「グン」で，「大群」などの熟語がある。訓読みにはほかに「むら」がある。　④　音読みは「ケイ」「キョウ」で，「経験」「写経」などがある。

問2　Ⅰ　多くの生物は，子育てが済むとその寿命(じゅみょう)を終えるが，人間は子どもをつくらなくなっても寿命が尽(つ)きることはないというのだから，前のことがらを受けて，それに反する内容を述べるときに用いる「ところが」が入る。　Ⅱ　人間以外の生物では「三世代がいっしょに暮らすこと」は見られないと述べた後，「キツネ」を例にあげて説明しているので，具体的な例をあげるときに用いる「たとえば」が合う。　Ⅲ　「人間にはおばあさんやおじいさん」がいて，その「おばあさんやおじいさんという存在」が，「人間を大きく進化させた」というのだから，前のことがらを受けて，次に話を進める意味を表す「そして」が合う。　Ⅳ　「おばあさん」の担(にな)ってきた役割を説明した後，「おじいさん」の場合について述べられているので，それまで述べてきたことが終わり，新しい話題に移ることを示す「それでは」がよい。

問3　【C】に入れると，人間が子育てをするために発達させた「家族」や「社会」の中で，「おばあさん」や「おじいさん」はそれぞれの「役割」を果たしてきた，という内容を「こうして」で受け，いったんまとめる形になり文意が通る。

問4　前の部分で述べられていた，「おばあさんやおじいさんの役割」に注目する。「『家族』や『社会』という仕組み」の中で，「おばあさん」は「孫の世話」をし，「おじいさん」は「外敵から家族や群れ」を守ったり「食料を調達」したりするという役割を果たしてきた。つまり，「それ」は両者が担ってきた子育てにかかわる重要な役割を指すとわかるので，「子どもを無事に大人に育てあげること」がぬき出せる。

問5　筆者は，年寄りの知恵(ちえ)が受け継(つ)がれずにこの世から消えていくことを「人類にとって」の「大きな損失」だと述べている。豊かな経験がもとにある年寄りの「知恵」は，子どもに継承(けいしょう)されることで積み重なり，やがて高度な「文明」社会が築かれた。このように，世代を経る中でアップデートされていく知恵がなければ，社会の「進化」はないというのだから，「一人前に成長した子に，長く生きた経験の中で身につけた知恵を授(さず)けることが，年寄りの役割である。文明社会は，その知恵の積み重ねによって築かれた。だから，もし，年寄りの知恵が継承されなければ，人間の社会は進化できなくなるから」のようにまとめる。

問6　次の世代に果たすべき年寄りの役割を考える。直後の段落で，「長い人生の経験の中で身につけた『生き方』を見せればよい」と述べられていることや，問５で検討したこともふまえると，「年寄りは，次の世代に知恵を授ける存在」だとわかる。

二 出典は花里真希の『あおいの世界』による。親の都合で引っ越すことになるかもしれない友だちのアディソンが，自分の家に帰りたくないと話し，アオイの家に一晩泊まる場面である。

問１　①　音読みは「ヨク」で，「入浴」などの熟語がある。　②　恐怖や苦痛などを感じたときにあげる叫び声。　③　現実にはあり得ないことを思いめぐらすこと。　④　何かをするとき，ほかとの関係に影響を及ぼす事情。

問２　アディソンから，自分は望んでいないのに親の都合で引っ越すかもしれないと打ち明けられたアオイは，カナダに来るときに自分の希望が聞き入れられなかった経験があったことを思い出し，「大人って勝手だ」とこぼす彼女に共感している。つまり，二人は大人が「子どもの言うことなんて聞いてくれない」という点に不満を感じているのである。

問３　続く部分で，今日は自分の家に泊まるものの，明日家に帰ればアディソンは彼女の母親とけんかになるのだろうし，いやがっても母親が決めたらノバスコシアに行くしかないという状況に，アオイが思いをはせていることをおさえる。アオイの母親から「明日，家に帰ったらお母さんにもありがとうって言っておいてね。お母さん，本当に心配してたから」と言われ，「はい」とは返したものの，アディソンは自分の母親との関係をふくめ，今後のことに悩んでいるのだから，「うつむいて」しまったとするのがよい。なお，「ふてくされる」は，“不満で，反抗的な態度をとったり，やけを起こしたりする”という意味。「はにかむ」は，“恥ずかしがる”という意味。「しらばくれる」は，“知っているのに，さも知らなそうなふりをする”という意味。

問４　英語に変換された「なんとかなる」という言葉から，アディソンは以前ラジオで聞いた「おばあちゃんが孫に，全部の話はハッピーエンドなんだよって教える話」を連想している。アディソンはその話を現在の自分の状況に重ね，これからどのような選択をしても幸せになれるはずだと思い，迷いが晴れたのだから，ウがよい。

問５　どういう選択をしても幸せになれるはずだという考えに至ったアディソンに「ついていけない」アオイが，彼女と離れたくないと思っていることをおさえる。　⑴　ぼう線③の前後で，アオイはアディソンがノバスコシアに行ったら，「空想を一緒に楽しんでくれる人がいなく」なり，また一人になってしまうのが「こわい」と話しているので，イが選べる。　⑵　アオイは，アディソンの決意を尊重すべきだと理解しているものの，本心では彼女に「ノバスコシアに行ってほしくない」と思っている。アオイの心の中で生じた矛盾への苦悩が，なみだにあふれた顔をかくし，「アディソンに背中を向け」た動作に表れていることをおさえ，「自分の本心をぶつけず，アディソンの決意を尊重するべきだ」という趣旨でまとめる。

問６　昨晩アオイは，アディソンをはげますために「なんとかなる」という母親の口ぐせを教えたものの，どこか「いいかげん」な言葉のように思え，好きではなかった。しかし，それを聞いたアディソンは，どの選択をしても結果的には幸せにたどり着くはずだという考えに至り，ノバスコシアへ行くことを肯定的に考えられるようになっている。だから，アオイは母親から「いい言葉でしょ」と言われて少し納得できたのである。

Dr.福井の 入試に勝つ！脳とからだのウルトラ科学

右の脳は10倍以上も覚えられる！

手や足，目，耳に左右があるように，脳にも左右がある。脳の左側，つまり左脳は，文字を読み書きしたり計算したりするときに働く。つまり，みんなはおもに左脳で勉強していることになる。一方，右側の脳，つまり右脳は，音楽を聞き取ったり写真や絵を見分けたりする。

となると，受験勉強に右脳は必要なさそうだが，そんなことはない。実は，右脳は左脳の10倍以上も暗記できるんだ。これを利用しない手はない！　つまり，必要なことがらを写真や絵などで覚えてしまおうというわけだ。

この右脳を活用した勉強法は，図版が数多く登場する社会と理科の勉強のときに大いに有効だ。たとえば，歴史の史料集には写真や絵などがたくさん載っていて，しかもそれらは試験に出やすいものばかりだから，これを利用する。やり方は簡単。「ふ～ん，これが○○か…」と考えながら，載っている図版を５秒間じーっと見つめる。すると，言葉は左脳に，図版は右脳のちょうど同じ部分に，ワンセットで記憶される。もし，左脳が言葉を忘れてしまっていたとしても，右脳で覚えた図版が言葉を思い出す手がかりとなる。

また，項目を色でぬり分け，右脳に色のイメージを持たせながら覚える方法もある。たとえば江戸時代の三大改革の内容を覚えるとき，享保の改革は赤，寛政の改革は緑，天保の改革は黄色というふうに色を決め，チェックペンでぬり分けて覚える。すると，「“目安箱”は赤色でぬったから享保の改革」というように思い出すことができ，混同しにくくなる。ほかに三権分立の関係，生物の種類分け，季節と星座など，分類されたことがらを覚えるときもピッタリな方法といえるだろう。

Dr.福井（福井一成（ふくいかずしげ））…医学博士。開成中・高から東大・文Ⅱに入学後，再受験して翌年東大・理Ⅲに合格。同大医学部卒。さまざまな勉強法や脳科学に関する著書多数。

Memo

Memo

2020年度　立教女学院中学校

〔電　話〕(03) 3334－5103
〔所在地〕〒168-8616　東京都杉並区久我山4－29－60
〔交　通〕京王井の頭線―「三鷹台駅」より徒歩2分
JR中央線―「西荻窪駅」よりバス

【算　数】（45分）〈満点：90点〉

1　次の□や[①]・[②]にあてはまる数を書きなさい。

(1) $\frac{1}{3}-\left\{\left(\frac{1}{6}+0.125\div0.75\right)-\frac{1}{9}\right\}=$□

(2) $\left(2\frac{1}{8}-\frac{1}{2}\times\square+\frac{7}{24}\right):1\frac{7}{8}=2:3$

(3) $(1234+2143+3421+4312)\div101=$□

(4) いま，時計の針が2時を指(さ)しています。このとき，長針が[①]度回転すると2時35分になります。また，長針と短針が重なるのは2時[②]分です。

(5) ある中学校の新入生に2種類の本A，Bを読んだことがあるかを調査しました。Aを読んだことがある生徒は全体の$\frac{3}{4}$，Bを読んだことがある生徒は全体の$\frac{9}{20}$，AとBの両方を読んだことがある生徒はAを読んだことがある生徒の$\frac{1}{3}$であり，両方とも読んだことがなかった生徒は10人でした。このとき，Bだけを読んだことがある生徒は全体の[①]%で，AとBの両方を読んだことがある生徒は[②]人です。

(6) 下のグラフは，姉が家を出発した6分後に妹が姉を追いかけたときの，姉が出発してからの経過時間と，姉妹の進んだ距離(きょり)の差の関係を表したものです。姉は途中(とちゅう)で2分間休憩(きゅうけい)をしました。姉が家を出発してから16分後に妹に追いつかれたとき，姉の速さは毎分[①]m，妹の速さは毎分[②]mです。

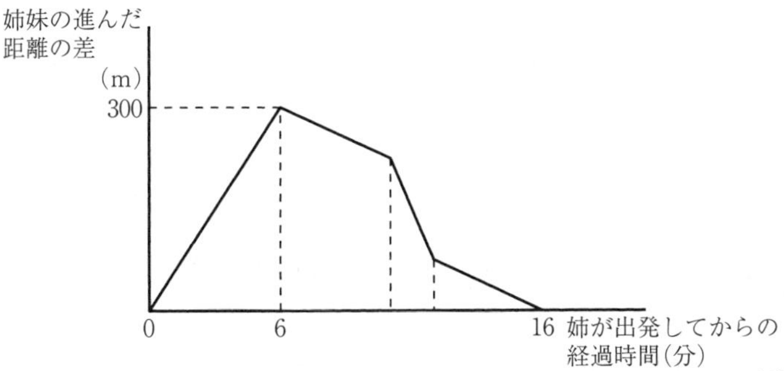

(7) 右の図のように，半径10cmの円が重なっています。影(かげ)をつけた部分の面積は□cm²です。ただし，A，B，Cは，それぞれの円の中心で，円周率は3.14とします。

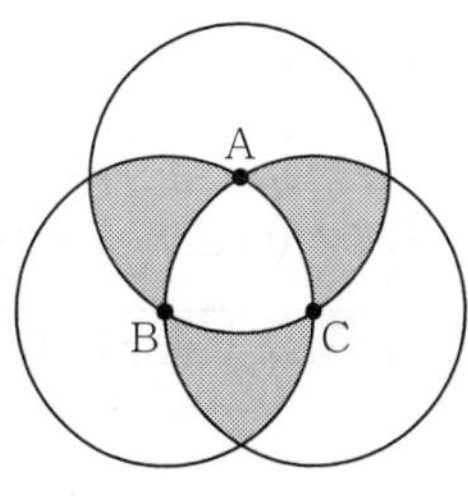

(8) 3種類の商品A，B，Cが合わせて100個あり，これらの重さの合計は5120gです。また，商品1個あたりの重さはそれぞれ40g，50g，60gで，商品Aと商品Bの個数の比は3：5です。このとき，商品Cの個数は□個です。

(9) 容器Aに濃度10％の食塩水が300g，容器Bに濃度5％の食塩水が100g入っています。容器A，容器Bからそれぞれ［　①　］gずつ同時に取り出して，容器Aから取り出したものは容器Bへ，容器Bから取り出したものは容器Aへ入れてよくかき混ぜたところ，ともに濃度が［　②　］％になりました。

2　1辺の長さが6mの正方形のさくと，1辺の長さが4cmの立方体があります。以下の問いに答えなさい。ただし，円周率は3.14とします。

(1) 図1のように，長さ3mのロープで点Aにつながれたイヌがいます。このさくの外側で，イヌが自由に動ける範囲の面積は何m^2ですか。ただし，イヌの大きさは考えません。

(2) 図2のように，長さ10mのロープで点Bにつながれたイヌがいます。このさくの外側で，イヌが自由に動ける範囲の面積は何m^2ですか。ただし，イヌの大きさは考えません。

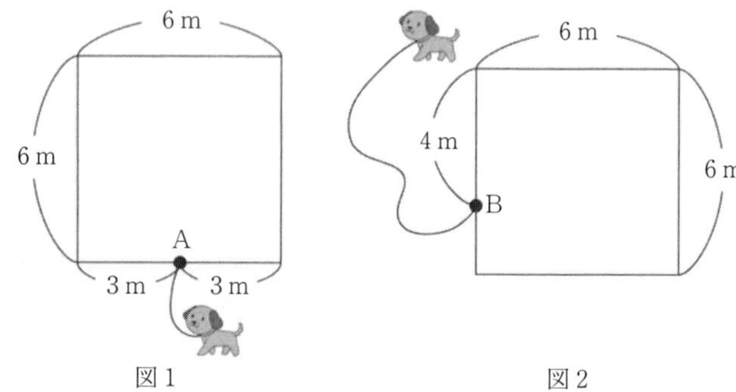

図1　　図2

(3) 図3のように，立方体が床に置かれています。長さ4cmのひもで点Cにつながれたアリが自由に動ける範囲の面積は何cm^2ですか。ただし，アリの大きさは考えず，アリは立方体の壁を移動できるものとします。

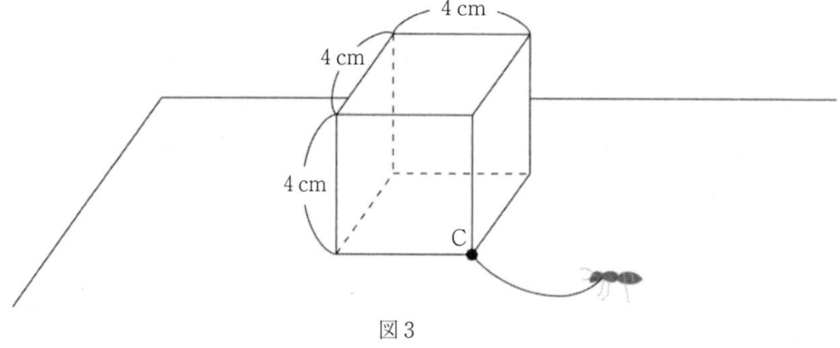

図3

3　整数Nの約数の合計を《N》で表すことにします。
例えば，《21》＝1＋3＋7＋21＝32，《23》＝1＋23＝24です。以下の問いに答えなさい。

(1) 《28》を計算するといくつですか。

(2) 《N》＝1＋Nとなる整数Nのうち，50以下で最大のものはいくつですか。

(3) 《N》＝12となる整数Nのうち最小の整数は［　①　］，最大の整数は［　②　］です。［①］，［②］にあてはまる数を書きなさい。

(4) 《N》＝N＋8となる整数Nのうち最小の整数は［　③　］，最大の整数は［　④　］です。［③］，［④］にあてはまる数を書きなさい。

4 姉が「5歩」歩く間に弟は「4歩」歩きます。姉の歩幅（ほはば）は60cm，弟の歩幅は48cmです。いま，姉と弟がP地点とQ地点を結ぶ「動く歩道」を，P地点から同時に一定の速さで歩き始めました。すると，姉はちょうど90歩でQ地点に着き，弟は姉より9秒遅（おく）れてQ地点に着きました。また，「動く歩道」が止まっているとき，姉はP地点を出発してちょうど126歩でQ地点に着きました。「動く歩道」の速さは一定であるものとして，以下の問いに答えなさい。

(1) 「動く歩道」の長さ（P地点からQ地点までの距離（きょり））は何cmですか。

(2) 姉の歩く速さと弟の歩く速さの比を，最も簡単な整数の比で表しなさい。

(3) 姉の歩く速さと「動く歩道」の速さの比を，最も簡単な整数の比で表しなさい。

(4) 姉が「動く歩道」を歩いてP地点からQ地点へ向かったとき，到着（とうちゃく）するまでに何秒かかりましたか。

(5) 「動く歩道」の速さは毎秒何cmですか。

【社　会】（30分）〈満点：60点〉

1　次の問いに答えなさい。

問1　世界地図や地球儀に関する以下の文章を読んで，（1）～（6）にあてはまる数字や語句を記入しなさい。ただし（1）と（2）は漢字で，（3）～（6）は数字で答えなさい。

世界地図や地球儀には，たてと横に引いた線が示されています。たての線を（　1　），横の線を（　2　）といいます。（　1　）は，イギリスにある，もとのグリニッジ天文台を通る線を（　3　）度として，東西に（　4　）度まで等しい間隔に分けています。（　2　）は，赤道を（　5　）度として，南北を（　6　）度まで分けています。

問2　世界地図や地球儀に関する以下のア～エのうち，間違っているものを1つ選んで，記号で答えなさい。

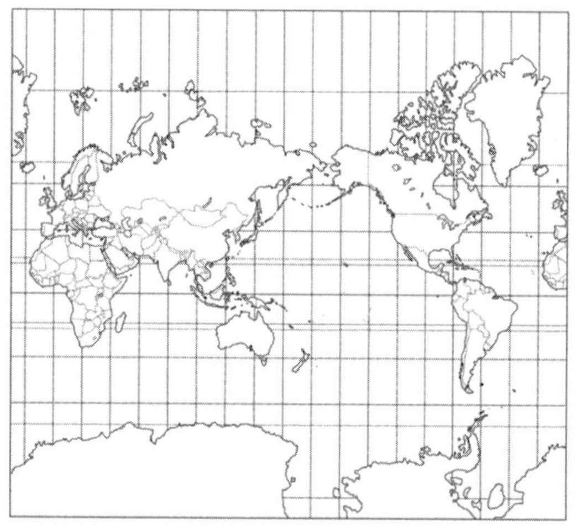

ア．地球儀は，日本とブラジルを同時に見わたすことができる。

イ．世界地図は，陸地や海の形・面積・方位・距離などをすべて同時に正しく表すことができない。

ウ．右の世界地図で，オーストラリア大陸とグリーンランドで面積が広く見えるのは，グリーンランドの方である。

エ．右の世界地図は，赤道付近のせまい範囲では，面積や距離がほぼ正確に表現されている。

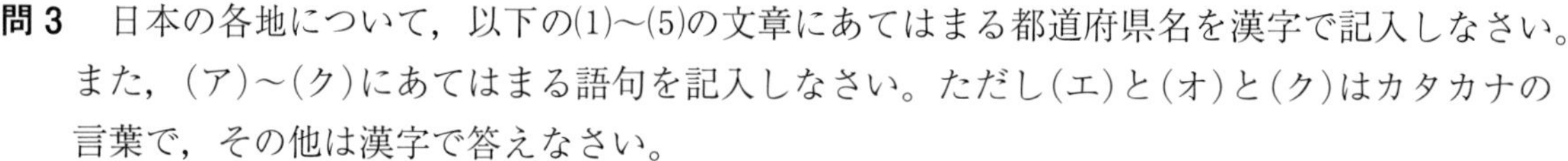

問3　日本の各地について，以下の(1)～(5)の文章にあてはまる都道府県名を漢字で記入しなさい。また，（ア）～（ク）にあてはまる語句を記入しなさい。ただし（エ）と（オ）と（ク）はカタカナの言葉で，その他は漢字で答えなさい。

(1)　日本で一番深い湖である（　ア　）湖がある。かつての小坂鉱山での技術を継承した金属リサイクル施設が現在稼働している。地中から噴出する蒸気で直接タービンを回し，電気を得る（　イ　）発電も上の岱（湯沢市高松）などで行われている。

(2)　米（2018年産）の収穫量が日本一であり，冬は雪が多く，水田単作地帯が広がる。日本で一番長い（　ウ　）川の河口がある。

(3)　全国で唯一，人口の自然増減率（2017年10月～2018年9月の1年間）がプラスである。（　エ　）軍の基地が多い。工芸農作物（工芸作物）である（　オ　）の収穫量（2018年）は日本一である。

(4)　漁港の水揚量（2016年）が日本一である（　カ　）港がある。また，主要港別貿易額（2018年）が日本一である（　キ　）国際空港もある。

(5)　キウイフルーツが日本一，みかんが日本2位，くりが日本3位（いずれも2017年）の生産である。佐田岬半島には原子力発電所が多い。この半島より南側にはリアス海岸（リアス式海岸）が広がっている。今治は繊維製品である（　ク　）の産地として有名である。

問4　**問3**の(1)～(5)のうち，日本標準時子午線より西側にある都道府県の番号をすべて選んで答えなさい。

問5　**問3**の(1)～(5)のうち，一番人口が少なく(2018年)，人口減少率(2017年10月～2018年9月の1年間)が一番大きい都道府県の番号を記入しなさい。

（**問3**・**問5**の出典　矢野恒太記念会『日本国勢図会 2019/20』）

2　次の文章を読んで，問いに答えなさい。

本校は以前，築地にありました。築地はその名の通り，もともとは海の上の埋め立て地です。江戸幕府の最初の将軍であった（ ① ）が江戸に移ってきた時点では存在しない土地でした。この土地が作られたのは，第4代将軍の徳川家綱の時代に起こった②明暦の大火の後のことです。この土地には③築地本願寺をはじめとする多くの寺や，武家屋敷などが建てられました。特に本校が建っていたあたりには，④元禄時代にかたき討ち事件を起こした赤穂藩の屋敷があり，また，⑤『学問のすゝめ』を著した（ ⑥ ）や，杉田玄白とともに「解体新書」を作成した（ ⑦ ）を輩出した中津藩の屋敷などがおかれました。

江戸時代末期になると築地の様子は大きく変わりだします。⑧外国人居留地が作られ，外国との貿易のための場所として設定されました。しかし，1872年に⑨日本初の鉄道が開通すると，貿易のための場所としての魅力は失われ，むしろ，⑩外国との交流の場になっていきました。結果として，築地は外国公館やキリスト教布教の拠点となりました。そして，多くのキリスト教学校が建てられ，医療，教育関係者が訪れました。たとえば，（ ⑪ ）とともに，⑫縄文時代の遺跡である大森貝塚を発掘調査したフォールズ医師などです。彼は指紋が一人一人違っていることを突き止めた人物でもあります。

築地は，⑬関東大震災によって一面が焼け野原になり，区画整理が進められました。多くの寺社や学校はこの時に移転しました。また，この時期に活躍した小説家で『蜘蛛の糸』や『トロッコ』，『羅生門』などの作品を著した（ ⑭ ）は築地で生まれました。

その後昭和になって1935年には公設の東京市中央卸売市場が開設されました。いわゆる築地市場です。この市場は⑮アジア・太平洋戦争中，日本の政府や軍の制限を受けていましたが，戦後には自由な商売ができるようになりました。また，1954年には，⑯マグロを大量に廃棄するなどの事件がありましたが，東京の食を長い間支えた市場が築地市場でした。しかし，この市場は⑰2018年に閉鎖されました。その跡地は2020年の東京オリンピック，パラリンピックの選手の輸送拠点として使われる予定となっています。

問1　(①)に当てはまる人名を漢字で答えなさい。

問2　下線部②について，江戸時代を通して大規模な火災の発生が江戸の城下町の問題でした。火災への対策として町火消が享保3年に設置されましたが，その時の将軍が行ったこととして正しいものを，以下のア～エから1つ選んで，記号で答えなさい。

ア．昌平坂学問所をつくり，朱子学以外の学問を禁止した。

イ．幕府財政の立て直しのために，倹約令を出した。

ウ．大塩平八郎などの人材を登用するために足高の制を始めた。

エ．キリスト教の禁止を緩め，外国との貿易を活性化させた。

問3　下線部③について，この寺院は念仏を重視する浄土真宗の寺院です。浄土真宗や念仏に関連する以下のア～エの文を，時代の古い順に並べ替えなさい。

ア．末法の考え方が広がり，人々の間で極楽往生を望む念仏への信仰が広まった。

イ．加賀では，地域の支配者を一向宗の一揆が打倒し，自治が約100年間行われた。

ウ．浄土宗が法然によって開かれた。

エ．一向宗の拠点であった石山本願寺の跡に大坂城が築かれた。

問4　下線部④について，この時代の文化に関連する写真を以下のア～エから1つ選んで，記号で答えなさい。

ア．

イ．

ウ．

エ．

問5　下線部⑤について，この書物の一部を抜粋したものを，以下のア～エから1つ選んで，記号で答えなさい。

ア．「……末に生れし君なれば，親のなさけはまさりしも，親は刃をにぎらせて……」

イ．「元始女性は実に太陽であった。今，女性は月である。……」

ウ．「天は人の上に人をつくらず，人の下に人をつくらずといへり。……」

エ．「……人の世に熱あれ，人間に光りあれ。」

問6　(⑥)に当てはまる人名を漢字で答えなさい。

問7　(⑦)に当てはまる人名を漢字で答えなさい。

問8　下線部⑧について，外国人居留地が設定されたのは1858年にアメリカと結ばれた条約の中である。この条約の名前を漢字で答えなさい。

問9　下線部⑨について，最初の鉄道がつないだ2つの地点は新橋とどこか。漢字2字で答えなさい。

問10　下線部⑩について，日本の歴史で外国との貿易に関する以下のア～カの文のうち，間違っているものを2つ選んで，記号で答えなさい。

ア．足利義満は明に使者を送り，倭寇の取り締まりを約束した。

イ．菅原道真の意見によって遣唐使は中止された。

ウ．幕府は大名や商人に海外に行く許可証である朱印状を与えた。

エ．邪馬台国の卑弥呼は漢に使者を送り，「漢委奴国王」の金印をもらった。

オ．平清盛は中国からの商人を迎えるために大輪田泊を整備した。

カ．曹洞宗を開いた道元は唐に修行に行った。

問11　(⑪)に当てはまる人名をカタカナで答えなさい。

問12　下線部⑫について，縄文時代について正しい文章を以下のア～エから１つ選んで，記号で答えなさい。

ア．ナウマンゾウやマンモスなどの大型動物を狩り，火を使って生活していた。

イ．登呂遺跡の発掘から米作りを行っていたことが分かっている。

ウ．縄文土器や青銅器を使って生活していた。

エ．動物の骨や角を釣り針などに用いて漁労をしていた。

問13　下線部⑬について，関東大震災が起こった年月日を西暦で答えなさい。

問14　(⑭)に当てはまる人名を答えなさい。(ひらがなでよい)

問15　下線部⑮について，この時期に起こったことを述べた文のうち，正しいものを以下のア～エから１つ選んで，記号で答えなさい。

ア．沖縄で激しい地上戦が展開された。

イ．地方から都市部へ学童疎開が行われた。

ウ．小学生は戦争の訓練が行われ，兵士として従軍した。

エ．戦争のために国家総動員法が制定された。

問16　下線部⑯について，なぜマグロの大量廃棄が行われたのか。この理由に関連する事がらを以下のア～エから１つ選んで，記号で答えなさい。

ア．水俣病　　イ．オイルショック　　ウ．ビキニ環礁（かんしょう）の核実験　　エ．イタイイタイ病

問17　下線部⑰について，公設市場の移転先の地名を漢字２字で答えなさい。

3　ある中学校で昨年，夏休みの課題の発表が行われました。テーマは「平和な社会を考える」です。生徒は資料などをもとに自分の考えを発表します。Ａ組とＢ組の発表についての次の文章を読み，問いに答えなさい。

○Ａ組の発表

Ａ組では，歴史が好きな花子さんが発表を行いました。

「私は，今の社会がどのようにして作られたかを調べることで平和な社会を考えることにしました。これから2020年代を迎（むか）えるわけですが，その100年前，1920年代の日本はどのような状況で，人々がどのような考え方を持っていたのかを知りたいと思いました。私が調べたのは次の２つです。

【１】　この時の日本の政治はどのようにして行われていたのか

【２】　この時の国際社会では平和についてどのような考え方があったのか

これらを調べることで，1930年代から日本が戦争に向かっていく過程を知ることができると思いました。」

問１　花子さんは【１】について次のように発表しました。

「日本の政治は①<u>19世紀につくられた憲法</u>にしたがって行われていました。とくに1910年代から②<u>民主主義的な社会をめざす運動</u>が盛んになり，1920年代にもその傾向（けいこう）が続いていました。」

次の問いに答えなさい。

(1)　下線部①の説明として正しいものを以下のア～ウから１つ選んで，記号で答えなさい。

ア．11月3日に公布され，翌年の5月3日に施行されている。

イ．議会などを置かず，立法の仕事はすべて天皇が行うことになっていた。

ウ．自由権を保障したが，法律で制限を加えることができる権利だった。

⑵　下線部②の運動は，この時代の元号を使った表現で呼ばれます。その元号を漢字で答えなさい。

⑶　花子さんは1つの資料を示し，この時期に国民の政治参加の機会が広がったと説明しました。花子さんが持ってきた資料を上に示します。表の（　）にはどのような言葉を入れるのが適当か，答えなさい。

衆議院議員選挙が行われた年	1890	1920	1928	1946	2016
人口に対する（　　）の割合	約1.1%	約5.5%	約19.8%	約48.7%	約83.3%

問2　花子さんは【2】について次のように発表しました。

「①1914年から4年余り続いた戦争の反省から，1920年代の国際社会では悲惨（ひさん）な戦争は二度と起こすまいという認識（にんしき）が広がり，②世界で初めての平和のための国際組織が本格的に始動しました。」

次の問いに答えなさい。

⑴　下線部①の戦争の名称は何ですか。漢字で答えなさい。

⑵　下線部②の組織の説明として正しいものを以下のア～ウから1つ選び，記号で答えなさい。

ア．この組織にはイギリスやフランスは加わったが，アメリカは加わらなかった。

イ．この組織では平和に関することがらは安全保障理事会が担当した。

ウ．この組織では全加盟国が参加する総会がなく，各理事会で審議（しんぎ）が行われた。

問3　花子さんの発表を聞いてこの時期の政治に興味をもった夏子さんは，本格的な政党内閣が作られていたことを知りました。そこで「政党内閣」とは何かを調べたら，次のように書いてありました。

「□□□で多数を占めた政党によって組織される内閣のことをいう。一般的には首相や閣僚（かくりょう）の多くが同じ政党に属する。」

そこでさらに夏子さんは，今の憲法のもとで内閣についてどう書いてあるのかを調べ，次のような条文を見つけました。

「第66条③　内閣は，（　　）権の行使について，□□□に対し連帯して責任を負ふ。」

⑴　2か所の□□に共通に当てはまる言葉を漢字で答えなさい。

⑵　（　）に当てはまる言葉を漢字で答えなさい。

⑶　現在の憲法における内閣についての正しい記述を以下のア～ウから1つ選んで，記号で答えなさい。

ア．内閣の長である内閣総理大臣は他の国務大臣をやめさせることはできない。

イ．首相や国務大臣になった場合，所属する政党をやめて中立の立場になる。

ウ．内閣は，最高裁判所の長官以外の裁判官を任命できる。

問4　花子さんの発表を受けて，その後の日本に関心をもった時子さんは，1930年代に起きた出来事を調べてみました。以下のア～ウから適切ではないものを1つ選んで，記号で答えなさい。

ア．満州事変が起き，満州国が建設される。

イ．五・一五事件が起きて犬養毅首相が暗殺される。

ウ．台湾が日本の植民地になる。

◯B組の発表

Ｂ組では，桃子さんが新聞で「世界寺子屋運動30周年」という記事を見つけ，これについて発表を行いました。

「私は，世界の子供たちが置かれている状況を改善することが，これからの社会を平和にするために必要なことではないかと考えました。世界寺子屋運動というのは①国際連合の専門機関の活動に賛同している日本の組織が始めた運動です。この運動がめざすところは，②国際連合で2015年に採択されたSDGsの考え方にもつながります。」

問５　桃子さんは下線部①のホームページを紹介してくれました。そこにはこのように書いてあったそうです。

> **教育が，人々の心の中に平和のとりでをつくる。貧困の連鎖（れんさ）を断ち切る力になる。文化や自然を尊ぶ心を育てる。そして明日を生きる希望と力になる。**

下線部①の中の「国際連合の専門機関」とは何ですか。カタカナで答えなさい。

問６　桃子さんはこの「世界寺子屋運動」の目的に「貧困の連鎖を断ち切ること」があることに注目しました。

(1)「貧困の連鎖」とは具体的に次のような悪循環（じゅんかん）です。次のａ～ｃに当てはまるものを下のア～ウからそれぞれ選び，記号で答えなさい。

> 収入が少ない→ａ→ｂ→ｃ→収入が少ない→ａ→ｂ……

ア．安定した職業につくことができない

イ．学校に通うことができない

ウ．読み書きや計算ができない

(2) 日本国憲法ではこのようなことにならないように国民の基本的人権を規定しています。日本国憲法の内容として正しくないものを以下のア～エから１つ選んで，記号で答えなさい。

ア．すべて国民は，保護する子女に普通教育を受けさせる義務を負う。

イ．すべて国民は，勤労の権利を有し，義務を負う。

ウ．すべて国民は，法律を制定・廃止する権利を有する。

エ．すべて国民は，健康で文化的な最低限度の生活を営む権利を有する。

問７　下線部②について答えなさい。

(1) SDGsには17のゴールがあります。国際連合では何年までにこのゴールを達成しようと決めましたか。西暦で答えなさい。

(2)「SDGs」の「Ｓ」が「持続可能な」という意味であることを知った生徒が次のような発言をしました。「SDGs」の理念にもっとも近いことをのべている１人を選び，Ａ～Ｄの記号で答えなさい。

Aさん　これに関わる活動は「持続可能」なことでないと意味がないよね。だから，私は毎月，ずっと募金できるようにおこづかいを節約しようと思う。

Bさん　今の世界を「持続可能」にするためには，日本のような豊かな国が経済発展を目指し，維持していくことが大事だよね。

Cさん　「持続可能」な世界は，現代に生きる私たちが，今のことだけでなく，将来の社会のありかたにも責任をもたなくてはつくれないよね。

Dさん　これからの世界を「持続可能」にするには，まずは環境問題を最優先にしなくてはいけないから，産業の基盤(ばん)の整備は後回しにしないとね。

【理　科】（30分）〈満点：60点〉

1　炭酸水について，次の問いに答えなさい。

問1　炭酸水の入ったペットボトルがあります。炭酸水や炭酸水に溶(と)けている気体の性質を調べる実験を行いました。その結果として正しいものを，次のア～オからすべて選び，記号で答えなさい。

ア．炭酸水に溶けている気体を，石灰水に通すと白くにごる

イ．炭酸水に溶けている気体に，せんこうを入れると火の勢いが強くなる

ウ．炭酸水に青色のリトマス紙をつけると，赤色に変わる

エ．炭酸水を蒸発させると白い結晶(けっしょう)が残る

オ．炭酸水のにおいをかぐと刺激臭(しげきしゅう)がする

問2　炭酸水から出てきたあわは，何という気体ですか。次のア～オから１つ選び，記号で答えなさい。

ア．空気　　イ．塩化水素　　ウ．アンモニア　　エ．二酸化炭素　　オ．窒素(ちっそ)

問3　炭酸水の入ったペットボトルのふたを閉めたまま，台ばかりにのせると，重さはどうなりますか。正しいものを，次のア～オから１つ選び，記号で答えなさい。

ア．あわが出ていき，水が残るため，だんだん重くなる

イ．あわが出ていき，水が残るため，だんだん軽くなる

ウ．変化しない

エ．あわが出ていかず，水が残るため，だんだんと重くなる

オ．あわが出ていかず，水が残るため，だんだんと軽くなる

問4　炭酸水の入ったペットボトルのふたを開けて，台ばかりにのせると，ふたを開ける前と比べて重さはどうなりますか。正しいものを，次のア～オから１つ選び，記号で答えなさい。

ア．あわが出ていき，水が残るため，だんだん重くなる

イ．あわが出ていき，水が残るため，だんだん軽くなる

ウ．あわが出ていくだけなので，変化しない

エ．あわが出ていき，かわりに水に空気が溶けるので，変化しない

オ．あわが出ていくことで，全体がかき混ぜられるため，だんだん重くなる

問5　炭酸水を作るために，空のペットボトルに水を半分入れ，ボンベから気体をふきこみ，ふたをしました。このペットボトルをよくふるとどうなりますか。次のア～オから１つ選び，記号で答えなさい。

ア．何も変化しない

イ．ふきこんだ気体が水に溶けるため，ペットボトルがへこむ

ウ．ふきこんだ気体が広がり，ペットボトルがふくらむ

エ．半分入れていた水が気体に変化し，ペットボトルがふくらむ

オ．ふきこんだ気体が水におされて小さくなり，ペットボトルがへこむ

問6　炭酸水に使うペットボトルは厚めでかたく，でこぼこが少ないという特徴(とくちょう)のある形をしているものが多くあります。その理由として考えられるものを，次のア～オから１つ選び，記号で答えなさい。

ア．高温に耐(た)えられるようにするため

イ．低温に耐えられるようにするため

ウ．持ちやすく見た目がいいから

エ．出てくるあわにおされても，形が変わらず，耐えられるようにするため

オ．出てくるあわがでこぼこにひっかかり，あわが出なくならないようにするため

2 磁石について，次の問いに答えなさい。

問1 地球は大きな磁石になっています。方位磁石のＮ極は，どの方角を指しますか。正しいものを次のア～エから１つ選び，記号で答えなさい。

ア．東　　イ．西　　ウ．南　　エ．北

問2 約77万年前に，地球のＮ極とＳ極が逆転した時期があります。この証拠(しょうこ)となる地層が日本で見つかりました。その時代は何と命名される予定でしょうか。次のア～オから１つ選び，記号で答えなさい。

ア．シガニアン　　イ．サガニアン　　ウ．チバニアン

エ．ジバニアン　　オ．カガニアン

問3 棒磁石を４つに切り，向きをかえずにそのまま並べました。その結果，Ｎ極とＳ極はどうなりますか。正しいものを次のア～オから１つ選び，記号で答えなさい。

	1	2	3	4
ア．	N　N	S　S	N　N	S　S
イ．	N　S	S　N	N　S	S　N
ウ．	N　S	N　S	N　S	N　S
エ．	N　S	S　S	S　S	S　N
オ．	N　S	S　S	N　N	N　S

問4 **問3**で切った棒磁石をビニール袋(ぶくろ)に入れて，かなづちで細かい粒状(つぶじょう)になるまで，くだきました。この粒状の磁石を空のペットボトルに移し，よくふりました。この粒状の磁石の入ったペットボトルをクリップに近づけるとどうなりますか。次のア～エから１つ選び，記号で答えなさい。

ア．何も変化がない　　　　イ．クリップが引き寄せられる

ウ．クリップが遠ざかる　　エ．粒状の磁石が振動(しんどう)する

問5 コイルに電流を流した間だけ磁石になる電磁石を作りました。この電磁石に方位磁石を近づけると，針がふれて，ある向きでとまりました。乾電池(かんでんち)の向きをかえると，方位磁石はどうなりますか。正しいものを次のア～オから１つ選び，記号で答えなさい。

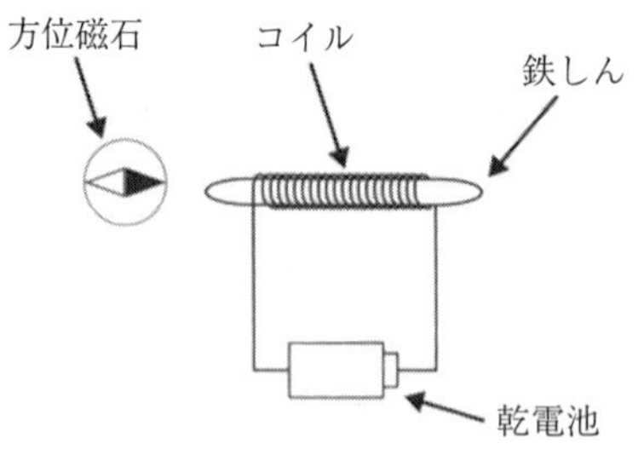

ア．何も変化はない

イ．針がふれたが，乾電池の向きをかえる前と同じ向きを指した

ウ．針がふれて，乾電池の向きをかえる前と逆の向きを指した

エ．針がふれて，乾電池の向きをかえる前と少しだけずれた向きを指した

オ．針が回転し続けた

問6 次のページの図ア～クの中で，電流を流したときに，もっとも強い磁石になるのはどれでしょうか。正しいものを１つ選び，記号で答えなさい。

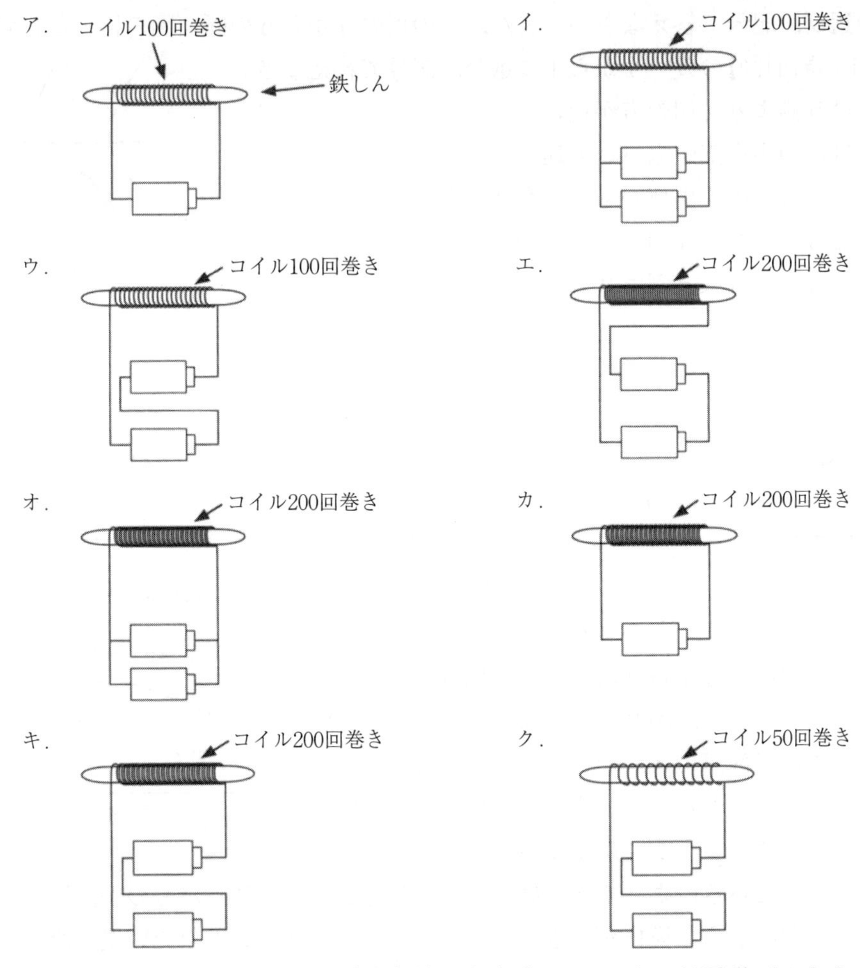

問7　問6の図ア～クの中で，電流を流したときに，コイルが電磁石にならないものを1つ選び，記号で答えなさい。

問8　コイルの巻き数と乾電池の数，電磁石についたクリップの数の関係を調べる実験を行いました。実験結果として，コイルの巻き数と乾電池の数，ついたクリップの数の関係を表にしました。この結果から表の①には，どんな数が入りますか。もっとも近い数字を答えなさい。ただし，2個の乾電池の場合は直列につなぐものとします。

鉄しん
コイル
乾電池
クリップ

	コイルの巻き数	乾電池の数	ついたクリップの数
1回目	100回	1個	5個
2回目	100回	2個	10個
3回目	200回	1個	10個
4回目	200回	2個	①個
5回目	400回	2個	40個

3　川のはたらきや大地のつくりについて，次の問いに答えなさい。

問1　次の図1の矢印は川の流れる方向を示しています。川の様子として正しいものを，次のア

～オから１つ選び，記号で答えなさい。また，この川のａからｂの断面図の様子として正しいものを，【川の断面図】のカ～サから１つ選び，記号で答えなさい。

ア．川の流れはｂ側よりａ側の方が速い
イ．川の流れは川の中央部がもっとも速い
ウ．川底は，ａからｂの中央部がもっとも深くなっている
エ．しん食するはたらきはａ側よりｂ側の方が大きい
オ．運ぱんするはたらきはａ側よりｂ側の方が小さい

図１

【川の断面図】

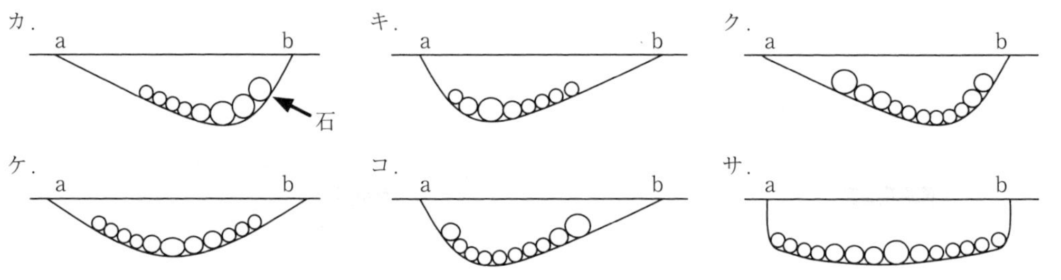

問２　化石には，アンモナイトや葉のような生物の化石のほかに，川の流れによって川底がけずられたあとが，化石として残ることがあります。これらは，図２のような古い地層と新しい地層の間にできた面で観察でき，その面から昔，流れていた川の流れの向きを知ることができます。図２の川の流れていた向きは左右どちらでしょうか。漢字で答えなさい。

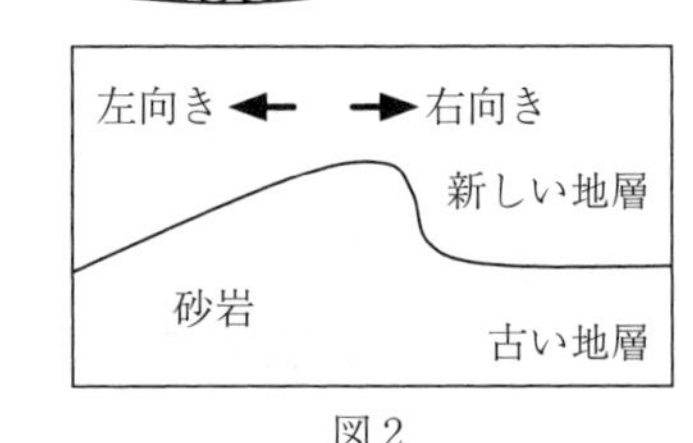

図２

問３　川の運ぱんするはたらきによって泥，砂，レキ(図３)が入り混じったものが，海底にゆっくりたい積するとどのような模様ができるでしょうか。泥，砂，レキのたい積した様子として正しいものを，次のア～オから１つ選び，記号で答えなさい。

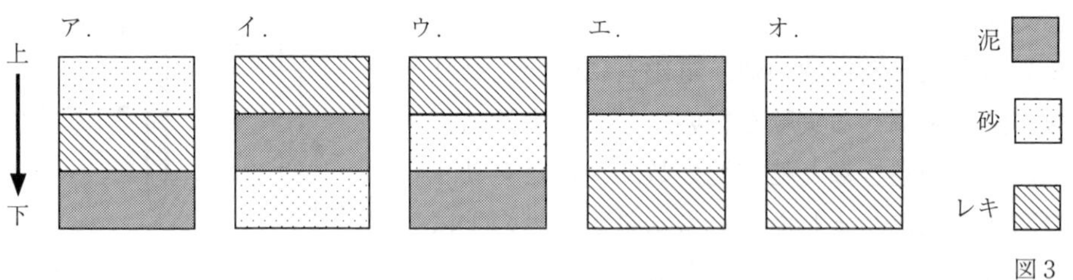

図３

問４　泥，砂やレキは川から海へ流れると，ゆっくりと海底にたい積していきます。たい積した泥，砂，レキは，長い年月をかけて，押し固められて，かたい岩石や地層に変化します。図４は，海底０ｍから200ｍの地層がおよそ何年前にたい積したものかを調べた結果です。この結果から，海底100ｍから116.9ｍの地層は，8.7万年前から10万年前にたい積したものであることがわかりました。１年間におよそ何mmたい積するでしょうか。次のア～オから正しいものを１つ選び，記号で答えなさい。

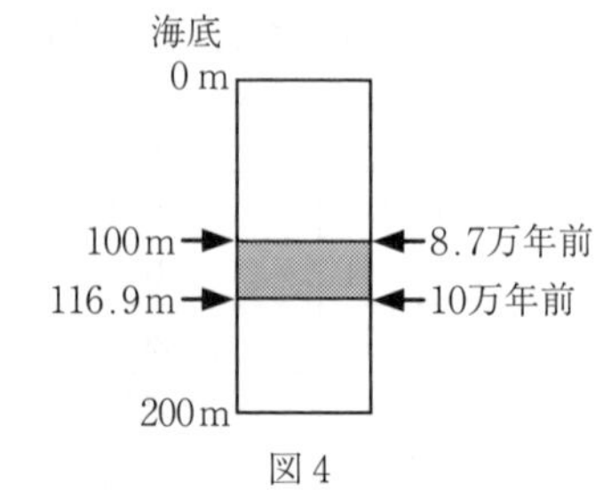

図４

ア．0.0013mm　　イ．0.077mm　　ウ．1.3mm
エ．2.3mm　　オ．3.9mm

問5　海や湖の底でできた地層は，長い年月をかけて地上まで押し上げられて，陸上で見られることがあります。図5の地層は，長い年月をかけて海中で押し固められた地層が，陸上まで押し上げられたものです。次の問い(1)，(2)に答えなさい。

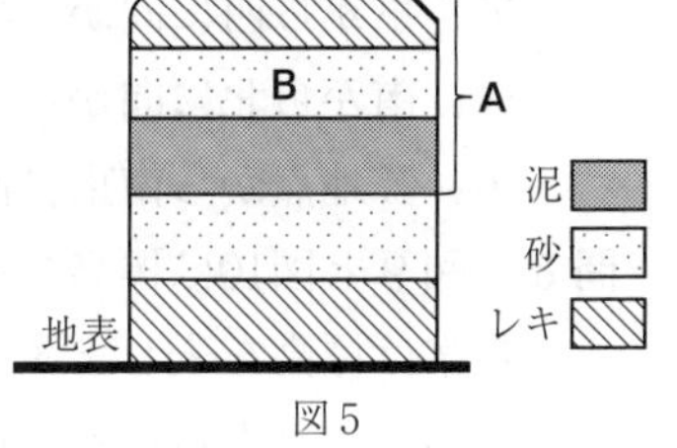

図5

(1)　**A**の地層ができるまでに起きたと考えられる当時の環境(かんきょう)の変化として適当なものを，次のア～オから2つ選び，記号で答えなさい。

ア．海水面が上がっていった　　イ．海水面が下がっていった
ウ．川の流れが速くなっていった　　エ．川の流れが遅くなっていった
オ．川幅(はば)が広くなっていった

(2)　図5中の**B**の地層からアサリの貝殻(がら)の化石が見つかりました。この発見から，この場所が昔どのような環境だったと言えるでしょうか。次のア～オから正しいものを1つ選び，記号で答えなさい。

ア．浅瀬(あさせ)が広がる海
イ．浅瀬のない海
ウ．淡水(たんすい)の冷たい湖
エ．淡水の暖かい湖
オ．川原の広がる川の中流から下流域

問6　右の図6の地層の断面をみて，この地層ができるまでの出来事の順番として正しいものを，次のア～オから1つ選び，記号で答えなさい。

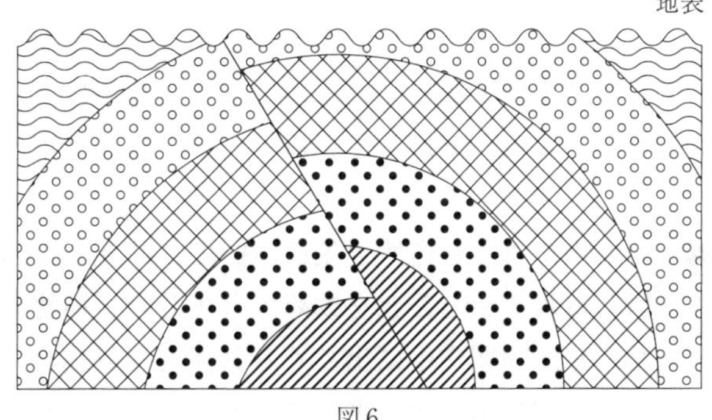

図6

ア．地表がけずられた→地層がずれて右側が下がった→地層がわん曲した
イ．地層がずれて左側が上がった→地層がわん曲した→地表がけずられた
ウ．地層がずれて右側が上がった→地層がわん曲した→地表がけずられた
エ．地層がわん曲した→地層がずれて左側が上がった→地表がけずられた
オ．地層がわん曲した→地層がずれて右側が上がった→地表がけずられた

問7　次の図7と図8は，ある学校内のX～Zの地点でボーリング調査を行った結果です。このX～Zの結果から，この地層のかたむきとして正しいものを後のア～オから1つ選び，記号で答えなさい。ただし，X，Y，Zは同じ標高とし，断層や地層のわん曲などはないものとします。

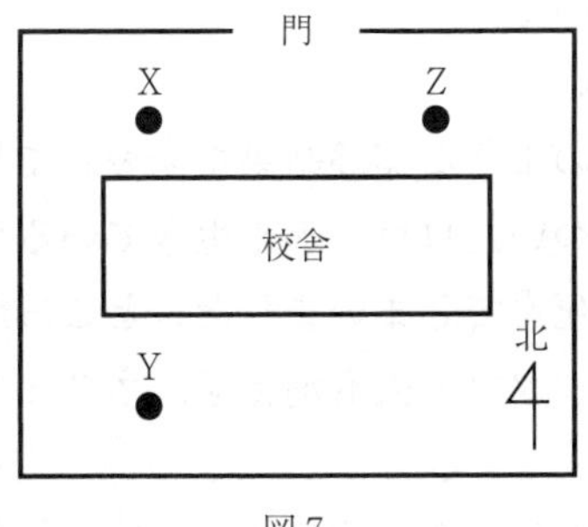

図7

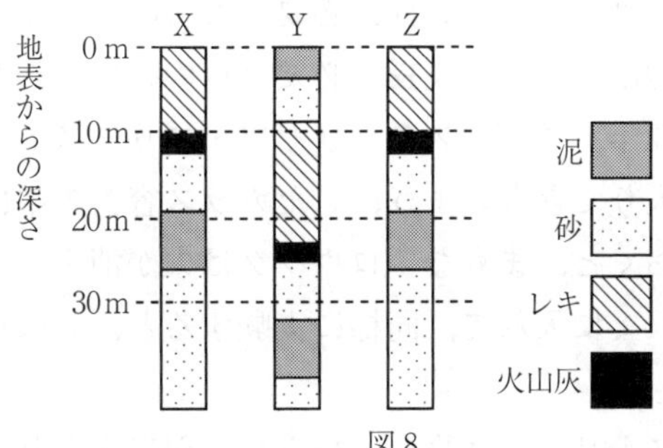

図8

ア．東から西に向かって下がっている　　イ．西から東に向かって下がっている
ウ．南から北に向かって下がっている　　エ．北から南に向かって下がっている
オ．X地点から南東に向かって下がっている

問8　図9と図10は標高の異なるA～Dの地点でボーリング調査を行った結果です。図9の中の数字は標高を表します。このA～Dの結果から地層はどの方角にかたむいているでしょうか。下のア～クから最も適切なものを1つ選び，記号で答えなさい。ただし，断層や地層のわん曲などはないものとします。

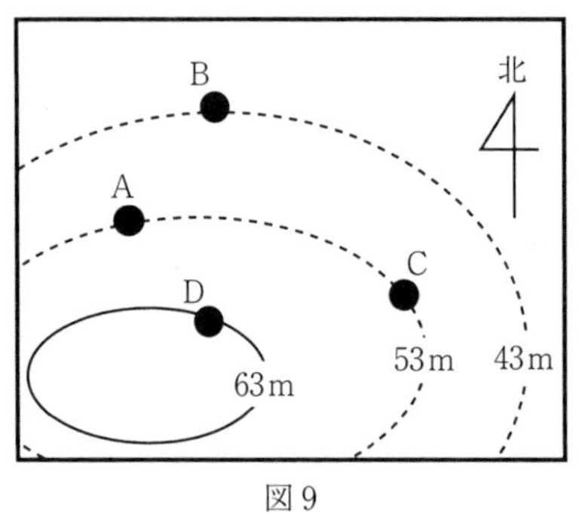

図9

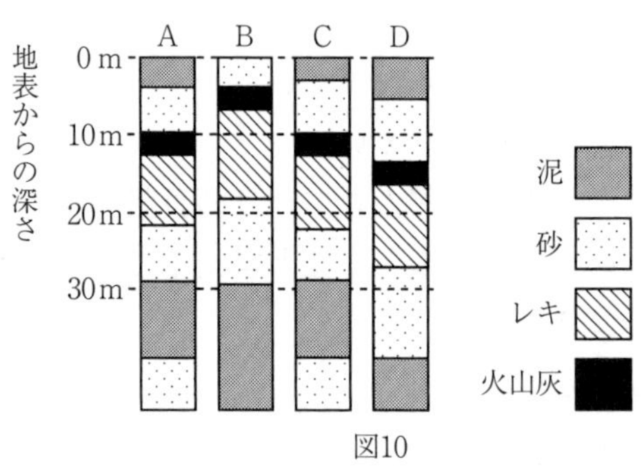

図10

ア．東に下がっている　　イ．西に下がっている　　ウ．南に下がっている
エ．北に下がっている　　オ．北東に下がっている　　カ．北西に下がっている
キ．南東に下がっている　　ク．南西に下がっている

4　生物をふくむ自然現象について，研究者たちは近代になって科学的な実験や観察で，古代に信じられていたことを改めてきました。植物についての実験研究を年代順に見てみましょう。ただし，問題文中に出てくる気体Aや気体Bはそれぞれすべて同じものとします。

実験①　1648年，ベルギーのファン・ヘルモントは，次のような実験結果を発表しました。植木ばちに，かんそうさせた90.7kgの土を入れて，2.3kgのヤナギの木を植え，水だけをあたえて5年間育てたところ，ヤナギは，76.7kgになりましたが，土は，56.7g減っただけでした。

問1　この実験からわかることとして正しいものを，次のア～カからすべて選び，記号で答えなさい。

ア．植物は，土から成長に必要なもののほとんどを得ている
イ．植物は，土から成長に必要なもののほとんどを得ていない
ウ．植物は，水から成長に必要なもののほとんどを得ている
エ．植物は，水から成長に必要なもののほとんどを得ていない
オ．植物は，光から成長に必要なもののほとんどを得ている
カ．植物は，光から成長に必要なもののほとんどを得ていない

実験②　1772年，イギリスのジョゼフ・プリーストリは，次のような実験結果を発表しました。空気が出入りできないようにしたガラス容器の中に，火のついたロウソクや生きているネズミを入れておくと，まもなくロウソクは火が消え，ネズミは死んでしまいました。ところが，植物をいっしょに入れて，同様に実験すると，しばらくはロウソクの火も消えず，ネズミも死にませんでした。

プリーストリは，植物が，ロウソクが燃えたり，ネズミが生きたりするのに必要な気体Aを

放出していると結論づけました。

問2　植物から放出されていると考えられる，ロウソクが燃えたり，ネズミが生きたりするのに必要な「気体A」は何ですか。その名前を漢字で答えなさい。

実験③　1779年，オランダのヤン・インゲンホウスは，次のような実験結果を発表しました。プリーストリと同様の，植物をいっしょに入れた実験を，暗い場所で行ったところ，まもなくロウソクの火は消え，ネズミも死んでしまいました。

問3　この実験からわかることを，次のア～オから1つ選び，記号で答えなさい。

ア．植物が気体Aを放出するのには，土が必要である

イ．植物が気体Aを放出するのには，水が必要である

ウ．植物が気体Aを放出するのには，別の気体が必要である

エ．植物が気体Aを放出するのには，光が必要である

オ．植物が気体Aを放出するのには，栄養分が必要である

実験④　1788年，スイスのジャン・セネビエは，次のような実験結果を発表しました。水草を入れた容器を明るい場所に置くと，あわを出しますが，ふっとうさせて気体を追い出した水の中に水草を入れると，明るい場所に置いてもあわが出ませんでした。しかし，その水に気体Bをふきこむとあわが出るようになりました。あわは，気体Aでした。

問4　この実験からわかることを，次のア～オから1つ選び，記号で答えなさい。

ア．植物が気体Aを放出するのには，土が必要である

イ．植物が気体Aを放出するのには，水が必要である

ウ．植物が気体Aを放出するのには，気体Bが必要である

エ．植物が気体Aを放出するのには，光が必要である

オ．植物が気体Aを放出するのには，栄養分が必要である

実験⑤　1804年，スイスのド・ソシュールは，次のような実験結果を発表しました。空気が出入りできないようにした容器の中に，植物を入れて明るい場所に置き，しばらくしてから容器の中の空気を調べてみると，気体Bが減少し，気体Aが増えていました。また，植物の重さは増えていました。

問5　実験④と実験⑤の「気体B」は何ですか。その名前を漢字で答えなさい。

実験⑥　1864年，ドイツのフォン・ザックスは，次のような実験結果を発表しました。植物の葉の一部をアルミニウムはくでおおって，明るい場所に置き，しばらくしてからその葉を調べたところ，おおっていなかった部分には，デンプンができていましたが，おおった部分には，できていませんでした。

問6　この実験でデンプンができたことを確かめるために使ったものは何ですか。次のア～オから正しいものを1つ選び，記号で答えなさい。

ア．ムラサキキャベツのしる　　イ．BTB液　　ウ．ヨウ素液

エ．さとう水　　オ．エタノール

問7　実験①～⑥の研究結果だけからわかることで，植物の成長に必要でない，または，必要であるかないかはわからないものを，次のア～カからすべて選び，記号で答えなさい。

ア．土　　イ．水　　ウ．気体A　　エ．気体B　　オ．光　　カ．デンプン

理由について述べたものとして、最も適切なものを次の中から選び、記号で答えなさい。

ア　歩道橋で大きな声で叫んだ後に莉子に声をかけられて驚いたから。

イ　駅に向かって歩いているところを莉子に見られたことに驚いたから。

ウ　歩道橋で車道をのぞきこんでいるところを見られたことに驚いたから。

エ　莉子も歩道橋がお気に入りの場所であることを知って驚いたから。

問五　――線5「莉子はむっとした。」とありますが、なぜだと考えられますか。最も適切なものを次の中から選び、記号で答えなさい。

ア　私が話しているときにお母さんが自分が話したい話題にすぐ持って行くから。

イ　長谷川さんのことをよく知らないくせにお母さんに悪口を言われたと思ったから。

ウ　お母さんの口調が親の転勤による転校は特別なことではないかのようだったから。

エ　お母さんが私をシニカルな子だと考えているということが分かってしまったから。

問六　――線6「ごめん、と謝りたくなる。」とありますが、このときの莉子の気持ちを説明したものとして最も適切なものを次の中から選び、記号で答えなさい。

ア　あのつきあいにくい子への忠告を長谷川さんに押しつけたことを申し訳なく思う気持ち。

イ　長谷川さんにとってただ一人の友達を悪く言ってしまったことを申し訳なく思う気持ち。

ウ　友だちづきあいが苦手だということを明らかにしてしまったのを申し訳なく思う気持ち。

エ　教室で声をかけるべきだと思っていたのに、できずにいたことを申し訳なく思う気持ち。

問七　――線7「ふいに目が熱くなる。」とありますが、どのような感情になったからですか。わかりやすく説明しなさい。

長谷川さんが驚いた顔になる。

「その前も転校したことがあるよ。小一から小二に上がるとき。その前の幼稚園も」

「うはあ、それはやだねえ」

長谷川さんは顔をしかめた。

「私は転校したの初めてだけどさ、こんなに嫌なものだと思わなかったよ。転校する直前は親のことでごちゃごちゃしてて自分のことまで頭が回らなかったし。だけど嫌だねえ、転校って。自分だけゼロスタートだもんね」

「うん。本当にすごく嫌。私なんか何回も転校したせいで、シニカルになっちゃった」

「なにそれ」

長谷川さんは首をかしげた。でも、すぐに思いついた顔になる。

「あ、わかった。お菓子(かし)に入ってるやつだ」

莉子はがくっと力がぬけた。

「いや、それはシリカゲルでしょ。じゃなくて、私の性格がねじけてるってこと」

「佐藤さん、ねじけてるの？　そんなふうに見えないけどねえ」

そのとき静かになった。下の歩道の信号が青になったのだ。

下を見ると、交差点を斜(なな)めにつっきっているおばさんがいる。ぱんぱんにふくらんだ買(か)い物袋(ものぶくろ)を持っているが、何か落ちた。あんパンかクリームパンか透明(とうめい)な袋(ふくろ)に入ったパンだ。でも、おばさんは気がつかず歩いていく。莉子はあわてた。

「落ちましたよ！」

でもおばさんは気がつかない。どうしよう。早くしないとパンが車にひかれてしまう。

「パンが落ちましたよーっ！」

おばさんが気がついた。莉子を見あげ、莉子が指さす方を振り返る。急いでもどってパンをひろうと、青信号が点滅(てんめつ)する中、小走りで渡りきった。

よかった。莉子はほっとした。

とたん、長谷川さんがげらげら笑いだした。何がおかしいのか。莉子が変な顔をして長谷川さんを見ると、長谷川さんはまだ笑っている。

「全然シリカゲルじゃないじゃん」

「え？」

「シリカゲルじゃなくて優(やさ)しいじゃん」

「そんなことないって。私、すごくねじけてるんだよ」

すぐ言い返しながら、7ふいに目が熱くなる。そうだったらいいな。シリカゲルじゃなくて優しいなら。そうなりたい。本当にすごくそう思う。

（魚住直子「シリカゲルじゃなくて優しいなら」
光村図書「飛ぶ教室」第56号）

問一　――線①・③・④のカタカナを漢字に改め、②は読み方を答えなさい。

問二　――線1「必ずその歩道橋をのぼる。」とありますが、この歩道橋は莉子にとってどのような場所ですか。それが最もよくわかる段落の最初の五字を書きぬきなさい。

問三　[2]・[4]に当てはまる言葉として適切なものを次の中から選び、それぞれ記号で答えなさい。

ア　ぎゃふん　　イ　あっけらかん

ウ　きょとん　　エ　しゅん

問四　――線3「『へあっ！』長谷川さんは変な声を出した。」とありますが、これは同じクラスの莉子のことを覚えていなかったからということのほかに、どのような理由があったからですか。そのると全然知らない子がそのキーホルダーをバッグにぶらさげているのを見てびっくりした。聞くと、莉子があげた子からもらったのだという。二人は仲良しのおさななじみだった。

　プレゼントを勝手にあげるなんて④ハラが立った。でもそれ以上に『おさななじみ』という言葉に頭をたたかれた。引っ越しを繰り返している莉子に『おさななじみ』はいない。自分は不利なんだなと思った。簡単に親友ができたと思わないほうがいいと自分に言い聞かせた。

　やっぱり私は長谷川さんを助けるべきだ。いや、助ける、は大げさか。長谷川さんは莉子が思っていたよりもずっと明るい元気そうな子だ。

《中略》

　でも少なくとも教室で声をかけるべきだ。

　そう思って教室に行くと驚いた。長谷川さんとあの女子が笑っていた。その日ずっと見ていたが、何のトラブルもなかったように楽しそうにしゃべっていた。よかったと安心する気持ちと、あのつきあいにくい子とどうやって仲直りしたのか不思議な気持ちになる。

　その日の夕方、塾はないが、歩道橋に行った。いつもと同じ時間に長谷川さんも来た。莉子を見ると、長谷川さんは「あれ」と言った。

「よく会うね」

「実は長谷川さんを待ってたの」

「えっ、どうして？」

「あの、長谷川さんがちょっと心配というか、今、長谷川さんが一緒にいる子のことで聞きたいことがあって……」

「えー、なになに？」

　長谷川さんは見当がつかないという顔だ。

「えっと、あの子ってわりと失礼なことを言わない？　すぐに怒るし。先週の金曜も泣いてたよね。でも今日は楽しそうだったからちょっと不思議で」

　長谷川さんは苦笑いして、そうそう、とうなずいた。

「だから私、日曜にあの子の家に行って、人が嫌な気分になることを言うのはやめなって言ったの」

「えっ！」

　そんな、真正面から言ったのか。

「わかってくれた？」

「いや、最初は全然わかってくれなかった。悪気はないからいいじゃんって言うの。でもそれだと悪気がないなら何してもいいことになるし、そんなのおかしいって言ったら、だんだん考えこんでね、だったら今度から口に出す前に考えてみるって。言っていいかどうかわからなかったら私に聞くって」

「すごい！」

　長谷川さんはちょっと照れたように頭を振った。

「すごくないよ。まあ、失礼なことを言わなかったらわりと面白い子だし。それに私、あの子がいなかったら友達がいないもん」

　どきっとする。6ごめん、と謝りたくなる。

　突然、長谷川さんが、にっと笑った。

「実はね、私、この場所で、『わあーっ』って叫んでたの」

「えっ？」

「このあいだ佐藤さんに声をかけられたときも、『わあーっ』って叫んだあとだったの。あっ、もちろん、下の歩道が青のときはやらないよ。車が通ってて、うるさいときに叫ぶの。大声を出してもわからないから。そしたらちょっとだけすっきりする」

　そうなんだ、と莉子はうなずいた。叫びたい気持ち、わかる。

「私も去年、転校してきたの」

「そうなの？」

間近で見る長谷川さんは明るい表情だった。飛びおりようとしている人には全然見えなかった。とりあえずほっとする。

そうは言ってもあの女子のことで苦労しているはずだ。何かなぐさめるべきだ。でも、どう言えばいいのか。

「あの、えっと、長谷川さんちってこのへん？」

「違うよ」と言いながら長谷川さんは歩道橋を下りていく。

「でもこっちにおばあちゃんのお店があるの」

と、立ち止まった。あの路地だ。

「あそこ」

小さな古い美容室だ。

「うち、親が別れちゃって、お母さんと二人でお母さんの地元に帰ってきたの。で、お母さんが会社から帰ってくるまでおばあちゃんのお店で待ってるんだ」

長谷川さんは［ 4 ］とした口調で言うと「じゃあねー」と美容室に入っていった。

夜、塾から帰った莉子は、お母さんの作ったリゾットを食べながらお母さんに長谷川さんの話をした。

「転校生って聞くと、お父さんの転勤だってすぐ思うけど、そうじゃないこともあるね」

「そうそう。今、転勤は減ってるらしいよ。社員の家庭に③フタンが大きすぎるっていう考えがやっと出てきたのね。やっぱりこれもワークライフバランスね」

お母さんは自分が話したい話題にすぐ持っていく。莉子は莉子で話を続ける。

「うちのクラスに転校してきた子がいるの。私はお父さんの転勤だと思い込んでたんだけど、でも離婚してお母さんの実家に帰ってきたんだって」

「ああ、訳ありのパターンね」

5莉子はむっとした。

「転勤だって訳ありじゃん。訳がないのに転校なんか誰もしたくないよ」

お母さんはしまったという表情になる。

「ごめん。嫌らしい言いかたしちゃった」

でも、と言い訳するようにつけくわえた。

「莉子が反応するとは思わなかった」

どうして？　と莉子はお母さんを見る。

「私がシニカルだから？」

お母さんがちょっと笑った。

「逆よ。シニカルだから聞き流すかと思ったの」

シニカルって大人っぽいっていう意味じゃないのか？　物分かりがいい、というような意味だと思っていたけど。

莉子は自分の部屋にもどり、辞書で「シニカル」を調べた。「皮肉な態度をとるさま」と書いてある。

皮肉？　私が皮肉屋ってこと？　ねじけてるってこと？

がっかりした。でも当たっている。私はねじけている。それはたしかだ。疑い深いし、計算高い。人間関係なんて結局、期間限定だと思っている。

だけど私がねじけたのは転校をくりかえしたせいじゃないか？　嫌な思いをいっぱいしたせいじゃないか？

そう思った瞬間、よみがえった。前の小学校の二年生のときの友達だ。転校してすぐに仲良くなった子で、莉子はすごく嬉しかった。それで高価なビーズのキーホルダーをプレゼントしたのだ。莉子も同じものを持っていたから親友の印のつもりだった。でも、しばらくす

ア　あってもないもののように人を見くびり、軽く扱うことで

イ　自分が知っていることを教えないで、人にやらせるだけで

ウ　人のひみつを不意にあばいて、周囲の人達に明らかにして

エ　すきに乗じたり、だましたりして相手より先に事を行って

問五　――線4「利他的な行為」とはどのような行いですか。解答らんの「すること」に続くように、ここより後の本文中から十二字で書きぬきなさい。

問六　――線5「善悪の判断」とありますが、善悪はどのように判断される必要があると筆者は考えていますか。「道徳的な規準」「共通の規則」という言葉を使ってわかりやすく説明しなさい。

二　**次の文章を読んで、あとの問いに答えなさい。**

小学六年生になった莉子のクラスに長谷川さんという転校生がやってきた。莉子も父親が三、四年おきに転勤するせいで、何度も転校した経験があり、嫌な思いもしている。

しばらく経つと長谷川さんはクラスのちょっと変わった女子と一緒にいるようになるが、莉子は二人がけんかしているところを見てしまい……。

莉子の住むマンション近くの交差点に歩道橋がある。その交差点の信号は時差式で、歩行者側が青になるとどちらの方向からの車も止まることになり、歩行者は交差点を対角線上に渡ることもできる。そのせいか、うす汚れた水色の歩道橋をわざわざ使う人はまずいない。

でも莉子は週に三回、塾に行くとき、1必ずその歩道橋をのぼる。ビルやマンションが①ミッシュウしている街の中、歩道橋の上だけ、ぽっかり空が広がっている。

歩道橋のまんなかあたりで莉子はきまって空を見あげる。

空は大きい。それにくらべたら人間の悩みなんてたいしたことじゃないと思う。たぶんそれは錯覚だろうけど、ほんの少し気が楽になる。

でもその日の歩道橋は珍しく人がいた。しかもまんなかで立ちどまって手すりを両手でつかみ、下の交差点をながめている。

貸し切りじゃないことにがっかりしかけたが、立っている人を見て、あれっと思った。転校してきた女子じゃないか。たしか名前は長谷川さん。

莉子が近づく前に長谷川さんは歩きだした。莉子と同じように駅の方に向かっていく。後ろをふりかえることなく階段をリズムをつけてタタッ、タタッと軽やかに下りていく。莉子も思わず早足になったが、長谷川さんのほうがずっと早い。莉子が歩道橋を下りきったときには横の②路地に入っていくのがちらりと見え、莉子がその路地をのぞくと姿はもうなかった。

《中略》

歩道橋を上がりきったとき、まんなかに長谷川さんが立っていた。また手すりをつかみ、車道をのぞきこんでいる。まさか飛びおりようとしているんじゃないか！

と思ったが、長谷川さんは駅の方に向かって歩き出した。後ろにいる莉子に気がつかない様子ですたすた歩いていく。ちょっと迷ったが、莉子は呼びかけた。

「長谷川さん」

長谷川さんが振り返った。莉子の顔を見て［　2　］としている。

「あの、私、同じクラスの佐藤なんだけど」

3「へあっ！」

長谷川さんは変な声を出した。それから「ごめん、まだ覚えてなくて」と頭をかいた。

の具体的な行動だけでなく、各人のそれぞれにまかせるわけにはいかない、もっと一般的な基準が必要となる側面もあります。たとえば、今あげたような、何らかの犯罪にたいして、罰を与える必要があるという場合、その罰の重さをどの程度にすべきかということは、よく考えてみると、非常に難しい問題であることが分かるでしょう。何らかの形で犯された罪にたいして課せられるべき刑罰の重さということは、たんなる個人の判断の問題ではなくて、むしろ一般的な基準の問題の一つだということが分かります。いうまでもなく、裁判で問われるのは、個々の悪行の細かい事実の中身ではなく、それが社会全体に共通の規則ないし規範にたいする、どのようなタイプの違反なのかということですし、それにたいして必要な罰則はどのようなタイプの罰なのか、ということです。いいかえると、何が罪で、それにどのような罰が必要なのか、といったことは、私たちの個人的な好き嫌いでは決められない問題です。

したがって、私たちが社会の中で生活し、共同体の一員として暮らしていくためには、それぞれが利己的な態度を取ったり利他的な姿勢をもとうとすることとは別に、人間どうしの関係において、いかなる行動の原則を基本の原理とするべきなのか、ということがどうしても問われてきます。つまり、個人個人の行動方針とは別に、社会全体にとっての共通の規則はどうあるべきかということが、何らかの仕方で考えられる必要があるのです。

《中略》

先に見たように、私たちが利己的に生きるか、それとも他人のために積極的に行動すべきかは、とりあえずは、私たち自身の性格の問題であり、好みの問題です。しかし、もしも、自分自身があるべき社会の行動原則について、その理想的な姿を描きだすことができるにもかかわらず、毎日の自分自身の行動方針についてはまったくそれを無視して、いわば自分だけの生活のルールで暮らしているとしたら、どうでしょうか。それはある種の自己分裂した姿として、けっして望ましい生活態度とはいえないでしょう。

(伊藤邦武『宇宙はなぜ哲学の問題になるのか』ちくまプリマー新書332)

※一部、表記を改めたところがあります。

注1 カント…(一七二四～一八〇四)ドイツの哲学者。「近代哲学の祖」と言われ、理性の働き、道徳の尊さ、人格の自由を強く訴え、哲学に新しい出発点を与えた。

注2 物自体として扱う…人間をそれ自体として価値を持つ、一個の人格として扱うこと。

注3 尊厳…人間は一人一人がかけがえのない存在であって、だれもが等しく人間として尊重されなければならないということ。

問一 ――線①～④のカタカナを漢字に改めなさい。

問二 ――線1「たんなる道具として扱われている」とありますが、人々が「道具として扱われ」た例にあたる箇所はどこですか。解答らんの「こと」に続くように本文中から三十五字で探し、その最初と最後の四字を答えなさい。句読点も一字に数えます。

問三 ――線2「目的の王国」とありますが、「目的」が達成されるために必要なことは何ですか。最も適切なものを次の中から選び、記号で答えなさい。

ア　社会への善行を多く積み、自分の人格を形成すること。
イ　お互いを尊敬しあい、それぞれの価値を認め合うこと。
ウ　行動の責任者に対して罪に見合った罰を与えること。
エ　自分だけの生活のルールで楽しく暮らしていくこと。

問四 ――線3「出し抜いて」の意味として、最も適切なものを次の中から選び、記号で答えなさい。

二〇二〇年度 立教女学院中学校

【国　語】〈四五分〉〈満点：九〇点〉

一　**次の文章を読んで、あとの問いに答えなさい。**

注1カントは、われわれが共同体の中で生きるかぎり、互いが互いをたんなる現象の一部ではなく、注2物自体として扱う可能性をもっているというのですが、それはこうした私たち自身の相互理解の特異な性格に着目するからです。人間の歴史に現れた社会のなかには、人びとが奴隷制を容認したり、独裁者によって極端な非人間的政治が行われたことも少なくありません。そして、それは現在なお世界の中で見られる現実であるかもしれません。こうした社会では、一部の人びとを①ノゾくと多くの人びとが②キカイの歯車やゼンマイのように、扱われています。そこではいわば、各人がそれ自体として価値をもつ、一個の人格としてではなく、1たんなる道具として扱われているといえるでしょう。

カントにとって、われわれ人間が目指すべき社会は、こうした道具としての人間の存在を拒否して、それぞれの人格を互いにそれ自体として価値をもつ、それ自体として注3尊厳を要求できる存在とするような社会です。それは、人格どうしが互いにその尊厳を認め、守ろうとする社会です。彼はこうした社会がいわば、物自体としての人格構成というメンバーによって構成された「2目的の王国」であると考えるのです。

目的とは手段の逆の言葉です。何かが手段となって目的が実現されます。実現されるべきなのは各人が追求している、自分自身の尊厳ですが、それは互いに互いを尊敬しあい、互いの価値を認め合うことによってのみ達成されます。自分自身の価値が他人への関係によって実現され、それによって自分の尊厳も他人の尊厳も生み出されるというのは、少し変なことですが、それは他の人を特別に助けたり、社会への善行をたくさん積むことで、段々と自分の人格が形成されて、偉い人になるということとはかなり違います。

私たちは他人を助けることができますが、同時に、他人を3出し抜いて自分だけトクをするような行動をとることもできます。そして、日々の生活の中で、自分だけトクをするような行動を採用しても、それ自体としてはけっしてとがめられるべきことではありません。誰でも一番大切なのは自分自身の幸福ですから、そのための方策として、自分の利益だけを大切にする利己主義に徹し、他人への思いやりや配慮をできるだけ少なくしようとすることも、それ自体として悪いこととはいえないでしょう。それ自体として悪いことは、他人に③キガイを加えたり、他の人のものを盗んだり、極端な場合には他人の命を奪ったりするような、具体的に罪に問われるような行動です。そして、誰でもそのような行動には、その行動の責任者にたいして、罪に見合った罰ということが社会的に課せられるべきだと思うでしょう。

このように、人間の行為の善悪は一人一人の個別的なケースについていえば、格別に道徳的な規準を考えて、善人らしく振るまうことなく、単純にその人にとっての④ソントクとか、何が賢い選択なのか、というレベルで考えることができますし、ある意味では、利己的な行為をすることも、4利他的な行為をすることも、各人の好みや性格で考えれば、毎日の生活における具体的な行動としては、それで十分だといえると思います。私たちは他人の人格を認めはしますが、それによってその尊厳を重視し、現象の一部ではなく一種の物自体のような存在だとまでは考えなくても、とりあえずは生きていけます。

とはいえ、私たちの5善悪の判断には、こうした日常生活レベルで

2020年度

立教女学院中学校 ▶解説と解答

算 数 (45分)＜満点：90点＞

解 答

1 (1) $\frac{1}{9}$ (2) $2\frac{1}{3}$ (3) 110 (4) ① 210度 ② 2時$10\frac{10}{11}$分 (5) ① 20% ② 50人 (6) ① 毎分50m ② 毎分70m (7) 157cm^2 (8) 36個 (9) ① 75 g ② 8.75% 2 (1) 14.13m^2 (2) 238.64m^2 (3) 62.8cm^2 3 (1) 56 (2) 47 (3) ① 6 ② 11 (4) ③ 10 ④ 49 4 (1) 7560cm (2) 25：16 (3) 5：2 (4) 26秒 (5) 毎秒$83\frac{1}{13}$cm

解 説

1 四則計算，比の性質，計算のくふう，時計算，相当算，速さ，面積，つるかめ算，濃度(のうど)

(1) $\frac{1}{3}-\left\{\left(\frac{1}{6}+0.125\div0.75\right)-\frac{1}{9}\right\}=\frac{1}{3}-\left\{\left(\frac{1}{6}+\frac{1}{8}\div\frac{3}{4}\right)-\frac{1}{9}\right\}=\frac{1}{3}-\left\{\left(\frac{1}{6}+\frac{1}{8}\times\frac{4}{3}\right)-\frac{1}{9}\right\}=\frac{1}{3}-\left\{\left(\frac{1}{6}+\frac{1}{6}\right)-\frac{1}{9}\right\}=\frac{1}{3}-\left(\frac{1}{3}-\frac{1}{9}\right)=\frac{3}{9}-\left(\frac{3}{9}-\frac{1}{9}\right)=\frac{3}{9}-\frac{2}{9}=\frac{1}{9}$

(2) $A：B=C：D$のとき，$A\times D=B\times C$となることを利用すると，$\left(2\frac{1}{8}-\frac{1}{2}\times\square+\frac{7}{24}\right)：1\frac{7}{8}=2：3$より，$\left(2\frac{1}{8}-\frac{1}{2}\times\square+\frac{7}{24}\right)\times3=1\frac{7}{8}\times2=\frac{15}{8}\times2=\frac{15}{4}$，$2\frac{1}{8}-\frac{1}{2}\times\square+\frac{7}{24}=\frac{15}{4}\div3=\frac{15}{4}\times\frac{1}{3}=\frac{5}{4}$，$2\frac{1}{8}-\frac{1}{2}\times\square=\frac{5}{4}-\frac{7}{24}=\frac{30}{24}-\frac{7}{24}=\frac{23}{24}$，$\frac{1}{2}\times\square=2\frac{1}{8}-\frac{23}{24}=\frac{17}{8}-\frac{23}{24}=\frac{51}{24}-\frac{23}{24}=\frac{28}{24}=\frac{7}{6}$　よって，$\square=\frac{7}{6}\div\frac{1}{2}=\frac{7}{6}\times\frac{2}{1}=\frac{7}{3}=2\frac{1}{3}$

(3) 1＋2＋3＋4＝10より，1234＋2143＋3421＋4312＝10×(1000＋100＋10＋1)＝11110だから，(1234＋2143＋3421＋4312)÷101＝11110÷101＝110

(4) 長針は1分間に，360÷60＝6(度)回転するので，35分間で，6×35＝210(度)回転する。つまり，2時から長針が210度(…①)回転すると，2時35分になる。また，2時のとき，長針は短針よりも，360÷12×2＝60(度)後ろにあるから，2時の後，長針が短針よりも60度多く回転すると，長針と短針が重なる。短針は1分間に，360÷12÷60＝0.5(度)回転するから，1分間に長針は短針よりも，6－0.5＝5.5(度)多く回転する。よって，長針と短針が重なるのは2時から，$60\div5.5=\frac{120}{11}=10\frac{10}{11}$(分後)だから，2時$10\frac{10}{11}$分(…②)である。

(5) Aを読んだことのある生徒は全体の$\frac{3}{4}$で，その$\frac{1}{3}$が両方を読んだことのある生徒だから，両方を読んだことのある生徒は全体の，$\frac{3}{4}\times\frac{1}{3}=\frac{1}{4}$である。よって，右の図1より，Bだけを読んだことがある生徒は全体の，$\frac{9}{20}-\frac{1}{4}=\frac{1}{5}$なので，$100\times\frac{1}{5}=20$(%)(…①)となる。また，AまたはBを読んだことのある生徒は全体の，$\frac{3}{4}+\frac{9}{20}-\frac{1}{4}=\frac{19}{20}$だから，両方とも読んだことがない生

図1

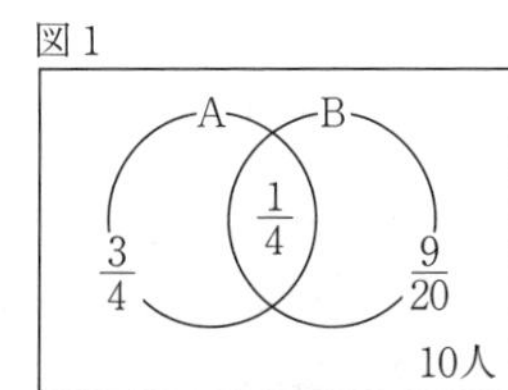

徒は全体の，$1-\frac{19}{20}=\frac{1}{20}$とわかる。これが10人なので，全体の人数は，$10\div\frac{1}{20}=200$(人)となる。したがって，両方を読んだことのある生徒は，$200\times\frac{1}{4}=50$(人)(…②)と求められる。

(6) 最初の６分間は姉だけが進むから，問題文中のグラフより，６分後までに姉は300ｍ進む。よって，姉の速さは毎分，300÷６＝50(ｍ)(…①)とわかる。また，妹が出発してから姉に追いつくまでに，妹は，16－６＝10(分)進み，姉は途中で２分間休憩するので，10－２＝８(分)進む。したがって，妹は10分間で，300＋50×８＝700(ｍ)進むから，妹の速さは毎分，700÷10＝70(ｍ)(…②)と求められる。

(7) 右の図２で，４つの三角形ABC，ABD，BCE，ACFは，すべて１辺10cmの正三角形で，１つの内角の大きさが60度だから，太線で囲んだ部分はすべて面積が等しい。よって，矢印のように移動させると，影をつけた部分は，半径10cm，中心角60度のおうぎ形３個になるから，その面積は，$10\times10\times3.14\times\frac{60}{360}\times3=157(cm^2)$と求められる。

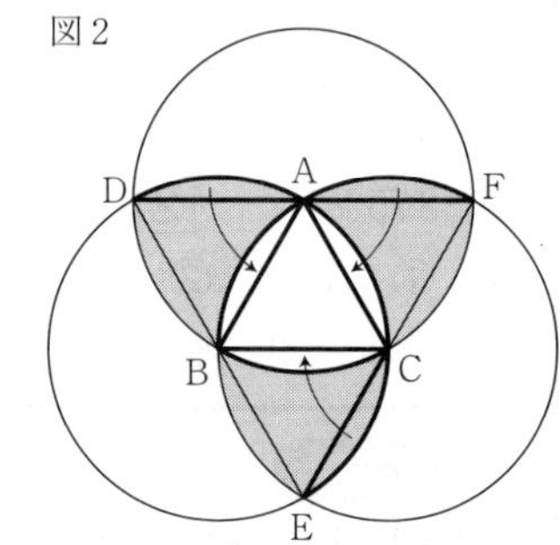

(8) Ｃだけが100個あるとすると，重さの合計は，60×100＝6000(ｇ)となり，実際よりも，6000－5120＝880(ｇ)重い。ここから，３＋５＝８(個)のＣを，Ａ３個，Ｂ５個と入れかえていくと，個数の合計は100個のままで，ＡとＢの個数の比を３：５にすることができる。このとき，Ｃ８個の重さは，60×８＝480(ｇ)，Ａ３個とＢ５個の重さは，40×３＋50×５＝370(ｇ)だから，１回入れかえると，重さの合計は，480－370＝110(ｇ)減る。よって，880ｇ減らすには，880÷110＝８(回)入れかえればよいので，実際のＣの個数は，100－８×８＝36(個)とわかる。

(9) もとの容器Ａの食塩水には，300×0.1＝30(ｇ)，容器Ｂの食塩水には，100×0.05＝５(ｇ)の食塩が含まれているから，これらを混ぜ合わせてできる食塩水の濃度，つまり，最後にできた食塩水の濃度は，(30＋５)÷(300＋100)×100＝8.75(％)(…②)となる。このとき，容器Ａの食塩水には，300×0.0875＝26.25(ｇ)の食塩が含まれているので，はじめより食塩は，30－26.25＝3.75(ｇ)減っている。もとの容器Ａと容器Ｂの食塩水を１ｇ入れかえるごとに，0.1－0.05＝0.05(ｇ)食塩が減るので，3.75÷0.05＝75(ｇ)(…①)入れかえたとわかる。

2 平面図形，立体図形—面積

(1) イヌが動ける範囲は下の図Ⅰの影をつけた部分である。この部分は半径３ｍの半円だから，面積は，$3\times3\times3.14\div2=14.13(m^2)$と求められる。

(2) イヌが動ける範囲は下の図Ⅱの影をつけた部分である。図Ⅱで，アの長さは，10－４＝６(ｍ)，イの長さは，10－(６－４)＝８(ｍ)，ウの長さは，８－６＝２(ｍ)だから，①の面積は，$6\times6\times3.14\times\frac{90}{360}=9\times3.14(m^2)$，②の面積は，$10\times10\times3.14\div2=50\times3.14(m^2)$，③の面積は，$8\times8\times3.14\times\frac{90}{360}=16\times3.14(m^2)$，④の面積は，$2\times2\times3.14\times\frac{90}{360}=3.14(m^2)$となる。したがって，動ける範囲の面積は，$9\times3.14+50\times3.14+16\times3.14+3.14=(9+50+16+1)\times3.14=76\times3.14=238.64(m^2)$と求められる。

(3) アリが動ける範囲は下の図Ⅲの影をつけた部分である。このうち，床の部分は半径４cm，中心角，360－90＝270(度)のおうぎ形だから，面積は，$4\times4\times3.14\times\frac{270}{360}=12\times3.14(cm^2)$である。

また，立方体の壁(かべ)の部分は，半径4 cm，中心角90度のおうぎ形2個だから，その面積の和は，$4\times4\times3.14\times\frac{90}{360}\times2=8\times3.14(\text{cm}^2)$となる。よって，動ける範囲の面積は，$12\times3.14+8\times3.14=(12+8)\times3.14=20\times3.14=62.8(\text{cm}^2)$と求められる。

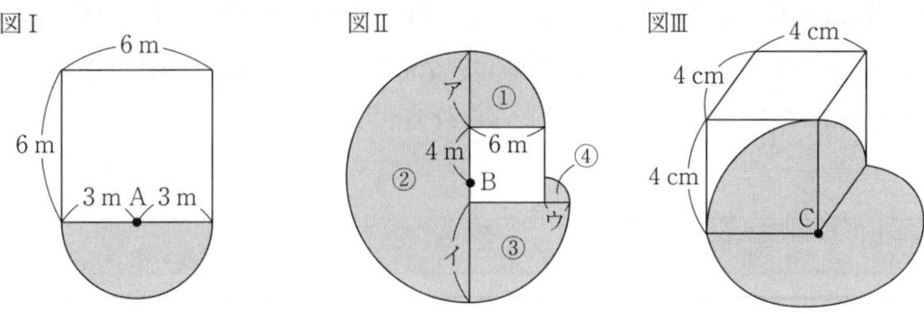

3 約束記号，整数の性質

(1) 28の約数は，1，2，4，7，14，28だから，《28》＝1＋2＋4＋7＋14＋28＝56となる。

(2) 《N》＝1＋Nとなるのは，Nの約数が1とNだけのときとなる。よって，このときNは素数だから，50以下で最大のものは47である。

(3) 《N》＝12となるのは，Nが12より小さいときである。N＝11とすると，11の約数は1と11だから，《N》＝1＋11＝12となる。よって，《N》＝12となるNのうち，最大の整数は11(…②)とわかる。また，N＝2のとき，《N》＝1＋2＝3，N＝3のとき，《N》＝1＋3＝4，N＝4のとき，《N》＝1＋2＋4＝7，N＝5のとき，《N》＝1＋5＝6，N＝6のとき，《N》＝1＋2＋3＋6＝12となるから，《N》＝12となるNのうち，最小の整数は6(…①)とわかる。

(4) 《N》＝N＋8となるのは，1とN以外の約数の和が，8－1＝7になるときである。また，1とN以外の約数は，㋐7だけの場合，㋑2と5だけの場合，㋒3と4だけの場合が考えられる。㋐の場合，N＝7×7＝49のとき，1とN以外の約数が7だけになる。㋑の場合，N＝2×5＝10のとき，1とN以外の約数が2と5だけになる。しかし，㋒の場合，4が約数のときは2も必ず約数になるので，1とN以外の約数が3と4だけになることはない。よって，最小の整数は10(…③)，最大の整数は49(…④)とわかる。

4 速さと比

(1) 「動く歩道」が止まっているとき，姉は126歩でP地点からQ地点まで進んだから，「動く歩道」の長さは姉の歩幅(ほはば)で126歩分の長さとなる。よって，60×126＝7560(cm)と求められる。

(2) 姉が60cmの歩幅で5歩歩く間に弟は48cmの歩幅で4歩歩くので，姉が，60×5＝300(cm)歩く間に弟は，48×4＝192(cm)歩く。よって，姉と弟が同じ時間に歩く距離(きょり)の比は，300：192＝25：16だから，歩く速さの比は25：16である。

(3) 「動く歩道」が動いているとき，姉は90歩でP地点からQ地点まで進んだので，1歩歩く間に，7560÷90＝84(cm)進んだことになる。よって，姉が1歩歩く間に「動く歩道」が進む長さは，84－60＝24(cm)だから，姉の歩く速さと「動く歩道」の速さの比は，60：24＝5：2とわかる。

(4) (2)，(3)より，姉の歩く速さの比の数を25にそろえると，右の図のように，姉の歩く速さ，弟の歩く速さ，「動く歩道」の速さの比は，25：16：10となる。また，(「動く歩道」を進む速さ)＝(歩く速さ)＋(「動く歩道」の速さ)だから，姉と弟の「動く歩道」を進む速さの比は，(25＋

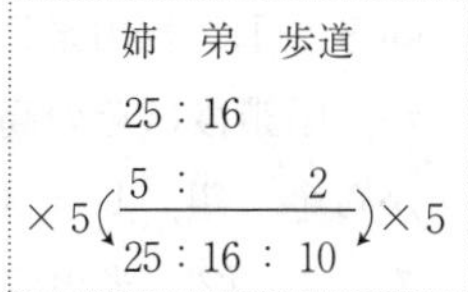

10)：(16＋10)＝35：26とわかる。よって，姉と弟がＰ地点からＱ地点までかかる時間の比は，$\frac{1}{35}$：$\frac{1}{26}$＝26：35となり，この比の，35－26＝９にあたる時間が９秒だから，姉が「動く歩道」を歩いてＰ地点からＱ地点までかかった時間は，９÷９×26＝26(秒)と求められる。

(5)　(4)のとき，姉は90歩でＱ地点に着いたので，姉の歩いた距離は，60×90＝5400(cm)である。よって，26秒間に「動く歩道」が進んだ距離は，7560－5400＝2160(cm)だから，「動く歩道」の速さは毎秒，2160÷26＝$\frac{1080}{13}$＝83$\frac{1}{13}$(cm)と求められる。

社　会　(30分)＜満点：60点＞

解　答

1　**問1**　**1**　経線　**2**　緯線　**3**　0　**4**　180　**5**　0　**6**　90　**問2**　ア　**問3**　(1)　秋田県　(2)　新潟県　(3)　沖縄県　(4)　千葉県　(5)　愛媛県　**ア**　田沢　**イ**　地熱　**ウ**　信濃　**エ**　アメリカ　**オ**　サトウキビ　**カ**　銚子　**キ**　成田　**ク**　タオル　**問4**　(3)，(5)　**問5**　(1)　**2**　**問1**　徳川家康　**問2**　イ　**問3**　ア→ウ→イ→エ　**問4**　ア　**問5**　ウ　**問6**　福沢諭吉　**問7**　前野良沢　**問8**　日米修好通商(条約)　**問9**　横浜　**問10**　エ，カ　**問11**　モース　**問12**　エ　**問13**　1923(年)９(月)１(日)　**問14**　芥川龍之介　**問15**　ア　**問16**　ウ　**問17**　豊洲　**3**　**問1**　(1)　ウ　(2)　大正　(3)　有権者　**問2**　(1)　第一次世界大戦　(2)　ア　**問3**　(1)　国会　(2)　行政　(3)　ウ　**問4**　ウ　**問5**　ユネスコ　**問6**　(1)　**a**　イ　**b**　ウ　**c**　ア　(2)　ウ　**問7**　(1)　2030(年)　(2)　Ｃ

解　説

1　**世界地図や地球儀(ぎ)，各都道府県の地理についての問題**

問1　世界地図や地球儀にえがかれている縦の線を経線といい，地球上の東西の位置を示している。経度はイギリスのロンドンにある旧グリニッジ天文台を通る線(本初子午線)を０度として，東に180度(東経)，西に180度(西経)ある。また，横の線を緯線といい，赤道を０度として，北に90度(北緯)，南に90度(南緯)ある。

問2　ア　地球儀は地球をそのまま縮小した模型で，立体なので，半球面しか一度に見わたすことができない。したがって，地球上のほぼ正反対の側に位置する日本とブラジルを同時に見わたすことはできない。　イ　地図は平面なので，陸地や海の形・面積・方位・距離(きょり)などをすべて同時に正しく表すことはできない。　ウ　資料の地図はメルカトル図法の世界地図。この図法では，緯度が高くなるほど面積が実際よりも大きく表されるので，オーストラリア大陸よりもグリーンランドのほうが実際の面積よりも広く見える。　エ　メルカトル図法の世界地図では，赤道付近のせまい範囲(はんい)に限り，面積や距離がほぼ正確に表現されている。

問3　(1)　秋田県について述べた文。小坂鉱山は同県北部にある，日本を代表する銅山であったが，閉鎖後はその高い技術力を生かして使用済み携帯(けいたい)電話やパソコンなど，いわゆる「都市鉱山」から金，銀，レアメタルといった複数の金属を取り出すリサイクル製錬(せいれん)事業で成功をおさめている。　(2)　米の収穫量が全国第１位(2018年)で，雪の多い水田単作地帯が広がっているとあるので，新潟県だとわかる。　(3)　沖縄県は出生率が高く，人口の自然増減率(2017年10月～18年9月の1年間)が全国で唯一プラスになっている。　(4)　千葉県には，水揚量日本一の漁港と主要港別貿易額日本一の空港がある。　(5)　キウイフルーツの生産量が全国第1位，みかんの生産量が全国第2位であることや，県西端の佐田岬半島に原子力発電所(伊方原発)があることから，愛媛県だとわかる。　**ア**　田沢湖は秋田県中東部にあるカルデラ湖で，水深423mは日本の湖で最も深い。　**イ**　地中から噴出する蒸気でタービンを回すのは地熱発電。秋田県には北東部の澄川や大沼，南部の上の岱などに地熱発電所がある。　**ウ**　信濃川は日本一の長流で，長野県では千曲川とよばれ，新潟県で信濃川と名を変えて北東へと流れたのち，新潟市で日本海に注ぐ。**エ**　沖縄県には嘉手納や普天間など多くのアメリカ軍基地があり，日本国内にあるアメリカ軍専用施設のうち約4分の3が集中している。　**オ**　沖縄県では工芸作物のサトウキビがさかんに栽培されており，沖縄県の収穫量は全国の約6割を占めて第1位(2018年)である。　**カ**　千葉県北東部に位置する銚子港は沖合漁業，遠洋漁業の基地となっており，2016年の漁港別水揚量は全国第1位であった。　**キ**　千葉県北部に位置する成田国際空港は2018年の主要港別貿易額が全国第1位で，輸出品では金(非貨幣用)や科学光学機器など，輸入品では通信機や医薬品など，軽量・小型のわりに高価なものが上位品目を占めている。　**ク**　愛媛県の今治市はタオルの生産地として知られており，全国生産量の約半分を占めている。

問4　日本の標準時子午線となっている東経135度の経線は，京都府の丹後半島，兵庫県の明石市，和歌山県の友ヶ島などを通っている。よって，それより西側に位置するのは沖縄県と愛媛県である。

問5　5県のうち人口(2018年)が最も少なく，人口減少率(2017年10月～2018年9月の1年間)が最も大きいのは秋田県で，人口は約98万人，人口増減率はマイナス1.47％であった。ほかの4県の人口は，新潟県が約225万人，沖縄県が約145万人，千葉県が約626万人，愛媛県が約135万人。人口増減率は新潟県がマイナス0.92％，沖縄県がプラス0.31％，千葉県がプラス0.14％，愛媛県がマイナス0.90％となっていた。

2　築地を題材とした歴史についての問題

問1　江戸幕府の最初の将軍は徳川家康。豊臣秀吉が北条氏を倒して全国統一をはたしたさい，秀吉に命じられるまま関東8か国を領地としてあたえられた家康は，開発の遅れていた江戸を根拠地として力をのばし，1603年には征夷大将軍に任じられて江戸に幕府を開いた。

問2　享保の改革を進めた第8代将軍徳川吉宗は，幕府の財政を立て直すために倹約令を出した。よって，イが正しい。なお，アは寛政の改革を行った老中の松平定信にあてはまることがら。ウは「大塩平八郎」ではなく，江戸南町奉行などをつとめた「大岡忠相」などが正しい。エにあてはまる将軍はいない。

問3　アは平安時代中ごろ，イは加賀の一向一揆で戦国時代の1488年，ウは鎌倉時代の12世紀末，エは安土桃山時代の1583～85年のできごとなので，時代の古い順にア→ウ→イ→エとなる。

問4　元禄時代とよばれるのは，17世紀末から18世紀初めの時代。この時代には上方(京都や大阪など)を中心に，明るく活気のある町人文化が栄えた。アの人形浄瑠璃(文楽)はこの時代に発達した，浄瑠璃と人形によって演じられる人形劇である。イの茶の湯，ウの能，エの狂言は，いずれも室町時代の文化にあてはまる。なお，ウはシテとよばれる主役の役者が面をつけていることなどから，歌舞伎ではなく能であると判断できる。

問5　『学問のすゝめ』は明治時代初めに刊行された17編からなる福沢諭吉の著書である。この本では人間が平等であることや学問の重要性などが説かれ，ベストセラーとなって多くの人々に影響をあたえた。ウはその書き出しの部分である。なお，アは1904年に与謝野晶子が雑誌「明星」に発表した『君死にたまふことなかれ』，イは1911年，雑誌「青鞜」の創刊号に掲載された平塚らいてう（らいちょう）による序文。エは1922年に発表された全国水平社創立の宣言文である。

問6　福沢諭吉は中津藩（大分県）の下級藩士の子として大阪で生まれ，江戸時代末から明治時代にかけ，思想家・教育者として活躍した。江戸で蘭学塾（のちの慶應義塾）を開いたほか，三度にわたる渡欧経験をもとに，多くの書物を著した。

問7　杉田玄白らはオランダ語の医学解剖書『ターヘル・アナトミア』を苦心のすえに翻訳し，1774年に『解体新書』として出版したが，翻訳作業で指導的役割をはたしたのは，中津藩の藩医であった前野良沢である。

問8　居留地とは，外国人に居住や営業を認めた地域のこと。1858年に結ばれた日米修好通商条約で設置することが決められ，築地のほか長崎と横浜などに設けられた。

問9　日本で最初の鉄道は1872年に新橋—横浜間で開通し，両駅間を蒸気機関車が片道53分で結んだ。

問10　邪馬台国の女王卑弥呼が使いを送ったのは魏（中国）である。「漢委奴国王」と刻まれた金印は，紀元57年に奴国の王が後漢（中国）に使いを送り，皇帝から授けられたものとされるから，エは誤っている。また，道元が修行のために渡ったのは宋（中国）なので，カも誤っている。

問11　1877年，アメリカの動物学者エドワード＝モースは，横浜から新橋行きの汽車に乗ったさい，大森付近を通過する車窓から白っぽい丘を発見した。その後，現地を訪れ，それが貝塚であることを確認した。

問12　縄文時代の人々は狩猟や漁労，採集によって生活していた。漁労には，動物の骨や角を釣り針などに加工して用いていたから，エが正しい。なお，アは旧石器時代，イは弥生時代にあてはまる。青銅器が使われるようになったのは弥生時代であるから，ウも誤りである。

問13　1923年9月1日，相模湾を震源とするマグニチュード7.9の大地震が起こり，関東地方南部を中心に大災害が発生した。ちょうど昼食どきで火を使っていたこともあり，火災が発生して東京や横浜では大きな被害が出た。なお，9月1日は現在「防災の日」とされており，各地で防災訓練などが行われている。

問14　芥川龍之介は大正時代を代表する作家で，『蜘蛛の糸』や『トロッコ』，『羅生門』などの作品で知られている。

問15　アジア・太平洋戦争は1941年12月～1945年8月のできごと。1945年4～6月には沖縄本島で，アメリカ軍と日本軍による激しい地上戦が行われているから，アが正しい。なお，1944年から行われた学童疎開は，都市部の小学生が地方へ集団で移り住んだことを指すので，イは誤り。小学生が兵士として従軍するということはなかったから，ウも誤っている。エは1938年のできごとである。

問16　1954年，アメリカが太平洋のマーシャル諸島にあるビキニ環礁で水爆実験を行ったさい，危険水域の外で操業していた日本のマグロはえなわ漁船第五福竜丸が「死の灰」を浴び，静岡県焼津港に帰港後，乗組員１名が原爆症で死亡するという事件(第五福竜丸事件)が起こった。焼津港で水揚げされたマグロの一部は築地にも送られたが，強い放射能が検出されたことから「原爆マグロ」としてすべて廃棄されることとなり，築地市場の敷地内に埋められた。

問17　中央区築地にあった東京都中央卸売市場(築地市場)は，施設がせまくなったことや老朽化が進んだことなどから，江東区豊洲に建設された豊洲市場へと移転することになった。そして，2018年10月６日に築地市場が閉鎖され，同年10月11日に豊洲市場が開場した。

3　近・現代の日本の社会，世界寺子屋運動を題材とした問題

問１　(1)　19世紀につくられたのは大日本帝国憲法。この憲法では表現の自由などの自由権が保障されたが，それらは法律の範囲内でのみ認められるものだったから，ウが正しい。なお，アは日本国憲法にあてはまることがら。大日本帝国憲法のもとでは帝国議会が置かれたから，イも誤りである。　(2)　1910～20年代には政党内閣制や普通選挙制を求める動きが活発になり，労働運動などもさかんになった。こうした民主主義的な社会を目指す動きは，当時の元号から「大正デモクラシー」とよばれた。　(3)　資料は各年代の有権者の割合。1890年に第１回衆議院議員総選挙が行われたときの有権者は，直接国税15円以上を納める満25歳以上の男子に限られていたので，人口に対する有権者の割合は約1.1％に過ぎなかった。その後，納税額が減額され，1925年には普通選挙法が成立して納税額の制限がなくなった。そして，1928年の選挙では満25歳以上の男子による普通選挙が実施された。戦後の1945年12月には衆議院議員選挙法が改正されて女性参政権が実現し，1946年の選挙では満20歳以上の国民が有権者となった。また，2015年には公職選挙法が改正され，2016年の参議院議員選挙では満18歳以上の国民が有権者となった。

問２　(1)　1914年，サラエボ事件(セルビア人によるオーストリア皇太子夫妻暗殺事件)をきっかけとして，第一次世界大戦が始まった。この戦争では，同盟国であるドイツ・オーストリアと，イギリス・フランス・ロシア(のちに革命で離脱)・アメリカ(とちゅうから参戦)などの連合国が戦い，1918年までおよそ４年間続いた。　(2)「世界で初めての平和のための国際組織」は国際連盟を指す。アメリカのウィルソン大統領の提案にもとづいて設立されたが，アメリカは議会の反対により参加しなかったから，アが正しい。なお，安全保障理事会は第二次世界大戦後に設立された国際連合の主要機関なので，イは誤り。国際連盟の最高議決機関は，全加盟国が参加する総会であったから，ウも誤りである。

問３　(1)，(2)　日本国憲法の第66条３項には「内閣は，行政権の行使について，国会に対し連帯して責任を負ふ」と定められている。政党内閣は議会(国会)で多数の議席を占めた政党によって組織された内閣のことであるが，ここでは「共通に当てはまる言葉」とあるから，「国会」が正しい。(3)　ア　内閣総理大臣は国務大臣の任免権者なので，これをやめさせることができる。　イ　首相や国務大臣になっても所属する政党をやめる必要はない。なお，衆参両院の議長については，在任中は所属する政党を離れ，無所属になることが慣例となっている。　ウ　長官以外の最高裁判所裁判官と下級裁判所裁判官は，すべて内閣が任命する。

問４　アは1931～1932年，イは1932年のできごと。ウは日清戦争の結果，1895年に結ばれた下関条約によるものである。

問５　世界寺子屋運動は，発展途上国の子どもたちや読み書きのできない大人に学ぶ機会をつくる運動で，日本ユネスコ協会連盟が主催している。ユネスコ(国連教育科学文化機関)は，教育や文化に関する仕事を担当する国際連合の専門機関である。

問6 (1) 親の収入が少ないと，子どもを学校に通わせることができない場合がある。学校教育を受けられなければ，読み書きや計算などを十分に身につけることができない。その結果，成長してからもできる仕事が限られ，安定した職業につくことができないので，少ない収入しか得られないということが，世代間でくり返されることになる。　(2) アは日本国憲法の第26条２項，イは第27条１項，エは第25条１項の内容。法律の制定・廃止は国会の持つ権限なので，ウが正しくない。

問7 (1) SDGsは，2015年に国連総会で採択(さいたく)された「持続可能な開発目標」のことで，2030年までに世界が達成すべき17分野の目標(ゴール)と169のターゲット(達成基準)が盛りこまれている。

(2) Ａさん…募金を続けることは価値のあることではあるが，SDGsは「持続可能な社会を実現するための目標」であり，活動を持続させること自体が目標というわけではない。　Ｂさん…SDGsは，すべての国とその国民が目指すべき目標である。　Ｃさん…「持続可能な社会」とは将来の社会のありかたに責任を持つことでもあるので，この考え方はSDGsの理念にかなっている。　Ｄさん…「持続可能な開発」とは，環境の保全と産業の開発の両立をはかるものなので，産業の基盤(きばん)の整備を後回しにするものではない。

理　科 (30分) ＜満点：60点＞

解　答

[1] **問1** ア，ウ　**問2** エ　**問3** ウ　**問4** イ　**問5** イ　**問6** エ　[2] **問1** エ　**問2** ウ　**問3** ウ　**問4** ア　**問5** ウ　**問6** キ　**問7** エ　**問8** 20個　[3] **問1** エ，カ　**問2** 右向き　**問3** エ　**問4** ウ　**問5** (1) イ，ウ　(2) ア　**問6** オ　**問7** エ　**問8** オ　[4] **問1** イ，ウ　**問2** 酸素　**問3** エ　**問4** ウ　**問5** 二酸化炭素　**問6** ウ　**問7** ア，ウ，オ，カ

解　説

[1] 炭酸水についての問題

問1 ア　炭酸水は二酸化炭素が水に溶(と)けた水溶液(すいようえき)である。二酸化炭素を石灰水(水酸化カルシウムの水溶液)に通すと，水に溶けない炭酸カルシウムという物質ができるので，液が白くにごる。　イ　二酸化炭素はものを燃やすはたらきがないので，二酸化炭素に火のついたせんこうを入れると，火が消える。　ウ　炭酸水は酸性を示すので，炭酸水に青色のリトマス紙をつけると，赤色に変わる。　エ　炭酸水を蒸発させると，水とともに溶けている二酸化炭素が気体となって逃げていくので，あとに何も残らない。　オ　二酸化炭素はにおいがない。

問2 炭酸水を空気中においておくと，溶けていた二酸化炭素があわとして出てくる。

問3，問4 炭酸水の入ったペットボトルのふたを閉めたままだと，二酸化炭素のあわが空気中に出ていかないので，重さは変化しない。一方，ペットボトルのふたを開けておくと，二酸化炭素のあわが空気中に出ていくので，出ていった二酸化炭素の重さの分だけ軽くなる。

問5 水の入ったペットボトルに二酸化炭素をふきこみ，ふたをしてよくふると，二酸化炭素が水に溶けてペットボトルの内部の圧力が下がるため，ペットボトルはへこむ。

問6　飲料用の炭酸水は強い圧力をかけて二酸化炭素を溶かしこんでつくられている。そのため，炭酸水の入ったペットボトルは，ぬけようとする二酸化炭素によって，内側から強い圧力を受けている。この圧力によって変形したり破れつしたりしないように，厚めでかたく，でこぼこの少ない容器が使われている。

2　磁石，電磁石についての問題

問1　地球は巨大な磁石のようになっており，北極にＳ極，南極にＮ極があるため，方位磁石のＮ極はつねに北を指す。

問2　地球のＮ極とＳ極は逆転をくり返しており，地層をつくっているたい積物を調べることで，その地層ができた当時の磁極の向きを知ることができる。千葉県市原市で，約77万4000年前に地球のＮ極とＳ極が逆転したことの証拠となる地層が見つかった。そのため，約77万4000年前から12万9000年前の時代は「チバニアン」と命名された。

問3　１個の磁石には必ずＮ極とＳ極があり，棒磁石を切ると，それぞれが新しい磁石となる。このとき，もとのＮ極の反対側には新たにＳ極が，もとのＳ極の反対側には新たにＮ極ができる。よって，４つに切った棒磁石を向きをかえずにそのまま並べると，ウのようになる。

問4　棒磁石を細かくくだいて粒状にすると，粒状の磁石は向きがばらばらになり，磁力を打ち消し合う。そのため，くだいた磁石をペットボトルに入れて，クリップに近づけても，クリップは引きつけられない。

問5　電磁石の磁極は，導線を巻く向きと，流れる電流の向きによって決まる。乾電池の向きをかえると，コイルに流れる電流の向きが逆になり，電磁石の磁極も逆になる。よって，方位磁石は乾電池の向きをかえる前と逆の向きを指す。

問6　電磁石の強さは，コイルの巻き数が多いほど，導線に流れる電流が大きいほど強くなるので，コイル200回巻きで，２個の電池が直列につながっているキがもっとも強い磁石となる。

問7　エは，乾電池の＋極どうしがつながれており，電流が流れないので，コイルが電磁石にならない。

問8　１回目と２回目から，コイルの巻き数を同じにして乾電池の数を２倍にすると，ついたクリップの数は２倍になるとわかる。また，１回目と３回目，２回目と５回目から，乾電池の数を同じにしてコイルの巻き数を２倍，４倍にすると，ついたクリップの数は２倍，４倍になるとわかる。したがって，４回目では，１回目と比べてコイルの巻き数が２倍，乾電池の数も２倍なので，ついたクリップの数は，$5 \times 2 \times 2 = 20$(個)となる。

3　流水のはたらきと地層のつくりについての問題

問1　曲がって流れる川では，川の内側より外側の方が流れが速いので，外側の方ではしん食したり運ぱんしたりするはたらきが大きくなる。そのため，川の底は外側の方が深くけずられ，大きく重い石が残る。また，内側は川底が浅く川原になっており，比較的小さな石が残る。

問2　川の流れによって川底の砂が押し流されるとき，流れにそってゆるやかに高くなっていく斜面ができる。よって，図２では，川が右向きに流れていたとわかる。なお，このようなあとを漣痕という。

問3　泥，砂，レキが一度に運ばれて海底にゆっくりたい積するとき，大きく重いレキがもっとも早くたい積し，小さく軽い泥はもっとも遅くたい積するので，下からレキ，砂，泥の順に層ができる。

問4　海底100mから116.9mの地層は，8.7万年前から10万年前にたい積したものなので，１年間にたい積する厚さは，{(116.9－100)×1000}÷{(10－8.7)×10000}＝16900÷13000＝1.3(mm)となる。

問5　⑴　大きく重いレキは，海岸線から近いところや，川の流れが比較的速いところに積もり，小さく軽い泥は，海岸線から遠いところや，川の流れが比較的遅いところに積もる。Aの地層は古い順に泥の層，砂の層，レキの層となっている。これより，Aの地層ができるとき，海水面が下がったためにそこの海底が海岸線に近づいたこと，または，川の流れが速くなったために海底に積もる粒の大きさが大きくなったことが考えられる。　⑵　アサリは海岸の浅いところに生息する貝なので，この場所は昔，浅瀬(あさせ)が広がる海だったと考えられる。

問6　図６で，地層がずれた線(断層)はまっすぐなので，地層がわん曲してからずれたことがわかる。また，層のずれ方に注目すると，ずれた線より右側の地層が上にきている。地表面はずれていないので，地層がずれたあとに地表がけずられているとわかる。

問7　XとZを比べると，地表から同じ深さに同じ地層が見られるので，地層は東西にはかたむいていない。また，XとYで火山灰の層に着目すると，Yの方が地表からの深さが深いので，XからYに向かって下にかたむいていることがわかる。よって，北から南に向かって下がっている。

問8　AとCは同じ標高にあり，地表から同じ深さに同じ地層が見られるので，地層はAとCの向き，つまり，北西から南東の向きにはかたむいていない。そして，火山灰の層の上面(火山灰の層と砂の層の境)の標高を比べると，A地点では，53－10＝43(m)，B地点では，43－４＝39(m)，D地点では，63－13＝50(m)にある。したがって，この地層は北東に下がっていると考えられる。

4　**光合成の研究の歴史についての問題**

問1　ヘルモントは，ヤナギの重さが，76.7－2.3＝74.4(kg)増えたのに対し，土は0.0567kgしか減っていなかったことから，植物は成長に必要なもののほとんどを，土からは得てなく，水から得ていると考えた。

問2　植物が(光合成により)放出し，ものを燃やすはたらきがあり，生物が生きるために必要な気体は酸素である。

問3　植物を暗い場所に置いた実験③では，ロウソクの火が消え，ネズミも生きていられないことから，植物が気体Aを放出するのには光が必要であるといえる。

問4　水をふっとうさせると，水に溶けている気体は追い出される。ふっとうさせた水の中に水草を入れると，明るい場所に置いてもあわが出ず，気体Bをふきこむと気体Aのあわが出たことから，植物が気体A(酸素)を放出するのには気体Bが必要なことがわかる。

問5　植物が光を受けて酸素をつくり出すはたらきは光合成であり，光合成を行うために必要な気体は二酸化炭素である。なお，実験⑤は，植物の重さの増加に二酸化炭素が関係することを示している。

問6　ヨウ素液には，デンプンがあると青むらさき色に色が変化する性質がある。この性質によって，ヨウ素液はデンプンの検出に用いられる。

問7　実験①より，問１で述べたように植物の成長に土は必要でなく，水は必要である。実験②～④は植物が気体A(酸素)を発生することに関連した実験で，これらからは植物の成長に必要なものはわからない。実験⑤では，気体B(二酸化炭素)が減少し，植物の重さが増えたので，植物の成長に気体Bが必要だと考えられる。実験⑥では，葉に光があたるとデンプンができることがわかるが，光やデンプンが植物の成長と関係があるかどうかは判断できない。

国　語　（45分）＜満点：90点＞

解　答

一　**問1**　下記を参照のこと。　**問2**　人びとが～行われた(こと)　**問3**　イ　**問4**　エ　**問5**　他人のために積極的に行動(すること)　**問6**　(例)　個人の日常生活での善悪の規準なら，各人の好みや性格で考えれば十分である。しかし，社会全体の問題として善悪を判断する場合は，社会全体に共通の規則を考える必要がある。また，その社会での理想的な規範に個人の道徳的な規準を一致させるのが望ましい。　二　**問1**　①，③，④　下記を参照のこと。②　ろじ　**問2**　空は大きい　**問3**　2　ウ　4　イ　**問4**　ア　**問5**　ウ　**問6**　イ　**問7**　(例)　莉子は，転校のくりかえしのせいで，友人だって期間限定だと考えるような，ねじけた性格になってしまったと思い，がっかりしていたが，同じような立場にある長谷川さんから「優しいじゃん」と言ってもらえたのがうれしく，本当に優しくなれたらいいという気持ちになったから。

●漢字の書き取り

一　問1　①　除(く)　②　機械　③　危害　④　損得　二　問1　①　密集　③　負担　④　腹

解　説

一　**出典は伊藤邦武(いとうくにたけ)の『宇宙はなぜ哲学(てつがく)の問題になるのか』による。**人は共同体の中にあって，どのように生きるかということについて語られている。

問1　①　音読みは「ジョ」「ジ」で，「除去」「掃除(そうじ)」などの熟語がある。　②　動力によって一定の仕事を繰(く)り返す装置。　③　身体や生命を損(そこ)なうような害。　④　損をすることと得をすること。

問2　「道具として」の扱(あつか)いとは，利用するだけで人格を認めない扱い方である。少し前に，歴史上では「人びとが奴隷(どれい)制を容認(ようにん)したり，独裁者によって極端(きょくたん)な非人間的政治が行われ」たりした社会もあり，そこで人びとは「機械の歯車やゼンマイのように」，つまり「道具」として扱われていたと述べられている。

問3　続く段落で，「目的」を達成するために必要なことが説明されている。各人が追求する「自分自身の尊厳」の実現という「目的」は，「互(たが)いに互いを尊敬しあい，互いの価値を認め合うことによってのみ達成」されるというのだから，イがふさわしい。

問4　「出し抜(ぬ)く」と似た意味のことばには，「裏をかく」「鼻を明かす」「虚(きょ)をつく」などがある。

問5　自分の利益だけを大切にする「利己的な行為(こうい)」と「利他的な行為」が，対照的な関係にあることをおさえる。《中略》のすぐ後に，「利己的に生きるか，それとも他人のために積極的に行動すべきか」は，個人の性格や好みの問題だと述べられていることに注目すると，「利他的な行為」とは，「他人のために積極的に行動」することだと判断できる。

問6　「個人」の日常生活における行動の善悪は「格別に道徳的な規準を考えて，善人らしく振るまう」必要などなく，「各人の好みや性格」にもとづいて判断すればよいが，社会の問題として善悪を判断する場合には，「個人的な好き嫌いでは決められ」ず，「社会全体に共通の規則ないし規範」を考える必要があると述べられている。また，最後の段落で「自分自身があるべき社会の行動原則について，その理想的な姿を描きだすことができるにもかかわらず，毎日の自分自身の行動方針についてはまったくそれを無視して，いわば自分だけの生活のルールで暮らしているとしたら」，それは「望ましい生活態度とはいえない」とも説明されていることから，より望ましいのは，社会において「理想的」な規範に個人の道徳的な規準を一致させることだといえる。これらをふまえてまとめるとよい。

二　出典は『飛ぶ教室　56号』所収の「シリカゲルじゃなくて優しいなら（魚住直子作）」による。
母親にはシニカルと思われている莉子だが，六年から転校してきた長谷川さんが気になり，歩道橋で話しかける。

問1　①　すきまなくびっしり集まること。　②　大通りから折れた，家と家との間のせまい通路。　③　引き受けた仕事，義務，責任のこと。あるいは，能力以上に課せられた仕事や責任。　④　音読みは「フク」で，「空腹」などの熟語がある。

問2　続く部分で，歩道橋にのぼって空を見あげた莉子は，「空は大きい〜人間の悩みなんてたいしたことじゃないと思う〜気が楽になる」と感じている。歩道橋は，莉子にとって自分を見つめるとともに，安らぎを得るための場所なのだろうと考えられるので，この部分がぬき出せる。

問3　**2**　続く部分で，長谷川さんは莉子に対し「ごめん，まだ覚えてなくて」と言っていることに注目する。長谷川さんは，誰から声をかけられたのかわからなかったのだから，「きょとん」としたものと考えられる。　**4**　まだ親しくない莉子に，長谷川さんは親の離婚というやや重い話をしたものの，言い終わったあと「じゃあねー」と軽く別れているので，こだわりのない「あっけらかん」としたようすだったものと推測できる。

問4　本文の後半に，歩道橋で莉子と話していた長谷川さんが，「このあいだ佐藤さんに声をかけられたときも，『わあーっ』て叫んだあとだったの」と打ち明けるようすが描かれているので，アがふさわしい。

問5　長谷川さんが転校してきたのは，親の転勤ではなく離婚が原因だったと話したことに対し，母親から「訳ありのパターンね」と言われたため，莉子は「むっと」し，「転勤だって訳ありじゃん」と反論している。転校をくりかえしたせいで「嫌な思いをいっぱい」してきたのに，母親の口調が，あたかも親の転勤による転校は特別なことではないかのようなものだったため，莉子は苛立ったものと推測できる。

問6　長谷川さんが今クラスで一緒にいるのは，「すぐに怒る」し「失礼なこと」をよく言う子なので，トラブルのあったあと，「あのつきあいにくい子とどうやって仲直りしたのか不思議」に思った莉子は，長谷川さんにたずねている。長谷川さんは，その子と真正面から向き合ったことで仲直りしたと話したうえで，「失礼なことを言わなかったらわりと面白い子だし〜あの子がいなかったら友達がいない」と擁護している。つまり，莉子が「ごめん」と謝りたくなったのは，長谷川さんの「友達」を悪く言ってしまったからなので，イが合う。

問7　「目が熱くなる」は，涙ぐむようす。本文の後半で，母親から「シニカル」だと言われた莉子のようすが描かれていることに注目する。莉子は，シニカルという言葉の意味が「皮肉な態度をとるさま」だとわかり，自分が「人間関係なんて結局，期間限定」と思うような，「ねじけて」「疑い深」く，「計算高い」性格になったのは転校のくりかえしのせいだと考えて「がっかり」するとともに，母親の人物評が「当たっている」と思い込んでしまっている。そのため，通りすがりのおばさんに落とし物を大声で知らせてあげたとき，長谷川さんから「シリカゲルじゃなくて優しいじゃん」と言ってもらえて，莉子は嬉しかったのである。これらをふまえてまとめるとよい。

Dr.福井の

入試に勝つ！脳とからだのウルトラ科学

勉強が楽しいと，記憶力も成績もアップする！

みんなは勉強が好き？　それとも嫌い？――たぶん「好きだ」と答える人はあまりいないだろうね。「好きじゃないけど，やらなければいけないから，いちおう勉強してます」という人が多いんじゃないかな。

だけど，これじゃダメなんだ。ウソでもいいから「勉強は楽しい」と思いながらやった方がいい。なぜなら，そう考えることによって記憶力がアップするのだから。

脳の中にはいろいろな種類のホルモンが出されているが，どのホルモンが出されるかによって脳の働きや気持ちが変わってしまうんだ。たとえば，楽しいことをやっているときは，ベーターエンドルフィンという物質が出され，記憶力がアップする。逆に，イヤだと思っているときには，ノルアドレナリンという物質が出され，記憶力がダウンしてしまう。

要するに，イヤイヤ勉強するよりも，楽しんで勉強したほうが，より多くの知識を身につけることができて，結果，成績も上がるというわけだ。そうすれば，さらに勉強が楽しくなっていって，もっと成績も上がっていくようになる。

でも，そうは言うものの，「勉強が楽しい」と思うのは難しいかもしれない。楽しいと思える部分は人それぞれだから，一筋縄に言うことはできないけど，たとえば，楽しいと思える教科・単元をつくることから始めてみてはどうだろう。初めは覚えることも多くて苦しいときもあると思うが，テストで成果が少しでも現れたら，楽しいと思えるきっかけになる。また，「勉強は楽しい」と思いこむのも一策。勉強が楽しくて仕方ない自分をイメージするだけでもちがうはずだ。

Dr.福井（福井一成（ふくいかずしげ））…医学博士。開成中・高から東大・文Ⅱに入学後，再受験して翌年東大・理Ⅲに合格。同大医学部卒。さまざまな勉強法や脳科学に関する著書多数。

Memo

Memo

2019年度　立教女学院中学校

〔電　話〕 (03) 3334－5103
〔所在地〕 〒168-8616　東京都杉並区久我山4－29－60
〔交　通〕 京王井の頭線－「三鷹台駅」より徒歩2分
JR中央線－「西荻窪駅」よりバス

【算　数】 (45分) 〈満点：90点〉

1 次の□や ① ～ ② にあてはまる数を書きなさい。

(1) $1\div\left(0.875\div1\dfrac{3}{4}+\dfrac{1}{3}\right)\div\left(0.75-\dfrac{5}{12}\right)=\square$

(2) $\dfrac{2}{7}\times\left\{\dfrac{27}{8}\div\left(2.75-\square\right)-\dfrac{1}{3}\right\}=\dfrac{1}{3}$

(3) $\{(142857\times7)-(142+857)\times1000-(14+28+57)\}\div100=\square$

(4) あるクラス40人のうち，ネコを飼っている人は全体の40％，イヌを飼っている人は15人，ネコとイヌの両方を飼っている人は3人でした。このクラスでネコだけを飼っている人は ① 人います。また，ネコもイヌもどちらも飼っていない人は ② 人います。

(5) 3％の食塩水Aが100g，8％の食塩水Bが150gあります。これらをすべて混ぜると ① ％の食塩水Cができました。次に，食塩水Cから ② g取り出し，代わりに同じ量の水を加えてよく混ぜたところ，食塩水Aと同じ濃度になりました。

(6) 女子の合唱では，声の高さによってソプラノ，メゾソプラノ，アルトの3つのパートに分けられます。ある女子中学校の合唱祭では，これらの3つのパートに分かれて200人で学年合唱をします。それぞれのパートの希望調査をしたところ，ソプラノを希望する生徒が多すぎたので，何人かずつメゾソプラノとアルトに移りました。すると，ソプラノとメゾソプラノとアルトの3つのパートの比はちょうど2：1：1になりました。移った生徒のメゾソプラノとアルトの人数の差は5人で，人数の比が3：4であったとき，最初にソプラノを希望していた生徒は□人です。

(7) 原価1000円の商品を仕入れて定価をつけました。この商品100個を定価の2割引きで売るときの利益は，この商品160個を定価の2割5分引きで売るときの利益と等しくなります。このとき，この商品の定価は□円です。

(8) 合わせて100個のみかんとりんごが2つの箱A，Bに分かれて入っています。みかんはりんごより6個多く，みかんの個数は箱Aが箱Bより5個多く，りんごの個数は箱Aが箱Bより1個少ないとき，箱Aにはみかんとりんごが合わせて ① 個あり，箱Bにはみかんとりんごが合わせて ② 個あります。

(9) 10時に開場するコンサートがあります。10時に2100人が受付に並んでいました。その後，毎分25人ずつ列に並びます。受付を10ヶ所にすると，1時間で列がなくなりました。受付にかかる時間は同じなので，1ヶ所の受付で1分間に ① 人受付したことになります。開場後，15分以内に列をなくすには，受付は最低 ② ヶ所必要です。

2 南公園と北公園を結ぶ8400mの道があり，Aさんは毎分100m，Bさんは毎分340mで南公園から北公園へ向かってこの道を進みます。また，Cさんは北公園から南公園へ向かって一定の速さでこの道を進みます。ＡさんとＣさんが13時に同時に出発したところ，13時24分にＡさんとＣさんは出会いました。また，ＢさんはＡさんより何分か遅(おく)れて出発したところ，しばらくしてＡさんに追いつき，その後Ｃさんに出会いました。次の問いに答えなさい。

(1)　Ｃさんの速さは毎分何ｍですか。

(2)　Ｃさんが南公園に到着した後にすぐに折り返して北公園に向かうとき，Ａさんに何時何分に追いつきますか。

(3)　ＢさんがＣさんと出会った地点が北公園から5000ｍ離(はな)れているとき，Ｂさんは何時何分に出発しましたか。

(4)　ＢさんがＡさんに追いついてから10分後にＣさんと出会ったとき，Ｂさんは何時何分に出発しましたか。

3　整数Nに対して，次の**操作**を繰り返し行います。

> **操作**
> Nが偶数ならば，Nを２で割る。Nが奇数ならば，Nに３をかけて１を足す。

例えば，$N=6$ のとき

$$6 \to 3 \to 10 \to 5 \to 16 \to 8 \to 4 \to 2 \to 1 \to 4 \to 2 \to 1 \to \cdots$$

となって，８回の操作でNは１になり，その後は４，２，１を繰り返します。次の問いに答えなさい。

(1)　$N=2019$ のとき，５回の操作でNはいくつになりますか。

(2)　$N=14$ のとき，何回の操作でNは１になりますか。

(3)　３回の操作で31になる整数のうち，最小の整数は［①］，最大の整数は［②］です。［①］，［②］にあてはまる数を書きなさい。

4　100円玉を姉は40枚，妹は28枚持っており，姉と妹が100円玉と50円玉を合わせて同じ枚数だけ持っています。以下の問題では，姉が持っている50円玉２枚と妹が持っている100円玉１枚を交換(こうかん)して，姉が持っている50円玉の枚数をできるだけ少なくなるようにすることを「両替(りょうがえ)」と呼ぶことにします。次の問いに答えなさい。

(1)　両替前に妹は50円玉を姉より何枚多く持っていますか。

(2)　両替前に妹が50円玉を21枚持っているとき，姉は両替後に妹から100円玉を何枚もらいますか。

(3)　両替前に姉が50円玉を［①］枚以上持っているとき，両替後に妹が持っている100円玉の枚数は０枚になります。

また，両替後に姉が持っている50円玉の枚数と妹が持っている100円玉の枚数の合計が12枚であるとき，両替前に姉が持っていた50円玉の枚数を次の(A)～(C)の３つの場合に分けて求めると，

(A)　両替前に姉が50円玉を［①］枚より多く持っているときは［②］枚

(B)　両替前に姉が50円玉を［①］枚以下で，偶数枚持っているときは［③］枚

(C)　両替前に姉が50円玉を［①］枚以下で，奇数枚持っているときは［④］枚

となります。

［①］～［④］にあてはまる数を書きなさい。

【社　会】（30分）〈満点：60点〉

1　日本は地域によって気候や地形がさまざまで，独特の風景や家の構造が見られます。次のア～エの文章を読み，問いに答えなさい。

ア．積雪の量はさほどでもありませんが，全体的に冬の寒さは大変きびしく，夜に牛乳びんを外に出しておくと朝には割れる場所もあります。東京にはない二重の玄関や窓が見られます。その中でもこの地域では一面に畑が広がり，畑の作物によって緑色や茶色の色が交互になっています。耕地面積も広いので，大型の機械で農作業をしています。

イ．かわらはしっくいで固められており，魔除(まよ)けの動物の焼き物が屋根や門柱(もんちゅう)の上に置かれている家もあります。最近の家はコンクリートで作られ，屋根にかわらを置かない家が見られます。降水量が多いにもかかわらず，屋根の上には給水(きゅうすい)タンクがよく置いてあります。

ウ．日本最長の川の中流にあるこの地域では，場所によっては２ｍもの雪が積もるため，最近の家は，１階をガレージにして，玄関を地面から階段で数段上がったところに作ってあります。信号機の赤・青・黄色の電燈(でんとう)は縦(たて)に並び，主な道路には水の出る穴が開いています。農地は，夏には一面緑色となり，冬には一面真っ白になります。そこでは夏に農業が大変さかんで，ある作物をよく作っています。

エ．この地域は海に面していますが，降水量が少なく乾燥(かんそう)しており，晴天の日が多い気候です。水不足になるので，農業用水を取るためのため池がたくさんあります。

問１　ア～ウはそれぞれ一つの都道府県に当てはまる地域の様子を説明しています。都道府県名をそれぞれ漢字で答えなさい。

問２　ア～エの地域に当てはまる文を，次の①～⑱からそれぞれ全て選んで，番号で答えなさい。

①　砂丘があり，ラッキョウを生産しています。

②　冷涼な気候で本来は稲作に適しませんでしたが，現在は米の生産が大変多い地域があります。

③　太平洋戦争では，はげしい戦場になり，ひめゆり部隊が組織されました。

④　冬にからっ風と呼ばれる強風が山地から吹きおろすため，人々は防風林で家を守りました。

⑤　海岸を埋(う)め立てて石油化学コンビナートが発達し，日本で第３位の生産額の工業地域となりました。

⑥　寒流がそばを流れており，サンマやサケ，マスが獲(と)れます。

⑦　山地にはさまれた地形なので盆地が多く，果樹栽培(さいばい)がさかんです。

⑧　夏にやませと呼ばれる冷たい風が吹くために，稲の生育が遅れたり凶作(きょうさく)になったりしたことが何度もあります。

⑨　日本有数の米どころとして，ある銘柄(めいがら)米が大変有名です。

⑩　冬の温暖な気候を利用して，ピーマンの促成(そくせい)栽培がさかんです。

⑪　日本で一番多く雨が降った記録のある場所です。

⑫　豚やブロイラーの飼育がさかんで，その数は日本で一番多い地域です。豚は放牧して育てているところがあります。

⑬　近年は大きな橋が作られ，島々を結んで対岸(たいがん)まで通じています。そのため，連絡船でなく車で移動できるようになりました。

⑭　高原の涼しさを利用して，レタスやキャベツなどの高原野菜の栽培がさかんです。

⑮　入り組んだ海岸線に囲まれた湾では，ワカメの養殖（ようしょく）がさかんです。

⑯　昨年の夏に震度７の地震が発生し，大規模な土砂崩（くず）れが起きたり，広範囲に停電したりしました。

⑰　暖かい気候を利用して野菜や花の栽培がさかんです。昔から黒糖（こくとう）の原料になる作物が多く作られて特産品になっています。

⑱　８月に七夕祭りやねぶた祭り，竿灯（かんとう）祭りなどが行（おこな）われています。

2　日本の工業は主に海のそばで発達してきました。しかし，最近では海に面していない地域で発達するところもあります。それについて次の問いに答えなさい。

問１　太平洋ベルトにある，日本最大の生産額の工業地帯の名前を漢字で答えなさい。

問２　日本最大の生産額の工業地帯に属していますが，海に面していない場所で，世界の１，２位を誇る数が作られている工業製品は何ですか，漢字で答えなさい。また，それを作っている中心の工業都市の名前を漢字で答えなさい。

問３　**問２**と同様に海に面していない場所で工業が発達している工業地域の名前を漢字で答えなさい。

3　Ａさんは家族で世界遺産について話をしています。以下の会話文を読み，問いに答えなさい。

Ａさん　昨年，①長崎と天草地方の潜伏（せんぷく）キリシタン関連遺産が世界遺産に登録されたね。中学校の修学旅行で，平戸や外海（そとめ）の出津（しつ）教会，大浦（おおうら）天主堂などに行ったばかりだったから，なんだかうれしかったな。

姉　私の中学校は，修学旅行で広島・山口に行ったわ。やはり世界遺産になっている，原爆ドームや厳島神社，②松下村塾などを見てまわったの。

父　お父さんの時代，中学校の修学旅行の定番は奈良・京都だったよ。③法隆寺が特に印象に残っているな。

母　私も中学校の修学旅行は奈良と京都だったわ。④平等院がすてきだった。

父　枯山水の石庭で有名な，京都の⑤竜安寺も良かったよ。

Ａさん　小学校の修学旅行で行った⑥日光も楽しかったな。東照宮の眠り猫や「見ざる，言わざる，聞かざる」の三猿（さんざる）が有名だよね。

姉　小学校の遠足で行った⑦鎌倉は，一度世界遺産に推薦（すいせん）されたけど，登録にはいたらなかったんだよね。

母　今年度は，⑧三内丸山遺跡などの縄文時代の遺跡群が，世界遺産推薦候補に選定されたのよ。

Ａさん　高校の修学旅行で行く沖縄も楽しみだな。観光だけでなく，琉球王国や戦争の歴史，⑨アメリカ軍基地の問題などをきちんと勉強してくるわ。

姉　私の通っている高校は，修学旅行で⑩北海道に行くの。世界遺産の知床はコースに入っていないんだけどね。

Ａさん　私，日本にある世界遺産を全部制覇（せいは）したいな。

父　一昨年（おととし），世界遺産に登録された「神宿る島」宗像（むなかた）・沖ノ島を知っているかい。「海の

⑪正倉院」と言われる沖ノ島には，4世紀後半から10世紀初頭にかけて築かれた23の遺跡が存在し，貴重な祭祀（さいし）遺物が出土しているんだ。ただし，残念ながら，一般の人は立ち入り禁止なんだよ。

母　家から一番近い世界遺産は，上野にある国立西洋美術館ね。今度，動物園にパンダを見に行くついでに寄ってみようか。

姉　東京都にも世界遺産があるんだね。

父　世界遺産の小笠原諸島も東京都だよ。と言っても，船で片道24時間もかかるけど。戦後，アメリカに統治されていたけど，1968年に日本に返還された。海がとてもきれいで，クジラやイルカにも会えるんだ。

Aさん　私は，白川郷・五箇山の合掌（がっしょう）造り集落に行ってみたいな。

姉　私は，⑫姫路城に行きたい。豊臣秀吉が整備し，池田輝政が大改造を行った，白鷺（しらさぎ）城とも呼ばれる美しいお城よ。

母　お母さんは，平泉に行きたいわ。世界遺産に登録されたのは，⑬東日本大震災の直後で，被災地の方がとても喜んでいたのを覚えているわ。

問1　下線部①について，禁教および鎖国に関して，以下のできごとを古い順に並べかえ，3番目にくるものを答えなさい。

ア．平戸のオランダ商館を出島に移す。

イ．日本人の海外渡航（とこう）と海外からの帰国を禁止する。

ウ．ポルトガル船の来航を禁止する。

エ．島原・天草一揆が起こる。

オ．キリスト教を禁止する。

問2　下線部②について，松下村塾を開き，多くの志士を育てたが，安政の大獄で死刑となった長州藩士は誰（だれ）ですか，漢字で答えなさい。

問3　下線部③について，法隆寺を建てた人物の説明として正しくないものを1つ選び，記号で答えなさい。

ア．藤原氏と協力して，天皇中心の新しい国づくりを目指した。

イ．冠位十二階を定め，能力のある人が重要な役職につけるようにした。

ウ．政治を行う豪族や役人の心構えを示すため，十七条の憲法を制定した。

エ．中国の隋に使節を送り，政治の仕組みや文化を取り入れようとした。

問4　下線部④について，平等院を建てたのは誰か，漢字で答えなさい。

問5　下線部⑤について，竜安寺が建てられた時代の文化の説明として正しいものを全て選びなさい。

ア．朝鮮から連れてこられた職人によって有田焼の生産がはじまった。

イ．足利義満の保護を受けた観阿弥・世阿弥が能を大成した。

ウ．お茶を飲む習慣が広まり，茶室が作られ，生け花もさかんになった。

エ．琵琶法師が琵琶をひきながら，お経や『平家物語』を語って歩いた。

オ．祇園祭は応仁の乱のために中断したが，京都の町衆によって復活した。

問6　下線部⑥について，日光街道など五街道の起点となったのは江戸のどこか，漢字で答えなさい。

問7　下線部⑦について，鎌倉時代の説明として正しくないものを２つ選び，記号で答えなさい。

ア．源頼朝は，朝廷から征夷大将軍に任じられ，鎌倉に幕府を開いた。

イ．頼朝は有力な御家人を守護や地頭につけ，政治の仕組みを整えた。

ウ．将軍と御家人は御恩と奉公の関係で結びついていた。

エ．北条氏は代々管領という将軍を補佐する重要な役職についた。

オ．幕府は元軍の攻撃（こうげき）を退け，御家人に十分な領地を与えることができた。

問8　下線部⑧について，三内丸山遺跡の位置を地図中のア～エから１つ選び，記号で答えなさい。

問9　下線部⑨について，アメリカ軍普天間飛行場の移設予定地とされているが，沿岸には絶滅危惧（きぐ）種のジュゴンが生息し，サンゴ礁（しょう）の大規模な群集もあり，反対運動が起こっている場所はどこか，漢字で答えなさい。

問10　下線部⑩について，北海道はかつて何と呼ばれていたか，漢字で答えなさい。

問11　下線部⑪について，正倉院に収められている宝物を次の中から１つ選び，記号で答えなさい。

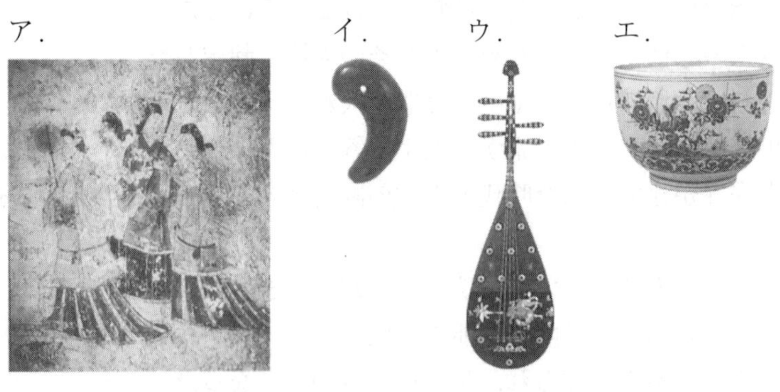

問12 下線部⑫について，姫路城はどれか，次の中から１つ選び，記号で答えなさい。

ア．

イ．

ウ．

エ．

問13 下線部⑬について，東日本大震災が起こった年月日を答えなさい。

問14 下線部②～⑨，⑪，⑫を古い順に並べかえ，解答らんに合うように答えなさい。なお，⑥は東照宮を造った徳川家光の時代，⑦は鎌倉時代，⑫は豊臣秀吉の時代，その他は建てられた時代で考えて下さい。

4 ネルソン・マンデラについての次の文章を読み，問いに答えなさい。

みなさんは，2013年に亡くなったネルソン・マンデラという南アフリカ共和国(南ア)の元大統領の名前を聞いたことがありますか。昨年，つまり2018年はマンデラ氏が生まれてからちょうど100年目に当たる年でした。彼が生まれた1918年といえば，日本では米騒動が全国的に広がって混乱し，初めての本格的な①政党内閣であった②原敬内閣が誕生した年です。また，ヨーロッパでは４年以上にわたって続いていた第１次世界大戦がようやく終わった年でもありました。

南アでは，アパルトヘイトと呼ばれた人種隔離政策が長い間続けられていましたが，③第２次世界大戦後には特に厳しく徹底されるようになりました。これは，黒人などの有色人種と白人をあらゆる面で完全に分離し，少数の白人が，人口の大多数を占める黒人などを④差別し，支配するというものでした。職業や居住区ばかりでなく，鉄道・バス・レストランなども，豪華な白人用と粗末な黒人用に全て分けられていたのです。

有能な黒人弁護士として活躍していたマンデラ氏は，アパルトヘイト廃止を主張して活動を続けましたが，1964年には⑤裁判所で国家反逆罪により終身刑の判決を受け，一生を刑務所の中で終えることとされてしまいました。しかし，その後の長く厳しい獄中生活の中でも反アパルトヘイトの信念は変わることがなく，1990年には約27年ぶりに釈放され，自由の身となりました。

1991年にはついにアパルトヘイトが廃止され，マンデラ氏は1993年にノーベル平和賞を受賞しました。翌1994年には全人種の参加が認められた初の選挙で圧倒的な支持を集め，⑥黒人として初めて大統領に就任し，⑦1999年まで務めました。長く続いた対立の歴史を乗り越えるために，全人種・全民族の融和を目的として1996年には南アの新しい⑧憲法が制定されました。

しかし，彼が目指した理想と現実の差は簡単にはうまらず，現在も大きな問題をかかえたままだと言わざるをえません。

マンデラ氏は日本を3度訪問し，その当時の⑨内閣総理大臣や⑩天皇などと会談したり，国会で演説をしたりしたこともありました。南アに限らず，⑪国際的な諸問題の解決にも努力を続け，世界的に尊敬を集めた人物でした。

問1　下線部①について，昨年9月に総裁選挙があり，引き続き現在の内閣総理大臣が総裁に選出された政党は何ですか，正式名称を漢字で答えなさい。

問2　下線部②は1921年に反対派に殺されましたが，暴力によって自分の主義や主張を実現しようとすることを何といいますか，カタカナで答えなさい。

問3　下線部③が終わった直後に発足（ほっそく）した国際連合に関する説明として正しいものを，次の中から全て選び，記号で答えなさい。

ア．加盟国数は，発足当初は51であったが，現在はその約4倍にまで増えている。

イ．本部はアメリカ合衆国のワシントンに置かれている。

ウ．発展途上国に青年海外協力隊を派遣（はけん）する。

エ．ユニセフやユネスコは国際連合の機関である。

オ．日本は安全保障理事会の常任理事国である。

問4　下線部④について，長い間にわたって日本人から差別され続けてきた，北海道の先住民族を何といいますか，カタカナで答えなさい。

問5　下線部⑤について，日本で最も多く置かれているのは何という裁判所ですか，漢字で答えなさい。

問6　下線部⑥と同様に，2009年に黒人として初めてアメリカ大統領に就任（しゅうにん）したのはだれですか，カタカナで答えなさい。

問7　下線部⑦について，1995年に南アで開催（かいさい）され，その南アが初出場で初優勝をかざったスポーツの世界的大会が，今年日本で行われます。その(1)競技名と(2)大会名を，共にカタカナで答えなさい。

問8　下線部⑧について，日本国憲法に記されている国民の三大義務に当てはまるものを，次の中から全て選び，記号で答えなさい。

ア．親を介護（かいご）する義務　　イ．小・中学校に通う義務

ウ．働く義務　　エ．選挙で投票する義務

オ．税を納める義務

問9　下線部⑨の仕事として正しいものを，次の中から全て選び，記号で答えなさい。

ア．国務大臣を任命する。　　イ．参議院を解散する。

ウ．条約を承認する。　　エ．予算を議決する。

オ．憲法改正の発議をする。

問10　下線部⑩が，内閣の助言と承認にもとづいて行う仕事をまとめて何といいますか，漢字で答えなさい。

問11　下線部⑪の一つに環境問題がありますが，二酸化炭素のように地球温暖化の原因となる気体をまとめて何といいますか，漢字とカタカナで答えなさい。

【理　科】（30分）〈満点：60点〉

1　**A**．ヒトの体のしくみについて，次の問いに答えなさい。

問1　私たちヒトは，思いきり走った後，心臓のはく動や呼吸が激しくなることがあります。
なぜ，心臓のはく動や呼吸が激しくなるのでしょうか。次のア～カから正しいものを1つ選び，記号で答えなさい。

ア．体に不要な二酸化炭素を体の外に早く出すため，心臓のはく動が激しくなる。
イ．体に不要なちっ素を体の外に早く出すため，呼吸が激しくなる。
ウ．体に不要な酸素を体の外に早く出すため，呼吸が激しくなる。
エ．体に必要な酸素を体の中に多く取り入れるため，心臓のはく動が激しくなる。
オ．体に必要な酸素や養分を早く全身に送るため，呼吸が激しくなる。
カ．体に必要な酸素や養分を早く全身に送るため，心臓のはく動が激しくなる。

問2　心臓のはく動や呼吸のしくみと役割について，次のア～カから正しくないものを1つ選び，記号で答えなさい。

ア．心臓のはく動は，血液の流れの強弱として伝わる。
イ．心臓のはく動は，手首の血管を指先でおさえたときに感じる脈はくとして伝わる。
ウ．心臓は，血液を全身に送り出し，その血液は，また心臓にもどってくる。
エ．心臓は，筋肉がちぢんだりゆるんだりすることで，血液をじゅんかんさせる。
オ．呼吸で，はきだす息に含（ふく）まれる水蒸気の量は，吸い込む空気よりも少ない。
カ．呼吸は，酸素を体内に取り入れ，二酸化炭素などの不要物を体外へ出すことである。

問3　次の文の空らん①～⑤に適切な語句を下のア～コから1つずつ選び，記号で答えなさい。

ヒトは，空気を鼻から吸い込み，気管を通して，（ ① ）に送りこんでいます。（ ① ）の中は，気管が枝分かれしてだんだん細くなりその先は小さなふくろになっています。これは直径約0.2mmの小さなふくろですが，全部で約3億個あるといわれ，すべてのふくろを広げるとその（ ② ）はとても大きくなります。このふくろのまわりには，細い血管がとりまいており，ふくろで取り入れた空気中の（ ③ ）は血液に入り，血液で運ばれてきた（ ④ ）と効率よくこうかんすることができます。

また，口から取り入れられた食べ物は，消化管を通して運ばれながら体に吸収されやすい養分に変化します。養分は，おもに（ ⑤ ）で吸収されますが，（ ⑤ ）の内部にはたくさんのひだがあります。このひだには長さ1mmほどのとっきが3000万本もあるといわれます。とっきがたくさんあることで，（ ② ）が大きくなり，すばやく養分を吸収できます。とっきの中には細い血管があり，消化された養分はここで吸収され，血液によって全身に運ばれます。

ア．酸素　　イ．二酸化炭素　　ウ．ちっ素　　エ．重さ　　オ．表面積
カ．体積　　キ．大腸　　ク．小腸　　ケ．肺　　コ．心臓

問4　ヒトの体に起こる様々な反応として正しくないものを，次のア～カの中から1つ選び，記号で答えなさい。

ア．食べ物を口の中に入れるとだ液が出てくるのは，だ液によって食べ物を消化するためである。
イ．炭酸水を飲むとげっぷが出るのは，肺にたまった二酸化炭素を出すためである。
ウ．寒くなると体がふるえるのは，体の筋肉が動くことで，熱を発生させて体温が下がらな

いようにするためである。

エ．転びそうになると思わずうでが前に出るのは，体を守るためである。

オ．まばたきをするのは，目が乾燥(かんそう)しないようにするためである。

カ．暑いところで汗(あせ)をかくのは，出た汗が蒸発することで，体温を下げるためである。

B．生物のグループ分けについて，次の問いに答えなさい。

問5　次の①～⑦の生物のグループは，何をもとに分けたものでしょうか。a～gの分け方との正しい組み合わせを，下の表のア～カから1つ選び，記号で答えなさい。

①　バッタ，コウモリ，チョウ，セミ，ハト，ツバメ

②　アライグマ，セアカゴケグモ，ブラックバス，マングース，ミドリガメ

③　トカゲ，イヌ，キリン，ゾウ，ウサギ，カエル

④　クジラ，アジ，サメ，イワシ，ナマズ，カツオ，ペンギン

⑤　クスノキ，ケヤキ，マツ，スギ，カエデ，クヌギ

⑥　セミ，コオロギ，カラス，ヒヨドリ，ニワトリ，カエル

⑦　ヘチマ，アサガオ，スイカ，キュウリ，ゴーヤ，フジ

a．4つのあしをもつ動物　　b．年輪ができる植物

c．泳ぐ動物　　d．鳴く動物

e．外国から持ち込まれて日本にすむようになった動物

f．つるをまく植物　　g．飛ぶ動物

	①	②	③	④	⑤	⑥	⑦
ア	d	e	a	c	b	g	f
イ	g	e	a	c	f	d	b
ウ	g	a	d	e	b	c	f
エ	a	c	g	e	f	d	b
オ	g	e	a	c	b	d	f
カ	e	a	g	c	f	d	b

2　昔，野菜を作る農家は畑の土や肥料として木炭や草木灰を使っていました。木炭はバーベキューでよく使う炭のことで，草木灰は葉や木を燃やして作った灰のことです。

竹でできた串(くし)(竹串)を使って，竹炭と竹灰を作る実験をしました。竹炭や竹灰は，竹で作った木炭や草木灰のことです。下の問いに答えなさい。

【実験1　竹炭の作り方】

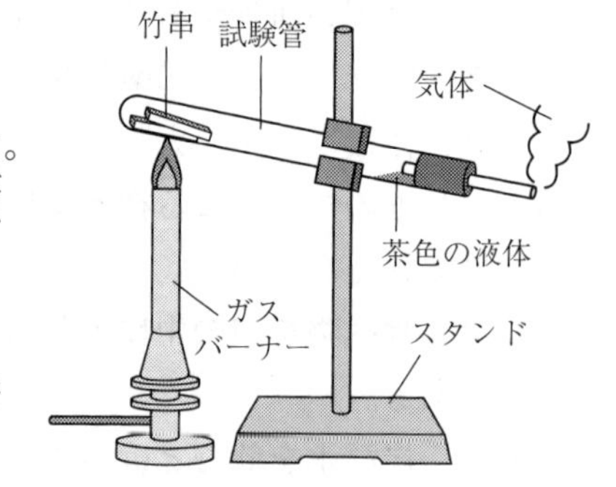

①　試験管に竹串を入れてガラス管のついたゴム栓(せん)をした。

②　試験管をスタンドに固定し，試験管の口をやや下に傾(かたむ)けた。

③　図のように，ガスバーナーで加熱した。

④　試験管の先から$_{\text{A}}$<u>気体</u>が生じ，$_{\text{B}}$<u>茶色の液体</u>が試験管にたまった。

⑤　気体が発生しなくなったら，ガスバーナーの火を消し，試験管から竹炭を取り出した。

【実験2　竹灰の作り方】

①　るつぼに細かくした竹串を入れた。

②　ガスバーナーで，るつぼ内の竹串をじっくり燃やした。

③　竹串全体が C 白色の粉状になったら，ガスバーナーの火を消し，るつぼから竹灰を取り出した。

問1　下線Aの気体にマッチの火を近づけると，ガラス管の先からほのおが生じ，しばらく燃え続けました。この気体と同じ性質をもつものとして正しいものを，次のア～オから1つ選び，記号で答えなさい。

ア．二酸化炭素

イ．酸素

ウ．水蒸気

エ．水素

オ．ちっ素

問2　下線Bの液体を新しい試験管に移し，水を加えました。うすめた液体はツンとしたにおいがしました。この液体を青色リトマス試験紙につけると赤色に変わりました。この液体として最も適切なものを次のア～オから1つ選び，記号で答えなさい。

ア．炭酸水

イ．酢(す)

ウ．石灰水

エ．アンモニア水

オ．水酸化ナトリウム水溶液(すいようえき)

問3　下線Cの白色の粉に水を加えました。この水溶液(すいようえき)の性質として，正しいものを次のア～オからすべて選び，記号で答えなさい。

ア．赤色リトマス試験紙をつけると青色に変わった。

イ．青色リトマス試験紙と赤色リトマス試験紙ともに変化しなかった。

ウ．ムラサキキャベツの液を加えると赤色に変わった。

エ．BTB溶液を加えると青色に変わった。

オ．鉄を入れると，鉄が溶けて気体が発生した。

問4　下の表中のD，Eは，【実験1】と【実験2】のいずれかの竹串の加熱前と加熱後の重さとその2つの重さの差を示しています。実験結果D，Eについて述べたア～オの中から，正しいものを1つ選び，記号で答えなさい。

表

	加熱前の重さ	加熱後の重さ	加熱前後の重さの差
D	2.25g	0.61g	1.64g
E	2.25g	0.02g	2.23g

ア．竹炭は0.61g，竹灰は0.02gできた。

イ．Dの加熱前後の重さの差は，竹串に含まれている水の重さである。

ウ．Dの加熱前後の重さの差は，発生した二酸化炭素と水の重さである。

エ．Eの加熱前後の重さの差は，発生した二酸化炭素の重さである。

オ．Eの加熱前後の重さの差は，空気中の酸素の重さである。

問5　上のふたをくりぬいた空き缶(かん)を使って竹炭や竹灰を作る実験をしました。下図のア～エの空き缶には細かくした同じ量の竹串をそれぞれ入れました。ア～ウはアルミホイルでふたをし，アとイはアルミホイルに1cmほどの小さな穴を開けました。イ，ウ，エの空き缶には図のように5mmほどの小さな穴を開けました。オはア～エと同じ量の竹串をアルミホイルで包みました。その後，ア～オを下からガスバーナーでしばらく加熱しました。次の問いに答えなさい。

①　ア～オの中で竹炭ができたものを2つ選び，記号で答えなさい。

②　ア～オの中で最も早く竹灰ができたものを1つ選び，記号で答えなさい。

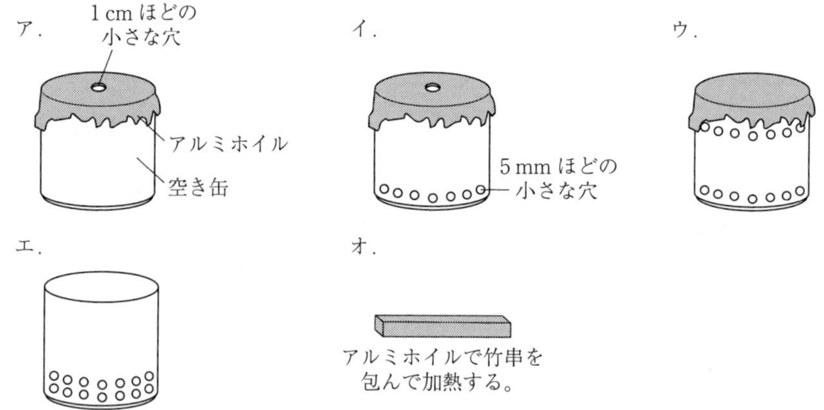

問6　身の回りのものを使って炭を作る実験をしました。次のア～オの中から，炭になるものをすべて選び，記号で答えなさい。

ア．マツカサ(松ぼっくり)

イ．段ボール

ウ．食塩

エ．砂糖

オ．スチールウール

3　**A**．かん電池につながれた豆電球のように，それ自体が光るものを光源(こうげん)といいます。また，光が鏡などに当たってはね返ることを反射(はんしゃ)といい，反射された光を反射光(はんしゃこう)といいます。次の問いに答えなさい。

問1　光源でないものを次のア～オの中からすべて選び，記号で答えなさい。

ア．太陽

イ．月

ウ．火星

エ．ホタル

オ．信号機のランプ

問2　図1のように鏡が置かれています。図1の矢印の向きに光が進むと，反射光はア～キのどの点を通るか1つ選び，記号で答えなさい。

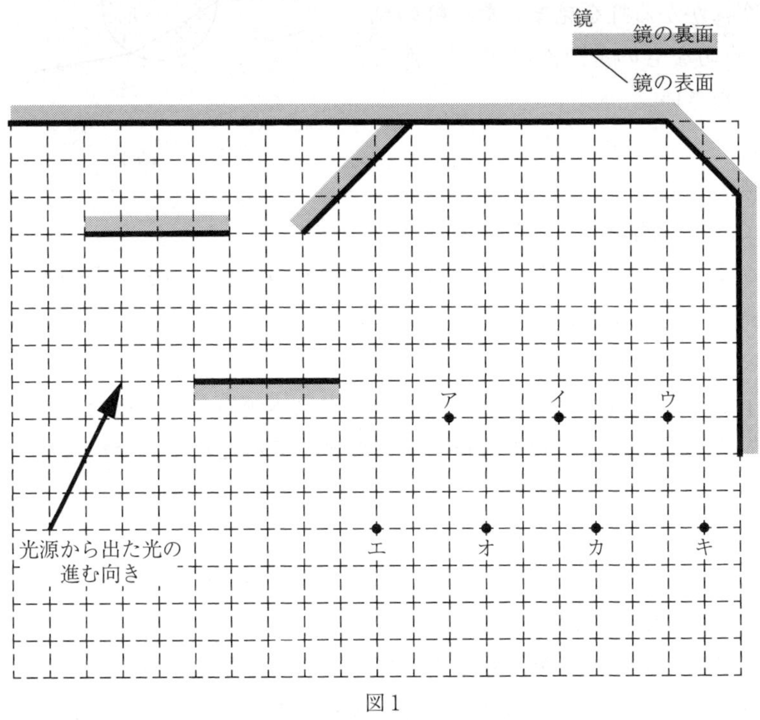

図1

問3　窓ガラスがたくさんあるビルでは，窓ガラスにそのまわりの景色が映ることがあります。Rさんがあるビルをながめると，図2のようにビルの窓ガラスに近くのタワーが，映って見えました。図3は，Rさんとタワーの位置を上から見たようすを示しています。タワーが図2のように映って見えるビルの位置として正しいものを，図3のア～カから1つ選び，記号で答えなさい。

図2

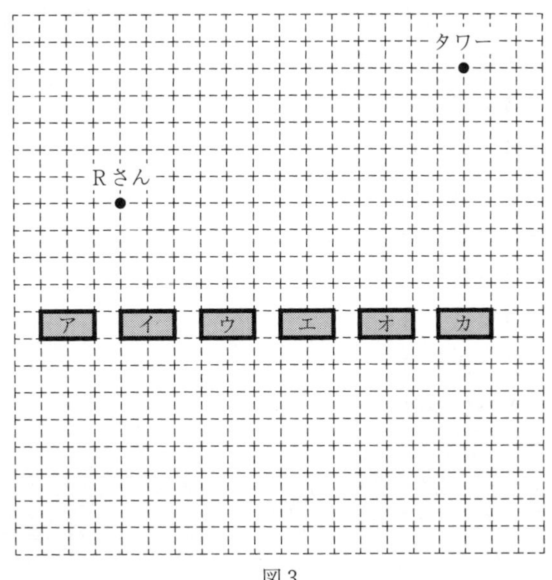

図3

問4　空にかかる虹(にじ)が見えるしくみは，図4のように，太陽の光が水滴(てき)の中で反射することで見えます。Rさんが，ある日の夕方，空にかかる虹を見ました。虹の見えた方角として最も適切なものを，次のア～エから1つ選び，記号で答えなさい。

ア．東側　　イ．西側

ウ．南側　　エ．北側

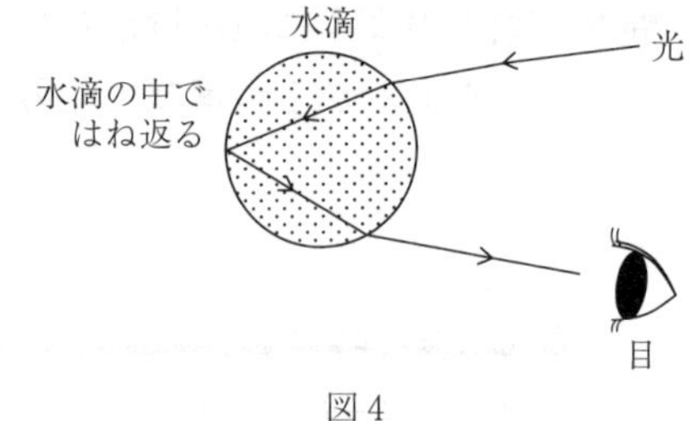

図4

B．あたたまり方について，次の問いに答えなさい。

問5　次の①～③のあたたまり方と同じあたたまり方として最も適切なものを，下のア～オからそれぞれ1つ選び，記号で答えなさい。

①　太陽光を浴びていると体があたたまった。

②　ビーカーの水を下からガスバーナーであたためると水全体があたたまった。

③　鉄のスプーンの先を熱湯に入れておくと持ち手の部分まであたたまった。

ア．エアコンで部屋の空気があたたまる。

イ．体をタオルでこすっていると熱くなる。

ウ．キャンプファイヤーのほのおから少しはなれたところにいたら顔が熱くなる。

エ．ランニングをすると体があたたまる。

オ．コーヒーカップに熱いコーヒーを注ぐとカップの持ち手が熱くなる。

問6　図5の金属板のA点～D点に，ろうをぬりました。図6のように，この金属板のP点をガスバーナーで熱したとき，ろうがとける順番はどのようになりますか。(例)を参考にして，とける順番として正しく表しているものを，下のア～クの中から1つ選び，記号で答えなさい。ただし，図中の1マスはすべて同じ長さとし，金属板の厚さはどこも同じとします。

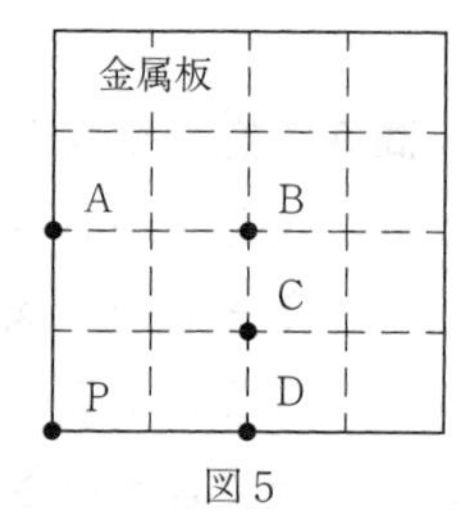

図5

(例)　はじめにA点がとけ，次にBがとけ，その後CとDが同時にとける場合を，「A＞B＞C＝D」と表します。

ア．A＞B＞C＞D

イ．A＞B＝C＞D

ウ．A＝B＞D＞C

エ．A＝B＝C＝D

オ．A＝D＞B＞C

カ．A＝D＞C＞B

キ．B＞C＞A＝D

ク．D＞A＞C＞B

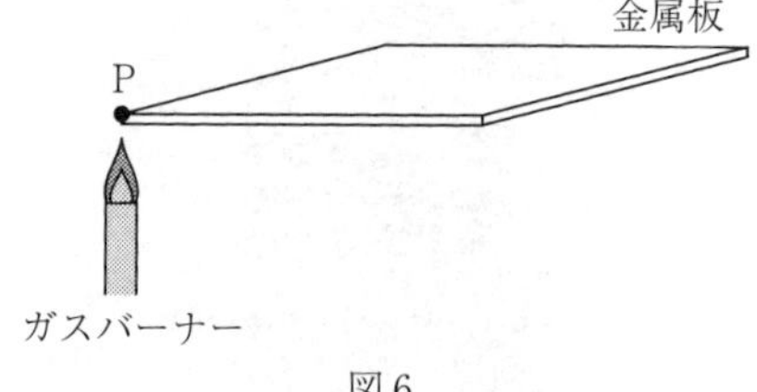

図6

4 2018年7月31日，火星が地球に大接近し，地球と火星の距離(きょり)は6000万キロメートル以下になりました。次の問いに答えなさい。

問1 図のように，地球と火星は反時計回りに太陽の周りを回っています。太陽を中心にして，地球の内側を回っている星を次のア～オからすべて選び，記号で答えなさい。

ア．土星　イ．金星　ウ．水星
エ．木星　オ．天王星

問2 地球は太陽の周りを1年(12ヶ月)で1周します。現在，地球が図中の「A」の位置にあるとき，9ヶ月後は図中のA～Hのどの位置にあるでしょうか。最も適切なものを1つ選び，記号で答えなさい。

問3 火星は約687日(約23ヶ月)かけて太陽の周りを1周します。現在，火星が図の位置にあるとき，13ヶ月後は図中のどの位置にあるでしょうか。図中の区間①～⑧の中から最も適切なものを1つ選びなさい。

問4 右の図は，2018年7月31日，地球と火星が最も近づいたときの位置を表しています。再び，地球と火星が最も近づくまでにかかる時間として最も適切なものを，次のア～オから1つ選び，記号で答えなさい。また，そのときの地球と火星の位置を表しているものとして最も適切なものをカ～コから1つ選び，記号で答えなさい。

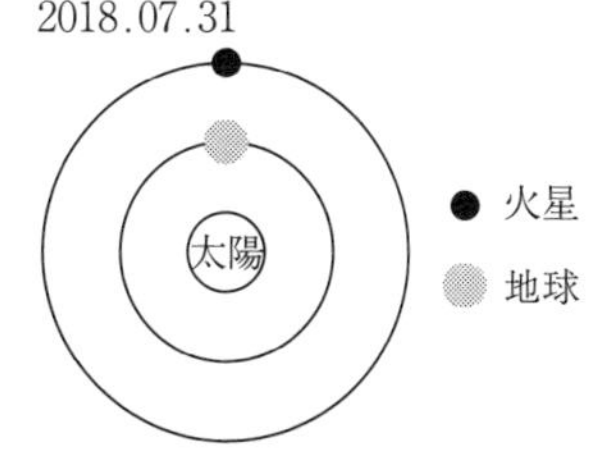

ア．12か月後　イ．22か月後　ウ．24か月後
エ．26か月後　オ．32か月後

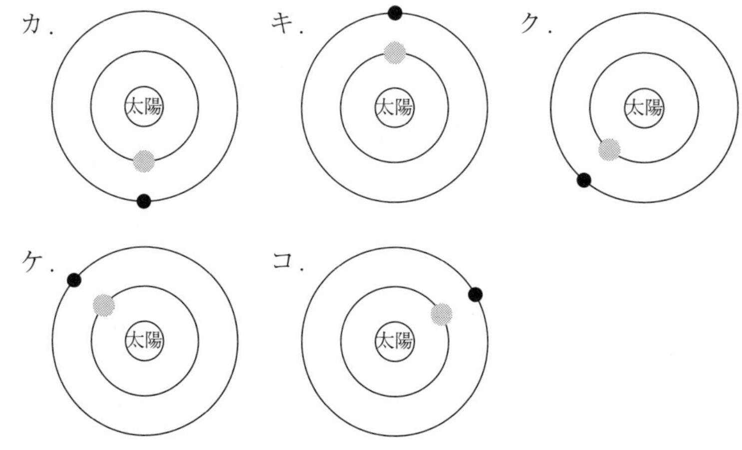

問5 小惑星(しょうわくせい)探査機「はやぶさ2」は，何という名前の小惑星を探査するために打ち上げられたでしょうか。次のア～オから正しいものを1つ選び，記号で答えなさい。

ア．イトカワ　イ．ヒマワリ　ウ．カグヤ
エ．リュウグウ　オ．ウラシマ

問五 3 に当てはまる母の言葉として最も適切なものを次から選び、記号で答えなさい。

ア やっぱり先生をかえたほうがいい？

イ あなたにはがっかりしたわ！

ウ どれだけ心配したと思ってるの？

エ レッスンにいかなきゃだめでしょ！

問六 ――線4「香音の胸の奥底で響いている音楽」とありますが、どのような曲を指していますか。最も適切なものを次から選び、記号で答えなさい。

ア 日曜礼拝でたびたび香音が伴奏した讃美歌

イ 南先生と出会った日に弾いたバイエルの曲

ウ 先週のコンクールで香音が演奏した課題曲

エ オルゴール店から聞こえてきたバッハの曲

問七 ――線5「無性にピアノを弾きたかった。一刻も早く鍵盤にさわりたくてたまらなかった。」とありますが、香音がこのような気持ちになったのはなぜですか。説明しなさい。

C

と、今日レッスンをすっぽかしてしまったことまで、つっかえつっかえ話した。店員さんはなにも言わずに耳を傾けてくれた。それからふたつのオルゴールをテーブルに並べ直した。

「どちらでも好きなほうを、どうぞ」

香音は左右のオルゴールを見比べた。洗いざらい話したせいか、いくらか心は軽くなっていた。

深く息を吐き、耳をすます。

「こっちを下さい」

新しく出してもらったほうを、指さした。店員さんが満足そうに注4目もとをほころばせ、香音が選んだオルゴールを手にとって、ぜんまいを④マいた。

素朴なバイエルの旋律が、香音の耳にしみとおった。

紙箱に入れてもらったオルゴールをかばんにしまうと、香音はお礼もそこそこに店を飛び出した。5無性にピアノを弾きたかった。一刻も早く鍵盤にさわりたくてたまらなかった。

D

お母さんの目をじっと見て、香音は口を開く。

「わたし、ピアノを続けたい」

誰もが一位になれるわけじゃない。先週、南先生は香音にそう言った。ここはそういう世界だから。でも、一位になるためだけに弾くわけでもないのよ。

あのときは、ただ香音を慰めようとしているのだと思った。でもたぶん、そうじゃない。先生は純粋に、事実をありのまま伝えてくれていた。

「もっとうまくなりたいの」

そしてもう一度、いい音を取り戻したい。

先生の言う「そういう世界」に飛びこもうと、香音は自分で決めたのだ。いい音ね、とあの日ほめてもらった瞬間に。

「わかった」

お母さんが香音の頭をひとなでして、腰を伸ばした。

「じゃあ、一緒に先生に謝ろう」

香音はお母さんと並んで、門へと足を踏み出した。どこからか、バイエルの調べが聞こえてくる。

（瀧羽麻子『ありえないほどうるさいオルゴール店』幻冬舎）

注1　旋律…メロディー
注2　讃美歌…教会で歌われる聖歌
注3　聖歌隊…教会付きの合唱団
注4　目もとをほころばす…ほほえむ

問一　――線①～④のカタカナを漢字に改めなさい。

問二　――線1「あれから一週間、香音はほとんどピアノを弾いていない。」とありますが、香音がピアノを弾けなかったのは、彼女にどのような思いがあったからですか。それが最もよくわかるひと続きの二文を探し、最初の五字を書きぬきなさい。

問三　A～Dを実際の時間の流れに合うように整理するとしたら、どのような順番になりますか。解答らんに合うように記号で答えなさい。

問四　――線2「彼が眉をひそめた。」とありますが、その理由として最も適切なものを次から選び、記号で答えなさい。

ア　香音が無理に作り笑いをしているということを不快に思ったから。
イ　香音にはもっとよいオルゴールがあるのではないかと思ったから。
ウ　香音の耳の中で先生の声がこだましているのがわかったから。
エ　香音が讃美歌のオルゴールには興味がないことがわかったから。

A

「すごくいい音で鳴っている」
いい音ね。②フイに、南先生の声が香音の耳もとで響いた。ぎゅう、と胸が苦しくなった。
「紙箱があるので、入れますね」
店員さんが腰を上げた。耳の中でこだましている先生の声は気にしないようにして、香音も笑顔をこしらえる。
そこで突然、2彼が眉をひそめた。
「ん？」
中腰の姿勢でしげしげと見つめられ、香音はどぎまぎして目をふせた。作り笑いが失敗していただろうか。
「あともうひとつだけ、いいですか」
香音の返事を待たずに、店員さんはせかせかと棚のほうへ歩いていく。

B

店を出ると、香音は急いで先生の家へ向かった。
途中から、ほとんど駆け足になっていた。門が見えてきたときには汗だくで、息がはずんでいた。そのまま駆け寄ろうとして、つんのめりそうになった。道の先に、香音に負けず劣らず息をきらして走ってくる人影が見えたのだ。
「香音！」
見たこともないようなこわい顔をして駆けてきたお母さんは、立ちすくんでいる香音の前で仁王立ちになった。
香音は無言でうなだれた。足もとのくろぐろとした影が、穴みたいに見える。いっそ飛びこんでしまいたい。
「　3　」
頭の上から降ってきた声は、頼りなく震えていた。
香音はびっくりして顔を上げた。お母さんは怒っているというよりも、途方に③クれたような顔つきになっていた。
「先生も心配してらしたわよ。今までどこにいたの？」
香音がレッスンに来ないと電話を受けて、探しにきたらしい。
「ごめんなさい」
「ねえ、香音。ピアノ、弾きたくないの？」
香音は目をみはり、お母さんを見上げた。
「さっき、電話で先生と少しお話ししたの。ちょっとお休みしてもいいんじゃないかって。先週、香音ともそういう話をしたんだって？」
お母さんが膝を折って香音と目線を合わせた。
「お願い。正直に教えて。お母さん、怒らないから。香音のやりたいようにやってほしいと思ってる」
肩からかけたかばんを、香音は手のひらで軽くなでた。底のほうがぽこりとふくれているのは、角ばった紙箱のせいだ。

C

店員さんが新しく棚から出してきてくれたオルゴールを聴いて、香音は息をのんだ。バッハでも讃美歌でもない、けれどよく知っている曲が、またもや流れ出したのだった。
「ピアノを習っておられるんですか」
店員さんは優しい声で言った。
「はい」
でも、と言い足すなんて、ふだんの香音なら考えられないことだった。見ず知らずのおとなに、個人的な打ち明け話をするなんて。
このひとになら、わかってもらえるのではないかと思ったのだ。
4香音の胸の奥底で響いている音楽をみごとに聴きとってみせた、彼になら。
コンクールで落選したこと、ピアノを弾く気力を失っているこ

「誰もが一位になれるわけじゃない。ここはそういう世界だから。でも、一位になるためだけに弾くわけでもないのよ」

1あれから一週間、香音はほとんどピアノを弾いていない。どうしても、ピアノの前に座ろうという気分になれなかった。ピアノを弾きはじめて六年間、こんなことは一度もなかった。

全国大会に進めなかったから、落ちこんでいるわけじゃない。それでやる気を失くしたわけでも、自棄になっているわけでもない。ただ、自分でも気づいてしまったのだ。わたしの音には元気がない。そんな音を響かせることも、誰かに聴かせることも、耐えられない。

この機会に別の先生に習ってみたらどう、と昨日お母さんに言われた。

黙って首を横に振っただけですませたのは、うまく伝えられる自信がなかったからだ。考えを言葉で言い表すのは、すごく難しい。音楽を使えれば、と香音はいつももどかしく思う。楽器でうれしい音や悲しい音を鳴らして伝えられたら、わかりやすくて簡単なのに。

南先生は悪くない、と本当は言い返したかった。入賞できなかったのは先生のせいじゃない。わたしの力が足りなかった。だからこそ、がんばらなきゃいけないのに。がんばって練習して、上手になって、お母さんや先生を喜ばせたいのに。

「気に入ったもの、ありましたか」

店員さんから声をかけられて、香音はわれに返った。聴き終えたオルゴールが、テーブルの上にばらばらと①サンランしている。

「すみません、ちょっとまだ」

香音はひやひやしてうつむいた。気を散らしてばかりで、身を入れて選んでいないのがわかってしまっただろうか。ただで持っていっていいと気前よくすすめてくれたのに、気を悪くしたのかもしれない。

「少々、お待ち下さい」

無言で香音を見下ろしていた店員さんが、唐突に言った。

耳もとに手をやって、長めの髪をかきあげる。かたちのいい左右の耳に、透明な器具のようなものがひっかかっていることに、香音ははじめて気づいた。

彼はてきぱきと器具をはずし、テーブルの上に置いた。ことり、と軽い音がした。素材はプラスチックだろうか。めがねの端っこをぱつんと切り落としたような、ゆるいカーヴのついたつるの先に、耳栓に似たまるい部品がくっついている。

変わった器具につい見入っている香音を置いて、店員さんは棚のほうへ歩いていった。新たなオルゴールをひとつ手にとって、戻ってくる。

「これはいかがですか」

自らぜんまいを回してみせる。流れ出したメロディーを聴いて、あっと香音は声を上げてしまった。

「注2讃美歌？」

ついさっき、教会でひさびさに思い返していた曲だった。

注3聖歌隊の十八番で、日曜礼拝でたびたび伴奏したのだ。

安らかな日々だった。コンクールのことも、南先生のことも、知らなかった。鍵盤に指を走らせるのが、ただただ楽しかった。幼稚園の先生にも、友達やその親たちにも感嘆され、聖歌隊からは感謝され、礼拝の参列者の間でも評判だった。香音ちゃんのピアノは神様の贈りものだ、と園長先生は感慨深げに言ったものだ。大切にしなさい。その力はみんなを幸せにするからね。

A

オルゴールがとまるのを待って、香音は口を開いた。

「これ、下さい」

「良かった。実は僕も、耳は悪くないんです」

店員さんは目を細め、香音にうなずきかけた。

問四 3 に入る語句として適切なものをこれより前の部分から漢字二字で探し、書きぬきなさい。

問五 ――線4「連想のきっかけになる刺激とは、どんなものだろうか。」という問いの答えは何ですか。「～もの」に続くように、本文中から十字で書きぬきなさい。句読点も一字に数えます。

問六 本文の内容として最も適切なものを次から選び、記号で答えなさい。

ア 日ごろからなるべく多く読書をすることで、好奇心旺盛になることができる。

イ 多くのことをインプットしている人は、コンピュータを使う必要がなくなっていく。

ウ 物事に接したときに、それを刺激として感じ取ることができると、連想が起動する。

エ 生活や仕事が単調であっても、ゼロからアイデアを生み出す努力をすべきである。

二 次の文章を読んで、あとの問いに答えなさい。

香音(かのん)…幼稚園(ようちえん)の頃からピアノを習っており、小さなピアノコンクールで優勝したことがある。

南先生…香音のピアノの先生で、かつて有名なピアニストであった。

香音には、先生と出会った日にバイエル(ピアノ初心者のための教則本)の曲を弾(ひ)いて「いい音ね」と言われた思い出がある。

香音は、ピアノコンクールの地方大会で予選敗退をしてしまう。南先生のレッスンを無断で休んで向かったのはかつて通った幼稚園裏の教会。行くあてもないまま街を歩いていると、バッハのメロディーが聞こえてきた。その音の流れてくる先は、オルゴール店だった。店員さんはお金がないという香音に、お代はいらない、とオルゴールの入った段ボール箱を差し出してくれて……。

結局、店員さんに差し出された段ボール箱を、香音は両手で受けとった。どのみち、レッスンが終わる時刻までは家に帰れない。この炎(えん)天(てん)下(か)、時間をつぶす場所もない。ただでくれると親切に言ってもらっているのだから、厚意(こうい)に甘(あま)えてしまおう。

「よかったら、そちらでどうぞ」

店員さんが奥(おく)のテーブルをすすめてくれた。香音は椅子(いす)に腰(こし)かけて、オルゴールをひとつひとつ聴(き)いてみた。底についているぜんまいを回すと音が鳴る。知っている曲もいくつかあったけれど、そうでないもののほうが多かった。聞き覚えのないメロディーは耳にひっかからずに流れ去り、潔(いさぎよ)く消えていく。

透明(とうめい)な箱の中には、表面に細かいぶつぶつがついた円柱形の部品と、櫛(くし)の歯のようなかたちのひらたい部品が、隣(とな)りあわせに配置されている。円柱の突起(とっき)が歯をはじき、音が出るしくみらしい。

ピアノみたいだ。思いあたり、反射的に目をそらした。なめらかに繰(く)り返(かえ)されていた注1旋律(せんりつ)が、少しずつぎこちなく間延びして、ついにとまった。

先週、コンクールが終わってはじめてのレッスンで、南先生は心配そうに言った。

「香音ちゃん、大丈夫(だいじょうぶ)? 音に、元気がなくなってる」

香音は絶句した。

「香音ちゃんは本当によくがんばったわ。がんばりすぎて、ちょっと疲(つか)れちゃったのかもね。無理しないで、しばらくゆっくりしてみたら?」

いたわるように、先生は続けた。

るのに、何を思いついたのか、なかなか引き出せない。それは、視覚的な情景だったり、もっと別の感覚(たとえば嗅覚)であったりする。ただ似ているというだけで、「そうそう、あのときと同じ」で終わってしまうこともある。むしろその方が多い。あるいは、考えても考えても、どうしても思い出せないこと、つまり、思いつきを逃してしまうこともある。夢を思い出せないみたいに、たしかに一度は自分の頭に浮かび上がったのに、煙のように消えてしまうのだ。

しかし、ときには「もしかしたら、あれが使えるのではないか」となったり、「これは、あれとなにか関係があるのでは」となったりして、そこから考えていった結果、新しいアイデアに辿り着けることがある。思いついただけでは、ただのアイデアであり、使いものになるかどうかは、実際に試してみたり、もう少し調べてみたり、あるいは正しいかどうか計算してみたりしないとわからない。それらの確認が、自分ではできないこともある。使えるかどうかも、やはり知識がないと判断できない。でも、この段階では、他者に協力を求めることも、コンピュータを利用することもできる。

さて、このような4連想のきっかけになる刺激とは、どんなものだろうか。それはさまざまで、そもそも刺激だと感じない些細なものかもしれない。実際、そういったものに敏感か鈍感かで、連想が起動するか、そのまま見逃すかが決まっているようにも考えられる。

日頃、人間はそんなに多くを経験するわけではない。自分の生活や仕事の範囲であれば、毎日はさほど変化はない。ときどき、旅行をすると刺激的なインプットがあるように感じるのは、それらが日常のものとは違っているから、いわば自分から遠く離れた情報だからである。距離的に遠く離れるという意味ではない。知識的、興味的に遠いということである。

現代は、旅行にいかなくても、TVやネットを通して、世界中の情報にアクセスできるので、日常から離れた刺激は、選り取りみどりである。ところが、たとえば、TVであれば、毎日、毎週、同じ番組を見て、ぼんやりと時間を過ごすようになって、結局はそれが日常になってしまう。日常になれば、刺激は薄くなる。薄くなったと、おそらく自覚できるだろう。「ああ、なんか面白いことがないかな」と欠伸をしたくなる気持ちこそが、誰にでも③ソナわっている人間の好奇心の発動といえるだろう。

連想のきっかけとなる刺激は、日常から離れたインプットの量と質に依存している。そして、その種のインプットとして最も④コウリツが良いのが、おそらく読書だ、と僕は考えているのだ。

(森 博嗣『読書の価値』NHK出版新書)

注1 編纂…材料を集めて本の内容を作り上げること。編集。
注2 インプット…コンピュータなどにデータを入れること。
注3 ストック…商品や物を蓄えておくこと。
注4 アウトプット…コンピュータなどからデータを取り出すこと。
注5 リンク…二つ、またはそれ以上の物をつなぐこと。
注6 デジャヴ…一度も経験したことがないのに、すでにどこかで経験したことがあるように感じること。

問一 ——線①は読み方を答え、②・③・④はカタカナを漢字に改めなさい。

問二 「[1] 辞書」とは、なんでも知っている人という意味です。[1]に当てはまる言葉として最も適切なものを次から選び、記号で答えなさい。

ア 食べる　イ 歩く　ウ 飛ぶ　エ 考える

問三 ——線2「頭の中に知識をインプットするのは何故だろう?」とありますが、なぜだと筆者は考えていますか。本文中の言葉を用いてわかりやすく説明しなさい。

二〇一九年度 立教女学院中学校

【国　語】〈四五分〉〈満点：九〇点〉

一　次の文章を読んで、あとの問いに答えなさい。

昔は、辞書というものが今ほど一般的ではなかっただろう。注1編纂することも難しいし、印刷して安く配布する技術もなかった。だから、「　1　辞書」的な人が①重宝された。

そもそも、頭の中に知識を注2インプットするのは何故だろう？　どうして頭の中に入れなければならないのか。それは、咄嗟のときに辞書など引いていられなかったり、人にきくことができない環境であれば、頭に注3ストックしている価値がある。今は、みんながスマホを持っていて、なんでも手軽に検索できるのだから、この価値は下がっているだろう。

であれば、苦労して覚えなくても、ただ辞書を買って持っていれば良いではないか、という話になる。ネットに依存している現代人の多くが、これに近い方針で生きているようにも見えてしまう。

しかし、そうではない。知識を頭の中に入れる意味は、その知識を出し入れするというだけではないのだ。頭の中で考えるときに、この知識が用いられる。じっくりと時間をかけて考えるならば、使えるデータがないかと外部のものを参照できるし、人にきいたり議論をすることもできるが、一人で頭を使う場合には、そういった外部に頼れない。では、どんなときに一人で頭を使うだろうか？

それは、「思いつく」ときである。

ものごとを発想するときは、自分の頭の中からなにかが湧いてくる。これは、少なくともインプットではない。ただ、言葉としてすぐに外に出せるわけでもなく、注4アウトプットの手前のようなものだ。面白いアイデアが思い浮かんだり、問題を解決する糸口のようなものを思いついたりする。このとき、まったくゼロの状態から信号が発生する、とは考えられない。そうではなく、現在か過去にインプットしたものが、頭の中にあって、そこから、どれかとどれかが結びついて、ふと新しいものが生まれるのである。

一般に、アイデアが豊かな人というのは、なにごとにも興味を示す、好奇心旺盛な人であることが多い。これは、日頃からインプットに積極的だということだ。ただ、だからといって、本を沢山読んでいれば新しい発想が湧いてくるのか、というとどうもそれほど簡単ではない。おそらく、それくらいのことは、ある程度長く人生を歩んできた人ならご存じだろう。

いずれにしても、いつでも検索できるのだからと頭の中に入れずにいる人は、このような発想をしない。やはり、自分の知識、あるいはその知識から自身が②コウチクした理屈、といったものがあって、初めて生まれてくるものだ。そういう意味では、頭の中に入れてやることは意味がある。テストに出るからとか、知識を人に語れるからとか、そういった理由以上に、頭の中に入った知識は、重要な人間の能力の一つとなるのである。

また、　3　というのは、連想から生まれることが多い。これは、直接的な関連ではなく、なんとなく似ているものなどから引き出される。現在受けた刺激に対して、「なにか似たようなものがあったな」といった具合に注5リンクが引き出される。人間の頭脳には、これがかなり頻繁にあるのではないか、と僕は感じている。

「これと同じことがどこかであったな」と思いつく、いわゆる注6デジャヴも同じである。思いついたときには、言葉になっていない。なっていないから、「なんとなく……」と思いつく。思いついたとわか

2019年度

立教女学院中学校

▶解説と解答

算 数 (45分) ＜満点：90点＞

解 答

1 (1) $3\frac{3}{5}$ (2) $\frac{1}{2}$ (3) 9 (4) ① 13人 ② 12人 (5) ① 6％ ② 125g (6) 135人 (7) 1500円 (8) ① 52個 ② 48個 (9) ① 6人 ② 28ヶ所 2 (1) 毎分250m (2) 13時56分 (3) 13時10分 (4) 13時$5\frac{5}{119}$分 3 (1) 2272 (2) 17回 (3) ① 41 ② 248 4 (1) 12枚 (2) 4枚 (3) ① 56 ② 68 ③ 32 ④ 35

解 説

1 四則計算，逆算，集まり，濃度，比の性質，売買損益，和差算，ニュートン算

(1) $1\div\left(0.875\div1\frac{3}{4}+\frac{1}{3}\right)\div\left(0.75-\frac{5}{12}\right)=1\div\left(\frac{7}{8}\div\frac{7}{4}+\frac{1}{3}\right)\div\left(\frac{3}{4}-\frac{5}{12}\right)=1\div\left(\frac{7}{8}\times\frac{4}{7}+\frac{1}{3}\right)\div\left(\frac{9}{12}-\frac{5}{12}\right)=1\div\left(\frac{1}{2}+\frac{1}{3}\right)\div\frac{4}{12}=1\div\left(\frac{3}{6}+\frac{2}{6}\right)\div\frac{1}{3}=1\div\frac{5}{6}\div\frac{1}{3}=1\times\frac{6}{5}\times\frac{3}{1}=\frac{18}{5}=3\frac{3}{5}$

(2) $\frac{2}{7}\times\left\{\frac{27}{8}\div(2.75-\square)-\frac{1}{3}\right\}=\frac{1}{3}$より，$\frac{27}{8}\div(2.75-\square)-\frac{1}{3}=\frac{1}{3}\div\frac{2}{7}=\frac{1}{3}\times\frac{7}{2}=\frac{7}{6}$，$\frac{27}{8}\div(2.75-\square)=\frac{7}{6}+\frac{1}{3}=\frac{7}{6}+\frac{2}{6}=\frac{9}{6}=\frac{3}{2}$，$2.75-\square=\frac{27}{8}\div\frac{3}{2}=\frac{27}{8}\times\frac{2}{3}=\frac{9}{4}$ よって，$\square=2.75-\frac{9}{4}=2\frac{3}{4}-\frac{9}{4}=\frac{11}{4}-\frac{9}{4}=\frac{2}{4}=\frac{1}{2}$

(3) $\{(142857\times7)-(142+857)\times1000-(14+28+57)\}\div100=(999999-999\times1000-99)\div100=(999999-999000-99)\div100=900\div100=9$

(4) 右の図1で，ネコを飼っている人は，40×0.4＝16(人)だから，ネコだけを飼っている人(ア)は，16－3＝13(人)いる。よって，ネコかイヌを飼っている人は，13＋15＝28(人)なので，ネコもイヌも飼っていない人(イ)は，40－28＝12(人)いる。

図1

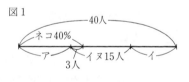

(5) 混ぜてできた食塩水Cの量は，100＋150＝250(g)である。また，食塩水Aには食塩が，100×0.03＝3(g)，食塩水Bには食塩が，150×0.08＝12(g)含(ふく)まれるから，食塩水Cには食塩が，3＋12＝15(g)含まれる。よって，その濃度は，15÷250＝0.06より，6％になる。次に，食塩水Cから何gか取り出して同じ量の水を混ぜると，できた食塩水の量は250gのままで変わらない。このときの濃度が食塩水Aと同じ3％なので，食塩は，250×0.03＝7.5(g)含まれる。よって，取り出した6％の食塩水には食塩が，15－7.5＝7.5(g)含まれていたから，取り出した食塩水の量は，7.5÷0.06＝125(g)と求められる。

(6) ソプラノ，メゾソプラノ，アルトの人数の比が2：1：1なので，ソプラノの人数は，$200\times\frac{2}{2+1+1}$＝100(人)である。また，移った生徒のメゾソプラノとアルトの人数の差は5人で，人数の比は3：4だから，比の，4－3＝1にあたる人数が5人となり，メゾソプラノに移った人数は，5×3＝15(人)，アルトに移った人数は，5×4＝20(人)とわかる。よって，ソプラノから移った生徒は全部で，15＋20＝35(人)いるから，最初にソプラノを希望していた生徒は，100＋35＝135(人)と求められる。

(7)　定価の２割引きで100個売るときと，定価の２割５分引きで160個売るときの利益が等しいから，これらの１個あたりの利益の比は，（１÷100）：（１÷160）＝８：５である。よって，右上の図２のように表せる。このとき，比の，⑧－⑤＝③にあたる金額は定価の，0.25－0.2＝0.05(倍)になるので，定価の２割引きで売ったときの利益(⑧)は定価の，$0.05\div 3\times 8=\frac{2}{15}$(倍)となる。したがって，原価の1000円は，定価の，$1-0.2-\frac{2}{15}=\frac{2}{3}$(倍)だから，定価は，$1000\div\frac{2}{3}=1500$(円)と求められる。

図２

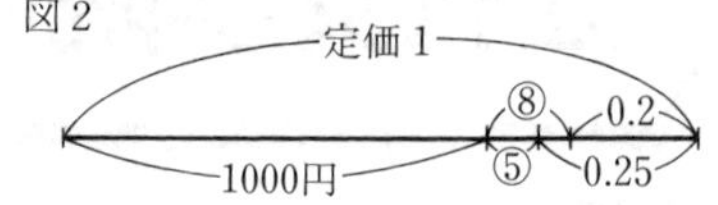

(8)　みかんとりんごは合わせて100個で，みかんはりんごより６個多いから，下の図３より，りんごは，（100－６）÷２＝47(個)，みかんは，47＋６＝53(個)ある。よって，みかんの個数について下の図４のように表せるので，箱Ｂのみかんは，（53－５）÷２＝24(個)，箱Ａのみかんは，24＋５＝29(個)となる。また，りんごの個数については下の図５のように表せるので，箱Ａのりんごは，（47－１）÷２＝23(個)，箱Ｂのりんごは，23＋１＝24(個)とわかる。したがって，箱Ａには合わせて，29＋23＝52(個)あり，箱Ｂには合わせて，24＋24＝48(個)ある。

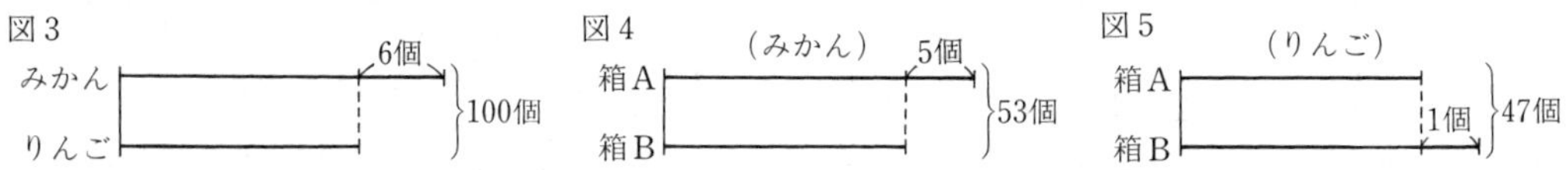

(9)　１時間(60分)で列がなくなるまでの間に，新しく，25×60＝1500(人)が列に加わったから，10ヶ所で60分間に受付した人数は，2100＋1500＝3600(人)である。よって，１ヶ所で１分間に，3600÷60÷10＝６(人)受付したことになる。また，開場してから15分間に新しく，25×15＝375(人)が列に加わるから，15分以内に列をなくすには，15分間で，2100＋375＝2475(人)以上受付する必要がある。よって，１分間に，2475÷15＝165(人)以上受付する必要があるので，165÷６＝27.5より，受付は最低28ヶ所必要とわかる。

2　旅人算

(1)　右のグラフで，ＡさんとＣさんは同時に出発してから出会うまでに，13時24分－13時＝24分かかったので，ＡさんとＣさんが１分間に進む距離(きょり)の和は，8400÷24＝350(m)とわかる。よって，Ｃさんの速さは毎分，350－100＝250(m)となる。

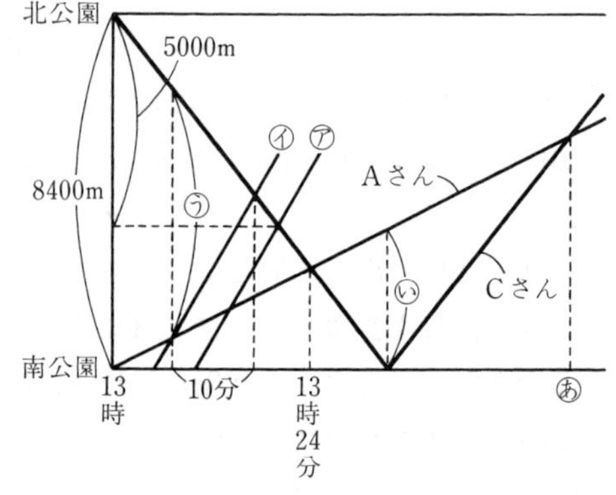

(2)　Ｃさんが南公園を折り返して，Ａさんに追いつく時刻はグラフの㋐になる。Ｃさんは北公園から南公園まで，8400÷250＝33.6(分)かかるので，Ｃさんが南公園に到着(とうちゃく)したときのＡさんとの距離(㋑)は，100×33.6＝3360(m)となる。この後，２人の間の距離は１分間に，250－100＝150(m)の割合で縮まるので，Ｃさんは南公園を折り返してから，3360÷150＝22.4(分後)に追いつく。よって，その時刻は，13時＋33.6分＋22.4分＝13時56分と求め

られる。

(3)　Bさんが進む様子はグラフの㋐のようになる。BさんとCさんが出会うまでに，Cさんが進んだ時間は，5000÷250＝20(分)だから，出会った時刻は，13時＋20分＝13時20分とわかる。このときまでに，Bさんは，8400－5000＝3400(m)進んだので，Bさんが進んだ時間は，3400÷340＝10(分)となる。よって，Bさんが出発した時刻は，13時20分－10分＝13時10分と求められる。

(4)　Bさんが進む様子はグラフの㋑のようになる。BさんがAさんに追いついてからCさんと出会うまでの10分間に，BさんとCさんは合わせて，(340＋250)×10＝5900(m)進む。これが㋒の距離にあたるので，BさんがAさんに追いつくまでに，AさんとCさんは合わせて，8400－5900＝2500(m)進んだことになる。よって，BさんがAさんに追いついたのは，Aさんが出発してから，2500÷(250＋100)＝$\frac{50}{7}$(分後)なので，その地点は南公園から，100×$\frac{50}{7}$＝$\frac{5000}{7}$(m)離(はな)れている。したがって，Bさんが出発したのは，Aさんに追いついた時刻の，$\frac{5000}{7}$÷340＝$\frac{250}{119}$(分前)だから，13時＋$\frac{50}{7}$分－$\frac{250}{119}$分＝13時$\frac{600}{119}$分＝13時5$\frac{5}{119}$分とわかる。

3　調べ

(1)　N＝2019のとき，1回目は，2019×3＋1＝6058，2回目は，6058÷2＝3029，3回目は，3029×3＋1＝9088，4回目は，9088÷2＝4544，5回目は，4544÷2＝2272となるので，5回の操作でNは2272になる。

(2)　(1)と同様に操作を行うと，右の表のようになるので，N＝14のとき，17回の操作でNは1になる。

14→7→22→11→34→17→
52→26→13→40→20→10→
5→16→8→4→2→1

(3)　31になる1つ前の数が偶数(ぐうすう)だとすると，その数は，31×2＝62となる。また，1つ前の数が奇数(きすう)だとすると，その数は，(31－1)÷3＝10となるが，これは奇数でないから，条件に合わない。よって，1つ前の数は62とわかる。同様に考えると，62×2＝124，(62－1)÷3＝20.3…より，2つ前の数は124となる。さらに，3つ前の数は，124×2＝248，(124－1)÷3＝41となり，41は奇数なので，どちらも考えられる。したがって，3回の操作で31になる整数のうち，最小の整数は41，最大の整数は248である。

4　条件の整理

(1)　両替(りょうがえ)前に，姉は妹よりも100円玉を，40－28＝12(枚)多く持っており，姉と妹は100円玉と50円玉を合わせて同じ枚数だけ持っているから，妹は50円玉を姉より12枚多く持っている。

(2)　両替前に，姉は50円玉を，21－12＝9(枚)持っているので，50円玉2枚を100円玉1枚と交換(こうかん)する回数は，9÷2＝4余り1より，4回となる。よって，姉は妹から100円玉を4枚もらう。

(3)　両替前に，妹の100円玉の枚数は28枚だから，両替後に妹の100円玉が0枚になるためには，28回交換する必要がある。よって，そのようになるのは，両替前に姉が50円玉を，2×28＝56(枚)(…①)以上持っているときである。次に，両替後に姉の50円玉と妹の100円玉の枚数の合計が12枚になるときの様子は，右の図のように表せる。問題文中の(A)のとき，イは0枚になるから，アは12枚である。このとき，交換する回数は28回だから，姉の50円玉は，2×28＝56(枚)減ることになる。よって，□＝12＋56＝68(枚)(…②)となる。また，(B)のとき，アは0枚になるので，イは12枚である。よって，交換する回数は，(28－12)÷1＝16(回)となるから，□＝0＋2×

	両替前		両替後	
姉	50円玉□枚	1回で2枚減る→	ア枚	12枚
妹	100円玉28枚	1回で1枚減る→	イ枚	

16＝32(枚)(…③)とわかる。さらに，(C)のとき，アは1枚になるので，イは，12－1＝11(枚)である。よって，交換する回数は，(28－11)÷1＝17(回)となるから，□＝1＋2×17＝35(枚)(…④)と求められる。

社 会 (30分) ＜満点：60点＞

解 答

1 **問1** **ア** 北海道 **イ** 沖縄県 **ウ** 新潟県 **問2** **ア** ②，⑥，⑯ **イ** ③，⑰ **ウ** ⑨ **エ** ⑤，⑬ 2 **問1** 中京工業地帯 **問2** **製品**…自動車 **都市**…豊田(市) **問3** 関東内陸工業地域 3 **問1** エ **問2** 吉田松陰 **問3** ア **問4** 藤原頼通 **問5** イ，ウ，オ **問6** 日本橋 **問7** エ，オ **問8** ア **問9** (名護市)辺野古 **問10** 蝦夷地 **問11** ウ **問12** イ **問13** 2011(平成23)(年)3(月)11(日) **問14** ⑧→③→⑪→④→(⑦)→(⑤)→⑫→⑥→②→⑨ 4 **問1** 自由民主党 **問2** テロリズム **問3** ア，エ **問4** アイヌ **問5** 簡易裁判所 **問6** (バラク・)オバマ **問7** (1) ラグビー (2) ワールドカップ **問8** ウ，オ **問9** ア **問10** 国事行為 **問11** 温室効果ガス

解 説

1 日本各地の特色についての問題

問1 **ア** 北海道は亜寒帯(冷帯)の気候に属し，年間降水量が少なく冬の寒さがきびしい。冬の積雪量はそれほど多くないが，気温が低いため積もった雪は根雪となって春まで残ることが多い。家では寒さを防ぐため，玄関や窓を二重にしたり大型のストーブを使ったりしている。十勝平野などでは大型機械を使った畑作がさかんで，地力の低下を防ぐため輪作(同じ土地で異なる作物を順番にくり返し栽培すること)も行われている。 **イ** 沖縄県は亜熱帯の気候に属し，梅雨や台風の影響を受けるため年間降水量が多く，冬でも暖かい。沖縄の伝統的な家は強風を防ぐため，周囲に石垣を築いて樹木で囲み，屋根や門柱にはシーサーとよばれる魔除けの動物の焼き物を置き，屋根がわらはしっくいで固められている。近年は，台風の被害に備えてコンクリートづくりの家が増えている。また，沖縄県には大きな川がなく，雨が降ってもすぐ海に流れてしまうため，水不足に備えて屋根の上に貯水タンクを設置している家が多い。 **ウ** 新潟県は日本海側の気候に属し，冬の積雪量が多い。特に大量に雪が降る信濃川中流域を中心に，大雪が降っても出入りがしやすいように家の玄関を高床式にしているところが多い。道路の信号機は雪が積もらないよう縦型にし，道の中央には噴水で雪をとかす消雪パイプが設置されている。越後平野では，豊富な雪どけ水を利用した稲作がさかんで，日本有数の米どころとなっている。

問2 **ア** 北海道の石狩平野などでは，客土による土地改良や稲の品種改良によって米づくりがさかんになった。太平洋側には寒流の千島海流(親潮)が流れ，サンマやサケ・マスなどの漁獲量が多い。2018年9月には，胆振地方東部を震源とするマグニチュード6.7の大地震が発生し，土砂崩れなどで41人がなくなった。また，厚真町にある苫東厚真火力発電所で発電設備の損傷や火災が起き，北海道全域が停電する事態となった。よって，②，⑥，⑯の3つがあてはまる。 **イ** 太平洋戦

争末期の1945年３月末から６月にかけて，沖縄県では国内唯一の地上戦が行われ，看護のために動員された女子生徒・教師からなる「ひめゆり部隊」をはじめ，県民の多くが犠牲となった。また，昔から暖かい気候を利用したサトウキビの栽培がさかんで，近年では野菜や菊なども栽培されている。よって，③と⑰の２つがあてはまる。　**ウ**　新潟県は「コシヒカリ」という銘柄米の生産がさかんで，ねばりと甘みが強く，たき上がりの香りやつやがよいことから，高値で取り引きされている。よって，⑨があてはまる。　**エ**　「この地域」の説明文から，瀬戸内の気候に属し，ため池の多い香川県，山口県，広島県，岡山県，愛媛県をふくむ瀬戸内海沿岸地域だと判断できる。この沿岸地域には瀬戸内工業地域があり，埋め立て地などに石油化学コンビナートが建設されている。また，岡山県と香川県は瀬戸大橋，広島県と愛媛県は西瀬戸自動車道(瀬戸内しまなみ海道)で結ばれ，自動車で行き来できるようになった。よって，⑤，⑬の２つがあてはまる。　なお，①には鳥取県，④には関東地方内陸部，⑦には中央高地や東北地方内陸部，⑧には東北地方の太平洋側，⑩には宮崎県や高知県，⑪には三重県尾鷲市(１日の降水量記録806mm)，⑫には鹿児島県と宮崎県，⑭には群馬県や長野県，⑮には岩手県や宮城県，⑱には宮城県仙台市(七夕祭り)，青森市(ねぶた祭り)，秋田市(竿灯祭り)があてはまる。

2　日本で工業がさかんな地域についての問題

問１，問２　日本最大の工業生産額をほこるのは中京工業地帯で，愛知県と三重県の伊勢湾岸を中心に発達した。機械工業の割合が高く，なかでも愛知県豊田市を中心とした自動車工業の生産額が大きい。豊田市は世界的な自動車工業都市として知られている。

問３　海に面していない埼玉・群馬・栃木の３県にまたがる地域では，自動車や電気機械，電子部品などの機械工業の生産がさかんに行われており，この地域は関東内陸工業地域とよばれている。

3　日本の世界遺産を題材にした問題

問１　アは1641年，イは1635年，ウは1639年，エは1637年，オは1613年のできごとなので，年代の古い順にオ→イ→エ→ウ→アとなる。

問２　吉田松陰は長州藩(山口県)の藩士で，藩庁のある萩で松下村塾を営み，高杉晋作や伊藤博文など幕末から明治にかけて活躍する多くの人材を育てた。しかし，1859年，江戸幕府の大老井伊直弼による安政の大獄で処刑された。

問３　法隆寺は聖徳太子(厩戸皇子)が大和国斑鳩(奈良県)に建てた寺で，現存する世界最古の木造建築物として知られる。太子は推古天皇の摂政となり，蘇我馬子と協力しながら天皇中心の国づくりを進めた。よって，これを「藤原氏」とするアが正しくない。

問４　父の藤原道長とともに藤原氏の全盛期を築いた頼通は，阿弥陀如来を信仰して極楽浄土への往生を願い，現在の京都府宇治市に平等院鳳凰堂を建てた。

問５　竜安寺は室町時代の1450年に細川勝元が建てた寺で，勝元は応仁の乱(1467～77年)で東軍の総大将として西軍の山名氏と争った守護大名として知られる。この時代前半には，第３代将軍足利義満の保護を受けた観阿弥・世阿弥父子が能(能楽)を大成し，茶の湯や生け花もさかんになった。また，この時代後半には，応仁の乱で中断していた祇園祭が京都の町衆の手で復活した。よって，イ，ウ，オの３つが正しい。なお，アは江戸時代初め，エは鎌倉時代のできごと。

問６　江戸時代，日本橋を起点として東海道・中山道・甲州街道・日光街道・奥州街道の「五街道」が整備され，大名の参勤交代や商人・旅人の行き来でにぎわった。

問7　鎌倉時代，源氏の正系が3代で絶えると，北条氏が将軍を補佐する執権のまま政治の実権をにぎった(執権政治)。また，この時代後半の元寇(2度にわたる元軍の襲来)では，暴風雨が発生して元軍の船が多くしずんだこともあり，元軍を撃退することができた。しかし，元寇は国土防衛戦争で新しい領地を得られたわけではなかったため，幕府は御家人に十分な恩賞(ほうび)を与えることができなかった。よって，エ，オの2つが正しくない。

問8　三内丸山遺跡は青森県青森市(地図中のア)にある縄文時代中期の大規模集落跡で，今から約5500年前から1500年間にわたり営まれた遺跡である。最盛期には500人近い人々が定住生活を送り，クリやクルミなど食用となる植物も栽培していたと考えられており，それまでの狩猟採集移住という縄文時代の定説をくつがえす発見となった。なお，地図中のイは登呂遺跡(静岡県)，エは吉野ヶ里遺跡(佐賀県)でいずれも弥生時代の遺跡。ウは大仙(大山)古墳(大阪府)で古墳時代の遺跡。

問9　沖縄県宜野湾市のアメリカ軍普天間飛行場は住宅街のなかにあり，事故の危険性や騒音の問題があるため返還が決まっている。日本政府はその移転先である名護市辺野古の海岸を埋め立てて基地を建設しようとしているが，沖縄県側は豊かな自然環境が失われてしまうことや，県のアメリカ軍基地に対する負担が変わらないことなどを理由に，これに反対している。

問10　アイヌの人々が暮らす北海道は江戸時代まで「蝦夷地」とよばれ，明治時代に入ってから「北海道」と改称された。

問11　東大寺正倉院は「校倉造」の建物として知られ，聖武天皇が生前愛用した品や唐(中国)・西アジアなどから伝来した珍しい文物などが収められている。その1つが写真ウの「螺鈿紫檀五絃琵琶」である。なお，写真アは「高松塚古墳壁画」(飛鳥時代)，イは装身具の勾玉(弥生時代・古墳時代)，エは酒井田柿右衛門様式の磁器「色絵花鳥文大深鉢」(江戸時代)。

問12　兵庫県姫路市にある姫路城は日本を代表する城郭建築で，写真イがこれにあたる。現在の規模にしたのは池田輝政で，江戸時代初めに完成した。その白壁の美しさから「白鷺城」ともよばれる。なお，写真アは首里城正殿(沖縄県)，ウは東大寺大仏殿(奈良県)，エは日光東照宮陽明門(栃木県)。

問13　東日本大震災は，2011(平成23)年3月11日に発生した東北地方太平洋沖地震(マグニチュード9.0)による大規模な地震災害で，2万人近い死者・行方不明者を出した。このとき発生した地震と津波によって，東京電力福島第一原子力発電所で大量の放射性物質がもれ出すという重大な原子力事故が起こり，被害をより深刻なものにした。

問14　②は江戸時代末，③は飛鳥時代，④は平安時代，⑤は室町時代，⑥は江戸時代初め，⑦は鎌倉時代，⑧は縄文時代，⑨は昭和時代，⑪は奈良時代，⑫は安土桃山時代に，それぞれつくられたり現在の形になったりしたものである。よって，時代の古い順に⑧→③→⑪→④→⑦→⑤→⑫→⑥→②→⑨となる。

4　ネルソン・マンデラの業績を題材にした問題

問1　2018年9月，自由民主党の総裁選挙で安倍晋三が再選し，引き続き内閣総理大臣として政権を担当することになった。

問2　原敬は1918年に初の本格的政党内閣を組織し，「平民宰相」として人気が高かったが，1921年に東京駅で暗殺された。このように，暴力によって自分の主義・主張を実現しようという行為を「テロリズム」という。

問3　国際連合は，第２次世界大戦(1939～45年)が終わった直後，原加盟国51か国で発足した国際平和機関で，2017年現在の加盟国は193か国となっている。また，ユネスコとユニセフ(国連児童基金)は国際連合の機関である。よって，ア，エの２つが正しい。なお，イについて，国際連合本部はアメリカ合衆国最大の都市ニューヨークに置かれている。ウについて，青年海外協力隊は日本政府が行う政府開発援助(ODA)の一環として，国際協力機構(JICA)が実施するボランティア派遣制度のこと。オについて，国際連合安全保障理事会の常任理事国は，アメリカ合衆国・ロシア連邦・イギリス・フランス・中国(中華人民共和国)の５か国である。

問4　北海道の先住民族であるアイヌは狩猟や漁労，採集を主とする生活を送っていたが，江戸時代に松前藩や和人(日本人)の商人などの支配下に組みこまれ，明治時代に入ると，同化政策のもとで固有の言語や習慣，文化などが失われていった。

問5　日本の司法機関には，東京にある唯一の上級裁判所である最高裁判所と，高等・地方・家庭・簡易の下級裁判所がある。高等裁判所は全国に８か所，地方裁判所と家庭裁判所は50か所，簡易裁判所は438か所置かれている。

問6　2009年，民主党のバラク・オバマはアメリカ史上初の黒人大統領として第44代大統領に就任し，２期８年間にわたって政権を担当した。

問7　2019年の第９回ラグビー・ワールドカップは，アジア初の大会として９～11月に日本の12都市で開催される。

問8　日本国憲法が定める国民の義務は，子どもに普通教育を受けさせる義務(第26条)，勤労の義務(第27条)，納税の義務(第30条)の３つである。よって，ウとオの２つがあてはまる。

問9　内閣総理大臣は国務大臣を任命し，罷免(ひめん)(辞めさせること)することができる。よって，アが正しい。なお，イについて，参議院には解散がない。ウ，エ，オは国会の仕事。

問10　天皇は日本国と日本国民統合の「象徴(しょうちょう)」とされ，一切の政治権力を持たず，内閣の助言と承認によりごく限られた国事行為(国事に関する行為)のみを行う。

問11　大気中にとどまり地球温暖化の原因となる物質をまとめて「温室効果ガス」という。このうち，温暖化の最大の要因とされているのは二酸化炭素で，このほかメタンやフロンなどがある。

理　科　(30分) <満点：60点>

解　答

1 **問1**　カ　**問2**　オ　**問3**　①　ケ　②　オ　③　ア　④　イ　⑤　ク　**問4**　イ　**問5**　オ　2 **問1**　エ　**問2**　イ　**問3**　ア，エ　**問4**　ア　**問5**　①　ア，オ　②　エ　**問6**　ア，イ，エ　3 **問1**　イ，ウ　**問2**　ア　**問3**　ウ　**問4**　ア　**問5**　①　ウ　②　ア　③　オ　**問6**　カ　4 **問1**　イ，ウ　**問2**　G　**問3**　区間⑤　**問4**　エ，ケ　**問5**　エ

解　説

1 ヒトの体のしくみ，生物の特徴(とくちょう)についての問題

問1　思いきり走るとき，筋肉はたくさんのエネルギーをつくり出すが，それには養分と酸素が必

要となる。その養分と酸素を早く全身に送るため，心臓のはく動を激しくさせて血液の循環を早めたり，肺から酸素を体の中に多く取り入れるため，呼吸が激しくなったりする。

問2　呼吸では，肺の中に入った空気から酸素が体の中に取り入れられ，二酸化炭素や水分が出される。したがって，はき出す息に含まれる水蒸気の量は，吸い込む空気よりも多くなる。

問3　口や鼻から吸い込んだ空気は，気管や気管支を通って肺に送られる。気管支が枝分かれしていった先は肺胞という小さなふくろになっており，肺は非常に多数の肺胞が集まったつくりになっている。このようなつくりによって，肺に入った空気とふれる部分の表面積が大きくなり，酸素と二酸化炭素のこうかんが効率的に行える。また，養分などを吸収する小腸も，かべに細かいひだがたくさんあり，その表面には多くのじゅうとっきがあって，表面積を広くすることで養分を効率的に吸収している。

問4　炭酸水には二酸化炭素が溶けているので，炭酸水を飲むと胃の中に二酸化炭素がたまる。この胃にたまった二酸化炭素を出すときにげっぷが出る。

問5　①のグループはみな飛ぶことができる動物である。②のグループはいずれも外来生物(外国から持ち込まれて日本にすむようになったもの)で，従来の生態系をこわしたり農林水産業に被害をおよぼしたりするおそれが高い。③のグループの動物はどれもあしが4本ある。④のグループの動物はみな泳げる。ペンギンはふだんは陸上や氷上にいるが，エサをとるときなどに水中を泳ぐ。⑤のグループはどれも樹木であり，これらの幹の断面には年輪が見られる。⑥のグループはいずれも鳴く動物，⑦のグループはどれもつる性の植物である。

2　竹の蒸し焼きについての問題

問1　実験1のように竹串を蒸し焼きにすると，竹串に含まれている気体や液体が出てきて，残った固体が竹炭となる。ガラス管の先から出てきた気体(白いけむりのようなもの)は，燃える気体の成分を含んでいるため，火を近づけるとほのおをあげて燃える。ここでは燃える気体を選ぶとよく，水素が選べる。

問2　青色リトマス試験紙につけると赤色に変わったことから酸性とわかり，さらにツンとしたにおいがしたので，酢が選べる。実験1で出てきた茶色の液体は成分として酢酸を含む。酢は酢酸の水溶液である。

問3　実験2でできた白色の粉状のものが竹灰で，灰を水に加えたものはアルカリ性を示す。指示薬の変化について，アはアルカリ性，イは中性，ウは酸性，エはアルカリ性のようすである。また，オで，アルカリ性の水溶液に鉄を加えても，鉄が溶けて気体を発生することはない。

問4　実験1では竹串から気体や液体がぬけて竹炭ができる。竹炭は炭素のかたまりである。一方，実験2では竹串を完全に燃やしているため，わずかな竹灰しか残っていない。よって，Dが実験1，Eが実験2にあてはまる。つまり，竹炭は0.61g，竹灰は0.02gできた。なお，Dの加熱前後の重さの差は竹串に含まれていた気体や液体の重さにあたり，Eの加熱前後の重さの差は竹串に含まれていた気体や液体に炭素も加わった重さにあたる。

問5　①　実験1で竹串がほのおをあげて燃えないのは，燃えるのに必要な酸素を断っているからである。よって，加熱されている竹串に酸素が届きにくいものを選ぶとよい。イ，ウ，エでは，外の空気が下の穴から入って上の穴(口)から出ていくという空気の流れができるため，中の竹串がほのおをあげて燃えてしまう。　②　中の竹串が燃えるイ，ウ，エの中でも，エは空気が入る下の穴の数が多く，空気が出ていく口も広いので，ほかの２つに比べてよく燃え，早く竹灰になると考えられる。

問６　炭素を含むものを選べばよい。マツカサや段ボール，砂糖には炭素が含まれており，空気を断った状態で加熱すると炭になる。食塩やスチールウール(鉄)に炭素は含まれていない。

3 光の進み方，もののあたたまり方についての問題

問１　太陽，ホタル，信号機のランプはそれ自体が光を出しているが，月や火星は太陽からの光を反射して光っている。

問２　光がななめから鏡に当たると，入射角と反射角が等しくなるように反射する。よって，光は下の図アのように進む。

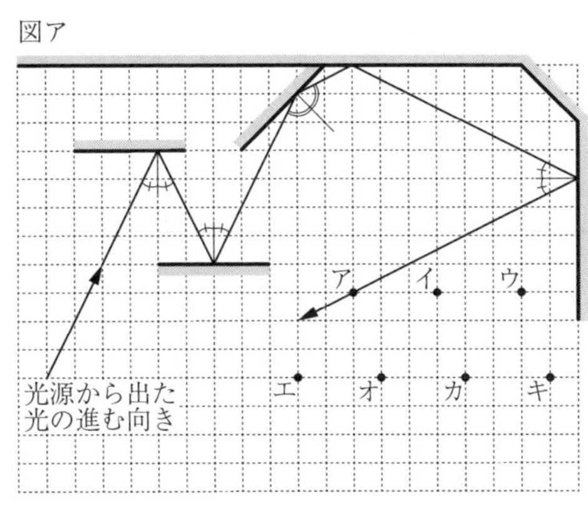

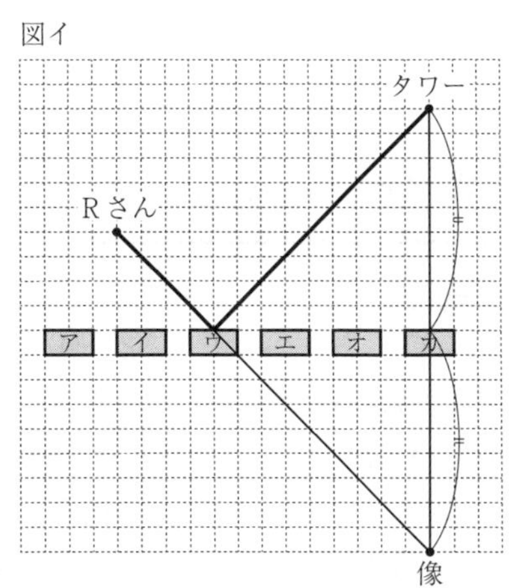

問３　上の図イのように，タワーの像の位置をかき(ア～カのビルの上側の面に対して線対称な位置に像ができる)，像の位置とRさんの位置を直線で結ぶと，この直線がウのビルの上側の面と交差する。ここがタワーから出た光の反射する点となり，タワーから出た光は太線のように進む。したがって，Rさんからはタワーがウのビルに映って見える。

問４　図４より，太陽を背にして前方に水滴(すいてき)があるときに虹(にじ)が見られることがわかる。よって，虹が見られるとすれば，太陽が東にある朝には西の空，太陽が西にある夕方には東の空である。

問５　①　太陽や燃えているもののほのおから発せられた熱が空気を素通りしてはなれているものを直接あたためるような熱の伝わり方を放射という。　②　水や空気は，あたたまった部分が上に動き，まだ冷たい部分が下に動くことをくり返しながら全体があたたまる。このような熱の伝わり方を対流という。　③　１つの物質の中で熱が順々に伝わっていったり，ふれあった２つの物質の間で熱があたたかい方から冷たい方へ伝わったりする熱の伝わり方を伝導という。

問６　熱はＰ点から金属板の中を等距離(きょり)に広がって伝わるので，Ｐ点からの距離が短い順にろうがとけていく。よって，最初にＰ点から最も近いＡ点とＤ点が同時にとけ，最後にＰ点から最も遠いＢ点がとける。

4 火星と地球の動きについての問題

問１　太陽系の惑星(わくせい)のうち，水星と金星は地球の内側を回っているので内惑星とよばれ，火星，木星，土星，天王星(てんのう)，海王星の５つは地球の外側を回っているので外惑星とよばれる。

問２　９か月間に地球は太陽の周りを，$\frac{9}{12}=\frac{3}{4}$(周)するから，９か月後にはＧの位置にある。

問３　火星が約23か月で太陽の周りを１周するので，13か月後には$\frac{13}{23}$(周)することになる。これは１周を８としたときの，$8\times\frac{13}{23}=4.5\cdots$にあたるから，13か月後の火星は区間⑤にある。

問４　１か月あたり，地球は$\frac{1}{12}$周，火星は$\frac{1}{23}$周するから，地球と火星には，$\frac{1}{12}-\frac{1}{23}=\frac{11}{276}$周の差が生じる。よって，この差が１周分になり，再び地球と火星が最も近づくのは，$1\div\frac{11}{276}=25.09\cdots$より，エの26か月後と考えられる。また，26÷12＝２余り２より，26か月間に地球は２周と，$\frac{2}{12}=\frac{1}{6}$(周)しているから，そのときの地球と火星の位置はケのようになっているといえる。

問５　小惑星探査機「はやぶさ２」は，小惑星の「リュウグウ」をめざして2014年に打ち上げられ，2018年に到達(とうたつ)し，2019年２月にはタッチダウン(接地)に成功した。今後は「リュウグウ」から採取した試料を持って2020年に地球に帰還(きかん)する予定となっている。

国　語　(45分)　<満点：90点>

解　答

□一 **問１**　①　ちょうほう　②～④　下記を参照のこと。　**問２**　イ　**問３**　(例)　知識は頭の中で考えるときに用いられるもので，ものごとを発想するときは，頭の中にインプットした知識やそれをもとに自分で築いた理屈が土台として必要になるから。　**問４**　発想　**問５**　知識的，興味的に遠い(もの)　**問６**　ウ　□二 **問１**　下記を参照のこと。　**問２**　わたしの音　**問３**　A→C→B→D　**問４**　イ　**問５**　ウ　**問６**　イ　**問７**　(例)　店員さんにコンクールで失敗したつらい気持ちを打ち明け，少し心が軽くなったところに，勧められたオルゴールでバイエルの旋律を聞き，香音はピアノを習い始めたころの純粋な気持ちを思い出した。そしてコンクールで一位をとることではなく，自分なりの「いい音」を目指すことが大切だと改めて強く思ったから。

●漢字の書き取り

□一 **問１**　②　構築　③　備(わって)　④　効率　□二 **問１**　①　散乱　②　不意　③　暮(れた)　④　巻(いた)

解　説

□一 **出典は森博嗣(もりひろし)の『読書の価値』による。**読書は，ものごとを発想するのに必要な知識や連想を得るための効率的な方法だと述べている。

問１　①　便利でとても役に立つこと。　②　組み立ててつくりあげるようす。　③　音読みは「ビ」で,「準備」などの熟語がある。　④　仕事や作業などの能率。

問２　前後から読み取る。「昔は，辞書というものが今ほど一般(いっぱん)的ではなかった」ため,「なんでも知っている人」が重宝されたのだから,「歩く辞書」とするのがよい。

問３　少し後に,「頭の中で考えるときに，この知識が用いられる」とあることに注目する。つまり,「ものごとを発想する」ためには，インプットした「自分の知識，あるいはその知識から自身が構築した理屈(りくつ)」が土台になければならないので，筆者は「頭の中に知識をインプット」しておくことが必要なのだと言っている。

問4　問3でみたように，「ものごとを発想する」には頭の中に入っている知識が必要だが，「連想」から生まれることも多いと述べられているので，「発想」があてはまる。

問5　続く部分で，連想のきっかけになる刺激とは，「日常のものとは違っ」た「自分から遠く離れた情報」だと説明されている。それを筆者は，「知識的，興味的に遠い」ものだとまとめている。

問6　ぼう線4をふくむ段落で，人間は「刺激」に「敏感か鈍感かで，連想が起動するか」どうかが決まると述べられている。つまり，ものごとに接したとき，そこに「刺激」を感じ取ることができれば「連想が起動する」といえるのだから，ウがふさわしい。

二　**出典は瀧羽麻子の『ありえないほどうるさいオルゴール店』による。**コンクールで失敗した香音は，オルゴール店で勧められたオルゴールを聴くうち，再びピアノと向き合う意欲を取り戻していく。

問1　①　散らばっているようす。　②　突然で思いがけないこと。　③「途方に暮れる」は，どうしてよいかわからず困り果てるさま。　④　音読みは「カン」で，「巻末」などの熟語がある。訓読みにはほかに「まき」がある。

問2　二つ後の段落で，香音がほとんどピアノを弾いていないのは「全国大会に進めなかった」ことが原因ではなく，自分の「音には元気がない」ことに気づき，「そんな音を響かせることも，誰かに聴かせることも，耐えられない」からだと書かれている。

問3　店員さんが勧めてきた「讃美歌」の「オルゴールがとまるのを待って」，香音は「『これ，下さい』」と言ったのだから，Aが最初である。その後，「あともうひとつだけ，いいですか」と言われ，「店員さんが新しく棚から出してきてくれたオルゴールを聴い」た香音は息をのみ，「新しく出してもらったほう」を選んで店を出ているので，Cが次に来る。それから，「急いで先生の家へ向かった」香音が途中で「お母さん」と会い，ピアノに対する本当の気持ちを教えてほしいと聞かれたBが後に続き，「ピアノを続けたい」と伝えたDが最後になる。

問4　讃美歌のメロディーを奏でるオルゴールを聴き，「これ，下さい」と言った後，店員さんの「いい音で鳴っている」という言葉で香音は南先生を思い出している。それを気にしないように「作り笑い」をした香音のようすに違和感を覚えた店員さんは，香音にはよりふさわしいオルゴールがあるのではないかと思い，「あともうひとつだけ，いいですか」と言ったのだから，イがふさわしい。

問5　続く部分で，「お母さん」の声は「頼りなく震え」，「途方に暮れたような顔つき」で「先生も心配してらしたわよ。今までどこにいたの」と言っているので，「お母さん」は怒っているというよりも，心配しているものと推測できる。よって，ウが選べる。

問6　店員さんが「新しく棚から出してきてくれたオルゴール」からは，「香音の胸の奥底で響いている音楽」が流れ出したことをおさえる。続く部分で，このオルゴールのぜんまいを巻くと，南先生を思い出させる「素朴なバイエルの旋律が，香音の耳にしみとおった」とあるので，イがよい。

問7　香音がピアノへの意欲を取り戻したのは，店員さんにつらい思いを打ち明けたこともあるが，直接にはオルゴールでバイエルの旋律を聴いたからである。バイエルを通して，ピアノを習い始めたときに南先生から「いい音ね」とほめられたことや，当時の純粋な気持ちがよみがえってきて，彼女は「一位になるためだけに弾くわけでもない」という先生の言葉が単なる慰めではなかったことに気づいた。そして，これからさらに上達し，「いい音」を取り戻したいと思えるようになったので，無性にピアノが弾きたくなったのだろうと考えられる。

Dr.福井の

入試に勝つ！ 脳とからだのウルトラ科学

意外！ こんなに役立つ“替え歌勉強法”

病気やケガで脳の左側（左脳）にダメージを受けると，字を読むことも書くことも，話すこともできなくなる。言葉を使うときには左脳が必要だからだ。ところが，ふしぎなことに，左脳にダメージを受けた人でも，歌を歌う（つまり言葉を使う）ことができる。それは，歌のメロディーが右脳に記憶されると同時に，歌詞も右脳に記憶されるからだ。ただし，歌詞は言葉としてではなく，音として右脳に記憶される。

そこで，右脳が左脳の10倍以上も記憶できるという特長を利用して，暗記することがらを歌にして右脳で覚える“替え歌勉強法”にトライしてみよう！

歌のメロディーには，自分がよく知っている曲を選ぶとよい。キミが好きな歌手の曲でもいいし，学校で習うようなものでもいい。あとは，覚えたいことがらをメロディーに乗せて替え歌をつくり，覚えるだけだ。メロディーにあった歌詞をつくるのは少し面倒かもしれないが，つくる楽しみもあって，スムーズに暗記できるはずだ。

替え歌をICレコーダーなどに録音し，それを何度もくり返し聞くようにすると，さらに効果的に覚えることができる。

音楽が苦手だったりして替え歌がうまくつくれない人は，かわりに俳句（川柳）をつくってみよう。五七五のリズムに乗って覚えてしまうわけだ。たとえば，「サソリ君，一番まっ赤は，あんたです」（さそり座の１等星アンタレスは赤色――イメージとしては，運動会の競走でまっ赤な顔をして走ったサソリ君が一番でゴールした場面）というように。

Dr.福井（福井一成（ふくいかずしげ））…医学博士。開成中・高から東大・文Ⅱに入学後，再受験して翌年東大・理Ⅲに合格。同大医学部卒。さまざまな勉強法や脳科学に関する著書多数。

Memo

2018年度　立教女学院中学校

〔電　話〕 (03) 3334－5103
〔所在地〕 〒168-8616　東京都杉並区久我山4－29－60
〔交　通〕 京王井の頭線－「三鷹台駅」より徒歩2分
JR中央線－「西荻窪駅」よりバス

【算　数】 (45分) 〈満点：90点〉

1　次の(1)～(3)は□，(4)～(8)は①，②，③にあてはまる数を答えなさい。

(1) $\left\{\left(0.625+\dfrac{7}{8}\right)\div\left(3.125-2\dfrac{1}{2}\right)\div0.1\right\}\div\left(2.25\div3\dfrac{3}{4}+5.4\right)=$□

(2) $111.11\times111.11-11.11\times11.11-(111\times111-11\times11)=$□

(3) $\dfrac{1}{2}+\left(\dfrac{1}{3}+\dfrac{2}{3}\right)+\left(\dfrac{1}{4}+\dfrac{2}{4}+\dfrac{3}{4}\right)+\left(\dfrac{1}{5}+\dfrac{2}{5}+\dfrac{3}{5}+\dfrac{4}{5}\right)+\cdots+\left(\dfrac{1}{9}+\cdots+\dfrac{8}{9}\right)=$□

(4) 10円，50円，100円，500円硬貨が全部で14枚あり，合計金額は2520円でした。50円硬貨の枚数が100円硬貨の枚数の3倍だったとき，10円硬貨は①枚，50円硬貨は②枚，500円硬貨は③枚です。

(5) 直方体の形をした容器A，B，Cがあります。容器Aの底面積は3 cm²です。これらの容器に水を同じ量だけ入れたところ，底面から水面までの高さがそれぞれ4 cm，2 cm，6 cmになりました。容器Cの底面積は①cm²です。

また，40cm³＝②L(リットル)の水を空の容器A，B，Cにそれぞれ分けて入れたところ，Aの底面から水面までの高さはBよりも2 cm低く，Cの水深よりも2.5cm高くなりました。Aの底面から水面までの高さは③cmです。

(6) Aさん，Bさん，Cさんの3人で同じケーキを買いに行きました。Aさんは持っていたお金の$\dfrac{9}{16}$でケーキを3個，Bさんは持っていたお金の$\dfrac{4}{7}$でケーキを4個，Cさんは持っていたお金の$\dfrac{3}{5}$でケーキを3個買いました。はじめに3人が持っていたお金の合計金額が1820円だったとき，ケーキ1個の値段は①円です。また，Aさんがはじめに持っていたお金は②円であり，Bさんがはじめに持っていたお金は③円です。

(7) 下の図のように，1辺の長さが1 cmの正方形に，同じ辺の長さの正方形をつけて長方形をつくります。次に，できあがった長方形の長い方の辺に，その辺の長さと同じ辺の長さの正方形をつけて長方形をつくることを繰り返します。できあがった長方形を作った正方形が全部で5個あったとき，その長方形の面積は①cm²であり，できあがった長方形を作った正方形が全部で10個あったとき，1番最後に付け加えた正方形の1辺の長さは②cmです。また，できあがった長方形の面積が714cm²になったとき，1番最後に付け加えた正方形の1辺の長さは③cmです。

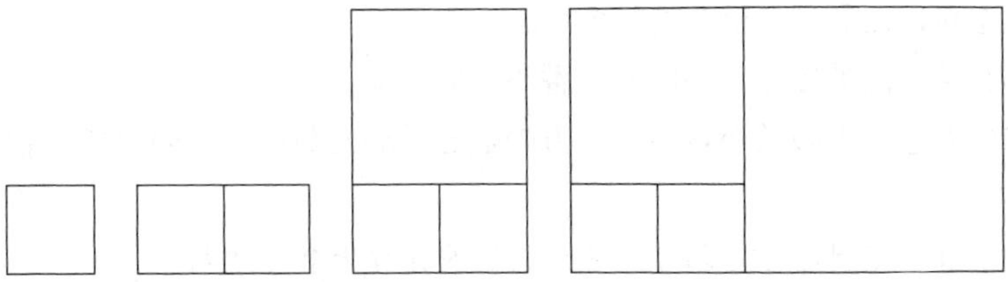

(8) りんごを袋Aには4個，袋Bには5個ずつ入れ，袋Aと袋Bをちょうど34袋使い切りました。しかし，18個のりんごを入れ忘れていたので，りんごを袋から全部取り出し，袋Aに6個ずつ入れ，袋Aがなくなったら袋Bに5個ずつりんごを入れていきました。最後の3個のりんごを袋Bに入れたところ，何も入っていない袋Bが，あと2袋だけ余っていました。

このとき，袋Aは全部で［ ① ］袋あり，入れ忘れていた分を含めて，りんごの個数は全部で［ ② ］個です。また，袋Aに5個ずつ入れ，袋Aがなくなったら袋Bに5個ずつりんごを入れていくと，袋Bは足りなくなり，りんごは［ ③ ］個余ります。

2 A地点からB地点までは5 km 離れています。次の問いに答えなさい。

(1) 姉が時速 12km でA地点からB地点へ，妹が時速 8 km でB地点からA地点へ向かって同時に出発します。

① 姉と妹が出会うのは何分後ですか。

② 妹がA地点に到着するのは，2人が出発してから何分何秒後ですか。

(2) 姉がA地点を出発して最初の10分間は時速 12km で歩き，次の4分間は時速5 km で歩くということを繰り返しながらB地点に向かい，妹は一定の速さの時速8 km でB地点からA地点へ向かって同時に出発します。

① 姉と妹が出会うのは何分何秒後ですか。

② 妹がA地点に到着するのは，姉がB地点に到着してから何分何秒後ですか。

3 1からある数までの整数の中から2の倍数と3の倍数と5の倍数を取り除き，残った整数を小さい順に1，7，11，13，…と並べていきます。これを「操作」と呼ぶことにします。次の問いに答えなさい。

(1) 1から30までの整数に「操作」を行ったとき，残った整数は全部で何個ありますか。

(2) 1から60までの整数に「操作」を行ったとき，残った整数は全部で何個ありますか。

(3) 1から2018までの整数に「操作」を行ったとき，残った整数は全部で何個ありますか。

(4) 1からある数までの整数に「操作」を行ったとき，残った整数のうち，小さいほうから数えて2018番目の整数を答えなさい。

4 学校創立140年を記念して，ある学校の卒業生が集まりました。

4人の卒業生のA～Dさんは，自分の年齢（ねんれい）の数字について述べています。また，その場に一緒にいた3人の先生のE先生，F先生，G先生が，4人のA～Dさんの年齢からわかったことを述べています。

以下の年齢の2つの数字とは，十の位の数と一の位の数のこととします。

A：私の年齢の2つの数字をかけた数と同じになる人がもう1人だけいます。

B：私の年齢の2つの数字をかけた数は2桁（けた）の奇数です。

C：私の年齢の2つの数字を足した数は4人の中で一番小さいです。

D：私の年齢の2つの数字の大きい方の数から小さい方の数をひいた数は4人の中で一番小さいです。

E：4人の年齢の8つの数字は全て異なっており，8つの数を足すと40ですね。

Ｆ：４人の年齢は10代の人から60代の人までいて，世代を超えた様々な交流がありましたね。

Ｇ：４人の年齢の４つの数の合計は166ですね。

次の問いに答えなさい。

(1) ［①］，［②］，［③］にあてはまる数を答えなさい。ただし，［①］，［②］は小さい方から順に答えなさい。

Ａさんと E 先生と F 先生が述べている内容から，０から９までの10個の数字のうち４人の年齢にはない２つの数字は［①］と［②］であることがわかります。また，Ｂさんが述べている内容からＢさんの年齢の十の位の数は［③］であることがわかります。

(2) ４人のＡ～Ｄさんの年齢を答えなさい。

【社　会】（30分）〈満点：60点〉

1　世界の国々と日本について，問いに答えなさい。

問1　世界に関する以下の文章を読んで，最も ふさわしい語句を記入しなさい。

世界には，6つの大陸があります。そのなかで，一番南に位置しているのが（ 1 ）大陸です。日本に一番近い大陸は（ 2 ）大陸で，歴史上，日本はいろいろな影響を受けてきました。日本の真南に位置しているのが（ 3 ）大陸で，1つの国で大陸全部を占めています。日本の東側には（ 4 ）という海が広がっています。（ 4 ）に面したカナダやアメリカ合衆国は，（ 5 ）大陸にあります。赤道が通過している大陸は世界には2つありますが，そのうち南半球の面積の方が広いのは（ 6 ）大陸です。インド洋と大西洋にはさまれている大陸を（ 7 ）大陸といいます。

問2　南半球に位置している国を次の中から1つ選び，記号で答えなさい。

ア．大韓民国　　イ．エジプト　　ウ．トルコ　　エ．ニュージーランド

問3　日本と中華人民共和国の間にある海を何といいますか。

問4　日本の面積にふさわしいものを次の中から1つ選び，記号で答えなさい。

ア．17.8万km^2　　イ．27.8万km^2　　ウ．37.8万km^2　　エ．47.8万km^2

問5　日本に関する以下の文章を読んで，（1）はア～オの中から1つ選び，記号で答えなさい。（2）から（6）には最もふさわしい語句を数字や漢字で記入しなさい。

日本の国土の約（ 1 ）は山地です。日本の川と外国の川（ミシシッピ川やアマゾン川など）を比べると，（ 2 ）の川の方が比較的短くて流れが急です。

海に面している平地を（ 3 ），山に囲まれている平地を（ 4 ）と言います。淀川の河口付近の（ 3 ）を（ 5 ）といい，琵琶湖に面した（ 4 ）を（ 6 ）といいます。

ア．2分の1　　イ．3分の1　　ウ．4分の1　　エ．3分の2　　オ．4分の3

2　日本の食料の産地について，問いに答えなさい。

下記の①～⑥は，主な食料の総生産量を示しています。最もふさわしいものを1つずつ選び，ア～カの記号で答えなさい。（統計は2017年 日本国勢図会による。）

「日本国内の総生産量」

①　12.2万t　　②　804.4万t　　③　81.2万t

④　56.8万t　　⑤　77.8万t　　⑥　143.4万t

「各都道府県における総生産量の順位」

北海道	⑥→1位　②→2位	青森県	③→1位　⑥→3位
秋田県	②→3位	山形県	③→3位
福島県	①→2位	群馬県	④→3位
茨城県	④→2位	千葉県	⑥→2位
新潟県	②→1位	長野県	④→1位　③→2位　①→3位
山梨県	①→1位	静岡県	⑤→3位
和歌山県	⑤→1位	愛媛県	⑤→2位

ア．レタス　　イ．もも　　ウ．だいこん

エ．みかん　　オ．米　　カ．りんご

3 次のＡ～Ｇの各文章を読み，問いに答えなさい。

Ａ 幕府からアイヌの人々と交易する権利を認められた(１)藩は，彼らが持ってくるサケやコンブなどを，わずかな米や酒などと交換し，大きな利益を得ていた。こうした不公平な取り引きに不満を持ったアイヌの人々は(２)を指導者として蜂起(ほうき)した。

Ｂ ①中華人民共和国との国交が正常化したことにより，日本は同国と②平和条約を結ぶこととなった。

Ｃ ③応仁の乱以降，約１世紀にわたって続いていた戦国時代も，(３)の戦いで今川義元を破った(４)の出現によって終止符(しゅうしふ)が打たれ，④天下統一の道が切り開かれた。

Ｄ 条約改正交渉を進めていた外務大臣(５)は，⑤日清戦争の直前にイギリスとの間で⑥条約の一部改正に成功した。

Ｅ 肥後(ひご)国の御家人であった(６)は，元との戦いでの自らの戦いぶりを絵巻物に描かせて記録した。この絵巻物には，当時の日本軍が⑦元の火薬を使用した武器に苦戦する様子も描かれている。

Ｆ 天皇中心の国づくりを目指して，蘇我(そが)氏とともに政治改革を進めようとした(７)は，⑧家柄にとらわれずに能力や功績のある豪族を登用するしくみや，政治を行う役人の心構えをしめすため，十七条の憲法を制定したといわれている。

Ｇ 国内統一を進めていたヤマト政権は，⑨５世紀後半，すでに九州から関東地方までの豪族を従えていたと考えられている。

問１ 上の各文章の(１)～(７)にふさわしい語句を，漢字で答えなさい。[ただし，(２)はカタカナで答えなさい。]

問２ 下線部①が実現したのは西暦何年ですか。

問３ 下線部②の条約の正式名称を，漢字で答えなさい。

問４ 下線部③が起こったときの将軍とはだれか，漢字で答えなさい。

問５ 下線部④で，(４)と11年間にわたって戦った一向宗の中心寺院名を，漢字５字で答えなさい。

問６ 下線部⑤に勝利した日本が清から獲得した領土で，三国干渉により清に返還したのはどこか，漢字で答えなさい。

問７ 下線部⑥により，廃止されたこととは何か，漢字４字で答えなさい。

問８ 下線部⑦の当時の名称を，ひらがな４字で答えなさい。

問９ 下線部⑧のために，制定されたものとは何か，漢字５字で答えなさい。

問10 下線部⑨で，ヤマト政権の支配が埼玉県にまで及んでいたことがわかる文章が刻まれている鉄剣が発見された古墳名を，漢字で答えなさい。

問11 Ａ～Ｇを時代の古い順に並べかえ，その記号を答えなさい。

4 次の文章を読み，問いに答えなさい。

本校では，高校３年生の希望者を対象にして，毎年２月に①刑事裁判の模擬(もぎ)裁判を実施しています。今年で実に13回目を数え，今月16日に事前指導，23日に裁判本番が行われる予定になっています。２週続けて毎回10名前後の現役の弁護士の方々がご来校のうえ，協力して下さいます。生徒は裁判官役・弁護人(べんごにん)役・検察官(けんさつかん)役に分かれ，裁判当日に向けてそれぞれ準備を進めます。被告人役と検察側証人(しょうにん)役（被害者や目撃者など）は教員が務めます。裁判当日は，大教室を②裁判所の法廷(ほうてい)の形に設営し，裁判官役は法服を着用し，被告人役には手錠(てじょう)や腰縄がかけられます。有罪か無罪かの③判決は，裁判官役が最終的には多数決で決定するので，弁護人役と検察官役との間で白熱した議論が展開され，真剣そのものです。

ところで，実際に裁判を行う権力のことを司法権といい，全ての裁判所が持っています。さらに，全裁判所には，国会が制定する法律や④内閣が行う行政処分などが，憲法に違反していないかどうかを判断する違憲審査権が認められています。こうした問題を判断する際，日本やアメリカでは通常の裁判のなかで処理されるのに対して，ドイツや⑤韓国のように専門の憲法裁判所で審査する国もあります。オランダのハーグには，国際司法裁判所という⑥国際連合の機関が置かれ，国家間の争いを国際法にしたがった裁判で解決できるように努めています。

裁判所が司法権を持つことと共に，国会が立法権を持ち，内閣が行政権を持つことも日本国憲法に明記されています。大日本帝国憲法の時代は，これらはすべて天皇が持つこととされていましたが，現在は，一つの機関に権力を集中させずに，⑦国会・内閣・裁判所が役割を分担するしくみをとっています。戦前は主権者とされていた天皇は，戦後は「日本国の象徴(しょうちょう)」・「日本国民統合(とうごう)の象徴」であって国の政治に関する権限はいっさい持たず，憲法で定められた⑧国事行為のみを行うこととされています。

大日本帝国憲法の時代の歴史への反省に立って制定され，「平和憲法」とも呼ばれる日本国憲法には，国民主権・⑨基本的人権の尊重・⑩平和主義という三大原則があり，その下で戦後の日本は様々な分野で⑪国際協力・交流を進め，⑫世界平和の実現のために大きな役割を果たしてきました。

問１　下線部①について，一般の国民の感覚や意見を裁判の中に生かし，国民の裁判に対する関心や信頼を高めることを主な目的として，2009年に導入された制度は何ですか，漢字で答えなさい。

問２　下線部②には，次のア～オの５種類がありますが，解答らんの不等号または等号にしたがって，これらを数が多い順に並べかえなさい。

ア．地方裁判所　　イ．簡易(かんい)裁判所　　ウ．最高裁判所

エ．家庭裁判所　　オ．高等裁判所

問３　下線部③の内容に不服がある場合は，同じ事件について３回まで裁判を受けることができる制度を何といいますか，漢字で答えなさい。

問４　下線部④の仕事として正しいものを，次の中から全て選び，記号で答えなさい。

ア．内閣総理大臣を指名する。

イ．外国と条約を結ぶ。

ウ．予算案を作る。

エ．国会を召集(しょうしゅう)する。

オ．最高裁判所長官を任命する。

問5　下線部⑤と日本との間で，⑴支配をめぐって対立が続いている領土は何ですか。また，⑵それはどこに属しますか。次の中から１つずつ選び，記号で答えなさい。

⑴　ア．対馬　イ．尖閣諸島　ウ．歯舞群島　エ．竹島　オ．択捉島

⑵　ラ．沖縄県　リ．鳥取県　ル．島根県　レ．北海道　ロ．長崎県

問6　下線部⑥の中でも特に有力な機関で，15か国で構成され，国際平和を守り，国家間の争いを解決することを主な目的として活動するものは何ですか，正式名称を漢字で答えなさい。

問7　下線部⑦のしくみを何といいますか，漢字で答えなさい。

問8　下線部⑧を天皇が行うためには，日本国憲法上，内閣による何が必要とされていますか，漢字で答えなさい。

問9　下線部⑨について，日本国憲法に明記されている国民の基本的人権を，次の中から全て選び，記号で答えなさい。

ア．信教の自由　イ．居住（きょじゅう）・移転の自由　ウ．知る権利

エ．環境権　オ．教育を受ける権利

問10　下線部⑩について，日本は不参加のまま，昨年７月に国際連合において採択（さいたく）された条約を，次の中から１つ選び，記号で答えなさい。

ア．核兵器不拡散条約　イ．包括（ほうかつ）的核実験禁止条約　ウ．INF 全廃条約

エ．核兵器禁止条約　オ．戦略兵器削減（さくげん）条約

問11　下線部⑪について，2020年に東京で開催される，障がい者のための国際的なスポーツ競技会を何といいますか，カタカナで答えなさい。

問12　下線部⑫のために国を越（こ）えて活動する民間団体のことをどのように呼びますか，次の中から１つ選び，記号で答えなさい。

ア．ODA　イ．NGO　ウ．UN　エ．JICA　オ．PKO

【理　科】（30分）〈満点：60点〉

1　５種類の水よう液Ａ，Ｂ，Ｃ，Ｄ，Ｅがあります。これらは，アンモニア水，塩酸，砂糖水，水酸化ナトリウム水よう液，炭酸水のいずれかです。Ａ～Ｅのそれぞれの性質を調べる実験を行い，結果を以下の表にまとめました。

	水よう液Ａ	水よう液Ｂ	水よう液Ｃ	水よう液Ｄ	水よう液Ｅ
BTB 液を加えた	青色に変化した	緑色のままだった	黄色に変化した	黄色に変化した	青色に変化した
ムラサキキャベツ液を加えた	緑色に変化した	紫(むらさき)色のままだった	赤色に変化した	赤紫色に変化した	黄色に変化した
鉄を入れた	変化なし	変化なし	気体が発生した	変化なし	変化なし
アルミニウムを入れた	変化なし	変化なし	気体が発生した	変化なし	気体が発生した

問１　酸性の水よう液をＡ～Ｅから２つ選び，記号で答えなさい。

問２　においがする水よう液をＡ～Ｅから２つ選び，記号で答えなさい。

問３　水よう液Ｃに鉄を入れて，発生した気体に火を近づけると，音を立てて燃えました。発生した気体は何という気体ですか。漢字で答えなさい。

問４　加熱して水を蒸発させると，固体が残るものをＡ～Ｅから２つ選び，記号で答えなさい。

問５　水よう液Ｅに水よう液Ｃを少しずつ加えていき，BTB 液の色の変化を観察しました。BTB 液の色が緑色になったところで，Ｃを加えるのをやめました。このＥにＣを加えた水よう液を加熱するとどうなりますか。次のア～ウから，最も適切なものを１つ選び，記号で答えなさい。

ア．加熱後，何も残らなかった。
イ．加熱後，黒い固体が残った。
ウ．加熱後，白い固体が残った。

問6　純粋(すい)な水で同じ実験をすると，実験結果①～④はどのようになりますか。最も適切なものを，表1のア～カから1つ選び，記号で答えなさい。

実験結果

	水
BTB液を加えた	①
ムラサキキャベツ液を加えた	②
鉄を入れた	③
アルミニウムを入れた	④

表1

	ア	イ	ウ	エ	オ	カ
①	青色に変化した	青色に変化した	黄色に変化した	黄色に変化した	緑色のままだった	緑色のままだった
②	赤色に変化した	赤紫色に変化した	黄色に変化した	緑色に変化した	黄色に変化した	紫色のままだった
③	変化なし	変化なし	気体が発生した	気体が発生した	気体が発生した	変化なし
④	変化なし	気体が発生した	変化なし	気体が発生した	変化なし	変化なし

問7　5種類の水よう液A，B，C，D，Eの組み合わせとして，正しいものを，次のア～オから1つ選び，記号で答えなさい。

	水よう液A	水よう液B	水よう液C	水よう液D	水よう液E
ア	塩酸	炭酸水	水酸化ナトリウム水よう液	アンモニア水	砂糖水
イ	水酸化ナトリウム水よう液	砂糖水	炭酸水	塩酸	アンモニア水
ウ	アンモニア水	砂糖水	塩酸	炭酸水	水酸化ナトリウム水よう液
エ	塩酸	アンモニア水	砂糖水	水酸化ナトリウム水よう液	炭酸水
オ	炭酸水	砂糖水	水酸化ナトリウム水よう液	アンモニア水	塩酸

2　地球環境(かんきょう)と水について，次の問いに答えなさい。

問1　地球の表面のおよそ70%が水でおおわれています。それにもかかわらず，生活に利用することができる水が不足することがあります。理由として考えられるものを，次のア～オからすべて選び，記号で答えなさい。

ア．1つの国に水源が集中しているから

イ．南極や北極などでこおったままの水があるから

ウ．水の多くは海水だから

エ．地球温暖化で水が地球から失われているから

オ．空気中に多くの水がふくまれているから

問2　生活に利用できる水は，地球上にある水全体の体積のおよそ何％と考えられますか。最も近いものを，次のア～オから１つ選び，記号で答えなさい。

ア．70％　　イ．50％

ウ．30％　　エ．10％

オ．１％

問3　下図はある年の水の循環（じゅんかん）の量を簡単に表したものです。単位は一年あたりの体積です。Aに当てはまる数値を答えなさい。

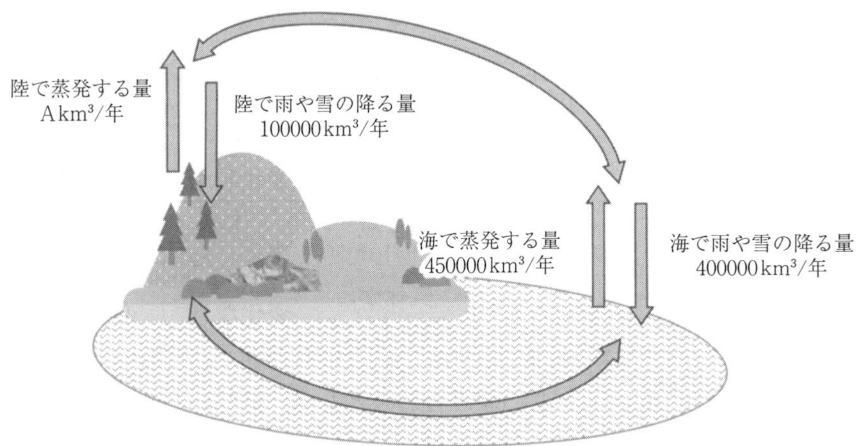

問4　陸と海ではどちらが水の蒸発する量が多いでしょうか。次のア～ウから１つ選び，記号で答えなさい。

ア．陸の方が多い。

イ．海の方が多い。

ウ．どちらの量も同じ。

問5　水は飲料などだけでなく，水力発電にも利用されています。下図は川の勾配（こうばい）を表しています。どの範囲（はんい）に水力発電用のダムを造るのが最も適しているかを，図のア～エから１つ選び，記号で答えなさい。

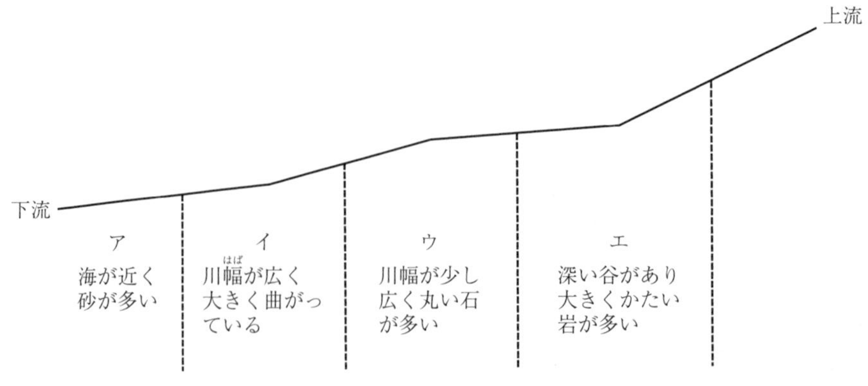

問6 ダムは，貯めた水を必要に応じて放出し，水量を調節しています。放出の時，ダムによっては右の写真のように，水を霧状にして放出することがあります。その理由として最も大きいと考えられるものを，次のア～オから１つ選び，記号で答えなさい。

ア．観光客に虹を見せるため
イ．静かな音にするため
ウ．川底をけずらないようにするため
エ．速く放出するため
オ．植物に水を与えるため

3 次の文章Ⅰ・Ⅱを読んで，次の問いに答えなさい。

Ⅰ 白色のスクリーンに電灯で光をあてて，光の色を観察する実験を行いました。なお，実験は，外から光が入らない部屋で行いました。

＜実験１＞ 緑色と赤色の光をあてたら，黄色になった。
＜実験２＞ 赤色と青色の光をあてたら，赤紫色になった。
＜実験３＞ 青色と緑色の光をあてたら，水色になった。
＜実験４＞ 緑色と赤色，青色の３色を同時にあてたら，白色になった。

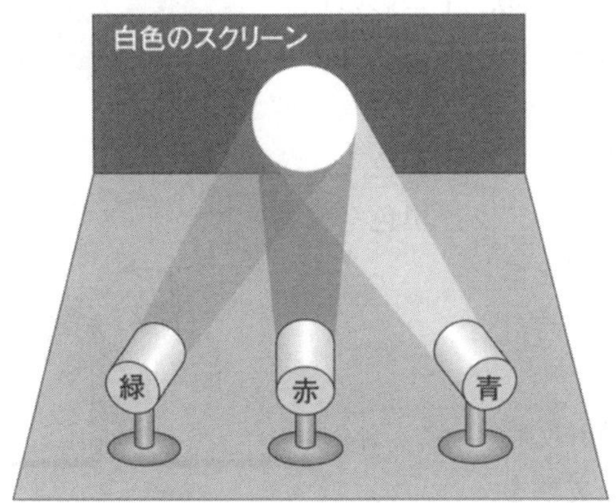

３色の光を同時にスクリーンにあてているところ

＜実験５＞ 白色のスクリーンの手前にロケットの模型を置いて，赤色の光をロケットにあてたところ，スクリーンにロケットの黒い影ができた。

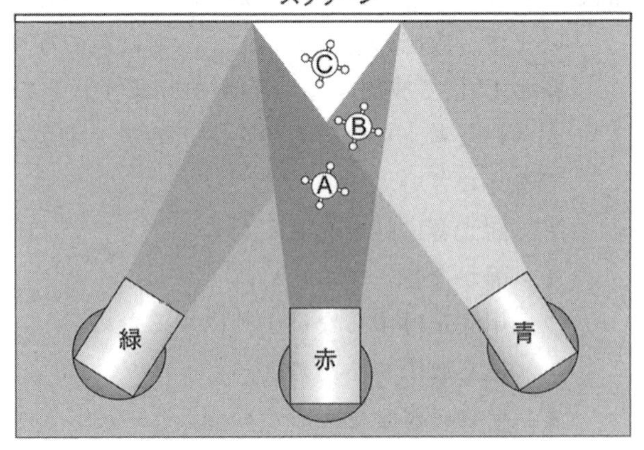

問1　緑色と赤色の光を白色のスクリーンにあてて，右図の**A**の位置にロケットを置いたとき，スクリーンにうつるロケットの影が1つだけできました。その影の色は何色ですか。次のア～クから1つ選び，記号で答えなさい。

ア．緑色　　イ．赤色　　ウ．青色
エ．黄色　　オ．赤紫色　　カ．水色
キ．白色　　ク．黒色

問2　赤色と青色の光を白色のスクリーンにあてて，右図の**B**の位置にロケットを置いたとき，スクリーンにうつるロケットの影が2つできました。その影の色はそれぞれ何色ですか。次のア～クから2つ選び，記号で答えなさい。

ア．緑色　　イ．赤色　　ウ．青色　　エ．黄色
オ．赤紫色　　カ．水色　　キ．白色　　ク．黒色

問3　赤色と緑色と青色の光を白色のスクリーンにあてて，上図の**C**の位置にロケットを置いたとき，スクリーンにうつるロケットの影が，右図のように①～③の3つできました。また，①と②，②と③の影が重なったところには，**i**と**ii**の影ができました。図の②と③，**i**の影の色はそれぞれ何色になりますか。次のア～クから，それぞれ1つずつ選び，記号で答えなさい。

スクリーン
i　ii
①　②　③

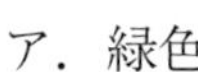

ア．緑色　　イ．赤色　　ウ．青色　　エ．黄色
オ．赤紫色　　カ．水色　　キ．白色　　ク．黒色

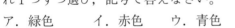

Ⅱ　モーターにスイッチとかん電池と導線をつなげて回路を作ったところ，プロペラが時計まわりに回転しました。

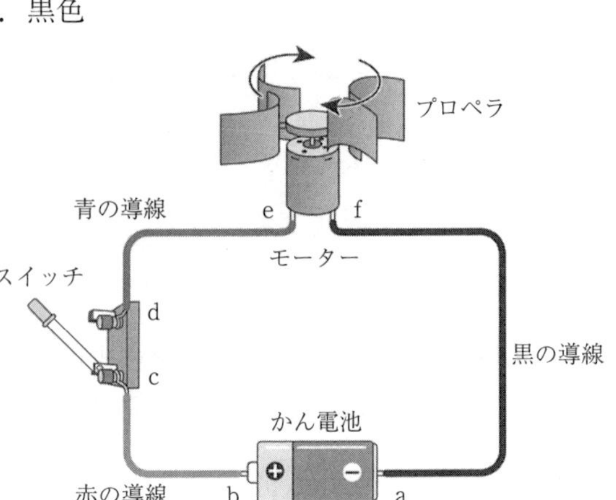

問4　プロペラが，右図のときと逆回転(反時計まわり)するつなぎ方をしている文章をア～オからすべて選び，記号で答えなさい。

ア．かん電池のaとbのつなぎを逆にする。
イ．スイッチのcとdのつなぎを逆にする。
ウ．モーターのeとfのつなぎを逆にする。
エ．赤の導線と，黒の導線を入れかえる。
オ．ア～エのすべてを同時に行う。

問５　スイッチの上下を切りかえることで，モーターのプロペラを時計まわりにも反時計まわりにもできる回路はどれですか。次のア～エから１つ選び，記号で答えなさい。ただし，スイッチは右図のように①～③のたんしがあり，上にレバーをたおすと①と②がつながり，下にレバーをたおすと②と③がつながります。

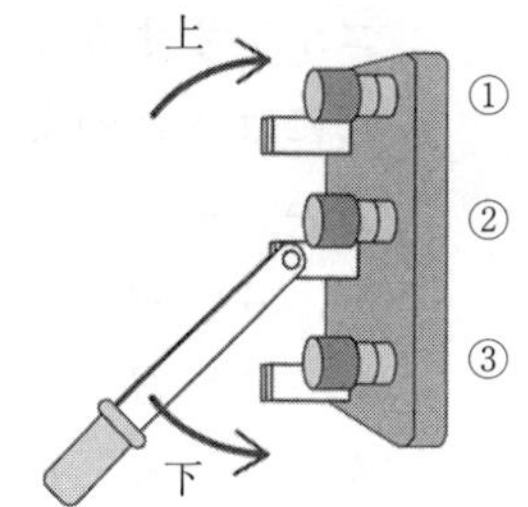

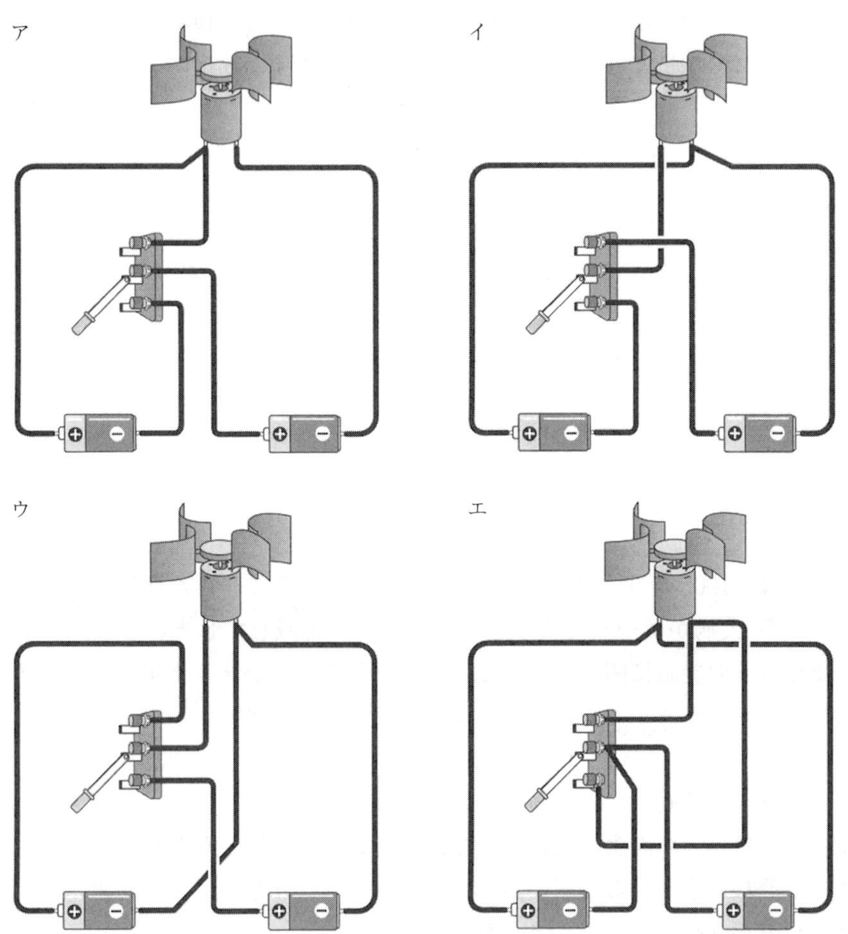

4　生物と生物をとりまく環境（かんきょう）は，密接な関係を持ったまとまりをつくっており，それを生態系といいます。生態系は，構成するそれぞれの生物の総量(重さ)がつり合っていると同じような状態が長続きします。しかし，つり合っていないと同じような状態が長続きせず変化して，異なる状態になります。このような生物の関係の中で重要なのが，「食べる」「食べられる」という食物連鎖（れんさ）の関係です。

昔の日本の本州中央部には，植物の葉や茎（くき），果実などをニホンジカが食べ，そのニホンジカをニホンオオカミが食べるという食物連鎖があり，ある地域に存在する植物の集団やニホンジカの集団，ニホンオオカミの集団のそれぞれの総量はほとんど変化がなくつり合っている状態でした。

問１　昔の日本のある地域に存在する植物の集団の総量(A)と，ニホンジカの集団の総量(B)と，ニホンオオカミの集団の総量(C)を考えた時，それらの量がつり合っている場合，A，B，Cには，どのような関係があると考えられますか。次のア～キから１つ選び，記号で答えなさい。

ア．$A=B=C$　　イ．$A<B<C$　　ウ．$A>B>C$

エ．$A<B$，$B=C$　　オ．$A>B$，$B=C$　　カ．$A=B$，$B<C$

キ．$A=B$，$B>C$

問２　天候不順や伝染病などでニホンジカの集団が大量に減った場合，植物の集団とニホンオオカミの集団のそれぞれの総量にはどのような変化が見られますか。次のア～ケから１つ選び，記号で答えなさい。

	植物の集団の総量	ニホンオオカミの集団の総量
ア	減る	減る
イ	減る	変化が見られない
ウ	減る	増える
エ	変化が見られない	減る
オ	変化が見られない	変化が見られない
カ	変化が見られない	増える
キ	増える	減る
ク	増える	変化が見られない
ケ	増える	増える

問３　ニホンオオカミは，1905年(明治38年)ころに，外国から持ちこまれた西洋犬の病気である犬ジステンパーや狂犬(きょうけん)病がはやったことなどによって，絶滅(ぜつめつ)してしまいました。これ以外にも，ニホンオオカミの絶滅に関係していると考えられることがあります。ニホンオオカミの絶滅に，ほとんど関係が無かったと考えられることを，次のア～オから１つ選び，記号で答えなさい。

ア．人間にとって害がある動物として積極的に殺されたため

イ．明治になって，日本人の肉食が盛んになり，ニホンジカが減ったため

ウ．人間によって群れで生活する場所が減ったり分断されたりして，ニホンオオカミがその場所のニホンジカを食べつくしてしまったため

エ．人間によって群れで生活する場所が減ったり分断されたりして，ニホンオオカミの群れの間でのなわばり争いが激しくなって減ったため

オ．人間によって生活する場所が減ったり分断されたりして，ニホンジカが食べることのできる植物の量が減ったため

問４　昔の日本の本州中央部の生態系では，主にニホンジカを食べて生活する動物はニホンオオカミ以外いませんでした。しかし，ニホンオオカミが絶滅してしまったことによって，食物連鎖の関係に変化が起こってしまいました。どのような変化が起こったでしょうか。ア～オから１つ選び，記号で答えなさい。

ア．ニホンジカの総量が減って，植物の総量も減った。

イ．ニホンジカの総量が減って，植物の総量が増えた。

ウ．ニホンジカの総量が増えて，植物の総量が減った。

エ．ニホンジカの総量が増えて，植物の総量も増えた。

オ．ニホンジカの総量が増えたが，人間によって多く食べられるようになったため，ニホンジカの総量は変化せず，植物の総量も変化しない。

問5　食物連鎖の中の，ある生物の集団の総量が変化する原因は，どのようなことでしょうか。最も関係が無いものを，次のア～オから１つ選び，記号で答えなさい。

ア．その生物が他の生物に食べられてしまう量の変化

イ．その生物が利用できる資源の量の変化

ウ．その生物が生活や活動する時間の変化

エ．その生物の子孫の数の変化

オ．その生物の子孫が次の子孫を残せるまで成長する割合の変化

問6　2017年５月，兵庫県の神戸港で外国産のアリの一種であるヒアリが発見されたと報道されました。ヒアリが定着(その場所で，ふつうに生活を続けること)するかどうか分かりませんが，外国から入りこんで，定着した生物は他に多くいます。その生物が定着した理由として，考えられないことを，次のア～オから１つ選び，記号で答えなさい。

ア．食物や生活場所等が同じ他の生物がいなかったため

イ．食物や生活場所等が同じ他の生物と争って勝ったため

ウ．食物や生活場所等が同じ他の生物と食物を分け合って共存できたため

エ．食物や生活場所等が同じ他の生物が人間によって減らされていたため

オ．食物や生活場所等が同じ他の生物が他の場所へ移住してしまったため

イ　話をしているうちに、身勝手でわがままな態度をとってきたミヒロに対する、うっとうしさ。

ウ　きかれたくない事情を問われて、ミヒロに対して身構えるとともに、落ち着かない気持ち。

エ　仲良くしたいという嘘をついてまで、父親の事情を知ろうとする、ミヒロに対する不信感。

問三　――線2「わたしは、その目をにらみつけた」とありますが、このときのミヒロはリサに対してどのような思いがあったのでしょうか。最も適切なものを次から選び、記号で答えなさい。

ア　リサの自分勝手さをとがめるとともに、苦手なものを克服する宿題をやりとげたいという思い。

イ　リサに対して怒りをぶつけることによって、日ごろの不満をすっきりさせたいという思い。

ウ　リサに対して怒りをぶつけることで、これまでの自分の行動の正しさを主張したいという思い。

エ　リサの自分勝手さをとがめるとともに、仲良くなりたい気持ちをわかってほしいという思い。

問四　――線3「だまっていると気づまりになって、どちらからともなく、公園の中へと歩きだした」とありますが、このときのリサの気持ちとして、最も適切なものを次から選び、記号で答えなさい。

ア　ミヒロに対して自分がとった言動が申し訳なかったという反省。

イ　ミヒロの言葉が思いがけなかったことによる、驚きととまどい。

ウ　正直に、自分のことを隠さずミヒロに話してみようという決心。

エ　自分をほめるミヒロは、いったいどういう人なのかという疑い。

問五　――線4「肩をすくめて」とはどのような意味ですか。最も適切なものを次から選び、記号で答えなさい。

ア　肩を高くつきたてて

イ　肩を下げて力をぬいて

ウ　肩が緊張してこわばって

エ　肩を縮めて小さくして

問六　――線5「ハーブティーのせいだけじゃなく、胸の中のかたいしこりが、ほんの少しとけたような気がした」とありますが、「胸の中のかたいしこり」とは、どのようなものですか。本文中の内容をふまえて説明しなさい。

問七　[6]・[7]にあてはまる言葉を本文中から探して答えなさい。

のティーカップに、うすい緑色がかった透明な液体を、ゆっくりと注いでいった。

「これに、はちみつを入れると、飲みやすくなるんだ」

慣れた手つきで、ミヒロは小さじで二杯ずつはちみつを入れて、わたしにカップをさしだした。

「さっきの草、レモンバームっていうの。リラックス効果があるんだよ」

そっと顔を近づけると、レモンの香りが鼻にぬけた。スプーンでかきまぜて飲んでみると④サンミはほとんどなくて、スッキリとした味わいだった。

「おじいちゃんに教えてもらったの。気持ちを落ちつかせてくれるんだって。あと、よく眠れるようにもなるって」

ミヒロは、カップにふうっと息をふきかけて、ゆっくりと口にふくんでいる。

そうか。わたしにこのハーブティーを飲ませたくて、もう一度もどろうと言ったのか。

心の傷を、なおしてくれようとしたのか。

わたしと仲良くなりたいっていうのは、本当だったのか。

今まで、そんなこと言われたことなくて、信じられないような気がしたけど。

そういえば、あの傷あとを見たあとも、ミヒロは態度を変えなかったな。

5ハーブティーのせいだけじゃなく、胸の中のかたいしこりが、ほんの少しとけたような気がした。

「これ、冷やしてもけっこうイケるんだ。葉っぱはいくらでもあるから、少し持って帰ったら？　いれ方は簡単でしょ」

ミヒロはそう言って、ね、とわたしに笑いかけた。ほっぺたに、ポコッとえくぼができて、思わずつりこまれそうになる。

わたしは、なんと答えていいかわからなくて、ぎこちなくうなずいた。

「なんかいい香りがすると思ったら」

注吉岡くんが、フンフンと鼻をならして台所にやってきた。

「吉岡くんも飲む？　ハーブティー」

「うーん、どっちかというと、おれはサイダーのほうがいいな」

「じゃあ、自分で買ってらっしゃい」

「ちぇ、じゃあハーブティーでいいや」

「でいいやってことはないでしょ」

「はい。ハーブティーをおねがいします」

「しかたない。一杯五十円でいれてあげるよ」

ミヒロがそう言うと、吉岡くんはおおげさにのけぞった。

思わず笑ってしまった。

「じょーだん」

三人の笑い声が、せまい台所にあふれた。

［6］も、［7］の笑顔も、吉岡くんの笑い声も、わたしの胸にじんわりとしみこんでいった。

（朝比奈蓉子『わたしの苦手なあの子』ポプラ社）

注　吉岡くん…おじいちゃんの将棋仲間で、ミヒロやリサの同級生。

問一　――線③は読み方を答え、①・②・④はカタカナを漢字に改めなさい。

問二　――線1「不機嫌そうに、だまりこんでしまった」とありますが、それはリサのどのような気持ちからだと考えられますか。最も適切なものを次から選び、記号で答えなさい。

ア　知り合ったおじいちゃんと話をしたかったのに邪魔をするミヒロに対する、不愉快な気持ち。

しの不登校が、パパとママを別居させてしまったのよ。どう？　これで、うちは椎名さんが思ってるような、ステキな家庭じゃないってことも、わたしが話したくないわけもわかったでしょ」
「でも、わたしを車に乗せてくれた日は……」
「あの日は、月に一度、パパと食事をする日だったの」
リサは4肩をすくめて目をふせた。
「そうだったの。ごめん、わたし……なんにも知らなくて、ひどいこと言って」
「わたしも、わかってくれる人なんかいないって、思いこんでたから……。それに、椎名さんち、お父さんいないって言ってたのにごめん」
「ううん、いじめって……どんな目にあったの？」
「この傷あとが……」
リサが、はいていたレギンスをちょっとたくしあげた。まだら②モヨウの傷あとが目に入った。
「気持ちわるいって……」
記憶がよみがえったのか、リサはギュッとくちびるをかんだ。
ズキンと胸がいたんだ。このまま、リサを帰しちゃいけない気がした。
「そうだ！　いいこと考えた。ね、もう一度、おじいちゃんのところに、もどろうよ」
「え、今から？」
「うん、だまっていなくなったから、今ごろ心配してさがしてるかもしれないよ。ねっ、行こう」
わたしは、リサの手をとって大きくふった。
しかたなさそうに、リサもうなずいて、それからかすかにくちびるをゆるめた。

【Ⅱ】

ミヒロに引っぱられるように、おじいさんのうちにもどった。
おじいさんたちは、相変わらずむずかしい顔をして、将棋盤をにらみつけていた。
よけいな心配させなくてよかったと、ほっとした。
ミヒロは、ちょっと待っててと言い残して、庭にでていった。
なにをしているんだろうと、のびあがって見ると、なにかを摘んでいるみたいだった。
ときどき立ちあがって、Tシャツのそででおでこの汗をぬぐうと、また草の中にしゃがみこんでいる。
しばらくすると、小さな葉っぱをつけた草を、いっぱいかかえてもどってきた。
水を流しながら、茎から葉っぱを切り取ると、ていねいに洗いだした。
「ねえ、その葉っぱ、どうするの？」
「ハーブティーをつくるの。あ、茶だんすの中にある、ガラスのティーポットをだしてくれる？」
これかなと、まるい形をしたガラス製のポットを取りだすと、ミヒロは、紙タオルで③水気をとった葉っぱを、パンパンと両手でたたいて、その中に入れた。
そのあいだにも、火にかけたやかんが、シュンシュンと湯気をたてている。
ミヒロはそのやかんの湯を、ガラスポットの中に静かに注いでいった。
するとたちまち、レモンのようなさわやかな香りがひろがった。
「ふたをして、このまましばらく蒸らすの」
三分ほどたったころ、そろそろいいかなと、ミヒロは用意した二つがしようがない。

　迷っているうち、ふと、リサとおじいちゃんが、公園で会ったという話を思いだした。

　そうだ、もしかしたら公園に行ったのかもしれない。すぐに、公園めざして走りだした。

　午後の強烈（きょうれつ）な日射（ひざ）しに、目がくらみそうだった。公園に入るちょっと手まえで、リサの姿をとらえた。

　そのまま一気に距離を縮めようとしたけど、途中（とちゅう）で息が切れた。あと一歩というところで、立ちどまってしまった。

　足音に気がついたのか、リサがふり返った。

　目をまんまるに見開いて、わたしを見つめている。２わたしは、その目をにらみつけた。

「本間さんって」

　しゃべろうとするけど、息がはずんで言葉が続かない。何度か大きく深呼吸して、息を整えた。

「自分勝手すぎるよ！」

　かすれていたけど、思いがけず①ゴキが強くなった。

「わたしと話をしたくないからって、だまって帰るなんて、残された人の気持ち、考えたら！」

　リサは、だまって視線を落とした。

　なにかに耐（た）えるように、くちびるをかんでいる。

「わたしが、本間さんのお父さんや家族のことを、言ったりきいたりしたから？　でも、仲良くなろうと思ったら、相手のこと知りたくなるんじゃない？」

　え？　とリサが顔をあげた。

「仲良くって……わたしと？」

「もちろんそうよ」

「どうして？」

「どうしてって……」

　苦手なものを克服する宿題に、本間さんの名前を書いたから。そう言ったら、またリサを怒（おこ）らせてしまうだろうか。

「それは、えっと、わたし、本間さんみたいにセンスよくないし、スマートでもないし、水泳だって去年から六級のままだし、でも、本間さんはわたしにないものをいっぱいもってて、おしゃれで、水泳も得意で、先生に当てられても、すらすら答えられるし、だからえっと、もう少し仲良くなれたらなあって思って……」

　うん、これはうそじゃない。わたしのほんとの気持ちだ。

　必死でしゃべったのに、リサはなんにも言わない。おそるおそる顔をあげると、リサは遠くを見て、なにかを考えているみたいだった。

　３だまっていると気づまりになって、どちらからともなく、公園の中へと歩きだした。

　白い小さな花をつけた、背の高い木の下まで来ると、リサは立ちどまって木を見あげた。

「わたしと仲良くなりたい人がいるなんて、思ってもみなかった」

「うそじゃないよ」

「うん、わかった」

　つぶやくように言って、リサはゆっくりとわたしのほうをふり向いた。

「わたしの足の傷あとは知ってるよね。まえの学校で、あれが原因でいじめられて、わたし、不登校になってたんだ」

　木にもたれかかって、ポツリ、ポツリと話しだした。

「わたしの不登校をめぐって、パパとママの意見はまっぷたつにわかれて、いつも夜おそくまで言い争いをしてた。そのうち二人の仲までおかしくなってきて、とうとうパパはうちをでていっちゃった。わたれるか分からない」とありますが、「特別な目で見られる」とその人はどのような気持ちになるのでしょうか。それが最もよく述べられているところを本文中から十六字で書きぬきなさい。

問六 この文章で筆者が主に考えて述べているのはどの問題についてですか。最も適切なものを次から選び、記号で答えなさい。

ア 私たちが「違う人」を特別に見てしまうのはなぜか。
イ いじめや差別をやめなければいけないのはなぜか。
ウ いじめや差別をなくすために必要なことはなにか。
エ 共生社会の道を選ばなければならないのはなぜか。
オ いじめや差別につながっていくことはなにか。

二 **次の文章を読んで、あとの問いに答えなさい。【Ⅰ】はミヒロの視点から、【Ⅱ】はリサの視点から書かれています。**

椎名(しいな)ミヒロと本間リサは、小学六年生。リサは、足のやけどのあとのせいで、以前通っていた小学校でいじめにあい、ミヒロの小学校に転校してきた。リサは、いじめにあってから人を信じられなくなり、そっけない態度をまわりにとるようになっていた。ミヒロはリサと同じクラスになり、何かとリサのことが気にかかっている。夏休みを前にして、「苦手なものを一つ克服(こくふく)すること」という夏の宿題が出され、その宿題にミヒロは「本間リサ」と書いた。

ある日、リサは公園で知り合ったおじいさんと話すうちに心を開くようになり、おじいさんの家を訪ねることになった。そして、いざ行ってみると、そのおじいさんは、ミヒロの祖父であることがわかった。

【Ⅰ】

家のまえでリサを見たときは驚(おどろ)いた。

まさか、おじいちゃんの知り合いがリサだったなんて。

通りがかっただけだと言うリサを、なんとか引きとめて家の中に入れた。

おじいちゃんを、ガッカリさせたくなかったし、苦手なものを克服(こくふく)するという宿題のことも、頭にあった。

少しでもリサとの距離(きょり)を縮めたいと思った。ところが、アイスを食べながら話しているうちに、リサの態度が変わった。1不機嫌(ふきげん)そうに、だまりこんでしまった。

わたしが、なにか気にさわることを言ったのかもしれない。だけど、きいても話したくないと言うだけで、もう帰ると言う。

なにがなんだかわからないうちに、リサはさっさと帰りじたくをして、ガラス戸をあけてでていった。わたしのまえから、リサのすがたがどんどん遠ざかっていく。

トクトクと心臓が音をたてだした。同時に、腹だたしい気持ちがわきあがってきた。

なによ。気に入らないことがあるなら、そう言えばいいじゃない。いきなり帰るなんて、あんまりじゃないの。

でも、このままじゃ、リサとの距離は広がるばかりだ。どうしよう……追いかけようか。そして、もう一度リサと話をしようか。

くやしいけど、そうしないと後悔(こうかい)しそうだ。

いそいで玄関(げんかん)にまわり、くつをはいて外にでた。だけど、通りにでても、リサのすがたはもうどこにも見当たらなかった。

通りは、右に行けば商店街のほうへと続き、左に行けば住宅街の先に公園がある。

まっすぐ家に帰ったのなら、リサの家がどこだか知らないから、さ伝いを求めているなら自然にそれをしてあげたりするのは本当にむずかしいんだな、とわかりました」

　この学生の言葉には、私たちが「違う人」をどこか特別な目で見てしまいがちなこと、さらにその人を「面倒だな、迷惑だな」と思いがちなこと、そして、そう思われる人にとってそれはとても気になったり傷ついたりすることが、よく表れています。

　そして、いじめや差別を「仕方ない」と思わずにやめなければならないもうひとつの理由は、自分がいくら「私は日本に住む日本人だから、〝違う人〟なんかほとんどいないよ」と思おうとしても、世界の流れの中でもうそれはできなくなるから、というものです。

　「グローバル化」という言葉を聞いたことがあると思いますが、世界ではいま、人の流れがとても活発になっていて、とくに学問やビジネスの世界では、国を超え大陸を超えて人が移動しています。私たちが住む日本にも、外国から来て働く人たちがどんどん増えていますし、学生の中にも「国際的な会社や組織で働きたい」と希望する人が多くなっています。どの地方の小学校や中学校にも、仕事などで日本にやって来た外国人の子どもがいると思います。

　日本は、生まれる子どもの数が少なく、子どもや若者の数が昔よりどんどん減る「少子化」という問題を抱えています。このままでは将来、働き手が不足することが③ヨソクされますが、とくにどうしても多くの人手を必要とする医療や介護の世界では、今後、外国から日本でその仕事をしてくれる人を多く迎え入れなければならないことは④カクジツです。

　そういう世界的な流れや日本の事情の中では、「〝違う人〟といっしょにやっていくなんて無理」などとは言ってられないのです。「違う人」と生きる、これを「共生」と呼ぶこともありますが、これからの世界はどこの国であっても、この共生社会の道を選ぶしか生き残る道はない、と言ってもよいでしょう。いまアメリカやヨーロッパの一部の国で、「国境を越えてやってくる移民は困る」「自分の国の内戦から逃れて来る難民を受け入れたくない」と共生社会を拒む動きが見られますが、これだけ仕事や人々の活動がグローバル化している中では、3長い目で見ると「私の国は〝同じ人〟たちだけでやって行くことにしたい」というのは無理な話だと思います。

　さて、4「自分がいつ〝違う人〟とみなされて特別な目で見られるか分からない」「〝違う人〟といっしょに生きる共生社会を目指すか日本も世界の国も生き残れない」といった理由からも、〝違う人〟を下に見たり追い出そうとしたりするいじめや差別は許されないこと、というのはわかってもらえたのではないかと思います。

（香山リカ『「いじめ」や「差別」をなくすためにできること』筑摩書房）

※途中一部、表記を改めたところがあります。

問一　――線①・②・③・④のカタカナを漢字に改めなさい。

問二　――線1「これがいじめや差別につながります」について、「これ」とは「自分と違う人」に対するどのような態度を指していますか。解答らんの「～態度」につながるように、これよりあとの本文中から十六字で書きぬきなさい。

問三　――線2「（　）をつけられ」について、「特別に注意してみる」という意味になるように、（　）に入る言葉を漢字一字で答えなさい。

問四　――線3「長い目で見ると『私の国は〝同じ人〟たちだけでやって行くことにしたい』というのは無理な話だと思います」とありますが、それはなぜですか。本文中の言葉を用いてわかりやすく説明しなさい。

問五　――線4「自分がいつ〝違う人〟とみなされて特別な目で見ら

二〇一八年度 立教女学院中学校

【国語】（四五分）〈満点：九〇点〉

一 **次の文章は、精神科医である香山リカさんの本の一節です。これを読んで、あとの問いに答えなさい。**

どうして私たちは「自分と違う人」を気にしてしまうのでしょう？しかも私たちには、その「違う人」を気にしたときに、「違いがあっておもしろいな」とか「違いからいろいろ学びたいな」と思うのではなくて、「〝違う人〟は自分より劣ってるんだ」と下に見ようとしたり「仲間に〝違う人〟がいるとやりにくい」とその人を追い出そうとしたりする性質が備わっているのです。1これがいじめや差別につながります。

では、どうすればいいのでしょう。

「そうか、〝違う人〟を下に見たり追い出そうとしたりするのは人間に共通した性質なのか。じゃ仕方ない」とそれを受け入れればよいのでしょうか。そんなことをしたら、私たちの生活や社会はめちゃめちゃになります。

もちろん、いじめや差別がいけないのは、それを受けた人たちが傷つくからです。

私自身は、それだけでも「いじめや差別は絶対に許されない」と主張する理由になると思っています。しかし、いまの社会には、「そんなことは私には関係ないよ、差別されるほうが悪い」などと言う人もいることは、前の章でも説明してきた通りです。そういう人たちに対して、「それでもいじめや差別はいけない」と話すとき、私は次のふたつの理由をあげることにしています。これまでしてきた話と重なる部分もありますが、大切なことなのでもう一度、まとめておきます。

ひとつめは、自分もどこかに行ったときなどにまわりから「この人は、自分たちと違うぞ」と2（　　）をつけられ、いじめや差別を受けるかもしれない、ということです。日本人の場合、この日本に住んでいる限り、まわりは「同じ人」がいることが多いので、自分が「違う人」になったらどうだろう、と想像するのはむずかしいと思います。

でも、手や足をケガして、①ホウタイを巻いたり松葉づえをついたりした経験がある人は、なんとなくわかるのではないでしょうか。私が大学で教えていた学生が、こんな話をしてくれたことがありました。

「高校時代、サッカー部の練習で骨折してしまい、しばらくの間、ギプスをつけて松葉づえをつきながら学校に通ったことがあったんです。バス②テイまで歩いてバスに乗るんだけど、歩いているときもバスの中でも、まわりの人の視線がとても気になりました。〝かわいそうに〟という目で見ている人もいたし、〝混んでるのに松葉づえでゆっくり乗ってきて邪魔だな〟とイヤな顔をする人もいた。いや、全部自分の考えすぎで、ホントはこっちを見ている人なんてそんなにいなかったかもしれないし、見ても何とも思われてなかったかもしれない。でもその間はとても敏感になっていて、〝あ、また見られた〟〝あ、あの人は骨折なんかしてと思われてる……〟といちいち気になってしまいました。

障碍を持っている人や外国人で髪や肌の色が違う人などは、もしかするといつもこんな経験をしているのでしょうか。こちらはふつうに接しているのに相手が気にしすぎということもあるかもしれないけれど、こちらも心のどこかで〝自分と違う人〟がバスに乗ってくるのは面倒だな、迷惑だな、と思っていて、それが表情や態度に出るかもしれません。〝違う人〟に対して何気なく接したり、もしその人が手

2018年度 立教女学院中学校 ▶解説と解答

算 数 (45分)＜満点：90点＞

解 答

1 (1) 4 (2) 22 (3) 18 (4) ① 2枚 ② 6枚 ③ 4枚 (5) ① 2 cm^2 ② 0.04 L ③ 3 cm (6) ① 105円 ② 560円 ③ 735円 (7) ① 40cm^2 ② 55cm ③ 21cm (8) ① 15袋 ② 173個 ③ 3個 **2** (1) ① 15分後 ② 37分30秒後 (2) ① 16分24秒後 ② 7分50秒後 **3** (1) 8個 (2) 16個 (3) 538個 (4) 7567 **4** (1) ① 0 ② 5 ③ 3 (2) **Aさん**…18歳, **Bさん**…39歳, **Cさん**…42歳, **Dさん**…67歳

解 説

1 四則計算, 計算のくふう, 調べ, 水の深さと体積, 相当算, 図形と規則, 過不足算

(1) $\left\{\left(0.625+\frac{7}{8}\right)\div\left(3.125-2\frac{1}{2}\right)\div0.1\right\}\div\left(2.25\div3\frac{3}{4}+5.4\right)=\left\{\left(\frac{5}{8}+\frac{7}{8}\right)\div\left(3\frac{1}{8}-2\frac{4}{8}\right)\div\frac{1}{10}\right\}\div\left(2\frac{1}{4}\div\frac{15}{4}+5.4\right)=\left\{\frac{12}{8}\div\left(\frac{25}{8}-\frac{20}{8}\right)\div\frac{1}{10}\right\}\div\left(\frac{9}{4}\times\frac{4}{15}+5.4\right)=\left(\frac{3}{2}\div\frac{5}{8}\div\frac{1}{10}\right)\div\left(\frac{3}{5}+5.4\right)=\left(\frac{3}{2}\times\frac{8}{5}\times\frac{10}{1}\right)\div(0.6+5.4)=24\div6=4$

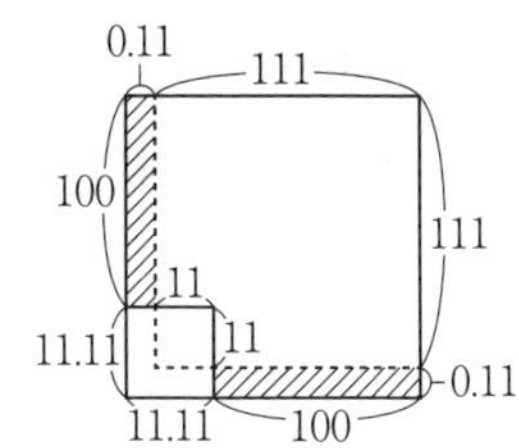

(2) $111.11\times111.11-11.11\times11.11=111.11\times(100+\underline{11.11})-11.11\times\underline{11.11}=111.11\times100+111.11\times\underline{11.11}-11.11\times\underline{11.11}=111.11\times100+(111.11-11.11)\times11.11=111.11\times100+100\times11.11=11111+1111=12222$と計算できる。同様に, $111\times111-11\times11=111\times(100+\underline{11})-11\times\underline{11}=111\times100+111\times\underline{11}-11\times\underline{11}=111\times100+(111-11)\times11=111\times100+100\times11=11100+1100=12200$と計算できる。よって, $111.11\times111.11-11.11\times11.11-(111\times111-11\times11)=12222-12200=22$とわかる。なお, この計算の答えは上の図の斜線部分の面積にあたるので, $(11.11-11)\times(111-11)\times2=0.11\times100\times2=22$と求めることもできる。

(3) $1+2=3$, $1+2+3=6$, $1+2+3+4=10$, $1+\cdots+5=10+5=15$, $1+\cdots+6=15+6=21$, $1+\cdots+7=21+7=28$, $1+\cdots+8=28+8=36$より, $\frac{1}{2}+\left(\frac{1}{3}+\frac{2}{3}\right)+\left(\frac{1}{4}+\frac{2}{4}+\frac{3}{4}\right)+\left(\frac{1}{5}+\frac{2}{5}+\frac{3}{5}+\frac{4}{5}\right)+\cdots+\left(\frac{1}{9}+\cdots+\frac{8}{9}\right)=\frac{1}{2}+\frac{3}{3}+\frac{6}{4}+\frac{10}{5}+\frac{15}{6}+\frac{21}{7}+\frac{28}{8}+\frac{36}{9}=\frac{1}{2}+1+\frac{3}{2}+2+\frac{5}{2}+3+\frac{7}{2}+4=\frac{1}{2}+\frac{3}{2}+\frac{5}{2}+\frac{7}{2}+1+2+3+4=\frac{16}{2}+10=8+10=18$

(4) 50円硬貨の枚数が100円硬貨の枚数の3倍で, 50円硬貨と100円硬貨の枚数の合計は14枚以下だから, 枚数の組み合わせは, ㋐(3枚, 1枚), ㋑(6枚, 2枚), ㋒(9枚, 3枚)の3通りあり, 10円硬貨と500円硬貨の枚数の合計は, ㋐の場合, 14－(3＋1)＝10(枚), ㋑の場合, 14－(6＋2)＝6(枚), ㋒の場合, 14－(9＋3)＝2(枚)となる。また, 合計金額2520円の100円未満の部分が20円なので, 10円硬貨の枚数は2枚, 7枚, 12枚のいずれかである。よって, 10円硬

	A	B	C	D
50円(枚)	3	3	6	9
100円(枚)	1	1	2	3
10円(枚)	2	7	2	2
500円(枚)	8	3	4	0

貨と500円硬貨の枚数の組み合わせは，㋐の場合が(２枚，８枚)，(７枚，３枚)，㋑の場合が(２枚，４枚)，㋒の場合が(２枚，０枚)となる。これより，４種類の硬貨の枚数の組み合わせは，上の表のA～Dの４通りが考えられる。それぞれの合計金額は，Aが，50×３＋100×１＋10×２＋500×８＝150＋100＋20＋4000＝4270(円)，Bが，50×３＋100×１＋10×７＋500×３＝150＋100＋70＋1500＝1820(円)，Cが，50×６＋100×２＋10×２＋500×４＝300＋200＋20＋2000＝2520(円)，Dが，50×９＋100×３＋10×２＝450＋300＋20＝770(円)となるから，条件に合うのはCである。したがって，10円硬貨は２枚(…①)，50円硬貨は６枚(…②)，500円硬貨は４枚(…③)とわかる。

(5)　容器Aの底面積は3 cm^2なので，それぞれの容器に入れた水の体積は，３×４＝12(cm^3)である。よって，容器Bの底面積は，12÷２＝６(cm^2)，容器Cの底面積は，12÷６＝２(cm^2)(…①)とわかる。また，１L＝1000cm^3だから，40cm^3＝40÷1000＝0.04(L)(…②)となる。さらに，40cm^3の水を分けて入れたようすは右の図のように表せる。この図で，アの部分の体積は，３×2.5＝7.5(cm^3)，イの部分の体積は，６×(２＋2.5)＝27(cm^3)なので，ウの部分全体の体積は，40－7.5－27＝5.5(cm^3)となる。したがって，Cの底面から水面までの高さは，5.5÷(３＋６＋２)＝0.5(cm)なので，Aの底面から水面までの高さは，0.5＋2.5＝３(cm)(…③)と求められる。

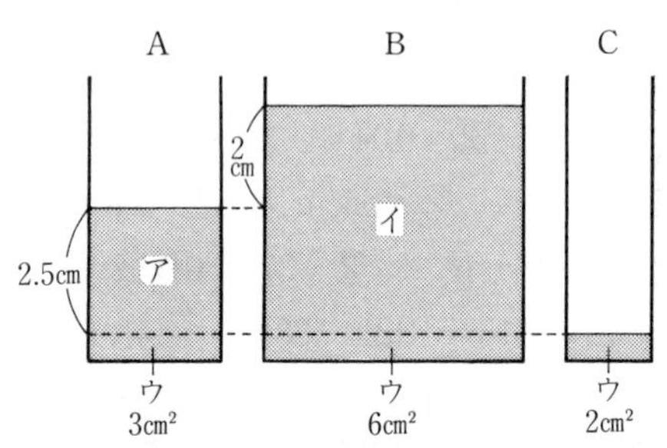

(6)　ケーキ１個の値段を$\boxed{1}$とすると，Aさんがはじめに持っていたお金の$\frac{9}{16}$が$\boxed{3}$にあたるから，Aさんがはじめに持っていたお金は，$\boxed{3}\div\frac{9}{16}=\boxed{\frac{16}{3}}$と表せる。同様に，Bさんがはじめに持っていたお金は，$\boxed{4}\div\frac{4}{7}=\boxed{7}$，Cさんがはじめに持っていたお金は，$\boxed{3}\div\frac{3}{5}=\boxed{5}$と表せるので，$\boxed{\frac{16}{3}}+\boxed{7}+\boxed{5}=\boxed{\frac{52}{3}}$が1820円にあたる。よって，ケーキ１個の値段は，$1820\div\frac{52}{3}=105$(円)(…①)と求められる。したがって，Aさんがはじめに持っていたお金は，$105\times\frac{16}{3}=560$(円)(…②)，Bさんがはじめに持っていたお金は，105×７＝735(円)(…③)とわかる。

(7)　右の図１のように，１番目の図形，２番目の図形，３番目の図形，…とすると，正方形が全部で５個あるのは５番目の図形である。まず，１番目から４番目までの図形について，短い辺と長い辺の長さをそれぞれ調べると，右の図２のようになる。図２より，短い辺の長さは１つ前の図形の長い辺の長さと等しく，長い辺の長さは１つ前の図形の短い辺と長い辺の長さの和になる。よって，５番目の図形の短い辺の長さは５cm，長い辺の長さは，３＋５＝８(cm)だから，面積は，５×８＝40(cm^2)(…①)と求められる。また，それぞれの図形で，１番最後に付け加えた正方形の１辺の長さは，その図形の短い辺の長さと等しい。正方形が全部で10個あるのは10番目の図形であり，５番目から10番目までの図形について，短い辺と長い辺の長さをそれぞれ調べると，右の図３のようになる。よって，10番目の図形

図１

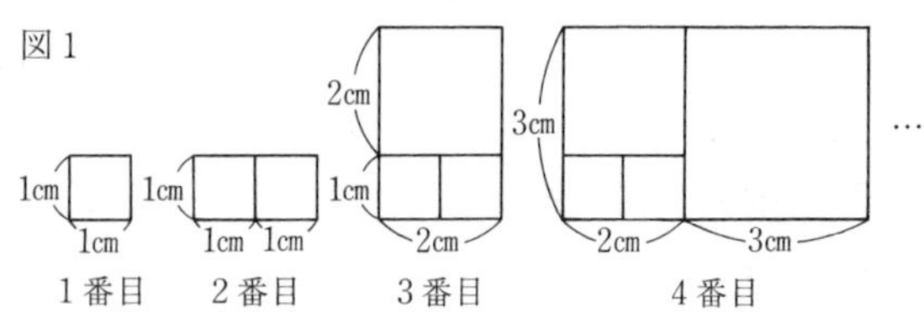

図２

(番目)	1	2	3	4
短い辺(cm)	1	1	2	3
長い辺(cm)	1	2	3	5

図３

(番目)	5	6	7	8	9	10
短い辺(cm)	5	8	13	21	34	55
長い辺(cm)	8	13	21	34	55	89

の短い辺の長さは55cmなので，１番最後に付け加えた正方形の１辺の長さは55cm(…②)とわかる。さらに，図３より，６番目の図形の面積は，$8 \times 13 = 104(\mathrm{cm}^2)$，７番目の図形の面積は，$13 \times 21 = 273(\mathrm{cm}^2)$，８番目の図形の面積は，$21 \times 34 = 714(\mathrm{cm}^2)$だから，できあがった長方形の面積が714cm^{2}になるのは８番目の図形である。その短い辺の長さは21cmなので，１番最後に付け加えた正方形の１辺の長さも21cm(…③)とわかる。

(8)　袋Aに４個ずつ，袋Bに５個ずつ入れたときと，袋Aに６個ずつ，袋Bに５個ずつ入れたときのようすはそれぞれ右の図の㋐，㋑のように表せる。㋑のとき，袋Bにすべて５個ずつ入れるには，あと，$(5-3)+5+5=12$(個)必要だから，㋒のように表せる。よって，㋐と㋒でちょうど入れるのに必要な個数の差は，$18+12=30$(個)となり，袋Bに入れるりんごの数はどちらも同じなので，これは袋A１袋あたりの個数の差である，$6-4=2$(個)が袋Aの数だけ集まったものである。したがって，袋Aの数は，$30 \div 2 = 15$(袋)(…①)と求められる。また，袋Bの数は，$34-15=19$(袋)だから，りんごの個数は全部で，$4 \times 15 + 5 \times 19 + 18 = 60 + 95 + 18 = 173$(個)(…②)と求められる。さらに，袋Aに５個ずつ，袋Bに５個ずつ入れていくと，袋には全部で，$5 \times 34 = 170$(個)のりんごが入るので，$173-170=3$(個)(…③)余る。

	袋Aの数	袋Bの数	
㋐	4…4	5…………5	⇒ 18個余る
㋑	6…6	5…5 3 0 0	⇒ ちょうど入る
⇓ ㋒	6…6	5…5 5 5 5	⇒ あと12個必要
	34袋		

2 旅人算，速さ

(1)　①　姉と妹が出会うのは２人合わせて５km進んだときである。１時間あたりに２人合わせて，$12+8=20$(km)進むから，姉と妹が出会うのは出発してから，$5 \div 20 = \frac{1}{4}$(時間後)，つまり，$60 \times \frac{1}{4} = 15$(分後)である。　②　妹がA地点に到着するのは，２人が出発してから，$5 \div 8 = \frac{5}{8}$(時間後)となる。$\frac{5}{8}$時間は，$60 \times \frac{5}{8} = 37\frac{1}{2}$(分)で，$\frac{1}{2}$分は，$60 \times \frac{1}{2} = 30$(秒)だから，37分30秒後である。

(2)　①　10分は，$10 \div 60 = \frac{1}{6}$(時間)，４分は，$4 \div 60 = \frac{1}{15}$(時間)より，姉と妹は２人合わせて，最初の10分間で，$20 \times \frac{1}{6} = \frac{10}{3} = 3\frac{1}{3}$(km)，次の４分間で，$(5+8) \times \frac{1}{15} = \frac{13}{15}$(km)進む。よって，出発してから，$10+4=14$(分後)の２人の間の距離は，$5 - 3\frac{1}{3} - \frac{13}{15} = \frac{4}{5}$(km)となり，これは$3\frac{1}{3}$kmよりも短いので，この次の10分間で２人は出会う。よって，２人が出会うのは，14分後からさらに，$\frac{4}{5} \div 20 = \frac{1}{25}$(時間後)となる。これは，$60 \times \frac{1}{25} = 2\frac{2}{5}$(分)，$60 \times \frac{2}{5} = 24$(秒)より，２分24秒なので，２人が出会うのは出発してから，14分＋２分24秒＝16分24秒後となる。　②　妹がA地点に到着するのは，(1)より，37分30秒後である。また，姉は10分間で，$12 \times \frac{1}{6} = 2$(km)，４分間で，$5 \times \frac{1}{15} = \frac{1}{3}$(km)歩くことを繰り返すから，姉は，$(10+4) \times 2 = 28$(分後)までに，$\left(2 + \frac{1}{3}\right) \times 2 = 4\frac{2}{3}$(km)進む。その後，残りの，$5 - 4\frac{2}{3} = \frac{1}{3}$(km)は時速12kmで進むから，B地点に到着するまでにあと，$\frac{1}{3} \div 12 = \frac{1}{36}$(時間)かかる。これは，$60 \times \frac{1}{36} = 1\frac{2}{3}$(分)，$60 \times \frac{2}{3} = 40$(秒)より，１分40秒なので，姉がB地点に到着するのは出発してから，28＋１分40秒＝29分40秒後となる。よって，妹がA地点に到着するのは，姉がB地点に到着してから，37分30秒－29分40秒＝７分50秒後とわかる。

3 倍数，数列

(1)　下の図で，１から30までの整数のうち，２の倍数は○をつけた数，３の倍数は□をつけた数，

5の倍数はかげをつけた数である。よって,「操作」を行ったとき,残った整数は,1,7,11,13,17,19,23,29の8個ある。

1,②,[3],④,5,[6],7,⑧,[9],⑩,
11,[12],13,⑭,[15],⑯,17,[18],19,⑳,
[21],㉒,23,[24],25,㉖,[27],㉘,29,[30]

⑵ 1から30までの整数で取り除かれるのは,0に2を足していった数,0に3を足していった数,0に5を足していった数である。また,30は2,3,5の公倍数なので,31から,30×2=60までの整数で取り除かれるのは,30に2を足していった数,30に3を足していった数,30に5を足していった数となる。よって,⑴と同様に考えると,31から60までの整数で残った整数は,30にそれぞれ1,7,11,13,17,19,23,29を加えた数だから,8個ある。したがって,1から60までの整数に「操作」を行ったとき,残った整数は全部で,8×2=16(個)ある。

⑶ 1から30,31から60,…のように,整数を30個ずつ組にしていくと,⑴,⑵より,「操作」を行ったときに残る整数は1組につき8個あり,その8個は各組で,1,7,11,13,17,19,23,29番目の整数である。また,2018÷30=67余り8より,1から2018までには67組と8個の整数があり,68組目の8個の整数のうち「操作」を行ったときに残る整数は,1,7番目の2個の整数となる。よって,1から2018までの整数のうち,残った整数は全部で,8×67+2=538(個)ある。

⑷ 1組につき8個の整数が残るので,2018÷8=252余り2より,残った整数のうち,小さいほうから2018番目の整数は,252+1=253(組目)で残った整数のうち,小さいほうから2番目の整数とわかる。よって,その整数は253組目の7番目の整数なので,30×252+7=7567とわかる。

4 推理

⑴ 0から9までの10個の数字の和は,0+1+2+…+9=(0+9)×10÷2=45だから,E先生の発言より,4人の年齢(ねんれい)にはない2つの数字の和は,45−40=5とわかる。また,10代の人と60代の人がいることから,1と6は4人の年齢にあるので,4人の年齢にはない2つの数字として考えられるのは(0,5)または(2,3)となる。よって,1,4,6,7,8,9は4人の年齢にあり,70代以上の人がいないことから,7,8,9は一の位にある。ここで,0が4人の年齢にあるとすると,4人の年齢の8つの数字は,0,1,4,5,6,7,8,9となり,0は十の位にはないから,一の位の4つの数字は0,7,8,9,十の位の4つの数字は1,4,5,6となる。ところが,この場合,Aさんが何歳であっても,Aさんの年齢の2つの数字をかけた数がほかの人と同じになることはない。したがって,0は4人の年齢にはないから,4人の年齢にはない2つの数字は0(…①)と5(…②)とわかる。さらに,Bさんの年齢の2つの数字をかけた数が奇数(きすう)だから,Bさんの年齢の2つの数字は1,3,7,9のいずれか2つとなる。また,その積が2桁(けた)だから,1はBさんの年齢にはなく,7と9は年齢の十の位にはないので,Bさんの年齢の十の位の数は3(…③)とわかる。

⑵ ⑴より,4人の年齢の8つの数字は1,2,3,4,6,7,8,9で,7,8,9は一の位にあり,Bさんの年齢は37歳か39歳である。また,G先生の発言から,4人の年齢の和の一の位が6であり,4人の年齢の一の位にある4つの数字のうち,3つの和は,7+8+9=24だから,残り1つの数字は2とわかる。よって,4人の年齢の十の位の数字は1,3,4,6,一の位の数字は2,7,8,9となる(このとき,十の位の数字の和は,1+3+4+6=14,一の位の数字の和は,24+2=26だから,4人の年齢の4つの数の合計は,14×10+26=166となり,条件に合う)。これより,年齢の2つの数字をかけた数が同じになる2人(Aさんともう1人)の年齢は,1×8=

8，4×2＝8より，18歳と42歳に決まり，その2人とBさん以外の人の年齢は67歳か69歳となる。このとき，年齢の2つの数字を足した数は，18歳の人が，1＋8＝9，42歳の人が，4＋2＝6，Bさんが，3＋7＝10か，3＋9＝12で，67歳か69歳の人が，6＋7＝13か，6＋9＝15だから，最も小さいのは42歳の人である。よって，Cさんの発言より，Cさんの年齢は42歳となり，Aさんの年齢は18歳とわかる。さらに，Dさんの発言より，年齢の2つの数字の差はDさんが一番小さく，Cさんの2つの数字の差は，4－2＝2(歳)だから，Dさんの2つの数字の差は1歳となる。したがって，Dさんの年齢は67歳に決まり，Bさんの年齢は39歳となる。

社　会 (30分) <満点：60点>

解答

1 **問1** 1 南極　2 ユーラシア　3 オーストラリア　4 太平洋　5 北アメリカ　6 南アメリカ　7 アフリカ　**問2** エ　**問3** 東シナ(海)　**問4** ウ　**問5** 1 オ　2 日本　3 平野　4 盆地　5 大阪平野　6 近江盆地

2 ① イ　② オ　③ カ　④ ア　⑤ エ　⑥ ウ

3 **問1** 1 松前　2 シャクシャイン　3 桶狭間　4 織田信長　5 陸奥宗光　6 竹崎季長　7 聖徳太子　**問2** 1972年　**問3** 日中平和友好条約　**問4** 足利義政　**問5** 石山本願寺　**問6** 遼東半島　**問7** 治外法権　**問8** てつはう　**問9** 冠位十二階　**問10** 稲荷山古墳　**問11** G，F，E，C，A，D，B

4 **問1** 裁判員制度　**問2** イ>ア＝エ>オ>ウ　**問3** 三審制　**問4** イ，ウ　**問5** (1) エ　(2) ル　**問6** 安全保障理事会　**問7** 三権分立　**問8** 助言(と)承認　**問9** ア，イ，オ　**問10** エ　**問11** パラリンピック　**問12** イ

解説

1 世界の自然や日本の国土についての問題

問1 1 世界の6大陸のうち，最も南に位置するのは南極大陸である。　2 日本に最も近いのはユーラシア大陸(アジアとヨーロッパの総称)で，日本はユーラシア大陸の北東端に位置する。　3 日本の真南にはオーストラリア大陸があり，1つの国で大陸全部を占(し)めている。　4 太平洋は大西洋，インド洋とともに三大洋に数えられる世界最大の海で，ユーラシア大陸と南北アメリカ大陸の間に広がっている。　5 カナダやアメリカ合衆国があるのは，北アメリカ大陸である。　6，7 赤道が通過するのは南アメリカ大陸とアフリカ大陸で，このうち南半球の面積が広いのは南アメリカ大陸である。また，インド洋と大西洋にはさまれているのはアフリカ大陸である。

問2 ニュージーランド(首都ウェリントン)は，オーストラリア大陸の南東に位置する島国である。国土は山がちで牧畜がさかん。なお，アの大韓民国，ウのトルコはアジア，イのエジプトはアフリカにある国で，いずれも北半球に位置する。

問3 日本と中華人民共和国との間には，東シナ海が広がっている。東シナ海には水深200mぐらいまでの大陸棚(だな)が発達し，海草がよく育ち，魚のえさとなるプランクトンが多いことから，好漁場となっている。

問4　日本列島は本州・北海道・九州・四国の「四大島」と7000近い島々で構成され，その国土面積は約37.8万km²である(北方領土と竹島をふくむ)。

問5　**1**　日本の国土は山がちで，国土の約4分の3を山地・丘陵(きゅうりょう)地が占める。　**2**　日本は国土がせまく，山がちの地形のため，川はいずれも短く流れが急である。　**3**，**4**　国土の約4分の1を占める平地のうち，海に面している平地を「平野」，山に囲まれている平地を「盆地」という。　**5**　淀(よど)川は滋賀県の琵琶湖を水源とし，京都府，大阪府を流れて大阪湾に注いでおり，下流域には大阪平野が広がる。　**6**　琵琶湖の南東部には，近江(おうみ)盆地が広がる。

2 **日本の食料の産地についての問題**

①　山梨県が第1位になっているので，果実のももと判断できる。ももの生産量は山梨県が全国の31.7%を占め，以下，福島・長野・和歌山の各県が続く。統計資料は『日本国勢図会』2017／18年版による(以下同じ)。　②　新潟県が第1位，北海道が第2位，秋田県が第3位ということから，米があてはまる。米づくりは東北地方や北陸・北海道など，東日本でさかんに行われている。

③　青森県が第1位，長野県が第2位なので，果実のりんごである。りんごの生産量は青森県が全国の57.9%を占め，第2位の長野県を合わせると全国の生産量の約8割を占める。以下，山形・岩手・福島の各県が続く。　④　長野県が第1位，群馬県が第3位なので，野菜のレタスである。長野県の野辺山原や群馬県の嬬恋(つまごい)村などでは，夏でもすずしい高原の気候を利用したレタスなどの野菜の抑制(よくせい)栽培がさかんである。　⑤　和歌山県が第1位，愛媛県が第2位，静岡県が第3位なので，果実のみかんがあてはまる。みかんの栽培には暖かい気候が適しているので，西南日本で多くつくられている。　⑥　北海道が第1位なので，野菜のだいこんである。だいこんの生産量は北海道が全国の12.4%を占め，以下，千葉・青森・鹿児島の各県が続く。

3 **各時代の歴史的なことがらについての問題**

問1　**1**，**2**　江戸時代，蝦夷(えぞ)地(北海道)には松前藩が置かれ，先住民のアイヌと独占的な交易を行っていた。しかし，アイヌの人々は松前藩から不当な交易を強(し)いられたため，アイヌの首長であるシャクシャインが1669年に反乱を起こした。長期戦になることを恐れた松前藩はシャクシャイン側に和議を申し入れ，講和の祝宴(しゅくえん)でシャクシャインらを謀殺(ぼうさつ)(計画的に人を殺すこと)して乱を平定し，その後，アイヌの支配を強化した。　**3**，**4**　織田信長は尾張(おわり)国(愛知県西部)の戦国大名で，1560年の桶狭間(おけはざま)の戦いで駿河(するが)国(静岡県)の今川義元を破って勢力を強め，天下統一事業に乗り出した。　**5**　陸奥宗光(むつむねみつ)は紀伊藩(和歌山県)出身の外交官で，明治政府に仕えて外務大臣となり，日清戦争(1894～95年)の直前には，イギリスと交渉して治外法権(領事裁判権)の撤廃(てっぱい)に成功した。

6　鎌倉時代，肥後(ひご)国(熊本県)の御家人竹崎季長(たけざきすえなが)は文永の役(1274年)と弘安の役(1281年)の2度にわたる元寇(げんこう)(元軍の襲来(しゅうらい))で活躍し，自らの戦いぶりを絵師に描(えが)かせて絵巻物にし，幕府に恩賞(おんしょう)(ほうび)を要求した。この絵巻物は，「蒙古襲来絵巻(もうこしゅうらいえまき)」とよばれる。　**7**　593年に聖徳太子はおばにあたる推古天皇の摂政(せっしょう)となり，朝廷で大きな権力を持っていた蘇我(そが)氏と協力しながら政治改革を進め，天皇中心の国づくりを目指した。

問2　1972年，田中角栄首相は中華人民共和国の北京(ペキン)を訪れて周恩来(しゅうおんらい)首相と会談し，日中共同声明に調印。これにより，日中間の国交が正常化した。

問3　1978年には，福田赳夫(たけお)内閣のもとで日中平和友好条約が結ばれたことをきっかけに，日中両国の文化・経済交流が深められた。

問４　1467年，室町幕府の第８代将軍足利義政の後つぎ問題に，有力守護大名の細川氏と山名氏の対立などがからんで応仁の乱が起こった。11年に及ぶこの戦いで，主戦場となった京都の大半は焼け野原になった。将軍の権威はおとろえ，下剋上（下の位の者が実力で上の位の者に打ち勝ち，権力を手にすること）の風潮が高まる中で多くの守護大名が滅ぼされ，新しく誕生した戦国大名がたがいに争う戦国時代に入っていった。

問５　石山本願寺は浄土真宗（一向宗）の総本山で，第11世顕如のときに織田信長と対立し，11年間にわたって戦った（石山戦争，1570～80年）。その結果，顕如は信長の講和条件を受け入れ，石山本願寺を立ち退いたが，のちに本願寺は焼失した。その跡地には，豊臣秀吉が大坂（大阪）城を築いた。

問６　1895年，日清戦争に勝利した日本は清（中国）との間で下関条約を結び，清から台湾・遼東半島などの領土や多額の賠償金を手に入れた。しかし，その直後，日本の大陸進出を警戒したロシアはドイツ・フランスを誘って遼東半島を清に返還するよう圧力をかけたため，これらの国々に対抗する力のない日本はやむなくこれを清に返還した（三国干渉）。

問７　問１の５の解説を参照のこと。なお，もう１つの不平等条約である関税自主権については，1911年，外務大臣の小村寿太郎の努力によって回復に成功している。

問８　モンゴル帝国の第５代皇帝で，元（中国）の初代皇帝となったフビライ＝ハンは，日本もその支配下に置こうと考え，文永の役と弘安の役の２度にわたり，大軍を送って北九州にせめてきた。日本軍は元軍の集団戦法や「てつはう」とよばれる火薬兵器に苦戦を強いられたが，御家人たちの奮戦や２度とも大暴風雨が発生して元軍の多くの船が沈んだこともあり，元軍を撃退することに成功した。

問９　603年，聖徳太子は有能な役人を集めるため冠位十二階の制を定め，これまでの官位の世襲制をやめて，個人の能力や実績に応じて位をあたえることとした。また，604年には，役人の守るべき心構えとして十七条の憲法を定めた。

問10　1968年，埼玉県行田市にある稲荷山古墳から「ワカタケル大王」の文字が刻まれた鉄剣が発見された。ワカタケル大王は５世紀末ごろに在位した雄略天皇のことと推定され，少なくともこのころまでにヤマト政権の支配が関東まで及んでいたことがわかった。

問11　Ａは江戸時代，Ｂは昭和時代，Ｃは安土・桃山時代，Ｄは明治時代，Ｅは鎌倉時代，Ｆは飛鳥時代，Ｇは古墳時代のことである。よって，時代の古い順に，Ｇ→Ｆ→Ｅ→Ｃ→Ａ→Ｄ→Ｂとなる。

４　司法権や日本国憲法についての問題

問１　裁判に一般国民が参加することで裁判に国民の意思を反映させ，司法に対する国民の理解を深めることを目的として，2009年に裁判員制度が導入された。その対象は重大な刑事事件についての第１審（地方裁判所）で，20歳以上の有権者の中から抽選（クジ）で選ばれた裁判員６人が３人の裁判官と合議制で裁判を行い，有罪か無罪かの判断はもとより，有罪の場合の量刑についても判断する。

問２　日本の裁判所は，唯一の上級裁判所である最高裁判所と，高等・地方・家庭・簡易の４つの下級裁判所からなる。高等裁判所は全国に８か所，地方裁判所と家庭裁判所は全国に50か所，簡易裁判所は全国に438か所ある。家庭裁判所は地方裁判所と同じ場所に同じ数だけ置かれ，おもに少年犯罪や家庭内の訴訟をあつかう。よって，数が多い順に「イ＞ア＝エ＞オ＞ウ」となる。

問3　裁判を慎重に行って裁判の誤りや法の適用の誤りをなくし，国民の権利と自由を守るため，同一事件については3回まで裁判が受けられる。これを「三審制」という。

問4　内閣は行政上の一般事務を行うほか，外国と条約を結ぶ，予算を作成して国会に提出するといった仕事を行う。よって，イ，ウの2つがあてはまる。なお，アの内閣総理大臣を指名するのは国会，エの国会を召集するのは天皇(国会の召集を決めるのは内閣)，オの最高裁判所長官を任命するのは天皇の国事行為(最高裁判所長官を指名するのは内閣)。

問5　(1)，(2)　日本と大韓民国(韓国)とは，日本海南西部にある竹島(島根県)の領有権をめぐって対立している。大韓民国では竹島を「独島」とよび，1952年以降，警備隊を常駐させて実効支配している。なお，アの対馬は長崎県に属する島。イの尖閣諸島は沖縄県に属する島であるが，中華人民共和国が領有権を主張している。ウの歯舞群島とオの択捉島は国後島・色丹島とともにわが国固有の領土(北方領土)で北海道に属しているが，1945年にソ連によって軍事占領され，その後は現在までロシア連邦が占拠している。

問6　安全保障理事会は世界の平和と安全を守る国際連合の中心機関で，アメリカ合衆国・ロシア連邦・イギリス・フランス・中華人民共和国の常任理事国5か国と，総会で選出される任期2年の非常任理事国10か国の合計15か国で構成される。重要問題については5つの常任理事国をふくむ9か国以上の賛成が必要で，常任理事国には1か国でも反対すれば議決が成立しない「拒否権」が認められている。

問7　国会・内閣・裁判所がそれぞれ立法・行政・司法の役割を分担し，たがいに行き過ぎのないよう監視し合うしくみを三権分立という。18世紀にフランスの政治思想家モンテスキューが，その著書『法の精神』の中で初めて主張した考え方である。

問8　天皇は日本国と日本国民統合の象徴とされ，一切の政治権力を持たず，内閣の助言と承認によりごく限られた国事に関する行為(国事行為)を行う。

問9　日本国憲法には，国民の権利として，信教の自由や居住・移転・職業選択の自由，教育を受ける権利などが保障されている。よって，ア，イ，オの3つがあてはまる。なお，ウの知る権利(情報の公開を求める権利)とエの環境権については，憲法に明確な規定はないが，プライバシーの権利などとともに新しい人権として，近年主張されるようになった。

問10　2017年7月，国際連合の総会において，核兵器禁止条約が賛成多数で採択された。この条約は核兵器の全面廃止と根絶を目的とするもので，核兵器の使用はもとより，製造や実験，威嚇(おどすこと)することなども禁止している。これには核兵器を保有するすべての国が参加せず，唯一の戦争被爆国でありながら，アメリカの核の傘の下にある日本は交渉にすら参加しなかった。なお，アの核兵器不拡散条約(NPT)は1968年に調印。イの包括的核実験禁止条約(CTBT)は，1996年に国際連合の総会で採択された。ウのINF(中距離核戦力)全廃条約は，1987年にアメリカとソビエト連邦の間で調印された。オの戦略兵器削減条約は，1991年以降，アメリカとロシアの間で交渉が進んでいる。

問11　4年に1回，オリンピック競技大会が開かれた後，同じ年，同じ場所で障がい者のための祭典である「パラリンピック」が開かれている。

問12　NGO(非政府組織)は，国境を越えて活動する民間組織で，医療活動を行う国境なき医師団，人権擁護活動を行うアムネスティ・インターナショナルなどが知られる。なお，アのODAは政府開発援助，ウのUNは国際連合，エのJICAは国際協力機構，オのPKOは国連平和維持活動の略称。

理　科 (30分) ＜満点：60点＞

解　答

1 問1　C，D　問2　A，C　問3　水素　問4　B，E　問5　ウ　問6　カ　問7　ウ　2 問1　イ，ウ　問2　オ　問3　50000km³／年　問4　イ　問5　エ　問6　ウ　3 問1　ア　問2　イ，ウ　問3　②　カ　③　オ　i　ア　問4　ア，ウ　問5　イ　4 問1　ウ　問2　キ　問3　イ　問4　ウ　問5　ウ　問6　オ

解　説

1 水よう液の性質についての問題

問1　BTB液を水よう液に加えたとき，酸性の水よう液では黄色，中性の水よう液では緑色，アルカリ性の水よう液では青色になる。よって，実験の結果より，水よう液Aと水よう液Eはアルカリ性，水よう液Bは中性，水よう液Cと水よう液Dは酸性とわかる。

問2　5種類の水よう液のうち，においがするのは塩酸とアンモニア水である。鉄を入れたとき，塩酸の場合はさかんに気体が発生するが，他の4種類の水よう液はそのようにならないので，塩酸は水よう液Cとわかる。次に，アルミニウムを入れるとさかんに気体が発生するのは塩酸と水酸化ナトリウム水よう液だから，水よう液Eは水酸化ナトリウム水よう液と決まる。そして，5種類の水よう液のうちアルカリ性なのはアンモニア水と水酸化ナトリウム水よう液であるから，アンモニア水は水よう液Aとなる。

問3　水よう液Cの塩酸に鉄を入れると，さかんに水素が発生する。水素は非常に燃えやすい気体で，火を近づけると音を立てて燃える。

問4　加熱して水を蒸発させると固体が残るのは，固体がとけた水よう液である。ここでは，砂糖水と水よう液Eの水酸化ナトリウム水よう液があてはまる。砂糖水は中性の水よう液なので水よう液Bである。

問5　水よう液Eの水酸化ナトリウム水よう液に水よう液Cの塩酸を加えると，中和反応が起こって食塩と水ができる。そして，BTB液が中性の緑色になったとき，水酸化ナトリウム水よう液と塩酸がちょうど中和して，中性の食塩水となっている。食塩水を加熱すると，とけている食塩の白い固体があとに残る。

問6　純粋(じゅんすい)な水は中性なので，同じ中性の砂糖水(水よう液B)とここでは同じ結果となる。

問7　問2と問4で述べたように，水よう液Aはアンモニア水，水よう液Bは砂糖水，水よう液Cは塩酸，水よう液Eは水酸化ナトリウム水よう液であるから，残る水よう液Dは炭酸水となる。

2 地球環境(かんきょう)と水についての問題

問1，問2　生活に利用できるのは，河川や湖沼(こしょう)の水，地下水などのうちの一部であるが，地球上にあるすべての水のうち，約97％は海にあり，約2％は南極大陸や北極圏などの陸上に氷や雪

(氷河など)として存在する。そのため，生活に利用できる水は，地球上にある水全体の体積の１％にも満たない。

問３　地球上を循環(じゅんかん)する水全体の量は増減しないので，海や陸から蒸発する水の量と，海や陸に雨や雪となって降る水の量は等しいといえる。よって，図より，A＋450000＝100000＋400000となるから，A＝100000＋400000－450000＝50000(km^3／年)と求められる。

問４　問３より，陸で蒸発する量は50000km^3／年で，海で蒸発する量は450000km^3／年だから，海の方が多い。

問５　水力発電は，水を高いところから流れ落とし，その力でタービンを回すことで発電するしくみになっている。よって，せまい範囲(はんい)で標高差が大きいところが設置場所に適しており，そのため一般に水力発電所は川の上流に造られる(水力発電用のダムも同様)。

問６　工夫もしないでふつうに水を放出すると，水が落ちたところの川底がはげしくけずられて地形が変化してしまい，ダムを支える周囲の地ばんに悪影響(えいきょう)をおよぼすおそれがある。それを防ぐため，ダムによっては水を霧状(きりじょう)にして放出し，川底がけずられにくくなるようにしている。

3　光の色，電気回路についての問題

問１　Ａの位置にロケットを置くと，赤色の光がさえぎられるので，スクリーンにうつる影(かげ)の部分には緑色の光だけがあたる。つまり，影は緑色となる。

問２　一方の影は，赤色の光がさえぎられたことによってできたもので，そこには青色の光だけがあたる。また，もう一方の影は，青色の光がさえぎられたことによってでき，そこには赤色の光だけがあたる。したがって，青色の影と赤色の影ができる。

問３　緑色の光がさえぎられたことによってできた影はⅱと③の部分，赤色の光がさえぎられたことによってできた影はⅰと②とⅱの部分，青色の光がさえぎられたことによってできた影は①とⅰの部分である。よって，それぞれの部分にあたる光の色と，それにともなってできる影の色は右の表のようになる。

部分	緑色	赤色	青色	影の色
①	○	○	×	黄色
ⅰ	○	×	×	緑色
②	○	×	○	水色
ⅱ	×	×	○	青色
③	×	○	○	赤紫色

○…その色の光があたっている
×…その色の光があたっていない

問４　かん電池のａとｂのつなぎを逆にするか，モーターのｅとｆのつなぎを逆にすると，モーターに流れる電流の向きが逆になるので，プロペラが逆回転する(反時計まわりに回転する)。ただし，この両方を同時に行うと，モーターに流れる電流の向きが逆にならなくなるので，プロペラは時計まわりのままとなる。導線を入れかえたりスイッチのつなぎを逆にしたりしても，回路(モーター)に流れる電流の向きは変わらない。

問５　アとウでは，上にレバーをたおしても，下にレバーをたおしても，プロペラは時計まわりに回転する。イでは，上にレバーをたおしたときはプロペラが時計まわりに回転し，下にレバーをたおしたときはプロペラが反時計まわりに回転する。エでは，スイッチをたおす前からショート回路となっており，スイッチをどちらにたおしてもプロペラは回転しない。

4　生物どうしのつながりについての問題

問１　食物連鎖(れんさ)において，食べる側の生物と食べられる側の生物の総量がつり合っている場合にはふつう，食べられる側の生物の総量が食べる側の生物の総量よりも多い。したがって，植物の集団の総量はニホンジカの集団の総量よりも多く，ニホンジカの集団の総量はニホンオオカミの集団の総量よりも多い。

問2　ニホンジカの集団が大量に減った場合，ニホンジカに食べられる植物の量が減るので，植物の集団の総量は増えることになる。一方，ニホンジカを食べるニホンオオカミにとってはえさが減ることになるので，ニホンオオカミの集団の総量は減ってしまう。

問3　ニホンオオカミが絶滅(ぜつめつ)してしまった理由として，犬ジステンパーや狂(きょう)犬病などの病気が流行したことのほか，毛皮などを目的に乱獲(らんかく)されたこと，有害な動物として駆除(くじょ)されたこと，開発によって生息地が分断されたりせまくなったりしたこと，えさとなるシカやイノシシなどが減ったことなどがあげられる。イについて，ニホンジカが明治時代から昭和時代初期までの間に乱獲され，数を大きく減らしたのは確かだが，それと日本人の肉食が盛んになったこととは関係がうすい。ニホンジカもニホンオオカミなどと同様に毛皮などを目的に乱獲された。

問4　ニホンオオカミが絶滅してしまったことにより，それに食べられていたニホンジカは，食べられなくなった分，総量が増えた。すると，ニホンジカが食べる植物の量が増大したので，植物の総量は減ってしまった。

問5　その生物が生活や活動する時間は，季節や天候などによって変化することもあるが，長い期間で見るとおよそ一定なので，その生物の集団の総量の変化にはほとんど関係がない。

問6　食物や生活場所などが同じ他の生物が他の場所へ移住するときは，食物がなくなったり環境などが変わったりして，その場所では生存していけなくなったときである。このような場所に，食物や生活場所などが同じ，外国から入りこんだ生物は生存することはできず，定着できない。

国　語　(45分) <満点：90点>

解　答

□一 **問1**　下記を参照のこと。　**問2**　下に見たり追い出そうとしたりする(態度)　**問3**　目　**問4**　(例)　グローバル化が進み，世界的に国や大陸を超えて人の移動が活発になっているうえ，日本では少子化が進み，将来働き手が不足することが考えられるため，外国からの労働力を多く迎え入れなければならなくなるから。　**問5**　とても気になったり傷ついたりする　**問6**　イ　□二 **問1**　①，②，④　下記を参照のこと。　③　みずけ　**問2**　ウ　**問3**　エ　**問4**　イ　**問5**　エ　**問6**　(例)　足の傷あとのせいでいじめられて不登校になったり，その問題をめぐって両親が別居するようになったりしたことから生まれた，リサの，人を信じられないという思いや孤独な気持ち。　**問7**　**6**　ハーブティー　**7**　ミヒロ

●漢字の書き取り

□一 問1　①　包帯　②　停　③　予測　④　確実　□二 問1　①　語気　②　模様　④　酸味

解　説

□一 **出典は香山(かやま)リカの『「いじめ」や「差別」をなくすためにできること』による。**いじめや差別が許されない理由をくわしく説明している。

問1　①　傷やできものをおおうための細長い布。　②　とまること。「バス停」はバスの停留所。　③　前もっておし量ること。　④　確かで間違(まちが)いのないこと。

問2　「これ」は直接には前の，「私たち」には「自分と違う人」を見下したり，排除したりする性質が備わっているという内容を指している。つまり，「自分と違う人」を「下に見たり追い出そうとしたりする」態度が「いじめや差別につなが」るのだと筆者は指摘している。

問3　「目をつける」は，“特に気をつけて見る”という意味。いじめや差別を他人事のように思っている人も，どこかに行ったときなどに，「この人は，自分たちと違うぞ」と「目をつけられ」て，いじめや差別を受けることになるかもしれないというのである。

問4　本文の中ほどで，ぼう線3の理由が述べられている。「グローバル化」によって，「世界ではいま～人が移動して」いるうえ，「少子化」問題を抱えた日本では，将来，外国からの働き手を多く迎え入れなければならなくなることが予想されるため，「長い目」で見ると「〝同じ人〟たちだけでやって行くこと」はできないのだと言っている。

問5　筆者が大学で教えていた「学生」の話から読み取る。学生は「高校時代，サッカー部の練習で骨折してしまい～松葉づえをつきながら学校に通ったことがあった」が，周囲からあわれみや迷惑そうな「特別な目」を向けられ，「いちいち気になってしま」ったと語っている。この話を受けて筆者は，「私たちが『違う人』をどこか特別な目で見」たり，「面倒だな，迷惑だな」と思ったりすることは，そうされる側にとっては「とても気になったり傷ついたりする」ことだと述べている。

問6　筆者は，いじめや差別をやめなければならない理由について，「自分がいつ〝違う人〟とみなされて特別な目で見られるか分からない」ことと「〝違う人〟といっしょに生きる共生社会を目指すしか日本も世界の国も生き残れない」ことの二点に分けて説明しているので，イがふさわしい。

二　**出典は朝比奈蓉子の『わたしの苦手なあの子』による。**リサはいじめから人を信じられなくなっていたが，ミヒロのまっすぐな思いにふれて少しずつ心を開いていく。

問1　①　話す言葉の勢い。　②　織物や工芸品などにえがかれた柄。　③　ものにふくまれている水分。　④　すっぱい味。

問2　家からでていったリサに，ミヒロが追いついた場面に注目する。リサが「不機嫌そうに，だまりこんでしまった」理由について，ミヒロは「わたしが，本間さんのお父さんや家族のことを，言ったりきいたりしたから？」と問いかけている。本文の中ほどからわかるように，リサはいじめによる不登校をめぐって両親が言い争い，父親が家をでていってしまったというつらい事情をかかえていた。つまり，ミヒロはリサと親しくなりたくて，彼女に家族のことなどを聞いたが，リサは家庭のことなど話したくなかったのだから，ウが選べる。

問3　続く部分で，だまってミヒロの家をでていったリサに対し，ミヒロは「自分勝手すぎるよ！」「人の気持ち，考えたら！」と声をあららげている。一方で，「仲良くなろうと思ったら，相手のこと知りたくなる」とも言っている。リサの身勝手なふるまいには怒りを感じているものの，リサと仲良くなりたい気持ちもあることがわかるので，エがふさわしい。

問4　足の傷あとが原因でいじめにあい，人を信じられなくなっていたリサにとって，「仲良くなりたい」というミヒロの言葉は「思ってもみなかった」ものだったので，リサは「驚きととまどい」から「だまって」しまったのだと考えられる。

問5　「肩をすくめる」は，肩を縮ませるしぐさで，あきれた気持ちや落胆した気持ちを表す。

問6　リサがかかえている心の問題を具体的にまとめる。問2や問4で見たように，リサは足の傷あとを原因としたいじめから人を信じられなくなり，不登校になってしまった。また，その問題をめぐって両親が別居するという事情をかかえている。これらをふまえ，「足の傷あとのせいでいじめられて不登校になったり，それをめぐって両親が別居するようになったりしたことで生まれた，リサの，人を信じられないという思いや孤独(こどく)な気持ち」のように書くとよい。

問7　【Ⅱ】は，リサの視点からえがかれた場面であることをおさえる。　**6**　ミヒロはリサの「心の傷」をなおそうとして「ハーブティー」を用意してくれている。よって，傷をいやすようにリサの「胸にじんわりとしみこんでいった」ものは「ハーブティー」だとわかる。　**7**　直前の「三人の笑い声」とは，「わたし(リサ)」と「ミヒロ」，そして，ハーブティーの香(かお)りにさそわれてやってきた「吉岡(よしおか)くん」の三人を指す。つまり，ハーブティーのほかに「ミヒロの笑顔(えがお)」と「吉岡くんの笑い声」もわたしの心の傷をいやしてくれていることがわかる。

Dr.福井の 入試に勝つ！ 脳とからだのウルトラ科学

入試当日の朝食で，脳力をアップ！

朝食を食べない学生は，朝食をきちんと食べる学生に比べて成績が悪かった――という研究発表がある。まあ，ちょっと考えればわかると思うけど，朝食を食べないということは，車にガソリンを入れないで走らせようとするようなものだ。体がガス欠になった状態では，頭が十分に働くわけがない。入試当日の朝食はちゃんと食べよう！　朝食を食べた効果があらわれるように，試験開始の２時間以上前に食べるようにするとよい。

では，入試当日の朝食にふさわしいものは何か？

まず，脳の直接のエネルギー源はブドウ糖だけであるから，それを補給するためのご飯やパン，これは絶対に必要だ。また，砂糖や果物の糖分は吸収されやすく，効果が速くあらわれやすいので，パンにジャムをぬったり果物を食べたりするのもよいだろう。

次に，タンパク質。これは脳の温度を上げる作用がある。温度が低いままでは十分に働かないからね。タンパク質を多くふくむのは肉や魚，牛乳，卵，大豆などだが，ここでは大豆でできたとうふのみそ汁や納豆をオススメする。そして，記憶力がアップするDHAを多くふくんでいる青魚，つまりサバやイワシなども食べておきたい。

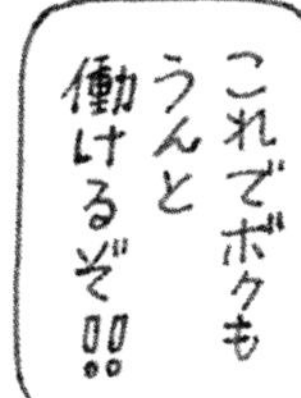

生野菜も忘れてはならない。その中にふくまれるビタミンBは，ブドウ糖を脳に吸収しやすくする働きを持つので，結果的に脳力アップにつながるんだ。

コーヒーや紅茶，緑茶は，カフェインという成分の作用で目覚めをうながすが，トイレが近くなってしまうので，飲みすぎに注意！　試験当日はひかえたほうがよいだろう。眠気を覚ましたいときはガムをかむといい。脳が刺激(しげき)されて活性化し，目が覚めるんだ。

Dr.福井(福井一成(ふくいかずしげ))…医学博士。開成中・高から東大・文Ⅱに入学後，再受験して翌年東大・理Ⅲに合格。同大医学部卒。さまざまな勉強法や脳科学に関する著書多数。

平成29年度　立教女学院中学校

〔電　話〕 (03) 3334－5103
〔所在地〕 〒168-8616　東京都杉並区久我山4－29－60
〔交　通〕 京王井の頭線―「三鷹台駅」より徒歩2分
JR中央線―「西荻窪駅」よりバス

【算　数】 (45分) 〈満点：90点〉

1 次の(1)～(3)は□，(4)～(8)は ① ， ② ， ③ にあてはまる数を求めなさい。

(1) $\left(0.25\times\frac{3}{4}\div1\frac{1}{3}+0.125\div2\times1\frac{1}{4}-\frac{1}{32}\right)\div\left\{1\frac{1}{8}-\left(\frac{1}{2}+0.25\right)\right\}=$□

(2) $0.28+2.96+29.94+299.92+2999.9=$□

(3) $\frac{1}{24}+\frac{1}{40}+\frac{1}{45}+\frac{1}{72}+\frac{1}{120}=$□

(4) Aさんの身長はBさんの身長より2cm高く，Cさんの身長はAさんの身長より7cm低く，Aさん，Bさん，Cさんの3人の身長の平均は，152cmでした。このとき，Aさんの身長は ① cm，Bさんの身長は ② cm，Cさんの身長は ③ cmです。

(5) Aさんだけですると18時間，Bさんだけですると12時間かかる仕事があります。2人で仕事をすると， ① 時間 ② 分で終わります。Aさんだけが ③ 時間休んだとすると，10時間かかります。

(6) 1本32円の鉛筆と1本73円の色鉛筆と1本108円のボールペンがあります。色鉛筆を何本かと鉛筆とボールペンを同じ本数で3種類買い，合計の金額は1217円でした。このとき，鉛筆とボールペンは ① 本ずつ，色鉛筆は ② 本で，あわせて ③ 本買いました。

(7) 縦6cm，横10cm，高さ18cmの直方体があり，この直方体を同じ向きに，すき間なくいくつか並べて，できるだけ小さい立方体を作ります。できあがった立方体の1辺の長さは ① cmです。このとき，必要な直方体の個数は ② 個です。また，直方体が85000個あり，使わない直方体があってもよいことにするとき，作ることのできる最も大きな立方体の1辺の長さは ③ cmです。

(8) 一定の速さで進む電車が時速144kmでトンネルを通過したとき，電車全体がトンネルにかくれていたのは30秒間でした。このとき，電車はトンネルの中を30秒間で ① m進みました。また，鉄橋を渡り始めてから渡り終わるまでに20秒間かかりました。トンネルの長さは，鉄橋の長さの3倍だったとき，鉄橋の長さは ② m，電車の長さは ③ mです。

2 次の問いに答えなさい。

(1) $\frac{1}{13}$ を小数で表したときの小数について考えます。

① 小数第2017位の数字を求めなさい。

② 小数第1位の数字から小数第2017位までの2017個の数字を合計した和を求めなさい。

(2) 2種類の記号○と▲は1から9までの整数の1つで，異なる数を表し，▲▲は一の位と十の位が同じ数字である2けたの数を表しています。

「2017＝○×○＋▲▲×▲▲」となる○と▲を求めなさい。

3　３種類の箱Ａ，Ｂ，Ｃがあり，この中にはアメ玉がいくつか入っています。

以下の問題文では，３つの箱から同時に，箱Ａのアメ玉の半分を箱Ｂへ，箱Ｂのアメ玉の半分を箱Ｃへ，箱Ｃのアメ玉の半分を箱Ａへ移すことを，「シャッフル」と呼ぶことにします。このとき，次の問いに答えなさい。

(1) 箱Ａに56個，箱Ｂに80個，箱Ｃに64個のアメ玉が入っています。

２回シャッフルした後の箱Ａ，Ｂ，Ｃに入っているアメ玉の個数はそれぞれ何個ですか。

(2) １回シャッフルした後，箱Ａに240個，箱Ｂに264個，箱Ｃに208個のアメ玉が入っていました。シャッフルする前の箱Ａ，Ｂ，Ｃに入っていたアメ玉の個数はそれぞれ何個ですか。

(3) 箱Ａ，Ｂ，Ｃにあわせて1024個のアメ玉が入っています。２回シャッフルをしたところ，箱Ａのアメ玉の個数は324個になり，箱Ｂと箱Ｃの中に入っているアメ玉の個数は等しくなりました。２回シャッフルする前，箱Ａと箱Ｃではどちらの箱が何個アメ玉が多かったですか。

4　ある中学校の室内プールは，縦 25ｍ，横 12ｍ です。また，プールの床は平行に上下して動き，水の深さを 140cm から０cm まで変えることができます。

以下の問題文では，ある床の高さのときに水をいっぱいにいれたときの水の量を「満水」といい，満水のときの水の深さを「水深」と呼ぶことにします。

このとき，次の問いに答えなさい。

(1) ある水深のとき，Ａさんと B 先生がプールに一緒に入っていました。このとき，Ａさんは身長の $\frac{6}{7}$ まで水につかり，Ｂ先生は身長の $\frac{3}{4}$ まで水につかっていました。Ｂ先生の身長がＡさんより 22cm 高かったとき，水深は何 cm でしたか。

(2) 水深が 120cm のとき，水の量は何万Ｌですか。

(3) 毎分 1000Ｌ の水を注いだとき，水面が１cm 上がるには何分かかりますか。

(4) 床は水の量に関係なく，一定の速さで上下して，最も深い 140cm から深さ０cm まで変えるには８分間かかります。プールの床を上げたとき，水深は１分間で何 cm 浅くなりますか。

(5) ある日の18時に，水深 140cm のときの空のプールに，毎分 1000Ｌ の水を注ぎ，同時に，プールの床を一定の速さで１分30秒間だけ上げます。水はその後も注ぎ続けています。

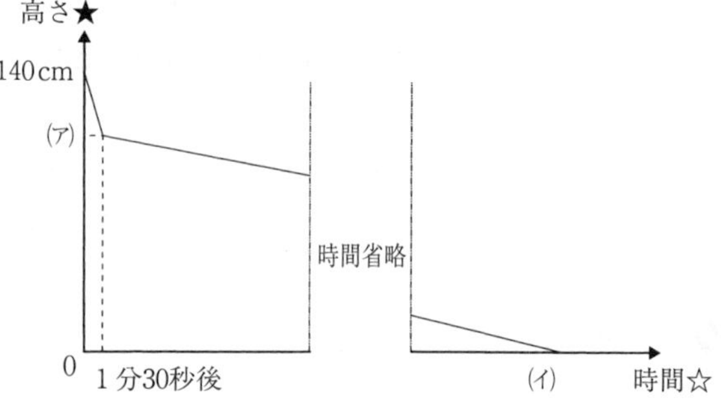

右のグラフは，★ある時刻の水面から満水のときの水面までの高さと☆18時からの時間の関係について，途中（とちゅう）の時間を一部省略して表したグラフです。

① グラフの18時１分30秒のときの高さ(ア)は何 cm 何 mm ですか。

② グラフの満水になる時間(イ)は何時間何分何秒後ですか。

【社　会】（30分）〈満点：60点〉

1　日本列島は海に囲まれて多くの島々からなっています。日本の領土の東西南北の端(はし)も島です。周囲が海であるため水産業がさかんで，昔から海産物をよく食べてきました。日本の気候も海の影響(えいきょう)を受けており，海によって生み出された独特の風景も見ることができます。海の存在は日本の産業や生活にも影響を与えてきました。

問1　日本列島はいくつの島々からなりますか。次の中から選び，記号で答えなさい。

ア．約3000

イ．約5000

ウ．約7000

エ．約9000

問2　日本の水産業について書いてある次の文章のうち，まちがっているものを1つ選び，記号で答えなさい。

ア．日本の近海ばかりでなく，世界各地の海に進出して漁業を行っている。

イ．リアス式海岸があり，その地形を利用した良い漁港が多い。

ウ．漁業で働く人々が増加して，後継(こうけい)者も育っている。

エ．日本近海を流れる海流のために，獲(と)れる魚の種類が多い。

問3　最近は獲(と)る漁業ばかりでなく，卵から稚魚(ちぎょ)になるまで人間が育てて海へ放(はな)す漁業も行っています。この漁業を何といいますか。次の中から選び，記号で答えなさい。

ア．栽培(さいばい)漁業

イ．育成漁業

ウ．養殖(ようしょく)

エ．放流漁業

問4　日本の東西南北の4つの端の島々のうち，同じ都道府県に所属するものがあります。その都道府県はどこですか。次の中から選び，記号で答えなさい。

ア．沖縄県

イ．鹿児島県

ウ．北海道

エ．東京都

問5　日本の冬に数mも大雪が積もり，世界的に豪雪(ごうせつ)地帯として有名な地域があります。海の影響のために大雪が降ります。大雪を降らすのに影響している海を次の中から選び，記号で答えなさい。

ア．オホーツク海

イ．日本海

ウ．太平洋

エ．瀬戸内海

問6　日本の南の方の海岸には，満潮(まんちょう)の時に根が海水に沈む植物が生えているところがあります。その植物は何ですか。次の中から選び，記号で答えなさい。

ア．ヤシ

イ．マングローブ

ウ．サンゴ

エ．ソテツ

問７　日本は周囲が海であるために降水量が多いです。しかし，日本の中には農業用水が不足して，雨水をためる池をたくさん作っている地域もあります。そのような池がたくさんある県はどこですか。次の中から選び，記号で答えなさい。また，その位置を地図から選び，番号で答えなさい。

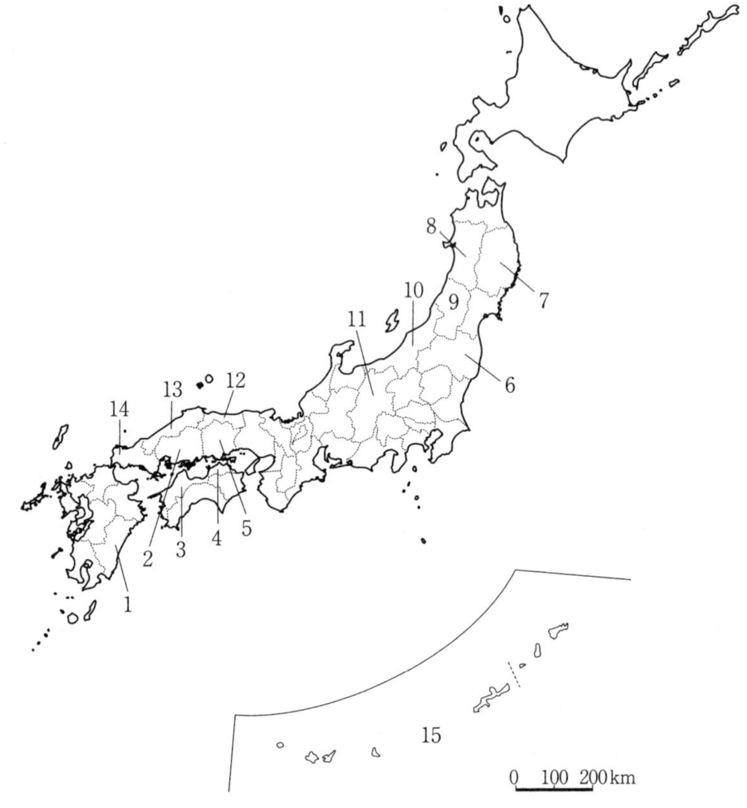

ア．沖縄県

イ．長野県

ウ．山口県

エ．香川県

問８　日本の沿岸には海の影響で砂丘ができる地域があります。日本最大の砂丘がある県はどこですか。次の中から選び，記号で答えなさい。また，その位置を地図から選び，番号で答えなさい。

ア．秋田県

イ．新潟県

ウ．鳥取県

エ．島根県

問９　次の文章は日本の島を説明したものです。それぞれの文章に当てはまる島の名前を漢字で書きなさい。

ア．小笠原諸島の中にある火山島で，2013年にも噴火(ふんか)して溶岩(よう)が流れて陸地が形成された。

イ．島の名前は日本の周囲を流れる海流と同じである。大陸に近く「国境の島」とも言われている。

ウ．温暖(おんだん)な気候で大都市に近いので，野菜栽培がさかんで，玉ねぎが特産物である。1995年にこの地域で起こった大地震(じしん)の震源地にとても近い。

2 昨年は，女性が初めて選挙権を行使した1946年の総選挙で，女性議員が誕生してから70年目の年でした。そこで，歴史の中での女性について改めて勉強してみましょう。

A 紫式部の『源氏物語』や，清少納言の『枕草子』など，宮中に仕えた女性によって数多くの①仮名文学の作品が生み出された。しかし，ほとんどの女性の本名は歴史に残されていない。清少納言にしても，宮廷では清原元輔の娘であることから「清原」の一字を取って呼ばれたもので，これほど有名な女性でさえも本名は不明である。

B ②戦争が激しくなる中で，男性は兵士として動員され，労働力不足が深刻となった。学生や未婚の女性は兵器工場などで働き，農村では女性が農業を支えるようになった。アメリカ軍が上陸した沖縄では，女子学生は(③)部隊のように，負傷兵の看護にあたった。男子学生は鉄血勤皇隊のように，軍のために陣地をつくったり，指令を伝えたり，戦闘に参加したりした。

C ④律令制度の下では戸籍がつくられ，これにもとづいて人々に口分田が与えられ，労役や兵役が課された。これらの負担は非常に重く，逃亡する農民も多かった。特に男性にとって過酷だったため，負担を減らすために性別をいつわっている例が各地で見られ，女性が90％近い戸籍も発見されている。

D 「幼い時には父に従い，嫁に行ったら夫に従い，夫が死んだら子に従う」のが女の道とされ，家を絶やさないことを重視し，子どもを産めない嫁は離縁されることもあった。なお，町人や百姓の子どもたちが読み書き・そろばんを学んだ(⑤)は，男女共学だが，女子の人数の方がずっと少なかった。女子に学問は必要ないと考えられたからである。

E 北条政子は，源頼朝の妻で，頼朝の死後には将軍の後ろ盾となって「尼将軍」と呼ばれた。(⑥)の乱に際しては，御家人に幕府の結束を呼びかけた。この時代の武家の女性の地位は高く，結婚しても生家の姓を名乗り，親の領地を受け継いだ。夫婦の財産は別のものと考えられていたため，夫は勝手にそれを処分することができなかった。

F 倭では，もとは男性が王であったが，国々の間で争いが続いたため，王たちが相談して１人の女性を王にした。それが(⑦)である。(⑦)には，まじないをする力があり，弟の助けを受けて政治を行った。(⑦)は中国の魏という王朝に使節を送り，「親魏倭王」の称号と金印，銅鏡100枚などを授けられた。

G 戦国時代，大名同士が政治的な目的から娘などを結婚させることが多かった。⑧織田信長の妹の市は，はじめ浅井長政に嫁いだが，浅井家が兄によって滅ぼされた後，３人の娘を連れて柴田勝家と再婚した。そして，柴田家滅亡の際には娘たちを逃し，夫とともに自害した。後に長女の茶々は⑨豊臣秀吉の妻に，三女である江は⑩徳川家康の子の秀忠の妻となり，家光を産んだ。

H 推古天皇は，おいの⑪聖徳太子を摂政という役職につけた。聖徳太子は，蘇我氏と協力しながら天皇中心の国家をつくりあげようとした。冠位十二階を定め，家柄にとらわれずに才能のある人を取り立てようとした。十七条の憲法を定め，役人の心得とした。また，中国に使節を派遣し，留学生や僧も同行させて，すぐれた文化を学ばせた。

I 政府は，義務教育の制度をつくり，国民に⑫教育を受けさせようとした。自由民権運動の中で男女平等の考えも生まれ，運動に加わる女性も出てきた。やがて男子普通選挙が認められたが，⑬女性の政治参加は許されなかった。庶民の女の子は，住み込みの奉公人や女工となって生活した。中には，教師や看護師，やがてバスの車掌や電話交換手，タイピストなど新しい職業につく人もあらわれた。

J　1945年に女性にも参政権が認められ，女性が初めて選挙権を行使した1946年の総選挙では39名の女性の衆議院議員が生まれた。それから70年たっても女性議員の割合は低く，2016年8月現在，女性の衆議院議員は44名である。女性の社会進出が進んだとは言われているが，⑭様々な問題が残されている。

問1　A～Jの各文章を，時代の古い順に並べかえ，解答らんにあてはまるように答えなさい。

問2　下線部①について，男性は漢字を用いるのが普通だったこの時代に，女性のふりをして，日本で最初の仮名日記である『土佐日記』を書いた人物は誰（だれ）ですか，漢字で答えなさい。

問3　下線部②について，次のア～エのできごとを起きた順に並べなさい。

ア．長崎原爆投下

イ．アメリカ軍の沖縄島上陸

ウ．東京大空襲

エ．広島原爆投下

問4　(③)にあてはまる言葉をひらがな4文字で答えなさい。

問5　下線部④の説明として，正しくないものを1つ選び，記号で答えなさい。

ア．6才以上になると，身分や男女ごとに決められた広さの口分田が与えられた。女性に与えられたのは，男性の3分の2の広さであった。

イ．稲の収穫高（しゅうかくだか）のおよそ3％を納める租は，男女ともに課された。大部分は各国の倉に蓄（たくわ）えられ，地方政治の財源にあてられた。

ウ．成人男性には，特産物を納める調，都での労役のかわりに布を納める庸も課された。都へ自力で運ばねばならず，途中で飢（う）えてしまう者も多かった。

エ．成人男性には，防人と呼ばれる地方での年60日以内の労役や，九州を守る雑徭などの兵役も課されていた。

問6　(⑤)にあてはまる言葉を漢字で答えなさい。

問7　(⑥)にあてはまる言葉を漢字で答えなさい。

問8　(⑦)にあてはまる言葉を漢字で答えなさい。

問9　下線部⑧⑨⑩について，(1)織田信長　(2)豊臣秀吉　(3)徳川家康　の説明を，次の中からそれぞれ1つ選び，記号で答えなさい。

ア．大阪夏の陣で豊臣氏を滅ぼし，武家諸法度や禁中並公家諸法度などを定め，キリシタン禁制の強化や貿易の統制など幕藩体制の確立に努めた。

イ．朝鮮を侵略（しんりゃく）したが，民衆の抵抗（ていこう）や水軍の活躍（かつやく），中国の援軍（えんぐん）により引きあげた。朝鮮では多くの人が殺され，国土は荒れ果て，大きな被害（ひがい）を受けた。

ウ．参勤交代の制度を定めた。これにより，大名は江戸と領地を1年おきに行き来し，大名の妻や子は人質として江戸の屋敷（やしき）に住むことになった。

エ．関ヶ原の戦いで自分に反対する大名を破り，全国支配を確かなものとし，朝廷から征夷大将軍に任じられ，幕府を開いた。

オ．比叡山を焼き討ちにし，一向一揆を徹底的（てっていてき）に弾圧（だんあつ）した。仏教勢力への対抗策（たいこう）としてキリスト教を保護した。

問10　下線部⑪について，聖徳太子に関係のある建造物の写真を次の中から1つ選び，記号で答えなさい。

ア．

イ．

ウ．

エ．

問11 下線部⑫について，この時代の教育の説明として，正しくないものを1つ選び，記号で答えなさい。

ア．政府は富国強兵の土台は教育にあると考えて，学制を定め，6才以上のすべての男女に学校教育を受けさせようとした。

イ．学校の建設費や授業料などの負担が重く，一家の働き手である子どもが学校に行ってしまうと困る親もいたため，はじめは学校に行けない子どもが多かった。特に女子の就学率が低かったが，およそ30年間でほとんどの子どもが学校に通うようになった。

ウ．小学校に続いて中学校や専門学校，女学校も設立されるようになった。女性は，夫のために家庭を守り，国家の役に立つ子どもを育てる良妻賢母（りょうさいけんぼ）となることが求められた。

エ．岩倉使節団について7才の時にアメリカに渡（わた）り，11年間の勉強を終えて帰国した樋口一葉は，男女間の差別の大きさに驚（おどろ）き，女子英学塾（じゅく）をつくり，女子の教育や地位の向上に力をつくした。

問12 下線部⑬について，平塚らいてうらとともに新婦人協会を設立し，婦人参政権獲得（かくとく）運動に力をつくし，1953年以降，5回参議院議員に当選し，女性の地位向上のために活躍した人物は誰（だれ）ですか，漢字で答えなさい。

問13 下線部⑭について，働く女性が増える中で，子育てに関する問題が深刻になっています。昨年，匿名（とくめい）のブログから，入所条件を満たしているにもかかわらず，保育所に入所できない子どものことが国会でも取り上げられました。これらの子どもを何といいますか，漢字で答えなさい。

3 次の文章を読み，問いに答えなさい。

日本国憲法の中に次のような文章があります。

「日本国民は，恒久(こうきゅう)の平和を念願し，人間相互の関係を支配する崇高(すうこう)な理想を深く自覚するのであって，平和を愛する諸国民の公正と信義(しんぎ)に信頼して，われらの安全と生存を保持しようと決意した。われらは，平和を維持し，専制と隷従(れいじゅう)，圧迫と偏狭(へんきょう)を地上から永遠に除去しようと努めている国際社会において，名誉(めいよ)ある地位を占めたいと思う。われらは，全世界の国民が，ひとしく恐怖と欠乏(けつぼう)から免かれ，平和のうちに生存する権利を有することを確認する。」

(注：一部現代かなに変えてあります)

これは，日本国憲法の(1)の一部です。この文章を読むと日本がどのような国をめざすのかということや，日本国民の願いや決意とは何かがわかります。

憲法は決まりごとの1つですが，①国会で制定する法律や地方自治体で制定する(2)などの決まりごととは異なり，憲法を持つ国でも原則として1つしかなく，そこには②国の政治の土台とも言うべき考え方が書かれています。

他国の例として③ブラジルの憲法を見てみましょう。ブラジル連邦(れんぽう)共和国憲法の第Ⅰ編には「基本原則」としていくつか項目(こうもく)がありますが，そこでは「貧困や地域的格差の縮小」，「人種，性別，皮膚(ひふ)の色などによる差別がない社会の実現」などの内容も国の基本目的として掲(かか)げられています。つまり，国民の生活を貧困から守ることや，不平等をなくすことも国家の役割であると書かれているのです。

このように，憲法は国のあり方を決める大切な法です。そして政治が特定の人や組織の思うままにならないように，権力を持つ人や組織よりも上にあって，国家の本来の役割がおろそかにならないように，監視する役割も担(にな)っているのです。

問1 文章中の(1)(2)に当てはまる言葉を漢字で答えなさい。

問2 引用されている日本国憲法の文章に関連して答えなさい。

(1) この文章の主語は「日本国民」です。しかし，「国民主権」のことを規定している日本国憲法第1条の条文の主語は「日本国民」ではありません。日本国憲法第1条の主語を漢字で答えなさい。

(2) この文章には，日本が国際社会の中で平和を大切にしながら他国と共存していこうという決意が示されています。日本国憲法は「平和」についてどのようにとらえているでしょうか。次の説明文の中の( )に当てはまる数字や言葉を答えなさい。なお，(う)(え)は引用されている文章の中から書き抜きなさい。

日本国憲法は第(あ)条で戦争の放棄や(い)の不保持，そして交戦権の否認(ひにん)が示されていることから「平和憲法」とも呼ばれる。この第(あ)条だけでは，戦争の準備をすることや戦争が起きることだけが「平和でない状況」と考えてしまう。しかし，この文章は「(う)」や「(え)」も「平和でない状況」ととらえている。そして世界の人々が(う)や(え)がない状況で生きることが平和のうちに生きることである，としている。

問3 下線部①について，国会では法律の制定だけでなく予算を決めることも大切な仕事です。法律の制定と予算の決定について，正しいものを1つ選び，記号で答えなさい。

ア．法律案を作成し，国会に提出できるのは内閣だけであるが，予算案は内閣と国会議員が協力して作成し，国会に提出する。

イ．法律案の審議は，参議院で先に行うことができるが，予算案に関しては，先に衆議院が行うことになっている。

ウ．衆議院と参議院で議決が異なった場合に，法律案も予算案も衆議院で再び出席議員の３分の２の賛成が得られれば可決・成立となる。

問４　下線部②の１つとして「基本的人権の尊重」があります。この考え方について正しいものを１つ選び，記号で答えなさい。

ア．日本国憲法では，「侵すことのできない永久の権利として現在の国民に対してのみ与えられる」と書かれている。

イ．日本国憲法では，奴隷(どれい)的拘束からの自由など，身体の自由についての規定が多いが，中でも逮捕(たいほ)や起訴(きそ)をされた人の人権を守るための条文が多い。

ウ．日本国憲法では，教育を受ける権利について保障されているが，親などに対して教育を子どもに受けさせるよう義務づける条文はない。

問５　下線部③についての説明として正しいものを２つ選び，記号で答えなさい。

ア．第二次世界大戦後に，初めて日本人が仕事を求めて移り住んだ。

イ．太平洋に面していて，広い国土面積を持っている。

ウ．日本で暮(く)らす外国人のうち，最も多いのがこの国の人である。

エ．キリスト教徒が多い国で，クリスマスを迎(むか)える季節は夏である。

オ．行政権を持つのは大統領で，女性も大統領になったことがある。

問６　文章中に引用されているブラジル連邦共和国憲法と似た内容は日本国憲法にも見られます。その内容を示した日本国憲法の次の２つの条文の空らんに当てはまる言葉を漢字で答えなさい。

①　すべて国民は(　あ　)で文化的な最低限度の生活を営む権利を有する。

②　すべて国民は法の下に平等であって，人種，信条，(　い　)，社会的身分または門地により，政治的，経済的又は社会的関係において，差別されない。

問７　前のページの文章を読み，憲法の考え方や日本国憲法の内容について４人が説明を加えています。その４人のうち正しいことを述べている人を２人選び，記号で答えなさい。

Ａさん「憲法は国の基本法だから，改正する時には法律とは異なって国民にも賛否を問うようになっているのです。」

Ｂさん「憲法は権力を持つ人や組織の上に立つものだから，憲法を尊重し守る義務は国務大臣や国会議員にだけ課されているのです。」

Ｃさん「憲法は他の法よりも重要な役割を担うものだから，国の最高法規と位置づけられているのです。」

Ｄさん「憲法は国の政治のあり方の基本を示しているのだから，内閣は憲法に書かれていない仕事でも積極的に行うことができるのです。」

【理　科】（30分）〈満点：60点〉

1　植物は育つ場所をひろげるために，種子をさまざまな方法で移動させています。その方法は大きく3つに分けることができます。1つ目は，動物の助けを借りる(A)，2つ目は，風の助けを借りる(B)，3つ目は，他の助けを借りない(C)です。この3つの方法をとるために，植物は，それぞれの種子や実にいろいろなくふうやしくみを備えました。その例を下の①～⑥にあげます。

①　ホウセンカ：花が散ったあとに，小さなラグビーボールのような実がなる。やがて，実がさけて種子を勢いよく，あたりに散らす。

②　ヌスビトハギ：くっつきやすいカギや細かい毛がはえた実がなる。

③　メナモミ：花を包んでいたところから，ねばねばした液を出す。

④　カエデ：2枚のつばさをもった実がなる。

⑤　タンポポ：綿毛をもった種子ができる。

⑥　ナンテン：鳥が好む，赤い目立つ実がなる。

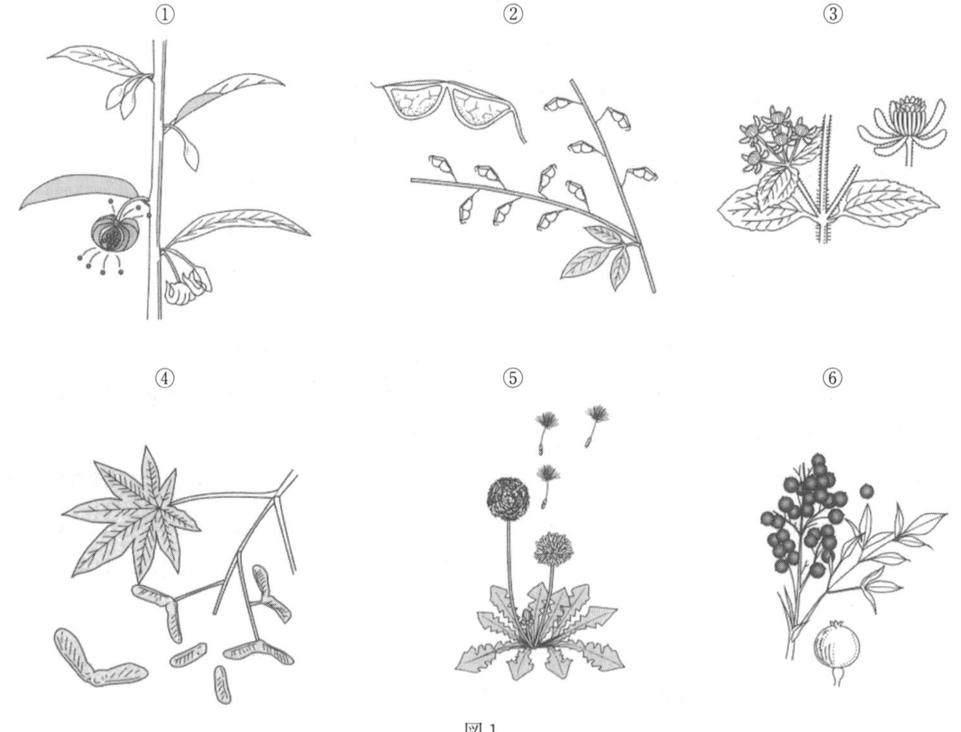

図1

問1　図1の①～⑥の植物は，それぞれ文中の(A)～(C)の3つの移動のどの方法ですか。(A)～(C)の各グループにあてはまる植物を，①～⑥からすべて選び，番号で答えなさい。

問2　次のページの図2のa～dの植物の移動の方法は，図1の①～⑥のどの植物の移動方法に最も近いでしょうか。それぞれ①～⑥から1つ選び，番号で答えなさい。

a．ヤマブドウ

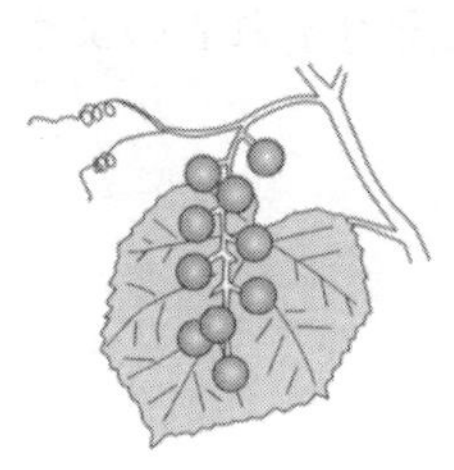

b．アキノノゲシ

c．タチツボスミレ

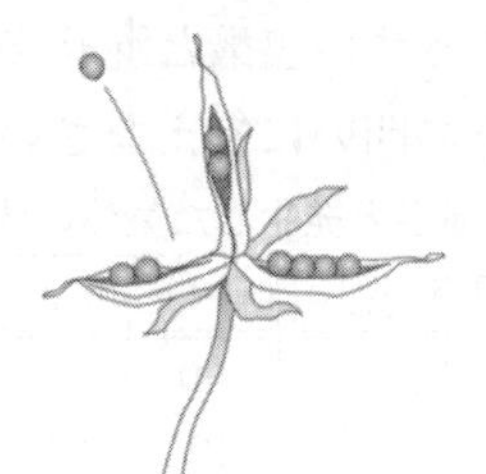

d．アメリカセンダングサ

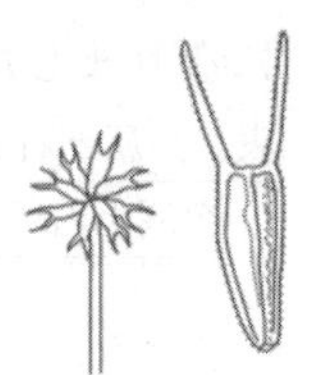

図2

問3　インゲンマメの種子の発芽に，水，光，適当な温度，空気のうち，必要なものは何かを調べる実験をしました。図3のような容器をAからLまで用意して，次の①～⑥のような実験をしました。

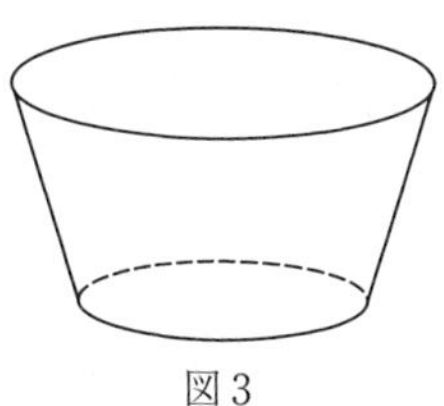

図3

①　AとBに水を十分にふくませただっし綿をしき，種子をまいた。ある適当な温度(20℃位)で，Aは暗いところに，Bは明るいところにそれぞれ数日おいた。

②　Cは水を十分にふくませただっし綿，Dにはかわいただっし綿をしき，それぞれ種子をまいた。ある適当な温度(20℃位)で，CとDの両方を明るいところに数日おいた。

③　EとFに水を十分にふくませただっし綿をしき，種子をまいた。Eは5℃以下の暗い冷蔵庫へ入れ，Fは20℃位の暗いところにそれぞれ数日おいた。

④　GとHに水を十分にふくませただっし綿をしき，種子をまいた。Gにだけ容器いっぱいに水を入れて，種子をしずめた。ある適当な温度(20℃位)で，明るいところにそれぞれ数日おいた。

⑤　IとJに水を十分にふくませただっし綿をしき，種子をまいた。Iは5℃以下の暗い冷蔵庫へ入れ，Jは20℃位の明るいところにそれぞれ数日おいた。

⑥　KとLにかわいただっし綿をしき，種子をまいた。ある適当な温度(20℃位)で，Kは明るいところに，Lは暗いところにそれぞれ数日おいた。

(1)　①の容器AとB，④の容器GとH，⑥の容器KとLの結果はそれぞれどうなりますか。発芽する場合は○，発芽しない場合は×と答えなさい。

(2)　**問3**の実験①～⑥のうち，種子の発芽に何が必要か必要でないかを調べる実験方法として，最も適当でないものを1つ選び，番号で答えなさい。

問4　私たちが日ごろ食べている野菜は，おもに葉を食べるもの(A)，根やくきを食べるもの(B)，実や種子を食べるもの(C)として3つのグループに分けることができます。次のア～カの野菜を3つのグループ(A)～(C)に分け，それぞれ記号で答えなさい。

ア．サツマイモ

イ．カボチャ

ウ．トウモロコシ

エ．ニンジン

オ．ホウレンソウ

カ．ナス

2 0.1g，0.2g，0.3g，0.4gの3種類の金属(鉄，アルミニウム，亜鉛(あえん))と石灰石を用意し，それぞれ同じ量のうすい塩酸(えんさん)と混ぜました。出てきた気体の体積は，それぞれ表のような結果になりました。下の問いに答えなさい。ただし，温度は一定とします。

表．金属と石灰石の重さと発生した気体の体積

金属と石灰石の重さ〔g〕		0.1g	0.2g	0.3g	0.4g
出てきた気体の体積〔cm³〕	鉄	40	80	*A*	160
	アルミニウム	124	248	336	*B*
	亜鉛	34	68	102	136
	石灰石	22	44	66	88

問1 3種類の金属にうすい塩酸を入れると同じ気体が出てきます。出てくる気体の性質として正しいものを，次のア～オからすべて選び，記号で答えなさい。

ア．気体を通すと石灰水が白くにごる

イ．最も軽い気体である

ウ．水にとけ，酸性を示す

エ．気体の入った試験管に火のついた線香を入れると線香がはげしく燃える

オ．気体の入った試験管に火を近づけると気体が燃える

問2 石灰石にうすい塩酸を入れたときに出てくる気体と同じ気体が出てくる方法として正しいものを，次のア～オから2つ選び，記号で答えなさい。

ア．石灰石をガスバーナーで加熱する

イ．スチールウールにうすい塩酸を加える

ウ．二酸化マンガンにうすい過酸化水素水を加える

エ．炭酸水を加熱する

オ．アルミニウムに水酸化ナトリウム水溶液を加える

問3 表中の*A*と*B*にあてはまる数字を答えなさい。

問4 アルミニウムの重さと出てくる気体の体積の関係を表すグラフとして最も正しいと考えられるものを，次のア～カから1つ選び，記号で答えなさい。

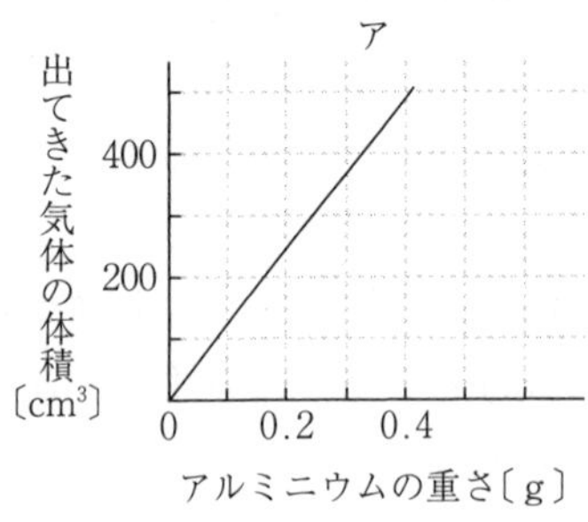

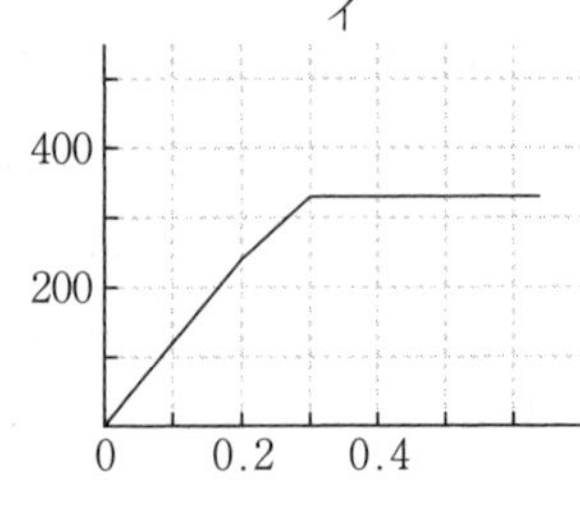

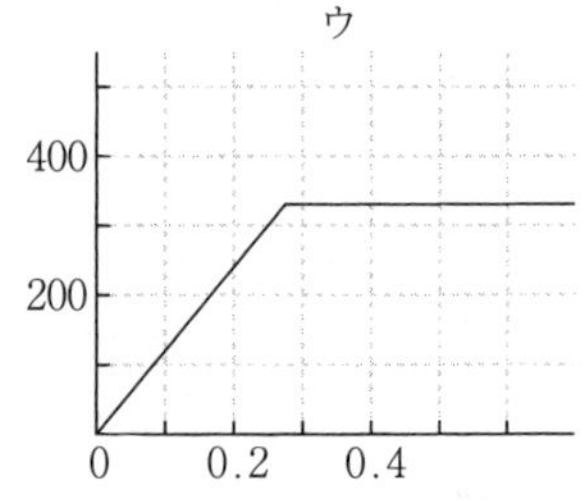

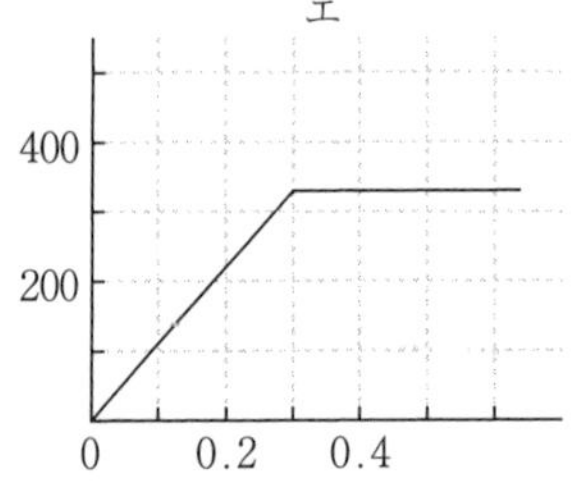

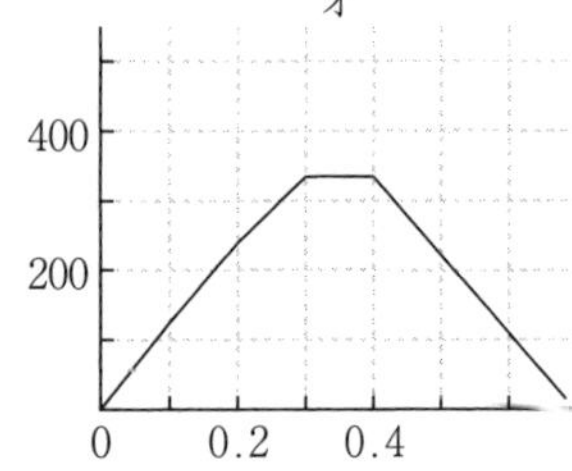

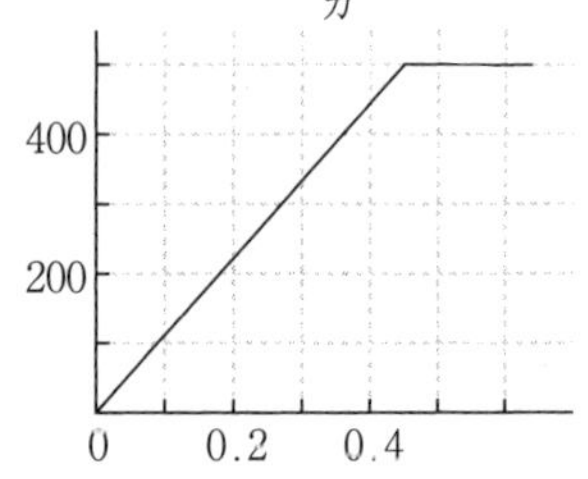

問5　このうすい塩酸を2倍にうすめて，0.1gの石灰石を入れると出てくる気体の量は何cm^3になりますか。次のア～オから正しいものを1つ選び，記号で答えなさい。

ア．11cm^3

イ．22cm^3

ウ．40cm^3

エ．44cm^3

オ．88cm^3

問6　鉄とアルミニウムと亜鉛をある重さから1つずつ選び，3つすべてを1つのビーカーに入れて，うすい塩酸を加えたところ，232cm^3の気体が出てきました。3種類の金属はうすい塩酸にすべてとけたものとすると，選んだ金属はそれぞれ何gですか。正しい値を次のア～エからそれぞれ選び，記号で答えなさい。ただし，同じ記号を何度使ってもよいものとします。

ア．0.1g

イ．0.2g

ウ．0.3g

エ．0.4g

3　図1のような実験用てこを使って，いろいろな実験を行いました。

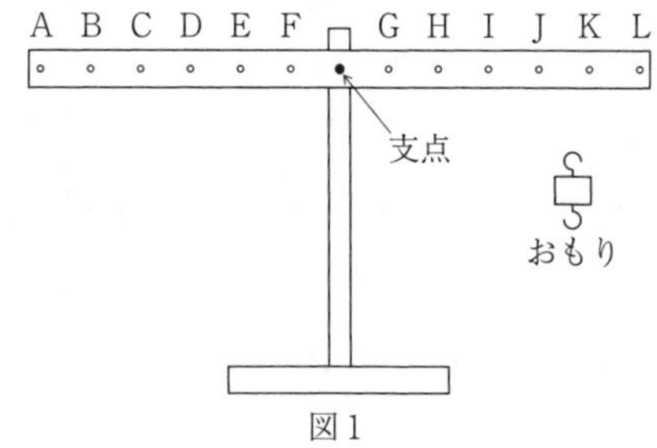

図1

この実験用てこの腕（うで）は，支点から2cmおきに，A～Lの位置でおもりをつるすことができるようになっています。使用するおもり1個の重さは，すべて同じとします。次の問いに答えなさい。

問1　Fの位置に2個のおもりをつるしたとき，おもり1個を付け加えることで，腕がつり合うようにするためには，どの位置におもり1個をつるしたらよいですか。A～Lの記号で答えなさい。

問2　Dの位置におもり1個，Fの位置におもり2個，HとLの位置にそれぞれおもり1個をつるすと，実験用てこの腕はどうなりますか。次のア～ウから1つ選び，記号で答えなさい。

ア．右側の腕が下がる　　イ．左側の腕が下がる　　ウ．つり合って動かない

問3　Cの位置におもり1個，Eの位置におもり2個，Lの位置におもり1個をつるし，さらにおもり1個を加えることで，腕がつり合うようにするためには，おもりをどの位置につるしたらよいですか。A～Lの記号で答えなさい。

問4　次に，次のページの図2のようにAの位置で，長さ20cmの割りばしを糸でつるすと，割りばしが水平になってつり合いました。この状態のとき，図3のようにAの位置から左側3

cmのところにおもり1個をつるすと，割りばしの左側が下がります。Aから右側何cmの位置に同じ重さのおもり1個をつるすと，割りばしは水平になってつり合いますか。Aからのきょりを数値で答えなさい。

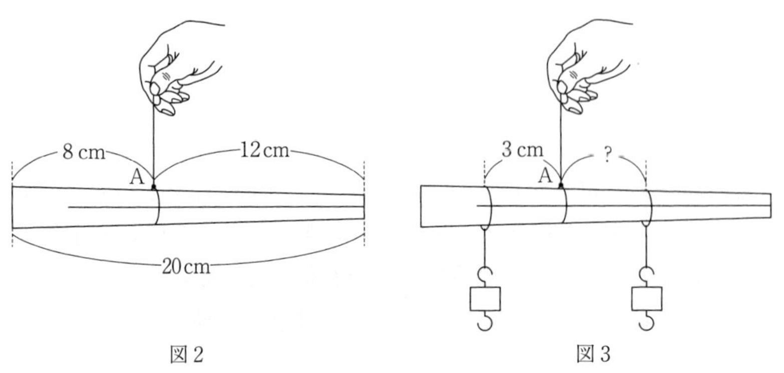

図2　　図3

問5　図4のように，棒Pと棒Qを使って，20gのおもりとおもりAとおもりBを糸でつるしたところ，棒Pと棒Qは水平になってつり合いました。おもりBは何gですか。数値で答えなさい。ただし，各棒の重さと糸の重さは考えないものとします。

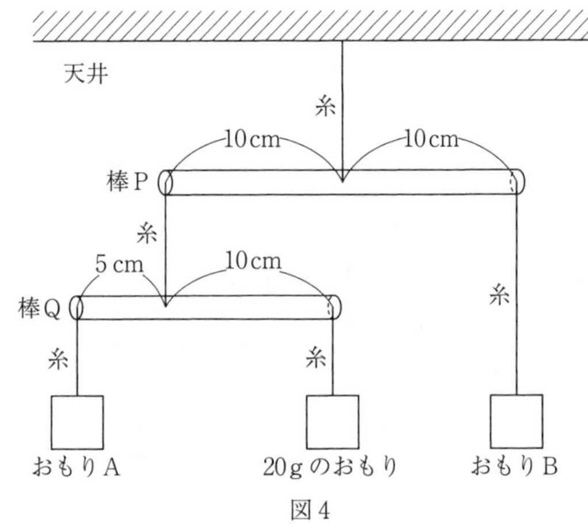

図4

図5の道具を輪じくといいます。図6はそれをななめの方向から見たものです。輪じくは，てこのしくみと同じしくみの道具で，直径の違(ちが)ういくつかの輪が同じ1つのじくで固定されていて，1つの輪に力を加えると他の輪もいっしょに回るようになっています。このとき，じくが支点のはたらきをします。

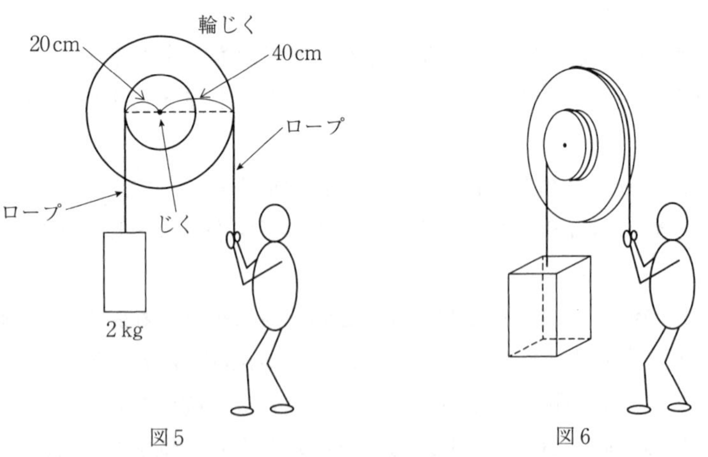

図5　　図6

問6　図5のように輪じくに，重さ2kgの物体をつり下げたとき，つり合わせるためには人はどれだけの力でロープを支えなければいけませんか。図5の場合と同じ力で支えているものを，次のア～エから1つ選び，記号で答えなさい。

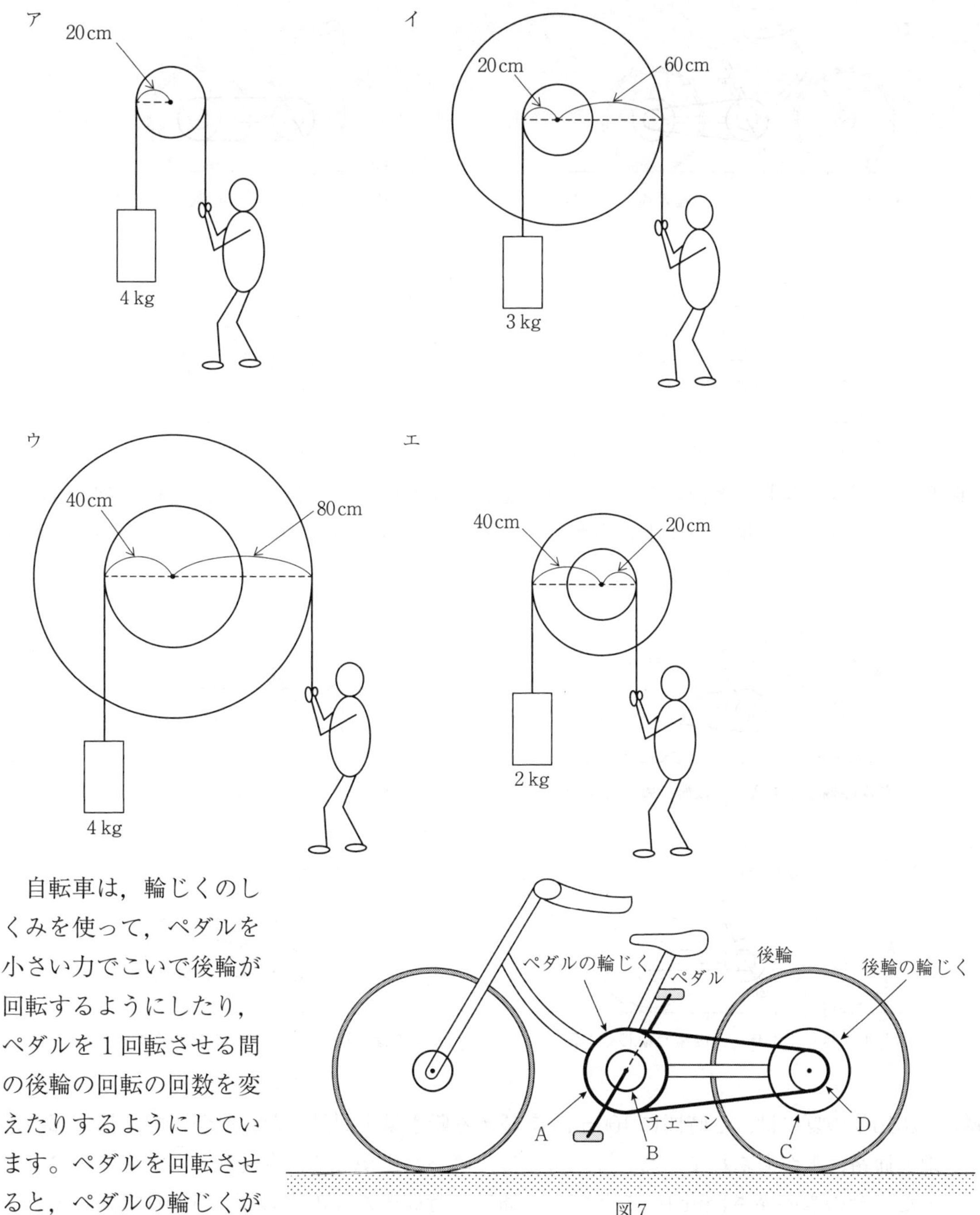

図7

自転車は，輪じくのしくみを使って，ペダルを小さい力でこいで後輪が回転するようにしたり，ペダルを1回転させる間の後輪の回転の回数を変えたりするようにしています。ペダルを回転させると，ペダルの輪じくがいっしょに回転し，その輪じくにかけられたチェーンによって，後輪の輪じくが回転し，それといっしょに後輪が回転します。

図7の自転車のペダルと後輪には，大小2つの輪を組み合わせた輪じくがあり，ペダルの輪じくの大きい輪をA，小さい輪をBとし，後輪の輪じくの大きい輪をC，小さい輪をDとします。AとCの半径と，BとDの半径は同じです。

問7　ペダルを1回転させたときに，後輪の回転する回数が1番多くなるのは，それぞれの輪じくの輪をどのように組み合わせたときですか。正しい組み合わせを，次のページの図のア～エから1つ選び，記号で答えなさい。

ア

イ

ウ

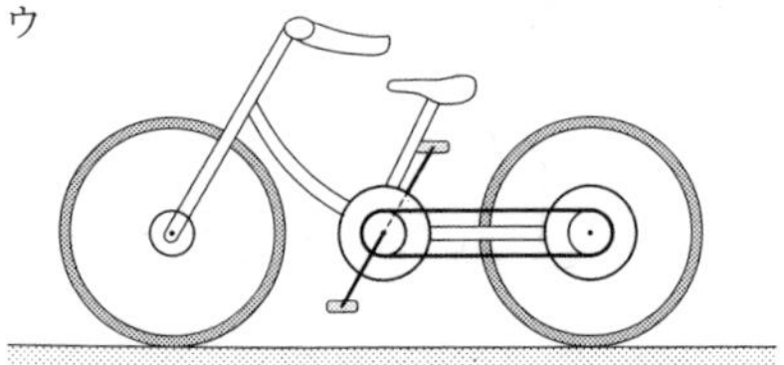

エ

問 8　ペダルの輪じくと後輪の輪じくの輪をどのように組み合わせると，自転車をこぎ出すときにペダルをこぐ足の力が1番小さくてすみますか(軽く感じますか)。正しい組み合わせを，次のア～エから1つ選び，記号で答えなさい。

ア

イ

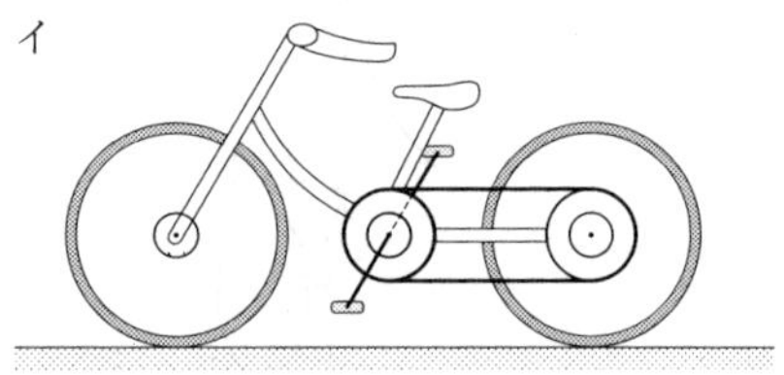

ウ

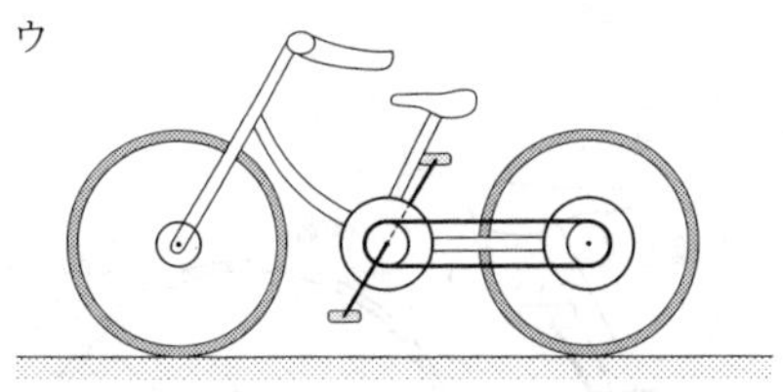

エ

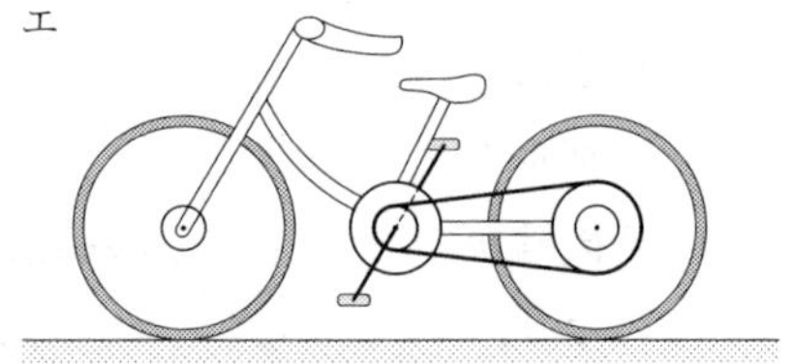

4　2016年の夏には，1時間に100mmを超(こ)える降水量を記録した台風がきて，都市部の道路や地下通路に水があふれました。降水量とは，降った雨がどこにも流れていかずにそのままたまった場合の水の深さ〔mm〕のことで，普通は1時間当たりの水の深さ〔mm〕で表します。たとえば，円柱型の容器を水平に置き，30分で容器に深さ50mmの雨水がたまっていたら降水量が100mmということになります。

問 1　2016年の夏に発生した台風10号は，ブーメランのような動きをし，観測史上(かんそくしじょう)初めて東北地方太平洋側から上陸しました。この台風の進み方として正しいものを，次のア～オから1つ選び，記号で答えなさい。図中の点線は台風の進み方を表します。

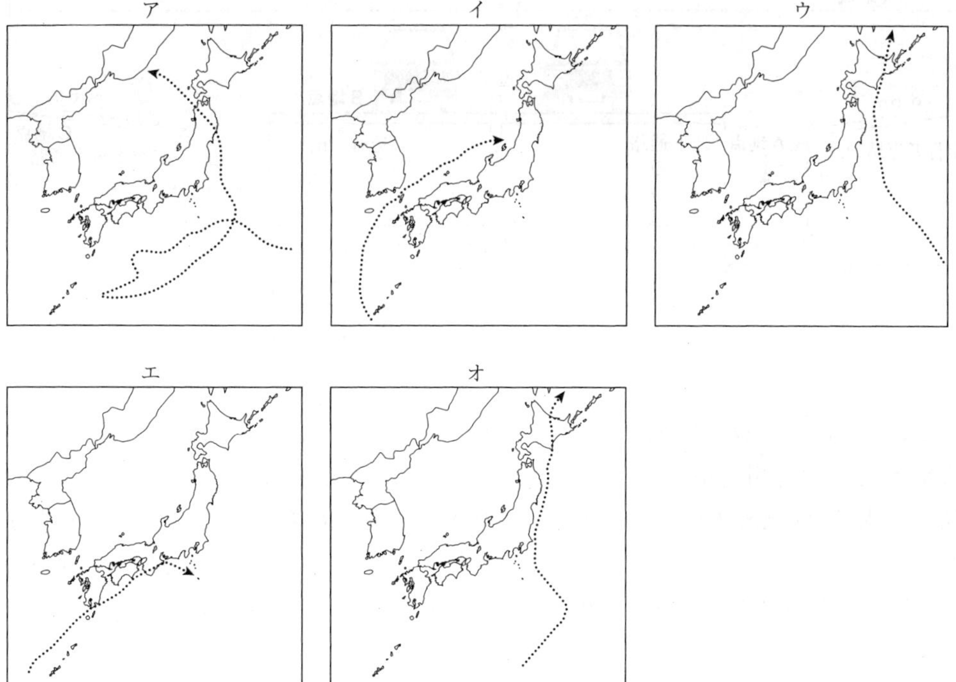

問2　次のア～オの台風に関する文章のうち，正しいものを2つ選び，記号で答えなさい。

ア．日本の南の海上で，乱層雲があつまってできたものを台風という。

イ．台風の暴風域では，風速15m以上の風が吹(ふ)いている。

ウ．台風の中心には雲はほとんどなく，風は強いままだが雨はあまり強く降っていない。

エ．7月から9月にかけて発生した台風は，上空の風の影響(えいきょう)を受けて日本付近に近づく。

オ．台風が通り過ぎ，しばらくすると雨風がおさまり，晴れることが多い。

問3　台風の風の吹く方向として正しいものを，次のア～エから1つ選び，記号で答えなさい。図の〇印は台風の中心を，矢印は風の吹く方向を表します。

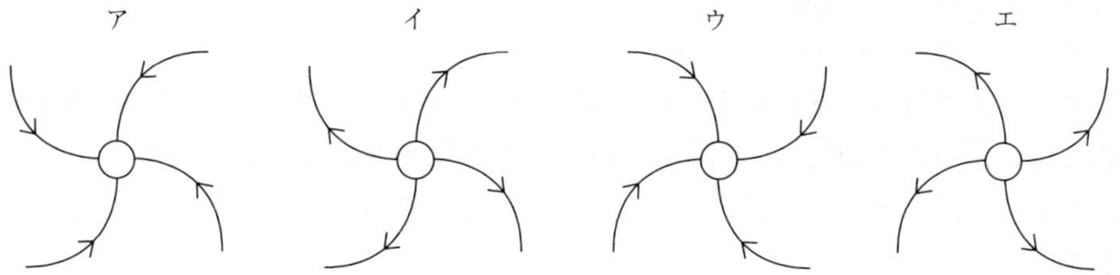

問4　次のページの図は，X地域の歩行者専用通路，階段と地下通路を表しています。地下通路の頭上に道路(灰色部分)があり，道路に降った雨は道路の排水口に行き，地下通路には流れこみません。歩行者専用通路と階段の道幅(はば)はすべて3mで，歩行者専用通路と階段に降った雨はすべて地下通路に流れこむものとします。

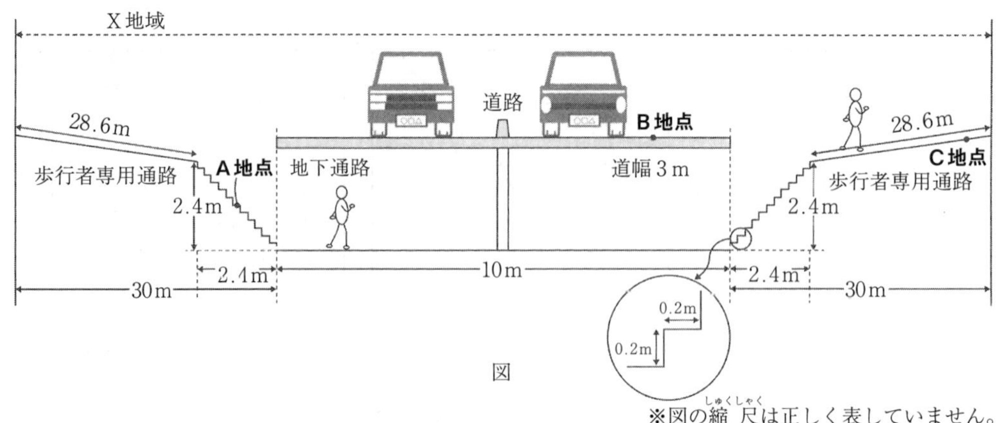

図

※図の縮尺は正しく表していません。

(1) ここで，次の容器①を**A地点**(階段の中間地点)に，容器②を**B地点**(道路)に，容器③を**C地点**(歩行者専用通路)に，図中の色のついた部分が水平になるように置きました。X地域に降水量100mmの雨が1時間降った場合，各地点の容器にたまった雨水は何mmになっているでしょうか。下のア～カから正しいものを1つ選び，記号で答えなさい。ただし，容器に他の場所で降った雨水は入らないものとし，容器から雨水はあふれないものとします。

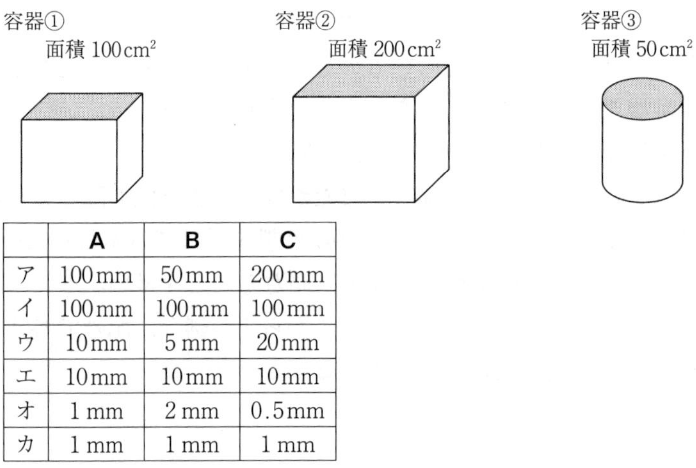

	A	B	C
ア	100mm	50mm	200mm
イ	100mm	100mm	100mm
ウ	10mm	5mm	20mm
エ	10mm	10mm	10mm
オ	1mm	2mm	0.5mm
カ	1mm	1mm	1mm

(2) 図に示したX地域に，降水量が50mmの雨が2時間降り，歩行者専用通路や階段(図中の灰色部分に降った雨は除く)に降った雨がすべて地下通路に流れこむものとすると，水面は，図中の階段のどの位置になるでしょうか。下の階段のア～オから1つ選び，記号で答えなさい。

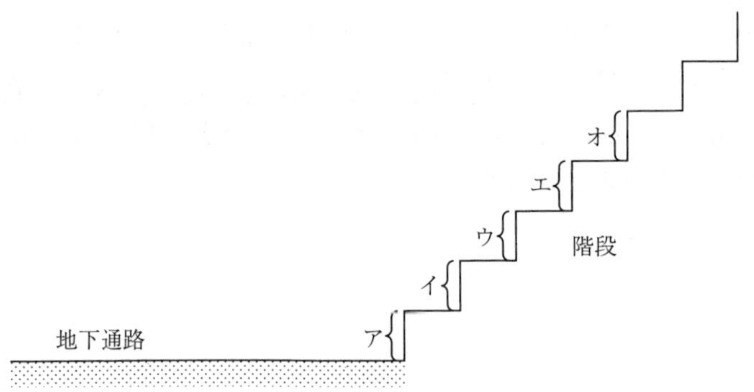

おじいさんをはじめ、みんなは突然(とつぜん)、ねじをまかれたおもちゃのように走り出したわんこにあっけにとられていた。

そして、最初に我に返ったのは、ほかでもない、おじいさんだ。

「なかなかいい声じゃないか。どうだ、うちの番犬になってくれるか」

おじいさんは、そう言って、しゃがみこむ。わんこの目線にぐっと近づくと、その大きな手で、わんこの頭をそっとなでた。

（久米絵美里『言葉屋② ことのは薬箱のつくり方』朝日学生新聞社）

注1 おじさん…詠子の母の弟。物知り。

注2 目当てのもの…言葉を口にする勇気をくれるガラス玉。それを必要とする人に出会ったときのために、詠子はいつもポケットに入れていた。

注3 右側に…犬は、特に好きな人に会ったとき、しっぽを右側にふるといわれている。

問一 ――線①・②・③・④のカタカナを漢字に改めなさい。

問二 ――線1「足の裏からもれ出てしまう自分の心」とありますが、どのような心ですか。文章中から漢字二字で書きぬきなさい。

問三 ――線2「次に～詠子たちが期待していたものではなかった」とありますが、「詠子たちが期待していたもの」とは、どのようなものですか。説明しなさい。

問四 ――線3「そのちんちくりんをどこにつれていく気だ」と言ったおじいさんの心情として最も適切なものを次から選び、記号で答えなさい。

ア 孫が怒ったので、嫌われたくないと思って呼び止めた。

イ 勘違いしていることを孫に気づかせようと呼び止めた。

ウ 犬の飼い主がどうなるのか、気にかかって呼び止めた。

エ 話し合いの大切さを詠子たちに伝えようと呼び止めた。

問五 ――線4「わんこの事情」とありますが、その事情にあてはまらないものを次から一つ選び、記号で答えなさい。

ア 小さい犬であるため、もの足りないかもしれないこと。

イ 大人の犬であるため、なつかないかもしれないこと。

ウ 毛が長い犬であるため、毛の手入れが必要なこと。

エ 捨て犬であるため、心が傷ついているであろうこと。

問六 ――線5「待って。この子に、聞いてみよう」と言ったのは、詠子のどのような願いからですか。文章中の表現を用いて説明しなさい。

見捨てん男だぞ」

「口が悪いのはじいちゃんだろ！」

③ハゲしい言い争いのはざまで、詠子はおろおろする。

須崎くんが、先ほどからおじいさんにぶつけている言葉の球は、ここまでの道すがら、詠子が伝えたものだ。注1おじさんから伝え聞いた情報をおじいさんに伝えず、あとで問題になってしまっては、わんこが不幸になる。そう思い、おじいさんには、事前にきちんと4わんこの事情を説明する手はずになっていた。ただ、こんなふうに伝える予定ではなかった。

しかし、それはさておき、ここまできれいに、おじいさんに問題の種をはじき返されているのならば、これはもう、わんこはおじいさんのもとへ行くべきなのではないだろうか。

しかし、須崎くんも一度背を向けてしまった手前、素直におじいさんにたくせなくなってしまったのだろう。

そして詠子も、いきおいづいてしまったふたりのやりとりを、止めるための言葉を知らなかった。見れば、しぃちゃんと桐谷くんも、こまったように顔を見合わせている。

なんと言って止めるべきなのか。

詠子たちには、何も言えない。

詠子たちには。

詠子はその時、はっと思い立つと、ポケットに手をやった。そして、そこに注2目当てのものが入っていることを確認すると、意を決して須崎くんのもとへ駆けよる。

「5待って。この子に、聞いてみよう」

「はあ？」

須崎くんの大きな声が詠子の耳にぶつかる。真剣にわんこのことを考えているところに、詠子が突拍子もないことを言い出したので、いらっとしたのだろう。

しかし、詠子だって、真剣だった。詠子はめげずに須崎くんからわんこを抱き上げると、右手をわんこの胸の上においた。

犬にだって、言葉はあると、おじさんは言っていた。

詠子も、そう思う。

言葉が人間だけのものだなんて、誰が決めたのだろう。詠子には聞こえていないだけで、きっと今も、詠子のまわりは、たくさんの木々の言葉や虫の言葉、春の言葉であふれている。

そして、この子にだって、④ゼッタイ。

誰かに捨てられたこのわんこは、もう人間のことなんて好きではないかもしれない。

人間に何かを伝えることを、あきらめているかもしれない。

この子の中の一万年の絆は、前の飼い主が切ってしまったのかもしれない。

でも、もし、間に合うなら、もう一度、結びなおさせてほしい。

言葉で。

詠子はそう願うと目をつむり、右手ににぎったそれをぎゅっと、わんこの胸に押しやった。

その時。

「ワンッ！」

そんな甲高い鳴き声がしたかと思うと、詠子の腕の中で、わんこは今までにないほどのいきおいでもがきはじめた。

詠子はあわてて、わんこを地面におろす。

すると、わんこは一直線におじいさんのところへ走っていき、おじいさんの足に前足をかけた。おじいさんをしっかりと見上げ、短いしっぽを、ぶんぶんとふっている。

それも、注3右側に。

五人と一匹(びき)の間に、気まずい間が流れる。誰(だれ)もが、次の言葉を見失っていた。

里親さがしは、ふりだしにもどったということなのだろうか。そんな予感がして、詠子の中の希望が溶(と)けはじめる。

そして、希望は須崎くんの中でも溶けてしまったのだろう。

須崎くんは、わんこを抱いたままうつむき、とても冷たい声を出した。

「じいちゃん、見そこなったわ。俺(おれ)、もうじいちゃんのとこなんか、来ないからな」

そう言うなり、須崎くんはおじいさんに背を向け、門の方へ歩き出してしまう。

まさか、こんなことになるなんて。

詠子は思ってもみなかった②テンカイに、思わずとなりのしぃちゃんと桐谷くんを見やった。しかし、ふたりともただ、こまった顔で立ちつくしている。

なんとかしなければ。

でも、何をどうする?

詠子は、あせった。このまま須崎くんを行かせてしまってはいけないとは思ったが、かといって、どう呼び止めればよいのかわからない。

と、次の瞬間(しゅんかん)、

「待て」

と口にしたのは、詠子ではなかった。

「3そのちんちくりんをどこにつれていく気だ」

そう言ったのは、おじいさんだ。

須崎くんは、むすっとした声で、ふりかえりもせずに答える。

「うちだよ。じいちゃんが、ムチャクチャ言って、みんなのこと、ふりまわしたから、責任は俺がとる。ちゃんとした飼い主見つけるまで、うちであずかれるよう、母ちゃんたちに頼(たの)んでみる。飼い主見つかんなかったら、ずっと飼えるように頼む」

「わしが、飼うと言っているのにか」

「はあ?」

須崎くんがいきおいよくふりかえる。

「飼わんとは誰も言っとらんだろう。おまえは、本当、人の話を聞かないな」

「や、だって、じいちゃん、今……」

「そいつは、わしが知っとる犬ではないと言っただけだ。飼わんとは言っとらん」

「なっ……。だって、じいちゃんが飼いたいのは、もっとでっかい犬なんだろ!」

「ちんちくりんの方が、散歩がしやすいだろう。どでかい犬じゃ、わしはまだしも、ばあさんが引っぱられてしまう」

「そ、そりゃ、そうだけど……。でも、こいつ、子犬じゃないんだぞ。大人の犬だから、なつかないかもしんないぞ!」

「そいつはいい。ちんまいのが来て、あと十年も二十年も生きると言われても、こっちの方が先にくたばりかねんからな」

「え、あ、そ、そんなこと……。て、てか、こいつ、毛ぇ長いから、ちゃんととかしてやったり、切ってやったりしなきゃいけねぇんだぞ。めんどくせぇんだぞ!」

「哲、おまえ、わしが一生で何百本の筆の手入れをしてきたと思ってる。毛の手入れが面倒(めんどう)で、書道家なんぞやってられんわ」

「でも、でも……。こいつ、前の飼い主に捨てられて、きっと、すっげぇ傷ついてんだぞ。じいちゃんまで、あとでやっぱりやだとか言ったら……」

「わからんやつだな。わしは、自分の孫が口の悪いわんぱく小僧(こぞう)でも桐谷くんが玄関先のインターホンのボタンを押す。詠子はひどく緊張していた。こわいと有名な須崎くんのおじいさんに会うのは、今日が初めてなのだ。

そして、ガラス戸の向こうから、人影が近づいてくると、詠子の心臓はばくばくと暴れた。足の裏には、たくさん汗をかいているにちがいない。

大丈夫。こわくないからね。

詠子は、1足の裏からもれ出てしまう自分の心を隠すように、心の中でわんこに話しかける。わんこを抱く腕に力をこめた。

「おう、来たか」

ガラリと、ガラスの引き戸がひらかれると同時に、詠子たちの目の前に現れたのは、ものすごく大柄の和服姿のおじいさんだった。

真っ白な髪は、うしろに向かって丁寧になでつけられ、口のまわりには立派なひげがたくわえられている。まるで、和風のサンタクロースのようだ。けれど、このサンタさんは、詠子がよほどいい子にしていないかぎり、プレゼントはくれないだろう。そんな隙のなさが、そのいでたちから感じられた。

しかし、詠子は同時にほっとしてもいた。おじいさんは、背丈こそ、おどろくほど高かったが、詠子たちを見下ろしているその瞳は、少年のように、そわそわきょろきょろと輝いていたのだ。心が、きちんと目まで通じている人の表情だ。こういう表情をする大人の人で悪い人を、詠子は今まで知らなかった。

「それで、犬はどこだ?」

わくわくとした心が、おじいさんの目からひっきりなしにわき出ている。詠子はあわてた。詠子が、わんこと似たような色の服を着ているせいで、おじいさんにわんこが見えていないのかと思ったのだ。

須崎くんが笑う。

「目の前だって」

須崎くんはそう言うと、詠子の手から、わんこをそっと受けとる。そして、おじいさんに向かって、持ち上げた。されるがままになっているわんこは、だらんとうしろ足が宙にたれるかたちになってしまい、少々苦しそうだ。早く、おじいさんに抱っこしてもらわないと……。

しかし、2次におじいさんの目から落ちてきた心は、詠子たちが期待していたものではなかった。

「おう、それで、犬はどこだ」

目の前にさし出されたわんこをちらりと見ると、おじいさんは、わんこの存在を軽く流して、もう一度同じ問いをくりかえしたのだ。

須崎くんの笑顔が引きつった。

「え、や、だから、ほら、目の前……」

さらに高くわんこをかかげる須崎くん。

「そいつは、ねずみだろう。わしは、犬に会えると聞いたんだ」

「……や、こいつ、どう見ても犬だし」

「哲、お前は犬も知らんのか。犬ってのは、こうでっかくてだな。毛もしっかり刈ってあって、尾っぽも鼻先も長く、西郷隆盛がつれているような……」

と、そこで、ぽかんとしている須崎くんの横から、桐谷くんが歩み出た。

「えっと、先生。それは日本犬、ですよね。この子は、ヨークシャテリアといって、種類がちがうだけで、れっきとした犬なんです」

「知らんな。わしの知っとる犬は、そんなちんちくりんではない」

「そんなん、じいちゃんの問題じゃん……」

「知らん。それより、哲、ちんちくりんが苦しそうだぞ」

おじいさんは、あごでわんこを示す。須崎くんはあわてて、ふたりの間でずっと宙ぶらりんになっていたわんこを抱っこしなおした。

い。

問二 ――線1「職業」は、何のためにあるものだと筆者は述べていますか。文章中から十一字で書きぬきなさい。

問三 [2] にあてはまる言葉として、最も適切なものを次から選び、記号で答えなさい。

ア あやかし　イ おどかし
ウ まやかし　エ おめかし

問四 ――線3「職業信仰」とはどのような考え方をさしますか。文章中から十七字で書きぬきなさい。

問五 ――線4「空虚な不遇感」について、次のように説明するとき、[A]・[B] にはどのような言葉が入りますか。[A] は文章中の表現を十五字以上二十字以内で書きぬき、[B] は文章をふまえて自分で考え、五字以上十字以内で書きなさい。

> [　A　] はどこかにあるはずだと思い、それを追い求めるあまり、[　B　] に喜びを見いだせない心の状態。

問六 ――線5「実際には、作業そのものに～たくさんいる」とありますが、それはなぜですか。文章中の表現を用いてわかりやすく説明しなさい。

問七 ――線6「気のおけない仲間」とはどのような仲間のことですか。最も適切なものを次から選び、記号で答えなさい。

ア 仕事において良いライバルとなる仲間
イ 心の中ではあまり信頼していない仲間
ウ 共に仕事をすると緊張してしまう仲間
エ 気づかう必要がないくらい親しい仲間

問八 ――線7「それまでの間は、なるべくバカな夢を見ておくことをおすすめする」とありますが、筆者がこのように述べるのはなぜですか。最も適切なものを次から選び、記号で答えなさい。

ア 13歳のうちから視野を広げることによって、自分の夢をかなえられるから。
イ 大人になると、人生についてまじめに考えなければならなくなってしまうから。
ウ 現実不可能な夢を見ることで、仕事の素晴らしさを感じられるようになるから。
エ どのような職業にあこがれたとしても、結局人間が就く職業は決まっているから。
オ 夢に届かないとわかったとき、その夢を持っていた自分自身を成長させるから。

二

次の文章を読んで、あとの問いに答えなさい。

小学校六年生の詠子(えいこ)は、「言葉屋」(言葉に対する勇気をくれる道具をあつかう店)で見習いをしています。ある日、詠子は、同級生のしぃちゃん、須崎(すざき)くん、桐谷(きりたに)くんといっしょに、河原で犬を拾いました。詠子が飼い主を求めていたところ、須崎くんのおじいさんが犬を飼いたいと言っていることを聞き、みんなで犬を連れて会いにいくことにしました。

その日の放課後、詠子はまた、しぃちゃん、須崎くん、そして桐谷くんとともに、ランドセルを並べて立っていた。

今度は河原ではない。詠子たちの前にそびえ立つ①カンバンには、「須崎書道教室」とある。そして、詠子の腕(うで)の中には、わんこの姿があった。

と言っているのではない。

反対だ。私は、人間は色々だということを言っている。だからこそ職業の肩書きで人間を評価する考え方を全員が受け容れる必要は無いぞということを申し上げようとしている。

3職業信仰は、ある意味で、偏差値信仰や学歴信仰よりタチが悪い。というのも、学歴や偏差値が、しょせんは数値化された一面的な能力の注3指標であるのに比べて、「職業」が物語る「能力」は、ずっと注4多岐にわたるからだ。

だから、職業を背景とした肩書信仰は、特定の職業に就いている者(あるいは職業に就いていない人間)への差別を生じさせる。

それ以上に、職業信仰は、「どこかに青い鳥(自分に向いた楽しくてやりがいのある仕事)がいる」という、4空虚な不遇感の注5温床になる。その意味で実に厄介だ。

5実際には、作業そのものに好奇心を抱かせる要素が無くても、いきいきと働いている人はたくさんいる。

たとえば、ネジのアタマが③キントウに揃っているのかを検査するみたいなおよそ退屈にしか見えない仕事にでも、取り組んでいる人間は、それなりにいる。

よく似たなりゆきを、部活の練習で経験した生徒もいるはずだ。作業や練習メニュー自体が退屈でも、毎日の繰り返しの中で成果があがれば、それなりに楽しくなってくることはある。

また、キツいサーキットトレーニングでも、気に入った仲間と一緒にこなしていれば、多少は楽しく取り組むことができる。

つまり「職業」そのものとは別に「職場」の善し悪しや向き不向きが、仕事の評価を変えることもあるということだ。

自分の気に入った職場で、6気のおけない仲間と一緒に働くのであれば、与えられた役割をこなすというそれだけのことが、責任感と達成感をもたらすことになる。それ以上に、他人の目には注6瑣末な検品作業に見えるであろう仕事であっても、長年それに取り組んでいる人間からすれば、いわく言いがたい微妙な難しさがあるわけで、一定の経験を積めば、その難しさ(他人から見れば単に「キツさ」にしか見えない何か)にチャレンジすることに誇りを感じるようになる。

つまり、多くのベテランが言うように、仕事の素晴らしさやくだらなさは、ある程度の期間それに携わってみないとわからないということだ。

であれば、職業の名前で他人の能力を判断したり、自分に与えられている肩書きで自分の幸福度やプライドを計測することは、テストの点数で他人を値踏みすること以上に空しいということがわかるはずだ。

13歳の君たちは、とてもアタマが良い。

それだけに、アタマだけで何かを判断することには慎重にならなければいけない。

仕事は、いずれ向こうからやってくる。

7それまでの間は、なるべくバカな夢を見ておくことをおすすめする。

(小田嶋　隆「13歳のハードワーク」『転換期を生きるきみたちへ
―中高生に伝えておきたいたいせつなこと』晶文社)

※途中一部省略、また表記を改めたところがあります。

注1　屎尿…大便と小便。
注2　端的…はっきりと手っ取り早い様子。
注3　指標…物事の基準になる目印。
注4　多岐…物事が多方面に関わりを持つこと。
注5　温床…ある考えが育ちやすい場所。
注6　瑣末…ちょっとしたこと。

問一　――線①は読み方を答え、②・③はカタカナを漢字に改めなさ

平成二十九年度 立教女学院中学校

【国語】〈四五分〉〈満点：九〇点〉

一 次の文章を読んで、あとの問いに答えなさい。

13歳の段階の少年少女が、自分の得意不得意や、好奇心や、好き嫌いや、あるいは友達のマネやアニメの影響で、どんな1職業に憧れるにせよ、その憧れは、どうせたいして現実的なお話ではない。

3年後には、たぶん笑い話になっている。

そういう、3年たってから振り返って笑えるみたいな憧れを持つのは大変に結構なことだ。

というのも、憧れは、それに到達することによってではなくて、届かないことや、じきに笑い話になることによって、それを抱いていた人間を成長させるものだからだ。

ただ、

「この広い世界には、きっと自分に向いた仕事があるはずだ」

という思い込みを抱くことは、夢を持つこととは違う。それは人生の選択を狭めかねない。その意味で、あまりおすすめできない。

そもそも職業は、その職に就きたい誰かのために考案されたものでもなければ、その職に向いた資質を備えた若者にふさわしい職場を与えるべく用意されたものでもない。

職業は、ごくシンプルに、人間社会の役割分担の結果として、社会の必要を満たすためにそこにあるものだ。

ゴミを拾うのが大好きな人間がいるからゴミが生まれているのではない。ゴミ愛好家のために廃品回収業という職業が考案されたわけでもない。

人間が生活すればゴミが生まれる。そして、ゴミを処理する人間がいないと社会が成り立たないから、ゴミ処理が職業として要請される。そういう順序だ。

職業については実際的な話をするなら、

「万人に向かない職業もあれば、ほとんどの人がなりたいと考える職業もある」

というのが本当のところだろう。

事実、生まれつき注1屎尿処理に向いた人間がいるとは考えにくいし、本人の意向として屎尿の処理に万全の興味と意欲を持っている若者というのも想像しにくい。

ただ、深刻な需要には高額の①賃金が支給されるかもしれないという意味で、屎尿処理は有望な仕事になり得る。

ついでに職業に就く人間に関して遠慮のないところを申し上げれば、

「たいていの仕事に向いている人間もいれば、ほとんどの仕事に向かない人間もいる」

というのが本当だ。

全世界の人間に、ひとつずつ、その人にだけ向いた仕事が用意されているわけではない。

そんなのは［ 2 ］だ。

学校の勉強の様子を見てみれば、中学生でも十分に理解できることだ。全科目で優秀な②セイセキを残すスーパーマンみたいな生徒もいれば、あらゆる科目のすべての単元に関して漏れ無く出来の悪い生徒もいる。これが現実だ。

だから、あらゆる子供に得意科目があって、すべての人間に優れた能力が授けられていると考えるのは注2端的に言って間違いだ。

私は、

「あきらめろ」

平成29年度

立教女学院中学校　▶解説と解答

算　数　(45分) ＜満点：90点＞

解　答

[1] (1) $\frac{1}{2}$　(2) 3333　(3) $\frac{1}{9}$　(4) ① 155cm　② 153cm　③ 148cm　(5) ① 7時間　② 12分　③ 7時間　(6) ① 4本　② 9本　③ 17本　(7) ① 90cm　② 675個　③ 450cm　(8) ① 1200m　② 500m　③ 300m　[2] (1) ① 0　② 9072　(2) ○…9，▲…4　[3] (1) **箱A**…66個，**箱B**…64個，**箱C**…70個　(2) **箱A**…296個，**箱B**…232個，**箱C**…184個　(3) 箱Aの方が104個多い　[4] (1) 132cm　(2) 36万L　(3) 3分　(4) 17.5cm　(5) ① 113cm2.5mm　② 5時間41分15秒後

解　説

[1] **四則計算，計算のくふう，和差算，仕事算，調べ，倍数，通過算**

(1) $\left(0.25\times\frac{3}{4}\div1\frac{1}{3}+0.125\div2\times1\frac{1}{4}-\frac{1}{32}\right)\div\left\{1\frac{1}{8}-\left(\frac{1}{2}+0.25\right)\right\}=\left(\frac{1}{4}\times\frac{3}{4}\div\frac{4}{3}+\frac{1}{8}\times\frac{1}{2}\times\frac{5}{4}-\frac{1}{32}\right)\div\left\{\frac{9}{8}-\left(\frac{2}{4}+\frac{1}{4}\right)\right\}=\left(\frac{1}{4}\times\frac{3}{4}\times\frac{3}{4}+\frac{5}{64}-\frac{1}{32}\right)\div\left(\frac{9}{8}-\frac{3}{4}\right)=\left(\frac{9}{64}+\frac{5}{64}-\frac{2}{64}\right)\div\left(\frac{9}{8}-\frac{6}{8}\right)=\frac{12}{64}\div\frac{3}{8}=\frac{3}{16}\times\frac{8}{3}=\frac{1}{2}$

(2) $0.28+2.96+29.94+299.92+2999.9=(0.28+299.92)+(2.96+29.94)+2999.9=300.2+32.9+2999.9=333.1+3000-0.1=3333.1-0.1=3333$

(3) $\frac{1}{24}+\frac{1}{40}+\frac{1}{45}+\frac{1}{72}+\frac{1}{120}=\frac{15}{360}+\frac{9}{360}+\frac{8}{360}+\frac{5}{360}+\frac{3}{360}=\frac{40}{360}=\frac{1}{9}$

(4) Aさん，Bさん，Cさんの3人の身長の平均は152cmだから，合計は，152×3＝456(cm)となる。また，Aさんの身長はBさんより2cm高く，Cさんの身長はAさんより7cm低いので，右上の図のように表せる。よって，Bさんの身長をあと2cm，Cさんの身長をあと7cm高くすると，3人の身長の合計は，456＋2＋7＝465(cm)となり，これはAさんの身長の3倍である。したがって，Aさんの身長は，465÷3＝155(cm)(…①)，Bさんの身長は，155－2＝153(cm)(…②)，Cさんの身長は，155－7＝148(cm)(…③)と求められる。

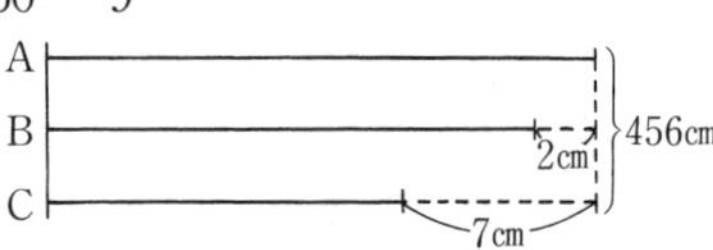

(5) この仕事全体の量を18と12の最小公倍数の36とすると，1時間あたりにする仕事の量は，Aさんが，36÷18＝2，Bさんが，36÷12＝3となる。よって，2人で仕事をすると，1時間あたり，2＋3＝5の仕事ができるので，36÷5＝7.2(時間)で終わり，0.2時間は，60×0.2＝12(分)だから，7時間12分(…①，②)で終わる。また，Aさんだけが何時間か休んで10時間かかったとき，Bさんは10時間仕事をしたので，Bさんがした仕事の量は，3×10＝30である。よって，Aさんがした仕事の量は，36－30＝6だから，Aさんが仕事をした時間は，6÷2＝3(時間)とわかる。したがって，Aさんが休んだ時間は，10－3＝7(時間)(…③)と求められる。

(6) 鉛筆とボールペンを1本ずつ買うと，その代金は，32＋108＝140(円)なので，色鉛筆の代金は，1217－140＝1077(円)となるが，このとき，色鉛筆の本数は，1077÷73＝14.7…より，整数にならない。同じようにして，鉛筆とボールペンが，2本ずつ，3本ずつ，…の場合も調べると，右上の表のようになり，鉛筆とボールペンが4本ずつのとき，色鉛筆の本数は，(1217－140×4)÷73＝9(本)で，整数となる。このあと，鉛筆とボールペンを1本ずつ増やしていくと，色鉛筆の代金は140円ずつ安くなり，140と73の最小公倍数は(140×73)だから，この次に色鉛筆の代金が73の倍数になるのは，その代金が(140×73)円安くなったときであるが，そのとき，色鉛筆の代金は0より小さくなってしまう。よって，鉛筆とボールペンは4本ずつ(…①)，色鉛筆は9本(…②)買ったとわかり，その本数の合計は，4＋4＋9＝17(本)(…③)となる。

鉛筆とボールペン(本)	1	2	3	4
鉛筆とボールペン(円)	140	280	420	560
色鉛筆(円)	1077	937	797	657
色鉛筆(本)	14.7…	12.8…	10.9…	9

(7) 立方体の1辺の長さは6，10，18の公倍数となり，右の計算より，6，10，18の最小公倍数は，2×3×1×5×3＝90だから，できるだけ小さい立方体をつくると，その1辺の長さは90cm(…①)になる。このとき，直方体は，縦に，90÷6＝15(個)，横に，90÷10＝9(個)，高さの方向に，90÷18＝5(個)ずつ並ぶから，直方体の個数は，15×9×5＝675(個)(…②)となる。また，立方体の1辺の長さは90の倍数であり，1辺の長さを90cmの2倍，3倍，4倍，…にすると，必要な直方体の個数は675個の，2×2×2＝8(倍)，3×3×3＝27(倍)，4×4×4＝64(倍)，…となる。よって，85000÷675＝125.9…より，直方体の個数が675個の，5×5×5＝125(倍)までならば85000個で足りるが，6×6×6＝216(倍)になると，85000個では足りなくなる。したがって，作ることのできる最も大きな立方体の1辺の長さは，90×5＝450(cm)(…③)である。

```
2 ) 6  10  18
3 ) 3   5   9
    1   5   3
```

(8) 時速144kmを秒速に直すと，144×1000÷(60×60)＝40(m)となるので，電車がトンネルの中を30秒間で進んだ長さは，40×30＝1200(m)(…①)である。また，電車が20秒間で進む長さは，40×20＝800(m)なので，電車全体がトンネルにかくれている間のようすと，電車が鉄橋を渡り始めてから渡り終わるまでのようすは右の図のようになる。よって，(トンネルの長さ)－(電車の長さ)＝1200m，(鉄橋の長さ)＋(電車の長さ)＝800mだから，{(トンネルの長さ)－(電車の長さ)}＋{(鉄橋の長さ)＋(電車の長さ)}＝(トンネルの長さ)＋(鉄橋の長さ)が，1200＋800＝2000(m)とわかる。さらに，トンネルの長さは鉄橋の長さの3倍だから，鉄橋の長さは，2000÷(3＋1)＝500(m)(…②)，電車の長さは，800－500＝300(m)(…③)と求められる。

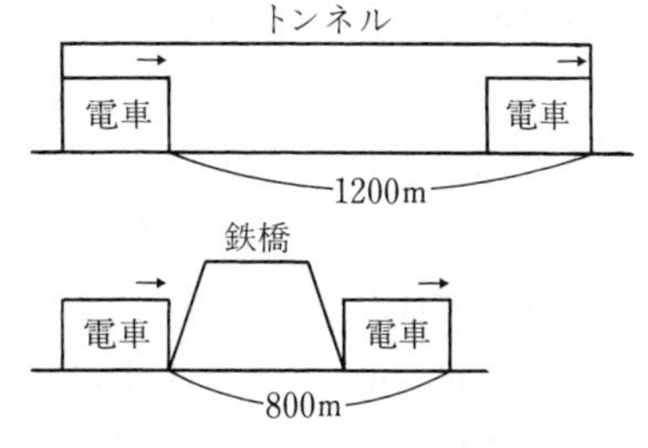

2 周期算，整数の性質

(1) ① $\frac{1}{13}$＝1÷13を計算すると，右の筆算より，商が0.076923となったとき，余りは0.000001となり，0.000001の「1」とわられる数の「1」が同じなので，小数第1位から小数第6位までの，{0，7，6，9，2，3}の6つの数字がこの後もくり返される。よって，2017÷6＝336余り1より，小

```
      0.076923
13 ) 1.00
       91
       90
       78
      120
      117
       30
       26
       40
       39
     0.000001
```

数第2017位の数字は小数第1位の数字と同じ0となる。　② 小数第1位から小数第6位までの6つの数字の和は，0＋7＋6＋9＋2＋3＝27であり，小数第1位から小数第2017位までは，この6つの数字が336回くり返されたあと，最後に1つの数字(0)がくるから，それらの数字の和は，27×336＋0＝9072と求められる。

(2) ○×○は最も大きくて，9×9＝81，最も小さくて，1×1＝1だから，▲▲×▲▲は最も小さくて，2017−81＝1936，最も大きくて，2017−1＝2016である。よって，33×33＝1089，44×44＝1936，55×55＝3025より，▲にあてはまる数は4とわかる。このとき，○×○＝81だから，○にあてはまる数は9となる。

3 条件の整理，消去算

(1) 56個の半分は，56÷2＝28(個)，80個の半分は，80÷2＝40(個)，64個の半分は，64÷2＝32(個)なので，右の図1より，1回シャッフルした後，箱Aのアメ玉は，28＋32＝60(個)，箱Bのアメ玉は，40＋28＝68(個)，箱Cのアメ玉は，32＋40＝72(個)となる。また，60個の半分は，60÷2＝30(個)，68個の半分は，68÷2＝34(個)，72個の半分は，72÷2＝36(個)なので，2回シャッフルした後，箱Aのアメ玉は，30＋36＝66(個)，箱Bのアメ玉は，34＋30＝64(個)，箱Cのアメ玉は，36＋34＝70(個)となる。

(2) シャッフルする前の箱A，B，Cに入っていた個数の半分をそれぞれa個，b個，c個とすると，右の図2より，1回シャッフルした後，箱Aのアメ玉は$(a+c)$個，箱Bのアメ玉は$(b+a)$個，箱Cのアメ玉は$(c+b)$個となるから，$a+c=240$，$b+a=264$，$c+b=208$とわかる。また，3つの箱のアメ玉の合計は，240＋264＋208＝712(個)だから，$a\times2+b\times2+c\times2=712$より，$a+b+c=712\div2=356$(個)とわかる。よって，$a=(a+b+c)-(c+b)=356-208=148$(個)，$b=(a+b+c)-(a+c)=356-240=116$(個)，$c=(a+b+c)-(b+a)=356-264=92$(個)より，シャッフルする前のアメ玉の個数は，箱Aが，148×2＝296(個)，箱Bが，116×2＝232(個)，箱Cが，92×2＝184(個)と求められる。

(3) 2回シャッフルする前の箱A，B，Cに入っていた個数の$\frac{1}{4}$をそれぞれp個，q個，r個とすると，2回シャッフルするときのようすは右の図3のようになるから，2回シャッフルした後，箱Aのアメ玉は$(p+r+r+q)$個，箱Bのアメ玉は$(q+p+p+r)$個，箱Cのアメ玉は$(r+q+q+p)$個となる。また，2回シャッフルする前の箱Aと箱Cのアメ玉の個数の差は，pとrの差の4倍である。2回シャッフルした後，箱Aのアメ玉は324個，箱Bのアメ玉は，(1024−324)÷2＝350(個)だから，$p+r+r+q=324$，$q+p+p+r=350$となる。よって，$(q+p+p+r)-(p+r+r+q)=p-r$が，350−324＝26(個)となるので，pはrよりも26大きいとわかる。したがって，2回シャッフルする前，箱Aと箱Cでは，箱Aの方が，26×4＝104(個)多かったとわかる。

4 グラフ―比の性質，水の深さと体積，単位の計算

(1) Aさんの身長の$\frac{6}{7}$とB先生の身長の$\frac{3}{4}$が等しいので，Aさんと B先生の身長の比は，$\left(1\div\frac{6}{7}\right)$

：$\left(1\div\frac{3}{4}\right)=\frac{7}{6}:\frac{4}{3}=7:8$とわかる。この比の，8－7＝1が22cmにあたるから，Aさんの身長は，22×7＝154(cm)となる。よって，水深は，$154\times\frac{6}{7}=132$(cm)と求められる。

(2) 120cm＝1.2mより，水の量は，25×12×1.2＝360(m^3)であり，1 m^3＝1000Lだから，360×1000＝360000(L)，つまり，36万Lとなる。

(3) 1cm＝0.01mより，水面が1cm上がるには，水を，25×12×0.01＝3(m^3)入れる必要がある。よって，毎分1000L，つまり，毎分1 m^3の水を注いだとき，水面が1cm上がるには，3÷1＝3(分)かかる。

(4) 水深は8分間で140cm浅くなるから，1分間で，140÷8＝17.5(cm)浅くなる。

(5) ① (4)より，水深は1分間で17.5cm浅くなるので，1分30秒後(1.5分後)には水深は，17.5×1.5＝26.25(cm)浅くなって，140－26.25＝113.75(cm)になる。また，毎分1000L(1 m^3)の水を1分30秒間(1.5分間)注ぐと，水は，1×1.5＝1.5(m^3)入るので，プールの床から水面までの高さは，1.5÷(25×12)＝0.005(m)，つまり，0.5cmとなる。よって，このときの高さ(ア)は，113.75－0.5＝113.25(cm)より，113cm2.5mmである。　② (3)より，1分30秒後からは，水面が1cm上がるのに3分かかるので，あと113.25cm上がるのに，3×113.25＝339.75(分)かかり，0.75分は，0.75×60＝45(秒)だから，339分45秒かかる。よって，満水になる時間(イ)は，1分30秒＋339分45秒＝341分15秒＝5時間41分15秒より，5時間41分15秒後である。

社会 (30分) <満点：60点>

解答

1 **問1** ウ　**問2** ウ　**問3** ア　**問4** エ　**問5** イ　**問6** イ　**問7** エ，位置…4　**問8** ウ，位置…12　**問9** **ア** 西之島　**イ** 対馬　**ウ** 淡路島　**2** **問1** (F)→H→C→A→(E)→(G)→D→I→B→(J)　**問2** 紀貫之　**問3** ウ→イ→エ→ア　**問4** ひめゆり　**問5** エ　**問6** 寺子屋　**問7** 承久　**問8** 卑弥呼　**問9** (1) オ　(2) イ　(3) エ　**問10** イ　**問11** エ　**問12** 市川房枝　**問13** 待機児童　**3** **問1** **1** 前文　**2** 条例　**問2** (1) 天皇　(2) **あ** 9　**い** 戦力　**う** 恐怖　**え** 欠乏　**問3** イ　**問4** イ　**問5** エ，オ　**問6** **あ** 健康　**い** 性別　**問7** A，C

解説

1 日本の国土と自然，水産業についての問題

問1 日本列島は，本州・北海道・九州・四国の四大島と6800を超(こ)える島々で構成される。

問2 漁業で働く人の数は年々減少しており，後継(こうけい)者が少ないため，働く人の高齢化も大きな問題になっている。よって，ウがまちがっている。

問3 魚や貝の卵を人工ふ化させ，稚魚(ちぎょ)や稚貝に育てて川や海に放流し，自然の力で大きく育ったものをとる漁業を「栽培漁業」という。いけすなどで大きくなるまで育てる養殖業とともに，「つくり育てる漁業」として注目されている。

問４　日本の東西南北の４つの端は，東が南鳥島(東京都)，西が与那国島(沖縄県)，北が択捉島(北海道)，南が沖ノ鳥島(東京都)である。よって，２つの島が東京都に属している。

問５　日本列島付近では，冬に冷たく乾いた北西の季節風が大陸から吹いてくる。この季節風が日本海を通過するさい，日本海側を北上する暖流の対馬海流の影響を受けて水蒸気を多くふくみ，日本海側の山々にぶつかって多くの雪を降らせる。

問６　マングローブは，海水と淡水が混ざり合う河口付近の汽水域に生育する常緑高木の総称で，おもに熱帯・亜熱帯地域で見られる。満潮になると海水が入りこむマングローブの森は魚介類の産卵場所やすみかにもなっており，日本では鹿児島県の南端から沖縄県にかけて連なる南西諸島で見ることができる。

問７　香川県(地図中の４)は瀬戸内の気候に属しており，年間降水量が少なく大きな川や湖がないため，古くから日照りの害(干害)を受けてきた。そのため，多くのため池をつくり，農業用水として利用してきた。戦後，この水不足を解消するため，隣県を流れる吉野川を水源として，導水トンネルで讃岐平野に水を引く香川用水がつくられた。

問８　鳥取県(地図中の12)東部の日本海沿岸では，中国山地を水源とする千代川により運ばれてきた土砂が海に流れ出た後，北西の季節風と沿岸流におしもどされて堆積し，東西約16km，南北約２kmにわたる日本最大級の鳥取砂丘が形成された。

問９　**ア**　西之島は小笠原諸島(東京都)に属する火山島で，東京の南方約1000kmの海上に位置する。2013年にこの島の近くの海底で噴火が始まり，溶岩の噴出や堆積で新島が出現。その後の活発な火山活動で新島は急速に拡大を続け，西之島と一体化した。　**イ**　対馬は長崎県に属する島で，九州と朝鮮半島のほぼ中間に位置するため，古くから大陸との通行路にあたる要地であった。この島の沖合いを，暖流の対馬海流が北上している。　**ウ**　淡路島は兵庫県に属する瀬戸内海最大の島で，玉ねぎの生産がさかん。本州とは明石海峡大橋，四国とは大鳴門橋で結ばれている。1995年に，この島の北部を震源とするマグニチュード7.3の兵庫県南部地震が起こり，死者・行方不明者約6500人を出す阪神・淡路大震災となった。

２　歴史の中での女性を題材にした問題

問１　Ａの紫式部や清少納言が活躍したのは平安時代，Ｂの第二次世界大戦末期の沖縄戦で女子学徒隊が活動したのは昭和時代(戦中)，Ｃの律令制度のもとで，重い税負担に苦しむ農民が逃亡するようになったのは奈良時代のこと。Ｄは「町人や百姓の子どもたちが読み書き・そろばんを学んだ」とあり，寺子屋のことを指しているので江戸時代。Ｅの源頼朝やその妻の北条政子が活躍したのは鎌倉時代。Ｆは邪馬台国の女王・卑弥呼について説明しているので弥生時代，Ｇは戦国時代から安土桃山時代についてのことがら。Ｈは聖徳太子の活躍について述べているので飛鳥時代，Ｉは自由民権運動とあることから明治時代，Ｊの女性参政権が実現したのは第二次世界大戦が終わった1945年の12月のことで，昭和時代(戦後)にあてはまる。よって，時代の古い順に並べかえると，(Ｆ)→Ｈ→Ｃ→Ａ→(Ｅ)→(Ｇ)→Ｄ→Ｉ→Ｂ→(Ｊ)となる。

問２　紀貫之は平安時代半ばごろに活躍した貴族・歌人で，土佐国(高知県)の国司の任期を終えて京都に帰る途中，みずからを女性にみたて，仮名日記である『土佐日記』を著した。また，醍醐天皇の命により，初の勅撰和歌集である『古今和歌集』の編さんにも参加した。

問３　ア～エはすべて第二次世界大戦末期の1945年のできごとで，アの長崎への原爆投下は８月９

日，イのアメリカ軍の沖縄島上陸は４月１日，ウの東京大空襲は３月10日，エの広島への原爆投下は８月６日である。よって，できごとを起きた順に並べると，ウ→イ→エ→アとなる。

問４　沖縄戦では，県立第一高等女学校・沖縄師範学校女子部の生徒・職員からなる「ひめゆり部隊」が結成され，従軍看護要員として活動したが，その多くが悲惨な死をとげた。沖縄島南部の糸満市には，その慰霊碑が建てられている。

問５　律令制度のもとで，成人男子には労役(雑徭)や兵役(衛士・防人)の義務が課された。防人は北九州の沿岸で３年間の守りにつく兵役，雑徭は国司のもとで年60日以内の労役につくものである。よって，エが正しくない。

問６　寺子屋は一般庶民の子どもを対象とした江戸時代の教育機関で，教育内容は「読み・書き」が圧倒的に多く，商業地では「そろばん」も教えられた。

問７　承久の乱(1221年)は，後鳥羽上皇が源氏の正系が３代で絶えたのをきっかけに，政治の実権を幕府から朝廷の手に取りもどそうとして起こした反乱である。このとき，幕府の陰の実力者として「尼将軍」とよばれた北条政子は，動揺する御家人たちを前に演説してその結束を固め，幕府軍を勝利に導いた。

問８　中国の歴史書『魏志倭人伝』には，３世紀の日本に邪馬台国という強大な国があり，女王の卑弥呼が30余りの小国をしたがえ，呪術(まじない)を用いて政治を行っていたことや，239年に魏(中国)に使いを送り，皇帝から「親魏倭王」の称号や金印，銅鏡100枚を授けられたことなどが記されている。

問９　(1)　織田信長は天下統一事業を進める中で，一向一揆を徹底的に弾圧するとともに，1571年には敵対する勢力に味方した比叡山の延暦寺を焼き討ちした。よって，オがあてはまる。　(2)　豊臣秀吉は信長が本能寺の変で倒れると，その事業を引きついで1590年に全国統一をはたした。その後，明(中国)の征服をくわだて，朝鮮に対し明への先導役をつとめるよう求めたが断られたため，２度にわたり朝鮮出兵を行った。よって，イがあてはまる。　(3)　徳川家康は関ヶ原の戦い(1600年)で豊臣方の石田三成らを破って天下の実権をにぎり，1603年には征夷大将軍に任じられて江戸に幕府を開いた。よって，エがあてはまる。　なお，アの武家諸法度や禁中並公家諸法度を定めたのは第２代将軍の徳川秀忠，ウの参勤交代を制度化したのは第３代将軍の徳川家光。

問10　聖徳太子は仏教を厚く信仰し，大和国斑鳩(奈良県)に法隆寺(写真のイ)を建てた。なお，アは東大寺の大仏(奈良県)，ウは厳島神社の社殿と大鳥居(広島県)，エは中尊寺金色堂(岩手県)。

問11　岩倉使節団についてアメリカに渡り，日本女性初の留学生となったのは津田梅子で，のちに女子英学塾(津田塾大学の前身)をつくって女子教育に力を注いだ。樋口一葉は明治時代の女流作家。よって，エが正しくない。

問12　市川房枝は大正・昭和時代に活躍した女性解放運動家・政治家で，1920年，女性の地位向上をめざして平塚らいてう(雷鳥)らとともに新婦人協会を設立し，第二次世界大戦後は参議院議員として活躍した。

問13　女性の社会進出が進む中で，子どもを保育園へ通わせたいのに入所できない子どもが増え，社会問題になっている。こうした子どもを「待機児童」といい，昨年，子どもを保育園に入れられなかった母親が，匿名のブログで待機児童問題に対する不満を訴えた。

3　日本国憲法と国民の権利についての問題

問1　**1**　日本国憲法の「前文」には，憲法の理念や日本国民の決意などが述べられている。
2　条例は地方公共団体が定めるその地域にだけ通用する規則で，地方議会で話し合って決められる。

問2　(1)　日本国憲法第1条は「天皇」の地位について定めた条文で，「天皇」は日本国と日本国民統合の「象徴」であるとしている。　(2)　**あ**　日本国憲法の「平和主義」の原則は前文と第9条に明記されている。　**い**　第9条には，国権の発動たる戦争と武力による威嚇や行使を永久に放棄することが，条文の2項には，この目的を達成するため，戦力を持たないこと，国の交戦権を認めないことが述べられている。　**う，え**　前文には，全世界の国民が「恐怖」と「欠乏」から免かれ，平和のうちに生存する権利があることが述べられている。

問3　予算案は必ず衆議院から先に審議されるが，法律案は参議院が先に審議してもよいことになっている。よって，イが正しい。なお，アについて，法律案の国会への提出権は内閣と国会議員にあり，予算案の提出権は内閣にある。ウについて，法律案は参議院が否決しても，衆議院で出席議員の3分の2以上の賛成により再可決すれば法律となる。予算案には再可決という条項はなく，衆議院と参議院とで議決が異なり両院協議会を開いても意見が一致しないとき，または参議院が衆議院で可決された予算を受け取ってから国会休会中を除いて30日以内に議決しない場合は，衆議院の議決が国会の議決になる。

問4　日本国憲法の第3章は「国民の権利及び義務」についての条文が列記されているが，その中では自由権の規定が多く，また国家権力による人権侵害を防ぐことを目的とした条文が多い。よって，イが正しい。なお，アについて，基本的人権は現在及び将来の国民に保障されるとしている。ウの国民の義務については，勤労・納税のほか，子どもに普通教育を受けさせる義務があることが規定されている。

問5　ブラジルは国土の大半が南半球にあるため，北半球にある日本と季節が逆になる。また，行政権を持つのは大統領で，女性が大統領に就任したことがある。よって，エ，オの2つが正しい。なお，アについて，日本人が初めてブラジルに移り住んだのは明治時代のことである。イについて，ブラジルは太平洋ではなく，大西洋に面している。ウについて，日本で暮らす外国人は中国人が最も多い。ブラジル人は韓国(大韓民国)人・フィリピン人についで4番目。統計資料は『日本国勢図会』2016／17年版による。

問6　①　憲法第25条の「生存権」の規定で，国民は「健康」で文化的な最低限度の生活を営む権利があるとしている。　②　憲法第14条の「法の下の平等」を定めた条文で，国民は人種・信条・性別や社会的身分・門地(家がら)により差別されないとしている。

問7　憲法の改正は，最終的に国民投票で過半数の賛成を経て承認される。また，憲法は国の「最高法規」とされ，これに反する法律や政令・命令などには効力がないとしている。よって，Aさんと C さんの2人の説明が正しい。なお，Bさんの説明について，憲法を尊重しこれを守る義務は公務員に限らず，すべての国民にある。Dさんの説明について，内閣に限らず，国会・裁判所などの国の機関や地方の機関は，憲法と法律にしたがって仕事を行わなければならない。

理 科 (30分) <満点：60点>

解 答

1 **問1** **(A)** ②，③，⑥ **(B)** ④，⑤ **(C)** ① **問2** **a** ⑥ **b** ⑤ **c** ① **d** ② **問3** (1) ① A…○，B…○ ④ G…×，H…○ ⑥ K…×，L…× (2) ⑤ **問4** **(A)** オ **(B)** ア，エ **(C)** イ，ウ，カ 2 **問1** イ，オ **問2** ア，エ **問3** **A** 120 **B** 336 **問4** ウ **問5** イ **問6** 鉄…ア，アルミニウム…ア，亜鉛…イ 3 **問1** H **問2** ア **問3** H **問4** 3 cm **問5** 60 g **問6** イ **問7** ア **問8** エ 4 **問1** ア **問2** エ，オ **問3** ア **問4** (1) イ (2) ウ

解 説

1 植物についての問題

問1 ① ホウセンカは，熟した実がみずからはじけて種子をあたりに散らす。 ② ヌスビトハギの実にはカギや細かい毛がはえていて，動物の毛にくっつきやすいつくりになっている。 ③ メナモミの花は，真ん中に小さな花が集まった部分があり，そのまわりに5個の総ほう片と呼ばれるものがある。この総ほう片はねばねばした液を出していて，動物の毛にくっつくと，総ほう片とその根元にある実が取れ，動物によって運ばれる。 ④ カエデの実には風を受けるつばさがあり，風によって運ばれる。 ⑤ タンポポは，実の上の方に綿毛(かん毛と呼ばれ，がくが変化したもの)があり，綿毛が風を受けることで種子が風によって運ばれる。 ⑥ ナンテンの赤い実は鳥のエサとなり，鳥に食べられる。実の中の種子は消化されず，遠くまで鳥によって運ばれ，ふんとともに地面に落とされる。

問2 **a** ヤマブドウは，実が動物に食べられ，動物があちこちでふんをすることで種子をひろげるので，⑥のナンテンと同様といえる。 **b** アキノノゲシは，⑤のタンポポのように実に綿毛があり，風に乗って移動する。 **c** タチツボスミレは，みずから実をはじけさせて中の種子を飛ばすので，①のホウセンカと同じである。 **d** アメリカセンダングサの実には，動物にくっつきやすいとげのようなものがついている。実がくっつきやすい形になっていることから，②のヌスビトハギが選べる。

問3 (1) インゲンマメの種子が発芽するためには水，適当な温度，空気(酸素)が必要で，光は必要ではない。①では，AもBも，水，適当な温度，空気の条件が満たされているので発芽する。④では，両方とも水と適当な温度の条件は満たされているが，Gは種子が水にしずんでいるため空気の条件が満たされてなく，発芽しない。Hは空気の条件も満たされており，発芽する。⑥では，KもLも水の条件が満たされてなく，発芽しない。 (2) ある条件が必要か必要でないかを調べるさいには，調べたい条件だけがちがい，ほかの条件は同じになっているものどうしを比べる。⑤は，光の条件(Iは暗く，Jは明るい)と温度の条件(Iは5℃以下，Jは20℃位)がちがうため，比べても何かを導き出すことができない。

問4 サツマイモとニンジンは，養分をたくわえてふくらんだ根が食用となる。カボチャは，実の中から種子を取りのぞいた部分(果皮と呼ばれる部分)を食用とする。トウモロコシでは種子を食べ

る。ふさにびっしりとついた１つぶ１つぶが種子である。また，ホウレンソウでは葉，ナスでは実を食べる。

2 金属や石灰石とうすい塩酸の反応についての問題

問１ 鉄やアルミニウム，亜鉛(あえん)にうすい塩酸を入れると，金属が反応してとけ，水素が発生する。水素は無色とう明な気体で，においはなく，水にはほとんどとけず，物質の中で最も軽い。また，非常に燃えやすく，水素の入った試験管の口に火を近づけると，ポンと音を立てて燃える。なお，アは二酸化炭素，ウは塩化水素など，エは酸素の性質である。

問２ 石灰石にうすい塩酸を入れると，石灰石が二酸化炭素のあわを出しながらとける。アで，石灰石(主成分は炭酸カルシウム)をガスバーナーで加熱すると，二酸化炭素が発生し，生石灰(酸化カルシウム)ができる。また，エで，炭酸水は二酸化炭素の水よう液なので，これを加熱すると，とけ切れなくなった二酸化炭素が出てくる。なお，イとオでは水素，ウでは酸素が発生する。

問３ **A** 表を見ると，鉄の場合，出てきた気体の体積は鉄の重さと比例していることがわかる。よって，$40\times0.3\div0.1=120(cm^3)$と求められる。 **B** アルミニウムの重さが0.3ｇのとき，出てきた気体の体積がアルミニウムの重さと比例していれば，$124\times0.3\div0.1=372(cm^3)$の気体が発生するはずである。しかし，実際は$336cm^3$しか発生していないので，ここでは入れたうすい塩酸がすべて反応し，アルミニウムの一部がとけ残ったと考えられる。したがって，アルミニウムの重さを0.4ｇにしたときも，うすい塩酸がすべて反応することで$336cm^3$の気体が発生する。

問４ アルミニウムとうすい塩酸を反応させるとき，はじめのうちは，出てくる気体の体積がアルミニウムの重さ(またはうすい塩酸の量)に比例する。しかし，どちらか一方がすべて反応すると，もう一方の量に関係なく，出てくる気体の体積は一定となる。よって，問３のＢより，グラフはウのように，はじめは比例を示すななめ上にのびる直線で，と中のアルミニウムの重さが0.3ｇになる手前で横じくに平行な直線となる。

問５ 表のはん囲内では石灰石の重さと出てきた気体の体積が比例しているので，用意したうすい塩酸に対し，石灰石0.4ｇはすべてとける。よって，うすい塩酸を２倍にうすめても，少なくとも半分の0.2ｇまでは石灰石がすべてとけるから，0.1ｇの石灰石を入れた場合は，石灰石がすべてとけて$22cm^3$の気体が出てくる。

問６ 鉄，アルミニウム，亜鉛をそれぞれ0.1ｇずつ入れた場合，出てくる気体の体積は，$40+124+34=198(cm^3)$となるが，実際は$232cm^3$なので，あと，$232-198=34(cm^3)$たりない。この分は亜鉛をさらに0.1ｇ加えることでちょうどおぎなえるから，ビーカーには，鉄とアルミニウムを0.1ｇずつ，亜鉛を0.2ｇ入れたことがわかる。

3 てこと輪じくについての問題

問１ ここでは，おもり１個の重さを１，支点からの距離(きょり)は間隔(かんかく)の数(たとえば，Ａの位置は６，Ｈの位置は２)で考えていく。Ｆの位置に２個のおもりをつるしたとき，左回りのモーメント(てこの左側の腕(うで)を下げようとするはたらき)は，$2\times1=2$なので，つり合わせるために右回りのモーメントも２とするには，$2\div1=2$より，おもり１個を支点から右へ間隔２つ分はなれたＨの位置につるしたらよい。

問２ 左回りのモーメントの合計，$1\times3+2\times1=5$よりも，右回りのモーメントの合計，$1\times2+1\times6=8$の方が大きいので，てこの右側の腕が下がる。

問3　左回りのモーメントの合計は，１×４＋２×２＝８なのに対し，Ｌの位置のおもりによる右回りのモーメントは，１×６＝６しかないので，加えるおもり１個は右側の腕につるす。よって，（８－６）÷１＝２より，支点から右へ間隔２つ分はなれたＨの位置につるしたらよい。

問4　図２のように割りばしがＡの位置を支点としてつり合っているので，図３においては割りばしの重さを考えなくてもよい。よって，支点の左右におもりを１個ずつつるすときは，支点からの距離を等しくすればつり合う。

問5　棒Ｑのつり合いを考えると，おもりＡの重さは，20×10÷５＝40(ｇ)とわかる。したがって，棒Ｐの左のはしには，20＋40＝60(ｇ)がかかるので，おもりＢの重さは，60×10÷10＝60(ｇ)である。

問6　人がロープを支える力は，図５では，２×20÷40＝１(kg)，アでは４kg(定かっ車なので，左側のロープと右側のロープでかかる力は同じになる)，イでは，３×20÷60＝１(kg)，ウでは，４×40÷80＝２(kg)，エでは，２×40÷20＝４(kg)となる。

問7　ペダルの輪じくについて，チェーンはＡにかかっているときの方が，Ｂにかかっているときよりも，ペダル(つまりペダルの輪じく)を１回転させたときにチェーンを多く動かすことができる。また，後輪の輪じくについて，同じ長さだけチェーンが動く場合は，チェーンがＤにかかっているときの方が，Ｃにかかっているときよりも，輪じく(つまり後輪)の回転数が多くなる。

問8　ペダルについては，(ペダルにかかる力)×(ペダルからペダルの輪じくの中心までの距離)＝(チェーンにかかる力)×(チェーンがかかっているペダルの輪じくの半径)という関係があるので，チェーンにかかる力が一定のとき，チェーンがかかっているペダルの輪じくの半径は小さい方が，ペダルにかかる力が小さくなる。また，後輪については，(自転車が動き出すときの後輪が地面をおす力)×(後輪の半径)＝(チェーンにかかる力)×(チェーンがかかっている後輪の輪じくの半径)という関係があるので，チェーンがかかっている後輪の輪じくの半径が大きい方が，チェーンにかかる力が小さくてすむ。

4　台風，降水量についての問題

問1　「東北地方太平洋側から上陸しました」と述べられているので，太平洋から東北地方に進んだようすがかかれているアが選べる。なお，「ブーメランのような動き」というのは，向こうにいったものがもどってくるという動きのことで，アでは日本の南の海上での進み方があてはまる。

問2　アで，台風はおもに積乱雲からできている。イで，台風の暴風域とは，平均風速が毎秒25m以上のはん囲をいう。ウで，台風の中心は「台風の目(眼)」とも呼ばれ，ゆるやかな下降気流が起こり，風が弱くて雲が少ない。

問3　台風のまわりでは，中心に向かって反時計回りにうずを巻くような風の吹(ふ)き方をしている。

問4　(1)　それぞれの容器はみな柱状であるから，水平に置いた容器に降水量100mmの雨が１時間降った場合，どの容器にも深さ100mmの雨水がたまる。　(2)　歩行者専用通路と階段の道幅(はば)は３ｍで，それらの水平方向の距離は左右合わせて，30＋30＝60(ｍ)である。よって，３×60＝180(m^2)の面積に降水量50mmの雨が２時間降ったことになるので，180×50÷1000×２＝18(m^3)の雨水が地下通路に流れこむことになる。ここで，地下通路の道幅も３ｍであるものとすると，階段のアの上のはしまで雨水がたまった場合の体積は，３×10×0.2＝６(m^3)，階段のイの上のはしまで雨水がたまった場合の体積は，６＋３×(10＋0.2×２)×0.2＝12.24(m^3)，階段のウの上のはしまで雨水がたまった場合の体積は，12.24＋３×(10＋0.2×４)×0.2＝18.72(m³)となる。したがって，地下通路に流れこんだ雨水の水面はウの部分にある。

国語 (45分) ＜満点：90点＞

解答

一 **問１** ① ちんぎん ②，③ 下記を参照のこと。 **問２** 社会の必要を満たすため **問３** ウ **問４** 職業の肩書きで人間を評価する考え方 **問５** **A** 自分に向いた楽しくてやりがいのある仕事 **B** （例） 自分に与えられた仕事 **問６** （例） 自分の気に入った職場で，気のおけない仲間と一緒に働けば，与えられた作業を毎日繰り返す仕事でも責任感や達成感が生じるし，長年続ければ微妙な難しさにチャレンジする誇りも感じられるから。 **問７** エ **問８** オ 二 **問１** 下記を参照のこと。 **問２** 緊張 **問３** （例） 須崎くんが差し出した犬を，おじいさんが気に入って，喜んで抱っこしてくれること。 **問４** イ **問５** ア **問６** （例） 前の飼い主に捨てられて，人間をきらい，人間には何も伝わらないとあきらめているかもしれない犬と，犬の事情を理解して，飼いたいと言ってくれているおじいさんとの間に，絆が結べますようにという願い。

●漢字の書き取り

一 問１ ② 成績 ③ 均等 二 問１ ① 看板 ② 展開 ③ 激 ④ 絶対

解説

一 **出典は内田樹編の『転換期を生きるきみたちへ―中高生に伝えておきたいたいせつなこと』所収の「13歳のハードワーク(小田嶋隆作)」による。**13歳の少年少女に向けて，自分に向いた職業があるはずだという思いこみを持つことの危険や，仕事とは何かを説明し，届かない憧れを持つことの意義を述べている。

問１ ① 労働者が労働力の対価として受け取る金銭。 ② 仕事や学業のできぐあい。 ③ 複数の物事の間に差がなく，等しいようす。

問２ 少しあとの部分で，職業は「社会の必要を満たすため」にあるものだと述べている。

問３ 直前の「そんな(のは)」とは，直前の文中にある「全世界の人間に，ひとつずつ，その人にだけ向いた仕事が用意されている」ということを指す。「たいていの仕事に向いている人間もいれば，ほとんどの仕事に向かない人間もいる」という筆者の考えからすれば，これはありえないことなのだから，“人をまどわすごまかし”という意味の「まやかし」が入る。なお，「あやかし」は，不思議なもの。化け物。「おどかし」は，こわがらせること。「おめかし」は，おしゃれをすること。

問４ 直前の文中の「職業の肩書きで人間を評価する考え方」が，「職業信仰」の具体的な内容にあたる。「～信仰」は，あるものを絶対のものと信じて疑わないことを表す。

問５ 「空虚」は，実質的な内容がなく，むなしいようす。「不遇感」は，才能や能力があるのに運が悪くて世に認められないというなげき。 **A** 直前の「どこかに青い鳥がいる」という思いこみが，「空虚な不遇感」をもたらすのである。「青い鳥」は，「自分に向いた楽しくてやりがいのある仕事」のたとえ。なお，「青い鳥」は，一般に幸福や希望の象徴として使われる。　**B**　どこかに「自分に向いた楽しくてやりがいのある仕事」があると思いこんでいるせいで，「喜び」を見いだせないものだから，現実に自分に与えられている仕事ということになる。

問6　続く部分で，部活の練習や検品作業などを例に説明している。退屈な作業でも「毎日の繰り返しの中で成果があがれば～楽しく」取り組めること，キツくても「気に入った仲間と一緒」なら「楽しく」取り組めることをあげ，「自分の気に入った職場で，気のおけない仲間と一緒に働くのであれば～責任感と達成感をもたらすことになる」と述べている。さらに，瑣末な作業に見えても「長年それに取り組んでいる」と「微妙な難しさ」がわかるようになり，その難しさに「チャレンジすることに誇りを感じるようになる」とも説明している。この内容を整理してまとめる。

問7　「気のおけない」は，遠慮や気づかいの必要がなく，うちとけているようす。

問8　本文の最初のほうに，「憧れを持つのは大変に結構なことだ」「憧れは，それに到達することによってではなくて，届かないことや，じきに笑い話になることによって，それを抱いていた人間を成長させるものだからだ」とある。つまり，「向こうから」やってきた現実の「仕事」に直面し，「バカな夢」（現実的ではない憧れ）に届かないという経験をすることが人を「成長させる」と筆者は考えているのだから，オが合う。

二　**出典は久米絵美里の『言葉屋②―ことのは薬箱のつくり方』による。**河原で拾った犬の里親探しをしていた詠子は，須崎くんのおじいさんが犬を飼いたがっているという話を聞き，みんなで犬をおじいさんのもとへ連れていく。

問1　①　店名や商品名などを書いて，人目を引く場所にかかげておくもの。　②　物事が次の段階に進むこと。　③　音読みは「ゲキ」で，「感激」などの熟語がある。　④　ここでは副詞的に用いられており，“必ずそうだ”という気持ちを表している。

問2　みんなが犬を連れて須崎くんのおじいさん宅を訪れたときの，「玄関先」の場面である。すぐ前に，犬を抱いた詠子の「緊張」しきったようすがえがかれている。

問3　この訪問は，河原で拾った犬の「里親」になってもらうことが目的である。実際に犬を見たおじいさんは，「犬はどこだ」「そいつは，ねずみだろう」と言っているが，そう言う前に「おじいさんの目」には「心」が表れていたのだから，落胆の「心」だと推測できる。詠子たちはそれとは逆の反応を「期待していた」こと，直前で「早く，おじいさんに抱っこしてもらわないと」と思っていることにも注目してまとめる。

問4　須崎くんは，おじいさんが自分たちの拾った犬をきらい，飼うことを拒否していると思って，自分の家に連れて帰ろうとした。少しあとで，「わしが，飼うと言っているのにか」とおじいさんが言っていることからもわかるように，おじいさんはその犬を飼うつもりでいたので，おじいさんに背を向けて歩き出した須崎くんに対し，勘違いしていることを気づかせようとして呼び止めたものと推測できる。よって，イがふさわしい。

問5　須崎くんはこの前で，おじいさんに「わんこの事情」を伝えている。具体的には，「大人の犬だから，なつかないかもしんない」「毛ぇ長いから～切ってやったりしなきゃいけねぇ」「前の飼い主に捨てられて，きっと，すっげぇ傷ついてんだ」という事情である。アの「小さい犬」で「もの足りないかもしれない」というのは，おじいさんの好みの問題である。

問6　前後にえがかれた詠子の思いを整理する。まず，問5で見たような「わんこの事情」を，おじいさんがすべて認め，受け入れてくれたことから，「わんこはおじいさんのもとへ行くべきなのではないだろうか」と考え，おじいさんと須崎くんとの「言い争い」を止める方法を考えている。次に，人間に捨てられた「わんこ」は「人間のことなんて好きではないかもしれない」が，犬と人間の「絆（きずな）」を「結びなおさせてほしい」と思っている。なお，「わんこ」の胸に詠子が押（お）しつけたのは，言葉を口にする勇気をくれるガラス玉である。「人間に何かを伝えることを，あきらめているかもしれない」「わんこ」に本心を「聞いてみよう」と，その玉を使ったのだと考えられる。これらの内容をふまえてまとめる。

2025年度用

中学スーパー過去問

■編集人 声の教育社・編集部
■発行所 株式会社 声の教育社
〒162-0814 東京都新宿区新小川町8-15
☎03-5261-5061(代) FAX03-5261-5062
https://www.koenokyoikusha.co.jp

※本書の内容についての一切の責任は当社にあります。内容・解説・解答・その他は当社ホームページよりお問い合わせ下さい。

よくある解答用紙のご質問

01

実物のサイズにできない

拡大率にしたがってコピーすると，「解答欄」が実物大になります。配点などを含むため，用紙は実物よりも大きくなることがあります。

02

A3用紙に収まらない

拡大率164％以上の解答用紙は実物のサイズ（「出題傾向＆対策」をご覧ください）が大きいために，A 3に収まらない場合があります。

03

拡大率が書かれていない

複数ページにわたる解答用紙は，いずれかのページに拡大率を記載しています。どこにも表記がない場合は，正確な拡大率が不明です。

04

1ページに2つある

1ページに2つ解答用紙が掲載されている場合は，正確な拡大率が不明です。ほかの試験回の同じ教科をご参考になさってください。

立教女学院中学校

【別冊】入試問題解答用紙編

解答用紙は本体からていねいに抜きとり、別冊としてご使用ください。

※　実際の解答欄の大きさで練習するには、指定の倍率で拡大コピーしてください。なお、ページの上下に小社作成の見出しや配点を記載しているため、コピー後の用紙サイズが実物の解答用紙と異なる場合があります。

●入試結果表

— は非公表

年度	項目	国語	算数	社会	理科	4科合計	合格者
2024（令和６）	配点(満点)	90	90	60	60	300	最高点 247
	合格者平均点	67.5	46.4	43.6	45.0	202.5	
	受験者平均点	—	—	—	—	—	最低点 185
	キミの得点						
2023（令和５）	配点(満点)	90	90	60	60	300	最高点 228
	合格者平均点	63.4	51.8	41.6	33.2	190.0	
	受験者平均点	—	—	—	—	—	最低点 176
	キミの得点						
2022（令和４）	配点(満点)	90	90	60	60	300	最高点 254
	合格者平均点	55.8	65.3	46.8	39.3	207.2	
	受験者平均点	—	—	—	—	—	最低点 189
	キミの得点						
2021（令和３）	配点(満点)	90	90	60	60	300	最高点 260
	合格者平均点	63.5	74.5	42.2	43.5	223.7	
	受験者平均点	—	—	—	—	—	最低点 208
	キミの得点						
2020（令和２）	配点(満点)	90	90	60	60	300	最高点 276
	合格者平均点	74.8	71.5	48.2	49.5	244.0	
	受験者平均点	—	—	—	—	—	最低点 229
	キミの得点						
2019（平成31）	配点(満点)	90	90	60	60	300	最高点 267
	合格者平均点	77.6	71.1	42.1	42.5	233.3	
	受験者平均点	—	—	—	—	—	最低点 217
	キミの得点						
2018（平成30）	配点(満点)	90	90	60	60	300	最高点 256
	合格者平均点	72.6	50.6	47.2	41.1	211.5	
	受験者平均点	—	—	—	—	—	最低点 194
	キミの得点						
平成29	配点(満点)	90	90	60	60	300	最高点 262
	合格者平均点	69.7	61.8	47.6	44.2	223.3	
	受験者平均点	—	—	—	—	—	最低点 206
	キミの得点						

※　表中のデータは学校公表のものです。ただし、４科合計は各教科の平均点を合計したものなので、目安としてご覧ください。

声の教育社

２０２４年度　　立教女学院中学校

算数解答用紙

番号		氏名	

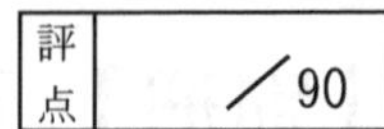

1	(1)	(2)	(3)	
	(4) A D H E / B C G F			
	(5)	① 円	② 個	
	(6)	① cm²	② cm³	
	(7)	① 問	② 問	③ 問
	(8)	① cm²	② cm²	
	(9)	① m	② m	③ m
2	(1) :	(2) m		
	(3) m			
3	(1) 個	(2)		
	(3) 個	(4)		
4	(1) cm³	(2) cm³		
	(3) AR＝ cm	CS＝ cm	(4) cm³	

（注）この解答用紙は実物を縮小してあります。Ｂ５→Ａ４（115%）に拡大コピーすると、ほぼ実物大の解答欄になります。

〔算　数〕90点（推定配点）

1　各４点×9＜(5)～(9)はそれぞれ完答＞　2　(1)　４点　(2)，(3)　各５点×2　3，4　各５点×8＜4の(3)は完答＞

２０２４年度　立教女学院中学校

社会解答用紙

番号		氏名		評点	／60

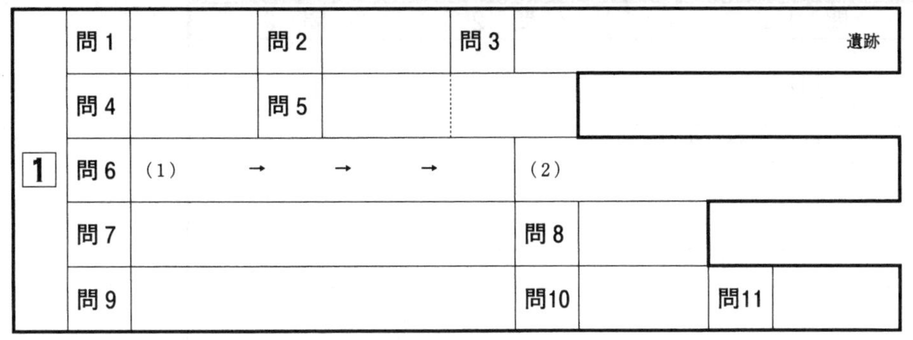

1						
問１		問２		問３	遺跡	
問４		問５				
問６	（1）　→　→　→			（2）		
問７				問８		
問９				問10	問11	

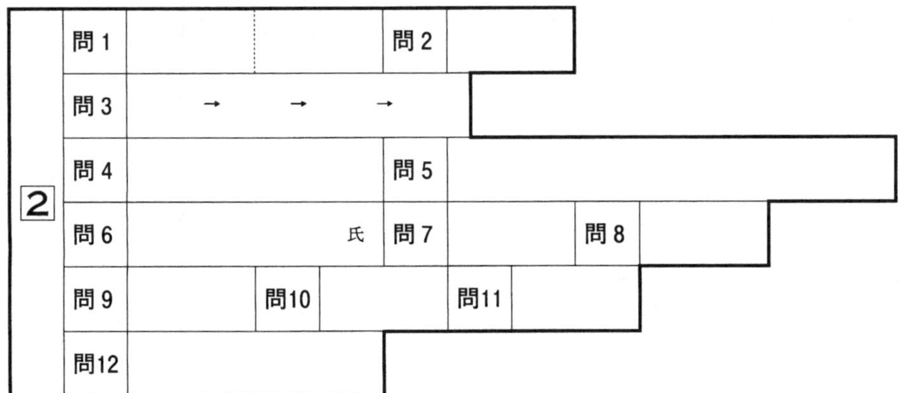

2						
問１		問２				
問３	→　→　→					
問４		問５				
問６	氏	問７		問８		
問９		問10		問11		
問12						

3				
問１	ア	イ	ウ	エ
問２		問３	（1）	（2）
問４	（1）	（2）　年		
	（3）a	b		
問５	（1）	（2）		
問６	（1）	（2）		
問７	（1）a	b	（2）	

（注）この解答用紙は実物を縮小してあります。Ｂ５→Ａ３（163％）に拡大コピーすると、ほぼ実物大の解答欄になります。

〔社　会〕60点（推定配点）

1　問１～問４　各１点×４　問５　２点＜完答＞　問６　(1)　２点＜完答＞　(2)　１点　問７　１点　問８～問11　各２点×４　2　問１　２点＜完答＞　問２　１点　問３　２点＜完答＞　問４～問７　各１点×４　問８～問11　各２点×４　問12　１点　3　問１，問２　各１点×５　問３　(1)　２点　(2)　１点　問４　(1)，(2)　各１点×２　(3)　a　１点　b　２点　問５　各２点×２　問６　(1)　１点　(2)　２点　問７　(1)　a　１点　b　２点　(2)　１点

２０２４年度　立教女学院中学校

理科解答用紙

番号		氏名		評点	／60

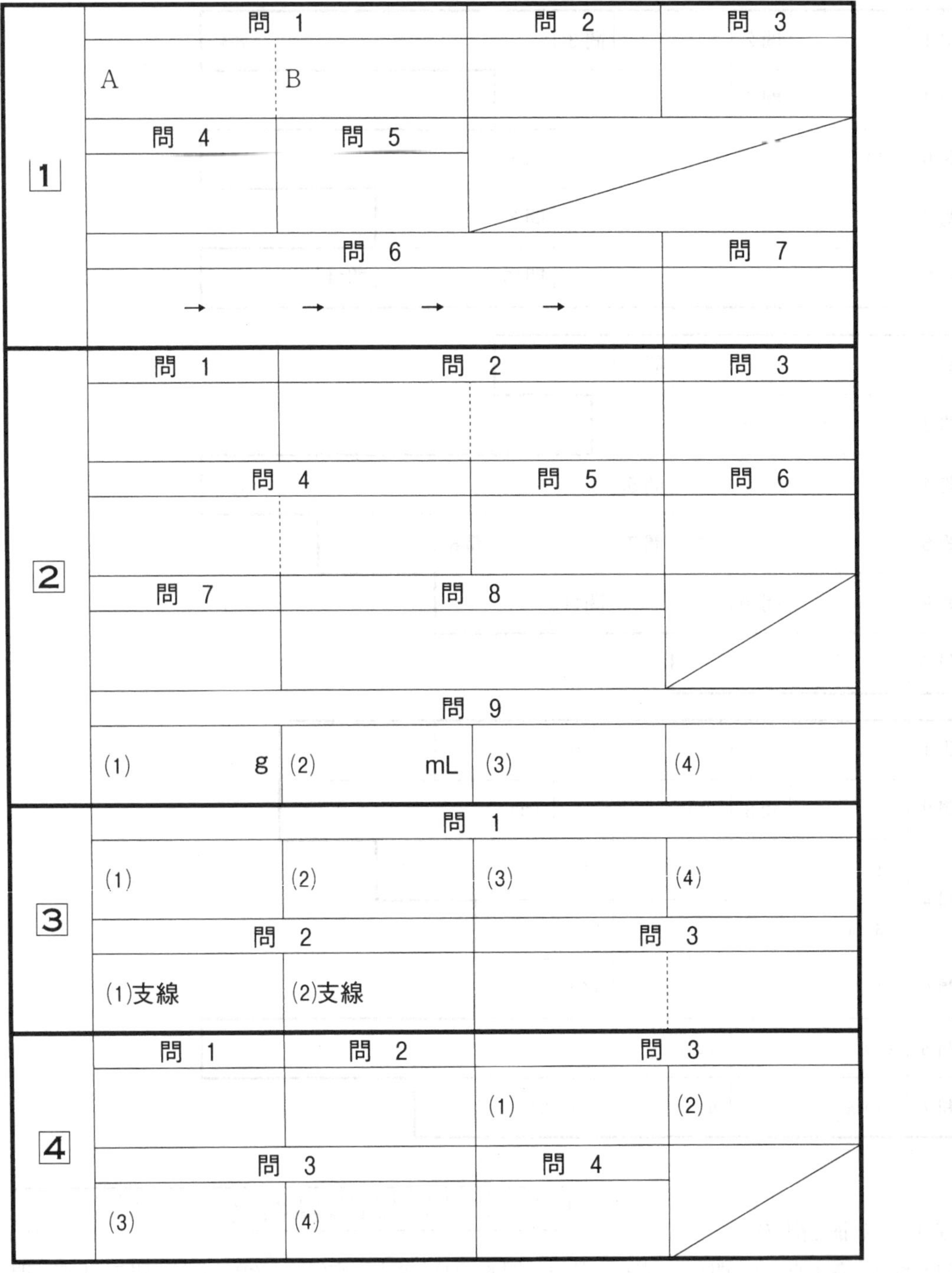

1

問1 A	問1 B	問2	問3
問4	問5		
問6 → → → →			問7

2

問1	問2		問3
問4		問5	問6
問7	問8		
問9 (1) g	(2) mL	(3)	(4)

3

問1 (1)	(2)	(3)	(4)
問2 (1)支線	(2)支線	問3	

4

問1	問2	問3 (1)	(2)
問3 (3)	(4)	問4	

（注）この解答用紙は実物大です。

〔理　科〕60点(推定配点)

1, 2　各２点×19＜1の問１，問６，2の問２，問４，問８は完答＞　3　問１　(1)，(2)　各１点×２　(3)，(4)　各２点×２　問２　各１点×２　問３　２点＜完答＞　4　問１，問２　各２点×２　問３　(1)，(2)　各１点×２　(3)，(4)　各２点×２　問４　２点

２０２４年度　立教女学院中学校

国語解答用紙

番号		氏名		評点	/90

一

問一　①　②　③　④

問二

問三

問四

問五

問六

問七

二

問一　①　②　③　④

問二

問三

問四

問五

問六

（注）この解答用紙は実物を縮小してあります。Ｂ５→Ａ３（163%）に拡大コピーすると、ほぼ実物大の解答欄になります。

〔国　語〕90点（推定配点）

一　問１　各３点×４　問２，問３　各４点×２　問４　６点　問５　４点　問６　６点　問７　10点　二　問１　各３点×４　問２，問３　各４点×２　問４，問５　各６点×２　問６　12点

２０２３年度　立教女学院中学校

算数解答用紙

番号		氏名		評点	／90

大問	小問			
1	(1)	(2)	(3)	
	(4)	個		
	(5)	① 個	② 個	
	(6)	① %	② g	③ %
	(7)	① 度	② 度	③ 度
	(8)	① 人	② 人	
	(9)	① 円	② 円	③ 円
2	(1) cm^2	(2) cm^3		
	(3) cm^2	(4) cm^2		
3	(1)	1番目	2番目	(2)
	(3)	分数	番目	(4) 番目
4	(1) 毎秒 m	(2) 分 秒	(3) 分 秒	
	(4)	大人 人, 子ども 人	分 秒	

（注）この解答用紙は実物大です。

〔算　数〕90点(推定配点)

1, 2　各４点×13＜1の(5)～(9)はそれぞれ完答＞　3　(1), (2)　各４点×2＜(1)は完答＞　(3), (4)　各５点×2＜(3)は完答＞　4　各５点×4＜(4)は完答＞

２０２３年度　立教女学院中学校

社会解答用紙

番号　　氏名　　評点　／60

1

問１　(1)　(2)　(3)　問２　問３

問４　問５

問６　(1)　(2)

問７　(1)　(2)①　②　③　④　⑤　⑥　X　Y　Z

2

問１　→　→　→　問２　問３

問４　問５

問６　→　→　→　問７　問８

問９　問10　問11

問12　問13

問14　問15　A　B

問16　問17

問18　問19

3

問１　(1)　(2)

問２　(1)　(2)　な社会

問３　問４　(1)　(2)　(3)　(4)

問５　から　へ　問６　(1)　(2)

問７　問８

問９　あ　い

（注）この解答用紙は実物を縮小してあります。Ｂ５→Ｂ４(141%)に拡大コピーすると，ほぼ実物大の解答欄になります。

〔社　会〕60点(推定配点)

1，2　各１点×40<1の問６の(2)，2の問１，問６は完答>　3　問１　各１点×２　問２　各２点×２　問３～問８　各１点×10<問４，問６は各々完答>　問９　各２点×２

２０２３年度　立教女学院中学校

理科解答用紙

番号		氏名		評点	／60

1

問 1	問 2	問 3	問 4

問 5		問 6	問 7
形	特徴		

2

問 1	問 2	問 3	
		はやい	おそい

問 4	問 5	問 6

3

問 1	問 2	問 3	問 4

問 5	問 6	問 7

4

問 1	問 2	問 3	問 4

問 5	問 6	問 7

問 8

（注）この解答用紙は実物大です。

〔理　科〕60点（推定配点）

1　問１～問４　各２点×4＜問２，問４は完答＞　問５　３点＜完答＞　問６，問７　各２点×2　2　問１～問５　各２点×6＜問４，問５は完答＞　問６　３点＜完答＞　3，4　各２点×15＜3の問５，問６，4の問５，問８は完答＞

二〇二三年度　立教女学院中学校

国語解答用紙

番号　氏名　評点 /90

一

問一 ① せる ② ③ ④

問二

問三

問四 3 4

問五

問六

問七

二

問一 ① ② ③

問二

問三

問四 3 4

問五

問六

問七

（注）この解答用紙は実物を縮小してあります。Ｂ５→Ａ３（163％）に拡大コピーすると、ほぼ実物大の解答欄になります。

〔国　語〕90点（推定配点）

一　問１　各３点×４　問２～問４　各４点×４　問５　５点　問６　４点　問７　10点　二　問１　各３点×３　問２，問３　各４点×２　問４　各３点×２　問５，問６　各５点×２　問７　10点

２０２２年度　立教女学院中学校

算数解答用紙

番号		氏名		評点	／90

1	(1)	(2)	(3)	
	(4)	①	②	
	(5)	① 本	② 本	
	(6)	cm^3		
	(7)	① cm	② cm^2	
	(8)	① %	② %	
	(9)	①毎分 m	② 分	③ 秒
2	(1)	(2)		
	(3)	(4)		
3	(1) 時間	(2) 時間		
	(3) 人	(4) 時間 分		
4	(1)	A cm^2	B cm^2	C cm^2
	(2) cm^3	(3) cm		

（注）この解答用紙は実物大です。

〔算　数〕90点(推定配点)

1 各４点×９＜(4), (5), (7), (8), (9)は完答＞　2, 3 各５点×８　4 (1) ４点＜完答＞　(2), (3) 各５点×２

２０２２年度　立教女学院中学校

社会解答用紙

番号		氏名		評点	／60

1

問１	（1）	（2）　平野	問２	
問３				

2

問１	（1）	（2）	（3）
	（4）	（5）	（6）
	（7）	（8）	
問２	B	C	D
	E	F	

3

問１		問２		問３	→ → →
問４		問５		問６	
問７	→ → → →	問８			
問９		問10		問11	
問12	遺跡	問13		問14	
問15		問16			
問17	（1）	（2）			
	（3）　プレート				

4

【１】	問１	ア	イ	ウ	問２
	問３		問４		問５
	問６				
【２】	問１		問２	(1)	(2)
	問３		問４		
	問５		問６	記号	言葉

（注）この解答用紙は実物を縮小してあります。Ｂ５→Ａ３（163%）に拡大コピーすると、ほぼ実物大の解答欄になります。

〔社　会〕60点（推定配点）

1 問１　各１点×２　問２，問３　各２点×２＜問２は完答＞　2 各１点×13　3 問１～問15　各１点×15＜問３，問７は完答＞　問16，問17　各２点×４　4 【１】 問１～問４　各１点×６　問５，問６　各２点×２　【２】 問１～問５　各１点×６　問６　２点＜完答＞

２０２２年度　立教女学院中学校

理科解答用紙

番号		氏名		評点	／60

1	問 1	問 2 (1)	問 2 (2)	
	問 2 (3)	問 3 (1)	問 3 (2)	
2	問 1	問 2	問 3 (1)	
	問 3 (2)	問 4 (1)	問 4 (2)	
	問 5	問 6	問 7	
3	問 1	問 2	問 3	
	問 4 (1)Ⓐ 高さと時間	直径と時間	Ⓑ 高さと時間	直径と時間
	問 4 (2)Ⓐ	Ⓑ		
4	問 1	問 2 (1)	問 2 (2)	問 2 (3)
	問 3			

（注）この解答用紙は実物を縮小してあります。Ｂ５→Ａ４(115%)に拡大コピーすると、ほぼ実物大の解答欄になります。

〔理　科〕60点(推定配点)

1　問１　３点<完答>　問２　(1)，(2)　各２点×２　(3)　３点<完答>　問３　各２点×２　2　問１　２点　問２　３点<完答>　問３〜問７　各２点×７<問３の(2)，問４の(1)は完答>　3　問１〜問３　各２点×３　問４　(1)　各３点×２<各々完答>　(2)　各２点×２　4　問１，問２　各２点×４　問３　３点<完答>

二〇二二年度　立教女学院中学校

国語解答用紙

番号　　氏名　　評点 /90

一

問一 ①　②　③

問二

問三 2　3

問四 a　b

問五 (1)　(2)

問六

二

問一 ①　②　③　④

問二

問三

問四

問五

問六

問七

（注）この解答用紙は実物を縮小してあります。B5→A3（163%）に拡大コピーすると、ほぼ実物大の解答欄になります。

〔国　語〕90点(推定配点)

一　問1　各3点×3　問2～問4　各4点×4<問4は完答>　問5　(1)　5点　(2)　各4点×2　問6　10点　二　問1　各3点×4　問2～問6　各4点×5　問7　10点

２０２１年度　立教女学院中学校

算数解答用紙

番号		氏名	

評点	／90

1	(1)	(2)	(3)	
	(4)	① 人	② 個	
	(5)	① 年後	② 才	
	(6)	①	②	
	(7)	①時速 km	②時速 km	③ 時間
	(8)	① 本	② 本	
	(9)	① 題	② 題	
2	(1) ：	(2) cm²		
	(3) ：	(4) ： ：		
3	(1)	(2)		
	(3)	(4)		
4	(1) cm²	(2) ：		
	(3) cm	(4) 度		
	(5) $N=$			

（注）この解答用紙は実物大です。

〔算　数〕90点(推定配点)

1，2　各４点×13＜1の(4)～(9)はそれぞれ完答＞　3　(1)，(2)　各３点×２　(3)，(4)　各４点×２

4　(1)　４点　(2)～(5)　各５点×４

2021年度　立教女学院中学校

社会解答用紙

番号		氏名		評点	／60

1

問1	(1)	(2)	(3)
	(4)	(5)	(6)
問2	A	B	C / D
問3		問4	問5
問6		問7	問8
問9		問10	問11

2

問1	(1)	(2)	(3)
	(4)	(5)	(6)
	(7)	(8)　号	(9)
問2		問3	問4
問5	年	問6	問7
問8		問9	問10
問11		問12	問13

3

問1		問2	問3
問4		問5 (1) (2)	
問6	(1)	(2)	(3)
	(4)	問7	問8
問9			

（注）この解答用紙は実物を縮小してあります。Ｂ５→Ｂ４（141％）に拡大コピーすると、ほぼ実物大の解答欄になります。

〔社　会〕60点（推定配点）

1, 2　各１点×40<1の問８，2の問３は完答>　3　問１～問５　各１点×６<問４は完答>　問６～問９　各２点×７<問６の(3)は完答>

２０２１年度　立教女学院中学校

理科解答用紙

番号		氏名	

評点	／60

1

問 1	問 2		問 3	
	Ⅰ	Ⅱ	図	理由

問 4	問 5	問 6	問 7
			回

2

問 1		問 2	問 3	問 4
(1)	(2)			

問 5	問 6
	＞　＞　＞

3

問 1	問 2	問 3	問 4
		から　まで	

問 5	問 6		問 7	問 8
	図	理由		

問 9

4

問 1	問 2	問 3	問 4

問 5	問 6	問 7
g		

（注）この解答用紙は実物大です。

〔理　科〕60点(推定配点)

1 問１　２点<完答>　問２，問３　各１点×４　問４～問７　各２点×４　2　各２点×７<問６は完答>　3　問１～問５　各２点×５　問６　各１点×２　問７～問９　各２点×３　4　各２点×７

二〇二二年度　立教女学院中学校

国語解答用紙

番号　　氏名　　評点 /90

一

問一 ①　②　③　れ　④　る

問二 Ⅰ　Ⅱ　Ⅲ　Ⅳ

問三

問四

問五

問六

二

問一 ①　び　②　③　④

問二　ところ

問三

問四

問五 (1)　(2)

問六

（注）この解答用紙は実物を縮小してあります。B５→A３（163%）に拡大コピーすると、ほぼ実物大の解答欄になります。

〔国　語〕90点(推定配点)

一　問1，問2　各3点×8　問3，問4　各5点×2　問5　10点　問6　5点　二　問1　各3点×4　問2　5点　問3，問4　各3点×2　問5　(1)　3点　(2)　5点　問6　10点

２０２０年度　立教女学院中学校

算数解答用紙

番号		氏名		評点	／90

1	(1)	(2)	(3)	
	(4)	① 度	② 2時 分	
	(5)	① %	② 人	
	(6)	① 毎分 m	② 毎分 m	
	(7) cm²	(8) 個		
	(9)	① g	② %	
2	(1) m²	(2) m²		
	(3) cm²			
3	(1)	(2)		
	(3)① ②	(4)③ ④		
4	(1) cm	(2) ：	(3) ：	
	(4) 秒	(5) 毎秒 cm		

（注）この解答用紙は実物大です。

〔算　数〕90点（推定配点）

1　各4点×9＜(4)，(5)，(6)，(9)は完答＞　2　(1)　3点　(2)，(3)　各4点×2　3　(1)　3点　(2)　5点　(3)，(4)　各3点×4　4　(1)～(3)　各4点×3　(4)　5点　(5)　6点

２０２０年度　立教女学院中学校

社会解答用紙

番号		氏名	

評点	／60

1					
1	問１	(1)	(2)	(3)	(4)
		(5)	(6)	問２	
	問３	(1)	(2)	(3)	
		(4)	(5)		
		ア	イ	ウ	エ
		オ	カ	キ	ク
	問４		問５		

2								
2	問１		問２		問３	→ → →		
	問４		問５		問６			
	問７		問８	条約				
	問９		問10			問11		
	問12		問13	年　月　日	問14			
	問15		問16		問17			

3				
3	問１	(1)	(2)	(3)
	問２	(1)	(2)	
	問３	(1)	(2)	(3)
	問４		問５	
	問６	(1)a　b　c	(2)	
	問７	(1)　年	(2)	

（注）この解答用紙は実物を縮小してあります。Ａ３用紙に152%拡大コピーすると、ほぼ実物大で使用できます。（タイトルと配点表は含みません）

〔社　会〕60点(推定配点)

1 問１～問３　各１点×20　問４，問５　各２点×２<問４は完答>　2 問１，問２　各１点×２　問３　２点<完答>　問４～問７　各１点×４　問８　２点　問９～問17　各１点×10　3 問１～問５　各１点×10　問６　各２点×２<(1)は完答>　問７　各１点×２

２０２０年度　立教女学院中学校

理科解答用紙

番号		氏名	

評点	／60

1	問 1	問 2	問 3
	問 4	問 5	問 6
2	問 1	問 2	問 3	問 4
	問 5	問 6	問 7	問 8 ① 個
3	問 1 断面図	問 2 向き	問 3	問 4
	問 5 (1) (2)	問 6	問 7	問 8
4	問 1	問 2	問 3
	問 4	問 5	問 6
	問 7		

(注) この解答用紙は実物大です。

〔理　科〕60点(推定配点)

1～4　各２点×30<1の問１，3の問１，問５の(1)，4の問１，問７は完答>

二〇二〇年度　立教女学院中学校

国語解答用紙

番号　氏名　評点 /90

一
問一 ①　く　②　③　④
問二 最初　最後　こと
問三
問四
問五　すること
問六

二
問一 ①　②　③　④
問二
問三 2　4
問四
問五
問六
問七

(注) この解答用紙は実物を縮小してあります。A3用紙に147%拡大コピーすると、ほぼ実物大で使用できます。(タイトルと配点表は含みません)

〔国　語〕90点(推定配点)

一 問1　各3点×4　問2〜問5　各5点×4　問6　10点　二 問1　各3点×4　問2　5点　問3　各3点×2　問4〜問6　各5点×3　問7　10点

２０１９年度　　立教女学院中学校

算数解答用紙

番号		氏名		評点	／90

1	(1)	(2)	(3)	
	(4) ① 人	② 人		
	(5) ① %	② g		
	(6) 人	(7) 円		
	(8) ① 個	② 個		
	(9) ① 人	② ヶ所		
2	(1) 毎分 m	(2) 時 分		
	(3) 時 分	(4) 時 分		
3	(1)	(2) 回		
	(3) ①	②		
4	(1) 枚	(2) 枚		
	(3) ①	②	③	④

（注）この解答用紙は実物大です。

〔算　数〕90点（推定配点）

1　各４点×9＜(4)，(5)，(8)，(9)は完答＞　2　各６点×4　3，4　各５点×6＜3の(3)，4の(3)は完答＞

２０１９年度　立教女学院中学校

社会解答用紙

番号		氏名		評点	／60

1

問1	ア	イ	ウ	
問2	ア	イ	ウ	エ

2

問1		問2	製品	都市　市
問3				

3

問1		問2		問3		問4	
問5		問6		問7			
問8		問9		問10			
問11		問12		問13	年　月　日		
問14	→　→　→　→⑦→⑤→　→　→　→						

4

問1		問2		問3	
問4		問5		問6	
問7	(1)	(2)		問8	
問9		問10		問11	

（注）この解答用紙は実物を縮小してあります。Ｂ４用紙に135％拡大コピーすると、ほぼ実物大で使用できます。（タイトルと配点表は含みません）

〔社　会〕60点（推定配点）

1，2　各２点×11＜1の問２は各々完答＞　3　問１　１点　問２　２点　問３　１点　問４～問６　各２点×３＜問５は完答＞　問７，問８　各１点×３　問９，問10　各２点×２　問11，問12　各１点×２　問13，問14　各２点×２＜問14は完答＞　4　問１，問２　各１点×２　問３　２点＜完答＞　問４～問７　各１点×５　問８，問９　各２点×２＜各々完答＞　問10，問11　各１点×２

２０１９年度　立教女学院中学校

理科解答用紙

番号		氏名	

評点	／60

1

A 問 1	問 2	問 3 ①	問 3 ②	問 3 ③

問 3 ④	問 3 ⑤	問 4	B 問 5

2

問 1	問 2	問 3	問 4

問 5 ①	問 5 ②	問 6

3

A 問 1	問 2	問 3	問 4

B 問 5 ①	問 5 ②	問 5 ③	問 6

4

問 1	問 2	問 3
		区間

問 4	問 5

（注）この解答用紙は実物大です。

〔理　科〕60点（推定配点）

1　問 1，問 2　各 2 点×2　問 3　各 1 点×5　問 4，問 5　各 2 点×2　2　各 2 点×7＜問 3，問 5 の①，問 6 は完答＞　3　問 1，問 2　各 2 点×2＜問 1 は完答＞　問 3　3 点　問 4，問 5　各 2 点×4　問 6　3 点　4　各 3 点×5＜問 1，問 4 は完答＞

二〇一九年度　立教女学院中学校

国語解答用紙

番号　　氏名　　評点 /90

一
問一 ①　②　③ わって　④
問二
問三
問四
問五 もの
問六

二
問一 ①　②　③ れた　④ いた
問二
問三 ↓ ↓ ↓
問四
問五
問六
問七

(注) この解答用紙は実物を縮小してあります。A3用紙に147%拡大コピーすると、ほぼ実物大で使用できます。(タイトルと配点表は含みません)

〔国　語〕90点(推定配点)

一 問1　各3点×4　問2　5点　問3　10点　問4～問6　各5点×3　二 問1　各3点×4　問2　5点　問3　6点＜完答＞　問4～問6　各5点×3　問7　10点

２０１８年度　　立教女学院中学校

算数解答用紙

番号		氏名		評点	／90

1	(1)		(2)	(3)
	(4)	① 枚	② 枚	③ 枚
	(5)	① cm^2	② L	③ cm
	(6)	① 円	② 円	③ 円
	(7)	① cm^2	② cm	③ cm
	(8)	① 袋	② 個	③ 個
2	(1)	① 分後	② 分 秒後	
	(2)	① 分 秒後	② 分 秒後	
3	(1) 個		(2) 個	
	(3) 個		(4)	
4	(1)	①	②	③
	(2)	Aさん 歳	Bさん 歳	
		Cさん 歳	Dさん 歳	

（注）この解答用紙は実物大です。

〔算　数〕90点(推定配点)

1　各５点×８＜(4)～(8)はそれぞれ完答＞　2～4　各５点×10＜4は各々完答＞

2018年度　立教女学院中学校

社会解答用紙

番号		氏名		評点	／60

1					
	問1	1	2	3	4
		5	6	7	問2
	問3	海	問4		
	問5	1	2	3	
		4	5	6	

2	①		②		③		④		⑤		⑥	

3							
	問1	1	2	3	4		
		5	6	7	問2		
	問3		問4		問5		
	問6		問7		問8		
	問9		問10				
	問11						

4							
	問1		問2	＞　＝　＞　＞			
	問3		問4		問5	(1)	(2)
	問6		問7				
	問8	と	問9		問10		
	問11		問12				

（注）この解答用紙は実物を縮小してあります。Ａ３用紙に147％拡大コピーすると、ほぼ実物大で使用できます。（タイトルと配点表は含みません）

〔社　会〕60点（推定配点）

1 各１点×16　2 各２点×6　3 問１～問10　各１点×16　問11　２点＜完答＞　4 問１　１点　問２　２点＜完答＞　問３～問12　各１点×11＜問４，問９は完答＞

２０１８年度　立教女学院中学校

理科解答用紙

番号		氏名	

評点	／60

1

問 1	問 2	問 3

問 4	問 5	問 6	問 7

2

問 1	問 2	問 3
		km³／年

問 4	問 5	問 6

3

問 1	問 2	問 3		
		②	③	i

問 4	問 5

4

問 1	問 2	問 3	問 4	問 5	問 6

〔理　科〕60点(推定配点)

（注）この解答用紙は実物大です。

1　問1～問3　各2点×3＜問1，問2は完答＞　問4　3点＜完答＞　問5　2点　問6，問7　各3点×2　2　問1　3点＜完答＞　問2　2点　問3　3点　問4　2点　問5，問6　各3点×2　3　各3点×5＜問2，問3，問4は完答＞　4　各2点×6

二〇一八年度　立教女学院中学校

国語解答用紙

番号　　氏名　　評点 /90

一

問一 ①　②　③　④

問二　態度

問三

問四

問五

問六

二

問一 ①　②　③　④

問二

問三

問四

問五

問六

問七 6　7

（注）この解答用紙は実物を縮小してあります。B4用紙に133%拡大コピーすると、ほぼ実物大で使用できます。（タイトルと配点表は含みません）

〔国　語〕90点(推定配点)

一　問1　各3点×4　問2，問3　各5点×2　問4　10点　問5，問6　各5点×2　二　問1　各3点×4　問2～問5　各5点×4　問6　10点　問7　各3点×2

平成29年度　　立教女学院中学校

算数解答用紙

番号		氏名		評点	／90

1	(1)		(2)	(3)
	(4)	① cm	② cm	③ cm
	(5)	① 時間	② 分	③ 時間
	(6)	① 本	② 本	③ 本
	(7)	① cm	② 個	③ cm
	(8)	① m	② m	③ m
2	(1)	①	②	
	(2)	○	▲	
3	(1)	箱A 個	箱B 個	箱C 個
	(2)	箱A 個	箱B 個	箱C 個
	(3)	箱　の方が　個多い		
4	(1)	cm	(2) 万L	
	(3)	分	(4) cm	
	(5)	① cm mm	② 時間 分 秒後	

（注）この解答用紙は実物大です。

〔算　数〕90点(推定配点)

1 各5点×8<(4)～(8)はそれぞれ完答> 2 (1) ① 2点 ② 3点 (2) 5点 3 各5点×3<(1), (2)は完答> 4 (1)～(4) 各5点×4 (5) ① 2点 ② 3点

平成29年度　立教女学院中学校

社会解答用紙

番号　　氏名　　評点　／60

1	問1		問2		問3	
	問4		問5		問6	
	問7	位置	問8	位置		
	問9	ア	イ	ウ		

2	問1	F → → → → E → G → → → → J				
	問2		問3	→ → →	問4	
	問5		問6		問7	
	問8		問9	(1) (2) (3)	問10	
	問11		問12		問13	

3	問1	1	2	問2	(1)	
	問2	(2) あ	い	う	え	
	問3		問4		問5	
	問6	あ	い	問7		

〔社　会〕60点(推定配点)

1 問1〜問6　各2点×6　問7〜問9　各1点×7　2 各2点×13＜問1, 問3, 問9は完答＞　3 各1点×15

平成29年度　立教女学院中学校

理科解答用紙

番号　　氏名　　評点　／60

1	問1			
	(A)	(B)	(C)	
	問2			
	a	b	c	d
	問3(1) ① A B	④ G H	⑥ K L	問3(2)
	問4			
	(A)	(B)	(C)	
2	問1	問2	問3 A	B
	問4	問5	問6 鉄 アルミニウム 亜鉛	
3	問1	問2	問3	問4 cm
	問5 g	問6	問7	問8
4	問1	問2	問3	問4 (1) (2)

〔理　科〕60点(推定配点)

1 問1　各2点×3＜各々完答＞　問2　各1点×4　問3, 問4　各2点×5＜問3の(1)は各々完答, 問4は完答＞　2〜4　各2点×20＜2の問1, 問2, 問6, 4の問2は完答＞

平成二十九年度　立教女学院中学校

国語解答用紙

番号　氏名　評点　/90

一

問一　①　②　③

問二

問三

問四

問五　A　B

問六

問七

問八

二

問一　①　②　③　④

問二

問三

問四

問五

問六

（注）この解答用紙は実物を縮小してあります。Ａ３用紙に159％拡大コピーすると、ほぼ実物大で使用できます。（タイトルと配点表は含みません）

〔国　語〕90点（推定配点）

一　問１　各３点×３　問２～問４　各４点×３　問５　各３点×２　問６　10点　問７，問８　各４点×２　二　問１　各３点×４　問２　４点　問３　７点　問４，問５　各５点×２　問６　12点

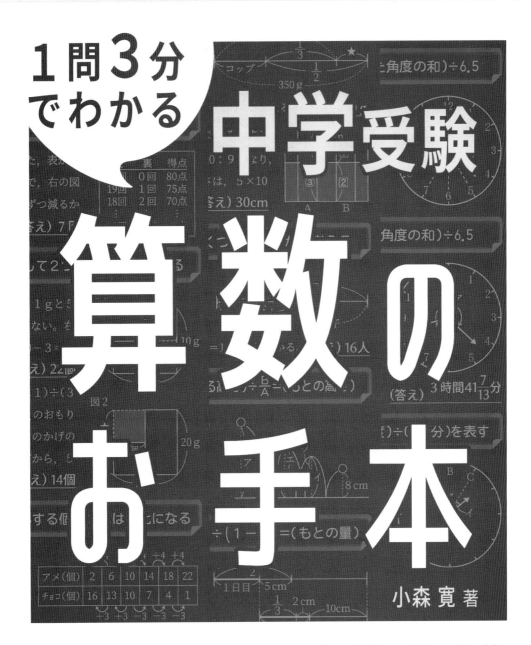